第五届思勉原创奖

评奖组委会评语

　　本书既有文体学的理论建构，又有文体学史的多元考察，深具研究视野的开拓性和理论方法的示范性。不仅是著者个人文体学研究的代表作，也代表着当今文体学研究最高的理论水平和学术水平，是文体学研究领域的标志性、前沿性、典范性的优秀成果。此书对中国古代文体研究中的关键性、难点问题，从新的角度、以新的方法进行了精辟的分析，再现了中国古代文体学的发展轨迹，兼具理论创新及方法创新。这部学术著作既是创新之举，也有填补空白的开拓之功。

中华学术·有道

中国古代文体学研究

吴承学——著

中华书局

图书在版编目(CIP)数据

中国古代文体学研究/吴承学著. —北京：中华书局，2024.
8. —(中华学术·有道). —ISBN 978-7-101-16692-7

Ⅰ. H152

中国国家版本馆 CIP 数据核字第 2024XS7840 号

书　　名	中国古代文体学研究
著　　者	吴承学
丛 书 名	中华学术·有道
责任编辑	朱兆虎
装帧设计	刘　丽
责任印制	管　斌
出版发行	中华书局
	(北京市丰台区太平桥西里 38 号　100073)
	http://www.zhbc.com.cn
	E-mail:zhbc@zhbc.com.cn
印　　刷	北京盛通印刷股份有限公司
版　　次	2024 年 8 月第 1 版
	2024 年 8 月第 1 次印刷
规　　格	开本/920×1250 毫米　1/32
	印张 23⅞　插页 2　字数 600 千字
印　　数	1-3000 册
国际书号	ISBN 978-7-101-16692-7
定　　价	148.00 元

目　录

绪　论

一

　　1925年，王国维在清华一次学术演讲中说：“古来新学问之起，大都由于新发现。有孔子壁中书出，而后有汉以来古文家之学；有赵宋古器出，而后有宋以来古器物、古文字之学。”[1]新材料的发现当然有助于人们获得对历史的新认识，从而出现新的学术领域与学术趋势，比如近代以来的敦煌学、甲骨学等，这确是有道理的。但是，也有许多重要的“新学问”的兴起，并不待新材料的“发现”，而在于对传统学术与文献的“发明”。比如，汉代的小学、魏晋的玄学、宋明的理学、清代的考据学。学术史告诉我们，学术研究独到的眼光和识见最为重要。新材料的发现是偶然的，学者的研究不可能守株待兔地等待新材料的突然出现。而且，若没有新眼光和识见，哪怕面对着一批重要的新材料，恐怕也发现不了问题。对于没有学术眼光的人，甲骨只是一种称“龙骨”的中药，而敦煌文献，也只是道士手中贱价出售的老物件而已。

---

[1]　王国维：《最近二三十年中国新发见之学问》，见《王国维全集》第14卷，浙江教育出版社2010年版，第239页。

清代纪昀在评论《文心雕龙·通变》时说："齐梁间风气绮靡,转相神圣,文士所作,如出一手,故彦和以通变立论……盖当代之新声,既无非滥调,则古人之旧式,转属新声,复古而名以通变,盖以此尔。"①如果撇开《通变》具体的时代背景,那么纪昀所说的"古人之旧式,转属新声"的情况在中国文学史与文学批评史上,倒是不乏这种"通变"之例的。

中国传统文体学,就是"古人之旧式"。文体学是中国古代文学研究中最为悠久的学术之一,它既是传统文学创作的基本前提和理论原则,也是古代文学理论与批评的核心与基点。中国古代有着丰富而深厚的文体学思想,而且成熟相当早,《文心雕龙》的文体学已经相当精深而有体系,此后一直到清代,文体学久盛不衰。近代以来,西学东渐,中国文体学日渐式微。而此时中国文体学与西学相较,其差异更为明显。在巨大压力之下,许多有识之士主张坚守中国文化立场而有所通变,以回应挑战。如吴曾祺《涵芬楼文谈》、王葆心《古文辞通义》、姚永朴《文学研究法》、来裕恂《汉文典·文章典》、张相《古今文综》等,都是在西学传入的背景下,对传统文体学的坚持。由于时代情势所然,他们的努力并未能挽回传统文体学没落之颓势。

此后,传统文体学处境每况愈下。直到上世纪八十年代,文体学研究才开始成为古代文学研究的新视角。不少老一辈学者为复兴中国传统学术导夫先路,郭绍虞先生在《提倡一些文体分类学》一文指出,古代文体分类"能成为一种独立的学科"②。褚斌杰先生的《中国古代文体概论》一书沾溉甚广,广泛普及中国古代文体知识。在中国文学批评史领域,王运熙、顾易生先生主编的《中国文学批评通史》涉

---

① (南朝梁)刘勰著,范文澜注:《文心雕龙注》,人民文学出版社1962年版,第521页。

② 载于《复旦学报》1981年第1期。

及许多文体学的内容。童庆炳等先生则从文艺学的角度在理论上对中国古代文体学予以重要支持①。近年来，一大批中青年学者不断取得文体学研究的成果，形成规模宏大的热潮。文体学研究越来越受到中国文学学术界的重视，成为一个备受关注的学术热点和前沿学术领域。中国文体学是新世纪以来古代文学领域发展最快的学科之一。

从学术史的角度看，当代中国文体学崛起反映了中国古代文学研究出现了回归中国本土文学理论传统与古代文学本体的学术发展趋势②。回归中国本土文学理论传统，就是强调要回到中国文体学语境来发现中国文学自己的历史，尽可能消解自新文化运动以来以西方文学分类法套用中国传统文学所造成的流弊。在中国古代文体学发展史的具体语境中，展示古代文体学原生态的复杂性与丰富性，揭示其原初意义;同时以古代文体学的具体语境及丰富细节为基础，对其所蕴涵的现代意义进行既符合逻辑又不悖于历史的阐释，并力图在阐释中梳理出古代文体学的理论体系。中国的文体学体系，并非像西方那种以虚构和抒情为主的"纯文学"文体，而是在中国传统的礼乐、政治制度以及日常生活功用基础上形成的。在中国古代文体价值谱系中，源于政治、礼乐制度的文体价值高于纯粹（或偏重）审美与娱乐的文体。如诏、令、章、表、奏议、移、檄等行政公文，以及诗、赋、颂、赞、祝、盟、碑、铭、诔、哀、吊、墓志等直接产生于礼乐制度的文体，历来受到推重，其文体地位远远高于词、曲、戏剧、小说等。因为前者是与官制及礼制联系密切的文体，关乎政治权力和社会运行，故地位尊贵;而后者主要以抒情、审美、娱乐功能为文人乃至"愚贱耳

---

① 参考本书"附录"《中国文体学研究的百年之路》第三部分。
② 参考吴承学:《中国文体学:回归本土与本体的研究》,载《学术研究》2010年第5期。

目"所认可与喜爱,甚至带有流俗文化色彩,故长期受主流文化的轻视和排斥,在古代文体谱系中处于边缘地位。曹丕《典论·论文》说:"盖文章,经国之大业,不朽之盛事。年寿有时而尽,荣乐止乎其身,二者必至之常期,未若文章之无穷。是以古之作者,寄身于翰墨,见意于篇籍,不假良史之辞,不托飞驰之势,而声名自传于后。故西伯幽而演易,周旦显而制礼,不以隐约而弗务,不以康乐而加思。"这种说法往往被解读为"文学的自觉"。但从上下文来看,所谓"经国之大业,不朽之盛事",所举之例是周文王制《易》和周公制礼,古人视《易》与礼为"文章",但不是现代人观念中的"文学"。在中国古代,那些运用场合与对象越神圣与尊贵的实用文体,也越讲究语言形式典雅之美,实用文体形态与文学文体形态是浑然一体的。那些远离政治、社会和公用的纯文学文体数量非常少,而且在传统文章文体价值谱系中,地位也不高。

在近代学术体系中,"文学"成为独立的学科门类。以西方"纯文学"文体观念来研究中国传统文学,由于与中国本土传统的"文章""文学"本义产生错位而容易遮蔽甚至歪曲历史真实。因为西学的强势,故其"文学"概念基本替换了中国本土的"文章""文学",中国文体学传统实际上被割断了。这在那个剧变的时代,是有其必然性的。同时,对中国文学研究也确实产生了一些积极影响,比如小说、戏曲等原先处于边缘甚至被鄙视的俗文体,被视为纯正、重要的文学文体,这体现了一种与本土传统完全不同的价值观,并极大地拓展和推进了文学史的研究。但这是一种革命式的割裂,自"五四"新文化运动以来,"中国文学史"研究存在一些局限,其中一个重要原因就在于以西方的"文学文体"简单而粗疏地代替了中国传统的"文章文体"。随着外国文学作品和理论传入中国,小说、戏剧等体裁受到重视,刘半农、胡适、傅斯年等学者和作家在对中国文学的讨论中逐渐形成了"四分法"的约定俗成的提法①。这种理论用来研究和指导现代文学创作,是比较合适的,但运用到中国古代文学研究中,情况便有很大的差异。把中国古代复杂纷纭的文体,简化成诗歌、散文、戏曲、小说,看起来似乎很简便,但离中国古代文学史的实际语境差距颇大。中国古代的小说、戏曲与西方的小说、戏剧在文体上的差异虽然也很大,但还可以勉强对接。最令人纠结的是"散文"文体。在现代文体分类中,诗歌、散文、小说、戏曲是并列的,符合西方文学的实际,也大致符合中国现当代文学情况,但确实不太符合古代文章情况。四分法中的"散文"与传统文体学语境中的"散文"是错位的。在中国文体学中的"散文"概念,它相对应的对象不是小说、戏曲、诗歌这几大文体,而是与骈文、四六相对应的语体,或者与韵文对应的散体。但是现在许多中国散文史著作却包括了与散文相对称的骈文,也包含了辞赋等与散文相对称的韵文。比如汉代的辞、赋、颂、铭、箴、诔、碑等韵文,六朝的骈文都成为"散文"。从学理上讲,骈文和韵文在古代恰好是与"散文"对称的文体。有些学者主张,"关于古代散文的义类(名义与体式类别),应该抛弃当下流行的大散文观念,坚决把辞赋与骈文剥离出去。"②但是,在现代"文学"分类中,这些文体如果不列入"散文史",辞、赋、铭、箴、诔、碑等大量文体就无家可归了,它们明显不能列入小说、诗歌、戏曲史。这是使用现代四分法研究中国文体造成的典型的理论困扰。

　　建设具有现代意义的中国文体学是符合学术发展与现实需求的,也是当代中国学者的学术责任。从 20 世纪 80 年代,笔者开始进入文体学研究领域,谨遵"有弗学,学之弗能,弗措也"(《中庸》)之古

---

① 参考钱仓水:《文体分类学》,江苏教育出版社 1992 年版,第 193—195 页。
② 张峰屹:《古代散文文体研究的两个问题》,载《励耘学刊》文学卷 2010 年第 2 辑总第十二辑,学苑出版社 2011 年版,第 32 页。

训,持续三十余年,未敢言弃。在 2004 年"文学遗产论坛"上,笔者提交了《中国古代文体学学科论纲》,提出"文体学学科"概念,认为应该予中国文体学以独立和独特的地位,并加以学理性的、有体系的研究,建构中国古代文体学研究体系①。后来又在《中国古代文体学研究展望》中指出,古代文体学的进一步发展,亟需从文学研究的一种手段和视角发展为一门现代学科。中国古代文体学研究应该立足本土的特殊性,同时要适当引入其他学科的比较、参照,以期在与古代文学史、古代文学批评史的互动之中,获得自身应有的学科身份,在与西方文体学的互动之中,彰显自身在对象、分类、方法、体系等方面鲜明的民族特色②。现在,"中国古代文体学学科"得到许多学者的认同,一批学者在建设具有现代意义的中国文体学方面获得重要成就。

二

在当代中国,古代文体学作为"古人之旧式",是否能"转属新声",取决于当代学人的理论创造性。《诗经》云:"周虽旧邦,其命维新。"传统学术亦有"维新"之重任。"六经责我开生面",建设超越古人的具有现代意义的中国文体学,是当代中国人文学者应有的学术责任和担当。

所谓"现代意义",首先是要有现代的学术品格、眼光与水平。与古人相比,今人之治古学存在明显的不足,主要原因是离古代语境越来越远,古人之常识,今人可能视为艰深之学。古人具备丰富的文体

① 载《文学遗产》,2005 年第 1 期。
② 载《中山大学学报》(社会科学版),2005 年第 3 期。

操作经验,今人则大多停留在理论层面。但今人又比古人具备优越得多的研究条件,除了文献、科技、物质等条件之外,更重要的是具有现代学术研究的理念和眼光。中国文体学不可能仅仅是"回到古代",停留在古人的水平,而是要超越古人。超越古人,并非狂妄,而是对当代学人的基本期许。今人之所以必须超越前人,是因为站在前人肩膀上。研究中国文体学,如果只是回到古代,那么,必然是叠床架屋的重复性研究。假如我们只是坚守在《文心雕龙》和《文体明辨》所划定的领域,文体学研究将停滞不前。事实上,现在不少研究文体的学者,往往局限于在古人的文体学专著里寻找题目,故研究越来越精致工巧,也越来越生僻琐碎。

中国问题与中国话语是当今学术界的重要话题,中国文体学是传统中国文学批评中最具本土特色的理论话语。这并不是一种盲目的文化"自信",而是一种自知之明。但过分强调和滥用"本土性",也可能产生本土话语霸权,这是需要注意的另一种倾向。我们的观念与学术背景、前理解必然是带有"现代"的意识,我们所面对的问题和古人不同,是"现代"的问题。"有现代意义"并不是用现代人的眼光去改造中国古代文体,而是发挥现代人之所长,用现代学术的眼光去观照,有更开阔的学术视野、更多的参照与借鉴对象、更丰富的文献和更现代的手段。

"现代意义"必须放在中国文体学独特语境中才不致于虚矫牵强,中国学者不应该邯郸学步式地丢失传统的中国文学话语。中国文体学就是中国文学话语的核心部分,是与西方文学话语截然不同的体系。近代以来,中国传统的"文章学"系统完全为西学的纯"文学"系统所代替。这固然有其积极意义,但同时带来与传统断裂的严重后果。中国文学与西方文学的重要差异,在某种程度上就是不同文体体系的差异。中国文学其实是"文章"体系,它是基于礼乐制度、政治制度与实用性的基础之上形成与发展起来的,迥异于西方式的

"纯文学"体系。中国古代的"文""体"和我们现代的文学、文体观念与实践存在着较大的差异。西方的文体学(stylistics)是运用语言学的理论去阐释文学内容和写作风格的一门学科。与西方文体学相比,中国文体学的独特性是相当显著的。在学术研究中,研究对象的魅力往往就在其特殊性。古代的"文"是一个由文教、文德、文章、文辞等组成的多层次共生系统。古代"文体"和现代文学理论没有完全准确的对译性,很难用一个现代词语来转译,甚至很难简要而准确地给出一个定义。中国古代的"文体",不是内容与形式的简单组合,而是一个外延宽泛、内涵丰富的学科概念。如果要细致区分的话,"文体"大致可以包括:体裁或文体类别;具体的语言特征和语言系统;章法结构与表现形式;体要或大体;体性、体貌;文章或文学之本体等方面的内容。"文体"的内涵非常复杂,但简要而言,即在体裁与体貌二端:体裁就像人的身体骨架,是实在的、形而下的;体貌如人的总体风貌,是虚的、形而上的,含义近乎现代的"风格"一词。

中国文体学的核心是"辨体","辨体"的目的在于"得体"。所谓"得体",就是在特定的语境中恰当的表达。"文体"就是中国文章写作的特定语境。语境产生变化,表达方式也就随着变化。这种观念由来已久,在文体产生之初,就已经相当清晰。《礼记·曲礼上》:"知生者吊,知死者伤。知生而不知死,吊而不伤;知死而不知生,伤而不吊。"郑玄注:"人恩各施于所知也。吊、伤,皆谓致命辞也。"[1]同是"致命辞","吊辞"用于生者,而"伤辞"用于死者。这种礼仪是依据文体所使用的特定语境而规定的,可见早期文体之体与礼制关系非常密切,这是"辨体"的基础。到了文章学成熟之后,辨体越来越受到重视。比如说:"文章以体制为先,精工次之"[2]、"论诗文当以文体

---

① (清)阮元校刻:《十三经注疏》,中华书局 1980 年影印本,第 1249 页。
② (宋)王应麟:《玉海》卷 202 引倪正父语,江苏古籍出版社 1987 年版,第 3692 页。

为先,警策为后"①、"文莫先于辨体"②。可见在古人眼里"辨体"是文章创作与批评首要的基本原则。所以研究"文体"不但要研究语言形式,还要研究"文体"的表现对象和运用语境、文体规范等文章的"大体"问题。文章"大体"是文章的表达对象、运用场合、文体功用、语言形式等因素综合构成的。文体的规范与传统是在长期的历史过程中约定俗成的一种无形法则,是读者的阅读期待与习惯,也是一种衡量标准。中国古代的"辨体"批评,其本意正在于认识和追求文体的多样性,而深层则反映了中国古人审美趣味的集体性与时代性。中国文体学的现代意义并不是强加上去的,而是作为一种古典学在当代的客观存在。表面看来,大部分的古代文体今天已不再通用了,但是从本质来说,古代文体及文体学是社会文教、文化系统的一部分,其具体内容和形式可能发生变化,但社会文教、文化系统是古今普遍存在的,它的原则在古代、现代都是相通的,如"得体""辨体"、文体多样性等这些古代文体学的主要精神,仍具有现代意义。

单纯为了"回到中国语境",就可能刻舟求剑;仅仅追求"现代意义",则容易削足适履。"回到中国语境"与"现代意义"两者并不矛盾。"回到中国语境"是为了准确理解和把握历史的复杂性,尽可能消解现代学人所面临的与古代文体学原始语境相隔阂的短处。"现代意义"是有现代学术的新眼光、新标准和新水平。两者辩证存在,互相补充,在古今演变的历史中理解"文体学",以获得古今中外之间的平衡与对话。

---

① (宋)张戒:《岁寒堂诗话》卷上,中华书局1985年版,第9页。
② (明)吴讷著,于北山校点:《文章辨体·凡例》,《文章辨体序说》,人民文学出版社1962年版,第9页。

三

强调回到中国文体学语境来发现中国文学自己的历史,这里的"语境",不仅是指与西方相比的中国特殊语境,而且指各个不同时期的语境。我们不妨把与西学相对应的中国文体学背景称为"大语境",把不同时代的文体学背景称为"小语境"。以上所论多及大语境,不复赘论,这里补充说明中国文体学的小语境问题。

传统的中国文体学主要语境其实是魏晋以来所形成的以集部为中心的范式。从东汉开始,出现了兼收众体的集部,"篇"的意义出现变化。"篇"原指竹简、简册。古代文章写在竹简上,编集在一起称为"篇"。《文史通义·篇卷》:"著之于书,则有简策。标其起讫,是曰篇章……篇之为名,专主文义起讫。"①"篇"只是标志文义的起始与结束的文意单位。文集出现之后,文章、文体与篇章紧密相连。"篇"的内涵发生了重要变化,不仅指"文义起讫",更有明确的文章学上的文体意义。此前之作品未必有篇名,有篇名亦未必有定体。魏晋以还的文集,往往是按文体编排的,故集部实有命篇定体之需。"文章"则是独立成篇、有明确文体形态之文字。故独立成篇之"篇籍""篇翰",乃是中国文体学与文章学成熟的关键词②。研究中国古代文体学,若仅注意到魏晋以来所形成的以集部为中心这一语境,而不注意其他小语境,那么在集部形成之前产生的大量文体与文体形态,集部之外的小说、戏曲等重要文体,史部之历史叙述文体,经学之中各种

---

① (清)章学诚著,叶瑛校注:《文史通义校注》,中华书局1985年版,第305页。
② 参考郭英德:《中国古代文体学论稿》之《文章的确立与文体之分类》,北京大学出版社2005年版,第50—61页。

学理性的阐释文体,民间大量的俗文体、宗教(如佛、道)文体可能会被遮蔽,无法全面得以反映。

比如春秋时期的文体学语境与集部语境就完全不同。早期的文体体系是以巫祝辞命为核心的,以语辞即口头形态为主,具有强烈的实用性和仪式感。仪式感的重要性往往超于文字语言的艺术性。口头性、仪式性与实用性是早期文体的基本特点。从"辞命"到"文章",两个文体系统之间既有传承关系又各具特性。在辞命系统中,实用功能是绝对主导的,审美只是附庸。在文章系统中,许多文体的功能仍为实用性,但须具有完整的审美形式。从写作主体而言,辞命系统的作者主要是出于公职之需要,个人作用往往被制度所掩没。而文章系统主要是出于个人之写作,个性风格已彰显出来。在早期文献中,有许多集部未能收入的原生态文体。章太炎《国故论衡·辨诗》中说:

> 文章流别,今世或繁于古,亦有古所恒睹,今隐没其名者。夫宫室新成则有"发",丧纪祖载则有"遣",告祀鬼神则有"造",原本山川则有"说"。斯皆古之德音,后生莫有继作,其题号亦因不著。①

章太炎认为古今文体变化很大,古时有些常用文体,后来却隐没了。他举了"发""遣""造""说"诸种在后代未见之文体。如"发",《礼记·檀弓下》:"晋献文子成室,晋大夫发焉。"郑注:"诸大夫亦发礼以往。"②可见"发"是一种庆贺之礼仪。"遣",《仪礼·既夕礼》:"公史自西方东

---

① 章太炎撰,庞俊、郭诚永疏证:《国故论衡疏证》,中华书局 2008 年版,第 416—417 页。
② 《十三经注疏》,第 1315 页。

面,命毋哭,主人主妇皆不哭,读遣卒,命哭。"①按"遣"本身是随葬之物,又指遣策,即随葬物的清单。《仪礼·既夕礼》:"书遣于策。"郑玄注:"策,简也;遣犹送也,谓所当藏物茵以下。"贾公彦疏:"则尽遣送死者明器之等并赠死者玩好之物,名字多,故书之于策。"②"读遣"也是仪式。"造",《周礼·春官·大祝》:"掌六祈以同鬼神示,一曰类,二曰造。"郑玄注:"祈,嘄也,谓为有灾变,号呼告于神以求福。"③"造"是祭祖之礼仪。至于"说",《诗经·鄘风·定之方中》"卜云其吉,终然允臧"句《毛诗传》云:"故建邦能命龟……山川能说……君子能此九者,可谓有德音,可以为大夫。"孔颖达疏云:"'山川能说'者,谓行过山川,能说其形势,而陈述其状也。"④《郑志》云"说"两读,或说或述,而孔颖达将二者合而为一,以为"说其形势而陈述其状",皆为言辞行为。上述"发""遣""造""说"主要是"仪式"或者是言辞行为,若按惯常的学术眼光来看,似乎"文体"形态不是很明显,难称为"文章"。章太炎恰恰与众不同,把它们看成是那个时代独特的"文章"文体。他对早期文体的独特性与丰富性的揭示无疑富有启发性:研究早期文体,应别具只眼,绝不能套用魏晋以来的文体学标准。而事实上,我们对文章文体的前理解往往是《文选》《文心雕龙》至《文章辨体》《文体明辨》《古文辞类纂》等体现的文体观念,乃至有所遮蔽。

晚清民国则处于与传统文体学迥异的特殊语境。这是中国政治、经济、社会制度、学术文化发生巨变的时期,也是文学思潮、文体形态与观念发生巨变的时期。在中西冲突交汇、古今变革嬗替、社会激变转型的文化背景下,传统文学渐趋萎缩、新文学不断壮大,西方大量的新文

---

① 《十三经注疏》,第 1154 页。
② 《十三经注疏》,第 1153 页。
③ 《十三经注疏》,第 808 页。
④ 《十三经注疏》,第 316 页。

体与文体观念如江海之水般迅速涌入。在语言形态上,白话文代替了文言文,文白的转型使传统文体学生存语境发生了釜底抽薪式的根本变化。新的文学文体、公文文体、新闻文体、学术文体等都被大量引入和使用,文体观念遂发生翻天覆地的变化,整个文体及其价值谱系也被重新编定。晚清民国是中国传统文体现代转化的典型语境,是沟通古今、中外文学的关键。在这个特殊文化语境中,传统文体学面临冲击与应对、调适与选择、延续与变革。这个时期,无论语言还是文体都产生了巨大的变化,这种变化绝对不是传统集部文体学所能笼罩的。

从古代文章学到现代文学,经历了巨大的文体体系转变,反映了古今社会制度、政治文化、思想观念、审美情趣等方面的变化,而从语言形式上看,则是从文言系统转向白话系统引发的巨变。自先秦以来,文体之变莫大于此。关于晚清民国以来文体的巨变,研究成果甚多。但古今文体关联性的问题,研究空间仍很大。现代文学文体学虽然是对古代文章文体学的颠覆重建,但两者之间仍有千丝万缕不可切割的关系,本土文体学仍在发生影响。古今文体关联性的表现是多样化的,可能在功能上、思想观念上,也可能是在语言形式上。那些因制度而产生的实用性文体,随着制度的崩溃,其外在文体形式已基本消失,但其文体体制与精神可能还在起作用。中国古代抒情与叙事文体以及相关的语言形式、修辞形式一直影响着现当代文学,比如,现代散文文体与古代文章文体的关系极为密切,所以一开始就显得特别成熟,这是众所周知的事实。

早期文体学语境、集部的文体学语境、晚清民国的文体学语境,这是中国文体学史上三个各具研究特色与意义的"小语境",我们不但要回到中国文体学的大语境,而且还要回到具体研究对象的小语境,才能更真实准确地把握研究对象的精神特质。

一个多世纪以来,中国传统文化学术界基本上是以被动的姿态接受西方文化的,甚至受到其冲击和裹胁。在巨大的压力之下,许多有识之士主张坚守中国文化立场而有所通变,以回应挑战。中国文体学领域也是如此。光绪二十七年(1901)夏天,当时的文体学家王兆芳开始写作《文章释》一书。他在一封与国学大家俞樾的信中说:"今者西术与我学争,我若固守专家之师承,而儒道反不振。兆芳以为学通天地人而考道于古圣贤,譣道于事物,祖述不摇,引申不已。使我儒道之大,足以括西术之长,而西术之长,不足抗我儒道之大。若是亦善守师承者乎。"①他的理想是以对传统学术的"祖述"和"引申"、师承与创新来抵御西方学术的巨大压力。而事实上,在此后近百年间,"我学"一直无法与"西术"相抗,这当然有复杂的政治文化原因。而在今天,离王兆芳写作《文章释》又过了一百二十年,世事沧桑,中国学者经受过百年的文化冲击,已逐渐重拾自信心。这就是:坚守中国文化本位立场又不抱残守缺;接受西学的影响又不全盘西化。鲁迅说:"外之既不后于世界之思潮,内之仍弗失固有之血脉,取今复古,别立新宗。"②这是百年前先贤标举的文化理想,至今仍是我们的目标。

---

① 王兆芳:《文章释》卷首《遗曲园先生书》,王水照主编:《历代文话》第 7 册,复旦大学出版社 2007 年版,第 6256 页。
② 鲁迅:《文化偏至论》,《鲁迅全集》第 1 卷,人民文学出版社 2005 年版,第 57 页。

———— * ————

上卷

第一章　中国古代文体学论纲

从 20 世纪 80 年代起,在新的学术意识的推动下,古代文体学研究成为古代文学研究的新视角之一。经过许多学者的共同努力,古代文体学逐渐从冷门成为热点。究其原因,最根本的推动力来自于古代文学研究的内在要求。随着对庸俗社会学、政治学的摒弃和对文学作品的深度掘进,古代丰富的文体事实愈益为古代文学研究者所认识。古代文体学研究的兴起也有当代文化的背景:一是中国现当代作家的创作实践和理论探索,诸如对沈从文、汪曾祺等现代"文体家"的重新"发现"和评价,年轻一代先锋作家的文体实验以及当代理论、批评家对此进行的追索;一是西方的文体学研究和我国学者对西方文体学的研究,各种文体学的流派理论、操作实践随着西方理论、创作思潮的译介一起涌入。这些鲜活的文学研究情境对古代文学研究的文体意识产生了潜移默化的渗透和影响。

无可讳言,新时期以来的古代文体学研究仍存在一些偏差和误解,限制了研究的深入和整体水平的提升,其根源主要在于古代文体学研究学科意识的整体欠缺。成熟的学科意识是提升古代文体学研究水平必要的前提和基本条件,我们想把对此问题的一些粗浅思考提出来,求教于大方之家。

一、辨体:学科的基点

以"辨体"为"先"是中国古代文学批评与文学创作的传统与首要的原则:"故词人之作也,先看文之大体,随而用心"①、"文章以体制为先,精工次之"②、"先体制而后文之工拙"③、"论诗文当以文体为先,警策为后"④、"文辞以体制为先"⑤、"文莫先于辨体"⑥。

"先",不仅是时间和逻辑上的,也是价值观上的。"大体""体制""辨体",主要是通过对某一体裁、文类或文体一定的内在质的规定性的把握,划分各种体裁、文类或文体之间的内外界限,划分各种体裁、文类或文体内部的源流正变的界限,并分别赋予高下优劣的价值判断。

中国早期文体学的文体之辨是和政治人才之辨、人物品鉴、作家才性之辨等在同构、平行的框架之中进行讨论的。

汉魏六朝社会十分重视"位"与"职"是否符合、"才"与"位"是否般配,只有政治人物的实际才能和具体官职的要求相一致,才称得上是政治上的选人得才。如三国时吴国陆景《典语》说:"夫料才核能,治世

---

① 〔日〕遍照金刚撰,卢盛江校考:《文镜秘府论汇校汇考》第3册,中华书局2006年版,第1464页。
② (宋)王应麟:《玉海》卷202引倪正父语,江苏古籍出版社、上海书店1987年版,第3692页。
③ (宋)严羽:《沧浪诗话·诗法》引王安石语;(宋)严羽著,郭绍虞校释:《沧浪诗话校释》,人民文学出版社1983年版,第136页。
④ (宋)张戒:《岁寒堂诗话》卷上,中华书局1985年版,第9页。
⑤ (明)吴讷著,北山校点:《文章辨体·凡例》,《文章辨体序说》,人民文学出版社1962年版,第9页。
⑥ 明人陈洪谟语,转引自(明)徐师曾著,罗根泽校点:《文章纲领·总论》,《文体明辨序说》,人民文学出版社1962年版,第80页。

之要也。凡人之才,用有所周,能有偏达,自非圣人,谁兼资百行,备贯众理乎?故明君圣主,裁而用焉……若任得其才,才堪其任,而国不治者,未之有也。"①这里树立的是一个"圣人"的理想,面对的是"能有偏达"的现实。与此相映发,曹丕、刘孝绰从文章的角度各明一义。曹丕《典论·论文》说:"夫文,本同而末异,盖奏议宜雅,书论宜理,铭诔尚实,诗赋欲丽。此四科不同,故能之者偏也。唯通才能备其体。"②刘孝绰《昭明太子集序》说:"窃以属文之体,鲜能周备……孟坚之颂,尚有似赞之讥;士衡之碑,犹闻类赋之贬。深乎文者,兼而善之。"③他们都把作家和文体紧密结合,理想是"通才"与"兼善",实际上却是"能之者偏""鲜能周备"。

以上数例让我们在多重关系的同构中、在凸显其价值首要性的意义上理解了古人所说的"先"。虽然树立了一个"辨"的理想,但现实的缺陷几乎是天生的,所以这个"辨"是有分寸的:一方面,往往从小处、从细部入手,注重对各种文体的辨名析理,囿别区分,又往往从大处、从整体着眼,注重对文体特征的直观、整全的领悟;另一方面,"辨"的是内在性质上的规定性,但在划界的同时,能够考虑"越界"的可能性,包容和处理"越界"的现实性。在明确这个意义之后,我们接着讨论"辨体"的"划界限""比高下",讨论"辨体"的"划界"与"越界"。

就"划界限"而言,古人常说的"文以载道""诗以言志",古人常辨的"以文为诗"与"以诗为文","以古入律"与"以律入古","以诗为词"与"以词为诗",都较严格地预设了文、诗、词和古诗、律诗之间的疆界,

---

① (唐)魏徵等编,沈锡麟整理:《群书治要》卷48,中华书局1985年版,第853—854页。

② (南朝梁)萧统编,(唐)李善注:《文选》卷52,上海古籍出版社1986年版,第6册,第2271页。

③ (清)严可均:《全梁文》卷60,《全上古三代秦汉三国六朝文》,中华书局1958年版,第6624页。

同时又承认和包容了疆域之间的跨越与渗透。

就"比高下"而言,在古人建构的文体谱系里,文体与文体之间并不是一种平等的关系,各体之间有着尊卑、雅俗的等级之分。如在文、诗、词、曲之间,在诏、策、奏、启之间,都存在着一个不同价值的序列①。各体之间尊卑、雅俗的等级界限也不是一成不变的,同样存在着"越界"的相对性和可能性。词相对于诗是俗体,相对于曲又是雅体;词本身在发展初期是俗体,在文人介入后的成熟期又是雅体。今天位极众体的小说,在古代却只能入于第"十流","小说"的名称本身已明确表明古人对此文体的价值评判;《文心雕龙》几乎不论"小说",或为今人所不解,这正反映出古今文体尊卑观的变迁。同一文体也有得体与失体之别,正体与变体、殊体、别调之辨。如同样是诗,古体诗高于近体诗;破体为诗,"以古入律"与"以律入古","以诗为词"与"以词为诗",评价并不一样②。

不仅"体制"之"辨"是"辨体",风格类型之别也同样可以说是"辨体"。如同样是"清",胡应麟在《诗薮》外编卷4中则说:"靖节清而远,康乐清而丽,曲江清而澹,浩然清而旷,常建清而僻,王维清而秀,储光羲清而适,韦应物清而润,柳子厚清而峭,徐昌穀清而朗,高子业清而婉。"③清因为与远、丽、澹、旷、僻、秀、适、润、峭、朗、婉等结合,而显现为不同的样貌,批评家也显然是在长期思考和感悟的基础上才作出这样的辨体判断;各种"清"体之间可以说是毫厘之差,但又不可不辨,"辨体"因此既是辨析之辨,也是体悟之体,是辨析而达于神悟的境界。

通过以上论述可以看出,古人首先在认识观念上视"辨体"为"先"

---

① 关于文、诗、词、曲等的递降,参阅钱锺书:《中国文学小史序论》,原载《国风》半月刊第3卷第8期(1933);关于诏、策、奏、启等的递降,参阅刘永济:《文心雕龙校释》"檄移"一章"释义",《文心雕龙校释》,中华书局2007年版,第79页。

② 参阅本书第九章。

③ (明)胡应麟:《诗薮》外编卷4,上海古籍出版社1979年版,第186页。

在的要务,又在具体的批评实践中通过对"划界"与"越界"的分寸的精微感悟与把握,从而使"辨体"成为古代文体学中贯通其他相关问题的核心问题。

二、何谓文体:学科的起点

既然古人以辨体为先,那么何谓"文体"呢? 这正是中国古代文体学学科研究的起点。

今人所说的"文体"这个词,已经更多地是一个现代合成概念。但在古代文体学语境里的"文体"是什么意思呢? 让我们从基本概念的阐释做起,以求得对其原生状态的"了解之同情"。

先说"文体"之"文"。这个概念相当重要,因为它决定了"文体"研究的基本对象和范围,也决定了古代文体学的丰富性和独特性。中国古代"文"的内涵非常复杂,前人对此有不少论述。刘永济曾在《十四朝文学论略》里总结过"文"的六种基本涵义:"经纬天地之谓文","文,典法也","文者,古之遗文","文德之总名也","文,华也","文,文词也"。用现代语言来说,古代的"文"是一个由文教礼制、文德、典籍、文辞等组成的多层次共生系统,各层次之间既相区别又相错杂。它同时还是一个价值评估系统:在系统外部,它与"武"相对并高于"武";在系统内部,体现出"道"的那一部分与徒呈外在形式美的那一部分相对,前者高于后者①。中国古代"文"的观念以及它所具体体现的古代文体,和今人一般所理解的"文"和"文体"大不一样。就"文体"之"文"而言,古代"文"的范围也是相当宽泛的,几乎所有出自人类情感、理智

---

① 参考于迎春:《中国早期历史中文学、文人的形态和观念》,载《中国学术》2001年1月总第5辑,商务印书馆2001年版,第148页。

生活的需要而运用技巧和修饰的语言文字形式都可称为"文"。除了像诗歌、辞赋以及日常公私所常用的文字等,还有大批我们现在已经很少了解的"文",如汉代刘熙《释名》中《释书契》中有:奏、札、简、簿、笏、牍、籍、檄、玺、谒、符、传、券、契、策书、示、启、书、刺、题、署、告、表、约、敕;《释典艺》中有:经、纬、图、谶、传、令、诏、论、赞、叙、铭、诔、谥、谱、碑、词等。《释名》所涉及的许多文体之名,既反映出东汉时期人们的"文"的观念,也反映出当时"文"的原生状态。

再说"文体"之"体"①。首先,我们探讨"体"的多义性,初步归纳出以下六种含义:

(一)体裁或文体类别

这是最通常的含义,如《文选》《文苑英华》《古文辞类纂》《经史百家杂钞》等总集、选集和《汉书·艺文志·诗赋略》等史志目录所体现的归类整理的科目分类。此外,如《文心雕龙》所论的诗、赋、颂、赞、盟、誓等,《沧浪诗话·诗体》部分所列四言、五言、七言、古体、近体、绝句以及乐府歌行、杂体诗等,都可归入这一种含义。不同的体裁又有不同的本色与规范。如胡应麟认为:"文章自有体裁,凡为某体,务须寻其本色,庶几当行。"②因此许多文体理论,正是建立在具体的体裁之上的。

---

① 参考王运熙:《中国古代文论中的"体"》,见《当代学者自选文库·王运熙卷》,安徽教育出版社 1998 年版,第 722—733 页;罗宗强:《魏晋南北朝文学思想史》第 8 章第 5 节《〈文心雕龙〉之"体论"》,中华书局 2002 年版,第 340—350 页;钱志熙:《论中国古代的文体学传统——兼论古代文学文体研究的对象与方法》,《北京大学学报》,2004 年第 5 期,第 92 页;詹福瑞:《中古文学理论范畴》第三章"文体",中华书局 2005 年版,第 135—160 页。
② 《诗薮》内编卷 1,第 21 页。

（二）具体的语言特征和语言系统

刘祁《归潜志·辩亡》说："文章各有体，本不可相犯。故古文不宜蹈袭前人成语，当以奇异自强。四六宜用前人成语，复不宜生涩求异。如散文不宜用诗家语，诗句不宜用散文言，律赋不宜犯散文言，散文不宜犯律赋语，皆判然各异。如杂用之，非惟失体，且梗目难通。"①李东阳也说："言之成章者为文，文之成声者则为诗。诗与文同谓之言，亦各有体，而不相乱。"②这里所谓"有体"与"失体"之"体"，是指不同体裁所应有的具体可辨的语言特征与系统。

（三）章法结构与表现形式

如《文心雕龙·镕裁》："规范本体谓之镕，剪截浮词谓之裁。裁则芜秽不生，镕则纲领昭畅。""体"与"词"对言，指义理情思之结构。又如薛雪《一瓢诗话》说："格有品格之格，体格之格。体格，一定之章程；品格，自然之高迈。"③胡应麟《诗薮》内编卷5说："作诗大要不过二端：体格声调、兴象风神而已。体格声调有则可循，兴象风神无方可执。"④薛雪与胡应麟所说的"体格"在层次上低于"品格"或者"兴象风神"，但是又高出于具体语言特征、语言规定性之上，大略指的是能够承载不同文体的功能、主题与风格等要求的章法结构与表现形式。

---

① （金）刘祁撰，崔文印点校：《归潜志》卷12，中华书局1983年版，第138页。
② （明）李东阳著，周寅宾编：《李东阳集》卷4《匏翁家藏集序》，岳麓书社1985年版，第58页。
③ （清）薛雪著，霍松林、杜维沫校注：《一瓢诗话》，见《原诗一瓢诗话说诗晬语》，人民文学出版社2005年版，第119页。
④ 《诗薮》内编卷5，第100页。

（四）体要、大体与体性、体貌

古人在综合考虑具体文体的题材质料、语言特征、体制结构等的基础上，往往使用体要、大体与体性、体貌等概念，力求作整体性把握。这些概念是类似的，很难绝然分开，但在具体运用中又略有区别。"体要""大体"，指的是比较具体的文体规定性；"体性""体貌"，类似于今人所说的"风格"。如《文心雕龙》自《明诗》到《书记》在每篇终篇之处往往综合概括所论文体，如《明诗》："若夫四言正体，则雅润为本"，《铨赋》："丽词雅义，符采相胜……此立赋之大体也"，《颂赞》："原夫颂惟典懿，辞必清铄……其大体所底，如斯而已"……符合的谓之"得体"，不太符合的谓之"别调"或者"失体"。体性、体貌又有几种含义：1. 某一类文体的风格。如《文赋》指出十种文体的不同，"体有万殊，物无一量"；胡应麟在《诗薮》外编卷 1 里也说："诗与文体迥然不类，文尚典实，诗尚清空；诗主风神，文先道理。"① 2. 具体作家的风格。如《宋书·谢灵运传论》指出："相如巧为形似之言，班固长于情理之说，子建、仲宣以气质为体。"《沧浪诗话·诗体》也指出苏李体、曹刘体、陶体、谢体、徐庾体、沈宋体、陈拾遗体、东坡体、山谷体、后山体、王荆公体、邵康节体、陈简斋体、杨诚斋体等。3. 具体作品的体貌特征。如《文心雕龙·杂文》："蔡邕《释诲》，体奥而文炳。"4. 某一历史时期文章的总体风貌特色。如江淹《杂体诗序》："魏制晋造，固亦二体。"《文心雕龙·明诗》："宋初文咏，体有因革。"《文心雕龙·时序》："自中朝贵玄，江左称盛，因谈余气，流成文体。"《沧浪诗话·诗体》所谓建安体、黄初体、正始体、太康体、元嘉体、永明体、盛唐体、元和体、元祐体等。李东

---

① 《诗薮》外编卷 1，第 125 页。

阳《怀麓堂诗话》:"汉、魏、六朝、唐、宋、元诗,各自为体。"① 5. 体貌类型或风格类型。如《文心雕龙·体性》:"若总其归涂,则数穷八体:一曰典雅,二曰远奥……八曰轻靡。"把一切不同的文章体貌,尽归入此八体中,创造性地把体貌类型化了。6. 流派风貌特征。如我们所已然耳熟能详的建安体、西昆体、四灵体等。

（五）文章或文学之本体

"体用"指事物的本体、本质和现象。《颜氏家训·文章》:"文章之体,标举兴会,发引性灵,使人矜伐,故忽于持操,果于进取。"②"文章之体"指的是文章的本质,在于发引性灵,也带来一些毛病。又如明代范应宾的《文章缘起注·题辞》:

> 由两汉而还,文之体未尝变,而文渐以靡。诗则《三百篇》变而《骚》,《骚》变而赋,赋变而乐府,而歌行,而律,而绝,日新月盛,互为用而各不相袭。此何以故?则安在斤斤沿体为!体者法也,所以法非体也。离法非法,合法亦非法,若离若合,政其妙处,不传而实未尝不传。《易》曰:"拟议以成其变化。"不有体,何以拟议?不知体之所从出,何以为体,而极之于无所不变。③

"未尝变"的"文之体"指的是文章的本体、本质,是相对稳定的。而变动不居的则是具体的文章体裁,如诗而变为骚,骚而变为赋,赋而变为乐府等。

---

① （明)李东阳著,李庆立校释:《怀麓堂诗话校释》,人民文学出版社 2009 年版,第 178 页。

② （北齐)颜之推撰,王利器集解:《颜氏家训集解》(增补本),中华书局 1993 年版,第 238 页。

③ （明)范应宾:《文章缘起注·题辞》,《历代文话》第 3 册,复旦大学出版社 2007 年版,第 2515 页。

以上从形而下到形而上对"文体"内涵加以排列。当然事实上它们本身并不是如此清晰有序、一目了然，而往往是互相纠缠，随步换形的。而在最高的文体境界上，是形而下与形而上有机结合的。概而言之，"文体"的内涵主要在体裁与体貌二端：体裁就像人的身体骨架，是实在的、形而下的；体貌如人的总体风貌，是虚的、形而上的，其含义近乎"风格"一词。

我们对"文体"的疏解也未必完备和精确，但足以表明中国古代文体学内容的丰富性、复杂性与模糊性。事实上，这些已经使西方学者感到奇怪，因为在西方无法找到与"文体"对应的术语。美国学者宇文所安曾感叹中国文论中"体"的内涵，"既指风格（style），也指文类（genres）及各种各样的形式（forms），或许因为它的指涉范围如此之广，西方读者听起来很不习惯。"①在西方文论中，"文类""风格"与"形式"词义各异，在理论上分工明确，但在中国古代却统一在"文体"上，"体"是本体与形体之奇妙统一。中国古代文体学的综合性极强，包括了文类学、风格学与相关审美形式等理论。

丰富、复杂与模糊之处还在于不但"体"有多义，而且有时同一个"体"中包含两个以上的含义。如《典论·论文》所说的"文非一体，鲜能备善""惟通才能备其体"；"体"既指"体裁"，也指"体貌"，还与作者之"体性"相对应。上文所举的"建安体"虽然总的来说指的是"体性""体貌"，但细致区分又可兼指时代风格和流派风格。此外，许学夷《诗

---

① ［美］宇文所安著，王柏华、陶庆梅译：《中国文论：英译与评论》"导言"，上海社会科学院出版社 2003 年版，第 4 页。不过，任何语言都有其复杂性，如英语里通常用来与我们所说的"文体"相对应的是 Style 一词（且不管所拟是否切当），其在英语里的含义刘世生就曾列举过 31 种，《文体学的理论、实践与探索》，《北京大学学报·英语语言文学专刊》1992 年第 2 期，第 98 页。后来刘世生又列举该词另外几个含义，见胡壮麟、刘世生：《文体学研究在中国的进展》，载《山东师范大学外国语学院学报》2000 年第 3 期，第 1 页。

源辩体》谓："古、律、绝句，诗之体也，诸体所诣，诗之趣也，别其体，斯得其趣矣。"①这一句里的最后一个"体"就既包括"体裁"，又指"体要"。严羽《沧浪诗话》"诗体"一节的"体"，也实际包含了以上大部分的"体"的含义；而如果我们把禁体（白战体）、赋得体、离合体、集句体、回文体、反复体、歇后体等归入严羽所说的"杂体"，则这些"体"除了体裁或文体类别的含义之外，又可兼指特定的表现手法或修辞方式。

所以，中国古代文体学研究不仅要甄别这些含义各别的"体"，还要整体考察由这些含义各别的"体"所组成的多义系统。

古代文体学在赋予了文体之"体"多种含义系统的同时，还结合其他多种范畴与概念在多重关系中对"体"加以整体性辨析。如《文心雕龙·宗经》论述"体"与"经"的关系："故论、说、辞、序，则《易》统其首；诏、策、章、奏，则《书》发其源；赋、颂、歌、赞，则《诗》立其本；铭、诔、箴、祝，则《礼》总其端；纪、传、盟、檄，则《春秋》为根。"此外，如"体"与"性"，"体"与"气"，"体"与"格"，"体"与"势"等，也同样显示出古代文体学的"体"决不仅是孤立的范畴与概念，而是与古代其他相关的范畴与概念紧密联系在一起的。

由此可见，中国古代的"文""体"和现代的文学、文体观念与实践的确存在着较大的差异。如果我们用现代"文"的观念生搬硬套地去研究古代文体学，势必简单化也狭隘化了无比丰富的现象。

三、学科的基本内涵与对象

一个学科必须有独立的研究内容、成熟的研究方法以及相关的

---

① （明）许学夷著，杜维沫校点：《诗源辩体》卷36，人民文学出版社1987年版，第370页。

规范。古代文体学研究逐步形成了以文体史料学为基础,以文体史、文体学史和分类学、风格学等为主体构架的基本研究格局,并力求将古代文体学与文学史、语言学乃至文化学、历史学等研究结合起来,不断开掘与拓展文体学研究疆域,以建构更具体系和内涵的中国古代文体学学科。

(一)文体史料学与史源学

史料学是文体学学科的基础,主要内容是收集、考辨和运用文体理论方面的史料和各种文学体裁方面的史料。文体史料既可以按时代来研究,也可以按文体、按专题来研究。文体学史料涉及面相当广泛,除了像《文章流别》《文心雕龙》等专门文体学论著之外,在浩如烟海的总集与别集、史书、目录学著作以至诗话、词话、曲话、笔记中也存在大量的文体史料。傅璇琮先生说:"古代包括经史子集中的典籍,都与文学史料有关。"①文体史料学也是如此。其实,古人在这方面已着先鞭。古代大量的类书就收集了文体史料,如《古今图书集成》中"理学汇编"的《文学典》就收录诏命、册书、制诰、制书、敕书、教令、表章、笔启、奏议、颂、箴、铭、檄移、露布、策、判、书札、序引、题跋、传、论、碑碣、说、解、辨、戒、问对、难、七、祝文、哀诔、行状、墓志、四六、经义、骚赋、诗、乐府、词曲、对偶、格言、隐语、大小言、文券、杂文等文体史料。每一体一般都分为"汇考""总论""纪事""杂录"几部分,其材料取自经史子集各部,非常广泛,是非常详尽的分体文体史料。此外古代还有许多辑录的文体史料专著,比如《四六丛话》《制义丛话》《楹联丛话》等书也可看作分体的文体学史料。

文体史源学是借用了历史学的概念,史源学就是寻考史料来源

---

① 傅璇琮:《中国古典文学史料研究丛书·总序》,《当代学者自选文库·傅璇琮卷》,安徽教育出版社1998年版,第621页。

的学问。陈垣先生认为,研究史著应该寻考其所依据的史料来源,考察其根据是否可靠,引证是否充分,叙述是否正确①。文体学研究需要借用史源学,考察中国古代文体史料所据之来源。关于文体之学,古人亦多陈陈相因,甚至以讹传讹者。如关于药名诗的起源,宋代蔡絛《西清诗话》云:"药名诗起自陈亚,非也,东汉已有离合体,至唐始著药名之号,如张籍《答鄱阳客诗》。"②晁公武《郡斋读书志》之《陈亚之集》提要云:"药名诗始于唐人张籍,有'江皋岁暮相逢地,黄叶霜前半下枝'之诗,人谓起于亚,实不然也。"③宋人多以药名诗源于唐人张籍,然《艺文类聚》"杂文部二"早就收录了南北朝齐梁时期梁简文帝、梁元帝、沈约、庾信等人的药名诗,可见其说之不确。古人在引用文体史料时或因传抄、或因理解而产生讹误,近人之文献整理也可能产生此类问题。元代郝经《续后汉书》卷六十六上上引蔡邕《独断》曰:"制书,帝者制度之命也。其文曰制诏。"清代《御定渊鉴类函》卷一百九十七"制诏"条引用此文亦同此。明人徐师曾《文体明辨》"制"体亦引此文,略有不同,罗根泽先生《文体明辨序说》标点为:"蔡邕云:'其文曰制,诰三公,赦令、赎令之属是也。'"近年出版的《历代文话》本《文体明辨序说》标点亦同此。而考之史源,蔡邕《独断》原文是:"制书,帝者制度之命也。其文曰'制诏三公',赦令、赎令之属是也。"按,《续后汉书》与《御定渊鉴类函》引至"其文曰制诏"而止,以致后面"三公"一词没有着落。《文体明辨序说》标点文气通畅,但并不符《独断》之公文形制语境。"其文曰:'制诏三公'"是指制书开头格式的具体写法,"诰"即告知。秦汉时以丞相掌政务,

---

① 参考陈智超编注:《陈垣史源学杂文》前言,生活·读书·新知三联书店 2007 年版,第 1 页。

② (宋)胡仔:《苕溪渔隐丛话前集》卷 27 引,人民文学出版社 1962 年版,第 188 页。

③ (宋)晁公武著,孙猛校证:《郡斋读书志校证》卷 19,上海古籍出版社 1990 年版,第 1038—1039 页。

太尉掌军事,御史大夫掌监察,合称三公。皇帝的制文先通知三公,由三公具体执行。"制诰三公"意谓本制书下达到三公,由三公办理。证之当时史书,如《汉书·文帝纪》,文帝即位后大赦天下,其文曰:"制诏丞相、太尉、御史大夫……"这就是"制诰三公"的具体文本。制书也可以由三公之一位来执行。如《汉书·萧何传》景帝二年:"制诏御史。"《汉书·刑法志》第三:"天子怜悲其意遂下令曰:'制诏御史'。"总体来说,在中国文体学研究中,人们往往习惯于沿用前人结论,很少先考辨史源根据是否准确可靠。文体史源学不但开拓文体学研究,而且将为之提供更为可靠的文献基础。

(二)古代文体学史研究

文体学是中国古代文学批评中最早成熟的理论,是古代文学批评的基础,有极重的理论份量。中国古代文体学滥觞于先秦两汉,成熟于魏晋南北朝。唐宋以后,又进一步发展,至明清而极盛。因此,论述中国古代文体学的渊源及演化,特别是与文体发展史、文体理论著作结合起来,阐述文体发展与文体学、与时代的审美选择和社会心态之间的互动关系,是古代文体学的重要组成部分。

1. 文体发生学

文体观念的发生是中国文体学研究首先要面对的问题,目前学术界对此尚未有过较深入的研究。文体观念的发生,主要是文体分类观念的发生。分类是人类思维与社会发展基本而又重要的活动,通过分类给予纷繁复杂的现实以秩序。文体的"发生",将此前混乱的语辞现象秩序化。文体观念发生学主要研究文体观念发生的原因、途径、形态与标志。研究文体观念的发生有许多路径,举要而言:

制度与文体观念发生。早期礼仪制度的设计就反映出文体观念,如关于各种官吏职责的记载,有些就直接与文体相关。如《左传·襄公十四年》:"自王以下,各有父兄子弟以补察其政。史为书,瞽为诗,工诵箴谏,大夫规诲,士传言,庶人谤,商旅于市,百工献艺。"①其中已经涉及官吏职责与文体之间的对应关系。

诗乐、典籍归类与文体观念的发生。《尚书·尧典》:"诗言志,歌永言,声依永,律和声。"②这涉及艺术内部的分类与差异,对文体分类有启示作用。《诗经》"风""雅""颂"分类,即反映了编者的文体分类观念。又如《尚书》的编纂也多体现文体分类观念。

文献称引与文体学发生。在文章尚未独立的时期,人们有很多言论或作品是通过各类著作的称引而保存下来的。对于一个独立的文意单位,当要称述它时,就要通过引用的方式。早期的文体观念也可以在记叙或引用之中反映出来。如《尚书·盘庚》:"盘庚迁于殷,民不适有居。率吁众戚出矢言。"③《左传·哀公十六年》:"夏四月己丑,孔丘卒,公诔之曰……"④这里的"矢(誓)""诔"等,表面看来只是记叙一种行为或言语方式,但本质上是对这些行为或言语方式的认定与称名,体现了古人对于文体的某种集体认同。

命篇、命体与文体观念发生。人们对"篇章"从无意识到有意识,在理论上有重要意义。文献从无篇名至有篇名,篇名的出现从偶尔到普遍,经过了一个相当漫长的过程。为文献加上标题具有强烈的文献整理、储存与传播目的,而且也是文体认定与命体的前提。命篇首先要对该文献结构的完整性有比较清楚的认识,或者理解每一段文献的独立性,有将某一段文献标志出来或区分彼此的需要,才能为有独立文意的文献加上标题。标题设置在文献上标志了篇的独立性,也反映了时人对篇的内容、结构乃至其文体的认识。对篇章的命

---

① 《十三经注疏》,第 1958 页。

② (清)孙星衍:《尚书今古文注疏》,中华书局 1986 年版,第 70 页。

③ (清)孙星衍:《尚书今古文注疏》,第 222 页。

④ 《十三经注疏》,第 2179 页。

名与命体,是文章学与文体学发展的重要标志。

2. 文体分类与文体谱系

文体分类集中反映出人们对于文体特征与本质的认识水平。文体分类学包括文体分类的发生、文体源流论、文体功用论、文体体制论等。文体分类的主要原因是由于现实审美的丰富性,要求艺术掌握世界的形式也必须多样化。文体分类在先秦就开始了,到汉魏六朝已相当完备,此后不断发展演变。中国古代许多文学理论论争都与文体分类有关,如诗词之辨、诗文之分,以文为诗、以诗为词以及唐宋诗之争等。中国古代的文体分类非常复杂,其分类或以功能、或以功用、或以形态、或以题材,其区分缺乏一个明确而统一的标准。通过对中国历代重要文集的文类研究,可以从中总结出中国古代最基本的文类及其衍生文体、古体与变体、雅体与俗体等。在文体学史上,辨体论与破体论贯穿始终:前者认为文各有体,每种文体都有自己独特的审美特性、表现手法与艺术规律;后者则主张打破各种文体之间的界限,使各种文体互相融合。中国古代文体是在这两种理论的双翼互相作用下发展的。

黄侃曾指出古人文体分类的复杂之处:"详夫文体多名,难可拘滞,有沿古以为号,有随宜以立称,有因旧名而质与古异,有创新号而实与古同,此唯推迹其本原,诊求其旨趣,然后不为名实玄纽所惑,而收以简驭繁之功。"①这正说明古代文体的分类关涉一系列值得深入探讨的问题:古人有哪些分类的标准? 这些标准本源于什么样的文学观念? 它有哪些局限性? 这些局限性从何而来? 有没有一个"科学"的分类的可能? 等等。

中国古代文体谱系的形成与结构、方法与观念,是一个很重要但仍模糊不清的问题。光是古代文体的命名与分类方法就非常复杂。

---

① 黄侃:《文心雕龙札记·颂赞第九》,中华书局1962年版,第68页。

罗宗强先生曾说:"决定文体生成、定名和发展的,都不是单一的因素,又对于古人文体观念的理解与评价,也乱如理丝。"他认为,文体的定名涉及体裁与体貌两大类,其中又包括体裁定名、体貌定名、体貌定名与体裁定名之关系、文体定名涉及的文学与非文学问题①。中国古代文体分类究竟有无一种统一的内在标准? 事物的分类本来是一种逻辑活动,假如按照西方的文学理论,文体分类应该始终贯彻着一个逻辑标准,揭示文体之间内在的逻辑层次与本质联系,所以必须有统一的文体分类规则。但是古代文体分类的标准确实是比较模糊的,有些是从功能来分的,有些是从应用来分的,有些又是从表达方式或形态来分的,文体之间又有互相交叉甚至矛盾之处。有趣的是,这样的分类法在中国古代的阅读和创作语境中,并没有引起什么混乱。中国古代文体的分类,并不是科学逻辑的产物,它是在长期的历史过程中层累造成的,自身是一套约定俗成、集体认同的实用系统。以文体的命名为例,如果一定要追问它的"逻辑标准",那么,我们可以称它是一种随步移形的"特征命名法"。比如,"诏""制""奏""议"等体,是从使用者身份与文体功能特征得名的。"骚""辞""七"等体,是因《离骚》《楚辞》《七发》而得名的。"赋"体,是从铺陈的特殊写作方法得名的。"连珠""八股文",是从文体的语言修辞形式特征得名的。"简""册""篇""笺""牒""札""檄"等,是从文章载体特征得名的……中国古代文体的命名看起来模糊而多变,但大致是从文体某一方面的特征而来的。文体分类比文体命名更为复杂,要理清文体分类学上纷纭纠结的种种问题,建构出一个符合中国文化语境的文体谱系,仍有很大的难度和空间。

与文体谱系相关的是文体价值谱系,它差不多就是等级社会制

---

① 罗宗强:《我国古代文体定名的若干问题》,《中山大学学报》(社会科学版)
2009 年第 3 期,第 1 页。

度的一个隐喻:古代的文体之间存在着尊卑等级之分,作为文学风格的"体"也有审美价值品位的问题。中国古代的文体价值谱系大致是由实用与审美两方面决定的:一方面,由于早期古代文体的产生与礼乐制度密切相关,文体使用者的身份、文体使用的场合与实际功用皆具有尊卑之分,受此影响,文体也就有高下等级。所以,在中国文体价值谱系中,小说、戏曲自然不能与诗文相比,而诏、策、奏、启等实用文体内部,也存在着不同价值的序列。值得一提的是,那些运用场合与对象越神圣与尊贵的文体,也越讲究语言形式典雅之美,尽管它是实用文体。另一方面,古代的文体价值谱系表现出古人的审美观念。在他们的观念中,文体有古近、正变、雅俗、高下之分。文体正变高下等观念,反映了中国传统文化所积淀的审美理想,这就是推崇正宗的、古典的、高雅的、朴素的、自然的艺术形式,相对轻视时俗的、流变的、繁复的、华丽的、拘忌过多的艺术形式。从这方面来讲,文体学研究应该与审美结合起来,它所反映的是中国人深层的审美理想。

(三)文体史与历史文体学

古代文体史研究,一定要从中国古代文体形态的实际情况出发,避免套用西方的文体形态分类学的框框,削足以适履。文学的体裁及其体式规范是人类长期文学实践的产物,它从萌芽到成熟往往要经过漫长的历史进程。在这期间,个别作家的努力对于某些文体可能起了画龙点睛的作用或者有综合集成之功,但是从根本上讲,文体形态的形成及演变是集体长期创作实践和理论探索相结合的结果。因此,文体规范是一种带有普遍性的语言形式规则。社会的发展与语言的发展是文体发展的两大动力,这是研究文体发展史的线索。文体形态不是纯语言现象,人类的生存环境与精神需求才是文体形态创造和发展的内在的原因。因此,文体语言形式的深层具有丰富的人文内涵。文体发展与人类思维能力和对世界的感受方式有关系。人类在与自然及社会长期交往的历史中,形成艺术地感受和体验世界的心理图式和精神结构,而这些又是随着时代的变化而变化的,所以,文体史从某种角度看,也是人类感受世界、把握世界的历史。文体的发展总是与时代精神感受方式合拍的。时代和群体选择了一种文体,实际上就是选择了一种感受世界、阐释世界的工具。当特定的文体形式与群体和时代精神相适应时,才得到群体和时代的接受,这正是文体兴盛的基础。

古代文体史研究应该对中国古代文学文体和实用性文体的文体体制、渊源、流变及各种文体之间相互影响等问题作历史的描述和思考。除了研究文体的语言文字形式之外,还以历史的和逻辑的方法,全面研究古代文体的内部结构、文体的审美特征,以及文体之间的互相影响、互相融合、文体发展的规律……

历史文体学,即从历史学的角度出发,重点研究不同历史时期文体产生的历史背景以及演变的问题,是历史学、政治学和文体学相互交叉和渗透的研究领域。汉代蔡邕的《独断》一书从制度、历史的角度考察许多重要文体的渊源、作用、形制及演变,这部分内容具有历史文体学的性质。所有文体无不是在具体的历史环境中产生和发展的,上文所论的文体学语境问题都可归入历史文体学的范围之中。历史文体学研究富有广阔的学术前景。比如,文体与制度关系之研究。中国的文体是基于礼乐制度、政治制度的基础而形成与发展起来的,许多文体与制度的关系非常密切。制度的发生与变化引起文体产生与演变是一个很有新意而且很重要的研究课题。这种关系在早期中国社会表现得更为鲜明。《周礼·春官·宗伯》载"大史掌建邦之六典"①,"小史掌邦国之志"②,"内史掌王之八枋之法,以

---

① 《十三经注疏》,第817页。
② 《十三经注疏》,第818页。

诏王治"①,"外史掌书外令、掌四方之志、掌三皇五帝之书,掌达书名于四方"②。可见,官吏的分工与文体有莫大的关系。这种职责的分工,便具有文体分类的潜在意识。又如《周礼·春官·大祝》所载"六祝""六祈""六辞"皆是大祝的职责之一,皆为早期文体的研究对象。又如《周礼·秋官·司约》:"司约掌邦国及万民之约剂。治神之约为上,治民之约次之,治地之约次之,治功之约次之,治器之约次之,治挚之约次之。凡大约剂书于宗彝,小约剂书于丹图。"③"约剂"也即是各种券书契约,有治神、治民、治地、治功、治器、治挚"六约"。又如《周礼·秋官·司盟》:"司盟掌盟载之法,凡邦国有疑会同,则掌其盟约之载,及其礼仪北面诏明神,既盟则贰之。盟万民之犯命者,诅其不信者,亦如之。凡民之约剂者,其贰在司盟。"④假如我们从巫祝—辞命文体系统的眼光来看,司约、司盟都应该列入早期文体的主要研究对象。文体与制度之关系也贯通整个中国社会的历史发展。后期如唐代尚书省、门下省、中书省等部门掌握各种官文书的撰写,各部门的文体分工是很明确的⑤。而这些文体分工又与作者地位、身份相关。到了宋代,情况又产生变化。同一文体在不同时代,可能属于不同的官制背景、不同身份的作者,这些都可能影响了文体的地位与风格的变化。

(四)语体与语言形式

文学是语言艺术,文体研究也离不开具体可感的语言形式。文

---

① 《十三经注疏》,第 820 页。
② 《十三经注疏》,第 820 页。
③ 《十三经注疏》,第 880—881 页。
④ 《十三经注疏》,第 881 页。
⑤ 参看欧阳修撰《新唐书》卷 46《百官志》。

体研究包括对语言形式如字法、句法、章法与格律等方面的分析。

语体理论是与文体分类学密切相关的重要问题,不同文类有不同的语言体式。语体是为适应不同交际功能、不同题材情境而形成的语言运用体系,包括词语、语法、句法、语调等方面的理论。比如八股文便有特殊的语体,它似骈非骈,似散非散,是骈、散两种语体的杂交,骈文之韵与散文之气兼而有之。语体与文体的关系也相当复杂。比如"古文"与"骈文"究竟是特殊的语体,还是独立的文体,便是一个值得研究的问题。《文心雕龙》论及各种文体,虽然其中一些文体用后来的眼光看已可视作较为典型的骈文,但刘勰并没列出类似四六、骈文的文体。他仅把这些文体作为一种"丽辞",而"丽辞"并不属于特定的文体,因为当时多数文体都是需要"丽辞"的①。清代孙梅所辑的《四六丛话》中,骈体文涉及制敕诏册、表、章疏、启、颂、书、碑志、判、序、记、论、铭、箴、赞、檄、露布、祭诔、杂文等具体的文体。古文的情况也是一样的,骈文所涉及的文体,古文差不多也可涉及。如果我们把古文与骈体当作"文体"的话,就要考虑语体与文体的关系问题②。

（五）作为"风格"的文体学研究

各类文体风格的辨析也是古代文体学的重要内容,主要的内容有:1. 体性论:研究作家的个性与创作风貌的关系。2. 人品文体论:

---

① 我们固然可以站在六朝的骈文之"实"和后起的骈文之"名"的立场上反思刘勰的有关处理,但是所有的反思又不得不首先从刘勰本身的实际语境出发。在刘勰的语境里,"丽辞"作为语体特征而不是文体分类,可以提请我们深入思考向来不太被重视的语体与文体的关系问题。

② 古文、骈文如果作为文体,和制敕诏册、表、章疏、启、颂等具体文体又并不处于同一个分类层次上,在传承发展上也有先后时序的问题,我们因此还可以考虑诸如古代文体分类学的结构与层次、古代文体发展史等问题。

儒家思想在中国古代意识形态中占主导地位,特别重视作家的人品对于风格的影响,这方面情况比较复杂。3. 时代文体论:这体现出中国古代朴素的唯物的反映论,"文变染乎世情",特定时代的社会风尚决定了其整体的文风。西方学者把中国此方面的理论称为"决定的理论",即文学是当代政治和社会无意识与不可避免的反映或显示的观念。同时,中国古代往往以某种文体作为特定时代的代表,每个时代有主导性的文体,如汉赋、六朝骈文、唐诗、宋词、元曲等,所谓"一时代有一时代之文学"。4. 地域文体学:古人认为自然与人文地理环境影响了创作与文风,这是所谓的"江山之助"。这包括对于各地文学风格差异的研究。

（六）文体理论与文体的理论

超越传统文体学,就不能停留在对古代传统文体学已有理论的总结上,还要以新的学术眼光进行理论创新。尤其是超越理论的文字形态,探求其背后的观念。在上世纪八、九十年代,著名学者程千帆先生多次提出:"所谓古代文学理论,应该包括'古代的文学理论'和'古代文学的理论'这两层含义。因而古代文论的研究,也就应该采取两条腿走路的方法,既研究古代的文学理论,也研究古代文学的理论。前者是今人所着重从事的工作,其研究对象是古代理论家的研究成果;后者则是古人所着重从事的,主要是研究作品,从作品中抽象出文学规律和艺术方法来……二者虽然都是重要的,但比较而言,后者是更困难,也是更有意义的工作。"①同样,我们也可以从中国古代一些文学现象中抽象出文体观念来,既研究传统的"文体理论",又总结出有现代意识的"文体的理论",这也是文体学研究超越古人的方式之一。要从那些非理论形态的材料中钩沉出"文体

---

① 巩本栋编:《程千帆沈祖棻学记》,贵州人民出版社 1997 年版,第 121 页。

的理论",需要通过对大量的总集、文章、目录学以及相关的材料加以细读和抽象,所谓"好学深思,心知其意",于无文字处,领悟古人之精神,使潜藏者变显著,隐约者变明晰。在传统文体学的文献中,只要留心,就能在纷杂现象中发现"文体的理论"意义。这是推进与拓展传统文体学研究的一个重要方面。这里略举一例,以古代文章实例,谈谈对古代文体分类学的拓展问题。

中国古代篇籍的独立与文集的出现,促使文章题目的使用更为明确、普遍和规范化。文集以文体为纲的编纂方法,又促使文章的命题更加注重文体辨识功能,故题目往往具有定体的作用。按理说,一篇文章应该只有一题,分属一体,但实际上在文献流传中,存在大量"同文异题"与"同文异体"的现象,即同一文章在不同文集中,有不同题目或分属于不同文体。比如,《宋书》卷 93 记载陶渊明临终前:"与子书以言其志,并为训戒。"陶渊明临终之言,在后世文献中或被命为"戒"体,或命为"疏"体。《太平御览》卷 593 题为《陶渊明遗戒》,《六艺流别》卷 8 命名为《道诫》,而《陶渊明集》卷 7、《文章辨体汇选》卷 279、《汉魏六朝百三家集》卷 62 皆题为《与子俨等疏》。孔稚圭《北山移文》在后世的文体归属更为复杂,在总集中或属"书",或属"移文",或属"文",或属"古赋",或属"杂文":《文选》卷 43、《四六法海》卷 8 收入"书"类;《汉魏六朝百三家集》卷 79、《六朝文絜》卷 4 收入"移文"类;《古赋辩体》卷 10 外录下、《文翰类选大成》卷 110、《文体明辨》卷 46 收入"文"类;《文章辨体》卷 4 收入"古赋"类;《文章辨体汇选》卷 769、《骈体文钞》卷 31 收入"杂文"类。这种"同文异体"的现象是举不胜举的。"同文异体"现象虽然没有明确的理论表达,但至少反映出古人两种潜在观念:首先,文集编纂家不但有选文的权力,而且还有为作品命题与定体的权力。其次,在中国古代文体学中,文体分类标准有时是多元的或多层面的,所以有些文体分类是泾渭分明的,有些则属于模糊地带,有交叉现象。这就是古人所说的，"定体则无，大体须有"①。"同文异体"这一独特的文体现象反映了中国古代文体分类的原则与方法、特点与问题。这种现象给我们启示，用比较通达的态度来看待文体分类与文体研究，不至于过于拘泥。

四、与其他学科的互动关系

找到学科发展的基点和起点，在内涵、对象等方面勘划自身的学科范围，并不意味着古代文体学的自我封闭，恰恰相反，强调古代文体学的学科意识、学科独立，正是要在建设古代文体学学科的相对完整性的同时，保持对其他相关学科的开放性，实现与其他相关学科之间在疆域上的"比邻而居"和"通家之好"。如果说，我们前面所讨论的"辨体"作为古代文体学中贯通其他相关问题的核心问题，处理的是古代文体之间的分疆划界以及疆域之间的跨越与渗透，那么，我们这里所说的古代文体学与其他学科之间的互动，处理的则是现代学科之间的分疆划界以及学科疆域之间的跨越与渗透。

虽然涉及的问题十分繁杂，但大致说来，古代文体学与其他学科之间的互动关系可以分成以下两类：一是与现有的古代文学研究学科的关系，一是与现代文体学特别是现代西方文体学的关系。

我们首先讨论第一类关系。从一定意义上说，古代文体是古人审美地感受世界、把握世界的方式。对此，现有的古代文学研究学科，如古代文学理论、古代文学史、古代文学批评史尽管对文体都有所研究和涉及，但在研究的深度和广度上又不能不受到各自学科的范围和性质的限制。古代文体学看起来是归属于多种古代文学研究

① （金）王若虚：《滹南遗老集》卷37《文辨》，《四部丛刊初编》本，第189页。

学科的交叉地带,却又在一定程度上成为多种研究学科的不管地带。因此,建设现代学科意义上的古代文体学,不仅有古代丰富的文体理论与实践的客观基础,同时也是构建完善的古代文学研究学术结构的需要,并有利于在多种学科的合理互动中推进古代文学理论、古代文学史、古代文学批评史和古代文体学的互动发展。

从古代文体学与古代文学理论的学科互动中我们看到,一定的文体形态总是和特定的文学观念、文学理论息息相关。用现在的眼光来看,古代许多重要的文体形态是"非文学"的文体形态,但是在中国古代,实用文体形态与文学文体形态是浑然一体的,因此我们就需要突破现代文学观念的局限,从古代特有的文学观念、文学理论出发,对古代文体的丰富实践进行符合实际的理解、研究。另一方面,有不少古代的文学理论是在特定的古代文体的基础上提出的,和该文体自身的具体实践与源流正变紧密相连,对于其他的文体可能并不适用,更不能看成是普遍适用的古代文学理论。如萧绎《金楼子·立言篇》所说的"至如文者,惟须绮縠纷披,宫徵靡曼,唇吻遒会,情灵摇荡"①,这里的"文"就有齐梁时代特定的文体所指,不能不假思索地把这些特点看成是可以适用于当时所有文体的共同性质,更不能站在今天的立场上将其看成是可以古今通用的文学理论。

从古代文体学与古代文学史的学科互动中可以看到,文体具有特定的文化上的指向,文体指向一般说来与特定时代的文化精神是同一的。文体产生与演变也同样指向时代的审美选择与社会心态,所以文体学研究与文学史研究也有共通之处。从文体演变来研究文学发展,也是传统文学史的主流方式。如沈约《宋书·谢灵运传论》说:"自汉至魏,四百余年,辞人才子,文体三变。"而钟嵘《诗品》也是从体制的角度研究作家的继承关系及其流派的。文体形态的不断新

---

① 郭绍虞主编:《中国历代文论选》第1册,上海古籍出版社1979年版,第340页。

创、完善及其受到遵奉、挑战的过程,其实也就是整个文学史发展的一个侧面;对特定阶段的文体形态,甚至是个别文体形态的深入研究,也有利于推进文学史的新发现。但是,文体学研究在理论、方法以及价值取向等方面也具有自身的特点,因此与一般文学史研究也应该有所区别。比如,虽然文体史与文学史研究都离不开对于作家作品的研究,但是文体史研究的目的却主要是为了研究各种文体形态总体的规范及其发展演变,因而文体史发展和文学史发展的规律也必然不尽相同,文体史的分期与文学史的分期也不会完全重叠。文体学与文学史的视角有所不同,还影响到价值判断上的差异。有些作品在艺术方面水平并不高,在文学史上的地位也不高,但也许在文体形态方面有独到之处,在文体学上就有独特的地位。同样,在文学史上影响很大的作品,未必在文体学中占有一席之地。徐师曾《文体明辨序》谈到该书编录文章时说:"是编所录,唯假文以辩体,非立体而选文,故所取容有未尽者。"①虽然"唯"和"非"的说法有失绝对,但他实际的意思当是要表明自己主要是从"辨体"的角度选取在文体上有代表性的作品,一些以艺术见长的好文章未必全入选,正是从这个角度来说,是"所取容有未尽",这可以作为文体学与文学史相关而不同的例子。

在古代文体学与古代文学批评史之间,也同样可以看到学科的互动现象。王瑶先生说过:"中国的文学批评,从它开始起,主要是沿着两条线发展的——论作者与论文体,一直到后来的诗文评或评点本的集子,也还是这样:一面是'读其文而不知其人可乎'的以作者为中心的评语,一面是'体有万殊'而'能之者偏'的各种文体体性风格

---

① 《文体明辨序说》,第 78 页。

的辨析。一切的观点与理论,都是通过两方面来表现和暗示的。"①所言甚是。从这个角度看,文体学与文学批评关系密切,而且占了其半壁江山。不过,从学科角度来看,文体学研究有不同于一般文学批评的独立性。比如从文学批评来看,明代格调派的复古理论价值不高,而且与性灵派相对立,但是从文体学的角度来看,明代格调派复古理论的辨体批评却达到了相当的高度,格调派与性灵派也未必没有共同的话题。明代批评家特别强调"辨体",对于诗、词、文乃至小说、戏曲之文体都有相当精到细致的研究。明人受严羽影响最大。严羽《沧浪诗话》标举"第一义",论辨各家体制,自负"辨家数如辨苍白"。而"辨体"也就成为明代诗文创作与批评的第一要义,对诗文体制规范及其源流正变的探讨成了明代文学批评的中心议题,正如公安派袁宗道所说:"吾姑置庖牺以前弗论,论章章较著者,则莫如《诗》《书》。乃骚、赋、乐府、古歌行、近体之类,则源于《诗》;诏、檄、笺、疏、状、志之类,则源于《书》。源于《诗》者,不得类《书》;源于《书》者,不得类《诗》。此犹庙之异寝,寝之异堂,其体相离,尚易辨也。至于骚、赋不得类乐府,歌行不得类近体,诏不得类檄,笺不得类疏,状不得类志,此犹桷之异榱,棁之异节也。其体相离亦相近,不可不辨也。至若诸体之中,尊卑殊分,禧裰殊情,朝野殊态,遐迩殊用,疏数烦简异宜,此犹榱桷节棁之因时修短狭广也。其体最相近,最易失真,不可不辨也。"②虽然这是为人写序,不免有应酬之意在,但至少是赞同辨体的。"辨体"的确是明人比较普遍的意识,不仅性灵一派,还有七子,不仅有大量的诗话、词话、曲话以及笔记,还有大量的

① 王瑶:《文体辨析与总集的成立》,见《中古文学史论》,北京大学出版社 1986 年版,第 84 页。
② (明)袁宗道撰,钱伯城校点:《白苏斋类集》卷 7《刻文章辨体序》,上海古籍出版社 1989 年版,第 81 页。

诗文总集,如吴讷的《文章辨体》、徐师曾的《文体明辨》、贺复徵的《文章辨体汇选》都是兼选本和文体学著作于一身的总集①。可以说从文体学史来看,明代是继六朝之后另一个文体学极盛的时代。

其次,我们要讨论古代文体学与现代文体学特别是现代西方文体学之间的互动关系。

人们常说古代文体学研究要借鉴西方文体研究尤其是作为语言学研究的文体学的合理因素。其实,从学科建设、学科互动的角度看,现代西方文体学给予我们古代文体学的启示,也许远远超出了一般所说的"借鉴"这个层面。以下结合对于现代西方文体学的粗浅了解略加考察:

现代语言学的高度发展给现代西方文体学带来"语言学转向",也引发了"文体学到底属于文学还是语言学"的激烈争论,主流的看法认为文体学属于文学,语言学应当作为适当的文学批评方法加以运用。但是何谓"适当"?此问题又被转化为文学作品的语言形式与作品的主题意义、美学效果之间的关系问题。而对此大体上又有三种解决方案:第一种强调语言文本形式的所谓"客观性",主张对文本进行细读,以作品本身的文字结构作为阐释和批评的惟一根据;第二种偏重于主题意义、美学效果的"主观性",提出"感受文体学"的美国理论家费什(Stanley Fish)是其中最著名的代表;第三种方案则在主、客观之间进行折中,如"文学文体学之父"斯皮泽(Leo Spitzer)提出所谓"语言循环"(Philological circle),即先找出作品中偏离常规的语言特征,然后借助批评家以往的阐释经验对此偏离作出作者心理根源上的解释,之后再回到作品细节中通过考察相关因素予以证实

———————

① "正体"或"辨体"一词就是当时不少著作的时髦名称。除上举例之外,又如杨慎有《绝句辨体》、许学夷《诗源辨体》、符观《唐宋元明诗正体诗集》等,可见时风之一斑。

和修正①。

三种解决方案都有部分合理之处,但也同时在它们解决问题的地方产生了更多的问题。因为作者、阐释者及与之相关的作品的主题意义和美学效果,决不是文本——即使是处于先进的现代语言学探究手段之下的文本——本身所能穷尽的,从而也为"话语文体学""社会历史和社会文化文体学"及其形形色色的变体(如"政治文体学""女性主义文体学""语境文体学"等)留下了探索的缺口。在他们眼里,文学是社会话语、政治现象、意识形态的作用物,阐释者和作者也都是历史语境的一部分,任何阐释和分析都应该在一个由社会意识形态和语言建构出来的现实或理论框架中进行②。

基于以上概述,我们认为可以在三个层面上考虑古代文体学与现代西方文体学之间的学科互动:

第一个层面,面对内涵、对象、范围等自身的学科性质问题,现代西方文体学也没有一劳永逸的定义、一成不变的答案,因此,无论是古代文体学还是现代西方文体学都共同面对着各自学科的基本性质问题,不断追寻又不断突破可能的学科界限。

第二个层面,现代西方文体学不仅涉及与现代语言学学科之间的问题,也涉及"话语文体学""社会历史和社会文化文体学""女性主义文体学"等研究手段和二级学科,因此,古代文体学对现代西方

① 有关主观性、客观性的纷争,可参阅钱佼汝:《英语文体学的范围、性质与方法》,《外语教学与研究》1985 年第 2 期,第 1 页。费什写过好几篇论文,特别是以《读者中的文学:感受文体学》一文阐发其观点,见《读者反应批评:理论与实践》,中国社会科学出版社 1998 年版,第 130—190 页。斯皮泽、费什等的理论观点及其所遭遇到的批评,可参阅申丹:《叙述学与小说文体学研究》,北京大学出版社 1998 年版,第 142—169 页。
② 关于"话语文体学""社会历史和社会文化文体学"等的概略介绍,可参阅前引申丹:《叙述学与小说文体学研究》,第 105—119 页。

文体学的"借鉴"不应该仅仅停留于"语言学研究的合理因素"上,也不应该仅仅停留于所谓"形式主义文体学"这一家一派,而应该进一步拓展更广阔的互动、借鉴的空间。

第三个层面,即使是对现代西方文体学"语言学研究的合理因素"的"借鉴",也需要充分意识到这种"借鉴"的限度。《文心雕龙·附会》说:"夫才童学文,宜正体制,必以情志为神明,事义为骨髓,辞采为肌肤,宫商为声气。"①可见,古代文体学将"体制"与"情志""事义""辞采""宫商"等结合起来,要求最终达到整体把握文体、解会文学的境界。因此,在中国古代文体学之中虽然也不乏用字、句法、篇法和韵律等方面的研究资源,但和现代西方文体学条分缕析的语言学研究手段如何对接、是否可能对接,还是一个有待进一步思考的问题。这也是一个和古代文体学的方法论和思维方式密切相关的问题。

总结全文,我们以"辨体"的辨证思考和"文体"的含义疏解为基本起点,进而从两个方面展开论题:一方面,通过对基本内涵与对象的探讨,尝试勘划古代文体学自身大致的学科范围和性质;另一方面,通过古代文体学与古代文学研究学术结构内部各学科及现代西方文体学之间的学科互动,尝试推动学科之间的跨越与渗透。本章只是一份粗陋的学科草图。我们不能奢望获得一个简要而准确且一劳永逸的关于"古代文体学"的标准定义,但在不断的探索中可以加深对它的了解,启发更多的研究者加入到对此问题进一步思考的行列。

---

① (南朝梁)刘勰著,詹锳义证:《文心雕龙义证》,上海古籍出版社 1989 年版,第 1593 页。

第二章　古代文体学要籍叙录

　　文体学文献是文体学学科的基础，主要内容是收集、考辨和运用文体理论方面的史料和各种文学体裁方面的史料。就文体学而言，新发现的出土文献、域外文献固然很有开拓意义，但就多数研究者而言，熟读常见书，即可解决文体学的主要问题。传统的基本文献是更为核心和主流的知识，熟练掌握和准确地释读基本文献，是更为重要的。所以，本章的版本介绍，以常用、易见本为主。在这个基础上，再拓展文献视野，有所比对，才能发现其真正的意义。

一、早期儒家典籍的文体史料与观念

　　"文本于经""文体原于五经"等观念是在儒家思想占绝对统治地位的历史背景下逐渐形成的。实事求是地说，五经作为中国早期文明的记载，其最基本、最核心的思想观念与文章形态的确对后世文化包括文学产生了全面和深刻的影响。五经本身具有文章的特质，且为早期文章的典范，也必然为后世文章写作打上不可磨灭的烙印。就文体言，诗、歌、盟、铭、诔等文体成熟极早，大量载入儒家典籍中，已成其不可或缺的构成部分；至于后世各种文体因素的萌芽，在儒家经典中更是不胜枚举。传统诗文文体，很少有不受儒家典籍影响的。从这个意义上看，"文本于经""文体原于五经"等说法，都有一定合理性。当然,文体之发生渊源复杂,不能绝对化与简单化。如果把历代所有文体的渊源一一归于五经,则不免失之牵强。

先秦儒家经典是中国早期文明的记载,包含着当时社会生活各方面内容的文字制作和作为其载体的相关文体。以诗歌文体为例,《周易》保存了不少远古歌谣。如《周易·屯·六二》:"屯如,邅如;乘马,班如;匪寇,婚媾。"《周易·中孚·六三》:"得敌,或鼓,或罢,或泣,或歌。"这种简短的二言体歌谣,可视为与当时简单劳动和思维相对应的原始诗歌形式。随着社会生活的进步和人类思维、语言的发展变化,诗歌的句式逐渐发展,如《尚书·益稷》载帝舜君臣倡和之歌曰:"元首明哉! 股肱良哉! 庶事康哉!""元首丛脞哉! 股肱惰哉! 万事堕哉!"通篇以四言句式为主,诗歌表现力和抒情特征大为增强。西周以后,这种句式、章法较为整齐的四言诗大量产生,最早的诗歌文体至此已完全成熟。这些诗歌,大多数保存在《诗经》中,按风、雅、颂三类编排,在文体功用、体制形式、表现手法、审美风貌等方面,奠定了古代诗歌文体的基本特征。

至迟在商代中期,我国已有了初步定型的文字,同时也就有了书面文献。殷墟的甲骨卜辞,商代和周初的铜器铭文,《周易》中的卦、爻辞,可以说是散文的萌芽。《周易》本为占卜之书,在占筮过程中,形成了主、客双方,把占筮过程记录下来,自然就产生了问对体作品;又如以《周易》为代表的卦爻辞结构编排方式,是后世论说文先总说、后分说结构的始祖。《尚书》中的誓、诰、训等文辞,都是当时政治生活中的重要文书,其体制对后代中央王朝的公牍文体影响深远。孔安国《尚书序》认为《尚书》有典、谟、训、诰、誓、命六种文体,并认为这些文体的产生都有"垂世立教"的目的和功用。孔颖达《尚书·尧典》正义进一步提出"十体"说,在原有六体基础上增加了"贡""歌""征""范"四种文体。《左传》本为编年体史书,与《公羊传》《穀梁传》并称为"春秋三传",记载先秦史实最为详尽,所含早期文体也最为丰富。宋陈骙《文则》总结了《左传》八种主要应用文体及其风格特征,分别为命、誓、盟、祷、谏、让、书、对。事实上,《左传》所载文体远不止八种,如《昭公二十年》晏子之论"和同",《襄公二十四年》穆叔之论"不朽",属于辩论体;《昭公二十六年》王子朝告诸侯,属于诏令体。又,《襄公四年》载:"国人诵之曰:'臧之狐裘,败我于狐骀。我君小子,朱儒是使。朱儒朱儒,使我败于邾。'"是为诵体。《桓公十年》载虞叔之语:"周谚有之:'匹夫无罪,怀璧其罪。'吾焉用此,其以贾害也?"是为谚体。此外,《左传》所录,还有讴、歌、谣、箴、铭、诔等,足见当时文体类目之丰富。

先秦时期,各种文体的产生与礼制关系密切。特定的礼仪场合,往往要应用特定的文体。儒家经典对此的记录最为详尽权威,如《周礼·秋官·司约》:"司约掌邦国及万民之约剂。治神之约为上,治民之约次之,治地之约次之,治功之约次之,治器之约次之,治挈之约次之。凡大约剂书于宗彝,小约剂书于丹图。""约剂"即各种券书契约,是古代社会生活中的常用文体,有治神、治民、治地、治功、治器、治挈"六约"。又,《周礼·春官·大祝》有大祝"作六辞"的记载:"作六辞,以通上下亲疏远近,一曰祠,二曰命,三曰诰,四曰会,五曰祷,六曰诔。"所谓"六辞",即大祝必须掌握的六种文体形态。郑玄注说:"祠当为辞,谓辞令也。命,《论语》所谓'为命,裨谌草创之'。诰谓《康诰》、盘庚之《诰》之属也。盘庚将迁于殷,诰其世臣、卿大夫,道其先祖之善功,故曰以通上下亲疏远近。会谓王官之伯,命事于会,胥命于蒲,主为其命也。祷谓祷于天地社稷宗庙,主为其辞也(略)。诔谓积累生时德行,以赐之命,主为其辞也。""六辞说"对后世文体学有深远影响,刘师培《文学出于巫觋之官说》提出"六祝六祠"为文章各体的渊源。由于儒家礼制极为繁缛,与此相应的文体名目也特别繁多。如大祝掌管的祝辞,又可细分六类:"一曰顺祝,二曰年祝,三曰吉祝,四曰化祝,五曰瑞祝,六曰策祝。"(《春官·大祝》)

大祝所掌祈辞,也可分为六类:"一曰类,二曰造,三曰禬,四曰禜,五曰攻,六曰说。"(《春官·大祝》)大祝之外,又有小祝、丧祝、甸祝、诅祝等职官,各自掌管特定的祝辞。职官分工之细,促成了文体形态和类目的多样化。

早期的文体意识,主要表现在文体分类上。《尚书》记载的各种文诰,仅从篇名看,已有典、谟、训、诰、誓等区别,这种区别,是以文体分类意识为前提的。《周礼·春官·宗伯》载,"太史掌建邦之六典","小史掌邦国之志","内史掌书王命","外史掌书外令、掌四方之志、掌三皇五帝之书"。可见,图书档案和公文的性质不同,史官的分工和职责也有异。这种分工和分类,伴随着潜在的文体分类观念。

文体分类的前提,是对不同文体性质、功用、体式特征等有明确的认识。这种认识一旦以理论形态表述出来,便成为文体批评。先秦儒家典籍中,保存着不少文体批评内容。如《尚书·尧典》:"诗言志,歌永言,声依永,律和声,八音克谐,无相夺伦,神人以和。"揭示了诗歌文体抒情言志的本质特征以及早期诗歌与音乐的关系。"诗言志"并非儒家一家之言,而是先秦时代人们的普遍观念。如《左传·襄公二十七年》载赵文子对叔向说:"诗以言志。"《庄子·天下篇》:"诗以道志。"当然,对古代文艺思想影响最大的,还是《尧典》的说法。郑玄《诗谱序》以为"诗之道放于此",近人朱自清《诗言志辨序》也说它是中国诗论的"开山的纲领"。又《论语》中记载了大量孔门论《诗》之语,如《论语·为政》:"子曰:诗三百,一言以蔽之,曰:'思无邪。'"《论语·八佾》:"子曰:《关雎》乐而不淫,哀而不伤。"同篇又称:"子谓《韶》'尽美矣,又尽善矣'。谓《武》'尽美矣,未尽善也。'"《论语·阳货》:"子曰:小子何莫学夫诗?《诗》可以兴,可以观,可以群,可以怨。迩之事父,远之事君。多识于鸟兽草木之名。"这些论述,比较全面地涉及诗歌文体的政治教化、抒情性、感染力、审美理想和认识作用等特征,奠定了古代诗学的基本格局、风貌,也决定了古代诗歌文体发展的基本走向。

除了诗歌文体外,早期儒家典籍中还时有对其他文体体性的论述。《礼记·檀弓上》记载鲁庄公与宋人作战,其御者县贲父战死,庄公"遂诔之,士之有诔自此始"。《礼记·曾子问》还对诔文的使用范围作了说明:"贱不诔贵,幼不诔长,礼也。唯天子称天以诔之。诸侯相诔,非礼也。"《左传·哀公十六年》载孔子卒,鲁哀公为之作诔,孔子弟子子赣评论说:"君其不没于鲁乎!夫子之言曰:'礼失则昏,名失则愆。'失志为昏,失所为愆。生不能用,死而诔之,非礼也。称一人,非名也。君两失之。"从礼制出发,批评哀公作诔的行为是"非礼";从诔文出发,批评哀公所作"非名",即不得体。又《左传·哀公十二年》载:"公会吴于橐皋。吴子使大宰嚭请寻盟。公不欲,使子贡对曰:'盟,所以周信也,故心以制之,玉帛以奉之,言以结之,明神以要之。寡君以为苟有盟焉,弗可改也已。若犹可改,日盟何益。今吾子曰必寻盟,若可寻也,亦可寒也。'乃不寻盟。"指出诸侯结盟,是严肃庄重的政治行为,其目的是为了结信。既盟之后,就要遵守,不可随意更改。在对结盟行为的阐释中,自然也包含着对盟的文体性质、功用等的看法。又《礼记·祭统》:"夫鼎有铭,铭者,自名也。自名以称扬其先祖之美,而明著之后世者也。为先祖者,莫不有美焉,莫不有恶焉。铭之义称美而不称恶,此孝子、孝孙之心也,唯贤者能之。铭者,论撰其先祖之有德善、功烈、勋劳、庆赏、声名,列于天下,而酌之祭器,自成其名焉,以祀其先祖者也。显扬先祖,所以崇孝也;身比焉,顺也;明示后世,教也。夫铭者壹称而上下皆得焉耳矣,是故君子之观于铭也,既美其所称,又美其所为。为之者,明足以见之,仁足以与之,知足以利之,可谓贤矣;贤而勿伐,可谓恭矣。"对铭体之名称、特点与功能等作了全面探讨,是一篇比较系统的铭体专论,在早期文体批评中特别引人注目。

先秦还没有学术分科,文学思想往往与政治、伦理、哲学、文化、语言、艺术等思想融为一体。儒学经典中的文体学，总体上只能说还处于观念的萌芽形态，尚非自觉的、系统的文体学研究。

二、总集类要籍

集部著作尤其总集是研究文体和文体学必不可少的文献。总集为研究文体学提供了各种体裁的具体作品，也体现了最直观的文体分类观念。自《文选》确立分体编次的传统后，总集成为考察文体分类的基本史料。宋代以后，总集编纂兴起撰写文体序题之风，总集又兼有了文体论性质。这些特征，都决定了文章总集具有重要的文体学意义。本章介绍的总集，主要指兼收众体的著作。单收一种文体的总集，除了个别文体论内容极其丰富的著作如《古赋辩体》等，限于篇幅，暂不列入。别集虽也有文体学价值，但因仅为一家之作，文体的丰富性、全面性不如总集，本章也暂付阙如。

《文选》六十卷。梁萧统编，唐李善注，有上海古籍出版社 1986 年版。我国现存最早的文章总集，选录先秦至梁代各体文章，确立了总集分体编次的传统，计有赋、诗、骚、七、诏、册、令、教、策文、表、上书、启、弹事、笺、奏记、书、移、檄、难、对问、设论、辞、序、颂、赞、符命、史论、史述赞、论、连珠、箴、铭、诔、哀、碑文、墓志、行状、吊文、祭文等 39 体（又有 37 体、38 体之说）。同一文体的作品，以时代先后为序。其中赋、诗等重要文体之下，又据题材分小类，形成了二级类目，如赋有京都、郊祀、畋猎等 15 目，诗有补亡、述德、公宴等 23 类。《文选序》对各种重要文体演变的论述亦颇有价值。

《文苑英华》一千卷。宋李昉等编，有中华书局 1966 年影印本。此书有意接踵《文选》，选文上起萧梁，下迄晚唐五代，分体编次，计有赋、诗、歌行、杂文、策、判、表等 38 类。每类之下，又据题材或体裁不同而细分子目。其体例和文体分类大致沿袭《文选》，但有所增减变化，透露了从六朝至唐宋文体盛衰消长的信息，如《文选》有七体，此书未录，说明唐宋时期七体已逐渐边缘化；又《文选》无判文，而《文苑英华》立此体，反映了唐代以后判文的盛行及其文体地位的确立。

《唐文粹》一百卷。宋姚铉编，有四部丛刊本、《四库全书》本等。专录唐代诗文，崇尚古雅，反对雕琢，故特别推重韩柳之文，不取律赋、近体诗、四六等。所录文体有古赋、古调、颂、赞、表奏书疏、檄文、露布、古文等22大类。大类之下，又据题材细分小类，如古赋分盛德类、失道类、京都类等18种；颂分神武类、时政类、祥应类等15种。其中古文类下分原、规、书、时议、言语对答、经旨、读、辨、解、说、评、录命、论兵、析微、毁誉、时事、变化等类，对研究宋人的古文观念颇有价值。

《宋文鉴》一百五十卷。原名《皇朝文鉴》，宋吕祖谦编，有四部丛刊本、中华书局1992年排印本、2018年重印本等。仿《文选》《唐文粹》体例，选录北宋诗文，分赋、骚、诏、敕、表、箴等61体。其文体分类比前代总集更为细密，如诗分四言古诗、乐府歌行、五言古诗、七言古诗、五言律诗、七言律诗、六言诗、五言绝句、七言绝句等，体现了古代诗歌至宋而众体兼备的实况及宋人辨体意识的增强。又录上梁文、乐语、说书、经义等新兴文体，反映了宋代文体的孳生和演变。

《文章正宗》正、续集各二十卷。宋真德秀编，有《四库全书》本。首次明确采用文体功能标准，将各体文章归入辞命、议论、叙事、诗赋四大类，以简驭繁，打破了《文选》以来总集分体序次的模式，开创了以类序次的总集编纂新传统。这种分类以文体归类为基础，重在归纳出相近文体的共性，迥异于详尽把握个性差异的细分文体，反映出全新的文体分类观。每大类各有小序，论述这一类文体的起源、功用、体制特征、代表作家作品和写作要求等。又，此书将叙事类文体与辞命、议论、诗赋类并列，并大量收录史著中的叙事文章，体现了对文章叙事功能的重视,也有别于以抒情、言志、载道为主的传统文章观。

《元文类》七十卷。元苏天爵编,有四部丛刊本、《四库全书》本等。收录元代诗文,分为辞赋类、乐章诗类、诏册制命类、奏议表笺类、箴铭颂赞类、碑类、记序类、书启类、杂说题跋类、杂著类、策问类、杂文类、哀辞谥议类、行状类、墓志碑碣表传类等 15 大类。大类之下又分小类,如乐章诗类分乐章(宗庙雅乐)、四言诗、五言古诗、乐府歌行、七言古诗、杂言、杂体(集句、联句)、五言律诗、七言律诗、五言绝句、七言绝句等;墓志碑碣表传类分墓志、墓碣、墓表、神道碑、传等。总计二级类目有 43 种文体。与《文选》等总集的二级类目以题材分不同,此书的二级分类纯粹以体裁分,相近的体裁归为一大类。因此,其文体分类实际综合了分体与归类两种不同的路向。

《古赋辩体》八卷、外集二卷。元祝尧编,有《四库全书》本。此书既是辞赋总集,又是第一部在书名中明确揭橥"辨体"宗旨的文体学专著,开启明代总集标榜"辨体"之风气。根据辞赋的发展历史,将古赋分为楚辞体、两汉体、三国六朝体、唐体、宋体;每体之前各有一序,论述其源流演变及体制特征,再举例文以证之。选文多有题解和评注,借以开展辨体批评,反映出作者的赋体观念。又据文体形态提出古赋、俳赋、律赋、文赋四种文体概念,对后世赋体分类产生较大影响。

《文章辨体》五十卷、外集五卷。明吴讷编,有《四库全书存目丛书》本、《续修四库全书》本。采辑前代至明初诗文,分为内、外集。选文标准深受《文章正宗》等宋代理学家的影响,区分文体之正变,推崇古雅之体。在文体分类、文体论上颇有开拓。内集录文章 50 体,分别为古歌谣辞、古赋、乐府、古诗、谕告、玺书、批答、诏、册、制、诰、制策、表、露布、论谏、奏疏、议、弹文、檄、书、记、序、论、说、解、辨、原、戒、题跋、杂著、箴、铭、颂、赞、七体、问对、传、行状、谥法、谥议、碑、墓碑、墓碣、墓表、墓志、墓记、埋铭、诔辞、哀辞、祭文等。外集收录连珠、判、律赋、律诗、排律、绝句、联句诗、杂体诗、近代曲词等 9 体,全书共录文体 59 种。每体之前各有一篇论述文体性质、功用、体性特征及其产生、发展、演变等的文字。吴讷首次将这类辨析文体的体式明确命名为"序题",确立了一种新的文体批评样式。

《六艺流别》二十卷。明黄佐编,有《四库全书存目丛书》本。从文本于经的观念出发,首次以选本形式将古代的基本文体形态分系于《诗》《书》《礼》《乐》《春秋》《易》六艺之下,形成六大文体类别,重新建构了中国古代文体庞大的谱系。在这个谱系中,儒家经典的源和后代文体之流的关系是分级分支衍生的,一方面肯定六艺的渊源作用,另一方面认为后代文体虽承六艺之绪,但也出现了分流现象,文体本质实际上已有所演变,具有新的因素并各有独立的意义。六大文类,共辖文体 152 种,类目之繁多,超出此前任何一部总集;其中许多是对先秦文体形态甚至口头形态的总结、发掘,对于早期文体研究作用尤大。每种文体的选文之前采用序题的方式,对各文体及相互关系作简要说明,并解释选文标准,具有较高的文体学史料价值。

《文体明辨》八十四卷。明徐师曾编,有《四库全书存目丛书》本。在吴讷《文章辨体》的基础上编纂而成,但又有一些明显的推进与变化。《文体明辨》明确提出总集"假文以辨体"的功能和编纂宗旨,以辨体作为文章总集的目标,选文只是手段。《文体明辨》和《文章辨体》相较,受理学影响较少,它不限于古雅正变之见,尽可能多地收集各种文体,所录文体 127 种,就其选文而言,不如《文章辨体》精当,而在文体史料的丰富性与多样性方面,则远超于《文章辨体》。其中有些是文体细分,如《文章辨体》古诗类,《文体明辨》析为五言古诗、七言古诗、杂言古诗;序类,《文体明辨》析为序、小序、引等;有些是新生文体,尤其是宋代以后上层社会与民间流行的各种俗文体、宗教文体,如致辞、帖子辞、上梁文、乐语、右语、道场榜、道场疏、功德疏、青词、募缘疏、法堂疏等，均为《文章辨体》所未录。每种文体之前，各有序题，多出己见，对前人文体理论有所辨正和发展，极具理论价值。

《四六法海》十二卷。明王志坚编，有《四库全书》本、辽海出版社 2010 年版于景祥点校本。选魏晋至元代骈体之文，分敕、诏、册文、赦文、制、论、铭、赞等 40 体。与其他文体研究重在追溯各体文章的起始之作不同，此书更关注各种文体最早出现骈俪化倾向的作品，如敕体以宋武帝《与臧焘敕》为始，诏体以沈约《劝农访民所疾苦诏》为始，表体以陆机《谢平原内史表》为始，此皆以骈化为标准。所录文章多有笺注或评论，颇涉辨体内容。又卷首自序一篇，勾勒出四六文的发展流变史，认为文体由散而骈，由单而偶，是"天地间不得不变之势"。这是对唐宋以来的古文家反对骈俪，甚至主张废除骈文的偏激观点的反击，可谓清代骈文复兴和骈散之争的先声。

《文章辨体汇选》七百八十卷。明末清初贺复徵编，有《四库全书》本。在《文章辨体》《文体明辨》基础上扩展成书，而规模之巨大，甄录之广博，分体之细密，为历来总集所罕见。此前的总集，如《文选》《文章正宗》《文章辨体》等，虽以"文"命名，实际都兼收诗赋，且诗赋的分量往往很大。此书不收诗赋，可见其文章内涵，是以叙事、说理、议论为主的实用性文体，不包括以缘情体物为主的诗赋。这在明清总集中颇为独特。尽管不含诗赋，所录文体也多达 132 类，类目之繁，鲜有其匹。每体之前，各有序题，详细阐述此类文体的名称、功用、体性、源流变化等，并征引前人文论资料作为佐证。征引范围极为广博，而以《文心雕龙》《文章辨体》《文体明辨》最多。如与前人观点有异，则在序题中加以按语，阐发己意。

《唐宋八大家类选》十四卷。清储欣编，有光绪元年（1875）湖北崇文书局刻本。此书打破选辑八家古文多以人编次的常规，以类编次八家之文，计六类 30 体，分别是奏疏类，有书、疏、札子、状、表、四六表6体;论著类,有原、论、议、辨、说、解、题、策8体;书状类,有状、启、书3体;序记类,有序、记、引3体;传志类,有传、碑、志、铭、墓表5体;词章类,有箴、铭、哀辞、祭文、赋5体。这种分类,是分体与归类的结合,而从书名、吴振乾序都可看出编者对文体分类的这两种逆向方法已有理论的自觉。卷首有引言,介绍此书分体、归类的标准及内容,并简论各类文体的主要特征、功用等。其分类方法对《古文辞类纂》或有影响。

《古文辞类纂》七十五卷。清姚鼐编,有《续修四库全书》本、上海古籍出版社1998年版整理本等。桐城派标举古文理论,传授古文义法的重要选本。以《战国策》《史记》等为古文正统,大量选录先秦两汉、唐宋八大家文。又以韩愈文为最善学古者,故选韩文130余篇,居全书之冠。对于六朝古文,则因其浸润骈俪之风而摒弃殆尽。分所录文章为论辩类、序跋类、奏议类、书说类、赠序类、诏令类、传状类、碑志类、杂记类、箴铭类、颂赞类、辞赋类、哀祭类等13大类,每类又分若干体。这种从文体功用出发的分类法,既不流于琐碎,又不过于简略,与此前的文体分类相较,具有更大的合理性,故对后来的文体分类产生了较大影响。卷首"序目"把自序、序题、目录三者有机结合起来,是一种独特的文体学形式。自序是全书纲领,揭示全书的体例与主旨。序题阐发文体分类思想,是对主旨的展开。目录则是序目的主体,是对主旨和序题的具体化。

《骈体文钞》三十一卷。清李兆洛编,有《续修四库全书》本、上海古籍出版社2001年版殷海国等校点本。清代骈散之争中产生的骈文选本,主张骈、散同源,如奇偶、方圆并生于阴阳,不能须臾相离,更不必强分轩轾,故在选骈文的同时,也兼收散体文。全书700多篇文章中,秦汉文即占150余篇,较好贯彻了骈散合一的文体观。所录之文分为三编,上编为"庙堂之制,奏进之篇",包括铭刻、颂、诏书、策命等文体;中编为"指事叙意之作",包括书、论、序、碑志等文体;下编为"缘情托兴之作"，包括设辞、七、连珠等文体。三编实即三大文体门类，各编之首有序题。卷首序及选文评语从多层面阐发其文体观。

《经史百家杂钞》二十六卷。清曾国藩编，有中华书局 2013 年版。另有熊宪光、蓝锡麟《经史百家杂钞今注》，上海书店 2015 年版。确立了文体的门、类、体三级分类法。首先把文章分为著述、告语、记载三门，其分类标准是文体功能特征，如著述门主要为议论、抒情文体，告语门为官、私应用文书，记载门为史传类叙事文体。门下分若干类，如著述门分论著类、词赋类、序跋类，告语门分诏令类、奏议类、书牍类、哀祭类，记载门分传志类、叙记类、典志类、杂记类，总计 11 类。此为第二层级的分类，吸收了《古文辞类纂》的 13 类分法而略有调整。类下统若干体，如论著类有论、辨、议、说、解等体；词赋类有赋、辞、骚、七、颂、赞等体。体统于类，类归于门，分门别类，纲举目张，构建了一个体系完整、逻辑严密、层次清晰，既简明扼要，又多姿多彩的文体谱系。卷首序例阐发其文体分类思想。

《涵芬楼古今文钞》一百卷。近人吴曾祺编，上海商务印书馆 1929 年再版。选录上古至清代同光时期的文章，分为十三类 213 体。分别为论辨类，含论、驳、难、辨、说等体；序跋类，含序、跋、引、书后、题词等体；奏议类，含奏、议、疏、章、表等体；书牍类，含书、简、札、笺、启等体；传状类，含传、家传、小传、别传、外传等体；碑志类，含碑、碑记、神道碑、墓表、碣等体；杂记类，含记、后记、书事、志、述等体；箴铭类，含箴、铭、戒、训、规等体；颂赞类，含颂、赞、雅、符命、乐语等体；辞赋类，有赋、辞、骚、操、七等体；哀祭类，有告天文、玉牒文、祭文、哀词、诔等体。其十三类依《古文辞类纂》，而次序稍有调整，个别类别名称略有变化，如"书说"，改为"书牍"。卷首《序例》《文体刍言》和卷末所附《涵芬楼文谈》等，集中体现作者的文体学思想。

《古今文综》四十册（不分卷）。近人张相编，上海中华书局 1916 年版。辑录先秦至民国时期各体文章近 2300 篇，按文体分为六部，以部统编,以编统章,每章之下又分若干层次,体系完整严密。六部即文体的六大门类:论著序录部、书牍赠序部、碑文墓铭部、传状志记部、诏令表奏部、辞赋杂文部。部下分编,如辞赋杂文部分第一编辞赋类、第二编杂文类。编下分章,如辞赋类分为辞赋、颂赞、箴铭、祭吊哀诔,形成三级分类。章下之文体往往还有细分,甚至形成第六、第七级的类目。如辞赋章分为(甲)辞(乙)骚(丙)赋,赋又分为古赋、律赋,古赋析为赋理、赋物、赋事、赋意,赋理又析为诠理、论文两种。全书六部12类,涉及400多种文体,在文体分类学上,颇有集成之功。部、类之下各有序题,简论文体性质功用、体式特征、源流演变等。

三、诗文评类要籍

诗文评著作是古代文学理论和批评的主要表现形态。由于文体学研究与中国文学批评密切相关,所以诗文评著作也是古代文体学研究的重要史料来源,如《文心雕龙》《沧浪诗话》等文学批评名著,在文体学上地位也很高。当然,由于文体学不等同于文学批评,两者在文献来源和价值判断上并非完全一致。如《文通》《铁立文起》在批评史上影响不大,但文体论内容丰富,因而具有重要的文体学价值。由于宋以后诗话、文话类著作层出不穷,本章介绍的诗文评类要籍,以兼综众体的著作为主,单论一体的著作,除少数在文体学上有重要影响之外,一般不列入。(诗文评类,包括后面的集部之外其他要籍,相较总集,卷帙情况较为复杂。有些是单篇,如《文赋》;有些是著作中析出的部分内容,如《典论·论文》;还有些本不分卷帙,如《文章缘起》《沧浪诗话》等。凡此之类,介绍中皆不标卷帙。)

《文赋》。晋陆机撰,张少康集释,人民文学出版社2002年版。

中国文学批评史上第一篇比较系统地探讨创作问题的文章,在文体论上继承《典论·论文》而有较大发展,提出"体有万殊,物无一量",意谓纷纭复杂的万物,决定了表现万物的文章体类和体貌风格的千差万别;而作者个性、气质、审美倾向等的差异,也造成文体风貌的多样性,所谓"夸目者尚奢,惬心者贵当,言穷者无隘,论达者唯旷"。文章还具体论述了诗、赋、碑、诔、铭、箴、颂、论、奏、说等10种文体的体性特征和写作要求,如"诗缘情而绮靡,赋体物而浏亮"等,主要从情感表达和艺术风貌上来考察文体,摆脱了汉儒重实用和功利的文体观,在文体学史上有较大影响。

《文章流别论》。晋挚虞撰,原为《文章流别集》所附文论,后别出单行,遂称《文章流别论》。原书已佚,邓国光《挚虞研究》(香港学衡出版社1990年版)综合前人辑佚成果得19则,为迄今收录最全者。探讨文章分类和流别,涉及颂、赋、诗、七、箴、铭、诔、连珠、论、说、书、序、议、策、诏、戒、章、奏、表、驳、吊、令、记、笺、赞、歌、盟、典引、疏、志、训、讴、哀辞、制、诰、移等41种文体。对每种文体,一一探讨其名称、起源、性质、特征、功用,考察其发展变化,列举代表作家作品并加以评论,其论述方法和具体观点对《文心雕龙》等产生了直接影响。

《翰林论》。晋李充撰,原书已佚,严可均《全上古三代秦汉三国六朝文》辑录佚文11则。从佚文看,此书深受《文章流别论》影响,也是辨析文体之作,论及书、表、论难、图赞、议奏、盟檄、驳事、诫诰、五言诗、赋等文体,往往以简练的语言揭示各种文体所宜遵循的风格特点和写作要求,褒贬古今,斟酌利弊,并列举优秀作家作品作为典范,如"表宜以远大为本,不以华藻为先,若曹子建之表,可谓成文矣","论贵于允理,不求支离,若嵇康之论,文矣"等,可见其文体论特色。

《文章缘起》。梁任昉撰,元延祐七年(1320)圆沙书院刻本《山堂考索》前集卷21"文章门·文章缘起类"所录任昉《文章缘起》为目前可见最早善本;元至顺(1330—1332)建安椿庄书院刻本《新编纂图增类群书类要事林广记》后集卷7"辞章类"亦收录《文章缘起》全本,虽则存在与同卷所收"声律类格"页面窜乱的问题,但其书末所附洪适刻书跋署"绍兴三十年四月二日鄱阳洪适识"不同于《山堂考索》仅署"洪适题",盖别有版本来源。两本相参可得宋本《文章缘起》全貌。流行的《四库全书》本较多误漏。《四库全书总目》以现存之本"疑为依托"而非眆作,所凭几条证据并不充足。此书以簿录形式著录秦汉以来各种文体的起始之作,计有三言诗、四言诗、五言诗、六言诗、七言诗、九言诗、赋、歌、离骚、诏、玺文、策文、表、让表、上书、书、对贤良策、上疏、启、奏记、笺、谢恩、令、奏、驳、论、议、反文、弹文、荐、教、封事、白事、移书、铭、箴、封禅书、赞、颂、序、引、志录、记、碑、碣、诰、誓、露布、檄、明文、乐府、对问、传、上章、解嘲、训、辞、旨、劝进、喻难、诫、吊文、告、传赞、谒文、祈文、祝文、行状、哀策、哀颂、墓志、诔、悲文、祭文、哀词、挽词、七发、离合诗、连珠、篇、歌诗、遗命、图、势、约等85种文体,可见文体分类之细密。此书标举的是六经之外、秦汉以来有明确创作年代和创作者,有一定典范意义的完整篇章,与谈文体必溯至六经者相较,显示出鲜明的特色。

《文心雕龙》十卷。梁刘勰撰,常用注本有范文澜《文心雕龙注》,人民文学出版社1958年版;詹锳《文心雕龙义证》,上海古籍出版社1989年版;黄叔琳注、李详补注、杨明照校注拾遗《增订文心雕龙校注》,中华书局2012年版。其文体论内容,主要集中在《明诗》至《书记》二十篇,按一定程式系统论述了诗、乐府、赋、颂、赞等33种文体;各体之中,往往又细分小类,如诗分四言、五言、三六杂言、离合、回文、联句等,史传分策、纪、传、书、表等。这种二级分类有40多目。此外,附于《书记》《杂文》两篇之后略作说明或仅列其目的文体也达40余种。全书所涉文体,总计120余种,代表着南朝文体分类的最高水平;在文体论上,确立了"原始以表末,释名以章义,选文以定篇,敷理以举统"的基本内容、原则和方法,在理论化和系统性上达到了前所未有的水平,成为古代文体学研究的经典范式;此外,还提出各体文章源出五经,文体风貌与作家才性、气质、学养、习染的关系,文体规范与文体新变的关系等重要文体学命题,对后世文体学产生了深远影响。

《文则》二卷。宋陈骙撰,王利器校点,人民文学出版社 1960 年版,亦收入王水照编《历代文话》第一册。该书是最早全面深入研究经学文体的著作,认为《左传》之文,有命、誓、盟、祷、谏、让、书、对 8 体,并以简练的语言揭示各体的风格特征,如命"婉而当"、誓"谨而严"、对"美而敏"等。《文则》还论及箴、赞、诏、铭等文体的起源,多追溯至上古时代。论诏体时,特别注意到作者的变化引起文章体貌的变化,认为秦汉以前,诏命皆帝王亲制,"咸有古义",后世多出文士代笔,遂失古体而变为骈俪;论铭体时,还提出了"初无定体"说,对于研究文体早期形态,颇有启发意义。

《沧浪诗话》。宋严羽撰,常用注本有郭绍虞《沧浪诗话校释》,人民文学出版社 1983 年版;张健注解《沧浪诗话校笺》,上海古籍出版社 2012 年版。此书对宋以后的辨体批评有重要影响,论诗重体制,专设《诗体》章,从不同角度提出诗体分类,如"以时而论",有建安体、黄初体、太康体、元嘉体、永明体、齐梁体、唐初体、盛唐体、大历体、元和体、晚唐体等;"以人而论",则有苏李体、曹刘体、陶体、谢体、徐庾体、沈宋体、少陵体、太白体、卢仝体、元白体、东坡体、山谷体、后山体、杨诚斋体等;此外,"又有所谓选体、柏梁体、玉台体、西昆体、香奁体、宫体"等。以上分类,主要以诗歌体貌风格为标准。若以篇制体式分,则"又有古诗,有近体,有绝句,有杂言,有三五七言,有半五六言,有一字至七字","有口号,有歌行,有乐府,有楚词,有琴操,有谣,曰吟,曰词,曰引,曰咏"等。这些不同角度的分类,是对此前诗体分类的全面总结,充分显示了中国古代文体产生和命名等的复杂性。

《文筌》八卷,附《诗小谱》二卷。元陈绎曾撰,《续修四库全书》本,收入《历代文话》第二册。全书分古文谱、楚赋谱、汉赋谱、诗谱等大类,每大类又设法、式、制、体、格等来立说,似嫌牵强,但保存了丰富的文体史料,体现了元人的文体分类和文体观念。如"古文谱五"谈"体",先将文体分叙事、议论、辞令三大类。叙事类又分叙、传、录、碑、述、表、谱、记、纪等小类;议论又分议、说、辩、赞、跋、论、解、义、箴、戒、规、题、奏、表、札、原等小类;辞令又分诏、诰、册、教、誓、启、简、檄、露布、祝、盟等小类。对每一小类的文体,都详论其功用、源流变化、写作要求等。此外,每大类之前的"总说",颇有理论价值。

《诗文轨范》二卷。元徐骏撰,《四库全书存目丛书》本。上卷《文范》,下卷《诗范》。《文范》"文章源流第一"详论命、诏、敕、玺书、制诰、册、制策、表、露布、论谏、奏疏、议、弹文、檄、箴、铭、颂、赞、七体、问对、书、记、序、论、说解、辩、原、戒、题跋、传、行状、谥法、谥议、碑、墓碑、诔辞、哀辞、祭文、连珠、判等多种文体的源流演变;"明体法第三"论各体文章风格,如"诏宜典重温雅,谦恭恻怛之意蔼然,册文宜富而雅,制诰宜峻厉典重,表宜张大典实,议宜方直明切,奏宜情理恳切意思忠厚,记宜简实方正而随所记之人变化"等;《诗范》提出诗歌写作要"明体法",如"五言律诗宜清而远,必拘音律,七言律诗宜壮而健,时用拘律,五言古诗宜清婉而意有余,七言古诗宜峭绝而言不悉"等。

《诗源辩体》三十六卷,附《后集纂要》二卷。明许学夷撰,杜维沫校点,人民文学出版社1987年版。此书是古代诗学进入总结和融合阶段的标志性著作,以时代为序,以格调为中心,品评先秦至明代各体诗歌,辨其源流,析其正变,代表着明代诗歌辨体的最高成就。主要表现在三方面:一是深化了诗文之辨,如关于诗文的本质差别、以文为诗、"诗史"说等,都有超越前人之处。二是推进了诗体源流的探讨,在以《三百篇》为一切诗体之源的前提下,又详细论述古诗、律诗、五言、七言等不同诗体的源流正变,强调文体之源与文体起始之作的区别,并不盲目从《三百篇》中寻根究底。三是在揭示各体诗歌发展演变的历史轨迹上,达到前所未有的水平,如五言古诗,以汉魏为"千古五言之宗",而建安乃"五言之初变也";太康,"五言之再变也";元嘉,"五言之三变也";永明,"五言之四变矣";"至梁简文及庾肩吾之属","五言之五变也";初唐四杰,"五言之六变也";沈宋,"五言之七变也"。如此条分缕析,穷形尽态地描述文体变迁,可谓前无古人。

《文通》三十卷,闰一卷。明朱荃宰撰,《续修四库全书》本、《四库全书存目丛书》本,收入《历代文话》第三册。此书编撰宗旨是识体要,辨流别,以通为文之道,故用一半篇幅收录古今文体 158 种,其中有些文体还有二级类目,如"传"下分史传、家传、托传、假传,"杂著"下分籍、簿、方、占、式、关、谚等,全书实收文体 200 多种,且不含赋及诗歌类文体,其收罗之广,类目之繁,超过此前任何一部著作,在文体分类史上有集大成之功。其新增文体,主要有四种情况。一是前人虽有立目,但后世很少使用的文体,二是对某些文体的细分,三是对经、史、子著作中大量文体形态的发掘,四是唐宋以后产生、盛行于民间的俗文体。其中经义作为科举考试文体获得了独立的文体地位,特别值得关注。对所录文体,一一论析其名称、功用、体性特征等,成为《文心雕龙》之后又一部内容丰富、规模宏大的文体论专著,然许多论述引用《文章辨体》《文体明辨》等而不标示出处,是其所短。

《铁立文起》前编十二卷、后编十卷,首一卷。清王之绩撰,《四库全书存目丛书》本,收入《历代文话》第四册。此书论文章之体、谈作文之法,而不及诗、词、曲。卷首为"文体统论","统论"之后,依次论及序、后序、引、题辞、述、传、纪、祭文、吊文、行状、启、帐词、颂、箴、铭、命、谕告、诏、论谏、上书、奏疏等 140 余种,类目相当繁多。其论能集成众说,对《文章辨体》《文体明辨》尤为推重,但不盲从,在二书论述不够透彻的地方或予补充,或提出不同观点。在文体序次上,作者不满以赋为首的传统,主张以"序"为首,而序文中则赞同"序事者为正体,议论者为变"的说法,似乎比较强调叙事文体,故把"序""传"等文体列在前面,表现出"以史为用"的文体观。而经世类的"王言""臣语"类文体,即朝廷公文,却位居最后,这也比较独特。

《历代赋话》十四卷、《续集》十四卷,附《复小斋赋话》二卷。清浦铣辑,《续修四库全书》本。常用注本有何新文、路成文《历代赋话校证》,上海古籍出版社 2007 年版。现存成书最早的赋话专著,在赋学批评上有创体之功。正集十四卷,以人为纲,辑录正史关于赋家生平履历、创作情况的记载,也有摘录赋作全文或片段的,始于《史记》,终于《明史》,构成赋体文学发展史;《续集》十四卷,辑录历代散见于经书、史著、总集、别集、诗文评、笔记小说、书志目录等著作中的赋学、赋论材料,构成赋论史的雏形。合而观之,可谓对赋史、赋学文献第一次系统、全面、集中的整理,具有较高的史料价值。有些史料后往往加以按语或考证,表现了对相关问题的独特理解。书后附《复小斋赋话》二卷,收录赋话 260 余则,为作者平时读赋、作赋心得,以探讨唐宋律赋为主,体现了浦铣本人的赋学思想。

《四六丛话》三十三卷,附《选诗丛话》一卷。清孙梅撰,李金松校点,人民文学出版社 2010 年版。此书产生于清代骈散之争的背景下,旨在推尊骈体。从奇偶相生、文质递变的高度,揭示骈体文产生的必然性;从情文相生的标准出发,推《离骚》为"古文之极致,俪体之先声",从而得出骈散同源,波澜莫二的结论,为骈体争得与古文同等的地位;主张骈文写作意不用事,以克服过重形式雕琢而内容空虚的弊端;把骈文分为选、骚、赋、制、敕、诏、册、表、章疏、启、颂、书、碑志、判、序、记、论、铭、箴、赞、檄、露布、祭诔、杂文等文体,每体都有以骈语撰写的序题,论述其体制特征及发展演变轨迹。

《制义丛话》二十四卷。清梁章钜撰,陈居渊校点,上海书店2001年版。此书是八股文研究的重要文献,以话体批评形式论程式,辨流派,明宗旨,纪遇合,别体裁,考典制,参稽史传,旁及轶事,并名篇隽句,无不博采广撷,荟萃一册,俨然是八股史料长编。其中许多材料,原未形成文字记载,只是口耳相传,赖此辑录成编;所引文献,多有后世不存者,如梁剑华《书香堂笔记》、梁上治《四勿斋随笔》、梁上国《芝音阁杂笔》等笔记,何焯《远行集》、项煜《东野堂稿》、杨雍建《弗过轩制义》等制义别集,郑方坤《三郑合稿》、王耘渠《明文冶》、苏翔凤《甲癸集》等制义总集。有些文献后世虽常见,但因所据版本不同,内容有较大差异,如所录《明文海》制义序目录,比《四库全书》本多出 45 篇。这些都显示出此书重要的史料价值。此书还论及制义的源流演变、命题与作法、代圣贤立言、古文与时文、清真雅正的衡文标准等重要论题,有较高的理论价值。

　　《文章释》。清王兆芳撰,光绪二十九年刻本,收入《历代文话》第七册。该书亦名《文体通释》,有北京中华印刷局 1925 年版。以文章与学术兼重的态度观照文体,将古代文体分为"修学"与"措事"两大类,"修学"之文凡 48 体,"措事"之文凡 94 体。具体而言,源出经学的有释、解、故、传、微、注、笺等 23 体;源出史学的有春秋、记、志、表、史传等 13 体;源出子学的有略、诀、鉴、原等 8 体;源出杂学的有反、广、补、拟 4 体。教、训、典、法、册、命等 37 体源出君上之事;上书、章、奏、劾、表、疏等 55 体源出臣下之事。另有礼辞、联句 2 体,流通君上、臣下之事。以上合计 142 体,再加附带论及的 56 种,全书释涉文体总计近 200 种。其中有些是著述形态,如例、音、鉴等;有些是古代文章写作中相当重要而一般文体学著作很少涉及的文体,如拟、效、学、法等。对所收各种文体,一一加以阐释,重视本义及追源溯流,在"祖述"的基础上加以"引申",多有自得之处。

　　《文体刍言》。清吴曾祺撰,附于《涵芬楼文谈》,原有宣统三年商务印书馆刊本，收入《历代文话》第七册。此书十三篇，原附于《涵芬楼古今文钞》后，实即对《涵芬楼古今文钞》所选 13 类文章的文体分类、文章编选作理论思考与技术说明。其文体分类受《古文辞类纂》影响较大，强调分类标准的统一性，从文体之用出发进行分类，从而解决自古以来文体分类混乱的现象，较有积极意义。而在对一些具体作品文体属性的判断上，则时出己见，如班固《封燕然山铭》、张载《剑阁铭》，同为摩崖之作，而在姚著中一入碑志类，一入箴铭类，为吴曾祺极力反对；又姚氏把韩愈《祭鳄鱼文》列入"檄"文类，《文体刍言》以为"殊可不必"。另，《古文辞类纂》的文体分类虽影响较大，可惜有类无目，只为文体大类作序题，对各种具体文体不加论述。《文体刍言》则一一加以阐释、辨析，对姚著起到了较好的补充作用。

四、集部之外的要籍

集部是文体学研究的主要文献来源，但经、史、子著作中也有不少文体学史料，为文体学研究提供了多元视角，值得重视。举例如次。

《说文解字》十五卷。汉许慎撰，北宋徐铉等校定（即大徐本），中华书局 1963 年影印本。常用注本有清段玉裁《说文解字注》，上海古籍出版社 1988 年版。此书为中国古代第一部通过分析字形来探求文字本义的字书，收录并解释了不少与文体相关的语词，如祷、议、诚、诰、谚、谜、札、祝、诗、谶、奏、训、册、谕、谟、论、诏、誓、语、说、记、诘、讴、訾、谥、诔、诅、谱、碑、史、笺、简、符、牒、帖、吊、券、檄、颂、铭等，数量相当可观。作者对这些语词的训释虽非自觉的文体研究，但在对其本义的探求中，或涉文体体性，或论文体功能，或及文体使用对象、场合等，从不同角度反映了汉人所理解的各种文体的原始意义。又，此书创立部首编排法，同一部首的字，往往有某种意义关联，如"言"部所载言、语、诗、谶、讽、诵、训、谟、论、议、誓、谏、说、记、讴、谚等，都与文体形态相关，暗示了早期文体产生与语言活动的密切关系，对研究古代文体发生学颇有价值。《说文》对于文体的释义，往往为后人解释文体本义所征引。

《独断》二卷。汉蔡邕撰，《四库全书》本、《四部丛刊》本。记录、研究汉代典章制度、名物、官文书的著作。这些文书，大致包含下行的诏令文和上行的奏议文两大类。其中诏令文是皇帝向臣下发布命令的御用文体，分策书、制书、诏书、戒书四类。奏议文是臣民向皇帝进言的文体，分章、奏、表、驳议四类。书中对每一类文体的适用场合、体制规格、行文用语、书写载体形制乃至发布方式等都有详细说明，如："戒书，戒敕刺史太守及三边营官。被敕文曰：有诏敕某官，是为戒敕也。世皆名此为策书，失之远矣"，"章者，需头，称稽首上书，谢恩陈事，诣阙通者也"等，是最早比较系统研究文体与典章制度、文体载体形制的书籍。

《释名》八卷。汉刘熙撰，常用注本有清毕沅疏证、王先谦补《释名疏证补》，中华书局 2008 年版。此书采用音训即通过语音追寻语义来源的方法，考察每一字词最初命名的原因，是中国第一部语源学专著。全书收录和训释的文体语词极为丰富，计有语、说、序、颂、赞、铭、纪、祝、诅、盟、誓、奏、簿、籍、檄、谒、符、传、券、荝、契、策书、示、启、书、题、告、表、约、敕、经、纬、图、谶、传、记、诗、赋、法、律、令、科、诏书、论、赞、叙、铭、诔、谥、谱、碑、词等。这些文体语词，集中于《释言语》《释书契》《释典艺》三篇，客观上反映出早期文体产生的三个主要来源：言语交流活动、行政公文和日常文书、典籍文化。这三种来源，暗含着对多种文体形态共同功能属性的归纳。又，此书"因声求义"的训释方法，对《文心雕龙》确立"释名以章义"的文体学研究内容和方法有重要影响。

《典论·论文》。魏曹丕撰。《典论》是一部有关社会政治文化的论著，原书五卷，已佚，今仅存《自序》《论文》两篇较为完整。《论文》最早见于《文选》，对后世文学批评尤其是文体批评有较大影响。《论文》提出"文气"说，认为每个人所禀受五行、阴阳之气不同，造成作者才性不同，遂使为文各有偏至、长短。特定的才性类型，往往更擅长特定的文章体类，而鲜有兼善众体者，如"王粲长于辞赋"，"然于他文，未能称是"，"孔融体气高妙，有过人者，然不能持论，理不胜词"等。因为各体文章在体式规格和艺术风貌上各有不同要求，如"奏议宜雅，书论宜理，铭诔尚实，诗赋欲丽"等，这些区别，对作者的才性、气质等也提出了特殊要求。曹丕的文体批评在继承前人对语体、格式等形式探讨基础上，引入"文气"说，开始关注形式规范与主观性情、艺术风貌等的有机融合，是对文体学的新拓展。

《后汉书》一百二十卷。刘宋范晔撰，唐李贤等注，中华书局1965年校点本。此书大量抄录奏疏诗赋，详细著录传主的文体创作情况，并形成较为规范的著录体例，如《孔融传》载融"所著诗、颂、碑文、论议、六言、策文、表、檄、教令、书记凡二十五篇"，《张操传》载操"著赋、颂、碑文、荐、檄、笺、书、谒文、嘲，凡十九篇"等。如此细致地记载文体创作，在史书中非常罕见，充分反映了东汉以来各体文章写作繁盛的史实与学界对文章文体之重视。全书共著录60余种文体，除去同体异名、文类泛称、不明何体等情况外，还有诗、赋、碑、诔、颂、铭、赞、箴、答、吊、哀辞、祝文、注、章、表、奏、笺、论、议、教等40多体。此书虽为南朝人所撰，但这些类目，大致反映了汉人的文体观念，并非晋宋以后的归纳和命名，对研究汉代文体创作、文体分类等较有参考价值。

《南齐书·文学传论》。梁萧子显撰，王仲荦校点，中华书局1972年版，近有景蜀慧修订校点本，中华书局2017年版。《文学传论》把文章视为情感、声律、辞藻的统一体，强调感性直觉的审美创造,标举气韵天成的艺术风格和审美境界,并以此为标准,评价了汉代以来诗、赋、颂、章表、碑、诔、俳谐文等文体的名家名篇,提出"五言之制,独秀众品"说,与钟嵘"五言居文词之要,是众作之有滋味者"若合符契,反映了南朝五言诗高度发展、逐渐成为诗歌主要体式的史实。作者主张文体新变,反对雷同,故在承认文体时代风貌的同时,更强调作家的艺术个性和作品的独特风格。作者把当代文章写作分为"三体",分别源出谢灵运,傅咸、应璩,鲍照,实即当时文坛的三个流派。文体概念融入了体派的内涵,这是文体学史上值得注意的现象。

《颜氏家训·文章》。北齐颜之推撰,王利器集解,中华书局1993 年版。《颜氏家训》原为训诫子孙所作,也论及文章。文体论内容主要集中在《文章篇》,此篇起首说:"夫文章者,原出五经:诏命策檄,生于《书》者也;序述论议,生于《易》者也;歌咏赋颂,生于《诗》者也;祭祀哀诔,生于《礼》者也;书奏箴铭,生于《春秋》者也。"继承了刘勰各体文章源出五经之说。颜之推又以人体论文体:"文章当以理致为心肾,气调为筋骨,事义为皮肤,华丽为冠冕。"认为文体各要素之间血肉相连,不可分割,共同构成整体艺术生命。任何一方面的缺陷,都会破坏文体的和谐完整。作者严厉批评文坛上"趋末弃本,率多浮艳"的不良风气,提出了改革文体的主张,即既学习古人的体度风格,又吸收今人在辞藻、音律、对偶等方面的成就。

《史通》二十卷。唐刘知幾撰,常用注本有清浦起龙《史通通释》,上海古籍出版社 1978 年版;吕思勉《史通评》,收入《史学与史籍七种》,上海古籍出版社 2009 年版。此书内篇着重阐述史书的体裁、体例、史料采集、表达要求和撰史原则,而以评论纪传体史书体例为主。刘知幾通过考察以往全部史学的发展历程,对史书体例进行了系统总结,认为历来史著虽然繁多,但探溯本原,不外乎《尚书》《春秋》《左传》《国语》《史记》《汉书》六家,也即六种体裁。这六种体裁,概括了唐以前史著的主要类型,有些到后世便没有续作,唯以《左传》为代表的编年体和以《史记》《汉书》为代表的纪传体史书长盛不衰。正因如此,《史通》专设《二体》篇,探讨这两种体裁的长短优劣及写作要求。刘知幾以六家、二体为史之正体,正史之外的旁流别派为杂史。杂史又可分为偏纪、小录、逸事、琐言、郡书、家史、别传、杂记、地理书、都邑簿十种。《史通》强调文史之别和史著的叙事功能,高扬直笔与实录精神,反对文人修史、以文学手法撰史、在史传中收录诗赋辞章等,是较早系统研究史学文体与叙事文体的著作。

《事物纪原》十卷。宋高承撰,明李果订,金园等校点,中华书局1989年版。自任昉《文章缘起》开始,追源溯流、探讨各体文章的起始之作成为文体学研究的重要内容。《事物纪原》旨在考察世间万物起始及得名之由,而文体作为精神文化领域的重要存在,自然也在关注之列。此书卷四"经籍艺文部"考察了诗、赋、论、策、议、赞、箴、颂、连珠等文体的起源及其发展演变状况,卷二《公式姓讳部》还论及敕、制、诏、诰、册命、教、表、上书、移、檄、露布、祝文、谏、启、简、书、题笺等实用文体的起源,其中许多材料往往溯至上古典籍,不同于《文章缘起》只考察秦汉以来有明确作者和创作时代的独立篇章。

《玉海》二百卷,附《辞学指南》四卷。宋王应麟撰,上海古籍出版社1992年影印版。中华书局2010年出版《王应麟著作集成》收为《词学指南》。规模宏大的私编类书,分天文、律宪、地理、帝学、圣文、艺文、诏令等21门;每门各分子目,计240余类。其中"艺文"门收录诗、歌、赋、箴、记、志、传、录、铭、颂、论、序、赞、奏疏、诏令、诏策、律令等多种文体。每种文体有序题,多汇集前人之论,简单介绍其名称、功用等,然后详细著录历代此种文体的创作情况,列举代表作家作品。对于简短的作品,往往全文收录;篇幅较长的作品,则介绍其创作背景、主要内容等。最后往往引重要的文学批评著作如《文章流别论》《文心雕龙》等对该种文体的论述。这种编纂体例,既保存了丰富的文体史料，又可使人对每一种文体的性质、特征及发展历程有具体、清晰的认识。书末附《辞学指南》四卷，对博学宏词科备考方法、考试内容、文体试格和试卷形式等都进行了较为全面、系统的介绍，并分析作文之法、语忌和博学宏词试格的十二文体（制、诰、诏、表、檄、露布、箴、铭、记、赞、颂、序）特点，有助于了解宋代博学宏词科考试文体形态，对考察科举文体渊源流变也颇有价值。

《郝氏续后汉书》九十卷。元郝经撰，《四库全书》本、《丛书集成初编》本。此书卷六十六上上"文章总叙"将历代文章归入《易》《书》《诗》《春秋》四部。其中《易》部有序、论、说、评、辨、解、问、难等体，《书》部有诏、册、制、制策、赦、令、教、檄、疏、表、奏、议、笺、启、状、奏记、弹章、露布、连珠等体，《诗》部有骚、赋、古诗、乐府、歌、行、吟、谣、篇、引、辞、曲、琴操、长句杂言等体，《春秋》部有国史、碑、诔、铭、符命、颂、箴、赞、记等体。文章源于经书说，六朝已有之，差不多是古人的共识，但把后世各体文章归为《易》《书》《诗》《春秋》四大类，在古代文体分类中颇为独特，因为源于经书是文体发生学观念，而按经书归类则是文体分类学思想，着眼点并不相同。这种分类，其实质是按文体功能把古代所有文体分论说、公文、抒情、叙事四大类。每部有总序，每体有小序，论述各种文体的源流演变，有较高的文体学意义与史料价值。

《新编事文类聚翰墨全书》一百三十四卷。元刘应李编，《续修四库全书》本、《四库全书存目丛书》本。现存较早、影响较大的民间交际应用类书。全书分诸式、活套、冠礼、婚礼、庆诞、人事、第宅、器物、衣服、饮食、花木等25门。其中卷一"甲集诸式门"集中讨论各类文体的性质功用、源流演变和行文规范等，每式实即一大类，类下各有子目。如"书奏式"有上书、封事、奏对、奏议、奏疏、奏札、奏状等文体，"表笺式"有表、笺二体，"书记式"有手书、长书、家书、小简诸体，从中可以看出编者的文体分类思想。每式之下，先以小序论述某类文体,再列举历代的代表作品,以便读者揣摩。"甲集诸式门"从卷二开始,一一介绍各种文体的使用对象、适用场合、格式章程及行文用语等,内容详尽,颇便初学,可谓古代应用文体写作指南,充分体现了这种民间类书的交际目的和实用功能。

《原始秘书》十卷。明朱权辑,《四库全书存目丛书》本。此书旨在探讨世间万物之始,分开辟造化、天地文理、阴阳历数、君臣德政、符玺诏敕、文史经籍、婚礼吉庆等 57 门,每门各分子目。其中"符玺诏敕门"录玺、敕、黄敕、制、诏、赦、诰、节命、教、令、策文等 20 种以"王言"为主的文体;"文史经籍门"录诗、三言、四言、五言、六言、七言、律格、表、笺、书、上疏、启、策、驳、论、议、荐、铭、箴、赋、记、碑、赞、碣、颂、序、誓、引、说、问、解、檄、传、训、告、辞、诫、祭文、哀策、诔、篇、图、约、关、门状、名纸、谜、童谣、手札、妖书等 96 体。两门合计,多达116 种文体,数量超过此前的类书和许多文体学专著。其新增类目,一方面反映出后代文体滋生的新情况,如判、律诗、诗余等唐以后产生的文体;另一方面编者发掘、收录了不少学术、宗教及日常应用文体,反映出其独特的文体分类观念。

《日知录》三十二卷。清顾炎武撰,黄汝成集释,栾保群、吕宗力校点,中华书局 2020 年版。此书内容丰富,考据精详,其中涉及历史制度和艺文部分包含较多文体史料。如卷十六"举人"、"进士"、"科目"、"制科"、"甲科"、"十八房"、"经义论策"、"三场"、"拟题"、"试文格式"、"程文"、"判"、"经文字体"、"史学";卷十七"生员额数"、"中式额数"、"通场下第"、"北卷"、"糊名"、"搜索"、"座主门生"、"举主制服"、"同年"、"先辈"、"出身授官"、"恩科"、"年齿"、"教官";卷十八"科场禁约"等,广泛涉及古代科举制度与相关文体,对研究明代八股制度、文体程式及其演变尤其重要。在诗歌研究上,顾氏善于从声韵入手,考察古代诗体形态的发展变化,多自得之见;倡言"诗体代降",强调"三百篇之不能不降而为楚辞,楚辞之不能不降而汉魏,汉魏之不能不降而六朝,六朝之不能不降而唐也,势也"。在古文写作上,顾氏认为,列传之作,乃史官之责,非任史职,不得为人作传;又倡言"志状不可妄作",表现了对史传类文体的独特认识。这些观点,都对清代文体学产生了较大影响。

《古今图书集成·理学汇编·文学典》。清陈梦雷编,中华书局、巴蜀书社 1985 年影印本。《古今图书集成》是我国现存规模最大的类书,分历象、方舆、明伦、博物、理学、经济六汇编,每汇编又分若干典。其"理学汇编"中的"文学典"又分 49 部,除"文学总部"外,其余48 部皆以文体分,如诏命部、教令部、奏议部、颂部、铭部、策部、判部、题跋部、传部、记部、论部、说部、墓志部、经义部、骚赋部、诗部、乐府部、词曲部、格言部、隐语部等。每部卷帙不一,但大致包含汇考、总论、艺文、选句、纪事、杂录等纬目,汇集、保存了无比丰富的文体史料。与《文体明辨》等著作相较,《文学典》文体分类较简明,合并了许多类目,但又增设了四六、经义、对偶、格言、隐语、大小言等文体,为考察明清文体观念提供了重要视角。如设经义部,反映出明清两代八股文的重要性;词曲部收录大量戏曲尤其是杂剧资料,标志着戏曲已在明清知识谱系和文体谱系中获得了独立的地位。

《四库全书总目·集部》。清永瑢等撰,中华书局 1965 年影印本。作为一部官方组织、集体编纂、旨在对历代文化典籍作总结与批评的目录学著作,此书对于图书的收录、编排以及集部提要对先秦以来别集、总集、诗文评、词曲等类著作所作介绍和评价,集中反映出中国古代后期社会的主流文体学观念。如以诗文为中心的文体谱系,视词曲(散曲)、小说(文言)为边缘文体,而完全排斥作为叙事文学的白话小说与戏曲作品;对于传统文体分类类目琐碎、标准不一、归类失当的批评,以及建立合理的文体分类体系的要求和努力;对各种文体源流演变的探讨及对"文本于经"说的不满;对骈散之争的调和;以及在子部小说家类中强调小说的补史、证史、考史功能等,都代表了清代前中期的文体学思想与认识水平，对当时和后世的文体学理论产生了重要影响。

《陔馀丛考》四十三卷。清赵翼撰，《续修四库全书》本、中华书局1963年版《学术笔记丛刊》本。此书以类相从，是一部关于经史艺文的考据性笔记。其中卷二十二至卷二十四为艺文，集中了丰富的文体学史料，如"诗笔"、"序"、"古文用韵"、"谜"、"敕"、"一二言诗"、"三言诗"、"四言诗"、"五言"、"六言"、"七言"、"八言"、"九言"、"十言十一言"、"五七律排"、"绝句"、"长短诗"、"乐府"、"六句律诗"、"拗体七律"、"回义诗"、"迷字诗"、"联句"、"柏梁体"、"集句"、"禁体诗"、"拆字诗"、"口吃诗"、"寿诗挽诗悼亡诗"、"帖子词"、"口号"、"即席"等条目。其中许多诗体，如"一二言诗"、"十言十一言"、"六句律诗"等，一般诗学研究很少关注。此外，卷二十六、二十七官制，卷二十八、二十九科举，卷三十二丧礼等也有一些文体学文献，如"奏本抬头"、"授官表让"、"诰敕"、"旌门法式"、"程文墨卷"、"帖括策括"、"门帖"、"名帖"、"神道"、"碑表"、"墓志铭"、"行状"等条目。几乎每一条都是一篇文体学考证之文，其特色是以史学为基础，结合典章制度进行考据，综核名实，多发前人所未发。其论文体每引《日知录》，然亦多补充、引申和深化之功。

《文史通义》八卷，附《校雠通义》三卷。章学诚撰，叶瑛校注，中华书局1994年版。又有《章学诚遗书》本，文物出版社1985年版；仓修良《文史通义新编新注》本，浙江古籍出版社2005年版。此书为史学批评名著，但并非就史论史，而是以文史校雠之学为基点来观照传统的经、史、子、集四部之学，故其文学思想、文体观念迥别于传统集部之学。首先，作者高倡"六经皆史"，对"文本于经"的传统文体观形成一定冲击，为宋代以来开始盛行的"史诗"说注入新的内涵，催生了"以史为宗"的独特古文观，所谓"古文必推叙事，叙事实出史学"、"文章以叙事为最难，文章至叙事而能事始尽"等，极大提高了叙事文的文体地位。其次,作者提出"文体备于战国"说,尽管在以《文选》诸体论证此问题时,有牵强、片面之失,但此说在描述战国文章的繁荣局面,揭示战国文章发扬《诗》教、深于比兴、敷张扬厉等特点,以及战国之文对后世文体的影响等方面,具有相当的深刻性、正确性。此外,作者对辞赋、传记、碑志、小说等文体的体性特征及其发展演变,对于《文选》等书文体分类混乱、标准不一等,都提出了独特看法,在乾嘉文坛别树一帜。

第三章　文体学史料的发掘和处理

　　傅璇琮先生在《中国古典文学史料研究丛书·总序》中说："古典文学史料研究,主要涉及收集、审查、了解、运用史料问题。"又指出它的涉及面相当广:"举凡与作家作品有关的史书(如正史、别史、杂史等)、地理、各种体裁的笔记、社会民情的记载等等,都应有所述及。而且它还与其他一些学科有所交叉,特别是目录学、版本学、校勘学、史料检索学等,关系更为密切。古人说,六经皆史。可以毫不夸大地说,古代包括经史子集中的典籍,都与文学史料有关。"①我们非常赞同傅先生的说法,同时也认为,古代文学研究的推进,除了研究领域与观念的开拓和更新之外,史料的发掘和处理也是相当重要的方面。它在很大程度上,反映出研究者的学术意识和创新能力。本章拟略举数例,对文体学史料的发掘与处理粗陈管见。

一、类书与文体学

　　在学术史上,类书不太受到重视。《四库全书总目》说:"类事之书,兼收四部,而非经非史,非子非集,四部之内,乃无类可归。"馆臣

---

① 《中国古典文学史料研究丛书·总序》,《当代学者自选文库·傅璇琮卷》,安徽教育出版社1998年版,第621页。

从清代流行的考据学眼光来看类书,认为"此体一兴,而操觚者易于检寻,注书者利于剽窃,转辗稗贩,实学颇荒。"在他们看来,类书对于学风与文风的影响,总体上是比较消极的。它的好处仅仅在于使一些古籍得以保存,"遗文旧事,往往托以得存"①。正是从这个角度看,类书"不可谓之无补"②。类书在四库中勉强归于"子"部,清代以前,主要用于科举和官场,清代以后,以类书为校勘、辑佚之助成为专门之学,今人亦多利用类书进行辑佚、校勘。虽然有学者已注意到类书和文学创作的关系,如闻一多先生曾就初唐类书与唐诗创作的关系展开精辟的论述③,台湾方师铎先生曾著有《传统文学与类书之关系》④一书,研究类书是受哪些文学作品影响而出现的,哪些文学作品是依赖类书而掇拾成文的。在我们看来,类书往往是当时人们对于整个知识体系的总结,内容包罗万象,其中也反映出对于文学、学术的认识,并对当代与后世的文学观念产生深刻影响。但学术界对类书的文体学史料价值、类书编纂与文学观念、文学批评及文体学研究的关系等问题似乎注意得还很少。

(一)类书的文体学史料价值

类书的编纂,自曹魏《皇览》始,至唐而大盛。《旧唐书·经籍志》《新唐书·艺文志》著录各种唐人所修官私类书三十余种,并在目录学上,把类书从"子部杂家类"分离出来,获得了独立的学术地位。宋代以后,这些著作逐渐亡佚,流传至今而大体完整的,只有虞世南《北堂书钞》,欧阳询《艺文类聚》,徐坚《初学记》,白居易、孔传

① 《四库全书总目》卷135"类书类"序,第1141页。
② 《四库全书总目》,第1141页。
③ 闻一多:《类书与诗》,见《唐诗杂论》,中华书局2003年版,第1页。
④ 方师铎:《传统文学与类书之关系》,天津古籍出版社1986年版。

《白孔六帖》，即通常所谓的"四大类书"。由于这些著作是现存最早的一批类书，其保存古代文献的价值，向来为学界重视。《四库全书总目》卷135《艺文类聚》提要："隋以前遗文秘籍，迄今十九不存。得此一书，尚略资考证。宋周必大校《文苑英华》，多引是集，而近代冯惟讷《诗纪》、梅鼎祚《文纪》、张溥《百三家集》从此采出者尤多，亦所谓残膏剩馥，沾溉百代者矣。"①同书卷138《唐类函》提要："此书取唐人类书，删除重复，汇为一函，分四十三部。每部皆列《艺文类聚》于前，而《初学记》《北堂书钞》《六帖》次之。取材不滥，于诸类书中最为近古。"②高度肯定了这些产生时代较早、编纂比较严谨的类书在校勘、辑佚、考据等方面的价值和影响。就文体学研究而言，这种价值和影响也同样存在。

以《北堂书钞》为例。此书卷102《艺文部八》立诗、赋、颂、箴、连珠、碑、诔、哀辞、吊文等文体类目；卷103《艺文部九》立诏、章、表、书记、符、檄等文体。与总集或选本不同，此书并不收各体文章，而是收录与各种文体相关的阐释、评论或史实，从而保存了大量文体论史料。如诗，除引《论语》《毛诗序》常见文献外，还引《诗含神雾》《春秋说题辞》等典籍的相关论述；赋，引挚虞《文章流别论》；颂，引《诗含神雾》、挚虞《文章流别论》；碑，引李充《起居戒》、袁兴《万年书》、《会稽典录》等。《北堂书钞》对每类文体，都有许多类似的征引。由于所引资料皆采自隋以前古籍，其中大部分今已不传，因此，大量有关文体的论述赖此书得以保存。如上引挚虞《文章流别论》、李充《起居戒》以及纬书《诗含神雾》《春秋说题辞》中论文体的内容，皆首见于《北堂书钞》。其中《文章流别论》最早系统论述各种文体的性质、功用、体制形态及源流演变等，对《文心雕龙》《诗品》等有直接影

---

① 《四库全书总目》，第1142页。
② 《四库全书总目》，第1173页。

响,是六朝最重要的文体学专著之一,其书久已亡佚。清代以来的学者辑其佚文,共得十九则,其中七则出自《北堂书钞》,分别论及诗、赋、颂、箴、诔、图谶等文体。又傅玄《七谟序》《序连珠》可以说是关于七、连珠两种文体的最早专论,原文也赖《北堂书钞》得以保存。现存唐以前的文体论内容,除《文心雕龙》外,此书最为丰富。此外,《艺文类聚》《初学记》等也保存了不少文体学史料。

唐以后的类书层出不穷,由于辗转钞贩,材料的可靠性有所下降,但规模之宏大、内容之广博,有远出四大类书之上者。尤其一些官方组织编纂的大型类书,如《永乐大典》《古今图书集成》等,在搜罗、保存文献上,具有无可替代的价值和地位。以《古今图书集成》为例。此书共一万卷,目录四十卷,字数约一点六亿字,图片万余幅,引用书目达六千多种,是现存规模最大的类书。全书分"历象""方舆""明伦""博物""理学""经济"六汇编,每汇编之下再分若干典,其中与文学及文体学研究关系最密切的是《理学汇编》中的《文学典》。《古今图书集成·凡例》:"《文学典》在经籍之外,盖文各有体,作者亦各有擅长,类别区分,各极文人之能事而已。"可见其编纂体例是按文体类聚区分的。《文学典》下辖49部,分"文学总部"1部和"文体分部"48部。48部实即48类文体,分别为诏命部、册书部、制诰部、敕书部、批答部、教令部、表章部、笺启部、文券部、杂文部等。每部分量、卷数不一,但大致包括了"汇考""总论""艺文""选句""纪事""杂录""外编"等纬目。"汇考""总论""艺文"三纬目有较强的文体学理论文献价值,而"选句""纪事""杂录"等对研究古代各体文章发展史较有参考价值。其中最重要的是"汇考"与"总论"。"汇考"本欲明"一事因革损益之源流,一物古今之称谓,与其种类性情及其制造之法"(《古今图书集成》凡例),所涉文献遍及经、史、子、集四部。文体汇考重在考释文体之源流、文体之名称、文体制度与形态。在追溯文体渊源时,先秦经典往往是史料的首要来源,除了引用经典,还征引历代经注,反映出《古今图书集成》"文本于经"的思想。在考察文体之名时,许慎《说文解字》、刘熙《释名》等小学著作亦多被采录。以"诏命"为例,其"汇考"采录《周礼》之《天官》大宰、《春官》大祝、内史、外史,《史记》的《秦始皇本纪》、刘熙《释名》"释典艺"、蔡邕《独断》"诏书"条、《隋书》的《礼仪志》《百官志》,《唐会要》"黄麻写诏"、李充《翰林论》"诏书纸色"、叶梦得《石林燕语》"诏书诏意"。"诏命"的"总论"则引《易经》"姤卦""巽卦""涣卦"、《书经》"舜典"、《礼记》"缁衣"、《文心雕龙·诏策》、王通《中说·问易》、王应麟《玉海》"汉诏令总叙"、徐师曾《文体明辨》"诏""命""谕告""玺书""赦文"。这些史料给文体史尤其是中国早期文体史与文体学的研究,提供了一种新的文献与视野。传统的文体学著作如蔡邕《独断》、刘勰《文心雕龙》、王应麟《辞学指南》、吴讷《文章辨体》、徐师曾《文体明辨》各书的相关内容在《文学典》中被收录殆尽。另外,像许慎的《说文解字》、刘熙的《释名》在界定文体内涵时也多被采录。《文学典》非常重视文体与历代典章制度、礼仪制度的关系,收录了大量典章制度文献,体现出一种新的研究理念。如表章部"汇考"收录《明会典》的"表笺""表式",《大清会典》的"表式"等,详细记载了明清两代表章的具体样式;奏议部"汇考"收录《明会典》的"表启题本格式""奏本式""题本式",《大清会典》"题奏本式",具体地描述了奏议文本的篇幅、大小、疏密、行数、字数以及姓名、抬头等格式,为文体学研究提供了与书写载体融为一体的鲜活的文本样式。《文学典》还大量征引历代笔记尤其是明人笔记,从中发掘出丰富的文体史料,颇为珍贵。《文学典》所引的文献,有些现已难寻,如"赋"部收录晚明袁黄所著类书《群书备考》中有关"赋"的史料,该书已不易寻得。《古今图书集成》的文体史料主要集中在《文学典》中,但其他典中也有一些分散的史料。比如《艺术典》中就收录了一些关于古代戏曲的史料,如《教坊记》等。综观全书,《古今图书集成·文学典》可谓现存最为丰富的中国古代文体史料库。

（二）类书与文体典范

在《艺文类聚》以前，类书与总集区分严格，基本没有关系。欧阳询《艺文类聚序》："前辈缀集，各抒其意。《流别》《文选》，专取其文，《皇览》《遍略》，直书其事。文义既殊，寻检难一。"①传统的分工相当明确：总集录文，类书类事。《艺文类聚》采用了"事居其前，文列于后"，事文并举的新体例，把类书与总集巧妙地结合起来。《初学记》的编纂也是如此，玄宗曾谓张说曰："儿子等欲学缀文，须检事及看文体。《御览》之辈，部帙既大，寻讨稍难。卿与诸学士撰集要事并要文，以类相从，务取省便。令儿子等易见成就也。"②玄宗交代新编类书要"撰集要事并要文"，以便"检事及看文体"。这也是事文并重的原则。"要文"是重要的文献与文章，"文体"是一种创作的规范。类书内容既广，编纂时需要选择和取舍，这个过程自然会反映出一种价值观来。《艺文类聚序》谈到该书的编纂目的是为了"摘其菁华，采其指要"，"俾夫览者易为功，作者资其用。可以折衷今古，宪章坟典"，所以要进行一番"弃其浮杂，删其冗长"的工作③。如何从大量的文献中选择出能代表"文体"典范的"要文"来，这本身就含有"选文以定篇"的文学批评意味。

类书既是一种工具也是一种典范，每类文体下所选的例文，多是编选者心目中的典范之作。从这个意义上看，有些类书近于选本。比如《艺文类聚》"杂文部"连珠类收录扬雄、班固、曹丕、陆机等的作

---

① （唐）欧阳询撰，汪绍楹校：《艺文类聚》，上海古籍出版社 1965 年版，第 27 页。
② （唐）刘肃撰，许德楠、李鼎霞点校：《大唐新语》卷 9，中华书局 1984 年版，第 137 页。
③ 《艺文类聚》，第 27 页。

品,七类收枚乘《七发》、傅毅《七激》、张衡《七辨》、曹植《七启》等,檄类收司马相如《喻巴蜀檄》、陈琳《为袁绍檄豫州》、梁元帝萧绎《伐侯景檄》、魏收《檄梁文》等,都是各种文体具有典范意义的作家作品,表现了选编者的文学眼光和审美旨趣。如果我们把《艺文类聚》所选文章和《文选》《文心雕龙》《诗品》等作比较研究,可以看到它们的共通点,同时也可以看出初唐人的一些新观念。有些作品《艺文类聚》只截取部分章节。如"杂文部"史传类录左思《咏史》四句:"被褐出阊阖,高步追许由。振衣千仞岗,濯足万里流";录陶潜《咏荆轲》四句:"惜哉剑术疏,奇功遂不成。其人久已没,千载有余情"等,所引部分多是全篇中最精彩、最动人的章节。又有些作品只是摘录其中的一两句,如"木部上"松类引许询"青松凝素髓,秋菊落芳英"句,"鸟部上"鸟类引《古诗》"胡马依北风,越鸟巢南枝"句,"药香草部"草部引《古诗》"四顾何茫茫,东风摇百草"句。这种断章摘录诗句的方式类似于摘句批评。类书与选本、摘句等批评形态的异同,是值得深入研究的问题。

　　和一般文学批评的个性化、私人化不同,类书尤其是官修类书罗列的主要是公共的常识,代表着当时的主流意识。类书在选用作品方面,往往有共同或近似处。比如在《初学记》卷1"天"所选的作品中,"赋"选了成公绥《天地赋》,"诗"选了傅玄《两仪诗》《歌天诗》,"赞"选了郭璞的《释天地图赞》,与《艺文类聚》卷1"天部"基本相同,这可以看出当时人们所公认的经典作品。总之《艺文类聚》《初学记》等类书对中国古代文学经典的确立和传播产生了重要作用。

　　同时,应该指出的是,从类书入手研究其文学观念,一定要考虑到适度运用的问题。类书不是创作,本为资料汇编性质的书籍,资料本身的文学观念与类书编纂者的文学观念两者是不能混为一谈的。以类书为文学研究对象,首先需要分清二者的差别。比如在文学选本中,我们可以说编者所选的作品代表他的美学理想。但在类书中,相当多内容在编者心目中只是人类知识体系一种应有分布和记录而已,未必与自己的理想有关,类书毕竟是以"全"为标准的。因而对类书进行摘句批评与选本研究时,应与诗文选本的有意去取区别开来。不能单纯就选入材料的内容衡量,或仅从文学角度进行分析,还要考虑到类书取材和分类体制对摘选的限定,特别是类书的分类角度。另外,古代类书之间具有传承关系,有大量的文献是必选的,有些分类是因袭前人。所以类书的文学研究困难不在于说明一本类书有什么样的分类,而在于阐发其分类的独特性以及从中反映出来的文学观念。这种判断对于类书的文学价值研究来说是最基本的,也是最关键的。

(三)类书与文体分类及谱系

类书内容包罗万象,反映了人们对自然、社会、物质、精神世界的认识与理解,是对当时整个知识体系的总结,体现了"天下古今事物之理"(《御制渊鉴类函序》)。而称名取类、以类相从的体例,则表现了对这个体系的范围、结构、秩序及各组成部分的认识方法与理解程度。文学作品作为人类精神活动的产物,同样体现着"天下古今事物之理"。当类书编纂者涉及这一部分内容时,自然也会采用以类相从的原则与方法,从而为后人考察当时的文体分类提供独特的视角。如前文已提到《北堂书钞》"艺文部"立诗、赋、颂、箴、连珠、碑、诔、哀辞、吊文、诏、章、表、书记、符、檄等文体,此外还有由书写工具演变为文体名称的策、简、牍、札、刺、券、契约等类目。《艺文类聚》"杂文部"立有史传、集序、诗、赋、连珠、七、檄、移等目,《白孔六帖》中有诗、赋、颂、论、铭、诔、箴、碑、檄、射策等目。尽管唐代及唐以前的文体总数远不止这么多,然而,在类书所反映的知识谱系中得以立目的文体,无疑是当时看来最重要、最常见的文体。翻检六朝及初唐文集,上列文体也确实很少有不具备的。

类书的文体分类,体现了古代文体分类发展的基本规律,即分类越来越细,类目越来越多。如唐《北堂书钞》《艺文类聚》等书的"艺文部"所立文体不过十余类或二十余类。宋初《太平御览》"文部"已增至四十多类。清编《古今图书集成》的《理学汇编·文学典》按文体不同分四十八部,是历代类书中文体类目最多的,分别为诏命部、册书部、制诰部、敕书部、批答部、教令部、表章部、笺启部、奏议部、颂部、赞部、箴部、铭部、檄移部、露布部、策部、判部、书札部、序引部、题跋部、传部、记部、碑碣部、论部、说部、解部、辩部、戒部、问对部、难释部、七部、连珠部、祝文部、哀诔部、行状部、墓志部、四六部、经义部、骚赋部、诗部、乐府部、词曲部、对偶部、格言部、隐语部、大小言部、文券部、杂文部等。其中许多部类下又有二级分类,如"诏命"部分诏、命、谕告、玺书、赦文,"奏议"部分奏、奏疏、奏对、奏启、奏状、奏札、封事、弹事、上书、议、谥议。全书所涉文体一百四十多种,不仅远远超过了其他综合性类书的文体分类,比起许多文章总集如《文章辨体》《文体明辨》也毫不逊色。这种类目的增加,一方面是文体不断孳生造成的,另一方面,也是文体分类日趋细密的结果。

类书的文体分类,表现了编者对文体谱系中不同文体特征的认识,而这些经过分类的文体,在文体谱系中的序次安排,则体现了特定的文体价值观。六朝至宋,许多总集编选体例采用《文选》诗、赋居前的文体编次模式,表现了对文学性的重视。类书中,《北堂书钞》"艺文部"、《太平御览》"文部"、《玉海》"艺文"等也沿袭了这种编次体例。然而,从宋代开始,许多类书开始重视文体的实用功能,并辨别其尊卑等级,故宋编《事文类聚》"文章部"、清编《御定渊鉴类函》"文学部"等都以诏制居首,诗赋居后。《古今图书集成·理学汇编》"文学典"也以诏、册、制、敕及表奏等实用性文体为先,以诗赋居后,其文体编次大致遵循以下隐性规则:按文体应用场合从中央到地方,官方到日用的次序排列;按作者身份的高低排列;按语体先笔后文的次序排列。这种序次，充分体现了王权政治下重视社会功用、等级秩序的文体价值判断，与六朝时对诗赋的推重形成鲜明对比。

如果我们把《古今图书集成》与《文体明辨》对比，前者的文体分类比较简括。如《文体明辨》中的"杂著""符命""原""述""志""纪事""说书""义""上梁文""文"十种文体，在《文学典》中合并成"杂文"部；《文体明辨》中的"诏""命""谕告""玺书""赦文"被合成"诏命"。但是《文学典》所录的文体又比《文体明辨》多了四六、经义、对偶、格言、隐语、大小言数部。"经义部"之设，在文体学上反映出八股文在明清两代的重要性。此部收集了许多关于明清八股文史与八股文理论的重要文献，同时也体现出编者的八股文体观。如历来对八股文文体的渊源说法甚多，但《文学典》的"经义部"明确以宋代考试文体为八股文渊源，而不采其他说法。《文学典》把格言作为一种文体，也反映出新的文体观念。这可能与明清时代清言、箴言作品大量出现有关，故此部多引晚明陈眉公等人的清言作品。

（四）类书与文体观念及文体史

除了考察文体分类与序次外，类书还为研究特定时期的文体观念提供了独特视角。如明朱权《原始秘书》是在宋代高承《事物纪原》基础上编纂而成的，故其性质、体例皆与高书相似，分类编排，旨在探求世间万物之始。为了纠其"鄙陋"，所增补甚多。其中卷7《符玺诏敕》《文史经籍》两门涉及符节、玺、敕、制、诏、诗、赋、碑、赞、碣、颂、序、誓、引、说、问、解、辩、露布等一百一十余种文体，不但远远超过《事物纪原》中的文体种类，甚至比任昉《文章缘起》还多三十余类。这些类目的增加，或由于文体孳生，如手札、门状等，都是唐宋以后产生的新文体；或由于文体细分，如诏类析为诏、凤诏、遗诏等。还有一些，是从古已有之的创作形态中挖掘出来的，如谶纬、童谣等，先秦即已萌蘖，两汉蔚为大观，《左传》《战国策》《史记》《汉书》《后汉书》等多有记载,但一般的文体学著作和类书很少将其立为文体类目。《原始秘书》打破了传统文体分类的框架,从较早的经、史著作中总结、挖掘出这些文体或"前文体形态",不仅丰富了古代文体分类的内容,也更符合建立在政治、礼乐制度和实用性基础之上的中国古代文体学的实际情况,值得特别关注。

类书文体史料的取舍、类目的增减等,往往反映了文体形态、观念的变化,也透露出文体史的发展轨迹。明徐炬辑《新镌古今事物原始全书》卷 11《文史部》根据文体排比史料,计有策、论、诗、词、歌、赋、表、上书、谏、语、话、启、简等三十余体。其中"话"列举宋代以来诗话材料,是此前的类书从未有过的类目。可见诗话作为一种文学批评文体影响日增,开始进入文体研究视野。而后于此产生的文体学专著如《文章辨体》《文体明辨》等却没有收录这一文体,这更体现了类书编纂者的独特眼光。四六,严格地说,是一种语体,可广泛使用于不同的文体,所以"四六"并非具体的文体。正因如此,《文心雕龙》以之为《丽辞》置于"剖情析采"的下篇而非"论文叙笔"的上篇。而《古今图书集成》专立《四六部》一卷,置于《墓志部》与《经义部》之间,显然以"四六"为与之相并列的文体。这一方面因为语体是影响文体的重要因素,文学史上著名的文笔之辨,实兼有语体和文体两方面的因素。因此,以四六为文体,有其特定的原因,并非纯出空穴来风。另一方面,骈文经过唐宋古文运动打击之后,其文体地位大为降低,创作也极度消沉。可从明代中后期开始,骈文在理论和创作上都呈复苏之势,到了清代,则出现了六朝之后骈文创作的又一高峰,并掀起了几乎贯穿整个清代文学批评史的骈散之争。《古今图书集成》编纂者特立"四六部",体现了对骈体文的充分肯定,也透露了骈体文重新获得文学地位的历史趋势。又,自宋代熙宁年间开始以经义取士的制度,"经义"就成为与文人命运相关的重要文体,但是文章总集或别集基本不收录此类科举文字,各种类书的文体部分,亦罕有涉及。《古今图书集成》新设"经义部",虽然经义不等于八股文,然其史料重点是八股文。这在文体学上反映出八股文在明清两代的重要性。又,在传统文体价值序列中,词曲地位低于诗文,曲的地位又低于词,叙事性的戏曲的地位又低于抒情性的"散曲"。此前综合类的文体学著作,几乎都不重视词曲,尤其是戏曲,如《文章辨体》《文体明辨》就没有戏曲。而《古今图书集成》之前的类书,也没有专门为戏曲立目。《古今图书集成》则特设"词曲"部,"曲"的内涵,包括了散曲与戏曲,并收录了大量的戏曲史料。这在历代类书中也是一个创举,说明戏曲这种源于勾栏瓦舍的俗文学体裁,已获得了上层知识界的认可,获得了独立的文体地位。

　　古代类书收录了大量文体的文本格式与形态范例,为研究文体的原始语境与实物载体给出了丰富的文献,而对于实用文体研究,类书提供的启札范例尤其意义重大。"文书式与民间实用文体的程式化写作"也是一个可以尝试的研究领域。宋代已降,日用类书编辑逐渐兴盛,至明代达到高峰。正如宋人熊禾所说的,"书坊之书,遍行天下,凡平日交际应用之书,例悉以启札名,其亦文体之变乎"。他指出在《翰墨全书》中,"自冠婚以至丧祭,近自人伦日用,远而至于天地万物,凡可以寓之文者莫不毕备"(《勿轩集》卷一《翰墨全书序》)。这些类书的特色,在于为民间提供一种日常使用的范本。日用类书中的启札范例分为事类、文类二种,不仅为其提供范例,也同时收入可资袭用的相关诗文。既说明启札格式,也给予系统性的活套、通式、构件之法。日用类书如《事林广记》《古今合璧事类备要》《新编事文类聚翰墨全书》《居家必用事类全集》《捷用云笺》《启札云锦》《四民学海群玉》《万宝全书》等,往往为所载民间实用文体提供可资套用(包括范文句例、词组搭配、书写格式)的范本。民间实用文体以往被视作"艺文之末品",但以文书式作为切入点进行研究,不仅有助于从语言特征、体貌风格等方面,分析民间实用文体所具有的文学特性,也能对有关文本的社会文化效能产生了解。此外,追踪文书式在日用类书中的传抄、改造,能够对不同时代民间实用文体演变进程中,所产生的形态调整和审美转型有所认识。

二、字书与文体观念

从早期文字考察中国古代文体观念的发生,是文体学研究的一种路径,而早期字书则是走向这一路径的重要向导。

汉代经学兴起,小学亦随之迅速发展,并出现了《尔雅》《方言》《说文解字》(下文简称《说文》)、《释名》等重要字书。在传统目录学上,这些字书通常被视为经学的附庸,归入经部小学类。今人探讨这些著作,则多从文字、音韵、训诂等角度入手,较少关注语言学之外的思想、文化价值。其实,就文学和文体学视域看,中国文字是中国文学和文体的存在方式。从文字与文体之关系来研究古人对文体的感知、理解以及早期文体产生的原始语境,考察文字产生文体意义的过程与方式,可以发现中国文体学的某些独特性。从一些古文字的构形与渊源流变入手,可以考察文体的原始状态、形象与意义,也可以看出古代文体形成的一些规律。以文字与文体载体命名,也是中国古代文体命名的主要方式之一。中国古人依照一定的规则来造字,一些与文体相关的文字形态,或许透露出他们对早期文体本义的感知与理解。同一部首的文体用字,反映出某种共通的文体特性,这也是一种不自觉的特殊文体分类,体现了同类文体的共性;而有些文字的声旁则在一定意义上提示了文体的独特内涵,这是文体的个性。中国古代多数文字的文体意义是后起的,从初始义引申、孳乳派生而来,并通过文字分化、合并或假借等方式来表达这种意义。文字的规范过程也包含了对文体特性的集体认同。可见,字书尤其是早期字书,可以作为研究文体语义和语源的重要史料,对于考察文体史和文体观念具有独特的意义。

（一）字书对文体语词的训释与文体义类的归纳

产生于秦汉之际的《尔雅》,是我国最早的一部解释词义的专著,也是第一部按词义系统和事物分类来编纂的字书。此书已有个别材料涉及文体的训释,如《释诂》:"命、令、禧、畛、祈、请、谒、诤、诰,告也",《释言》:"诰、誓,谨也"等。然而,由于《尔雅》内容分类所限,关于文体词语的数量很少。到了东汉许慎《说文》和刘熙《释名》,具有文体意义的训释开始丰富起来。《说文》是一部通过分析字形,探求文字本义的字书,收录并解释了不少与文体相关的文字,如:"祷,告事求福也。"(卷一上)"议,语也。"(卷三上)"诫,敕也。"(卷三上)"诰,告也。"(卷三)"诂,训故言也。"(卷三上)"谚,传言也。"(卷三上)"谜,隐语也。"(卷三上)"札,牒也。"(卷六上)"牍,书版也。"(卷七上)除以上所列外,还有祝、诗、谶、奏、训、册、谕、谟、论、诏、誓、语、说、记、讴、謇、谥、诔、诅、谱、碑、史、笺、简、符、牒、帖、吊、券、檄、颂、铭等字,数量相当可观。当然这些训释并非自觉的文体研究,但在对文体语词本义的探求中,或涉文体的体性,或论文体的功能,或及文体的使用对象、场合,从不同角度反映了汉人所理解的各种文体的原始意义。

《释名》采用音训即从语音追寻语义来源的方法,来考察每一字词最初命名的原因,是中国第一部语源学专著。其中《释言语》《释书契》《释典艺》三篇收录的文体语词极为丰富。如卷四《释言语》:"说,述也,宣述人意也。""颂,容也,叙说其成功之形容也。""纪,记也,记识之也。""祝,属也,以善恶之词相属著也。""盟,明也,告其事于神明也。"卷五《释书契》:"檄,激也,下官所以激迎其上之书文也。""符,付也,书所敕命于上,付使转行之也。""券,绻也,相约束缠绋以为限也。""上敕下曰告。告,觉也,使觉悟知己意也。""下言于上曰表,思之于内,表施于外也。又曰上,示之于上也。又曰言,言其意也。"卷六《释典艺》:"传,传也,以传示后人也。""令,领也,理领之,使不相犯也。""称人之美曰赞。赞,纂也,纂集其美而叙之也。""论,伦也,有伦理也。""谱,布也,布列见其事也。"从所举例子可以看出,虽然《释名》是一部字书,但在解释与文体相关的词语时,指出了这些词语的本义,这对于理解先秦至两汉的文体观念是相当有价值的。

《释名》全书所载文体条目,有语、说、序、颂、赞、铭、纪、祝、诅、盟、誓、奏、簿、籍、檄、谒、符、传、券、荝、契、策书、示、启、书、题、告、表、约、敕、经、纬、图、谶、传记、诗、赋、法、律、令、科、诏书、论、赞、叙、铭、诔、谥、谱、碑、词等多种。如与《说文》合计,去其重出,则数量相当可观。这些文体,有的在先秦即已独立、成熟,后世继续使用并不断发展变化,如诗、赋等;有的虽在先秦已经产生并广泛应用,但当时并未获得独立的文体地位,而是依附于经、史、子类著作中,如祝、诅、盟、誓、谟、铭、诔等。大部分有明确作者和创作时代,脱离学术著作而获得独立的文体,产生在秦汉时期,尤其集中于两汉。这一点,任昉《文章缘起》揭示得很清楚。《文章缘起》探讨先秦至东晋时期八十五种文体的起始之作,其中战国四体,秦四体,西汉三十九体,东汉二十二体。两汉合计六十一体,占总数的四分之三。所以清代包世臣有"文体莫备于汉"之说,刘师培也认为,"文章各体,至东汉而大备"。产生于东汉的《说文》《释名》所录的文体语词,正是在语言学上对先秦两汉时期文体类目的记载,大致囊括了中国古代最基本、最常用的文体,是汉代文体写作繁荣在字书中的反映。

字书的编纂体例,则为研究文体发生学和早期文体分类法提供了特殊的视角。比如《说文》,有关文体语词散见于全书,表面上似乎无法看出其分布规律。事实远非如此简单。此书首创部首编排法,把 9 千多个字归纳为 540 部，"分别部居，不相杂厕"，同一部首的字，往往有某种意义上的关联。比如"言部"中涉及文体形态相关的字有：言、语、谈、谒、诗、谶、讽、诵、训、譔、譬、谟、论、议、订、识、讯、诫、誓、诂、证、谏、说、记、讴、詠、谚、讲、诅、讼、谴、让、谥、诔、译等。值得注意的是，"言"是全书包含文体语词最多的部首。这个部首分类法透露出一个非常重要的信息：早期文体产生与语言活动密切相关。另外如：祭、祝、祈、祷、禅、禁……皆归之"示部"，意味着这些文体或相关活动的产生最早与鬼神祭祀之关系。所以可以说，《说文》是研究早期文体发生学的重要文献。

《释名》以义类编次，其体例、性质不同于《说文》。刘熙《释名序》说："夫名之于实，各有义类，百姓日称而不知其所以之意，故撰天地、阴阳、四时、邦国、都鄙、车服、丧记，下及民庶应用之器，论叙指归，谓之《释名》。"所谓"义类"，指各种事物的名称有特定的含义，并各有其类属关系，如天地、阴阳、言语、书契等类别。刘熙撰《释名》的目的，就是要从语源学角度探讨事物名称与义类的关系，揭示各种称名"所以之意"，在学术史上首次把哲学中的名、实之辨引进了语言学领域。《释名》的文体语词，集中于《释言语》《释书契》《释典艺》三篇，客观上反映出早期文体产生的三个主要来源：言语交流活动、行政公文和日常文书、典籍文化，这三种"义类"暗含着对多种文体形态共同功能属性的归纳。把各种文体词语归于不同"义类"之中，这在一定程度上可以视同早期文体分类的观念。

(二)字书在文体学研究上的独特价值

字书所列条目，某种意义上构建了作者的知识谱系，体现了当时所认识到的包括物质和精神世界在内的社会生活的范围。在语词概念的定义中，可以看出人们对这些事物的认识水平和思想观念。早期字书对所收文体语词的训释，以最简要的语言，描述出相关语词的本质特点,具有很高的概括性,这对研究早期文体史、探讨早期文体观念都有不可忽视的意义。

《说文》《释名》两部字书的文体语词,所涉社会生活范围极为广泛。有行政公文和百姓日用文体,如诏、敕、奏、檄、令、契、券、约等。诏和奏分别是朝廷下行公文和上行公文的代表文体。《说文》卷三上:"诏,告也。"《释名·释典艺》:"诏,照也,人暗不见事宜,则有所犯,以此照示之,使昭然知所由也。"《说文》卷十下:"奏,进也。"《释名·释书契》:"奏,邹也;邹,狭小之言也。"诏书是君主对各类重大事务的重要指示,不仅象征着政治权力的威严,也体现出意识形态上的优越感和支配地位。在刘熙看来,臣民暗昧如夜行不得路,君主诏令如灯火,可照示方向。而臣民进呈的奏书类文体,在至高无上的君权面前,则只能是"狭小之言"。这种鲜明对比所体现的强烈尊卑意识,在古代行政公文中是普遍存在的。契、券、约是日常生活中使用频率很高的文体,先秦已经产生,汉代尤为常用。敦煌汉简中有大量此类文书发现,主要对借贷或买卖双方起约束作用。《释名·释书契》:"券,绻也,相约束缱绻以为限也","约,约束之也。"强调了这类文体的约束作用。这种约束,是随着经济活动的发展、社会交往的频繁和人际关系的日趋复杂而产生的需要。

铭、诔、碑等是与礼乐制度密切相关的文体。《礼记·祭统》:"夫鼎有铭,铭者,自名也。自名以称扬其先祖之美,而明著之后世者也。"论述了铭称扬功德、传名后世的功能。《说文》卷十四上:"铭,记也。"《释名·释言语》:"铭,名也,记名其功也。"《释典艺》:"铭,名也,述其功美,使可称名也。"基本观点与《礼记·祭统》一致。诔的功能是称述已逝者的生平事迹、德行。《说文》卷三上:"诔,谥也。"《释名·释典艺》:"诔,累也,累列其事而称之也。"结合《说文》《释名》,可较为全面地了解诔的文体功用,即累列丧主生平事迹,以资朝廷定谥,是儒家丧礼的组成部分。碑的原始功能主要有三:置于宫中,以测日影;置于宗庙,以系祭祀之牲;置于墓旁,下葬时用以牵引棺木。秦汉以来往往以碑纪功。东汉碑文特盛,多与丧葬有关。《说文》卷九下:"碑,竖石也。"《释名·释典艺》:"碑,被也,此本葬时所设也。于鹿卢,以绳被其上,引以下棺。臣子追述君父之功美,以书其上,后人因焉,无故建于道陌之头,显见之处,名其文就,谓之碑也。"可见,产生于葬礼的碑,本来只是用以牵引棺木的无字碑。后因生者追念逝者的美德或功业,书其事迹于碑石,并置于道路显见之处,遂成为常用的述功与纪念文体。

祝、诅、盟、誓等文体也与礼制相关,其特色在于反映了强烈的神灵观念。《释名·释言语》:"祝,属也,以善恶之词相属著也。"可见,祝指向上天或神明祷告,求其加祸或福于人。诅即诅咒,请神明降祸于诅咒对象,即《释名·释言语》所云:"诅,阻也,使人行事阻限于言也。"诅往往伴随盟誓而生,是盟誓活动的一个环节,故孔颖达有"盟大诅小"之说。《释名·释言语》:"盟,明也,告其事于神明也","誓,制也,以拘制之也。"统而言之,指结盟各方以神明为证,宣誓缔约,若违背誓约,将使神明加祸,加祸的内容即所谓诅。

经、传、诗、谶、纬等文体与汉代经学兴盛密切相关。自武帝独尊儒术以后,儒家经典获得至高无上的地位,被视为一切学问之根本。故《释名·释典艺》云:"经,径也,常典也,如径路无所不通,可常用也。"把经比作无所不通的道路,体现了普遍的尊经观念。传是对经义的阐释,正如《释名·释典艺》云:"传,传也,以传示后人也。"诗既是中国古代成熟最早的文体,又特指第一部诗歌总集、儒家五经之一《诗经》。《尚书·尧典》已提出"诗言志"说。《左传·襄公二十七年》载赵文子语:"诗以言志。"《荀子·效儒篇》:"诗言是其志也。"可见,"诗言志"是先秦对诗歌文体功能的普遍看法。《说文》卷三上:"诗,志也。"《释名·释典艺》:"诗,之也,志之所之也。兴物而作,谓之兴。敷布其义,谓之赋。事类相似,谓之比。言王政事,谓之雅。

称颂成功,谓之颂。随作者之志而别名之也。"可见,字书继承了"言志"说这一核心,又阐释了与诗紧密关联的"六义",并指出"六义"是"随作者之志而别名之",发展了传统"诗言志"说。谶纬之学兴起于西汉末年,往往依傍经学著作,杂以阴阳五行及预言之类来解释经义,宣扬皇权的合法性。《说文》卷三上:"谶,验也。"《释名》:"谶,纤也,其义纤微而有效验也。"可见,谶是能得到事实验证的预言。这类预言,先秦已出现,汉初贾谊《鵩鸟赋》有"发书占之兮,谶言其度"之句,只是当时尚未盛行。纬的产生迟于谶。《汉书·李寻传》有"五经六纬"之说。《释名》:"纬,围也,反覆围绕以成经也。"强调纬书对经书的辅助作用。后世谶、纬合称,往往不再细分两者的差异。

字书对文体语词的阐释,主要体现的是知识界普遍的知识与观念,是一种集体认同。当然,由于训释形态所限,字书不能像文体学专著那样旁搜博采,追源溯流,系统、全面地研究文体,它的特点就在于用最精炼的语言和下定义的形式揭示文体最本质或最显著的特征,故字书对于文体的训释,往往成为经典定义。

(三)字书对文体学研究的影响

《说文》《释名》等字书不仅在研究汉代文体和文体观念上有独特价值,也对后世文体学研究产生了影响。这种影响,集中体现在刘勰《文心雕龙》上。《文心雕龙·序志篇》提出"原始以表末,释名以章义,选文以定篇,敷理以举统",成为古代文体学研究的经典范式。其中"释名以章义",即通过对文体命名意义的考察,揭示其体性特征,并以此为标准,评价文体创作得失(选文以定篇),描述文体发展演变(原始以表末),概括相关文体的写作要领(敷理以举统)。刘勰的文体研究,已构成逻辑严密、环环相扣的体系。其中"释名以章义"是整个体系的逻辑起点,是其他各环的基础。在这个体系中,"释名"

是为了"章义"和"敷理",直接而具体地受到《说文》《释名》等字书的影响,把语言学中的"释名"成果引进了文体学研究。这不仅表现在"释名以章义"中"释名"一语,直接采用了刘熙的书名,更表现在对众多文体语词的训释,大量吸收《说文》《释名》的内容。如:

《说文》:奏,进也。	《文心雕龙·奏启》:奏者,进也,言敷于下,情进于上也。
《说文》:纬,织横丝也。《释名》:纬,围也,反覆围绕以成经也。	《文心雕龙·正纬》:纬之成经,其犹织综,丝麻不杂,布帛乃成。
《说文》:令,发号也。《释名》:令,领也,理领也,使不相犯也。	《文心雕龙·书记》:令者,命也。出命申禁,有若自天,管仲下命如流水,使民从也。
《说文》:券,契也。《释名》:券,绻也,相约束缱绻以为限也。	《文心雕龙·书记》:券者,束也,明白约束,以备情伪。

《说文》对刘勰的影响,主要是义训,《释名》对刘勰的影响,则主要表现于声训,如:

《释名》:铭,名也。	《文心雕龙·铭诔》:铭者,名也。观器必也正名,审用贵乎盛德。
《释名》:颂,容也。	《文心雕龙·颂赞》:颂者,容也,所以美盛德而述形容也。
《释名》:论,伦也,有伦理也。	《文心雕龙·论说》:论者,伦也,伦理无爽,则圣意不坠。
《释名》:诔,累也,累列其事而称之也。	《文心雕龙·铭诔》:诔者,累也,累其德行,旌之不朽也。

以上所引《文心雕龙》的文体释名,与《释名》声训颇为相似,只不过《释名》作为字书,释义极为简练,《文心雕龙》在其基础上有所引申、发挥而已。由于《文心雕龙》在文体学史上的经典地位,"释名以章义"成为古代文体学研究的传统内容和基本方法。这种方法,本质是语言学的语词训释法。而《说文》《释名》等早期字书,既是

文字学、训诂学的奠基之作，又是古代权威工具书，其语词训释在内容、观点和方法上都具有典范意义，自然会在传统文体学研究"释名以章义"这一环节打下深刻烙印。事实上，后世绝大多数文体学著作或相关书籍（如《文章辨体》《文体明辨》《六艺流别》序题，乃至《古今图书集成·文学典》等）在给各种文体下定义时，大致都会引用《说文》《释名》以及其他字书，这差不多成为中国古代文体溯源的传统了。当然，字书已积淀和总结了前人与时人的学术思想，所以，研究字书对文体学的影响，其意义往往超出某一具体字书，而具有更丰富深广的历史文化内涵。

三、文体史料的释读与处理

在当今文献电子信息化时代，面对海量的信息，对文献的合理释读和适度处理要比文献收集重要和复杂得多。以下举几个例子来说明问题。

（一）《文章缘起》是八十五题还是八十四题

在善本基础上对文本的合理释读，对学术研究来说，是基本也是关键性的工作。任昉《文章缘起》版本很多，文字基本一样，但令人奇怪的是此书有人认为记载了"八十五题"即 85 种文体名称，而有人则认为只有"八十四题"[1]。其实，两种不同分类是由于对文本的不同释读所造成的，问题的关键在于，其文本"诏起秦时玺书秦始皇传国玺"是一句话还是两句话？是指一种文体还是两种文体？现流行很

---

① 参考本书《任昉〈文章缘起〉考论》一章。

广的明代陈懋仁《文章缘起注》①是把它作为一句话来解读的,所以理解为所说的是"诏"一种文体。按其理解,若断句则为:"诏,起秦时玺书,秦始皇《传国玺》。"②所说的是"诏"一种文体。事实上应断为:"诏,起秦时。""玺书,秦始皇《传国玺》。"说的是"诏"与"玺书"两种文体的渊源。宋代的《山堂考索》《事林广记》所收《文章缘起》都明确分列"诏"与"玺书"为两体③,而陈懋仁误合为一,导致把《文章缘起》"八十五题"改为"八十四题",可谓大误。

(二)何来"斜冗"体

更为复杂的是,有时有些文本在现存的各种版本中都相当一致,但却出现文理不通之处,这就需要我们超越有局限的具体文本,在更宽阔的学术背景中加以梳理、研判和论断,甚至需要运用合理的学术想象力。明代徐师曾《文体明辨序说·杂名诗》中说:"按诗有用建除名者,有用星宿名者,有用道里名者,有用州郡县名者,有用斜冗名者,有用姓名者,有用将军名者,有用古人名者,有用宫殿屋名者,有用船车名者,有用药草树名者,有用鸟兽名者,有用卦兆相名者,古集所载,仅见数端。"④在"杂名诗"中赫然有"斜冗名"之诗。从现在我

---

① 此书常见有《四库全书》本、《学海类编》本、《丛书集成》本,叶朗主编《中国历代美学文库》(高等教育出版社 2004 年版)、王水照主编《历代文话》(复旦大学出版社 2007 年版)均据《学海类编》本排印。

② 此断句见《历代文话》第 3 册,复旦大学出版社 2007 年版,第 2522 页。

③ (宋)章如愚辑:《山堂考索》前集卷 21"文章缘起类",中华书局 1992 年影印本,第 142 页。(宋)陈元靓等编:《事林广记》后集卷 7,《续修四库全书》第 1218 册,第 354 页。

④ (明)徐师曾著,罗根泽校点:《文体明辨序说》,人民文学出版社 1962 年版,第 161 页。

们所能看到的版本看,确然都是"斜冗名"①。但"斜冗"明显不成文理,考之中国古代杂名诗,绝无"斜冗名"之诗。但是,如果我们超越有局限的具体文本,从更广泛的文体学文献来考察,就可以断定:"斜冗名"应为"针穴名",刊刻时形近而误,而各种版本未加考辨,沿袭其误。唐吴兢《乐府古题要解》卷下:"针穴名,右据医家《明堂》所载。"②《野客丛书》卷17"鸟名诗"条说:"不但鸟名也,如兽名、歌曲名、龟兆名、针穴名、将军名、宫殿名、屋名、车名、船名、树名、草名,率皆有作。"③《艺文类聚》卷56、《古诗纪》卷80都收有"针穴名"诗可证。

(三)《后汉书》与汉代文体的关系

范晔《后汉书》中详细著录传主的创作情况,学术界往往不加分析地以之作为研究汉代文体的材料。近年刘跃进先生指出:"虽然《三国志》《后汉书》是我们重要的参考资料,但是,由于两书的作者(包括注释者)已经生活在文体学方兴未艾的时代,他们所记载的传主的著述情况,往往是晋宋以后的归纳和命名,很难反映秦汉士人的文体观念。因此,对于秦汉文体材料的取舍,只能参照秦汉时代的著述,譬如《史记》《汉书》《东观汉记》以及秦汉时代流传于后世的单篇文章。"④这个问题的提出相当有意义。因为范晔是南朝刘宋时代人,写作《后汉书》时距东汉已近二百年了。书中所著录的文体是否符合汉代的实际情况,需谨慎对待。对于秦汉文体材料的取舍,应该

---

① 此书有明天顺八年本、嘉靖三十四年本,最流行的是人民文学出版社 1962 年罗根泽校点本。
② 丁福保辑:《历代诗话续编》,中华书局 1983 年版,第 64 页。该条校记:"'穴',原作'宂',《津逮》本作'冗',并误。"
③ (宋)王楙撰,王文锦点校:《野客丛书》,中华书局 1987 年版,第 186 页。
④ 刘跃进:《〈独断〉与秦汉文体研究》,载《文学遗产》2002 年第 5 期,第 11 页。

以秦汉时代的著述为主要参照对象，刘先生的提醒相当重要。我们要补充的是，要判断《后汉书》所著录的东汉文体是否使用晋宋以后的归纳和命名，更为慎重的处理方法应该是把它所著录的文体和现存汉代相关的文体史料以及晋宋以后的文体分类作一对照，才能得出比较稳妥的结论。

《后汉书》是以《东观汉记》为主同时博采十八家《后汉书》编撰而成的，它保存了许多汉代的文献。此书对有文章著作行世的传主，总是详细记载其创作情况，如记冯衍"所著赋、诔、铭、说、《问交》《德诰》《慎情》、书记说、自序、官录说、策五十篇"①；班固"所著《典引》《宾戏》《应讥》、诗、赋、铭、诔、颂、书、文、记、论、议、六言，在者凡四十一篇"②；东平宪王刘苍"自建武以来章奏及所作书、记、赋、颂、七言、别字、歌诗"③；胡广作《百官箴》，凡四十八篇。其余所著诗、赋、铭、颂、箴、吊及诸解诂，凡二十二篇"④；崔骃"所著诗、赋、铭、颂、书、记、表、《七依》《婚礼结言》《达旨》《酒警》合二十一篇"⑤；崔瑗"善为书、记、箴、铭，所著赋、碑、铭、箴、颂、《七苏》《南阳文学官志》《叹辞》《移社文》《悔祈》《草书势》、七言，凡五十七篇"⑥；杨修"所著赋、颂、碑、赞、诗、哀辞、表、记、书凡十五篇"⑦；张衡"所著诗、赋、铭、七言、《灵宪》《应间》《七辩》《巡诰》《悬图》凡三十二篇"⑧；马融"所著赋、

① （南朝宋）范晔撰，（唐）李贤等注：《后汉书》卷28下，中华书局1965年版，第1003页。
② 《后汉书》卷40下，第1386页。
③ 《后汉书》卷42，第1441页。
④ 《后汉书》卷44，第1511页。
⑤ 《后汉书》卷52，第1722页。
⑥ 《后汉书》卷52，第1724页。
⑦ 《后汉书》卷54，第1790页。
⑧ 《后汉书》卷59，第1940页。

颂、碑、诔、书、记、表、奏、七言、琴歌、对策、遗令,凡二十一篇"①;蔡邕"所著诗、赋、碑、诔、铭、赞、连珠、箴、吊、论议、《独断》《劝学》《释诲》《叙乐》《女训》《篆势》、祝文、章表、书记,凡百四篇,传于世"②。综合全书,所涉文体类目相当丰富。问题在于,《后汉书》所著录的这些文体是不是范晔按南朝人的分类著录的。

刘师培在《中国中古文学史》第三课案语中所说:"文章各体,至东汉而大备。汉、魏之际,文家承其体式,故辨别文体,其说不淆。"③从现有文献看,《后汉书》著录的绝大多数文体,在汉代已经存在了。《后汉书》著录传主著述,有一个稳定的体例,即能归类的,列出类名;不能归类的,则列出篇名。崔骃《七依》、张衡《七辩》、傅毅《七激》等作品在魏晋以后已归入"七"体,但在《后汉书》中,都是以未归类的篇名出现的。又如班固的《典引》在《文选》归入"符命"类,《文心雕龙》归入"封禅"类,《宾戏》在《文选》归入"设论"类,《文心雕龙》归入"杂文"类,而《后汉书》也只列篇名。类似的情况还有很多。此外,《后汉书》著录的七言、六言等文体,不见于南朝的著录。由于文本不传,六言、七言到底是否为两种诗体,其文体形态如何,学界尚多争论。考察《后汉书》著录传主创作情况的体例,往往诗、六言、七言并立,可见不以六言、七言为诗。而任昉《文章缘起》的文体谱系中,已明确有"六言诗""七言诗"的类目了。因此,很难说《后汉书》所载文体,是按南朝人的文体观念来著录的。《后汉书》又有"自序"体,但任昉、刘勰、萧统等的著作中没有立此类目,尽管自序在南朝很常见。可见,范晔撰《后汉书》时,主观意图还是要保存后汉时代的文章

① 《后汉书》卷 60 上,第 1972 页。
② 《后汉书》卷 60 下,第 2007 页。
③ 刘师培著,舒芜校点:《中国中古文学史 论文杂记》,人民文学出版社 1959 年版,第 23 页。

原貌，而不是按"晋宋以后的归纳和命名"来著录的。但是确有个别比较复杂的情况。比如该书所载有"连珠"，从现有文献看，似乎是晋以后才明确作为一种文体的，但是关于连珠体的起源问题，学术界众说纷纭，由于文献所限，我们一时也难以断定东汉时代是否已出现连珠这样的文体分类。总体来看，我们认为《后汉书》虽然成书于南朝，但作为研究汉代文体学的旁证史料，仍然具有较高的价值。

那么研究汉代文体史，如果用汉人的著作是不是就可以不加分辨呢？这里仍然有一个对史料的合理释读和适度阐释的问题。比如上举《说文解字》，释义一般都是释其造字的本义，同时还结合古籀篆文的字形，加以分析，可以说它们反映了汉代人所理解的各种文体的原始意义，而不是对汉代文体的解释。刘熙《释名》一书，虽然涉及不少与文体相关的词语，在阐释时也不免反映出汉代人的观念，但是作者的本意并非要研究汉代的文体，而在于追寻词语的本义，即作语源学的研究。如果我们不加区分地认为它们是对汉代文体的解释，就可能与作者的原意不符。事实上，《说文解字》与《释名》提到汉代特有的文体或某些文体在汉代特殊体制时一般会加以特别说明。如《说文解字》卷五上："符，信也。汉制以竹，长六寸。分而相合。"特别指出符在汉代的书写载体是竹。又《释名》卷6《释书契》："策书，教令于上，所以驱策诸下也。汉制：约敕封侯曰册。册，赜也，敕使整赜不犯之也。"特别补充说明"汉制，约敕封侯曰册"，即为策（册）这一文体在汉代的新功能。这些例子表明，无论对什么史料，我们都有必要根据其具体语境先弄清其原意再进行阐释，而且要避免过度阐释。

第四章　文体学研究方法举隅

20世纪八十年代以来,古代文体学、文章学与文献学等传统学科,逐渐成为中国古代文学最具活力的学术领域。中国古代文体学更是逐渐从衰落走向复兴,从边缘理论发展成基础理论,并且成为中国文学研究发展最快的学术领域之一。

从学术史的角度看,文体学研究范式的形成与流变,反映出文体学的发展趋势与学术水平。刘勰在《文心雕龙·序志》中谈到该书的"纲领"时,提出研究文体大致有几方面内容:"原始以表末,释名以章义,选文以定篇,敷理以举统。"其意大致是:论述该文体的源流,说明其含义与性质,列举最具代表性的文章,总结文体的体制与规范。刘勰首次明确提出的文体学研究范式与方法,不仅代表当时的研究水平,也是一千多年来传统文体学研究的不二法门。当代学者仍然需要赓续传统,继承和遵守刘勰所标举的经典范式与基本方法。但是,如果仅满足于循此古训,未能通变,那可能就"取法乎上,仅得其中"了。要建立有现代意义的中国文体学,必须在范式与方法上既有所继承,又有新的开拓。既要"照着讲",又要"接着讲",在继承中国文体学传统范式和经典方法基础上,探寻具有当代学术高度,有思想内涵、文化视野、科技文明与现实关怀的独特路径。一方面努力消解现代学人对古代文体学原始语境的隔膜,另一方面尽可能发挥现代人所特有的学术条件优长之处,以追寻中国古代文体学研究的向上一路。

人文学者所追求的，应该是历史的事实，而不应该是希望看到的事实；其观点不应该是预设的，而应该是从历史事实中获得的。学术研究的共性就在于坚持严谨求实的科学态度，但是不同学科又各有特点。我曾提出，要建设有现代意义的中国文体学，必须在方法上有所继承、有所超越。继承传统的经典研究模式，然后"鉴之以西学，助之以科技，考之以制度，证之以实物"①。近年亦有一些学者对文体学研究方法加以总结和介绍②，我想在这个基础上，系统探讨这个问题，同时思考目前文体学研究的不足，以追寻中国文体学研究的向上一路。

一、基于文献　察诸语境

文献是一切学术研究的基础。同样，文体学研究必须建立在扎实可靠的文献收集与文献阐释基础上。虽然，随着文献电子化、数据化的进展，"数字人文"已成为人文社会科学研究的一大趋势，文体学研究的文献基础工作仍具有无法代替的重要意义。与其他文史研究领域相比，文体学目前在这方面的建设仍存在明显欠缺。

史料的收集、整理与研究，是文体学研究的基础性工程，充分占有文体学史料是研究的前提。由于文体学史料散见于各类典籍之中，相关搜集、研判、整理工作极为繁重，难度也颇大。以传统典籍为基础，将文学文献和非文学文献、传世典籍和新发现史料结合起来，尽可能穷尽地搜集史料，鉴别、整理史料，阐述其文体学价值，使文体

① 吴承学：《中国古代文体学研究·绪论》，人民出版社 2011 年版，第 4—5 页。
② 如胡大雷：《中国古代文体学研究的现代视阈》，提出古代文体学研究的"十法"，载《学术研究》2012 年第 4 期。

学研究建立在全面丰富、坚实可靠的史料学基础之上,需要学界的共同努力。对于初学者而言,首先需要重点关注传世的文体学经典文献,如《文心雕龙》《文选》《文章辨体》《文体明辨》《诗源辩体》《古文辞类纂》《骈体文钞》等名著。它们是经受了时光汰洗,并得到公认的学术精华,可以给初学者提供比较正确的知识,而且指示研究的入门路径。其次是与文体学关系比较密切的文献,如《独断》《释名》《墓铭举例》《游艺塾文规》《雅伦》《学范》《事物考》《读礼通考》等著作,以及像《古今图书集成》等类书。这类文献在文学批评史上关注度不高,甚至很少被提起,但蕴含丰富的文体学史料和文体批评思想。以上所说的,是文体学研究基本入门书,但如果要进一步拓展的话,则对经部、子部、史部、集部的相关文献也应该广泛涉猎,比如研究先秦文体学,则应关注《诗》《书》《礼》《易》以及《左传》《国语》、诸子文献等,这些基础文献不仅蕴含着丰富的文体学史料,还揭示了古代文体存在的真实语境。初学者如果仅从经典文学批评著作入手,而不结合具体的作品,则容易犯先入为主、削足适履之病。两者结合不但有助于对传统文体学的经典论述加以检验与印证,更有助于贴近古代文体形成和存在的语境,进行独创性的研究。

对文献的"发现"与"发明"是相辅相成的。"文献发现"是指对未知或未见文献的发现,主要指考古发现。传世文献有可能经过历代传抄而产生文本变异,而沉睡地下的文献通常更为稳定可靠。二十世纪以来,地不爱宝,各种重要文献陆续出土,极大地推动了文史研究,有些甚至是革命性突破。在文体学领域里,出土文献的重要性也越来越受到重视。文体学研究应该随时关注出土文献的新材料。比如,问答体是春秋战国出现的一种著述文体,这方面就有大量出土的文献提供准确而丰富的史料。史树青认为:

由于马王堆帛书的出土,我们联想银雀山的竹书,可以看出春秋战国时期出现的一种著书体例,即用问答体的形式以叙事。例如:银雀山竹书中的《孙子兵法》有为吴王阖庐与孙武问答之辞,《孙膑兵法》多为齐威王、田忌与孙膑问答之辞,《六韬》托言太公与周文王、武王问答之辞,《晏子春秋》多为齐景公与晏婴问答之辞,《尉缭子》多为梁惠王与尉缭问答之辞等等。马王堆帛书中的《黄帝外经》、《十大经》、《伊尹》等,也都是用问答体,可见这种文体在当时的风行。①

把出土文献与传世文献结合起来,可以更清楚地看出,春秋战国时期,以问答的形式展开理论探讨与叙事,是一种风行的文化。这种形式后来仍明显遗存在汉赋的宾主对问,论体文中的解、难等文体中。

"文献发明"指发现传世文献的特殊价值,读出寻常文献的不寻常意义。在学术研究上,"文献发现"极为重要,但带有很大的偶然性,若过分依赖"文献发现",则近乎守株待兔。持之以恒的"文献发明"更有可持续性。古代文体学与文学史、批评史研究相关而不相同,对文献的关注,既有共性和交汇,又有差异和特色。研究者敏锐地把握这种差异和特色,才能避免对许多有价值的文献视而不见。比如,从一般的文学批评角度看,《文章辨体》《文体明辨》《文章辨体汇选》等书的文学价值与影响不算大。《四库全书》甚至不收入《文章辨体》和《文体明辨》。但是,从文体学看,这些总集是明代辨体思潮高涨的产物,在文体分类和体性辨析上,具有集大成意义,同时又赋予总集"假文以辨体"的新功能,将选文与序题结合起来辨析文体,对明清文体学产生了深远影响。古代文体的辨体与分类观念,建立在文章评点、选本批评、文本细读的基础之上,其中经历了由个别文本的感性观察,上升到一般规律的经验总结。《文章辨体》《文体明

① 《座谈长沙马王堆汉墓帛书》,《文物》1974 年第 9 期,第 57 页。

辨》《文章辨体汇选》等选本的序题,现在已为学界所熟知,但真正对这些序题要有所"发明",则一定要结合入选文章,才能够体会和印证古人对文体的感知。长期以来学界比较重视其序题,却往往忽略它们作为总集选本的特性,所以对其研究也就不易全面和真切了,也难以有所发明。

在广泛收集文献的基础上,对于文本的释读与阐释是否恰当就成为进一步研究的关键。目前一些数据库差不多可以穷尽性地把握传世的古代文献,在这种情况下,对于文本的辨析与理论阐释就显得更为重要。要正确理解文本,就必须"察诸语境",把握文体语境中的复杂性、丰富性,揭示其原初意义,尽量避免因对材料和史实的过分抽象与概括而偏离其原貌原意;同时,以古代文体学理论的具体语境及丰富细节为基础,对其丰富内涵进行既符合逻辑又不悖于历史的阐释。我曾提出,要回到中国文体学语境来发现中国文学自己的历史。文体学"语境"的内涵很丰富,也很复杂,有不同面向、不同层次的语境,也有互相纠缠的语境。文体学语境,首先是与西方不同的中国文体学语境,其次也指各个不同时期的文体学语境。早期文体学语境、集部的文体学语境、晚清民国的文体学语境,这是中国文体学史上三个各具研究特色与意义的时代语境①。这里再补充文体学研究需要注意的"生成语境"、"文本语境"、"文体语境"和"修辞语境"。

"生成语境"即文本生成时所处的原始语境。今人所见的古代诸体文章,主要是被记录、传抄与整理的纸文本。在研究古代文体时,必须对文本生成的原始语境有所还原、想象与体察。中国古代许多作品在其产生的原始语境中,并不是作为阅读的文本,而是在现场观看和倾听的,是诉诸受众五官的总体感受。后来被文字纪录并形成

---

① 参见《绪论》。

的纸文本,仅是其中部分内容甚至并非最重要的内容。这些作品经过抽象和剥离,最终以规范的文本形式,按不同文体收入各种文献中。这些文献只保留原始语境的文字信息部分,而失去了声音、背景、气氛等非文字信息。当人们将一些原始粗砺的形式作为文学文本处理时,离其原貌就更远了。早期一些祭祀歌舞,由于特定的语境,源于宗教,助之巫觋,配之舞蹈,伴之乐器,这种特定的热烈氛围给受众一种总体的感觉,歌辞的内容与形式并不一定是最重要的,有些祭祀歌舞辞甚至不押韵。这种情况在具体的音乐、舞蹈与宗教语境中,显得自然而然,毫无违和之感,但当这些歌辞被抽离为纯文字文本时,可能就显得怪异和不可理解。

"文本语境"主要指在理解古人的文体理论时,要通过上下文甚至全篇来确定其本意。今举文体学著作整理的一个小公案为例。吴讷《文章辨体·凡例》说:

> 文辞以体制为先。古文类集今行世者,惟梁昭明《文选》六十卷、姚铉《唐文粹》一百卷、东莱《宋文鉴》一百五十卷、西山前后《文章正宗》四十四卷、苏伯修《元文类》七十卷为备。然《文粹》、《文鉴》、《文类》惟载一代之作;《文选》编次无序……独《文章正宗》义例精密,其类目有四:曰辞命,曰议论,曰叙事,曰诗赋。古今文辞,固无出此四类之外者。然每类之中,众体并出,欲识体而卒难寻考。故今所编,始于古歌谣辞,终于祭文,每类自为一类,各以时世为先后,共为五十卷。仍宋先儒成说,足以鄙意,著为序题,录于每类之首,庶几少见制作之意云。①

---

① (明)吴讷著,于北山点校:《文章辨体·凡例》,见《文章辨体序说·文体明辨序说》,人民文学出版社 1962 年版,第 9 页。

《文章辨体》的版本，常见的有《四库全书存目丛书》本和《续修四库全书》本。按其版本说明，前者据吉林省图书馆藏明天顺八年刻本影印，后者据北京大学图书馆、北京图书馆藏明天顺八年刘玖等刻本影印。但是，两种《文章辨体》前五十卷，所刻字体差异甚大，显非同一版本。此段文字，"每类自为一类"，语意不通，核之"存目"本与"续修"本，原文皆是"每体自为一类"，明显是整理者一时笔误。另一句"存目"本为"仍采先儒成说"，"续修"本则为"仍宋先儒成说"。于北山以嘉靖三十四年徐洛重刻刊本为底本，校以天顺八年本，而确定"仍宋先儒成说"。语感虽然不顺，语意勉强可通。因为"仍"字可以作依照、沿袭理解。"仍宋先儒成说"，或可勉强解释为"沿袭宋代先儒的说法"。吴讷所撰《凡例》中高度赞美宋儒真德秀的《文章正宗》"义例精密"，所以这种说法似乎是合理的，故为众人所取。通行的整理本如于北山本、《历代文话》本以及凌郁之《文章辨体序题疏证》本等，都坚持用"仍宋先儒成说"。笔者以为，应该是"仍采先儒成说"。从版本上看，现存最早版本即明天顺八年刻本是"仍采先儒成说"，但版本的早晚并不是判断文字之正误的唯一依据，还应该从文本语境中去考辨。如果吴讷所说的是"仍宋先儒成说，足以鄙意，著为序题"的话，那么，"序题"所据应该只用或主要用宋代先儒的成说。从全书文本的内证来看，《诸儒总论作文法》所录，除宋人以外，从南北朝的刘勰、颜之推，唐代柳宗元，到金代的元好问等说皆有采涉。从体例来说，真德秀《文章正宗》仅论四大文类，不及具体文体，《文章辨体》的序题皆分体而论，与之完全不同。序题部分广泛引用历代先儒之说，字书、史书、诗文评之语，无所不收，绝不拘于"宋先儒"。比如，对赋分类与叙说，几乎全取元代祝尧《古赋辩体》。这些都可以说是重要的文本内证。又彭时所作《文章辨体》序文，并没有强调吴讷"仍宋先儒成说"，而是说，此书"一本于先儒成说，使数千载文体之正变高下，一览可以具见"①，这和《凡例》"仍采先儒成说"的意思是吻合的，这可以说是重要的旁证。从《文章辨体》文本语境的内证和旁证来看，应以"仍采先儒成说"为是。

中国文学批评非常强调"知人论世"，还应该包括"知体论世"，在批评时必须考虑到"文体语境"元素。这点往往为文学批评者所忽略。"文体语境"是指不同的文体具有独特的表达惯例，读者在理解文本时，必须了解这种语境。古人写作文章最讲究"得体"，在特定的文体语境中作出恰当的表达。文体具有其社会性与世俗性，有些文体是应人之请、受人所托而制作的，便与人情世故相关。为逝者写碑诔之文，言其德而不言其疵。为他人书籍写序跋，必多褒扬作者与作品。与人往来的书牍，对启者褒美之词，言不必由衷。当然，在这些文体中，也有批评他人与作品的，但非常少见，而且往往也是欲扬先抑。这反映的是一种世俗社会礼节与习惯。文学批评必须了解"文体语境"，对序跋、碑诔、书牍这类文体持警惕态度，慎重对待其中的褒扬之辞，切不可轻易拈来作为对作家的定评。清代魏禧曾批评当时人所作书叙（序）："书之有叙，以道其所由作，或从而赞叹之，或推其意所未尽。古者美疵并见，后世有美而无疵，滥觞而下，数十年间，叙人之诗若文者，既已驾韩、欧、涤李、杜……如是则主人色喜，而叙之者意满。"②其实，古往今来，这类主人色喜、序者意满的序文并不少见。其中有些作序者写得比较高明蕴藉，而赞美之意难以迹求。韩愈《荆潭唱和诗序》是为当时达官贵人裴均与杨凭等人诗集写的序，历来解读者多认为韩愈此序倡导诗歌应该写"愁思之声"和"穷苦之言"，和"诗穷而后工"是同一类说法。这种理解是一种有意无意的误读。其实，韩愈此文是为高官们诗集所写的序。在文中所说

---

① （明）吴讷著，于北山点校：《文章辨体序说》，人民文学出版社 1962 年版，第 7 页。
② （清）魏禧著，胡守仁等校点：《魏叔子文集》，中华书局 2003 年版，第 361 页。

"欢愉之辞难工,而穷苦之言易好也","难"与"易"两个字是关键字。韩愈的意思是,裴均与杨凭两人是达官,按理说,"欢愉之辞难工",但他们的诗歌居然写得"铿锵发金石,幽眇感鬼神",可见,他们的诗极为难得。在序文文体语境中,韩愈的主旨其实是巧妙地褒扬达官贵人的诗歌,而不是提倡"愁思之声"和"穷苦之言"。贺贻孙《诗筏》认为:"唐人作唐人诗序,亦多夸词,不尽与作者痛痒相中。"①他以杜牧的《李贺集序》为例,说明唐人序中的比喻多因夸张而失实。其实,不仅唐人如此。对所序之人之书多有"夸词",这是古今许多序文的文体通例。

了解古人"修辞语境"也是理解文本的重要前提。古人的话语往往使用修辞而语约义丰,一旦脱离其语境,就很容易导致歧义和理解障碍。文体的事实比文体学理论的概括要复杂得多。比如,传统文体学也往往用最精简的语言来把握某一文体的功能,以显示其独特性,并与其他文体区分开来。所以,对传统文体学的理解,就需要用当时实际使用的文本对文体规范加以验证和佐证。刘勰《文心雕龙·章表》总结章、表、奏、议汉代四种最重要的职官上行文体说:"章以谢恩,奏以按劾,表以陈请,议以执异。"仅仅简要地把谢恩、按劾、陈请、执异功能分别系之于章、奏、表、议四大文体,学界遂多以此语概括四种文体的功能。其实,刘勰在骈文的修辞语境中,用四个字简明扼要地总体把握四种文体之别,而远非对文体功能的全面总结。事实上,在具体运用中,这四种文体与其功能之间的对应关系,常常互相交叉混用,并非如此简单明了。《文心雕龙·奏启》提到奏体的功能"陈政事、献典仪、上急变、劾愆谬,总谓之奏",就明显比"奏以按劾"要全面得多。刘勰说"章以谢恩",但从汉代文章看,用以"谢

---

① 郭绍虞编选,富寿荪校点:《清诗话续编》,上海古籍出版社 1983 年版,第 190 页。

恩"的,至少涉及上书(疏)、章、笺这几种文体①。

二、考之制度　证以实物

中国古代大量的文体与礼乐和政治制度关系密切,如先秦的盟誓、汉代以后的丧葬文体,以及历代官方文书等,都是政治、礼乐制度的直接产物,其应用往往与礼教仪式相始终。不了解这些制度、仪式,就不可能真正理解这些文体。所以,一定要注意到文体与中国古代礼乐、政治制度的关系,考察和梳理其具体使用背景,还原其仪式、程序、文本形式等历史语境。

历史学家提出在政治与制度研究中,要"走向'活'的制度史"。"所谓'活'的制度史,不仅是指生动活泼的写作方式,而首先是指一种从现实出发,注重发展变迁、注重相互关系的研究范式。"②这种理论认为,制度的形成及运行本身是一个动态而非静止的历史过程,有"运作"和"过程"才有制度。中国文体与制度关系极为密切,如果说,制度是"活"的,那些依附于制度而发生的文体也必然具有随着制度变化而变化的"活性"。文体同相关的制度一样,也具有其"运作"和"过程"。所以,研究所有与制度相关的文体,都必须有"活"的观念与眼光,考察文体实际的"运作"与"过程"。如果仅从现成总集里所划定的文章文体出发,对于文体的阐释就可能出现"郢书燕说"的现象。

古代文体多因制度运作而产生。如果不掌握这些制度文献材料,就不可能真正厘清和探明这些文体的生成机制及初始意义。在

---

① 详见吴承学等:《秦汉的职官与文体》,《北京大学学报》2018 年第 3 期。

② 邓小南:《走向"活"的制度史》,载《浙江学刊》2003 年第 3 期。

中国古代政治制度中,有一些职官名称就已经标示其职责与文体之直接关系,这可称为制度安排的文体指向性。中国古代的官职名称,往往明确标明职官的职责。《周礼》列出一些职官所掌管的职事与言说方式,如《大祝》所掌之六祝、六祈、六辞、六号等,可以窥见百官执掌与对应文体类型之间的关系。战国时期,周王朝和各诸侯国的不少职官,已具有明确的文体指向性。如御史、太史、长史、卜史、令史掾、侍史、内史、筮史、计事内史、史、祝人、尚书、主书、掌书、主簿、苑计、尉计、箴尹、太卜、谒者等①,其职官名称已明确其职责,即主要是对某种文体或言说形式的使用。汉代以降,"以文书御天下"成为常态,与之相关的文书式和政治、礼制运作关系紧密,规定了公文文体的基本形态与运行方式。《文心雕龙·书记》认为此类文体虽"艺文之末品,而政事之先务",但通过文书式的调整、变化,也能由此窥见相关文体"文意各异,或全任质素,或杂用文绮"的变动轨迹。

礼仪制度是古代文体运作和衍生的重要基础。文体学有必要将古代礼制纳入其中加以考察,探讨礼制作用于相关文体的原则和规律,以及历代礼制发展与文体演变之间存在的联动关系,考察相关文体发生和文体观念的演化。古文字学、历史学、考古学科对金文、简帛等材料中的礼制文体与文献,以及礼器、祭祀、丧葬、建筑等制度的演变已有充分研究,其中许多内容与古代文体关联紧密。在借鉴其研究成果同时,也要开拓研究视野,进一步丰富礼制与文体的相关研究。中国是礼仪之邦,凡事皆讲究"得体"。所谓"得体",便是在特定的事境与语境之中恰当的表现或反应。无论从语源学还是文化学的角度来看,"体"(體)与"礼"(禮)都是密不可分的。贾谊《新书·道术》:"动有文体谓之礼,反礼为滥。"《礼记·礼器》说:"礼也者,犹

---

① 参考杨宽:《战国会要》,上海古籍出版社 2005 年版,第 478—565 页。

体也。体不备,君子谓之不成人。设之不当,犹不备也。"①已经明确指出"礼"与"体"的相似性与相关性。汉代《释名·释言语》又谓:"礼,体也,得事体也。"②毕沅疏证引述《礼器》语,疏释说:"得事体,乃所谓当,乃所谓备也。"③从礼学的角度看,"得事体"就是"礼"。笔者以为,从礼学之"得事体"到文章学的"得文体"是一种理所当然的延伸。《法言·寡见》云:"说体者莫辩乎《礼》。"《文心雕龙·宗经》亦云:"《礼》以立体,据事制范;章条纤曲,执而后显。"当然这里的"体"并非文章文体之体,但在强调体制、规范等方面是相通的。由此可见,中国古代文体学具有礼学的基础与背景,这也许正是中国文体学固有特色之一。对于"文体"之"体"内涵的认识,如果局限在文章内部,视野就略嫌狭隘。如果承认文体谱系与礼乐制度、政治制度密切相关,那么,一系列的论题也就相应而生。比如,先秦的礼乐制度与文体产生、秦汉政治制度的建立与文体谱系形成、历代政治制度的变迁与文体演化、举士制度与文体演化……这些都有待我们去探讨。

有些早期仪礼对于后来的文体形态产生了直接或间接的影响。如丧礼"复",即人初死时召唤死者灵魂的仪式。复者取死者生时之上服,面北呼唤死者名字以招其魂。《仪礼·士丧礼》:"死于适室,幠用敛衾。复者一人,以爵弁服,簪裳于衣,左何之,扱领于带。升自前东荣,中屋,北面,招以衣,曰'皋某复',三,降衣于前。受用篋,升自阼阶,以衣尸。复者降自后,西荣。"郑玄注:"复者,有司招魂复魄也……北面,求诸幽之义也。皋,长声也。某,死者之名也。复,反也。"④招

---

① (清)阮元校刻:《十三经注疏》下册,中华书局 1980 年影印本,第 1434 页。
② (汉)刘熙著,(清)毕沅疏证,(清)王先谦补,祝敏彻、孙玉文点校:《释名疏证补》,中华书局 2008 年版,第 110 页。
③《释名疏证补》,第 110 页。
④《十三经注疏》,第 1128—1129 页。

魂仪式就是呼唤死者名字,冀其魂魄归来,尚无篇章性文字。《礼记·檀弓下》:"复,尽爱之道也。"郑玄注:"复,谓招魂。"孔颖达疏:"始死招魂复魄者,尽此孝子爱亲之道也……招魂者,是六国以来之言,故《楚辞》有《招魂》之篇,《礼》则云'复',冀精气反复于身形。"①《仪礼》之"复"与《楚辞·招魂》之间,有明显的关联。所以不妨把它归入早期文体形态的研究之列。又如《周礼·春官·大祝》所提到的"六祈"即类、造、禬、禜、攻、说六种祭祀形式,就传世文献来看,并不具有篇章性的文字,但仍可能对早期文体之形成产生直接影响。郑玄注云:"攻、说则以辞责之,禜,如日食以朱丝萦社。攻,如其鸣鼓然。董仲舒《救日食祝》曰:'炤炤大明,瀸灭无光。奈何以阴侵阳,以卑侵尊。'是之谓说也。"②郑玄即指出"六祈"对后来文体的影响。古代日食时有救日之仪式。《左传·庄公二十年》载:"日有食之,于是乎用币于社,伐鼓于朝。"③"用币于社,伐鼓于朝"这种宗教仪式可能具有祝文的内容或影响了后世救日食祝文的产生。

探讨宗教制度与文体的关系,也属于"考之制度"的范围。宗教仪式是宗教制度的组成部分,与文体的关系尤其密切。许多宗教文体是在宗教仪式中产生和应用的,如道教的步虚词、佛教的梵呗。在原始语境中,这些文体伴有强烈的宗教仪式感。但文献记录往往把这些文体从具体仪式中抽取出来,成为纸面上只供阅读的文本文献,原先有声有色、庄重生动的宗教仪式感和强烈的宗教氛围,便消失大半。所以研究这些文体,一定要把它们还原到具体的仪式环境中,才能理解其丰富的真实意蕴。道教科仪、佛教仪式也是相关宗教文体流衍实践的基础,宗教文体研究要超越单纯的文本诠释,将文体探讨

---

① 《十三经注疏》,第 1301 页。
② 《十三经注疏》,第 809 页。
③ 《十三经注疏》,第 1780 页。

与具体的仪式制度考察深度融合起来，才能得出符合研究对象原始语境和学术传统的可靠结论。

文体物质形态研究，是文体学需要开拓的新领域，这需要把文体学与考古学、出土文献学、图像学等学科结合起来。早期文体学研究要特别重视实物形态，以之为重要证据。出土文物可以给文体学研究提供"铁证"。如"墓铭"与"墓碑"实物安放位置与区别在考古学上都能得到非常清晰的物证。而墓志铭的"铭"从出土文献实物可以看出从布质的铭旌向石刻的墓志发展，后期的墓志又有陶罐等形式。郑众与郑玄都提到早期的铭是把死者名字写在布上，放在棺柩之上随葬入墓。汉代仍有在棺柩上覆盖铭旌的风俗，20世纪五十年代在甘肃武威磨咀子汉墓中发现麻质铭旌，上面有"姑臧渠门里张□之墓"，"平陵敬事里张伯升之柩，过所毋哭"等①。这可以看出《仪礼》所记载"铭亦入圹之物"的情况，也可以看出《周礼》所说的铭旌所写"某氏某之柩"是真实可靠的。又如《汉书·艺文志》说："小说家者流，盖出于稗官。街谈巷语，道听途说之所造也。"所以原先不少学者以为"稗官"之称始于汉代。饶宗颐先生《秦简中"稗官"及如淳称魏时谓"偶语为稗"说——论小说与稗官》一文，从新出土云梦秦简秦律中发现"稗官"一词，从而推翻"稗官"始于汉代之说，认为："可见《汉志》远有所本，稗官，秦时已有之。"②他进而研究先秦时期稗官与小说、偶语的关系，把先秦文体研究推进了一步。最早的乐府起于何时？班固《汉书·百官公卿表》记载"少府"为秦官制，其属官中就有乐府。1976年考古工作者发现秦代的错金银编钟上刻有"乐府"二

---

① 陈贤儒：《甘肃武威磨咀子汉墓发掘》，《考古》1960年第9期。参考赵超：《古代墓志通论》，紫禁城出版社2003年版，第40—41页。

② 饶宗颐：《饶宗颐二十世纪学术文集》卷3，台北新文丰出版有限公司2003年版，第60页。

字①；2000年在西安市郊相家巷发掘的秦遗址中出土了很多秦封泥，其中有"乐府丞印"、"左乐丞印"、"外乐"各一枚②。可见，秦时已有设置乐府这个管理音乐的官方机构。汉代的乐府，是承秦制而设立的。这些出土文献为推进乐府研究提供了最直接有力的证据。实物形态所包含的信息要比纯文本的文体丰富得多，对早期文体(如早期碑、铭、册、玺、符、封禅文等)的研究要把出土文献与传世文献结合起来，考察实物形态对于文体形式与体制形成的作用和制约，不能只在经过历代整理传写尤其是经过电子化的文本上做研究文章。后期的文体则尽可能找到现存的原始写本，如研究明清的考试文体，要证之以流传下来的墨卷、朱卷，考察其原始状态，获得更为丰富的文体信息。

图像也是一种实物形态。从图像入手研究文体，也是值得探索的。在印刷术尚未普及之前，石刻是最为重要的文章传播形式之一。较之纸上文献，石刻文献不易改动，往往能够提供更为可靠的原始文本。石刻拓本，特别是早期的善拓和新出石刻的拓本或原石构成的图证，不仅具有校勘、史料价值，通过图像获知的义例信息，对于文体学研究也有着极大的帮助。现在可见的石刻文献中所包含的文体如墓志、诏奏、记事、营造、表赞、榜告、题记、题名、谱牒、祭祝，最早可以上溯至汉代，此后历代都有存世和出土。不同的时代，文体所呈现的面貌也不尽相同，故应在吸收和借鉴文体学相关研究成果的基础上，重视从实物—图像的角度，阐释和举证相关文体的演变轨迹和时代特征。比如以图证的方式研究墓志的志铭关系与演变，造像记的图文关系与文体特征，表赞石刻与赞体文的生成流变等个案。石刻文献中的某些文体也常常呈现为一种"格套"式的写作，通过实物图证，

① 袁仲一：《秦代金文、陶文杂考三则》，《考古与文物》1982年第4期。
② 刘庆柱、李毓芳：《西安相家巷遗址秦封泥考略》，《考古学报》2001年第4期。

可以从实际应用的角度进一步对写作"格套"产生更为深入的认识。石刻文献所提供的材料信息是多元的,其中还与政治、经济、文化、宗教、艺术等各方面的存在联系,因而通过图证的方式展开多层面的研究,也有助于推进文体学研究的总体进程。

　　研究文体不能只依据文体理论文献,要尽可能找到现存原始文本的实物形态,考察其格式、书写载体等原始状态。对实物形态的考察可能会改变对于文体传统的认识。古人对于文体的定义,一般比较概括和简要,而实物形态表明文体的实际运用则是多元和复杂的。中国古代文体学著作往往缺少图证,不够清晰直观,失去相应实物、图像的比照,一些理论也难以理解。通过实物—图像—文体的研究方法,连接实物与纸上文献,无疑能够对文体的真实形态产生新的认识。比如,学界一般认为,"墓表"和"墓砖"不同,"表则树于墓外,砖或藏于墓中"①。但是,1930年新疆吐鲁番雅尔湖出土一批墓表,其中《令狐天恩墓表》《张买得墓表》《麴弹那及夫人张氏麴氏之墓表》《赵荣昌妻韩氏墓表》《田绍贤墓表》《任法悦墓表》《王阇桂墓表》与《史伯悦妻麴氏墓表》,或用墨书,或用朱书,书于长、宽约40cm左右的砖上②。它们既是墓砖,置于墓内,砖上又明确写明是某人"墓表"。这些实物反映出实际生活中文体运用的复杂性。近年来简帛、石刻、写本、类书、图像、金石义例、文书程式等材料的发现和利用,既拓宽文体学研究口径,也反映了多学科交融的广阔学术前景。

---

① 姚华:《论文后编目录中第三》,《弗堂类稿》,《近代中国史料丛刊续编》第2辑,台北文海出版社1974年版,第69—70页。
② 详见故宫博物院编:《高昌墓表八种》,《故宫珍藏历代墓志初集》,紫禁城出版社2010年版。

三、跨越学科　佐以科技

中国早期学术浑融一体,后来才有经史子集之分,而细密的学科之别,则是近代以来受西方学术影响才发生的。文体本身就是跨越学科的问题,其研究虽然以文章学为本位,但不能局限在文学领域里,需要更宽阔的学科背景,不断打破学科边界,促进学科间相互渗透、交叉互动。跨越学科的问题是漫无涯际,难以框定的,只能举例而言。

中国传统文体学的特殊性很大程度上是由汉文字语言的特殊性所决定的,所以,它与传统语文学关系非常密切。像《说文》《释名》等著作,本身就有丰富的文体学材料。如《说文·册部》:"册,符命也,诸侯进受于王者也。象其札一长一短,中有二编之形。"①这是历来解释"册"体的权威文献。我们从《说文》与《释名》等语言学著作对文体词语的解释,可以比较准确地理解汉代人的文体观念,并追寻中国古人对于文体阐释的语言学渊源。刘勰释"颂"体:"容也,所以美盛德而述形容也";释"盟"体:"明也。骍旄、白马,珠盘、玉敦,陈辞乎方明之下,祝告于神明者也";释"教"体:"效也,出言而民效也"。《文心雕龙》这些对文体的"释名以章义",多用《释名·释言语》之音训之说。这些都是学界共知的例子。除了刘勰之外,历代许多文体学著作都明用或暗用《说文》《释名》以及相关的古代语文学著作来解释文体。明清许多文体学著作在这方面尤其显著。如明代黄佐《六艺流别》的序题就非常喜欢使用音训来解释文体。如卷一释

---

① (汉)许慎撰,(清)段玉裁注:《说文解字注》,上海古籍出版社1988年版,第85—86页。

"歌"："歌者何？歌，柯也，长言之也。"①此亦音训之法。按刘熙《释名》卷七《释乐器》："人声曰歌。歌，柯也。所歌之言，是其质也。以声吟咏有上下，如草木之有柯叶也，故兖、冀言歌声如柯也。"②又卷四释"骚"："骚者何也？骚之为言扰也，遭忧之扰情而成言也。"③此据《说文解字》卷十上："骚，扰也。"④卷六释"谟"体："谟者何也？议谋也，君臣相与议谋而定其言以为法也。"⑤此据《说文解字》卷三上："谟，议谋也。"⑥

文体学中的文字阐释法，并非仅仅复制古人之说，往往是"五经注我"，引用古人对文字的解释来表达自己对于文体的理解。《说文解字》："诗，志也。从言寺声。""持，握也。从手寺声。""诗""持"皆从"寺"声，故"诗"与"持"声音相通，意义也相通。如此，便出现"诗言志"与"诗，持也"两种不同的阐释。《尚书·尧典》谓"诗言志"，而汉代纬书则谓"诗，持也"。（《诗含神雾》）《文心雕龙·明诗》既谈及"诗言志"，又谓："诗者，持也，持人情性。""诗言志"主张诗表达人的情志，而"诗，持也"则主张人的情性要归于正。这两种对于诗的阐释是有所不同的，故可用来互补。清代常州词派张惠言《词选序》阐释"词"体谓："《传》曰：意内而言外者谓之词。"⑦一般认为"意内而言外"说出于许慎《说文解字》。也有学者认为，古人从未有将《说文解字》省称为"传"之例，"传曰"可能本自五代宋初徐锴《说文解字系

---

① （明）黄佐辑：《六艺流别》，《四库全书存目丛书》集部第 300 册，第 79 页。
② 《释名疏证补》，第 231 页。
③ 《六艺流别》，第 136 页。
④ 《说文解字注》，第 467 页。
⑤ 《六艺流别》，第 185 页。
⑥ 《说文解字注》，第 91 页。
⑦ （清）张惠言撰，黄立新点校：《词选序》，《茗柯文编》，上海古籍出版社 1984 年版，第 58 页。

传》，但《说文解字系传》所云"词者，音内言外"者，却是"语之助也"。故而"传曰"一说确切的文献来源，最早可溯自西汉博士孟喜《周易孟氏章句》，所谓"词"与"辞"通，故而其中《系辞上传》对"词"（辞）有如此解释①。在张惠言之前，黄佐《六艺流别》释"词"体，就说过："词者何也？思也，惟也。音内而言外。"②但黄佐所论的"词"和张惠言的"词"是不同的文体。笔者以为，无论张惠言"意内言外"之说来于何书，他都是借古训来倡导常州词派比兴寄托之词体宗旨，以推尊词体。

文学批评史上，也有人自我作古，创造性地运用音训、形训来阐释文体。唐代陆龟蒙的《野庙碑》："碑者，悲也。古者悬而窆，用木。后人书之以表其功德，因留之不忍去，碑之名由是而得。"③这是利用"悲""碑"同音而释某些碑文的文体特点。又如刘熙载《艺概·赋概》解释赋体说："赋从贝，欲其言有物也；从武，欲其言有序也。"④这种音训、形训阐释法是中国文学批评的一种特殊阐释模式。在文体学研究中，特别是在阐释单音字文体时，这种模式运用得更为普遍。究其原因，大概音训、形训阐释法显得信而好古，更具经典的权威性，而且言简意赅，便于记忆与传播。

文体学有时也需要用哲学的眼光来考察。比如，古代有一种文体叫"诸言体"。《文体明辨序说》"诸言体"条说："自宋玉有《大言》《小言赋》，后人遂约而为诗。诸语、诸意，皆由此起。"⑤六朝人主要是写"大言"与"小言"，如萧统《大言》《细言》，沈约、王锡、王规、张

---

① 方智范：《"意内言外"小考》，《文献》1988 年第 1 期。
② 《六艺流别》，第 148 页。
③ （唐）陆龟蒙撰，何锡光校注：《陆龟蒙全集校注》，凤凰出版社 2015 年版，第 1008 页。
④ （清）刘熙载：《艺概》，上海古籍出版社 1978 年版，第 101 页。
⑤ 《文体明辨序说》，第 163 页。

缵、殷钧都有《大言应令诗》《细言应令诗》,这种诗体是从宋玉的《大言赋》《小言赋》而来的。这种文体的特点就是夸张与谐趣,所以徐师曾称为"诙谐诗"。如果仅仅从文学的角度来看,这种文体并不重要,属于"大雅弗取"的"杂体"①。但是如果我们进一步从哲学的角度来看,"大言"与"小言"其实是有丰富的哲学意蕴的。诸言体的文体渊源,可以追溯到先秦的哲理论题。"大""小"之辩是先秦时代一个常有的话题。如《晏子春秋》卷8《外篇第八》中,晏子以形象和夸张的话语回答景公"天下极大"之问:"足游浮云,背凌苍天,尾偃天间,跃啄北海,颈尾咳于天地乎!然而渺渺不知六翮之所在。"又回答"天下极细"之问:"东海有虫,巢于蚊睫,再乳再飞,而蚊不为惊。臣婴不知其名,而东海渔者命曰焦冥。"②洪迈《容斋续笔》卷13"物之大小",谓"列御寇、庄周大言、小言,皆出于物理之外",引释氏"语大""语小"之说,最后引用《中庸》"故君子语大,天下莫能载焉;语小,天下莫能破焉",评论道:"明白洞达,归于至当,非二氏之学一偏所及也。"③可见语大、语小不仅是修辞问题,对于极大与极小的描述也是古人的哲学命题,而这个命题正反映出古人对于宏观世界和微观世界的理解,所以从这个角度来看"大小言",就有特别而重要的意味。

与"跨越学科"密切相关的是打通古今。中国传统文体的现代转化是沟通古今文学的关键,其中折射出语言、文学、社会、政治、体制的种种巨变以及中西文化的冲突。社会制度、社会生活、价值观念的变化,以及文白的转换,势必反映在整个文体谱系的重新建构。在这

---

① (清)沈德潜《说诗晬语》说:"杂体有大言小言……近于戏弄,古人偶为之,然而大雅弗取。"见霍松林、杜维沫校注:《原诗 一瓢诗话 说诗晬语》,人民文学出版社1979年版,第249页。

② 吴则虞:《晏子春秋集释》,中华书局1962年版,第514页。

③ (宋)洪迈:《容斋随笔》,上海古籍出版社1978年版,第371—372页。

方面,近现代文学史家已经先开风气。语言变化与文体发展的关系,是一个极大的题目,也是很有意味的。陈平原教授早在20世纪80年代出版的《中国小说叙事模式的转变》,已成为这种研究的代表性著作。夏晓虹教授则从文学语言的角度考察晚清至"五四"文章体式的流变。她所重点关注的是"晚清文界革命的发生、新名词的输入、报章文体的出现,以及拼音化与白话文运动的兴起、白话文(包括政论文与学术论文)的书写,对于'五四'文学革命、国语运动、现代文体意识,以及现代散文与论说文走向的意义",由此从整体上考察"从晚清到上世纪四十年代的文章观念与白话文变迁"①。这充分地反映出近现代文学史家在理论上的敏感。中国传统文体的现代转化是一个富有理论意义与魅力的学术话题。其实,有些看起来完全是新创的当代文体,仍可能与古代文体有某种若近若远、千丝万缕的关系。项楚先生《三句半诗话》指出20世纪六七十年代流行全国的一种群众文艺演出节目"三句半",其渊源是北宋的"十七言诗",十七言诗,由三句五言,加上末句二言构成。这种诙谐戏谑的风格仍存在当代的"三句半"中。项先生在论十七言诗的文体源流时说:"它的基础是中国传统的五言四句诗,同时又和中国传统的歇后语的表达方式结合,而把画龙点睛的最后一句凝缩成半句——两个字,甚至是一个字,从而增强了它的爆发性和震撼力。"②另有一些古今文体的相承关系则是文化精神方面的。比如,"文化大革命"时期全国各省市成立革命委员会时的"致敬电",这是特定时期的特有文体,曾全国风靡,万口争诵,其影响之巨,一时无二。"致敬电"那种无所不用其极的赞扬之辞,那种夸张、排比、铺张的修辞,就含有中国古代文体的某

---

① 夏晓虹:《文学语言与文章体式——从晚清到"五四"》一书"序",安徽教育出版社2006年版,第3页。

② 项楚:《三句半诗话》,《中国俗文化研究》2003年第1辑。

些文化基因。那些"致敬电"的写作者未必接触过古代的章奏、贺表、捷报等文体,但这些文体的文化基因却在标榜"革命"的"致敬电"中不知不觉地流露出来。

人文社会科学越来越倚重现代科学技术。"佐以科技"是近年人文社会科学研究发展的一大趋势,这也是广义上的"跨越学科"。就文体学研究而言,科技手段特别是数据库的运用,为研究者对大量原始文献与研究文献的获得、检索、储存、分类、统计等提供了前所未有的极大便利。当代学者有条件可以做到"观古今于须臾,抚四海于一瞬",穿越时空,找到自己需要的文献。科技有可能在很大程度上把学者从大量收集文献的繁杂劳动中解放出来,让学者找到穷尽材料的捷径,有更多时间从事创造性思考。这些都是前代学者所无法望见的方便法门。毫不夸大地说,在某些领域的研究,比如传统的语源学、校勘学、辑佚学以及相关考据学,若没有互联网与数据库,光凭人脑和苦功已难以取得第一流成果。利用大数据研究古典文学,将给文学研究的范式、方法、视角带来重大影响和变化①。

利用大数据进行文体学研究,相对而言比较滞后,但也有学者开始尝试。海外已有 computational stylistics,或可称为"计算文体学"、"计量文体学"。所谓"文体",主要是指风格。近年,清华大学刘石教授主持的国家社科基金重大招标项目"基于大数据技术的古代文学经典文本分析与研究"有一子课题为"基于文本深度挖掘的文体研究",较早明确提出基于数据库的文体研究方向。他们提出一些重要问题:经典的文体之间究竟如何区别;如何用数据定量的方法判断一种文体;如何通过特征分析,发现不同文体之间的影响和流变。他们的研究拟确定中国文学中一些基本文体,并将文体的特征描述转化

----

① 参考王兆鹏、郑永晓、刘京臣:《借器之势,出道之新——"数字人文"浪潮下的古典文学研究三人谈》,《文艺研究》2019年第9期。

为可用于在数据库中检索统计的数据特征。为帮助计算机更好地完成问题描述向数字特征的转化,前期的"预研究"须先针对一定数量的经典文本进行分析,并结合古代文论著作中对文体的定义与描述,确定可以进行数字化转化的基本特征,然后将其转化为可以检索的数字特征。可数字化特征包括:特定文体倾向使用的特定词汇、特定的句法、特定的篇章结构、数量特征、关系特征……其研究拟设三个主要问题:经典文本生成期的文体及其特征、经典文体定型期的文体特征计量分析、经典文体的交互研究。这些研究设想值得期待。利用大数据研究文体学,当然不能解决文体学的所有问题,但可以提供比较精确和丰富的例证,更为直观地反映古代文体的分类和形态差别,为总结文体演变及规律提供更具体可靠的信息。国外有学者把人文学科分为"精确人文科学"与"不精确人文科学"[①],借用这种提法,"佐以科技"的文体学研究可以用数据的"精确"性代替印象式的含混批评。

与理论研究相辅相成的是人工智能的快速发展。人工智能在一些文体的写作如新闻写作方面已经相当成熟,甚至读者难以分清稿件到底是机器还是人所写的。最近人工智能科技公司 OpenAL 开发的神经网络驱动的语言模型 GPT-3,有 1750 亿个参数量。它像一个高智商的人,不但能与人类即时对话,而且能写各种文章,能写论文,也能写小说,能表达哲学思考,也能表现顽皮幽默[②]。近年在中国,人工智能文学创作引起学术界的重视,也引发争议。通过深度学习的人工智能神经网络,已经获得一定的智力,可以学习诸多诗人的作

---

① 可参考［德］Gerhard Lauer :《"精确人文科学"的价值》,《澳门理工学报》(人文社会科学版)2020 年第 3 期。

② 综合网上报道,并参考 Tom Brown 等:"Language Models are Few-Shot Learners", arXiv:2005. 14165。

品,写出合格的诗歌。未来的人工智能能否写出优秀的各体古典诗文？这可能只是个时间、人力与投入的问题。考虑到科技的迅猛发展,人工智能具有强大的学习、认知能力,在极短时间内即可完成对人类已有知识的了解和掌握,如果经过学习,能获得人类的创造性、想象力以及个性等,达到甚至超越人类智慧也就指日可待了。这当然只是一种推测,不过机器人阿尔法狗开发两年之后,在数次与世界围棋大师之间的人机大战中,都毫无悬念获得胜利,这预示着人工智能令人惊叹的前景。也许人工智能写作比人工围棋设计更为复杂,但在科技迅猛发展的时代,一切皆有可能。人工智能对传统文体学研究既是重大的挑战,也可能是发展的契机。如果人工智能经过学习,可以写出各种古典文体的作品来,那么,它必然反过来给中国文体学研究以启示:人工智能(算法)的重要性,主要不在于可以提供各类文体的精细化查询,而在于它是如何学习和把握各种文体的特征并运用到具体写作中的。这对于我们思考如何利用大数据进行文体学研究这一问题,无疑有很大的帮助。比如,人工智能应该能为上文提到"基于文本深度挖掘的文体研究"所考虑的可数字化特征提供准确的数据。人工智能的发展很可能引发文体学的革命性突破。

高度发达的科技当然也给人文科学带来负面影响。就文体学研究而言,许多学者过分依赖科技,以科技的统计和检索代替思考,出现缺少人文精神、个性、创造性,缺乏文本细读与审美情趣的倾向,弥漫着一种浓重的技术化风气。不少学者与学生高度依赖数据库,一旦离开网络,其学术研究就寸步难行。不少文体学的论文,利用大数据的痕迹非常明显。作者可以穷尽数据库的材料,编排和罗列这些材料,但未能在这些文献基础上提出有学术史意义的问题来。在大数据时代,仅仅这样已经远远不够了。这种缺乏意义与意味的论文迟早会被人工智能所代替。

人文学者面对人工智能,处于两难境地。理论上,学者必须充分利用科学技术迅猛发展带来的便利,同时必须超越科学技术高度发展的某些局限,凸显人文学术的独特价值,既顺应潮流,又不被其所裹挟与淹没。但这种超越至少需要一个前提:人类必须明确地认识到,人工智能与人类智能的分界线在哪？到底存不存在人工智能永远无法达到与代替的人类独特的思维与智慧？这可能是人类未来所遇到最大的挑战与焦虑之一。对于人文学者而言,这种挑战与焦虑将更显突出。

四、本土情怀　国际视野

新文化运动以来,许多有识之士主张融会古今中外,站在本土文化的立场,借鉴外来的文化学术。如陈寅恪认为,在思想史研究上:"其真能于思想上自成系统,有所创获者,必须一方面吸收输入外来之学说,一方面不忘本来民族之地位。"[1]朱自清主张治中国文学:"自当借镜于西方,只不要忘记自己的本来面目。"[2]20世纪八十年代以来,中国学术迅猛发展,其中一个重要原因就是得益于改革开放,借鉴了外来思想文化。

本土文化与外来文化的互相融通与碰撞,可能获得意外成果。在科学上,青蒿素的发现,就是一个绝佳的例子。屠呦呦的成功固然受到中国古代药学典籍《肘后备急方》"绞取汁"方法的启发,但如果没有借助现代医学的视野、方法与设备,青蒿素的提取是不可能有什

---

① 陈寅恪:《冯友兰中国哲学史下册审查报告》,《金明馆丛稿二编》,上海古籍出版社1980年版,第252页。

② 朱自清:《中国文学系概况》,《朱自清全集》第8卷,江苏教育出版社1993年版,第413页。

么推进和突破的。人文学研究对西学的借鉴，当然要比自然科学复杂得多。近代以来，随着西学东渐，中国传统文体学开始走向式微，其原因除了中国传统文体学已不适合发生了巨变的政治体制与文化之外，与西学所具有的理论优势与科学魅力相比，也存在明显的差异与差距。进入 21 世纪，情况发生了变化，中国传统文体学的独特性及价值，越来越受到重视，年轻学者的学术素质与研究能力也越来越高。尽管如此，文体学研究仍必须立足本土而借鉴外来文化，吸收海外学者中国文体学研究的成果，借鉴其研究范式、方法、理念等。

　　文体研究的理路、方法素来受到海外传统汉学和中国文学研究界的重视。正如孙康宜所指"任何文学史都可谓文体与风格的综合发展过程"①，海外研究者探讨和阐释中国古代文学时，早已注意到从文体体制与作家风格入手开展研究。如白之（Cyril Birch）20 世纪七十年代所编《中国文学体类研究》（ Studies in Chinese Literary Genres ）②即分别选录诗经、楚辞、乐府、诗、词、元杂剧、明传奇、白话小说方面有代表性的论文，以期展示当时汉学界对不同文体类别的研究进境。嗣后如康达维研究扬雄赋，关注到赋具有韵散结合、句式骈俪、文本铺张等文体特性，能够对接西方语境中的 rhapsody，从体制方面对赋进行译介和研究③；宇文所安从风格入手对韩愈、孟郊诗作进行解读，如指出"以文为诗"只是韩愈早期诗作的特殊面向，后期他

---

① ［美］孙康宜著，李奭学译：《北美二十年来词学研究》，《晚唐迄北宋词体演进与词人风格》，联经出版事业股份有限公司 1994 年版，第 261 页。

② ［美］白之（Cyril Birch）：*Studies in Chinese Literary Genres*（《中国文学类型研究》），University of California Press，1974。

③ 参考［美］康达维（David R. Knechtges）：*The Han Rhapsody：A Study of the Fu of Yang Hsiung*（53B. C. —A. D. 18）（《扬雄赋研究》），Cambridge University Press，1976。

已经努力在诗歌叙事中尝试构建一种调和传统的个人风格①。孙康宜从文体角度研究晚唐至北宋词作体制与词人风格，指出"词"是通俗文学直接瀹启下的产物，在发展成"体"之前，乃为通俗曲词或娱众佳音。而词人不断把通俗曲词化为文人词的努力，在词体的发展史上亦辙迹分明②。浦安迪研究以"四大奇书"为代表的明代白话小说，指出这些具有文人特色的小说，可以视为一种特殊的"奇书文体"，代表了中国散文小说体裁的成型。这些"奇书文体"与俗文学中的弹词、评话等文体关系疏远，反而与史传文学联系紧密③。齐皎瀚（Jonathan Chaves）通过梅尧臣这一个案，分析其人在对宋代前期诗风有所不满的同时，是如何受到启发而形成"平淡"诗风④。李德瑞（Dore J. Levy）研究汉末至唐代的叙事诗，通过蔡琰《悲愤诗》、白居易《长恨歌》《琵琶行》等经典篇章，分析叙事诗这一文体在中国古代是如何发展和演化的⑤。魏世德（John Timothy Wixted）对论诗诗这

---

① 参考［美］宇文所安（Stephen Owen）：*The Poetry of Meng Chiao and Han Yü*（《孟郊和韩愈诗歌研究》），Yale University Press，1975。

② 参考［美］孙康宜（Kang-i Sun Chang）：*The Evolution of Chinese Tz´u Poetry: From Late Tang to Northern Sung*，Princeton University Press，1980。此书有李奭学译本，即《晚唐迄北宋词体演进与词人风格》（联经出版事业股份有限公司 1994 年版）。后该译本增订为《词与文类研究》（北京大学出版社 2004 年版）。

③ 参考［美］浦安迪（Andrew Henry Plaks）：*The Four Masterworks of the Ming Novel: Ssu Ta Ch´i-Shu*，Princeton University Press，1987。该书有沈亨寿译本《明代小说四大奇书》（中国和平出版社 1993 年版，三联书店 2006 年再版）。

④ 参考［美］齐皎瀚（Jonathan Chaves）：*Mei Yao-ch´en and the Development of Early Sung Poetry*（《梅尧臣与宋初诗歌发展》），Columbia University Press，1976。

⑤ 参考［美］李德瑞（Dore J. Levy）：*Chinese Narrative Poetry: The Late Han Through T´ang Dynasties*（《中国叙事诗：从东汉到唐朝》），Duke University Press，1988。

种特殊文体予以关注,并翻译和研究了元好问的论诗诗①。从这些论著中,能够窥见西方学界对中国古代文学领域各个体类和文学风格的学术倾向和研究旨趣。

如何深入文本内部开展中国文体学研究,西方学界也逐渐有所思考和关注。例如周文龙(Joseph R. Allen)即从内文性(intertextuality)和互文性(intratextuality)角度分析乐府文本,尝试深入研究乐府诗体裁特征②。梅维恒(Victor H. Mair)、梅祖麟考察近体诗律③、苏源熙(Haun Saussy)对《诗经》中韵律结构进行研究④、高德耀(Robert Joe Cutter)从句式和用韵入手探索中古诔文书写转变⑤等论文,也充分显示出西方学者细腻的研究方法和新颖的理论建树。作为他者,西方学者较为关注中国文化的独特性与影响,能够着眼于文学与文化之间的关联与互动。古代文体承载着制度和文化的多元内涵,在

① 参考[美]魏世德(John Timothy Wixted):*Poems on Poetry:Literary Criticism by Yuan Haowen*(1190—1257)(《论诗诗:元好问的文学批评》),Franz Steiner,1982,此书又有修订版(Quirin Press,2019)。

② 参考[美]周文龙(Joseph R. Allen):*In the Voice of Others:Chinese Music Bureau Poetry*(《以他者的声音——中国乐府诗》),University of Michigan Center for Chinese Studies,1992。

③ [美]梅维恒(Victor H. Mair)、[美]梅祖麟(Tsu-lin Mei):"The Sanskrit Origins of Recent Style Prosody"(《近体诗律的梵文来源》),《哈佛亚洲学报》1991年第51卷第2期。

④ [美]苏源熙(Haun Saussy):"Repetition,Rhyme,and Exchange in The Book of Odes"(《〈诗经〉中的复沓、韵律和互换》),《哈佛亚洲学报》1997年第57卷第2期。亦参见卞东波、许晓颖译文,载苏源熙著《中国美学问题》附录,江苏人民出版社2011年版。又见卞东波编译:《中国古典文学研究的新视镜——晚近北美汉学论文选译》,安徽教育出版社2016年版。

⑤ [美]高德耀(Robert Joe Cutter):"Saying Goodbye:The Transformation of the Dirge in Early Medieval China"(《道别:中国中古前期的诔文转变》),*Early Medieval China*(《中国中古研究》)2004年第10卷。亦参见何维刚中译本,载南京大学古典文献研究所编《古典文献研究》第14辑,凤凰出版社2011年版。

出土文献、物质文化、写本、抄本等综合性研究中所贡献的问题意识和方法创新,也对文体学研究产生积极的推进作用。如柯马丁(Martin Kern)利用出土文献和写本对早期文本的研究①,对考察中国古代文体发生具有一定的借鉴和启示意义。

中国文体学的相关经典文献的译介和研究,也一直受到西方的中国文论研究者关注和重视,如《典论·论文》《诗品》《文赋》《文选》《文心雕龙》等大都已有准确详尽的翻译,同时也涌现出很多富有理论意义的研究成果。而与古代文体学有关的挚虞、钟嵘、刘勰、严羽、章学诚等人物研究也层出不穷,观点和视角时常给人以别开生面之感。例如宇文所安《中国文学思想读本》对上述经典文论文本的翻译与解说,康达维对《文选》的翻译和研究,不仅为西方学界同侪所推重,在国内也产生了很大影响。

从向上一路的角度,中国文体学应该超越中西的畛域,需要有国际视野。在这方面,饶宗颐先生导夫先路,他在 20 世纪 70 年代撰写的《"天问"文体的源流——"发问"文学之探讨》(1976 年)一文,便是在国际视野下中国文体研究的经典之作。饶宗颐先生认为,《天问》在《楚辞》中有最独特的一面,其文体特点就在于"发问"。他主张:"放开视野,把世界古代文学上的具有发问句型的材料,列在一起作出比较,以及从同样文体推寻它的成长孳生的经过,作深入的探讨……"②饶先生认为,"发问文学"不但在中国文学史上形成历代拟作传统,而且世界上一些最古老的经典,如印度《梨俱吠陀》、古伊朗阿维斯陀(Avesta)和《圣经·旧约》都有类似的发问诗歌。饶先生从比较文学的角

---

① 参考［美］柯马丁(Martin Kern):*The Stele Inscriptions of Ch'in Shih-huang*: *Text and Ritual in Early Chinese Imperial Representation*,American Oriental Society,2000。该书有刘倩译《秦始皇石刻:早期中国的文本与仪式》,上海古籍出版社 2015 年版。
② 《饶宗颐二十世纪学术文集》卷 11,第 53 页。

度来讨论《天问》，不是为了罗列材料，而是为了"说明人类写作的共同心理"。从古今中外作品中，看到全世界早期文明普遍有一种独特的"发问"文体。他就这个人类普遍存在的"发问"文体，提出一个重要问题就是"文学人类学"，探讨人类学与文学的关系。"文学作品是人类精神的产物，人类学领域中的奇葩异卉……屈原的《天问》，不特是卓绝的文学产品，亦是无可忽视的人类学上的素材。"①这就把一个古代文体的问题，自然地延伸到人类学领域，可见其研究视野之开阔。

　　国际视野，并不只是一种主观意图，而是研究者在适当的环境、具备相当能力之后自然而然地形成的。如果饶宗颐当时不是处于高度国际化、学术交流频繁的环境，或者他没有掌握多种语言的能力，就很难形成国际视野。近几十年，中国学者的研究非常强调学术规范，每一话题展开之前，必先有文献综述，概述相关文献以及学术界已有之成果，但目光所及，往往只在国内。这种比较狭窄的学术视野，除了图书资料受限，还有语言的制约。20世纪五六十年代的学者，这方面的问题较为普遍。这些缺陷可能造成对于文献收集的遗漏，甚至是对国外已有成果的重复研究。但随着全世界许多图书馆与学术杂志在网络上的交流与开放，文献受限的问题已有明显好转。多年以来，西方学者与中国学者相比，普遍具有通晓多种语言的优势，但现在中国年轻学者掌握外语方面的能力已大为提升，优秀者已完全胜任与西方学者的交流对话。这些治学条件的改善，为中国学者研究的国际化提供了基础。随着学术研究的国际化和技术化，国际视野必然成为年轻人文学者的基本要求。

　　中国文学研究要走出去，在国际上产生影响，可能还遇到其他文化圈读者阅读与接受习惯的挑战。研究者光有本土情怀是不够的，还要有国际视野与国际交流的能力。在这方面，"中国的抒情传统"

――――――――――
① 《饶宗颐二十世纪学术文集》卷11，第52页。

理论的产生与影响,就是一个富有启迪性的成功例子。陈世骧是中国抒情传统理论论述的奠基者,1971年他在美国发表《中国的抒情传统》,认为中国文学传统有别于西方的史诗和戏剧传统,从整体而言就是一个抒情传统①。高友工进一步推进抒情传统理论,提出抒情美典论,并且从文体学的角度,对律诗、小令、词、戏曲等的形式规则与文体演变进行了深入研究②。此后,"抒情传统"论日渐成为中国文学研究一个颇具范式意义的论述架构。王德威对"抒情传统"的现代意义进行探讨,更把这种传统引入现当代文学领域③。当然,这种理论也受到海内外一些研究者的质疑与批评④,但这些讨论同时也扩大了"抒情传统"的影响。笔者并非讨论"抒情传统"理论本身,而是由此产生的感想。华裔汉学家是在现代文化背景下重建本土文学传统,目的是超越西方理论话语体系,或者提出可以和西方话语体系相提并论的中国文学话语。他们借用西方的理论与分析方法,阐释中国本土理论。由于这些理论建构者都深受西学之影响,他们所阐释的抒情传统,已受到西方的哲学、语言学与文学理论及方法的影响,和中国本土的传统已经有所差异,当然也有所发展。他们的立意深处,不仅是在研究中国古代的文体传统,更是在于现代的文化建设。半个世纪以来,"中国的抒情传统"理论,成为中国文学最重要的研究范式之一,影响渐及海内外,甚至成为一种学术思潮。此前,很少有中国的文学理论在海内外产生过这么大的影响。究其原因,除

---

① [美]陈世骧:《中国文学的抒情传统》,生活·读书·新知三联书店2015年版。
② [美]高友工:《美典:中国文学研究论集》,生活·读书·新知三联书店2008年版。
③ 参考陈国球:《"抒情传统"论述与中国文学研究——以陈世骧之说为例》,《文化与诗学》2011年第1期。
④ 参考李春青:《论"中国的抒情传统"说之得失——兼谈考量中国文学传统的标准与方法问题》,《文学评论》2017年第4期。

了"抒情传统"理论的新意之外,还因为这些华裔汉学家对于中国本土文学已有较好的理解,对西方理论也多有接受,他们兼具本土情怀与国际视野,还有国际学术交流的能力。

随着广泛的国际学术交流,借用域外汉学的视野与文献研究中国文体,不但可能也非常重要。中国文体对于域外文学的影响,也是一个有趣而有用的话题。在亚洲汉文化圈中,中国古代文体曾经影响了日本、韩国、越南等国家,差不多所有的文体在异域都留下踪迹,在这些国家的政治、文化与文章之学打下深刻的烙印。另一方面,从域外汉文化的文体学及其相关史料,也可以反过来考察中国文体学的历史,一些在中国本土已经失传的文体和散佚的文体史料或许可以从异域找到。东亚汉文化圈深受中国文体学的影响,他们的诗文创作与研究,同样遵守"以体制为先"的传统与原则。比如日本的汉文学从一开始就很重视文体问题。从传统诗文评的角度看,日本的"文话",也有丰富的中国文体学方面的文献。王宜瑗编撰《知见日本文话目录提要》(收入《历代文话》第十册)著录了三十多种江户时代至明治时期的日本文话,可以视为考察中国文体学的"异域之眼"。从集部文献的角度来看,日本的文章总集,也是研究中国文体学的他山之石。日本最早的汉诗集《怀风藻》,即标明每一篇入选诗作的文体形态。平安期间,藤原明衡编选汉文学总集《本朝文粹》,命名仿诸《唐文粹》,分类拟诸《昭明文选》,将所录作品分为 39 类,含赋、诗、诏、敕书、敕答、位记、敕符等。江户时代的堀杏庵(1585—1642)在宽永六年(1629)的《本朝文粹序》中说,平安时代"文章盛行……词赋之绮雕,诰敕之谨严,叙事之体制,议论之精确,于是大备"[1]。另外

---

[1] [日]堀杏庵:《本朝文粹序》,见藤原明衡:《本朝文粹》,《校注日本文学大系》第 23 卷第 3 页,(东京)诚文堂 1932 年版。参考刘瑞芝:《论〈本朝文粹〉的文体及其意义》,《浙江大学学报》(人文社会科学版)2008 年第 9 期。

如朝鲜半岛、越南等其他汉文化圈内的国家，也不例外。域外汉籍与文体学研究视角的融通发展，是中国古代文学研究的新趋势，有许多基础工作尚待展开。如在"以体制为先"的传统与原则的影响下，整个东亚汉文化圈产生了不少分体总集、别集及探讨文章体裁类别、语言特征、章法结构、风格体貌、诗文体用的文体学专著等，都可以成为开拓的领域。

纵观学术史，研究范式与方法的更新，往往能推动学术的发展。但学术研究并没有什么唯一可行的范式与方法，譬如登山，有许多路径可攀顶，但登山者的条件、所处方位不同，所选择的路径自然不同。研究范式与方法对学者而言，可谓"非知之艰，行之惟艰"。至于在研究中如何使用，则正如古人所说的："阵而后战，兵法之常；运用之妙，存乎一心。"（《宋史·岳飞传》）过多讲究研究范式与方法，未必能解决学术问题。宋代僧人宗杲说："只有寸铁，便可杀人。"（《大慧普觉禅师语录》）从具体研究对象出发，只要能解决问题，就是最好的方法。

刘勰《文心雕龙·通变》说："是以规略文统，宜宏大体。先博览以精阅，总纲纪而摄契；然后拓衢路，置关键，长辔远驭，从容按节。凭情以会通，负气以适变，采如宛虹之奋鬐，光若长离之振翼，乃颖脱之文矣。若乃龊龊于偏解，矜激乎一致，此庭间之回骤，岂万里之逸步哉！"这是刘勰在那个时代所提出的向上一路的宏图大略。建设具有现代意义的中国文体学，更应该向往"万里之逸步"，而不是"庭间之回骤"。学术之难，不在范式与方法，而在格局和境界。但舍范式与方法，则难以言格局与境界。当代中国文体学研究的目的不是复古，不是抵抗外来文化，而是为了更真实地、完整地理解中国文学文体话语的特点与价值，继承本土的学术传统，推动现代中国学术的发展。中国文体学研究要立足本土文化，以实事求是的态度，回到本土理论传统与古代文章文体语境来"发现"

中国文学自身的历史,同时,超越中西的畛域,突破学科的樊篱,吸收和运用当代的理论成果,以创造中国本土文学与理论新的辉煌。

第五章　对"文本于经"说的文体学考察

　　文学批评史研究不应把古人的"常识"拒之门外。事实上,"常识"虽然不像专家专著那样以理论本身的创新性、深刻性取胜,但常识在影响上所具有的普泛性与持久性却往往是理论所不及的,这正是常识的研究价值所在。"文本于经"是中国古代传统文学批评的基本观念之一,这个命题在古代被视为理所当然的常识,遂成为老生常谈的套语①。近代以来,经学在激烈的文化批判中越来越边缘化,"文本于经"又成了不值一提的陋儒之见。总之,自古至今,"文本于经"说虽然是人们耳熟能详的命题,但尚没有得到深入的研究。"文本于经"说的含义相当复杂,但主要有二:一是文应本于经,这是出于对文以载道的期待,限于篇幅,本章不拟涉及;一是经为文之本,即文体原于五经(或六经)②。这是一个相当复杂、具有丰富文学与文化内涵的问题:它既是一种对于历史的描述,也是对文体谱系的理论建构,有时还是一种理论的策略。对"文本于经"的文体学研究,正是本章讨论的重点。

---

① 叶燮曾感慨道:"为文必本于六经,人人能言之矣。人能言之,而实未有能知之。"见《与友人论文书》,《已畦集》卷13,《四库全书存目丛书》集部第244册,第129页。

② 古人分别有"五经""六经"之称,而以称"五经"为多。"六经"包括《乐经》,《乐经》的存亡,历来有不同说法。限于篇幅,本章对"五经""六经"之称,不专门加以讨论。

一、从经学到文体学

　　将文章之源追溯到五经,首先与古代学术源流说相关。汉代文学批评兴起依经立论之风气,《史记·司马相如列传》中太史公曰:"相如虽多虚辞滥说,然其要归引之节俭,此与《诗》之风谏何异。"①已把汉赋与《诗经》联系起来。班固认为:"赋者,古诗之流也。"②确立了汉赋与《诗经》的渊源关系。其后王逸《楚辞章句序》说:"夫《离骚》之文,依托五经以立义焉。"③他把《楚辞》的源头归之五经。文章源于五经的说法是一个比喻,以五经为源头,以后世之文为流别支派。这一比喻亦来源于学术分类,《汉书·艺文志》以源流譬喻学术,"其叙六艺而后,次及诸子百家,必云某家者流,盖出古者某官之掌,其流而为某氏之学,失而为某氏之弊。"④又以五经统百家之说:"今异家者各推所长,穷知究虑,以明其指,虽有蔽短,合其要归,亦六经之支与流裔。"⑤在汉人的观念中,能归入"文章"或"文辞"的,不仅诗赋二端,还包括奏疏章表等大量实用文体。《汉书·艺文志》没有把这些文体独立出来,而是附于六艺、诸子中。如《六艺略》中《尚书》类著录《议奏》四十二篇,《礼》类著录《议奏》三十八篇,《春秋》

---

① (西汉)司马迁:《史记》卷117,中华书局1982年版,第3073页。
② (东汉)班固:《两都赋序》,见(南朝梁)萧统编,(唐)李善注:《文选》卷1,上海古籍出版社1986年版,第1册,第1页。
③ (宋)洪兴祖撰,白化文等点校:《楚辞补注》,中华书局1983年版,第49页。
④ 《校雠通义·原道》,见(清)章学诚著,叶瑛校注:《文史通义校注》,中华书局1994年版,第952页。
⑤ (东汉)班固撰,(唐)颜师古注:《汉书·艺文志》,中华书局1962年版,第1746页。

类著录《议奏》三十九篇、《奏事》二十篇,《论语》类列《议奏》十八篇。另外,史部著作也没有独立,像《国语》《世本》《战国策》《楚汉春秋》等史书都附于《春秋》类。对此,刘师培《论文杂记》分析说:"观班《志》之叙艺文也,仅序诗赋为五种,而未及杂文;诚以古人不立文名,偶有撰著,皆出入六经、诸子之中,非六经、诸子而外,别有古文一体也","今人之所谓文者,皆探源于六经、诸子者也。"①这个结论是有见地的。《汉志》的这种归类,一定程度启发了后世文体源于经书说。

将文章之源追溯到五经,同时也与文章特质进一步受到重视、文学逐渐走向相对独立自觉的时代发展相关。为何五经能应用到文章学之上?五经与文体究竟有何联系?五经之所以成为文章的渊源,一方面是因为五经本身具有文章的特质,这是潜在的前提,另一方面,汉末魏晋以降逐渐重视文章特质的时代风气,也为当时人提供了在五经之中发现文章之美的意识和眼光。如果说,汉初把《诗》推崇为经,这时的文学批评则反之视经为文。傅玄说:"《诗》之《雅》《颂》,《书》之《典》《谟》……浩浩乎其文章之渊府也。"②陆机《文赋》提出文章写作要"漱六艺之芳润"③。任昉也说:"《六经》素有歌、诗、书、诔、箴、铭。"④这些看法,还只是总的判断,晋挚虞《文章流别论》则将《诗经》句法与后世诗歌句法一一对接。到了南北朝的刘

① 刘师培撰,舒芜校点:《中国中古文学史 论文杂记》,人民文学出版社1959年版,第113、114页。
② (清)严可均校辑:《全上古三代秦汉三国六朝文·全晋文》卷49,中华书局1958年版,第1740页。
③ (南朝梁)萧统编,(唐)李善注:《文选》卷17,上海古籍出版社1986年版,第763页。
④ (南朝梁)任昉:《文章缘起》,见陈元靓等编:《事林广记》后集卷7,《续修四库全书》第1218册,第354页。

勰与颜之推更具体地提出各体文章源出五经。至此,顺流而下的古代学术的源流,与文学逐渐自觉之后逆流而上的文体溯源交汇在一起,五经为文体之源的说法遂成为普遍的观念。

五经既是经,又是圣人之文。《文心雕龙·原道》说:"道沿圣以垂文,圣因文而明道。"所以为文者要由宗经入手,才能征乎圣、原乎道。从文章写作而言,宗经也具有重要意义。刘勰认为:"故文能宗经,体有六义:一则情深而不诡,二则风清而不杂,三则事信而不诞,四则义贞而不回,五则体约而不芜,六则文丽而不淫。"①总之,文能宗经,文章便可尽善尽美。宋孙复云:"是故《诗》《书》《礼》《乐》《大易》《春秋》皆文也,总而谓之经者也,以其终于孔子之手,尊而异尔,斯圣人之文也。"②因此,古人认为六经乃是文章之极致。宋陈耆卿《上楼内翰书》云:"论文之至,六经为至。"③明宋濂云:"文至于六经,至矣尽矣! 其始无愧于文矣乎?"④明焦竑《刻两苏经解序》:"文之致极于经。"⑤五经既然是文之极致,那么,五经的体类自然也就成为文章文体分类的渊源。近人王棻云:"文章之道,莫备于六经。六经者,文章之源也。文章之体三:散文也,骈文也,有韵文也。散文本于《书》《春秋》,骈文本于《周礼》《国语》,有韵文本于《诗》,而《易》兼之。文章之用三:明道也,经世也,纪事也。明道之文本于《易》,经世之文本于三《礼》,纪事之文本于《春秋》,而《诗》《书》兼之。故

---

① (南朝梁)刘勰著,詹锳义证:《文心雕龙义证》,上海古籍出版社 1989 年版,第 83—84 页。

② (宋)孙复:《答张洞书》,《全宋文》第 19 册,上海辞书出版社、安徽教育出版社 2006 年版,第 294 页。

③ (宋)陈耆卿:《筼窗集》卷 5,《文渊阁四库全书》第 1178 册,第 43 页。

④ (明)宋濂著,罗月霞主编:《宋濂全集·芝园后集》卷 1《徐教授文集序》,江苏古籍出版社 1999 年版,第 1352 页。

⑤ (明)焦竑撰,李剑雄点校:《澹园集·澹园续集》卷 1,中华书局 1999 年版,第 750 页。

《易》《书》《诗》者，又六经之源也。"①叶燮《与友人论文书》说："六经者，理、事、情之权舆也。合而言之，则凡经之一句一义，皆各备此三者，而互相发明；分而言之，则《易》似专言乎理，《书》《春秋》《礼》似专言乎事，《诗》似专言乎情。此经之原本也。而推其流之所至，因《易》之流而为言，则议论、辨说等作是也；因《书》《春秋》《礼》之流而为言，则史传、纪述、典制等作是也；因《诗》之流而为言，则辞赋、诗歌等作是也。数者条理各不同，分见于经，虽各有专属，其适乎道则一也。而理者与道为体，事与情总贯乎其中，惟明其理，乃能出之而成文。"②总之，在古人看来，文章的类别与文体，都可以追溯到五经。

二、从经各有体到文体分类

把各类文体分别归于某经，其理论前提是经各有体。前人对此论述很多，考察六经差异主要有两种角度：

一是各经的整体风格不同。《礼记·经解》："温柔敦厚，《诗》教也；疏通知远，《书》教也；广博易良，《乐》教也；洁静精微，《易》教也；恭俭庄敬，《礼》教也；属辞比事，《春秋》教也。故《诗》之失，愚；《书》之失，诬；《乐》之失，奢；《易》之失，贼；《礼》之失，烦；《春秋》之失，乱。"③《荀子·劝学》："《礼》之敬文也，《乐》之中和也，《诗》《书》之博也，《春秋》之微也，在天地之间者毕矣……《礼》《乐》法而

<hr/>

① （清）王棻：《柔桥文钞》卷3，见舒芜等编选：《中国近代文论选》，人民文学出版社1959年版，第327页。
② （清）叶燮：《已畦集》卷13，《四库全书存目丛书》集部第244册，第129页。
③ 《十三经注疏》下册，第1609页。

不说,《诗》《书》故而不切,《春秋》约而不速。"①《汉书·艺文志》:
"六艺之文:《乐》以和神,仁之表也;《诗》以正言,义之用也;《礼》以
明体,明者著见,故无训也;《书》以广听,知之术也;《春秋》以断事,
信之符也。五者,盖五常之道,相须而备,而《易》为之原。"②既然六
经有不同体制,那么文本于经,便可以从中吸收不同类别的营养。
《文心雕龙·宗经》所论甚多,此不赘论。韩愈《进学解》谈到吸收各
种不同的学术养分时说:"上规姚姒,浑浑无涯;周《诰》殷《盘》,佶屈
聱牙;《春秋》谨严,《左氏》浮夸;《易》奇而法,《诗》正而葩。下逮
《庄》《骚》,太史所录,子云相如,同工异曲。"③柳宗元谈自己的写作
经验时就更具体地说:"本之《书》以求其质,本之《诗》以求其恒,本
之《礼》以求其宜,本之《春秋》以求其断,本之《易》以求其动,此吾所
以取道之原也。参之穀梁氏以厉其气,参之《孟》《荀》以畅其支,参
之《庄》《老》以肆其端,参之《国语》以博其趣,参之《离骚》以致其
幽,参之太史公以著其洁,此吾所以旁推交通而以为之文也。"④柳宗
元所本,以经为主,从不同经典获得不同的文风。

二是五经在内容与文体上互有差异。诸经各有分工,各擅其事,
共同组成一个各有特色,又比较完备的体系,包括了古代各方面的知
识,所以古人认为许多学术类别都源于五经。章学诚《立言有本》:
"史学本于《春秋》,专家著述本于《官礼》,辞章泛应本于《风诗》,天

---

① (清)王先谦撰,沈啸寰、王星贤点校:《荀子集解》,中华书局 1988 年版,第
　12—14 页。
② 《汉书·艺文志》,第 1723 页。
③ (唐)韩愈撰,马其昶校注,马茂元整理:《韩昌黎文集校注》,上海古籍出版社
　1986 年版,第 46 页。
④ (唐)柳宗元,《柳宗元集》卷 34《答韦中立论师道书》,中华书局 1979 年版,
　第 873 页。

下之文,尽于是矣。"①五经本身确已有一定的文体意识。就一书之中而言,《诗经》就有风、雅、颂之别,《尚书》中的诰、誓、命、训也各有差别。就整书而言,五经各有不同特色。有不少学者则认为,六经或五经有彼此相似之体。宋陈骙《文则》认为:"《六经》之道,既曰同归,《六经》之文,容无异体。故《易》文似《诗》,《诗》文似《书》,《书》文似《礼》。"②明苏伯衡《空同子瞽说》:"《易》有似《诗》者,《诗》有似《书》者,《书》有似《礼》者,何体之有?"③我们要注意到,这些说法正是针对当时的常识而言的,所言乃是普遍中的个别情况。他们的说法,潜藏的更深层的观念背景正是经各有体。对此古人所论甚多,如《庄子·天下》:"《诗》以道志,《书》以道事,《礼》以道行,《乐》以道和,《易》以道阴阳,《春秋》以道名分。"④《荀子·儒效》:"《诗》言是,其志也;《书》言是,其事也;《礼》言是,其行也;《乐》言是,其和也;《春秋》言是,其微也。"⑤《史记·太史公自序》:"《易》著天地阴阳四时五行,故长于变;《礼》经纪人伦,故长于行;《书》记先王之事,故长于政;《诗》记山川溪谷禽兽草木牝牡雌雄,故长于风;《乐》乐所以立,故长于和;《春秋》辩是非,故长于治人。是故《礼》以节人,《乐》以发和,《书》以道事,《诗》以达意,《易》以道化,《春秋》以道义。"⑥

经体之别,对于文体分类学有深远的影响。这里举两个比较少为人所注意的例子:元代郝经《续后汉书》卷66上上"文章总叙"将历代文章归入《易》《书》《诗》《春秋》四部,其中《易》部有序、论、说、

① (清)章学诚:《章氏遗书》卷7,商务印书馆1936年版,第217页。
② (宋)陈骙撰,王利器校点:《文则》,人民文学出版社1960年版,第5页。
③ (明)苏伯衡:《苏平仲文集》卷16,《四部丛刊初编》集部,第200页。
④ (清)郭庆藩辑,王孝鱼整理:《庄子集释》,中华书局1961年版,第1067页。
⑤ 《荀子集解》,中华书局1988年版,第133页。
⑥ 《史记》卷130,第3297页。

评、辨、解、问、难、语、言诸体;《书》部有书、国书、诏、册、制、制策、赦、令、教、下记、檄、疏、表、封事、奏、议、笺、启、状、奏记、弹章、露布、连珠诸体;《诗》部有骚、赋、古诗、乐府、歌、行、吟、谣、篇、引、辞、曲、琴操、长句杂言诸体;《春秋》部有国史、碑、墓碑、诔、铭、符命、颂、箴、赞、记、杂文诸体。郝经把各体文章分别归入四部经书中,每部之下的总序,分论各体的小序,集中体现了郝经的文体学思想。如《易》部总序:"昊天有四时,圣人有四经,为天地人物无穷之用,后世辞章皆其波流余裔也。夫繇、象、象、言、辞、说、序、杂,皆《易经》之固有,序、论、说、评、辨、解、问、对、难、语、言,以意言明义理,申之以辞章者,皆其余也。"①《书》部总序:"《书》者,言之经。后世王言之制,臣子之辞,皆本于《书》。凡制、诏、赦、令、册、檄、教、记、诰、誓,命戒之余也,书、疏、笺、表、奏、议、启、状、谟、训,规谏之余也。国书、策问、弹章、露布,后世增益之耳,皆代典国程,是服是行,是信是使,非空言比,尤官样体制之文也。"②《诗》部总序:"《诗经》三百篇,《雅》亡于幽、厉,《风》亡于桓、庄。历战国先秦,只有诗之名,而非先王之诗矣。本然之声音,郁湮喷薄,变而为杂体,为骚赋,为古诗,为乐府、歌、行、吟、谣、篇、引、辞、曲、琴操、长句杂言,其体制不可胜穷矣。"③《春秋》部总序:"《春秋》《诗》《书》,皆王者之迹,唐虞、三代之史也。孔子修经,乃别辞命为《书》,乐歌为《诗》,政事为《春秋》,以为大典大法,然后为经而非史矣。凡后世述事功,纪政绩,载竹帛,刊金石,皆《春秋》之余,无笔削之法,只为篇题记注之文,则自为史而非经矣。"④这些总序,解释文体归类的原因或依据,反映了以经为本,追溯文体源流

① (元)郝经:《续后汉书》,见《文渊阁四库全书》第 385 册,第 608 页。
② 《续后汉书》,见《文渊阁四库全书》第 385 册,第 611 页。
③ 《续后汉书》,见《文渊阁四库全书》第 385 册,第 617 页。
④ 《续后汉书》,见《文渊阁四库全书》第 385 册,第 620 页。

的文学思想。郝经把文章诸体归入四经,把《礼》部的文体并入《春秋》部,这可能出于史学家的眼光。

明代黄佐的《六艺流别》一书是体现"文本于经"文体学理念的集大成者,此书首次用文章总集的形式把古代各体文章分别系之《诗》《书》《礼》《乐》《春秋》《易》之下,形成六大文体系列,重新建构了一个庞大的中国古代文体谱系。郝经把主要文体归之"四经",黄佐则归之"六经",而顺序亦有所不同。古人对于"六经"或"六艺"之次序有不同排列方式。先秦至汉初,"六经"多以《诗》为首。汉代以来,以《易》为首的六经排序渐为主流。《易》被称为"六经之首"或"五经之首"。班固《汉书·艺文志》依刘歆《七略·六艺略》之序则为:《易》《书》《诗》《礼》《乐》《春秋》。《文心雕龙·宗经》亦以《易》《书》《诗》《礼》《春秋》为序。黄佐《六艺流别》以《诗》《书》《礼》《乐》《春秋》《易》为序。他在《六艺流别》序中明确说明他编纂此书受到董仲舒的影响。董仲舒《春秋繁露·玉杯》:"君子知在位者之不能以恶服人也,是故简六艺以赡养之。《诗》《书》序其志,《礼》《乐》纯其美,《易》《春秋》明其知。六学皆大,而各有所长。《诗》道志,故长于质。《礼》制节,故长于文。《乐》咏德,故长于风。《书》著功,故长于事。《易》本天地,故长于数。《春秋》正是非,故长于治人。能兼得其所长,而不能遍举其详也。"[1]董仲舒"六艺"之次,本意于"在位者""赡养"之道,即出于人之修养学习为目标的次序。黄佐《六艺流别》意取于此,其先后在于人之修养次序,而非经典产生之先后。《六艺流别》既取意董仲舒,又略有调整,始于《诗》而终于《易》,构成一个体系:黄佐《六艺流别序》说:"《诗》道志,故长于质。《书》著功,故长于事。《礼》制节,故长于文。《乐》咏德,故长于风。《春

---

① (清)苏舆撰,钟哲点校:《春秋繁露义证》,中华书局 1992 年版,第 35—37 页。

秋》司是非，故长于治。《易》本天地，故长于数。"①这是儒家以修身至通天下之次序，此乃《六艺流别》以《诗》为首之理论依据。然黄佐《六艺流别》之序列，深层原因，或是从文章学内部出发，以《诗》之影响最大，而所涉文体，皆为主流，而《易》影响较小，所涉文体，亦皆边缘。故黄氏断然以《诗》为首，又变化传统次序，以《易》殿后。于此可见《六艺流别》之谱系，实以文章学为核心。

黄佐的文体分类，是建立在经体分类理论之上的。他在《序》中认为六经的功能分别是：《诗》"道性情"，"《诗》艺"主要包括诗赋文体；《书》"道政事"，"《书》艺"主要包括公文文体；《礼》主"敬"，"《礼》艺"主要包括礼仪文体；《乐》主"和"，"《乐》艺"主要包括音乐性文体；《春秋》主"名分"，"《春秋》艺"主要包括叙事与论说文体；《易》主"阴阳"，"《易》艺"主要包括术数类文体。该书建构了一个以经为本的文体谱系：

> 《诗》艺：谣、歌。谣之流其别有四：讴、诵、谚、语。歌之流其别有四：咏、吟、叹、怨。诗之流不杂于文者其别有五：四言、五言、六言、七言、杂言。（附：离合、建除、六府、五杂组、数名、郡县名、八音）诗之流其杂近于文而又与诗丽者别有五：骚、赋、（附：律赋）词、颂、赞。（附：诗赞）诗之声偶流为近体者其别有三：律诗、排律、绝句。
>
> 《书》艺：典、谟。典之流其别有二：命、诰。谟之流其别有二：训、誓。命训之出于典者其流又别而为六：制、诏、问、答、令、律。命之流又别而为四：册、敕、诫、教。诰之流又别而为六：谕、赐书（附：符）书、告、判、遗命。训誓之出于谟者其流又流而为十一：议、疏、状、表（附：章）、笺、启、上书、封事、弹劾、启事、奏记

---

①《泰泉集》卷35，清康熙二十一年黄逢卿等刻本。

（附：白事）。训之流又别而为十：对、策、谏、规、讽、喻、发、势、设论、连珠。誓之流又别而为八：盟、檄、移、露布、让、责、券、约。

《礼》艺：仪、义。礼之仪义其流别而为十六：辞、文、箴、铭、祝、诅、祷、祭、哀、吊、诔、挽、碣、碑、志、墓表。

《乐》艺：乐均、乐义。乐之均义其流别而为十二：唱、调、曲、引、行、篇、乐章、琴歌、瑟歌、畅、操、舞篇。

《春秋》艺：纪、志、年表、世家、列传、行状、谱牒、符命、叙事、论赞。叙事之流其别有六：序、记、述、录、题辞、杂志。论赞之流其别有六：论、说、辩、解、对问、考评。

《易》艺：兆、繇、例、数、占、象、图、原、传、言、注。[①]

黄佐《六艺流别》涉及文体有一百五十多种，这在历代文体学著作中相当罕见。《四库全书总目》赞扬黄佐的学问，并认为该书"分类编叙，去取甚严"，但批评说："文本于经之论，千古不易，特为明理致用而言。至刘勰作《文心雕龙》，始以各体分配诸经，指为源流所自，其说已涉于臆创。佐更推而衍之，剖析名目，殊无所据，固难免于附会牵合也。"[②]假如从文体发生学来看，黄佐把中国古代文体基本形态的渊源一一归之于六经，显然有"附会牵合"之病，但从文体分类学的角度来看，《六艺流别》仍有某种创新的思想。假如我们抛开其文本于经的外在形式，黄佐实际上是力图把古代文体分为诗赋类、公文类、礼仪类、音乐类、叙事议论类与术数类六大类别。文体发展到明代，数量极多，黄佐意在对这些复杂纷纭的文体，总其类别，以简驭繁，起纲举目张之用。黄宗羲《明儒学案》谓黄佐之治学"以博约为

① （明）黄佐：《六艺流别》，《四库全书存目丛书》集部第300册，第70—73页。
② （清）永瑢等撰：《四库全书总目》卷192"《六艺流别》提要"，中华书局1965年影印本，第1746页。

宗旨"①,《六艺流别》也反映出这种学术精神。"六艺流别",本质上是从文体功能出发,创造出一套新的文体分类法,这是有其合理性与创新性的。明代以文体学为核心的文章总集不少,如《文章辨体》《文体明辨》《文章辨体汇选》等,但如果就其理论的独创性与系统性而言,则无出黄佐此书之右者。

明代万历年间谭浚所著《言文》卷上说:

> 故论、说、序、词,宗于《易》。辨、议、评、断、判,论之流也。说、难、言、语、问、对,说之流也。原、引、题、跋,序之流也。纂、集、略、篇、章,词之流也。诰、命、表、誓,宗于《书》。诏、制、策、令,诰之流也。训、教、戒、敕、示、喻、规、让,命之流也。章、奏、议、驳、劾、谏、弹事、封事,表之流也。檄、移、露布,誓之流也。赞、颂、赋、歌,宗于《诗》。铭、箴、碑、碣,赞之流也。诵、封禅、《美新》《典引》,颂之流也。七词、客词、连珠、四六,赋之流也。谐、讔、谜、谚,歌之流也。书、仪、祝、谥,宗于《礼》。劄、札、启、简(牍牒)、笺、刺,书之流也。制、律、法、赦、关津、过所,仪之流也。祈、祠、祷、会、盟、诅,祝之流也。号、诔、吊、祭、哀、志,谥之流也。史、传、符、记,宗于《春秋》。记、志、编、录,史之流也。纬、疏、注、解、释、通、义,传之流也。玺书、契、券、约、状、列,符之流也。谱、簿、图、籍、案,记之流也。②

谭浚把一百多种文体分别归宗之五经,虽然在谭浚的文体谱系中,所有具体的文体其及所宗与郝经、黄佐不尽相同,但文体本于经的观念则是一致的。

---

① (清)黄宗羲著,沈芝盈点校:《明儒学案》卷51,中华书局2008年版,第1198页。
② 《历代文话》第3册,复旦大学出版社2007年版,第2327—2328页。

三、宗经与尊体

古人提出"文本于经"除了为文体溯源之外,更多的时候是夹杂着"宗经"或者"尊体"的理论目的。

从文体学的角度来看,所谓"文本于经"的形态主要有:

(一)直接从五经的篇目中获得文体名称。如《尚书》的训、诰、誓、命等自然成为后世同名文体之渊源。又如陈骙《文则》:"大抵文士题命篇章,悉有所本。自孔子为《书》作序,文遂有'序'。自孔子为《易》说卦,文遂有'说'。自有《曾子问》《哀公问》之类,文遂有'问'。自有《考工记》《学记》之类,文遂有'记'。自有《经解》《王言解》之类,文遂有'解'。自有《辩政》《辩物》之类,文遂有'辩'。自有《乐论》《礼论》之类,文遂有'论'。自有《大传》《间传》之类,文遂有'传'。"①

(二)从五经的语言形式追寻文体渊源。如挚虞在《文章流别论》说:

> 古诗率以四言为体,而时有一句二句,杂在四言之间,后世演之,遂以为篇。古诗之三言者,"振振鹭,鹭于飞"之属是也,汉郊庙歌多用之。五言者,"谁谓雀无角,何以穿我屋"之属是也,于俳谐倡乐多用之。六言者,"我姑酌彼金罍"之属是也,乐府亦用之。七言者,"交交黄鸟止于桑"之属是也,于俳谐倡乐世用之。古诗之九言者,"泂酌彼行潦挹彼注兹"之属是也,不入歌谣

---

① (宋)陈骙撰,王利器校点:《文则》,人民文学出版社1960年版,第9页。

之章,故世希为之。①

他在《诗经》里寻找各种句法,以证明后世诗歌都来源于对《诗经》的模仿或继承。

(三)以经为源,以文体为流,把文体类别系于各经之下。《文心雕龙·宗经》篇说:"论、说、辞、序,则《易》统其首;诏、策、章、奏,则《书》发其源;赋、颂、歌、赞,则《诗》立其本;铭、诔、箴、祝,则《礼》总其端;纪、传、盟、檄,则《春秋》为根:并穷高以树表,极远以启疆;所以百家腾跃,终入环内者也。"②刘勰把二十种文体③分别归入五经之下。颜之推《颜氏家训·文章》说:"夫文章者,原出五经:诏命策檄,生于《书》者也;序述论议,生于《易》者也;歌咏赋颂,生于《诗》者也;祭祀哀诔,生于《礼》者也;书奏箴铭,生于《春秋》者也。"④

从文体发生学的角度来看,把历代文体的渊源一一归于五经,这不免有些牵强。纪昀在评《文心雕龙·宗经》时写道:"此亦强为分析,似钟嵘之论诗,动曰源出某某。"⑤《四库全书总目》也批评道:"刘勰作《文心雕龙》,始以各体分配诸经,指为源流所自,其说已涉于臆创。"⑥但若更深一层考察,事情并非如此简单。刘勰之语出自《宗经》,意在强调经典的巨大影响。此语中"首""源""本""端""根"诸

① 引文见《全上古三代秦汉三国六朝文·全晋文》卷 77,第 1905 页。《四库全书总目》认为:"文章句法推本六经,兹其权舆也。"(《文则》提要,见《四库全书总目》卷 195,第 1787 页)
② (南朝梁)刘勰著,詹锳义证:《文心雕龙义证》,上海古籍出版社 1989 年版,第 78—79 页。
③ 考虑到《文心雕龙》骈文句式的特点,这二十种仅是比较有代表性的文体。
④ (北齐)颜之推撰,王利器集解:《颜氏家训集解》(增补本),中华书局 1993 年版,第 237 页。
⑤ 引自黄霖编著:《文心雕龙汇评》,上海古籍出版社 2005 年版,第 20 页。
⑥ 《四库全书总目》卷 192《六艺流别》提要,第 1746 页。

语都是既有源头之义，又兼根本之义。文体溯源只是手段，目的在于"矫讹翻浅，还宗经诰"①。刘勰是本着尊经的立场，认为五经内涵丰厚，后代许多文章的文体特征或要素已蕴藏其中，其意重在强调经典的伟大，而非要把后世各种文体与五经一一对应，其宗经之意远在文体溯源之上。研究刘勰文本于经的观念，还须把它与《辨骚》至《书记》等文体专论结合起来，才能得到比较客观全面的认识。刘勰自己并没有完全指明所有文体与经书在体制上的继承关系，比如在《杂文》中说宋玉"始造'对问'"，枚乘"首制《七发》"，扬雄"肇为'连珠'"②。这表现了刘勰在这个问题上的灵活性。我们再看看颜之推的"夫文章者，原出五经"之说，其基本精神与刘勰是一致的，但两人所言的文体归类却是略有不同的。比如颜之推以为"书奏箴铭，生于《春秋》者也"，而刘勰则以"奏"系之《书》，以"箴""铭"系之《礼》，这种差异再一次说明所谓"文本于经"主要表现出一种尊经的精神，而其文体溯源也只是就大致而言的，并非绝对准确的定案。

在许多批评家那里，文本于经的说法，并非仅仅是纯文体发生学的考究，在五经崇高地位的光环之下，尊经在很多时候已成为一种理论策略：名为尊经，实则尊体，五经成为一些文体的虎皮大旗，这在后代一些出身非古或品位未尊的文体那里表现得最为明显。汉王逸《楚辞章句序》："夫《离骚》之文，依托《五经》以立义焉。"③宋王铚《四六话序》："世所谓笺题表启，号为四六者，皆诗赋之苗裔也。"④孔尚任《桃花扇小引》："传奇虽小道……其旨趣实本于《三百篇》，而义则《春秋》，用笔行文，又《左》《国》《太史公》也。"⑤近代姚华《曲海一

① 《文心雕龙义证》，第 1094 页。

② 《文心雕龙义证》，第 489、490、496 页。

③ 《楚辞补注》，第 49 页。

④ （宋）王铚：《四六话》，见王水照编：《历代文话》第 1 册，第 6 页。

⑤ （清）孔尚任著，王季思等注：《桃花扇》，人民文学出版社 1959 年版，第 1 页。

勺·骈史上第四》:"曲之于文,盖《诗》之遗裔……传曰:'王者之迹熄而《诗》亡,《诗》亡然后《春秋》作。'《诗》胡以亡?匪师失其声,史失其官尔。《三百篇》以降,递变而为南北诸曲,《诗》未尝绝也。"①《曲海一勺·明诗第三》:"以曲承《诗》,独得正统。"②天僇生(王锺麒)《中国历代小说史论》:"盖小说者,所以济《诗》与《春秋》之穷者也。"③以上论者都想方设法让辞赋、骈文、词、戏曲、小说等体裁与五经攀上关系:或其体源于经,或可补经之缺,或与经之义相同。这些被今人视为最富有文学性的文章体裁,在古代正统的文体谱系中,却处于非中心的地位。若能推源于经,则文体出身自然高贵。此方面尤以尊词体之论最有代表性。清代王昶所说:"夫词之所以贵,盖《诗三百篇》之遗也。"④刘熙载《艺概·词曲概》:"词导源于古诗,故亦兼具六义。"⑤陈廷焯《白雨斋词话自序》论词体:"要皆发源于《风》《雅》,推本于《骚》《辩》,故其情长,其味永,其为言也哀以思,其感人也深以婉。"⑥康有为说:"为文辞者,尊诗而卑词,是谬论也。四五七言、长短句,其体同肇始于《三百篇》。"⑦刘师培也用这种方法论证词曲之源:

吾观《诗》篇三百,按其音律,多与后世长短句相符:如《召

① 姚华:《弗堂类稿》,见沈云龙主编:《近代中国史料丛刊续编》第2辑,台北文海出版社1974年版,第305—307页。
② 《弗堂类稿》,第301页。
③ 见《月月小说》1907年1卷11期,引自阿英编:《晚清文学丛钞·小说戏曲研究卷》卷1,中华书局1960年版,第34页。
④ (清)王昶:《春融堂集》卷41《姚荳汀词雅序》,《续修四库全书》第1438册,第89页。
⑤ (清)刘熙载:《艺概》,上海古籍出版社1978年版,第106页。
⑥ (清)陈廷焯著,杜维沫校点:《白雨斋词话》,人民文学出版社1959年版,第1页。
⑦ 康有为:《味梨集序》,《半塘填词丙稿》,清光绪刊本。

南·殷其雷篇》云："殷其雷，在南山之阳。"此三五言调也。《小雅·鱼丽篇》云："鱼丽于罶，鲿鲨。"此二四言调也。《齐风·还篇》云："遭我乎猫之间兮，并驱从两肩兮。"此六七言调也。《召南·江有汜篇》云："不我以，不我以。"此叠句韵也。《豳风·东山篇》曰："我来自东，零雨其濛。鹳鸣于垤，妇叹于室。"此换韵调也。《召南·行露篇》曰："厌浥行露。"其第二章曰："谁谓雀无角。"此换头调也。大抵烦促相宣，短长互用，于后世倚声之法，已启其先。足证词曲之源，实为古诗之别派。①

这种看似实证性的考据，其实是带有很强主观性的理论建构。鉴于古人以尊经为尊体的策略，对于古人之言，得意忘言可也。如果拘泥于文体史实，执着而简单地去肯定或否定某些文本于经的论述，就不免沦为皮相之论了。

---

① 刘师培撰，舒芜校点：《中国中古文学史 论文杂记》，人民文学出版社 1959 年版，第 129 页。

第六章　生命之喻

——从人体到文体的文学批评

一、批评的比喻和文学的观念

　　本章准备以中国古代文学批评中一个常用的比喻来研究古人的文学观念。中国古人用过许多比喻来形容文学艺术作品,如动物、植物、自然景象、建筑、食物等,但其中最常见、最普遍的是把文学艺术作品比喻为人体。自六朝之后,这类例子很多。如《文心雕龙·附会》说:"夫才童学文,宜正体制。必以情志为神明,事义为骨髓,辞采为肌肤,宫商为声气。"①《体性》中也说:"辞为肤根,志实骨髓。"②颜之推《颜氏家训·文章》亦说:"文章当以理致为心肾,气调为筋骨,事义为皮肤,华丽为冠冕。"③《诗人玉屑》卷 8 引《金针诗格》谓诗必以"声律为窍,物象为骨,意格为髓"④。清代王铎《文丹》说:"文有

---

① (南朝梁)刘勰著,詹锳义证:《文心雕龙义证》,上海古籍出版社 1989 年版,
　　第 1593 页。
② 《文心雕龙义证》,第 1038 页。
③ (北齐)颜之推撰,王利器集解:《颜氏家训集解》(增补本),中华书局 1993 年
　　版,第 267 页。
④ (宋)魏庆之:《诗人玉屑》,上海古籍出版社 1978 年版,第 172 页。

神、有魂、有魄、有窍、有脉、有筋、有腠理、有骨、有髓。"①中国古代的许多审美概念如风骨、形神、筋骨、主脑、诗眼、气骨、格力、肌理、血脉、精神、血肉、眉目、皮毛等;律诗学中的首联、颔联、颈联、韵脚等;评论中所用肥、瘦、病、健、壮、弱等术语,都是一种把文学艺术拟人化的暗喻。陶明濬《诗说杂记》卷7就说严羽《沧浪诗话》"以诗章与人身体相为比拟……近取诸身,远取诸物,而诗道成焉。"②毫不夸张地说,在中国古代文学艺术批评中,可以找到大量以表述人体结构部位的词语或评论人体状况的词语作比喻的术语。

假如孤立地看,这些片言只语似乎微不足道,随意性很强;然而一旦把它们集中起来,不难发现这并非偶合,而是反映了一种深刻的文学观念——把人的生命形式作为文学艺术结构形式的象征。我将这种人、文同构的比喻,称为"生命之喻"。本章正是试图通过对古代文学批评中"生命之喻"的分析,来考察它反映出来的深层的文学观念。

美国著名文学理论家艾布拉姆斯(M.H.Abrams)的经典之作《镜与灯》(*The Mirror and the Lamp*)正是以西方用来形容心灵的两个常见而相对的隐喻来研究西方文学批评观念的变迁:一个把心灵比作外界事物的反映者,另一个则把心灵比作一种发光体。前者概括了从柏拉图到18世纪的主要思维特征;后者则代表了浪漫主义关于诗人心灵的主导观念。艾布拉姆斯说:"批评思维也象人类在其兴趣所至的各个领域的思维一样,很大一部分是通过比拟手段进行的,因为批评中的论争在很大程度上同样也是类比性质的论争……这些类比

---

① (清)王铎:《拟山园选集》卷82《文丹》,《四库禁毁书丛刊》集部第88册,第366页。

② 转引自(宋)严羽著,郭绍虞校释:《沧浪诗话校释》,人民文学出版社1983年版,第7页。

物的属性由于隐喻性的转义而成了艺术作品所固有的属性。"①他在考察了批评史上一系列的比喻和文学观念之后说:"从模仿到表现,从镜到泉,到灯,到其它有关的比喻,这种变化并不是孤立的现象,而是一般的认识论上所产生的相应变化的一个组成部分……这种转变表现在隐喻的变化上,它与当代有关艺术本质的讨论中出现的变化几乎毫无二致。"②艾布拉姆斯认为,从隐喻的变化可以看出认识论上的变化和人们对于艺术本质认识的演变。他的皇皇巨著,正是建立在对隐喻研究基础之上的。

笔者认为中国古代文学批评中的"生命之喻",也在一定程度上反映了古人对于文学本体及结构的一些认识与观念。早在 20 世纪 30 年代,钱锺书先生就提出了这个问题。他在《中国固有的文学批评的一个特点》一文中,指出中国古代文学批评有"把文章通盘的人化或生命化","把文章看成我们自己同类的活人"③的特点。他还指出"人化文评不过是移情作用发达到最高点的产物"④。文中旁征博引中西文学批评有关"人化"的材料,重点分析了两者之间的本质差异。后来钱锺书先生在《谈艺录》和《管锥编》中对此还有不少精彩的论述。本章在此基础上,继续对古人这一观念进行研究。

二、从人体到文体

古代文学批评中的"生命之喻",从哲学上看,是受了中国古代

---

① [美]艾布拉姆斯著,郦稚牛等译:《镜与灯》,北京大学出版社 1992 年版,第 2 页。
② 《镜与灯》第 3 章第 2 节"心灵比喻的变迁",第 81 页。
③ 《文学杂志》第 1 卷第 4 期,商务印书馆 1937 年 8 月 1 日,第 4 页。
④ 《文学杂志》第 1 卷第 4 期,第 16 页。

"近取诸身，远取诸物"①的象征性思维方式影响而产生的，以人拟文正是"近取诸身"的自然而然的结果；从文化背景上看，生命之喻所接受的影响是多方面的。如古代的中医理论、汉代以后的相术和人物品评等。艺术形式的拟人化批评，是在文学批评兴盛的魏晋南北朝时期形成的。当时的文学批评不但吸收了相术及人物品评的术语，也借鉴其模式和方法。相术起源甚早，战国时代已相当风行，至秦汉非常兴盛。古代相术是一种由人的形貌神态来预测人的命运的方术。如王充《论衡·骨相》说："知命之工，察骨体之证，睹富贵贫贱，犹人见盘盂之器，知所设用也……论命者如比之于器，以察骨体之法，则命在于身形，定矣。"②"案骨节之法，察皮肤之理，以审人之性命，无不应者。"③人之神情玄妙难求，所以相人需从具体的形貌入手。相法对于人体各部位有一定的标准。如王符《潜夫论·相列》说："人之相法，或在面部，或在手足，或在行步，或在声响。面部欲溥平润泽，手足欲深细明直，行步欲安稳覆载，音声欲温和中宫。头面手足，身形骨节，皆欲相副称，此其略要也。"④

汉末人物品评兴盛，在文人阶层中，相术的地位已不如人物品评。人物品评虽与相术关系密切，但其目的不是对于命运的预测，而是由人的形象风姿入手品评其风神才性。魏初刘邵的《人物志》是这方面的代表作。它"主于论辨人才，以外见之符，验内藏之器"⑤。刘邵认为"色见于貌，所谓征神"，以外貌音容为神情的征验。又说：

---

① 高亨：《周易大传今注》卷5《系辞下》，齐鲁书社1979年版，第559页。
② （东汉）王充著，黄晖校释：《论衡校释》卷3，中华书局1990年版，第120页。
③ 《论衡校释》，第116页。
④ （东汉）王符著，汪继培笺，彭铎校正：《潜夫论笺校正》，中华书局1985年版，第310页。
⑤ 《四库全书总目》卷117，《人物志》提要，第1009页。

"物生有形,形有神精。能知精神,则穷理尽性。"①此书以人的神、精、筋、骨、气、色、仪、容、言即"九征"来观察人:"平陂之质在于神,明暗之实在于精,勇怯之势在于筋,强弱之植在于骨,躁静之决在于气,惨怿之情在于色,衰正之形在于仪,态度之动在于容,缓急之状在于言。"②人的各种品德和精神都可以通过对"九征"的观察而得以了解。由于文学品评受人物品评的影响,自然接受了人物品评的一些模式和术语。刘劭的"九征"后来几乎都成为美学上的概念。

在"生命之喻"中,"风骨"是人们所耳熟能详的。文学艺术批评中"风骨"这一审美范畴的产生和运用,最典型地反映出"生命之喻"与相术和人物品评的血缘关系。黄侃《文心雕龙札记》指出风骨"二者皆假于物以为喻"③。假于何物呢?主要是假于人体。汪涌豪曾研究"风骨"一词的来源说:"两汉相人偏重以骨法气色推察人的命禄,汉末魏初品人虽重骨法但稍趋神理性情,至两晋南北朝则将'骨'与'气'、'力'直接组合,并新铸'风骨'一词以指称人诚中而形外的精神风貌,将人的体骨形貌与才性修养、风度仪表综合为一体……"④这种概括指出"风骨"受到相术与人物品评的影响,是比较准确的。骨相,本来是相术的一种。如《史记·淮阴侯列传》蒯通对韩信说:"贵贱在于骨法。"⑤王充《论衡·骨相篇》说:"察表候以知命,犹察斗斛以知容矣。表候者,骨法之谓也。"⑥梁朝陶弘景《相经序》说:"相者,盖性命之著乎形骨,吉凶之表乎气貌。亦犹事先谋而后

---

① (魏)刘劭著,李崇智校笺:《人物志校笺》,巴蜀书社 2001 年版,第 28—29 页。
② 《人物志校笺》,第 33—34 页。
③ 黄侃:《文心雕龙札记》,中华书局 1962 年版,第 99 页。
④ 《风骨的意味》,百花洲文艺出版社 2009 年版,第 14 页。
⑤ (西汉)司马迁:《史记》卷 92,中华书局 1959 年版,第 2623 页。
⑥ 《论衡校释》,第 108 页。

动,心先动而后应。"①后来的人物品鉴也重视相法,由骨法去观察人的才性品质。"风"也是品鉴人物的概念。当时的人物品鉴重视风采、风神、风韵。"风"较之"骨",便有些微妙难求。《世说新语》中,不少地方以"风""骨"的名目来品评人物。如《赏誉篇》形容王弥"风神清令,言话如流"②;形容陈泰"垒块有正骨"③;《容止篇》"刘尹道桓公"条刘孝标注引《吴志》形容孙权"形貌魁伟,骨体不恒"④;《赏誉篇》刘孝标注又把风、骨合用,称王羲之"风骨清举"⑤;又如沈约《宋书·武帝纪》形容刘裕"风骨不恒,盖人杰也"⑥。

在人物品评时,"风骨"是指由人体形貌表现出来的精神面貌,即由人体骨相结构显示出来的内在力量的气势,由风姿风采而产生的感染力和魅力。文学艺术批评中的"风骨",取义形式和内涵也近于此。《文心雕龙·风骨》开宗明义就说:"辞之待骨,如体之树骸;情之含风,犹形之包气。"⑦这里明确地说明了"风骨"的喻体就是人体。文章必须有"骨",即以质朴而刚健有力的语言为基干,就像一个人必须有骨骼躯干;文章必须有"风",即必须有动人的艺术感染力,就好像人体必须充满生命力。"骨"不离辞,但不是辞本身,而是端直劲健的语言所产生的风貌;"风"离不开情,但情不等于"风",而是思想感

① (清)严可均校辑:《全梁文》卷47,《全上古三代秦汉三国六朝文》,中华书局1958年版,第3219页。
② (南朝宋)刘义庆著,(南朝梁)刘孝标注,余嘉锡笺疏:《世说新语笺疏》(修订本),上海古籍出版社1993年版,第494页。
③ 《世说新语笺疏》,第478页。
④ 《世说新语笺疏》,第619页。
⑤ 《世说新语笺疏》,第476页。
⑥ (南朝梁)沈约:《宋书·武帝本纪第一》,中华书局1974年版,第4页。
⑦ 《文心雕龙义证》,第1048页。

情爽朗鲜明的表现①。

　　同样，南北朝时期的人们也把风骨这个人物品评的术语移用于绘画、书法艺术批评之中。东晋顾恺之的《论画》已常用"骨"来品评古画了②。南齐谢赫标举绘画"六法"，其中就有"骨法用笔"，并且以"风骨"一语来品评曹不兴的绘画艺术。至于书法，六朝人也多以风神筋骨来品评③。限于篇幅，这里不拟多谈。总之，仅从"风骨"一例，就不难看出"生命之喻"所受到的某些文化影响。

三、艺术形式与生命形式

　　"体"，是中国古代文学批评一个常用术语。与此有关的还有体制、大体、体势等概念。体，顾名思义，正是借人体来喻文体。徐寅《雅道机要》说："体者，诗之象，如人之体象，须使形神丰备，不露风骨，斯为妙手矣。"④文体如人体，是文之精神的载体。明代沈君烈说："文之有体，即犹人之有体也。"⑤体，原是人的首、身、手、足的总称。《说文》云："体，总十二属也。"段玉裁认为十二属即顶、面、颐、肩、脊、尻、肱、臂、手、股、胫、足⑥。《释名·释形体》曰："体，第也；骨

---

① 参考王运熙师对"风骨"的解释，详见《文心雕龙探索》，上海古籍出版社 1986 年版，第 81—129 页。

② （唐）张彦远：《历代名画记》卷 5，于安澜编：《画史丛书》一，上海人民美术出版社 1963 年版，第 70 页。

③ 参见《全齐文》《全梁文》中王僧虔、梁武帝、袁昂等人论书法的篇章。

④ （唐）徐寅：《雅道机要》，张伯伟撰：《全唐五代诗格汇考》，凤凰出版社 2002 年版，第 223 页。

⑤ （明）沈承：《文体》，载《毛孺初先生评选即山集》卷 4"策"，《四库禁毁书丛刊》集部第 41 册，第 636 页。

⑥ （东汉）许慎撰，段玉裁注：《说文解字注》，上海古籍出版社 1981 年版，第 166 页。

肉、毛血、表里、大小相次第也。"①古代文学批评十分注重文体。如《文镜秘府论·论体》说:"词人之作也,先看文之大体。"②张戒认为"论诗文当以文体为先,警策为后。"③"体"是一个运用十分广泛的术语。有体裁之体,有作家之体、时代之体、流派之体等。

在比喻之中,本体与喻体虽本质不同,然两者必须有其相似性。找到"生命之喻"中人体与文体的相似处,是理解古人观念的关键。人体形式与艺术形式的相似点首先在于其动态的有机整体性。因此古人总是强调文学艺术不可分割的整体功能,十分注重各种艺术因素之间的血肉联系。宋代吴沆《环溪诗话》卷中云:"诗有肌肤,有血脉,有骨格,有精神。无肌肤则不全,无血脉则不通,无骨格则不健,无精神则不美。四者备,然后成诗。"④宋代李廌则认为"文之不可无者有四":体、志、气、韵。为了更为形象地说明问题,他以人体为喻:

> 文章之无体,譬之无耳目口鼻,不能成人。文章之无志,譬之虽有耳目口鼻,而不知视听臭味之所能,若土木偶人,形质皆具而无所用之。文章之无气,虽知视听臭味,而血气不充于内,手足不卫于外,若奄奄病人,支离憔悴,生意消削。文章之无韵,譬之壮夫,其躯干枵然,骨强气盛,而神气昏懵,言动凡浊,则庸俗鄙人而已。有体有志有气有韵,夫是谓之成全。⑤

---

① (东汉)刘熙著,(清)毕沅疏证,(清)王先谦补,祝敏彻、孙玉文点校:《释名疏证补》,中华书局2008年版,第60页。
② [日]遍照金刚撰,卢盛江校考:《文镜秘府论汇校汇考》第3册,中华书局2006年版,第1464页。
③ (宋)张戒:《岁寒堂诗话》卷上,中华书局1985年版,第9页。
④ (宋)惠洪、朱弁、吴沆撰,陈新点校:《冷斋夜话 风月堂诗话 环溪诗话》,中华书局1988年版,第130页。
⑤ (宋)李廌:《答赵士舞德茂宣义论弘词书》,《全宋文》第132册,第125页。

体,指作品结构体制;志,指作品表现的思想情趣;气,指作品的精神气势;韵,指作品的韵味。体、志、气、韵四者在作品中处于不同的结构层次,发挥各自不同但又都是不可或缺的美学功能,从而使作品构成一个完美的整体。任何一方面的缺陷,都会破坏作品的和谐完整。归庄《玉山诗集序》也说:"余尝论诗,气、格、声、华四者缺一不可。譬之于人,气犹人之气,人所赖以生者也,一肢不贯,则成死肌,全体不贯,形神离矣;格如人五官四体,有定位,不可易,易位则非人矣;声如人之音吐及珩璜琚瑀之节;华如人之威仪及衣裳冠履之饰。"①声、华属诗的形式层,气、格属诗的综合意蕴层,两者是互相依存、缺一不可的。在艺术作品中,各种形式因素之间互相作用,互相依存,构成生命的血肉。因此它们的意义已经超越了原先物质因素的声辞笔墨,而具有更为丰富的意蕴。

诗歌如此,其他艺术种类也如此。比如荆浩《笔法记》就以"筋、肉、骨、气"为绘画的"四势"②。苏轼《东坡题跋》上卷《论书》曰:"书必有神、气、骨、肉、血,五者阙一,不为成书也。"③康有为也说:"书若人然,须备筋、骨、血、肉,血浓骨老,筋藏肉洁,加之姿态奇逸,可谓美矣。"④他们都把艺术的要素与人体的要素联系起来,强调艺术的有机整体性。

当然,这种艺术的生命结构,并不是真实存在的结构,而完全是一种解释性的虚拟结构,是中国古人以自己的艺术理想来解释艺术结构的。

生命之喻反映中国古代传统的美学思想,即推崇生机勃勃、灵动

---

① (清)归庄:《玉山诗集序》,《归庄集》卷3,上海古籍出版社1984年版,第206页。
② (五代)荆浩撰,王伯敏标点注译,邓以蛰校阅:《笔法记》,人民美术出版社1963年版,第4页。
③ (宋)苏轼:《东坡题跋》卷4"论书"条,中华书局1985年版,第80页。
④ 康有为:《广艺舟双楫·碑评第十八》,《续修四库全书》第1089册,第49页。

自由、神气远出的生命形式,要求文学艺术应具有和生命的运动相似相通的形式。这种美学理想和传统哲学观念密切相关。在古人看来,宇宙之道就是一个生生不息、相生相续的生命模式。《易·系辞上》说:"生生之谓易。"①《系辞下》说:"天地之大德曰生。"②又说:"天地氤氲,万物化醇。男女构精,万物化生。"③这里把"生"作为天地万物的一个最基本的内容和规律。宋代理学家程颢进一步提出"天只是以生为道"的命题:"生生之谓易,是天之所以为道也。天只是以生为道。继此生理者,即是善也……万物皆有春意,便是继之者善也。"④又说:"大地之大德曰生,天地氤氲,万物化醇,生之谓性,万物之生意最可观。此元者善之长也,斯所谓仁也。"⑤程颢特别强调生命的重要意义和生命的价值。在他看来,天地生成万物,万物生生不息,表现"生意",生命的发展和表现是符合"善"和"仁"原则的。

　　古人的"生命之喻"反映了传统美学对于艺术本质的某些观念,即把艺术形式视为一种具有内在生命力的有机的动态整体。这种古老的观念与西方的某些理论有暗合或相似之处。早在古希腊,柏拉图和亚里士多德就已提出文学作品结构的有机统一的思想。当代一些西方美学也非常重视艺术和生命的关系。如德国的 G. 缪勒和 H. 奥贝尔就强调"艺术作品同活的生物体之间的相似之处"⑥。苏珊·朗格认为艺术与人类的情感生活有逻辑上类似的形式结构,是一种

① 高亨:《周易大传今注》卷 5,齐鲁书社 1979 年版,第 515 页。
② 《周易大传今注》卷 5,第 558 页。
③ 《周易大传今注》卷 5,第 577 页。
④ (宋)程颢、程颐著,王孝鱼点校:《河南程氏遗书》卷 2,《二程集》,中华书局 1981 年版,第 29 页。
⑤ 《河南程氏遗书》卷 11,《二程集》,第 120 页。
⑥ [美]R. 韦勒克著,丁泓、余徽译:《批评的诸种概念》,四川文艺出版社 1988 年版,第 70 页。

发展了的暗喻，表现了人类情感意识自身的逻辑。在《艺术问题》第4讲"生命的形式"中就指出，在艺术评论中广泛应用的一种暗喻便是将艺术品比作"生命的形式"（form of life）。她主张艺术是"生命的形式"，认为艺术形式"必须与某一个生命的形式相类似"，艺术作品只有以一种与生命的基本形式相类似的逻辑形式呈现出来，才能激发人们的美感。她又说："关于生命形式的一切特征都必须在艺术创造物中找到。"她认为艺术形式在本质上和生命结构是一致的：

> 你愈是深入地研究艺术品的结构，你就会愈加清楚地发现艺术结构与生命结构的相似之处。这里所说的生命结构包括着从低级生物的生命结构到人类情感和人类本性这样一些高级复杂的生命结构（情感和人性正是那些最高级的艺术所传达的意义）。正是由于这两种结构之间的相似性，才使得一幅画，一支歌或一首诗与一件普通的事物区别开来——使它们看上去象是一种生命的形式；使它看上去象是创造出来的，而不是用机械的方法制造出来的……①

苏珊·朗格认为人类生命形式的基本特征是能动性、统一性、有机性、节奏性和不断成长性。艺术形式要成为"生命的形式"必须有四个条件：（1）必须是动力的形式；（2）其结构是有机的整体结构；（3）整个结构都是由有节奏的活动结合在一起的；（4）具有生命形式辩证发展的特殊规律②。这四者也是生命形式的特征，因此，艺术就是人的生

---

① ［美］苏珊·朗格著，滕守尧、朱疆源译：《艺术问题》第4讲"生命的形式"，中国社会科学出版社1983年版，第55页。

② ［美］苏珊·朗格著，滕守尧、朱疆源译：《艺术问题》第4讲"生命的形式"，第49页。

命形式的表现。在这里援引苏珊·朗格的理论并非为了强调中国传统文艺批评和它的一致性,目的只在于说明传统艺术批评以艺术形式和生命形式为异质同构,追求艺术的内在生命与整体和谐,这种古老而朴素的文学观念有其十分深刻的内核①。

四、有机的整体

"生命之喻"反映了传统文学艺术形式观念的核心,即对结构有机统一性的要求。古人对于艺术内部结构因素与审美范畴之间逻辑层次的认识,也受到人体生命形式的启发。生命形式是多层次的有机整体,是一个层进的动态结构:皮毛、肌肤、肢体、筋脉、腠理、骨骼、五脏、声气、血脉、精神。同样,艺术形式结构也是分属于不同的层面,刘勰说:"以情志为神明,事义为骨髓,辞采为肌肤,宫商为声气。"②颜之推说:"以理致为心肾,气调为筋骨,事义为皮肤,华丽为冠冕。"③这些艺术要素从外在的、表层的到内在的、深层的,从中可以看出它们的逻辑层次。人体的生命形式可以分为形而上与形而下两大部分:前者是人的精神状态,虽然可以感受到,却是比较抽象、难以把握的;后者是人体存在的基本的、具体的物质形式,即人的身体各部分。同样,艺术的形式结构也存在着形而上与形而下的两大部分:形而上的要素是总体性的显现,如神、气、韵等;形而下的要素则是具体可感的物质形式载体。这种艺术内在结构模式是一种多层结构的

① 参考李泽厚、刘纲纪主编:《中国美学史》第 2 卷上,中国社会科学出版社 1987 年版。
② 《文心雕龙义证》,第 1593 页。
③ 《颜氏家训集解》(增补本),第 267 页。

复杂的有机整体,相比之下把艺术的结构单纯地分为内容和形式、文与道、形象和思想等,就未免显得简单了。形而上与形而下两大部分中的各种艺术要素又是处于各自的结构层面,各有各的审美要求,但又必须相互联结才能构成一个有生命的整体。人体固然可以分成很多部分,然而一旦某一部分从人体中分离开来,则失去了其生命和意义①。同样,艺术结构的困难之处就在于使一切形式因素和谐地构成一个有机的整体,使之血脉流贯、神韵高扬,而不是毫无生命力的堆积。

把艺术作品比喻为一个生命体,就意味着它应该具有内在的统一性,成为独立自足并蕴含着情感与生命运动节奏的整体。正是有机的结构才使得艺术作品成为独特的有生命力的存在。"有机的统一"这其实是中西方共通的古老的美学原则。在文学艺术作品中,一切要素都要形成一个有机的统一结构,处于互相联系、互相依存、互相制约的整体之中。艺术作品是一种特殊的有序结构形式,它必须把生活中的原始形式上升为规范形式,以有序性代替无序性。清代庞垲《诗义固说》卷下说:"禅者云:'打成一片。'诗有宾有主,有景有情,须如四肢百骸,连合具体。若泛填滥写,牛头马身,参错支离,成得甚物? 亦须'打成一片'乃得。"②艺术作品的各种因素,在结构的作用之下,"打成一片",互相融合,自我消解,构成清空一气的整体,如人的"四肢百骸"一气贯通。徐枋说人必须有骨格、筋脉、气血,又说:"文犹是也,其段落者骨格也,其意与气者筋脉也,而词藻则血肉也。故段落既定而少意气以贯之,则脉不属;有段落意气而少词藻,

---

① 黑格尔说:"人体到处都显出人是一种受到生气灌注的能感觉的整体。他的皮肤不象植物那样被一层无生命的外壳遮盖住,血脉流行在全部皮肤表面都可以看出,跳动的有生命的心好象无处不在,显现为人所特有的生气活跃,生命的扩张。"见《美学》第 1 卷第 2 章,朱光潜译,商务印书馆 1979 年版,第 188 页。
② (清)庞垲:《诗义固说》,郭绍虞编选,富寿荪标点:《清诗话续编》,上海古籍出版社 1983 年版,第 739 页。

则色不荣。"①这也是强调艺术结构的整体性。

文学上的毛病也与人体上的毛病一样。人体某一部分出毛病，整体上便会表现出某种征候;同样,文学艺术作品缺乏某一要素,便呈现某种不良的风貌。《抱朴子·辞义》:"属笔之家,亦各有病……其浅者则患乎妍而无据,证援不给。皮肤鲜泽而骨鲠回弱也。"②张谦宜《絸斋诗谈》卷3云:"身既老矣,始知诗如人身,自顶至踵,百骸千窍,气血俱畅;才有不相入处,便成病痛。"③这种艺术结构的观点也与传统中医学以人体气血运行,通则不痛、痛则不通的说法是一致的④,它们同样是以有机整体的观点来思考的。

批评家们在具体的文学评论中,也运用"生命之喻"来批评,认为艺术最高的境界是一种有机和谐、尽善尽美的统一。胡应麟在《诗薮》外编卷5中认为诗有筋骨、肌肉、色泽、神韵,"筋骨立于中,肌肉荣于外,色泽神韵充溢其间,而后诗之美善备"⑤。在中国诗歌史上,这种完美的境界只有"盛唐诸子庶几近之"⑥。这是因为盛唐诗形式的各种因素得到完美和谐地统一。相较而言,宋诗注重筋骨格力而肌肉不丰,"绝无畅茂之象"⑦,就像严羽所批评的,"终有子路事夫子时气象"⑧,

---

① (明)徐枋:《与杨明远书》,《居易堂集》卷1,华东师范大学出版社2009年版,第14页。
② (东晋)葛洪撰,杨明照校笺:《抱朴子外篇校笺》下册,中华书局1997年版,第400页。
③ (清)张谦宜:《絸斋诗谈》卷3,《清诗话续编》,第813页。
④ (清)陈修园说:"痛不通,气血壅;通不痛,调和奉。"见陈修园:《心腹痛胸痹第七》,《医学三字经》卷1,中国书店1986年版,第19页。
⑤ (明)胡应麟:《诗薮》外编卷5,上海古籍出版社1979年版,第206页。
⑥ 《诗薮》外编卷5,第206页。
⑦ 《诗薮》外编卷5,第206页。
⑧ (宋)严羽著,郭绍虞校释:《沧浪诗话校释》附录《答出继叔临安吴景仙书》,人民文学出版社1983年版,第253页。

缺乏盛唐诗那种浑厚的气象。而元诗则注重色泽而乏风骨,故"大都衰谢之风"①。《诗薮》内编卷 4 亦云:"宋人学杜得其骨,不得其肉;得其气,不得其韵;得其意,不得其象,至声与色并亡之矣。"②朱庭珍《筱园诗话》卷 1 同样指出诗必须"有骨有肉,有笔有书,文质得中,词意则称,始无所偏重矣。有格有韵,有才有情,有气有神,有声有色,杀活在手,奇正从心。雄浑而兼沉着,高华而实精切,深厚而能微妙,流丽而极苍坚,如此始为律诗成就之诣,盖骨肉停匀,而色声香味无不具足也"。他认为,"若及此诣,便是大家之诗",而盛唐诗正符合这种理想,然而以后便很少人能达到这种境界了。他以人体为喻来分析唐以后的诗歌,认为他们各有所缺。如初唐诸人、宋代江西诗派因为"骨有余而韵不足,格有余而情不足,则为板重之病,为晦涩之病,非平实不灵,即生硬枯瘦矣"。而宋初晚唐诗、西昆派和明代七子的诗歌却是"肉有余而骨不足,词有余而意不足,风调有余而神力不足"。因此有绮靡之病,肤浮之病,其作品或涂泽堆垛,或空调虚腔③。

除诗之外,"生命之喻"也被运用到其他文体的批评之中,宋人魏天应编《论学绳尺》"论诀"中有"论头""论项""论心""论腹""论腰""论尾"之说④。清代李渔以"生命之喻"比较系统地阐论戏剧创作的结构问题。他在《闲情偶寄·结构第一》之中,以胚胎结构的发生来比喻艺术结构的产生。他认为"造物之赋形,当其精血初凝,胞胎未就,先为制定全形,使点血而具五官百骸之势。倘先无成局,而由顶及踵,逐段滋生,则人之一身,当有无数断续之痕,而血气为之中

---

① 《诗薮》外编卷 5,第 206 页。
② 《诗薮》内编卷 4,第 60 页。
③ (清)朱庭珍:《筱园诗话》卷 1,郭绍虞编选,富寿荪标点:《清诗话续编》,第 2346 页。
④ (宋)魏天应:《论学绳尺》,王水照编:《历代文话》第 1 册,复旦大学出版社 2007 年版,第 1087—1088 页。

阻矣"①。这里他对于艺术结构的比喻是十分有趣而深刻的。艺术的构思也应如人体的孕育过程一样,"胞胎未就,先为制定全形"。在创作之前,须有一个整体成熟的构想。假如枝枝节节而为之,就像一个人一段一段地生成,则"当有无数断续之痕,而血气为之中阻矣"。所以他主张作传奇者,不宜匆忙拈毫。要等"结构全部规模"了然于心才落笔。"袖手于前,方能疾书于后。"②李渔的观点与苏轼的胸有成竹的理论相似,但他以人体比喻,就更为强调艺术结构的生命力和有机整体性了。在此基础上,李渔又以人体为喻,提出"立主脑"的主张:"古人作文一篇,定有一篇之主脑,主脑非他,即作者立言之本意也。传奇亦然。"③在明代戏曲论著中,王骥德《曲律》就以"大头脑"来指涉及全剧的关键问题,故与结构有关。李渔的"立主脑"要求从生活现象中提炼出戏剧的主题,同时经过概括,确立体现主题的"一人一事"为主干线索,各部分都围绕这主线,组成有机的艺术整体。"立主脑"因此与结构有关,故放在"结构第一"中论述,把戏剧结构问题提到首位。

古人并不忽视具体的语言文字形式,因为神情气韵必须通过具体的物质形式才能表现出来。故杨维桢在《赵氏诗录序》中说:"面目未识,而谓得其骨骼,妄矣;骨骼未得,而谓得情性,妄矣;情性未得,而谓得其神气,益妄矣。"④姚鼐的《古文辞类纂·序目》把文的要素分为八种,"神理气味者,文之精也;格律声色者,文之粗也。然苟舍其粗,则精者亦胡以寓焉?"⑤但总体上讲,中国古代文学艺术批评总是比较注重艺术内在的生命、深层的总体的因素,把情志、神韵放在音律、辞藻等形

① (清)李渔著:《闲情偶寄·词曲部上》,《李渔全集》第3册,浙江古籍出版社 1991年版,第4页。
② 《闲情偶寄·词曲部上》,第4页。
③ 《闲情偶寄·词曲部上》,第8页。
④ (元)杨维桢:《东维子文集》卷7,《四部丛刊初编》集部,第47页。
⑤ (清)姚鼐:《古文辞类纂·序目》,浙江古籍出版社1998年版,第10页。

式因素之上,就像人物品评和相术总是注重人物的精神气质一样。

《淮南子·原道训》讨论了人的形、神、气这三种生命因素,对后代的文学观念产生了深刻的影响。"夫形者,生之舍也;气者,生之充也;神者,生之制也。"①形是人的身体;气是人的生命力;而神则是感觉、意识、思维等活动的能力。神是生命中最重要的因素,主宰人的形体。所以,"以神为主者,形从而利;以形为制者,神从而害"②。在人体中,"神贵于形也,故神制则形从,形胜则神穷。聪明虽用,必反诸神,谓之太冲","故心者形之王也,而神者心之宝也"③。《淮南子》所论的是人体,其目的在于阐发道家的养生观,但他提到的形、神、气,后来都转化成为古代美学的基本范畴;他对于形、神、气关系的论述,也融合到古代文学艺术批评的传统观念之中。

中国古代的文学艺术批评也十分重视"神"与"气",这在很大的程度上是受到人物品评的影响。孙联奎《诗品臆说》就明确地把两者联系起来:"人无精神,便如槁木;文无精神,便如死灰。"④文的精神是作品在形式内容诸因素统一的整体上所表现出来的艺术生命力和魅力。假如在艺术结构中,各种形式因素只是人为的排列,缺乏贯通全体的生气,也就失去艺术的生命了。正如谢榛《四溟诗话》卷1说艺术作品若"全篇工致而不流动,则神气索然"⑤。他以婴儿的诞生为喻:"譬诸产一婴儿,形体虽具,不可无啼声也。"⑥婴儿啼声是生命力的表现,同样,文学作品也必须神气高扬,气韵流动,方有艺术生命。

---

① (西汉)刘安等编:《淮南子·原道训》,上海古籍出版社1989年版,第15页。
② 《淮南子·原道训》,第16页。
③ 《淮南子·精神训》,第70页。
④ (清)孙联奎:《诗品臆说》,《司空图〈诗品〉解说二种》,齐鲁书社1980年版,第29页。
⑤ (明)谢榛著,宛平校点:《四溟诗话》,人民文学出版社1961年版,第6页。
⑥ 《四溟诗话》卷1,第6页。

方东树《昭昧詹言》卷 1 云："观于人身及万物动植,皆全是气所鼓荡。气才绝,即腐败臭恶不可近。诗文亦然。""又有一种器物,有形无气,虽亦供世用,而不可以例诗文。诗文者,生气也。"①他们都以"生气"为诗文的命脉,所谓"生气"就是指艺术作品如人体生命形式那样构成有机的整体,并具有一种洋溢于其中的活泼泼的生命力和感染力。

五、对于批评方式与标准的影响

古人既以人体喻文体,那么,文学批评的标准和方法也自然受到人物批评(包括相法、传统医学等)的一些影响。

古代的相术和人物批评皆从形貌入手,然其目的在于把握人的精神、品质、禀性或命运,所以要透过形貌去把握精神。但形貌与神情相比,便较为次要了。于是人物批评要遗貌得神,如九方皋相马,得其神而遗其玄黄牝牡。孔子早就指出"以貌取人"的弊端,而在《庄子》中那些形体残缺丑陋的畸人,大都具有人格精神的美,所谓"德有所长,而形有所忘"②。《荀子·非相》更明确提倡"相形不如论心,论心不如择术。形不胜心,心不胜术。术正而心顺之,则形相虽恶而心术善,无害为君子也;形相虽善而心术恶,无害为小人也"③。《抱朴子·清鉴》曰:"夫貌望丰伟者不必贤,而形器尪瘁者不必愚,咆哮者

---

① (清)方东树著,汪绍楹校点:《昭昧詹言》卷 1,人民文学出版社 1961 年版,第 25 页。
② (清)王先谦撰,沈啸寰点校:《庄子集解》卷 2《德充符》,中华书局 1987 年版,第 53 页。
③ (清)王先谦撰,沈啸寰、王星贤点校:《荀子集解》卷 3,中华书局 1988 年版,第 72 页。

不必勇,淳淡者不必怯。"①总之中国古代人物批评特别强调内在的品质,强调人的精神人格,相对忽略人的外在形貌。

同样中国文学批评也十分强调文学的内在品质。古人非常重视文品和人品。杨维桢《赵氏诗录序》说:"评诗之品无异人品也。人有面目、骨体,有情性、神气,诗之丑好高下亦然。"②尽管古人对于文学和道德的标准不尽相同,但是由于把文体比拟为人体,对于人的标准就常常自然地转换成文学批评的标准。可以说,古人理想的人格与理想的文学风格有异曲同工之妙。薛雪《一瓢诗话》说:"格有'品格'之格,'体格'之格。体格,一定之章程;品格,自然之高迈。品高虽被绿蓑青笠,如立万仞之峰,俯视一切;品低即拖绅搢笏,趋走红尘,适足以夸耀乡间而已。所以'品格'之格与'体格'之格,不可同日而语。"③薛雪这里论诗的"体格""品格"之分,也是以人为喻的。人的品格当然要比体格重要了,同样文学的审美品位也是由"品格"而不是"体格"来决定的。他所说的"体格",是指诗的外在表现形式,属于较次要的审美范畴;"品格"则指艺术内在的美,属于审美更高的范畴。刘熙载《艺概·诗概》亦说:"诗格,一为品格之格,如人之有智愚不肖也;一为格式之格,如人之有贫富贵贱也。"④人的智愚、贤不肖,是内在天赋或禀性;而人的贫富贵贱则只是各种社会因素作用的结果,是身外之物。因此,一个人人格的高下,不是由他的社会地位而是由他的内在品格所决定的。诗歌亦然,其审美价值主要也是由内在的艺术品格所决定的。艺术品格是作家在学识、道德、

---

① 《抱朴子外篇校笺》上册,第 523 页。
② 《东维子集》卷 7,第 437 页。
③ (清)薛雪著,杜维沫校点:《一瓢诗话》第 93 则,《原诗 一瓢诗话 说诗晬语》,人民文学出版社 1979 年版,第 119—120 页。
④ (清)刘熙载:《艺概》卷 2《诗概》,上海古籍出版社 1978 年版,第 82 页。

艺术修养等方面综合而成的审美理想的自然体现。刘熙载把人品分为三品,同样诗亦分为三品。他说:"诗品出于人品。人品悃款朴忠者最上;超然高举,诛茅力耕者次之;送往劳来,从俗富贵者无讥焉。"①在词学方面又提出"论词莫先于品"②的主张,并借用陈亮《三部乐》词句,以人物等级论词品。他认为"词以元分人物"为最上,"峥嵘突兀"犹不失为奇杰,"婀姗勃窣"则沦于侧媚矣③。词中的"元分人物"如苏东坡、辛弃疾"潇洒卓荦,悉出于温柔敦厚";品质高尚然过于粗豪者,如"峥嵘突兀"的人,犹可称为"奇杰";至于品格不高而词风软媚者,则如"侧媚"之人,最为下等④。

人体结构的排列有从外表到内在的逻辑层次。古人的相术和人物品评皆较重视内在的因素而相对忽视外在的因素。比如,人的筋骨就比肤肌、毛发更为重要,神情又比声貌更重要。在《世说新语》的人物品评,这类例子可说是不胜枚举了。同样古代艺术批评在形式中比较强调内在的艺术因素。王羲之《书论》说:"凡书多肉微骨者,谓之墨猪。多力丰筋者胜,无力无筋者病。"⑤张怀瓘《评书药石论》说:"夫马筋多肉少为上,肉多筋少为下。书亦如之……含识之物,皆欲骨肉相称,神貌洽然。若筋骨不任其脂肉者,在马为驽骀,在人为肉疾,在书为墨猪。"⑥《历代名画记》说顾恺之"运思精微,襟灵莫测,虽寄迹翰墨,其神气飘然在烟霄之上,不可以图画间求"。并且以人体来作比喻:"象人之美,张得其肉,陆得其骨,顾得其神。神妙亡方,

---

① 《艺概》卷 2《诗概》,第 82 页。
② 《艺概》卷 4《词曲概》,第 109 页。
③ 《艺概》卷 4《词曲概》,第 122 页。
④ 《艺概》卷 4《词曲概》,第 110 页。
⑤ (清)严可均校辑:《全晋文》卷 26,《全上古三代秦汉三国六朝文》,中华书局 1958 年版,第 1610 页。
⑥ (清)董诰等编:《全唐文》卷 432,中华书局 1982 年影印本,第 4410 页。

以顾为最。"①《文心雕龙·风骨》亦言:"若瘠义肥词,繁杂失统,则无骨之征也。"②他比较了文采和风骨两者的重要性:"夫翚翟备色,而翩翥百步,肌丰而力沉也;鹰隼乏采,而翰飞戾天,骨劲而气猛也。"③雉虽有华丽的羽毛而乏风骨故不能高飞,而鹰隼有风骨而乏文采则尚可以戾天。足见风骨比文采更为重要了。贺贻孙《与友人论文第二书》论作文"患体气、神韵、筋骨、脉络不大备耳;苟其体气高妙,神韵仙举,筋骨脉络,生动灵变,则声调可以意为高下,形貌可以意为肥瘠"④。总之在中国古代美学中,在艺术有机整体的基础上,又特别强调艺术的"内美",这与人物品评的标准是完全一致的。

中国古人既对文学文体有一定的美学要求,对于文学的结构形式各因素也有具体的美学标准。这种艺术结构形式的美学标准也与人体生命形式特点有一些关系。

清代田同之《西圃词说》引魏塘曹学士说:"词之为体如美人;而诗则壮士也。"⑤他把生命之喻引入文体学中,以人的不同性别喻不同文体,形象地表达出词体之委婉和诗体之刚健,饶有趣味。古人往往以人体各部位的结构功能、生理特征转换成对于文学艺术结构的美学理想。⑥《沧浪诗话·诗辨》云:"诗之法有五,曰体制,曰格力,

① 《历代名画记》卷 5,于安澜编:《画史丛书》一,上海人民美术出版社 1963 年版,第 69 页。
② 《文心雕龙义证》,第 1055 页。
③ 《文心雕龙义证》,第 1063 页。
④ (清)贺贻孙:《水田居文集》卷 5《水田居遗书》,《四库全书存目丛书》,集部第 208 册,第 164 页。
⑤ (清)田同之:《西圃词说》"曹学士论词"条,唐圭璋:《词话丛编》,中华书局 1986 年版,第 1450 页。
⑥ 当然,如果要一一地从人体上找到与艺术作品各种因素对应的比喻关系,就未免牵强附会、胶柱鼓瑟。事实上,不同批评家对于文体与人体各种对应的比喻也未必完全相同。这只能从大体上言之。

曰气象,曰兴趣,曰音节。"①陶明濬《诗说杂记》卷 7 解释说:"此盖以诗章与人身体相为比拟,一有所阙,则倚魁不全。体制如人之体干,必须佼壮;格力如人之筋骨,必须劲健;气象如人之仪容,必须庄重;兴趣如人之精神,必须活泼;音节如人之言语,必须清朗。五者既备,然后可以为诗。近取诸身,远取诸物,而诗道成焉。"②这种解释很难说完全符合严羽的原意,但对于全面理解严羽的审美理想却颇有好处。不少人因为严羽强调"兴趣"就把严羽归之"王孟家数",列入神韵一派。诚然,"兴趣"确是严羽诗论的一个重要方面,但他也认为其他因素如体制、格力、气象、音节是不可或缺的,"一有所阙,则倚魁不全"。假如全面地考察严羽对于体制、格力、气象、兴趣、音节诸种因素的要求,不难看出严羽的审美理想,仍是盛唐和李杜为代表的诗风。

古人对于艺术形式因素有大致相似的审美要求,也与他们对于人体标准形态的理解有关。比如杨载《诗法家数》说:"凡作诗,气象欲其浑厚,体面欲其宏阔,血脉欲其贯串,风度欲其飘逸,音韵欲其铿锵。"③人体的生命结构既有一定的功能,亦有一定的禁忌,必须加以控制。艺术亦如之,所以《白石诗说》:"太凡诗自有气象、体面、血脉、韵度。气象欲其浑厚,其失也俗;体面欲其宏大,其失也狂;血脉欲其贯穿,其失也露;韵度欲其飘逸,其失也轻。"④从这方面看,古人的艺术美与人体美的观念是有相通之处的。

古代文学批评方式也受古代医学思维模式、相术或人物批评方

① 《沧浪诗话校释》,第 7 页。
② 《沧浪诗话校释》,第 7 页引。
③ (元)杨载:《诗法家数》,见何文焕辑:《历代诗话》,中华书局 1981 年版,第 736 页。
④ (宋)姜夔著,郑文校点:《白石诗说》,见《六一诗话 白石诗说 滹南诗话》,人民文学出版社 1962 年版,第 28 页。

式的影响。医学著作《难经》"六十一难"说:"望而知之谓之神,闻而知之谓之圣,问而知之谓之工,切而知之谓巧。"①相术亦讲究"望气"。中国古代文学批评家对于批评对象也常常是"望而知之"的。如严羽主张"看诗须着金刚眼睛"②,其论诗重于从诗的整体"气象"上去把握。如说:"唐人与本朝人诗,未论工拙,直是气象不同。"③又举例说:"唐人命题,言语亦自不同。杂古人之集而观之,不必见诗,望其题引而知其为唐人今人矣。"④焦竑《题词林人物考》把批评与相术联系起来:"论人之著作,如相家观人,得其神而后形色气骨可得而知也。"⑤中国古人把文学艺术作品看成如人体一样,它不是各种艺术因素的简单相加,而是各种艺术要素相互作用而形成的一个有内在生命律动的有机整体,一个动态结构系统。它以整体的形象完整地作用于人的心灵,启迪人的想象,更需要人们以整体式的直感和领悟去把握它。所以中国古代文学艺术批评也如相术和人物品评一样,采取直观神悟的方式,讲究对批评对象的整体把握而不是寻枝摘叶、谨毛失貌。它不是把文学作品的血肉骨骼分剔开来加以解剖式的分析,因为它注重的是保全批评对象的气足神完,保全和把握整体的精神和生命。在批评时,古人常凭借长期积累的经验,以直觉去把握对象的整体,力求在一瞬间完成对审美对象的整体把握。

---

① (元)滑寿:《难经本义》,商务印书馆 1956 年版,第 61 页。
②《沧浪诗话校释》,第 134 页。
③《沧浪诗话校释》,第 144 页。
④《沧浪诗话校释》,第 146 页。
⑤ (明)焦竑撰,李剑雄点校:《澹园集》卷 22,中华书局 1999 年版,第 284 页。

第七章 "诗能穷人"与"诗能达人"

——中国古代对于诗与诗人的集体认同

在古代文论的原始语境中,理论的"生态"往往是平衡的,每种理论常常是和它的对立面相反相成地存在的。但是,经过人们的阐释与接受之后,"平衡"就被打破了。某些理论凸显了,某些理论隐没了。考察相关理论从"平衡"到"失衡"的历史与原因,不但是有趣的,也是必要的。这往往也是中国文学批评史研究的一个薄弱环节。司马迁所谓"好学深思,心知其意"①是治史之道,亦是治学之道。我们需要从中国文学批评的内在理路与文献史料出发,也需要能超越文字之表和惯性思维的悟性与洞察力。本章试图在还原古代文论原始语境的基础上,从中国古代对于"诗能穷人"与"诗能达人"的选择中,考察出中国古人的一种文学观念,即对"诗"与"诗人"的集体认同②。

---

① (西汉)司马迁:《史记》卷1《五帝本纪》,中华书局1959年版,第46页。
② 在中国古代,包括"诗人"在内的"文人",是一个有共性的群体。但是由于诗歌更为直接、更为强烈地反映出诗人的个性与情感,"诗骚"传统与诗人的形象更为鲜明突出。诗人既是文人群体的一部分,又是其中最具代表性和典型意义的一部分。文学批评上既有"诗人薄命"之论,也有"文人命蹇"之说,两种说法本质是相通且不可分的。不过,"诗人薄命"之论要比"文人命蹇"之说更为普遍,更为流行,"诗人薄命"之论无疑更集中地反映出中国古人的文学观念。鉴于文人群体的共性和诗人在文人群体中的代表性,本章的研究范围和文献资料将以诗人为中心和重点,部分也涉及文人群体,在理论上则以讨论"诗人薄命"之论为中心,同时涉及"文人命蹇"之说。

"诗人薄命""穷而后工"在古代诗学观念中既不是惟一的,也不是理所当然的经典意识。它的形成是不断被选择的过程,而主导这个过程的就是中国古代基于深层价值观念的集体认同。了解这一点,再反观"诗人薄命""穷而后工",我们就会感受到更多的言外之意与味外之旨。

一、从"伐能"到"薄命"

在中国古代,"诗人"这个概念,有广、狭之分。狭义的诗人特指《诗经》作者,所以往往与"辞人"相对。如《文心雕龙·情采》谓:"昔诗人什篇,为情而造文;辞人赋颂,为文而造情。"①广义的诗人泛指写诗之人,当然也包括"辞人"在内了。自从司马迁《史记》著《屈原贾生列传》以后,屈、贾并称。两人虽时代不同,然而平生都忧谗畏讥,遭遇相似,又皆长于辞令,故屈、贾遂渐成为古人心目中某类诗人、文人的代表人物。正如陶渊明《读史述九章·屈贾》诗说:"嗟乎二贤,逢世多疑。候詹写志,感鵩献辞。"②这类诗人的特点就是才华出众而与世多违。汉代以后,人们开始注意到诗人与文人的不幸命运。不过,早期人们比较多地把诗人、文人的不幸与他们才性上的缺陷——张扬自我而忽于操持——联系起来。班固《离骚序》批评屈原"露才扬己"③。南朝刘宋袁淑《吊古文》曰:"贾谊发愤于湘江,长卿愁悉于园邑。彦真因文以悲出,伯喈衔史而求入。文举疏诞以殒速,

①（南朝梁）刘勰著,詹锳义证:《文心雕龙义证》,上海古籍出版社1989年版,第1156页。
②（东晋）陶渊明著,逯钦立校注:《陶渊明集》卷6,中华书局1979年版,第183页。
③（清）严可均校辑:《全上古三代秦汉三国六朝文》第1册《全后汉文》卷25,中华书局1958年版,第611页。

德祖精密而祸及。夫然,不患思之贫,无若①识之浅,士以伐能见斥,女以骄色贻遣。以往古为镜鉴,以未来为针艾,书余言于子绅,亦何劳乎菁蔡。"②在中国古人的观念中,诗人与美人之间,具有某些共性。这里,将"士"之"伐能"与"女"之"骄色"相提并论,认为他们过于表露自己的才华或容貌而遭受贬抑,其遭遇多少是自身的缺陷所造成的。

颜之推《颜氏家训·文章》也谓"自古文人,多陷轻薄",并历数屈原以来许多诗人、文人的轻薄与厄运。他谈到其原因时说:"每尝思之,原其所积,文章之体,标举兴会,发引性灵,使人矜伐,故忽于持操,果于进取。"③颜之推是从"文章之体"的特点入手来讨论这个问题的。推衍其意旨,文章的特点与本质就是使人"标举兴会,发引性灵"的,所以文章之士难免喜欢自我表现而忽略自我操守。粗看起来,颜之推所言与前人批评文人伐能之说相同,但其实是有所不同的。颜之推认为,文章之士的厄运固然是由于其自身的道德缺陷所造成的,但是更深层的原因,则是由于文章之体所决定的。实际上,颜之推已涉及一个深刻的问题,即"文章之体"引发形成文章之士的性格特点,从而又决定了文章之士的某种命运。

"诗人薄命"的命题在唐代就被明确提出来了,此后又不断被重复与强化,积累而成一种长久流行的文学观念。这种观念的产生有其深刻的思想文化原因。从文学内部来看,在唐代以前,"诗人薄命"

---

① 《艺文类聚》作"无若",严可均校辑《全上古三代秦汉三国六朝文》作"无苦"。罗根泽《中国文学批评史》也取"无苦"之说。"无苦"与"不患"相对,其义似更稳。

② (唐)欧阳询撰,汪绍楹校:《艺文类聚》卷40"吊",上海古籍出版社1965年版,第730页。

③ (北齐)颜之推撰,王利器集解:《颜氏家训集解》(增补本),中华书局1993年版,第237、238页。

的观念已隐约存在。汉代司马迁已经强调作者的生活遭遇与创作之关系,而诗歌以悲怨为美的观念在古代也有深远的传统①。唐代以来,儒学对诗学的影响更为显著,人们对于诗人社会责任感的要求也更高了。从文学价值观的角度对心目中的好诗与好诗人进行历史考察,自然会涉及诗人的命运问题。从社会政治制度的层面来看,唐代以诗取士,诗艺之工拙关乎仕途之通塞,这就更直接引发人们进一步思考诗人的悲剧性命运的问题。杜甫《天末怀李白》已感叹说:"文章憎命达。"②白居易接过这个话题,又大加发挥,明确提出"诗人薄命"之说:"采石江边李白坟,绕田无限草连云。可怜荒垄穷泉骨,曾有惊天动地文。但是诗人多薄命,就中沦落不过君。"③"辞人命薄多无位,战将功高少有文。"④"翰林江左日,员外剑南时。不得高官职,仍逢苦乱离。暮年逋客恨,浮世谪仙悲。吟咏流千古,声名动四夷。文场供秀句,乐府待新辞。天意君须会,人间要好诗。"⑤白居易又以李白、杜甫为例,说明他们在世时历经乱离磨难,但诗名却传之久远。言外之意谓此是一种"天意":人间需要好诗,所以诗人要经过乱离才行。白居易《读邓鲂诗》也列举数位本朝诗人薄命之例云:"诗人多蹇厄,近日诚有之。京兆杜子美,犹得一拾遗。襄阳孟浩然,亦闻鬓成丝。嗟君两不如,三十在布衣。擢第禄不及,新婚妻未归。少年无疾患,溘死于路歧。天不与爵寿,唯与好文词。此理勿复道,巧历不

---

① 钱锺书《诗可以怨》:"古代评论诗歌,重视'穷苦之言',古代欣赏音乐,也'以悲哀为主'。"见钱锺书:《七缀集》,上海古籍出版社 1985 年版,第 113 页。又钱锺书《管锥编》有"好音以悲哀为主"条。见钱锺书:《管锥编》,生活·读书·新知三联书店 2007 年版,第 1506 页。

② (唐)杜甫著,(清)仇兆鳌注:《杜诗详注》卷 7,中华书局 1979 年版,第 590 页。

③ (唐)白居易:《李白墓》,《白居易集》卷 17,中华书局 1979 年版,第 363 页。

④ 《宣武令狐相公以诗寄赠,传播吴中,聊奉短章,用伸酬谢》,《白居易集》卷 24,第 530 页。

⑤ 《读李杜诗集,因题卷后》,《白居易集》卷 15,第 319—320 页。

能推。"①他觉得诗人蹇厄是一种人们无法理解与推测的神秘天数。白居易《自解》诗又云:"我亦定中观宿命,多生债负是歌诗。"②白居易这里提出了诗人的"宿命"。白居易的"宿命"是佛教的概念,指前世的生命。佛教认为人之往世皆有生命,辗转轮回,故称宿命。"多生",也是佛教术语。佛教以众生造善恶之业,受轮回之苦,生死相续,谓之"多生"。白居易意谓自己之往世今生,皆为诗人,亦受其轮回之苦。白居易把中国本土的命运之说与佛教传入的宿命之论结合起来,谈论诗人的命运问题。

宋代以后,这种说法更为流行,苏轼诗云:"诗人例穷蹇,秀句出寒饿。"③"诗人"与"穷愁"似乎结下了不解之缘。而诗人的穷苦,又是上天的意思,是一种不可解脱的宿命,好的诗人与好的诗都要经过穷苦的磨练。东坡又云:"诗人例穷苦,天意遣奔逃。"④诗人穷苦乃为"天意",此亦为"宿命"。苏轼所言与白居易意思相同,而用词却有所差异。白居易谓"多薄命",而苏轼则说"例穷苦","穷苦"成为诗人的通例与规律。不穷苦的诗人,反而是极少数的例外。虽然"诗人例穷苦"之说是诗人之语,不能过分执着地去理解,不过当其他诗人也持相同说法的时候,我们就不能把它当成某位诗人一时兴到之语。如宋人徐钧诗云:"自古诗人例怨穷,不知穷正坐诗工。"⑤诗人不但自己薄命,还连累了身边的事物。"阴霏非是妒春华,薄命诗人

---

① 《读邓鲂诗》,《白居易集》卷 9,第 185 页。
② 《自解》,《白居易集》卷 35,第 791 页。
③ (宋)苏轼:《病中,大雪数日,未尝起,观虢令赵荐以诗相属,戏用其韵答之》,《苏轼诗集》卷 4,中华书局 1982 年版,第 159 页。
④ 《次韵张安道读杜诗》,《苏轼诗集》卷 6,第 26 页。
⑤ (宋)徐钧:《孟郊》,《史咏诗集》下卷,《续修四库全书》第 1321 册,上海古籍出版社 2002 年版,第 117 页。

带累花。"①因为阴雨霏霏,而想到是因为"薄命诗人"连累了梅花。这也是很有趣的联想。

对文章之士命运的关注,是古已有之的。不过,对其不幸遭遇原因的阐释则有所变化。从汉代的"文人伐能"之说,到唐宋的"诗人薄命"之说,是一种转折②。它意味着人们从关注诗人自身的品德缺陷变成关注诗人悲剧性的宿命,对诗人的态度也从批评转为理解与欣赏了。

古人已注意到在唐代以前,是不以穷达论诗的,以穷达论诗始于中唐。元代黄溍云:"古之为诗者,未始以辞之工拙验夫人之穷达。以穷达言诗,自昌黎韩子、庐陵欧阳子始。昌黎盖曰:'穷苦之言易好',庐陵亦曰:'非诗能穷人,殆穷而后工耳。'自夫为是言也,好事者或又矫之,以诗能达人之说,此岂近于理也哉?《匪风》《下泉》诚穷矣,《凫鹥》《既醉》,未或有不工者。窃意昌黎、庐陵特指夫秦汉以来,幽人狷士悲呼愤慨之辞以为言,而未暇深论乎古之为诗也。"③为什么在以诗取士的唐代反而会出现"诗人薄命"之说?正如上文所论,这种观念的产生有其悠久的历史传统,有其深刻、复杂的思想文化以及文学内部原因。而在唐代,这种观念从原先的隐约和个别,变得更为明晰与系统,则与政治制度直接相关。

在未实施科举制度之前,诗人的前途命运与文学才华并没有必然的关系,所以人们很少去考虑诗人的穷达问题。正是到了唐代实施以诗取士的科举制度后,能诗者有幸则可平步青云,取得上流社会

---

① (宋)张镃:《寓舍听雨忆园中梅花》,《南湖集》卷 5,《文渊阁四库全书》第 1164 册,第 582 页。

② 这种"转折"并不是说,唐宋以后"文人伐能"说就消失了,而是"诗人薄命"说代表新的诗学观念。

③ (元)黄溍:《蕙山愁吟后序》,《金华黄先生文集》卷 18 续稿 15,《续修四库全书》第 1323 册,第 265 页。

的入场券。而一旦其中有能诗却穷苦不达的诗人,则与人们原有的期望值形成巨大的反差。虽然是少数,但给人以更为强烈的印象。与贵族政治时代由血缘出身决定人的等级差异不同,科举制度强调的是对于人才的平等精神。在这样"平等"的时代,如果杰出的人才还遭遇穷困,其原因大概只能归之天命了。自唐代以后,诗歌功能出现两极化:诗歌既是吟咏情性的工具,也是平步青云的阶梯,这就引起人们对不同类别诗歌的审美价值、不同际遇诗人的历史地位的思考。因此,以诗取士的制度与其他思想文化以及文学内部因素共同构成"诗人薄命"说产生的社会背景。

二、"诗能穷人"与"诗能达人"

在研究文学批评史时,我们会把司马迁的"发愤著书"、韩愈的"不平则鸣"以及欧阳修的"穷而后工"等说法作为文学批评史的一条理论线索①。这其实只是古人说法的一个方面。在古代文论的原始语境中,每种理论往往是和它的对立面相反相成地存在的。宋代以后,"诗能达人"之说正是针对唐代以来"诗人薄命"与"诗能穷人"而提出来的。客观地看,"诗能穷人"与"诗能达人"是中国文学史实与理论中不可分割的两个方面。古人既有认为诗能穷人的,也有认为诗能达人的。这原本是两个自有道理、各有例证的话题。把"诗能穷人"与"诗能达人"两个话题放到一起考察,相互印证,对中国诗学的理解才比较全面、真实和圆融,也比较深刻。

在"诗人例愁苦"说流行之时,就有人对此表示怀疑。宋人许𫖮

---

① 钱锺书:《诗可以怨》,载《文学评论》1981 年第 1 期,第 16 页。又见《七级集》。

直截了当地表示，"不信诗人一例穷"①。在宋代，一方面诗人薄命之说更为普遍，另一方面也出现完全相反的说法，那就是"诗能达人"。可是，这种说法并不流行，甚至差不多被后人遗忘。这种遗忘当然有它的道理，但是从学术研究的角度看，如果完全漠视这种说法，可能会显得片面和肤浅。

《孟子·尽心上》："穷则独善其身，达则兼善天下。"②"达"有显贵、显达之意，"穷"特指不得志。作为诗学命题的"诗能穷人"与"诗能达人"在对举时，其"穷""达"之义大致与此相仿。但在具体语境中，意义却比较复杂。"穷"有生活困顿、穷愁潦倒这种物质层面的"穷"，也有理想与现实强烈矛盾的精神层面的"穷"。"达"可指社会地位的显达，也可指诗名远扬的显达。我们要注意到在不同语境中的意义差异。

在文学批评史上，最早提出"诗能达人"的是宋人陈师道。他在《王平甫文集后序》云："欧阳永叔谓梅圣俞曰，世谓诗能穷人，非诗之穷，穷则工也……方平甫之时，其志抑而不伸，其才积而不发，其号位势力不足动人，而人闻其声，家有其书，旁行于一时，而下达于千世，虽其怨敌不敢议也，则诗能达人矣，未见其穷也。夫士之行世，穷达不足论，论其所传而已。"③陈师道以王安国（平甫）为例，说明"诗能达人，未见其穷"。不过，他所理解的"达"，不是现世的"显达"，而是诗歌在当下与后世的影响与流传。元代李继本也说："余意诗能达人则有之，未见其穷也。不有达于今，必有达于后。从古以来，富贵磨灭，与草木同朽腐者，不可胜纪。而诗人若孟郊、贾岛之流，往往有

① （宋）许棐：《挽沈晏如》，《梅屋集》卷1，《文渊阁四库全书》第1183册，第197页。
② 《十三经注疏》下册，第2765页。
③ （宋）陈师道：《后山居士文集》卷16，上海古籍出版社1984年版，第718—719页。

传于后,岂非所谓达人者耶?"①他所谓的"达",与陈师道同意。这种"诗能达人"之说在理论上与"穷而后工"并没有本质差别。

宋代的陈与义就是当时人们认为"诗能达人"的典型。葛胜仲说:"世言诗能穷人……予谓诗不惟不能穷人,且能达人。"②他以陈与义为"诗能达人"的典型。宋人胡仔解释说:"简斋《墨梅》皋字韵一绝,徽庙召对称赏,自此知名,仕宦亦浸显。陈无己所以谓之'诗能达人矣,未见其穷也'。葛鲁卿序《简斋集》,亦用此语,盖为是也。"③这里的"达人",与陈师道所言内涵不同,是指现世的显贵。这种"诗能达人"的含义更为普遍和流行。我们在下文谈到"诗能达人"时,便是特指这种含义。

类书是中国古人体系化的"常识"。在宋代的类书中,就有"诗能穷人"与"诗能达人"两种完全相反的词条,反映出当时的文学观念。南宋祝穆《事文类聚》别集卷9"文章部"有"因诗致穷"类,又有"诗能达人"类。除了类书之外,古代大量的诗话对此也有所记载。如《诗话总龟》中的"知遇""称赏""投献"等门类,也记载了大量诗能达人的故事。

历来对"诗能达人"之说论述最为全面的是南宋的胡次焱,他说:

> 诗能穷人,亦能达人,世率谓诗人多穷,一偏之论也。陈后山序《王平甫集》,虽言穷中有达,止就平甫一身言之,予请推广而论。世第见郊寒岛瘦,卒困厄以死,指为诗人多穷之证。夫以诗穷者固多矣,以诗达者亦不少也。④

---

① (元)李继本:《冰雪先生哀辞》,《全元文》卷1880,第1053页。
② (宋)葛胜仲:《陈去非诗集序》,《全宋文》第142册,第343页。
③ (宋)蔡正孙:《诗林广记》后集卷8引,中华书局1982年版,第371页。
④ (宋)胡次焱:《赠从弟东宇东行序》,《全宋文》第356册,第120页。

胡次焱还举出许多例子，说明有"以诗擢科第者""以诗转官职者""以诗蒙宠赉者"，而且"诗可完眷属""诗可以镯忿""诗可以行患难"。胡次焱以实证的方式用大量的历史事实（其中不乏小说家言）来证明"世谓'诗能穷人'，岂公论哉？"从胡次焱所举例证来看，诗不仅能使人在现实社会中尊贵与显达，而且还具有消灾解困之功用，所以胡次焱"诗能达人"之说带有世俗社会强烈的功用色彩。

宋代以后，理论家们开始追溯历史，以事实证明诗人不必皆穷，亦有达者。姚鼐云："夫诗之源必溯于风雅，方周盛时，诗人皆朝廷卿相大臣也，岂愁苦而穷者哉？"①徐世昌《读梅宛陵诗集书后》："人谓诗以穷而工，我谓工诗而后穷。自古诗人多富贵，《雅》《颂》作者何雍容。"②他们都指出早期中国诗史，《雅》《颂》的作者多为达者。此外，也有人指出，唐代以来的诗人，也多有命运不薄、福寿双全者。清程晋芳《申拂珊副宪七十寿序》："人咸言诗人少达而多穷，又或谓呕心肝，擢胃肾，非益算延年术也，是特就一二人言之耳，乌足概其全哉？由唐以来，诗大家香山、放翁，官未尝不达，而年近者耆，庐陵、临川，皆至宰辅。近人朱竹垞、查他山辈，官虽不高，寿皆至七八十岁。盖天欲厚其传，非使之长年则撰著不富。"③他们指出，无论是历史还是现实，诗人穷苦，只是极个别现象而已。他们所说的"达"，又是指福、禄、寿齐全式的世俗社会幸福生活。

清代严首升针对"穷而后工"之说，引诸史实，特别指出"达"更有利于创作：

　　　　　　自古诗人，若陈拾遗、孟襄阳等辈，皆相望于穷。或遂以为

① （清）姚鼐：《陈东浦方伯七十寿序》，《惜抱轩诗文集》文集卷8，上海古籍出版社1992年版，第118页。
② （清）徐世昌：《晚晴簃诗汇》卷125，《续修四库全书》第1631册，第692页。
③ （清）程晋芳：《勉行堂文集》卷2，《续修四库全书》第1433册，第317页。

诗能穷人，或以为穷而后工，皆不然之论也。王文穆、杨徽之皆以一字、数联立致要路，诗何尝不能达人？摩诘佳处什九在开元以后，苏明允既游京师，落笔敏于山中时，又安在不达而后工哉？夫抱心者身也，身实有苦乐，而心安得不有艰易？先民有言，惟福生慧。穷尚工矣，何况达乎？予因以是细数古今词赋之事，自人主为之，鲜不加于民间数等，其次则诸王宗室与幕府宾客，倡和园林，亦必有群中鹤立之美，往往然也。陈隋之主无道已，文皇、明皇独步三唐。若乃淮南、陈思、昭明、谪仙、长吉诸君子，一时作者，咸逊为弗如，此曷故哉？大约本支百世，氤氲已久，且其色声香味，既与人殊，宜其心之所思，亦莫得同也。

今夫以匹夫徒步之子，席门绳枢、竹床土锉之间，细丝高竹，未调于耳；琼花怪石，不供于目；以逮好鸟丽人、高僧名士，莫缘为侣。此外或惟江上清风、山间明月，可得存耳。然而，登高临流或无其具，良宵令节不知将至者有之矣。诸如此类，皆所谓诗料也，而皆无有，而皆恃此支离憔悴之心，诳空而为诗。辟之则文人谈武事，地间人谈天上，中国人谈海外，无望其言之亲切也。惟是怨贫伤老，终日书怀，洲望一色，无足观耳。①

严首升说的"达"则不仅指有高贵的社会地位，还指具有能为艺术审美活动提供充分条件的物质生活基础。他既认为"诗何尝不能达人"，又进一步明确提出诗人"达而后工"之说，似乎有故作翻案、谲诡怪诞之嫌。但古人认为，"居移气，养移体"②。社会地位高者，可以广泛交流，转益多师，视野开阔，居高临下，故"达"者亦可"工"也，

<hr>

① （清）严首升：《种玉堂集序》，《瀼园文集》文集卷2，《四库禁毁书丛刊》集部第147册，北京出版社1997年版，第156—157页。

② 《孟子·尽心上》，见《十三经注疏》下册，第2769页。

正如"穷"而未必皆"工"。社会地位高贵的"达"者也是可以有忧患的,也可能产生理想与现实矛盾的苦闷,"达"者亦有"穷"时。事实上,有些好诗确是"达"者才能写出来的,像刘邦《大风歌》:"大风起兮云飞扬,威加海内兮归故乡,安得猛士兮守四方!"①像曹操《短歌行》:"山不厌高,海不厌深。周公吐哺,天下归心。"②退一步讲,这种诗就算"穷"者能写出来,也是矫情而不实的。"穷而后工"之"穷"应该是特指那些具有突出的艺术才华,有理想、有抱负而遭遇挫折者。许多处于社会底层的"穷"者却可能是平庸的,或"穷"不思变的。就诗人而言,古代有大量三家村之诗人,困于生计,限于交际,独学无友,孤陋寡闻,虽穷之甚,而诗多不工。严首升所论,或有偏颇。然而,他认为诗人由于"穷",受到物质条件与主观条件的限制,其交际和阅历、眼界和胸襟都可能受到影响。此说从创作心理的角度,强调诗人的社会地位、物质基础与创作的关系,强调诗人良好的环境与心境对于创作的正面影响,力破传统"诗穷而后工"之说的某种思维定势,不为无见。

明清时期,出现和"诗能穷人"与"诗能达人"密切相关又有所引申的另一组针锋相对的命题,即"文章九命"与"更定文章九命"。"文章九命"是明代王世贞所提出来的。"薄命"的内涵颇为含混,古人泛指穷愁不达之类的生活际遇。王世贞则把"薄命"的内涵明确细化,并加以分门别类:

> 古人云:"诗能穷人。"究其质情,诚有合者。今夫贫老愁病,流窜滞留,人所不谓佳者也,然而入诗则佳。富贵荣显,人所谓佳者也,然而入诗则不佳。是一合也。泄造化之秘,则真宰默

---

① 逯钦立辑校:《先秦汉魏晋南北朝诗》上册,中华书局 1983 年版,第 87 页。
② 《先秦汉魏晋南北朝诗》上册,第 349 页。

雏;擅人群之誉,则众心未厌。故呻占椎琢,几于伐性之斧;豪吟纵挥,自傅爱书之竹,茅刃起于兔锋,罗网布于雁池,是二合也。循览往匠,良少完终,为之怆然以慨,肃然以恐。曩与同人戏为文章九命:一曰贫困,二曰嫌忌,三曰玷缺,四曰偃蹇,五曰流窜,六曰刑辱,七曰夭折,八曰无终,九曰无后……吾于丙寅岁,以疮疡在床褥者逾半岁,几殆。殷都秀才过而戏曰:"当加十命矣。"盖谓恶疾也。①

王世贞"九命"一词,或为一时兴到之言,或为换骨脱胎之语。周代的官爵分为九个等级,称"九命"。王世贞可能仿古代官制而"戏为"调侃之词,亦谐亦庄。所谓文章"九命",是指文章给人带来的各种厄运。这里的"文章",所指甚广,但也包括了诗歌。王世贞分析"诗能穷人"的两大原因:一是从审美来看,诗中表现穷苦之言比表现富贵之言更有价值。二是从诗的社会效应来看,诗歌揭露了造化的秘密,引发上天的暗恨;诗人的声誉又挑起众人的妒忌。王世贞力图从文学与社会学的角度,从内部与外部揭示"诗能穷人"之秘密,虽略有夸张,然颇有道理。

王世贞"文章九命"之说一出,即成为当时文人热议的话题。胡震亨《唐音癸签》卷28:"王弇州尝为'文章九命'之说,备载古今文人穷者,今摘唐诗人,稍加订定录后。"②他又列举唐诗人为例,加以补充。胡应麟《诗薮》云:"若陶婴、紫玉、班婕妤、曹大家、王明君、蔡文姬、苏若兰、刘令娴、上宫昭容、薛涛、李冶、花蕊夫人、易安居士,古今女子能文,无出此十数辈,率皆寥落不偶,或夭折当年,或沉沦晚岁,

---

① (明)王世贞著,罗仲鼎校注:《艺苑卮言》卷8,齐鲁书社1992年版,第389—421页。
② (明)胡震亨:《唐音癸签》卷28,上海古籍出版社1981年版,第295页。

或伉俪参商，或名检玷阙，信造物于才，无所不忌也。王长公作《文章九命》，每读《厄言》，辄为掩卷太息。於戏！宁独丈夫然哉?"①胡应麟从历代女诗人之厄运的角度补充"文章九命"之说：不独男子如此，女子也是如此，可见此说具有普遍性。明沈长卿云："王元美戏为《文章九命》，伤才士数奇也……予谓'十命'当分'天刑'、'人祸'两则。绮语诬谤者，遭阴殛之报，天刑之；愤世怨怼者，罗阳网之报，人祸之。然平坦之肠，必无警句；光尘之品，宁有奇文？即欲抑其才以自韬而不能，此数奇之由也。若曰：享名太过，销折其福，依然忌者之口也。更有说焉，文入于妙，不必更作他业，即此已为世所深恨。犹入宫之女，岂尝罥诸嫔嫱，而反唇侧目者趾相接也。"②此则是对王世贞"文章九命"之补充，以之分为"天刑"、"人祸"两种，谓文人之"数奇"，不可避免。

自明代以来，王世贞《文章九命》影响甚大，它被收入《古今图书集成》之《文学典》卷十一"总论"中，甚至成为文人诗文创作中的独特话语。比如诗中有云："尘劫三生终杳渺，文章九命独蹉跎。"③"五字长城七子才，文章九命古今推。"④文中有云："呜呼！自古才人，造物所忌。文章九命，真堪流涕！人生缺陷，万事难遂。"⑤总之，在诗文中"文章九命"已成为文人命蹇、才士数奇的代语。

到了清代，有人力反其说，重新编制具有正面意义的"文章九

---

① （明）胡应麟：《诗薮》外编卷 1，上海古籍出版社 1958 年版，第 133 页。
② （明）沈长卿：《沈氏日旦》卷 2，《续修四库全书》第 1131 册，第 346 页。
③ （清）王昶：《闻李贡生宪吉旦华之讣兼讯其尊人绎刍同年集》，《春融堂集》卷 9，《续修四库全书》第 1437 册，第 431 页。
④ （清）吴骞：《题徐兰圃楚畹近稿二首》，《拜经楼诗集》卷 12，《续修四库全书》第 1454 册，第 119 页。
⑤ （清）尤侗：《公祭陈其年检讨文》，《西堂文集·杂组三集》卷 8，《续修四库全书》第 1406 册，第 485 页。

命"。清王晫《更定文章九命》:"昔王弇州先生创为《文章九命》……天下后世尽泥此言,岂不群视文章为不祥之莫大者,谁复更有力学好问者哉?予因反其意为《更定九命》,条列如左,庶令览者有所欣羡,而读书种子或不至于绝云。"①《更定九命》具体的内容为:一曰通显、二曰荐引、三曰纯全、四曰宠遇、五曰安乐、六曰荣名、七曰寿考、八曰神仙、九曰昌后,各引古人往事以实之。王晫的"九命"是有意与王世贞的"九命"一一对应而相反的。

王晫《更定文章九命》引导读书人乐观地看待文章与命运的关系,清代施闰章《王丹麓松溪诗集序》赞扬王晫说:"王元美'文章九命'之说,足使文人失志,悉反其说,取古文人之通显寿考、声实荣畅者,辑为《更定文章九命》一编,读之阳气且满大宅,若春日之暖寒谷也。"②不过,为人写序,可视为世故的客气话,不太具有实际的批评内涵。而事实却是:王世贞的《文章九命》非常知名,非常流行,而《更定文章九命》在文学批评史上,不但没有流行,而且很少有人注意到。这种现象,耐人寻味。

三、"诗人薄命":一种集体认同

中国古代既有"诗能穷人"之说,又有"诗能达人"之说;既有"穷而后工"之说,也有"达而后工"之说;既有《文章九命》,又有《更定文章九命》。但是前者成为流行的说法,而后者则少为人所接受。这是

---

① (清)王晫:《更定文章九命》,《历代文话》第4册,复旦大学出版社2007年版,第3852页。
② (清)施闰章:《王丹麓松溪诗集序》,《学馀堂文集》卷7,《文渊阁四库全书》第1313册,第83页。

中国文学批评史上一个奇特的现象，笔者把它称为"诗人薄命化"倾向。

那么，"诗人薄命化"倾向是如何形成的？难道是因为它揭示了中国文学史的普遍规律吗？不是。总体来说，重视诗赋等文学创作是中国古代的社会风尚，"雅好文章"和提拔文章之士是君主的雅趣。《汉书》中记载西汉枚乘、司马相如都因善赋而见用。而《后汉书》也记载东汉班固因为《两都赋》名闻天下，"及肃宗雅好文章，固愈得幸"①。马融"上《东巡颂》，帝奇其文，召拜郎中"②。六朝以还，此风尤盛。隋代李谔上书隋高祖，以批评的口吻谈到江左齐梁"爱尚"诗歌的风气："世俗以此相高，朝廷据兹擢士。禄利之路既开，爱尚之情愈笃。于是闾里童昏，贵游总丱，未窥六甲，先制五言。"③明确指出，诗歌已经成为"朝廷据兹擢士"的"禄利之路"。但是在齐梁时代，"朝廷据兹擢士"应指对于善诗者可特别加以升迁④，尚未成为面向一切社会阶层以诗取士的制度，尽管它对后来的科举以诗文取士有重要影响。自从唐代实施科举制度，尤其是设立注重文词的"进士科"，诗歌便成为下层士子改变命运的途径，真正成为对所有读书人开放的"禄利之路"。诗歌为许多士子带来的恰恰是幸运，而不是厄运。不仅如此，在中国古代，诗歌是当时社会交往的一种重要工具。

---

① （南朝宋）范晔撰，（唐）李贤等注：《后汉书》卷40下《班彪列传》，中华书局1965年版，第1373页。

② 《后汉书》卷60上《马融列传》，第1971页。

③ （唐）魏徵等：《隋书》卷66《李谔传》，中华书局1973年版，第1544页。

④ 比如《梁书》卷41《王规传》："六年，高祖于文德殿饯广州刺史元景隆，诏群臣赋诗，同用五十韵，规援笔立奏，其文又美。高祖嘉焉，即日诏为侍中。"见（唐）姚思廉：《梁书》，中华书局1983年版，第582页。《梁书》卷41《褚翔传》："中大通五年，高祖宴群臣乐游苑，别诏翔与王训为二十韵诗，限三刻成。翔于坐立奏，高祖异焉，即日转宣城王文学，俄迁为友。时宣城友、文学加它王二等，故以翔超为之，时论美焉。"见《梁书》，第586页。

无论在上流社会还是民间社会,能诗是一种荣誉,也具有很高的才华显示度。文章之士通过考试能获得担任官员的资格,便在当时世界范围内,中国文人也是少有的"幸运"者。故可以说,"诗能达人"在中国古代也具有某种程度的真实性。古代诗人遭受厄运的毕竟是少数,而为诗所"穷",纯粹由于写诗的原因而遭受厄运的诗人,更是少之又少——多数是出于"政治"的原因。所以如果从数字统计的角度来看,诗歌和"薄命"是没有必然关系的,诗人薄命并不是普遍的事实,而仅仅是片面的真实:"诗能达人"与"诗能穷人"同时构成事实的整体。

正因为"自古诗人多薄命"不是普遍的历史真实,它的理论内涵、理论价值和意义才更为凸显出来:它不是对事实的客观总结,而是一种带有强烈集体性主观色彩的想象与含混的印象①,也是出于对理想的诗歌和诗人的深切期待。"诗人薄命"不是真实的命题,而是建构的命题。从这个角度看,"诗人薄命"反映出中国古人超越现实的创造性的诗学理想,其内涵的深刻性和丰富性还有待探讨。

如果我们超越表面现象,便可看出,中国古代文论中关于"诗人薄命"之说其实是一种有选择性的集体认同:在"诗能穷人"与"诗能达人"两者中,选择了"诗能穷人";在"穷而后工"与"达而后工"两者中,选择了"穷而后工";在《文章九命》与《更定文章九命》两者中,选择了《文章九命》。选择也是一种批评。孤立地看,"诗能达人"之说

---

① 比如说,"贫困""嫌忌""玷缺""偃蹇""流窜""刑辱""夭折""无终""无后"这些所谓典型的"薄命"现象,难道是诗人文人所特有的而其他阶层或群体所没有或少有的?事实上,任何阶层和群体都可能有此遭遇,甚至还可能更为严重:如"贫困"之于农夫,"嫌忌""流窜""刑辱"之于官宦。又比如说,诗人在何种程度上便是"薄命"?古人所言,时而指终身困苦,时而指人生过程中遭遇某些穷厄。所以"诗人薄命"这一命题是无法用统计和量化的方法来论证的。

是可成立的,但当它与"诗能穷人"或"穷而后工"之说相提并论时,两者的差异与深浅便显现出来。虽然,"诗能达人"也具有某种真实性与合理性,但这种理论大多仅是对世俗社会现象的总结,没有更深邃、更崇高的传统诗学理想与价值观来支撑,有时还流露出某种世俗功利色彩①。而"诗能穷人"或"穷而后工"之说虽然是"片面"的,却显深刻。它反映的是一种超越世俗、追慕崇高的诗学理想。

历史之所以作出这种选择,固然与司马迁、韩愈、白居易、欧阳修、苏轼等文坛领袖的强势话语有关,固然与中国古代经典诗歌多为"穷苦之言"有关,但从某种意义而言,这些是"果"而不是"因",更深层的原因是潜藏的中国古代诗学价值观念的影响。中国诗学始终强调和重视诗人的社会责任,其诗学价值观念最为推崇的理想当然是志在用世、兼"事业"与"文章"于一身的诗人。然而在社会现实中,二者往往难以得兼。欧阳修在《薛简肃公文集序》中说:"君子之学,或施之事业,或见于文章,而常患于难兼也。盖遭时之士,功烈显于朝廷,名誉光于竹帛,故其常视文章为末事,而又有不暇与不能者焉。至于失志之人,穷居隐约,苦心危虑而极于精思,与其有所感激发愤惟无所施于世者,皆一寓于文辞。故曰穷者之言易工也。"②既然"事业"与"文章""常患于难兼","失志"诗人不得已就把用世之志寄寓于诗文。既然在社会、政治领域"无所施于世",那就只能通过诗文来发挥"施于世"的影响。以"立言"来寄托着"立德"与"立功"的理想和追求——这种倾向在那些有政治理想与社会责任感的"失志"诗人身上表现得特别强烈和鲜明。诗歌就是他们生命价值与人生理想的

---

① 这里所论,不包括上述陈师道等人所说的"诗能达人",因为他说的"达",是指其诗歌可"下达于千世",与一般的"诗能达人"的含义不同。

② (宋)欧阳修著,李逸安点校:《欧阳修全集》第2册,中华书局2001年版,第618页。

唯一寄托,是他们的精神家园或安身立命之处。诗歌对于他们不仅是一种语言形式,更是生命价值的现实体现与历史延续的最佳载体。他们对于社会、人生、生命的体验特别深切、特别丰富,他们对于诗歌的追求分外投入、分外执着,就如欧阳修所说的,"苦心危虑而极于精思"。因此,他们的诗歌也就具有特别的审美价值。

历史之所以作出这种选择,从更根本来看,它所体现的是深厚的中国传统文化心理。中国诗学精神主体的根基是以孔孟为代表的儒家思想。儒家学派产生于道术分裂、礼崩乐坏的乱世,孔孟之徒以济世、弘道为己任,从不因个人的得失荣辱放弃对理想的追求,甚至以穷愁苦痛作为砥砺君子人格、实现儒家理想的必由之路,故有"天将降大任于是人也,必先苦其心志,劳其筋骨,饿其体肤,空乏其身,行拂乱其所为"①等砺志之言。孔子的"杀身以成仁"②,孟子的"舍生而取义"③,都是主张为了崇高的理想敢于坦然面对苦难与牺牲。这种以身殉道的悲剧精神深刻地影响了中国诗学与中国诗人。以"诗言志"为开山纲领的中国传统诗学,特别强调风雅比兴与怨刺精神,强调发愤抒情。诗人在对人生悲剧、忧患愁苦的体认、接受和抒发之中,更多地体现了对道的坚守和追求,因而其心灵深处充满了以道自任、任重道远的使命感与悲剧性的崇高感。所以真正诗人之"穷"就不仅只关乎一己之困顿,而是与生命本质和人类的命运息息相关的。诗人表达的生老病死与穷愁哀伤可以超越个人的际遇,而与人类的普遍情感相通,从而能超越时代引起人们的普遍共鸣。"穷而后工"的"工",绝不仅是技术层面上的成就,更因为它是具有深刻人文主义情怀与理想的艺术精品。

---

① 《孟子·告子下》,见《十三经注疏》下册,第 2762 页。
② 《论语·卫灵公》,见《十三经注疏》下册,第 2517 页。
③ 《孟子·告子上》,见《十三经注疏》下册,第 2752 页。

这种选择是文学上的集体认同，它既不是统计学上的平均值，也不是一种实证，而是一种对于事实的选择性接受和传播，主导着这种集体认同的则是中国古代潜藏不露的深层文学观念。我们的一切接受都是在"前理解"之中进行的。这种前理解，可以使人"有所见"，也可以使人"有所蔽"。可以使人"明察秋毫"，也可以使人"不见舆薪"。文学的理解当然也不例外①。"诗人多薄命"暗含了丰富的内涵，它并不是对于所有诗人命运的准确总结，而是一种想必如此、理应如此的期待与想象之词。事实并不是"诗人例愁苦"，但是按照读者的理解却应该这样，而对大量"诗能达人"的现象却视而不见，或者熟视无睹。所谓"诗人多薄命"的"宿命"，不是上天所注定的"宿命"，而是读者所理解、所向往的必然选择。"天意"不是别的，正是中国古人自诗骚雅怨以来世代积淀而成的基于深层价值观念的集体认同。

在中国古代文学批评上存在一些"集体认同"，它不是代表某个理论家，某部理论著作，而是多数人的共识，它甚至可以超越阶层与身份，超越地域与时间。它不一定有系统、完整的理论阐释，更多的是想象与印象的集合体。集体认同具有某种强大的力量，它不但会使人们在大量的现象中选择符合自己理想的事实，甚至也会改造事实，扭转事实的指向。在文学批评上，这种集体认同会引导读者对历史事实进行选择性考察，在这种"滤光镜"的作用下，"诗人薄命"的现象也就非常明晰地凸显出来了，而不符合集体认同的大量事实则被遮蔽了。

集体认同的过程，已经包含了对历史事实进行虚构和改造。比如司马迁《史记·太史公自序》中提出"发愤著书"之说，认为历史上

---

① 参见吴承学、沙红兵：《古代文学研究的历史想象——超越"前理解"与"还原历史"的二元对立》，载《文学评论》2009 年第 6 期，第 30 页。

许多名著——包括后来学术分类上的经（《周易》《春秋》《诗经》）史（《国语》）子（《孙子》《吕氏春秋》）集（《离骚》）——都是作者遭受不幸后的产物，但司马迁所举例证却多与《史记》所载不符。如《太史公自序》中说："孔子厄陈蔡，作《春秋》。"①据《史记·孔子世家》，孔子作《春秋》是在"西狩见麟"之后，远在"厄陈蔡"之后②。"不韦迁蜀，世传《吕览》。"而《史记·吕不韦列传》则记载："吕不韦乃使其客人人著所闻，集论以为《八览》《六论》《十二纪》，二十余万言，以为备天地万物古今之事，号曰《吕氏春秋》。"③则《吕氏春秋》明显是在"不韦迁蜀"之前，是得志时所作。"韩非囚秦，《说难》《孤愤》。"《史记·老庄申韩列传》："非见韩之削弱，数以书谏韩王，韩王不能用……故作《孤愤》《五蠹》《内外储》《说林》《说难》十余万言……人或传其书至秦，秦王见《孤愤》《五蠹》之书曰：'嗟乎！寡人得见此人，与之游，死不恨矣！'"④则《说难》《孤愤》明显是入秦之前所作，与"囚秦"毫无关系。"《三百篇》，大抵贤圣发愤之所为作也。"基本上也是想象之词，至少有以偏概全之嫌。司马迁以上诸语，都有与《史记》相矛盾之处。作为历史文体的《史记》，所载是更为真实的历史；而《太史公自序》文体上属于子论，要表达的是作者的思想观念，虚构和改造正是子论文体常用的修辞手法。司马迁处于"遭李陵之祸，幽于缧绁"的语境，为了强调作者的遭遇（"厄""迁""囚"）与写作的关系，从而把著述的时间、地点和原因都作了改动，从而成为"此人皆意有所郁结，不得通其道也，故述往事，思来者"思想观念之有力

---

① 《史记》卷 130，第 3300 页。下引《太史公自序》皆同。
② 《史记》卷 47，第 1943 页。
③ 《史记》卷 85，第 2510 页。
④ 《史记》卷 63，第 2154 页。

证据①。而这些被改造过的史实后来又成为集体认同的基础,乃至成为后人的"前理解"。

集体认同也引导读者对于批评理论进行选择性理解。这里以古人对韩愈的经典理论"不平则鸣"与"穷言易好"的理解为例。

韩愈《送孟东野序》开宗明义说:"大凡物不得其平则鸣。"②在文学批评研究中,人们也往往以"不平则鸣"来阐释诗人作家的不幸遭遇和痛苦生活对于创作的积极作用,并且把它与"发愤著书""穷而后工"作为同一理论源流。假如把"不平则鸣"单纯解释为对于不公平事情的愤慨,则《送孟东野序》中出现了大量难以解释甚至矛盾之处。宋代学者洪迈在《容斋随笔》认为,韩愈既说"物不得其平则鸣",而文中却以唐虞时代的皋陶、大禹,殷代的伊尹,周代的周公等为"善鸣者",这些人都是成功的政治家,似乎难和"不平"扯到一起;而且文中还说"天将和其声而使鸣国家之盛"等,这就更谈不上"不平则鸣"了。洪迈认为韩愈所举之例与"不平则鸣"的说法不相符③。钱锺书在《诗可以怨》一文中说:"韩愈的'不平'和'牢骚不平'并不相等,它不但指愤郁,也包括欢乐在内。"④钱先生这个解释是很有见地的,它纠正了以往一些对"不平"的狭隘理解。不过韩愈所说的"不平"并不限于人的感情问题,"平"是指平常、平静、平衡、平凡等;"不平"则是指异乎寻常的状态,既可指事物受到压抑或推动,也可指事物处于发展变化,或充满矛盾的状况。总之"不平"所指甚广,并不指逆境。"不平则鸣"应是指自然、社会与人生若处于不寻常的状况

---

① 参考郭绍虞主编:《中国历代文论选》第 1 册,上海古籍出版社 1979 年版,第 81 页。

② (唐)韩愈:《送孟东野序》,马其昶校注,马茂元整理:《韩昌黎文集校注》卷 4,上海古籍出版社 1986 年版,第 233 页。

③ (宋)洪迈:《容斋随笔》卷 4,上海古籍出版社 1978 年版,第 52 页。

④ 《七缀集》,第 107 页。

之中，一定会有所表现。韩愈认为孟郊是一个"善鸣"的诗人，但不知道老天爷是让他"鸣国家之盛"呢，还是"使自鸣其不幸"，不过不管哪种情况都不会影响孟郊的"善鸣"，所以劝他不必为处境顺逆而"喜""悲"。在这里，韩愈并不单纯强调"不幸"对于诗人的作用。为什么后来的读者理解"不平则鸣"往往偏重于不幸、愤懑这一方面的含义呢？这既因为孟郊本来就是一个穷苦的诗人，让人偏向于把"不得其平"理解为像孟郊一样由于生活的穷苦而悲愤，但更重要的是，这是人们的"前理解"所致。

　　如果说，《送孟东野序》是为孟郊写序，而孟郊的生活际遇容易让人把"不得其平"理解为穷厄逆境，那么，韩愈《荆潭唱和诗序》则是为达官贵人的诗集写序，但是人们仍偏向认为韩愈倡导诗歌要表现"愁思之声"和"穷苦之言"，这也是选择性理解的结果。按照古代"书序"的文体惯例，序文大体会对所序的作者与作品有所褒扬。该文也不例外。从语境来讲，作为一篇诗集之序，"和平之音""欢愉之辞"其实是为了下文"荆潭唱和诗"张目的，而且所指就是荆潭唱和诗，这是一种巧妙的修辞方式。在具体文本中，"欢愉之辞难工，而穷苦之言易好也。""难"与"易"两个字是关键字。在该序中，作者强调的是"和平之音"与"愁思之声""欢愉之辞"与"穷苦之言"两者在所产生的艺术效果与艺术创作上的难易，而不是两者本身艺术价值的高下。序言的主旨恰恰是说：裴均与杨凭两人是达官，不但喜欢诗歌，而且诗歌居然写得"铿锵发金石，幽眇感鬼神"，所以更为难得，作者的目的是称赞他们两人"才全而能巨"，这样理解才"得体"（文体之要）。所以林云铭认为："是篇赞裴、杨二公倡和之佳……与欧阳公所谓'诗能穷人'等语了不相涉，世人辄把'欢愉之辞难工'二语以为旧话置之，可谓真正俗眼。"[1]但是历来解读《荆潭唱和诗序》大都偏

---

① （清）林云铭：《韩文起》卷4，华东师范大学出版社2015年版，第160页。

向于认为韩愈倡导诗歌应该写"愁思之声"和"穷苦之言"。这可以说也是一种有意义的误读,因为不管有意无意,它是有选择性的。在"不平"的种种状态之中选择"牢骚不平",在"和平之音"与"愁思之声""欢愉之辞"与"穷苦之言"的对举中,选择"愁思之声"和"穷苦之言"。这种对韩愈的解读,实际上是集体认同在起作用。

四、从"薄命"到"无穷"

对于"诗人薄命""诗能穷人""穷而后工"之说的选择反映出中国古人基于诗学观念与价值判断之上的集体认同。至于诗人何以薄命的原因,古人的理解似乎出现明显的分歧,不过,最终价值指向还是统一到集体认同之上。

有一种说法认为,这是上天对诗人的惩罚。清代计东云:"夫富于文章,富于学问,与富于金钱等耳。夫多获者,必有少取者矣。多少相耀,多者必见妒于少者,人之情也。岂特人也,天亦然。汝不见'文章九命'乎?"①诗人因为"富于文章"而引起造物者的妒忌,叶梦得诗云:"天公可是怜风月,判遣诗人一例穷。"②诗人怀疑老天爷喜欢有人吟风弄月创作诗文,而惩罚诗人,让他们遭受穷苦。刘克庄诗云:"菊涧说花翁,飘蓬向浙中。无书上皇帝,有句恼天公。世事年年异,诗人个个穷。"③"有句恼天公"而导致"诗人个个穷"。宋赵蕃

---

① (清)计东:《与李屺瞻书》,《改亭文集》卷10,《四库全书存目丛书》集部第228册,齐鲁书社1997年版,第663页。
② (宋)叶梦得:《戏方仁声四绝句》,《建康集》卷2,《文渊阁四库全书》第1129册,第603页。
③ (宋)刘克庄:《赠高九万并寄孙季蕃》之二,《后村先生大全集》卷8,《四部丛刊初编》本,第72页。

《秋怀十首》"吁嗟古诗人,达少穷则多。定逢造物嗔,故此成折磨。"①诗人受折磨是因为造物者嗔怒,同时也因为受到造物者所"妒"。诗人把自然神秘之处都表现出来,造物者感到受嘲弄,即受到诗人挑战,而惩罚诗人。这种观念本身没有什么理论深度,甚至有点荒唐。但是,如果我们本着"了解之同情"的话,就可以看出,古人这种观念的前提是认为,诗歌具有一种神秘的力量:"天地入胸臆,吁嗟生风雷。文章得其微,物象由我裁。"②天公创造自然,诗人则创造艺术。诗人揭示了人生、自然与社会的奥妙之处,产生了一种"动天地、感鬼神"③的伟大力量,"笔落惊风雨,诗成泣鬼神"④,甚至引起造物者的嗔怒和妒忌。古人这种虚构的夸张可谓"无理而妙",因为它从另一个角度,说明在中国古人心目中诗歌与诗人之伟大。相类似的另一种是诗人不得兼美之说。如陈师道在《王平甫文集后序》中说:"天之命物,用而不全。实者不华,渊者不陆。物之不全,物之理也。尽天下之美,则于贵富不得兼而有也。诗之穷人又可信矣。"⑤因为诗人的才华已"尽天下之美",为了公平起见,上天就不让诗人兼得富贵。

关于"诗人薄命"的另一种说法:是因为天公厚爱诗人。正如孟子所说:"故天将降大任于是人也,必先苦其心志,劳其筋骨,饿其体肤,空乏其身,行拂乱其所为,所以动心忍性,曾益其所不能。"⑥古人也以同样的思路来理解"诗人薄命"。宋代姜特立《诗人》:"自古诗

① (宋)赵蕃:《秋怀十首》,《章泉稿》卷1,《文渊阁四库全书》第1155册,第342页。
② (唐)孟郊:《赠郑夫子鲂》,《孟东野诗集》卷6,人民文学出版社1959年版,第110页。
③ 《十三经注疏》上册,第270页。
④ (唐)杜甫著,(清)仇兆鳌注:《杜诗详注》卷8《寄李十二白二十韵》,中华书局1979年版,第661页。
⑤ 《王平甫文集后序》,《后山居士文集》卷16,第718—719页。
⑥ 《孟子·告子下》,见《十三经注疏》下册,第2762页。

人多坎壈,早达唯有苏长公。流离岭外七年谪,受尽人间半世穷。我方六十遇明主,前此独卧空山中。岂唯食粥动经月,门外往往罗蒿蓬。呜呼诗人天爱惜,不与富贵唯穷空。彼苍于我亦厚矣,但畀明月和清风。"①因为"天爱惜"诗人,所以故意不让他"富贵"而让他"穷空"。明人艾穆云:"今人士不得志于时,辄仰天诧曰:'造物忌才!'……嗟嗟,岂知造物忌才,乃所以为玉才哉?"②清尤侗说:"佳人薄命,才子亦薄命。虽然,不薄命何以为才子佳人哉……天之报之甚矣厚矣,谁谓才子佳人为薄命哉。"③许宗彦云:"呜呼!欢音难好,作者皆然。穷者后工,斯言尤信。凡才人之薄命,原造物之玉成。"④此皆所谓艰难困苦,玉汝于成之意。宋代余靖云:"世谓诗人必经穷愁,乃能抉造化之幽蕴,写凄辛之景象。盖以其孤愤郁结,触怀成感,其言必精,于理必诣也。"⑤这是很有理论价值的阐释,因为它深层地解释了诗人的穷与创作之工的关系:诗人因为"穷",经过磨练和体验,对人生与自然的理解才更为透彻,其表现更为精当。

以上两种说法看似相反,实是相成,两者的前提即对于诗人的理解是一致的。无论是上天厚爱也好,上天妒忌也好,在中国古人的观念中,诗人便是天生具有悲剧命运的人,这是诗人的"宿命",这是一种集体认同。古人诗云:"酒能作祟可忘酒,诗不穷人未是诗!"⑥"不穷人"的诗便失去诗的资格,若按此推理,不穷的诗人也难为合格之

---

① (宋)姜特立:《梅山续稿》卷 16,《文渊阁四库全书》第 1170 册,第 108 页。

② (明)艾穆:《玉才篇送陈洞衡之光山》,《艾熙亭先生文集》卷 3,《四库未收书辑刊》第 5 辑第 21 册,北京出版社 1997 年版,第 720 页。

③ (清)尤侗:《西堂文集》《西堂杂组》一集卷 8,《续修四库全书》第 1406 册,第 275 页。

④ (清)许宗彦:《孙碧梧女史诗序》,《鉴止水斋集》卷 20,《续修四库全书》第 1492 册,第 500 页。

⑤ (宋)余靖:《孙工部诗集序》,《全宋文》第 27 册,第 17—18 页。

⑥ (宋)方岳:《梅边》,《秋崖集》卷 7,《文渊阁四库全书》第 1182 册,第 209 页。

诗人。杨万里诗云："窗间雨打泪新斑,破处风来叫得酸。若是诗人都富贵,遣谁忍饿遣谁寒?"①如果诗人不承受饥寒,那么谁来承受饥寒呢?此语令人惊心动魄,其背后潜藏的深层文学观念——承受人间苦难是诗人份内之事!王国维说:"尼采谓'一切文学,余爱以血书者'。后主之词,真所谓以血书者也。宋道君皇帝《燕山亭》词亦略似之。然道君不过自道身世之戚,后主则俨然有释迦、基督担荷人类罪恶之意,其大小固不同矣。"②这里对宋徽宗与李煜词的评价未必准确,但其意可取。真正的诗人,他的作品是用血泪写成的,表达的虽然是个人的悲伤,却不仅是一己之私情,而是与全人类的悲剧之情相通。

中国古代对于诗人形象的想象也存在集体认同。诗人既是孤独的,也是清高的。"举世皆浊我独清,众人皆醉我独醒,是以见放。"③"前不见古人,后不见来者,念天地之悠悠,独怆然而涕下。"④虽然孤独,但是诗人具有一种遗世而独立的超凡脱俗。屈原是中国古代第一位伟大的诗人,他代表了中国诗歌这种独立不阿、超越世俗的崇高追求。《楚辞·渔父》:"屈原既放,游于江潭,行吟泽畔,颜色憔悴,形容枯槁。"⑤虽是忧郁寂苦,但决不变心从俗,神态傲岸,气宇轩昂,飘然远行。屈子这种形象在中国古人观念中,是比较典型的诗人形象⑥。唐宋以后,"诗人骞驴"也是一个对诗人形象有特殊意味的想

---

① (宋)杨万里:《过望亭》,杨万里著,辛更儒笺校:《杨万里集笺校》卷28,中华书局 2007 年版,第 1438 页。

② 王国维:《人间词话》,人民文学出版社 1960 年版,第 198 页。

③ (宋)洪兴祖:《楚辞补注》卷7《渔父》,中华书局 1983 年版,第 179 页。

④ (唐)陈子昂:《登幽州台歌》,《陈子昂集》,中华书局上海编辑所 1960 年版,第 232 页。

⑤ 《楚辞补注》,第 179 页。

⑥ 这种对诗人形象的想象,最典型表现在明代陈洪绶《屈子行吟图》之上。

象。陆游《剑门道中遇微雨》："衣上征尘杂酒痕，远游无处不消魂。此身合是诗人未？细雨骑驴入剑门。"①钱锺书解释说："李白在华阴县骑驴，杜甫《上韦左丞丈》自说'骑驴三十载'，唐以后流传他们两人的骑驴图（王琦《李太白全集注》卷三十六，《苕溪渔隐丛话》后集卷八，施国祁《遗山诗集笺注》卷十二）；此外像贾岛骑驴赋诗的故事、郑綮的'诗思在驴子上'的名言等（《唐诗纪事》卷四十、卷六十五），也仿佛使驴子变为诗人特有的坐骑。"②张伯伟曾撰文说，驴是中国古代诗人喜爱的坐骑，是诗人清高心志的象征。诗人骑驴是与高官骑马相对的，表现了在野与在朝、隐与仕的对峙③。杨万里《跋陆务观剑南诗稿》二首之二："可怜霜鬓何人问，焉用诗名绝世无。雕得心肝百杂碎，依前涂辙九盘纡。少陵生在穷如虱，千载诗人拜蹇驴。"④"千载诗人拜蹇驴"一语，可以说是对唐宋以来诗人意象的一个概括，它之所以有意味，是因为它是一种文化积淀，与"诗人薄命"的集体认同若合一契。

虽然"诗人薄命"，但是他们却可能因此获得"不朽"与"无穷"。这种希望正是激励中国诗人忍受薄命与苦难的动力。在诗人的世界里，诗歌具有至高无上的价值："浮世荣枯总不知，且忧花阵被风欺。侬家自有麒麟阁，第一功名只赏诗。"⑤中国古人认为，诗人与文人的价值不在当下，而在未来。中国古人强调"三不朽"，其价值次序的排

① （宋）陆游：《剑门道中遇微雨》，钱仲联校注：《剑南诗稿校注》，上海古籍出版社 2005 年版，第 269 页。
② 钱锺书：《宋诗选注》，人民文学出版社 1988 年版，第 199 页。
③ 张伯伟：《再论骑驴与骑牛——汉文化圈中文人观念比较一例》，《清华大学学报》2007 年第 1 期，第 12 页。
④ 《跋陆务观剑南诗稿》，《杨万里集笺校》卷 20，第 1021 页。
⑤ （唐）司空图：《力疾山下吴村看杏花十九首》，（明）赵宧光等编：《万首唐人绝句》卷 34，书目文献出版社 1983 年版，第 832 页。

列是立德、立功、立言。但是在一些人心目中,文章的价值并不逊色于建功立业。"盖文章经国之大业,不朽之盛事。年寿有时而尽,荣乐止乎其身,二者必至之常期,未若文章之无穷。是以古之作者,寄身于翰墨,见意于篇籍,不假良史之辞,不托飞驰之势,而声名自传于后。"①无论是镌刻在石头上,还是记载在历史上的声名,都不如文章那样留在人心之永恒②。在中国古代,文人大都有追求功名的理想,但只有诗歌能让他们摆脱世俗的观念,卑视功名,追求永恒。如上所述,在理论的原生态中,每种理论通常是和它的对立面相反相成地存在的。无可讳言,中国古代诗人在现实面前,也常常会怀疑诗歌的价值,如李白就曾感叹:"吟诗作赋北窗里,万言不直一杯水!"③但是在一次次的自我怀疑之后,诗人还是坚守自己的信念。所以李白诗又云:"屈平词赋悬日月,楚王台榭空山丘。兴酣落笔摇五岳,诗成笑傲凌沧洲。功名富贵若长在,汉水亦应西北流。"④这典型地体现了中国诗人对于诗歌价值的想象。这种想象也是激励诗人忍受"薄命"的

---

① (三国)曹丕:《典论·论文》,见(南朝梁)萧统编,(唐)李善注:《文选》卷52,上海古籍出版社1986年版,第6册,第2271页。
② 当然我们注意到另一种声音。明代宋濂《白牛生传》自谓:"生好著文,或以'文人'称之,则又艴然怒曰:'吾文人乎哉?天地之理欲穷之而未尽也,圣贤之道欲凝之而未成也,吾文人乎哉?'"(明)宋濂著,黄灵庚编辑校点:《宋濂全集》卷16,人民文学出版社2014年版,第294页。这里的"文人"特指单纯舞文弄墨,不识义理胸无大志者。又如顾炎武说:"宋刘挚之训子孙,每曰'士当以器识为先,一号为文人,无足观矣'。然则以文人名于世,焉足重哉!"这种说法可谓别有怀抱的有寄托之言,也是为了批评唐宋以来那些"不识经术,不通古今,而自命为文人者"。(《日知录》卷19"文人之多",顾炎武著,黄汝成集释:《日知录集释》(全校本),上海古籍出版社2006年版,第1089页)他并不是泛泛地否定文章之士。
③ (唐)李白:《答王十二寒夜独酌有怀》,(唐)李白著,王琦注:《李太白全集》卷19,中华书局1977年版,第911页。
④ 《江上吟》,《李太白全集》卷7,第374页。

动因。杜荀鹤《苦吟》云："世间何事好,最好莫过诗。一句我自得,四方人已知。生应无辍日,死是不吟时。"①诗人生命尽头才是诗歌创作的终点,却不是诗人声名的终结。宋代陈人杰《沁园春》,是一首奇特有趣的词作:

> 诗不穷人,人道得诗,胜如得官。有山川草木,纵横纸上,虫鱼鸟兽,飞动毫端。水到渠成,风来帆速,廿四中书考不难。惟诗也,是乾坤清气,造物须悭。
>
> 金张许史浑闲。未必有功名久后看。算南朝将相,到今几姓?西湖名胜,只说孤山。象笏堆床,蝉冠满座,无此新诗传世间。杜陵老,向年时也自,井冻衣寒。②

陈人杰是在"诗能穷人"这个传统语境中,形象地表达了诗人自己的价值观:诗歌是永恒的,而功名是短暂的,所以在这个意义上,"诗不穷人"。要特别指出的是,无论是"诗能穷人"之说还是"诗不穷人"之说,它们所指向的诗学价值观念是完全一致的。

中国文化既有世俗化、功利性的一面,又有高贵与超越性的一面。可以说,中国诗人是中国高贵文化传统的代表,他们对于诗歌有一种执着的追求与愿为之牺牲的信仰。晋朝张季鹰曾说:"使我有身后名,不如即时一杯酒。"③这确是旷达而沉痛的真话。杜甫诗云:"千秋万岁名,寂寞身后事。"④尽管如此,中国诗人梦想中的"光荣",既不是"来生",也不在"彼岸",而是与本人全不相干的"身后"之名。

---

① (唐)杜荀鹤:《杜荀鹤文集》卷3,《宋蜀刻本唐人集丛刊》第25册,上海古籍出版社1994年版,第93页。
② 唐圭璋编纂:《全宋词》,中华书局1965年版,第3079页。
③ 《世说新语笺疏·任诞》,上海古籍出版社1993年版,第738页。
④ 《梦李白二首》之二,《杜诗详注》卷7,第558页。

中国诗人对于"身后名"的梦想与追求,实在是一种非功利的、悲剧性的崇高信仰。

　　总括言之,"诗能穷人""诗人薄命"并非是一种对历史事实的全面真实的总结,而是古人的一种集体认同。表面看来,这种集体认同比较消极,似乎是出于无奈的悲慨哀伤;然从深层考察,却有相当丰富而积极的意义,它表现出古人对"诗"与"诗人"的想象与期待:诗歌是一种表达寄托与信仰的神圣文体,诗人则是一个被赋予悲剧色彩的崇高群体。诗人必须面对苦难和命运的挑战,承受生活与心灵的双重痛苦,必须有所担当,有所牺牲。"诗人薄命",却可能赢得"文章之无穷"与"千秋万岁名"。这种诗人的"宿命",正是中国古代对于诗与诗人的集体认同,其本质也是人们对于文学使命的一种期待。

第八章　辨体与破体

中国古代文体学兴盛于魏晋南北朝。文体学的基本理论认为，文各有体，每种文体都有自己独特的审美特性和表现手法，创作必须遵循这种艺术规律。但在创作上不合文体的现象早就存在。刘孝绰《昭明太子集序》就指出："孟坚之颂，尚有似赞之讥；士衡之碑，犹闻类赋之贬。"①张融更是自觉地突破文体的限制。他在《门律自序》中说："吾文章之体，多为世人所惊……夫文岂有常体，但以有体为常，政当使常有其体。"②他认为创作上体现出作家的风格，这是普遍的情况，但是每种文体不必有一成不变的文体体制。钟嵘《诗品》卷下评张融"有乖文体"③，可见张融的创作确是有意识地突破"常体"的。不过在魏晋南北朝"有乖文体"的现象毕竟很少，而且批评界都把它视为一种不良倾向，像张融提出的"文岂有常体"之说，在当时只是空谷足音。自宋代以后，"文岂有常体"的观念蔚然而成堂堂之阵。

宋代以后直到近代，文学批评和创作中明显存在着两种对立倾

---

① （清）严可均校辑：《全上古三代秦汉三国六朝文》第 4 册《全梁文》卷 60，中华书局 1958 年版，第 3313 页。

② （南朝梁）萧子显：《南齐书》卷 41《张融传》，中华书局 1972 年版，第 729 页。

③ （南朝梁）钟嵘撰，曹旭笺注：《诗品笺注》，人民文学出版社 2009 年版，第 286 页。

向:辨体和破体①。前者坚持文各有体的传统,主张辨明和严守各种文体体制,反对以文为诗、以诗为词等创作手法;后者则大胆地打破各种文体的界限,使各种文体互相融合。这两种倾向的对立甚至还在文学批评史上引起许多论争。古人说:"夫文,本同而末异。"②破体论者强调"本同",辨体论者强调"末异",彼此都有足够的理论根据。我认为,必须首先了解文体风格形成和文体互相融合的内在原因,才能把握批评史上辨体和破体的内涵和意义,并对其分歧作出恰当的评价。

一、文体风格的成因

文体风格是人们在长期的创作过程中所形成的相对稳定的独特风貌,是一种逐渐积淀的带有共性的审美倾向。文体分类的主要原因是由于现实审美的丰富性要求艺术掌握世界的形式也必须多样化。陆机《文赋》说:"体有万殊,物无一量"③,就指出文体的多变,乃是由于它所描写的客观事物本身千姿万态之故。文体风格的形成与文体所特有的表现对象、应用场合及用途、文体的形式因素都有

---

① 破体,原是书法术语。书法上的"破体"指不同正体的写法。《书断》谓"王献之变右军行书,号曰破体"。指行书的变体。戴叔伦《怀素上人草书歌》云:"始从破体变风姿。"可见破体的特点是"变",是对正体的突破,也是一种有创造性的字体。文学创作也有"破体"之说。钱锺书先生说:"名家名篇,往往破体,而文体亦因以恢弘焉。"(钱锺书:《管锥编》全汉文卷16,生活·读书·新知三联书店 2007 年版,第 1431 页)周振甫先生认为"破体就是破坏旧有文体,创立新的文体。"(周振甫:《文章例话·破体》,中国青年出版社 2006 年版,第 170 页)
② (三国魏)曹丕:《典论·论文》,见(梁)萧统编,(唐)李善注《文选》卷 52,上海古籍出版社 1986 年版,第 2271 页。
③ (西晋)陆机著,张少康集释:《文赋集释》,人民文学出版社 2002 年版,第 99 页。

关系。

文体的特殊功用对文体风格起着制约作用。如"诔",《文赋》说:"诔缠绵而凄怆。"①因为诔文的目的是哀悼兼赞美死者,所以要写得有感情,风格缠绵和凄怆。《文心雕龙·诔碑》说:"详夫诔之为制,盖选言录行,传体而颂文,荣始而哀终。论其人也,暧乎若可觌;道其哀也,悽然如可伤。此其旨也。"②诔文哀伤凄怆的基调是由它特殊的用途所决定的。又如檄文,多用于声讨和征伐。李充《起居诚》描述檄文文体说:"檄不切厉,则敌心陵;言不夸壮,则军容弱。"③为了壮军容,破敌胆,檄文的风格应该切厉夸壮。《文心雕龙·檄移》也认为檄文的体制应该"植义飏辞,务在刚健,插羽以示迅,不可使辞缓;露板以宣众,不可使义隐,必事昭而理辨,气盛而辞断,此其要也"④,要求檄文语言激切,刚健凌厉,以振士气、扬军威。

文章题材也制约和影响着文体风格。"体"的含义,在古代除指文体、风格之外,还可指题材,而题材与文体又有所联系。文学创作反映的客观世界具有纷纭复杂的风貌,创作个性必须适应创作对象的一些本质特征,并受其影响和制约。所以,一定题材的文学作品往往与一定的风格相联系。德国理论家威克纳格在《诗学·修辞学·风格论》一文中说:"风格是语言的表现形态,一部分被表现者的心理特征所决定,一部分则被表现的内容和意图所决定……倘用更简明的话来说,就是风格具有主观的方面和客观的方面。"⑤题材就是风格形成的客观因素之一。

---

① 《文赋集释》,第 99 页。
② (南朝梁)刘勰著,詹锳义证:《文心雕龙义证》,上海古籍出版社 1989 年版,第 442 页。
③ 《全上古三代秦汉三国六朝文》第 2 册《全晋文》卷 53,第 1766 页。
④ 《文心雕龙义证》,第 782—783 页。
⑤ [德]歌德等著,王元化译:《文学风格论》,上海译文出版社 1982 年版,第 18 页。

《文镜秘府论》南卷载有"论体"一节,详论风格、文体、题材之关系。它首先把风格归结为六体,即博雅、清典、绮艳、宏壮、要约、切至。其后论述涉及风格与题材的联系:

　　　　夫模范经诰,褒述功业,渊乎不测,洋哉有闲,博雅之裁也。敷演情志,宣照德音,植义必明,结言唯正,清典之致也。体其淑姿,因其壮观,文章交映,光彩傍发,绮艳之则也。魁张奇伟,阐耀威灵,纵气凌人,扬声骇物,宏壮之道也。指事述心,断辞趣理,微而能显,少而斯洽,要约之旨也。舒陈哀愤,献纳约戒,言唯折中,情必曲尽,切至之功也。[①]

　　接着又认为风格与文体有必然联系,因为文体与题材密不可分:

　　　　至如称博雅,则颂、论为其标。语清典,则铭、赞居其极。陈绮艳,则诗、赋表其华。叙宏壮,则诏、檄振其响。论要约,则表、启擅其能。言切至,则箴、诔得其实。[②]

　　"论体"颇为全面透彻地把文体、题材与风格三者联系起来,对文体风格理论的发展作出了贡献。
　　后来也有许多批评家专门论述题材与风格之关系。如元陈绎曾《文说》论作文首先要确立题材和风格的对应关系:

　　　　肃:朝廷之文宜肃,圣贤道德宜肃。

---

① [日]遍照金刚撰,卢盛江校考:《文镜秘府论汇校汇考》第 3 册,中华书局 2006 年版,第 1450 页。
② 《文镜秘府论汇校汇考》第 3 册,第 1458 页。

壮:长江大海之文宜壮,军阵英雄之文宜壮。

清:山林之文宜清,风月贞逸宜清。

和:宴乐之文宜和,通人达士宜和。

奇:鬼神之文宜奇,侠客高士宜奇。

丽:官苑之文宜丽,富贵美人宜丽。

古:游览古迹之文宜古,上古人事宜古。

远:登高眺远之文宜远,大功业人宜远。①

古人认为词的总体风格为婉约含蓄,但仔细分类却颇复杂。清沈祥龙《论词随笔》:

> 词之体,各有所宜,如吊古宜悲慨苍凉,纪事宜条畅混漾,言愁宜呜咽悠扬,述乐宜淋漓和畅,赋闺房宜旖旎妩媚,咏关河宜豪放雄壮。得其宜则声情合矣,若琴瑟专一,便非作家。
>
> 词有婉约,有豪放,二者不可偏废,在施之各当耳。房中之奏,出以豪放,则情致绝少缠绵。塞下之曲,行以婉约,则气象何能恢拓?②

从题材的角度来看风格的形成,比起单纯拘泥于某种文体须有某种风格的理论,显得更为通达。

文体的形式因素如声律、结构等都影响和制约着文体风格的形成。形式是由内容决定的,但一定形式又反过来在某种程度上制约着内容。艺术、文学各种体裁形式上的特点必然影响文体表现手法的运用和审美特征的形成。比如各种文体的篇幅长度不同,以诗歌

---

① 《历代文话》第 2 册,复旦大学出版社 2007 年版,第 1338—1339 页。

② 唐圭璋编:《词话丛编》第 5 册,中华书局 1986 年版,第 4049 页。

而论,有长诗,有短诗。一般地说,长诗因篇幅长、容量大,能包涵更丰富广阔的内容,在表现上也有放纵和回旋的余地,因此长诗崇尚才力气魄,以纵横开阖、淋漓酣畅为妙。短诗则篇幅短,容量小,不可能直接表现太多的内容,不容大笔濡染,用墨如泼。相反,要求含蓄蕴藉,以少少许胜多多许,言有尽而意无穷。姜夔《白石道人诗说》云:"小诗精深,短章蕴藉,大篇有开阖,乃妙。"①刘熙载《艺概》卷1《文概》云:"作短篇之法,不外婉而成章;作长篇之法,不外尽而不污。"②在卷2《诗概》中又引杜诗说明长、短篇的不同体制:"问短篇所尚,曰'咫尺应须论万里'。问长篇所尚,曰'万斛之舟行若风'。"③意思也相同。

词的总体风格是含蓄委婉,但同样讲含蓄,小令与长调又有不同。小令以语近情遥、含吐不露为佳,使人于数句之中获得言外言,味外味。长调则不同。毛先舒说:"长调如娇女步春,旁去扶持,独行芳径,徙倚而前,一步一态,一态一变。"④长调讲究词境曲折尽情,美妙婀娜,随步换形,一波三折。

古人对形式因素与风格关系的研究,十分细密微妙,有些理论是我们往往容易忽略或难以体会的。比如五言与七言,虽只有字数的差异,但古人认为音节上的差异,就引起声情风格和表现手法的差异。杨载《诗法家数》云七言五言之别,七言必须"声响、雄浑、铿锵、伟健、高远";而五言则"沉静、深远、细嫩"⑤。王士禛在《诗问》卷4

---

① (宋)姜夔著,郑文校点:《白石诗说》,见《六一诗话 白石诗说 滹南诗话》,人民文学出版社1962年版,第29页。
② (清)刘熙载:《艺概》,上海古籍出版社1978年版,第40页。
③ 《艺概》,第77页。
④ (清)王又华:《古今词论》引,《词话丛编》第1册,第609页。
⑤ (元)杨载:《诗法家数》,见(清)何文焕辑:《历代诗话》,中华书局1981年版,第729页。

答刘大勤问时说："五言著议论不得,用才气驰骋不得。七言则须波澜壮阔,顿挫激昂,大开大阖耳。"①而姚鼐则从作者的才性出发论五七言之异:"大抵其才驰骤而炫耀者宜七言,深婉而澹远者宜五言,虽不可尽以此论拘,而大概似之矣。"②当然古人只是大体论之,对此不必过于拘泥。但鉴赏古诗词,必须大体了解这种理论。

中国古人非常重视声情,尤其诗词的用韵选调都颇讲究。音律,就其自身看,似乎只是纯粹的形式,但古人往往把某些声韵、调律和一定的感情色彩联系起来,赋予声律以风格特性。周济《宋四家词选目录序论》:"东、真韵宽平,支、先韵细腻,鱼、歌韵缠绵,萧、尤韵感慨。各具声响,莫草草乱用。阳声字多则沉顿,阴声字多则激昂。重阳间一阴,则柔而不靡;重阴间一阳,则高而不危。"③周济认为不但韵有风格色彩,声调也同样影响词的风格。

一些古人认为,作词首先要选择词调。杨缵《作词五要》说:"第一要择腔。"④张炎《词源》卷下"制曲"条云:"作慢词看是甚题目,先择曲名,然后命意。"⑤因为词调对词的风格有一定的规定性。清代沈祥龙说:"词调不下数百,有豪放,有婉约,相题选调,贵得其宜。调合,则词之声情始合。"⑥詹安泰先生在《中国文学上之倚声问题》一文中说:"以词之形态而细加揣摩,某调宜表现某种情形,亦可得而言。"⑦他认为,唐五代的令词,大都宜于温柔蕴藉。《六州歌头》《水

---

① (清)王士禛等撰,周维德笺注:《诗问四种》,齐鲁书社 1985 年版,第 78 页。
② (清)姚鼐:《惜抱先生尺牍》卷 6《与陈硕士》,清宣统元年小万柳堂重刊本。
③ (清)周济编:《宋四家词选》,古典文学出版社 1958 年版,第 4 页。
④ 《词话丛编》第 1 册,第 267 页。
⑤ (宋)张炎著,夏承焘校注:《词源注》,人民文学出版社 1963 年版,第 13 页。
⑥ (清)沈祥龙:《论词随笔》,《词话丛编》第 5 册,第 4060 页。
⑦ 詹安泰著,吴承学、彭玉平编:《詹安泰文集》,中山大学出版社 2004 年版,第 18 页。

调歌头》《沁园春》《满江红》《百字令》等调,宜于豪放悲壮。《昼夜乐》《风流子》《百宜娇》等调,大都宜于艳冶缠绵。《贺新郎》《齐天乐》《摸鱼儿》等调,大都宜于高俊清疏。《绕佛阁》《凄凉犯》《霓裳中序第一》《尉迟杯》《兰陵王》《徵招》等调,大都宜于沉顿幽咽。词调的风格要求,是由于词调的声情不同而自然而然地产生的,后代由于词与音乐分离,这种关系就变得难以理解。不过,假如我们用心研究,仍可体会出词调声情与风格的关系。龙榆生先生在《谈谈词的艺术特征》①文中论词的艺术特征主要是由其声情决定的,抛开音律,便无从认识词体。他举苏东坡《念奴娇·赤壁怀古》为例,说明这个调子为什么适合于表达豪放激壮的风格。因为这个调子在句法和韵位的安排上和高亢的声情相结合。上下阕的结句:"一时多少豪杰""一樽还酹江月",末尾四字都用"平仄平仄"。"遥想公瑾当年"用"平仄平仄平平",也打破音律的和谐。而且全部韵脚如"物""壁""雪""杰""发""灭""月"都是短促的入声。"拗怒"多于和谐,硬碰硬的地方特别多,迫使它的音响向上激射,和本曲高亢的声情紧密结合,故适宜于表达激烈豪壮之情。

文体体制的形成,还和文体自身的历史传统有关。《汉书·艺文志》云:"自孝武立乐府而采歌谣,于是有代赵之讴,秦楚之风,皆感于哀乐,缘事而发,亦可以观风俗,知薄厚云。"②"感于哀乐,缘事而发"是汉乐府诗的精神。汉代以后,乐府诗大致已不入乐,有的只是沿用乐府古题,有的则自创新题。但乐府的基本精神和体制特点仍然保持在许多诗人的创作之中。尤其隋唐以后,乐府诗一直很盛行,李白、杜甫、高适、张籍、王建等都写了大量乐府诗,这些尽管在形式上与汉代乐府有差异,但精神却一脉相承。中唐以后白居易的新乐府,

---

① 龙榆生:《龙榆生词学论文集》,上海古籍出版社 1997 年版,第 43—58 页。
② (东汉)班固撰,(唐)颜师古注:《汉书》卷 30,中华书局 1962 年版,第 1756 页。

即事名篇，无复依傍，不入乐，又自创新题，但大体上仍然继承汉乐府缘事而发、叙事写实的创作精神。

文体的地域色彩与文体风格也有一定关系。楚辞体或称为"骚"体，其文体风格有强烈的地域色彩：皆书楚语，作楚声，纪楚地，名楚物。楚国巫风盛行，巫祭歌舞多描写人神之恋，充满了原始宗教气氛。受其影响，《楚辞》中有大量的神话故事，想象奇幻，富有浪漫精神。屈原的《离骚》写巫咸降神、灵氛问卜，都充满神话色彩，至于《九歌》《招魂》更是直接摹仿民间祭歌写成的。《楚辞》语言上也富有地方色彩。《楚辞》中用方言极多，如"扈""汩""羌""侘傺"之类。又如楚地诗歌的传统，喜欢用"兮"字，如《越人歌》《沧浪歌》等。这些便成为《楚辞》主要的语言形式。"楚辞"作为一种文体后来虽有所流变，地方性的特征已经消失了，但楚辞体那种典型的句式体制和浪漫夸张、想象丰富的特点却被大部分作家继承下来。可以说在文体形式中，也积淀着历史文化和传统审美心理。

总之，文体总体风格的形成有其必然性。文体形式多样化是由现实审美的丰富性所决定的。从这个角度看，古人的辨体理论主张文各有体、文以体制为先是合理的。正如黑格尔所说的，风格是"指艺术表现的一些定性和规律，即对象所借以表现的那门艺术特性所产生的定性和规律。根据这个意义，人们在音乐中区分教堂音乐风格和歌剧音乐风格，在绘画中区分历史画风格和风俗画风格。依这样看，风格就是服从所用材料的各种条件的一种表现方式，而且它还要适应一定艺术种类的要求和从主题概念生出的规律……因此，像吕莫尔所已经指出的，我们不能把某一门艺术的风格规律应用到另一门艺术上去。"①黑格尔所说的风格，指的是某一种艺术所具有的

① ［德］黑格尔著，朱光潜译：《美学》第 1 卷第 3 章，商务印书馆 1997 年版，第 372—373 页。

特殊表现方式,各种艺术的媒介不同,风格就不同,这与我们所说的文体风格相近。文体风格,实际上是文体的艺术个性。所以,"辨体"论的本质是"文体个性"论,因为它强调文体的艺术个性,反映了古人对艺术文体风格多样性的追求。若完全抹杀文体体制,泯灭其特征,就等于取消文体的个性,这并不利于艺术风格的多样化。在批评史上,主张"人各有体"的"作家个性"论受到推崇,而主张"文各有体"的"文体个性"论却常被视为拘泥和保守,这是不妥的。其实风格之多样化,自然包括"作家个性"与"文体个性"。就单一文体及其传统而论,过分强调"辨体"难免是拘泥和保守;而就众多文体及其传统而论,"辨体"是强调个性与多样化的。前者是某一文体"内部"的问题,后者是此一文体与其他文体"之间"的问题。

文体是历史的产物,它积淀着文化、审美的传统心理。对于文体需要宏观、总体的把握,但任何概括都不可能包罗万象,巨细无遗,任何理论都难以精确无误,四平八稳。文学文体学尤其如此,它并不是一种定量分析,要找出反证实在是唾手可得。如古人认为"文显而直,诗曲而隐"①,我们轻而易举地就可找出"显而直"的诗和"曲而隐"的文来反驳这种总结。但这样一来,就不可能存在任何对文体风格的概括了。此外,所谓文体风格只是相对而言的,要有一定的、具体的比较对象,它才能显出特征。只有把某种文体放在整个文体系统的坐标中,在其他文体的参照之下,对文体特征的辨析才有意义。孤立或绝对地看文体特征,是没有任何意义的。一种文体与它种文体相比会显示出独有的特征。如诗文相比较,古人认为"文以载道,诗以道性情";但诗与词相比,则又认为诗言志,词抒情。诗与词相比,词是诗余,诗更为雅正;而词与曲相比,雅正的自然是词了。实际

---

① (明)许学夷著,杜维沫校点:《诗源辨体》卷1,人民文学出版社1987年版,第4页。

上,古人对文体风格的总结,大体都有其比较的对象。因此,我们对辨体论要持一种辩证和通达的眼光。

二、破体与变体的趋势

以上我们论述了文体风格形成的原因及其必然性。但另一方面,文体风格也不是一成不变的,各种文体之间不断互相融合。如何看待破体与变体的必然性呢?

从文学史的实际情况看,文体自身处于变化不居的状况,所以,不能把文体的风格绝对化和凝固化。以赋为例,赋经历了古赋、俳赋、律赋、文赋的发展过程。古赋最盛于汉代,汉赋特别是散体大赋文采华丽、辞藻赡富。形式上铺张扬厉、穷形尽相,内容则多歌功颂德、曲终奏雅。俳赋始于魏晋,盛于南北朝,它追求字句工整对仗,音节和谐。孙梅《四六丛话》曰:"左、陆以下,渐趋整炼,齐、梁而降,益事妍华,古赋一变而为骈赋。江、鲍虎步于前,金声玉润;徐、庾鸿骞于后,绣错绮交,固非古音之洋洋,亦未如律体之靡靡也。"①律赋是隋唐科举制度的产物。律赋篇幅短小,既讲究对偶,又限制用韵。文赋则是受唐宋古文运动的影响而产生的,其特点是趋于散文化。语言比较朴实,用韵比较自由,而且引入了古文的章法和气势,内容上多杂以说理和议论。可见在文学发展过程中,赋体不断变化。骈文盛行时产生骈赋,音律盛行时产生律赋,古文盛行时产生文赋。

七言古诗在初唐崇尚情韵,讲究情韵流丽婉转,而盛唐(尤其杜甫)以后的七言古诗则尚魄力,一气奔放,宏肆绝尘。初、盛唐之间,风格就已不同。又如七言律诗,滥觞于六朝,成体于唐初。唐初律

---

① (清)孙梅:《四六丛话》卷4《赋三》,《续修四库全书》第1715册,第240页。

诗,声调稳切,气色鲜华,但多应制之作,台阁气浓,作者多袭而少变,风骨卑弱。盛唐以后,律诗取六朝之华而去其靡,本初唐之庄而消其滞,如王维、高适、岑参、李颀诸人之作,秀丽融浑,匀称自然,兴象超妙。杜甫则包举众家,壮浪纵恣,摆去拘束。变色泽华丽为骨力沉雄,意主朴真,势取顿挫。律诗自初唐至杜甫,风格也几经变化。可见对待文体风格不可胶柱鼓瑟,刻舟求剑。

在文体史上,各种文体的产生、发展及演变都是相互影响、相互渗透的。赋的形成,"受命于诗人,而拓宇于《楚辞》"①,尤其吸取了《楚辞》铺陈夸张的手法和惊采绝艳的语言,形成宏丽风格。除此之外,还受先秦散文的影响。章学诚《校雠通义·汉志诗赋第十五》说:

> 古之赋家者流,原本《诗》《骚》,出入战国诸子。假设问对,《庄》《列》寓言之遗也;恢廓声势,苏张纵横之体也;排比谐隐,韩非《储说》之属也;征材聚事,《吕览》类辑之义也。②

汉赋中的假托问答,侈陈形势,排比谐隐等手法,受到诸子很大的影响,刘勰所言"故知炜烨之奇意,出乎纵横之诡俗"③,虽评《楚辞》,亦可移评汉赋。

以《诗经》为代表的四言诗,其地位自魏晋以后已逐渐被新兴的五言诗所代替,文人们很少创作四言诗。四言诗整体上没落了,但其体制又被其他文体所吸收。如后世的铭文赞颂用四言句,显得肃穆典雅。辞赋、骈文中也有大量的四言句,以求整饬凝练。

---

① 《文心雕龙·诠赋》,《文心雕龙义证》,第 274 页。
② (清)章学诚著,王重民通解:《校雠通义通解》卷 3,上海古籍出版社 1987 年版,第 117 页。
③ 《文心雕龙·时序》,《文心雕龙义证》,第 1662 页。

各种文体的表现方式之间也绝没有不可逾越的界线。自唐宋古文运动之后，散体古文占正宗地位，骈俪对属似乎为一些古文家所不齿，极力避用。然而奇偶骈散，实在不可偏废。观先秦经籍，也有不少骈对：

　　　　觏闵既多，受侮不少。①（《诗经·柏舟》）
　　　　满招损，谦受益。②（《尚书·大禹谟》）
　　　　水流湿，火就燥。③（《易·文言》）

韩愈的散体古文也多对句，只是对得更为自由潇洒：

　　　　凤凰芝草，贤愚皆以为美瑞；青天白日，奴隶亦知其清明。④
　　　　业精于勤荒于嬉，行成于思毁于随。
　　　　先生口不绝吟于六艺之文，手不停披于百家之编；记事者必提其要，纂言者必钩其玄。
　　　　然而公不见信于人，私不见助于友。⑤

　　偶句和奇句各有特点，奇句长短不拘，句法灵便，音节自然，能够更为自如地表达思想内容，尽屈折舒展之妙。偶句简练严正，节奏分明，音调和谐，色彩鲜丽，予人以对称、凝练与警策的美感。骈散兼用，有整齐错综之美。

---

① 《十三经注疏》上册，第 297 页。
② 《十三经注疏》上册，第 137 页。
③ 《十三经注疏》上册，第 16 页。
④ （唐）韩愈著，马其昶校注，马茂元整理：《韩昌黎文集校注》卷 3《与崔群书》，上海古籍出版社 1986 年版，第 188 页。
⑤ 《韩昌黎文集校注》卷 1《进学解》，第 45—46 页。

苏伯衡《空同子瞽说》：

> 尉迟楚好为文，谒空同子曰："敢问文有体乎？"曰："何体之有？《易》有似《诗》者，《诗》有似《书》者，《书》有似《礼》者，何体之有？"①

苏伯衡否定文有体说，并不公允。但是从他所举的例子看，各种文体之间，实在有相通之处。况且一种文体还可以吸收其他文体的特点以丰富自身的表现力。诗中可以有画境，画中可以有诗意。那么为什么不能诗中有文，文中有诗呢？过分地拘泥于文体体制，不知通变，往往显得保守。

就通常情况而言，一种文体有一种风格特征，但有时情况比较复杂。比如有些诗体由于其渊源的复杂性引起自身风格的多样。《修竹庐谈诗问答》记徐熊飞答陆坊的问题：

> 问：唐人五言绝句，如"三日入厨下""打起黄莺儿""自君之出矣"诸作，俱脍炙人口，然儿女声情，喃喃可厌，令人不耐多读。终当以王、裴杂咏及祖咏"终南残雪"，孟浩然"建德舟次"等诗为大雅正宗。然乎否乎？
>
> 答：五绝有二体，其一原本乐府，其一出于古诗。《新嫁娘》《辽西曲》乐府之变也。裴、王杂咏，古诗之流也。各臻其妙，未可轩轾。②

徐熊飞认为五绝有两种风格，一种如王建的《新嫁娘》与王昌龄的

---

① （明）苏伯衡：《苏平仲文集》卷16，《文渊阁四库全书》第1228册，第842页。
② 《诗问四种》，第265页。

《辽西曲》，风格明白通俗，情深意切。这种风格源于乐府诗，尤其是南朝的乐府短制。而王维、裴迪、孟浩然的绝句，透彻玲珑，不可凑泊，以兴象风神取胜，韵味飘逸。这种文体源于汉魏六朝的文人古诗。徐熊飞认为这两种风格各臻其妙，不可强分高下，这种看法是很有道理的。

艺术创作讲究"本色"，但有时突破这种本色可以予人以新的美感。贺裳《皱水轩词筌》说：

> 小词以含蓄为佳，亦有作决绝语而妙者。如韦庄"谁家年少足风流，妾拟将身嫁与，一生休。纵被无情弃，不能羞"之类是也。①

小词因篇幅限制，故讲究含蓄，意在言外。韦庄的词却塑造了一个大胆热烈无所顾忌地追求情爱的妇女，说尽了，说绝了，不以含蓄取胜，以作决绝语而妙，故有特殊的艺术魅力。

破体，往往是一种创造或者改造。不同文体的融合，时时给文体带来新的生命力，这类似于不同品种植物的杂交。钱锺书先生说："名家名篇，往往破体，而文体亦因以恢弘焉。"②宋人的创造性常表现在创作上的破体中。他们喜欢打破文体的严格界限，把某一文体的艺术特征移植到另一文体之上。诗与画为不同艺术种类，宋人尚认为"诗画本一律"③，崇尚诗中有画，画中有诗。至于各种文学文体之间的融合就更是自然而然的事了。以文为诗、以诗为词，大家都耳

---

① 《词话丛编》第 1 册，第 697 页。
② 钱锺书：《管锥编》全汉文卷 16，生活·读书·新知三联书店 2007 年版，第 1431 页。
③ （宋）苏轼：《书鄢陵王主簿所画折枝二首》其一，见（清）王文诰辑注，孔凡礼点校：《苏轼诗集》，中华书局 1982 年版，第 1525—1526 页。

熟能详,不必再述。这里可略举其他破体之例:

陈善《扪虱新话》云:"以文体为诗,自退之始;以文体为四六,自欧公始。"①欧阳修的骈文融入古文的体制,以文体为对属,不求切对之工,又"善叙事,不用故事陈言而文益高"②,纯用自己语言,扫去浮靡之词,风格平淡委曲,自此之后,骈文遂变其格,以古雅争胜。故宋人认为"本朝四六以欧公为第一"③。

又如传统的"记"体,以叙事为主。《金石例》云:"记者,记事之文也。"④但在宋人手里,传统的记体被打破了。范仲淹的《岳阳楼记》只是开头数句记叙岳阳楼重修经过。中间"若夫霪雨霏霏"和"至若春和景明"两段,分明是骈文句法,在散文中忽然插入整段骈文,以前极罕见。而后一段"予尝求古仁人之心",又是论说文体了⑤。又如欧阳修的《醉翁亭记》被视为以赋体作记,因为它用铺陈的手法来抒写情志,正是赋"铺采摛文,体物写志"的方法。而苏轼的《赤壁赋》则是以古文为赋,以赋的形式包融了记叙和议论。

三、契会相参　本采为地

上面我们分别讨论了"辨体"与"破体"的原因和必然性。那么如何在创作中处理好这对相反相成的矛盾呢?对此,中国古代许多

① (宋)陈善:《扪虱新话》卷9"以文体为诗、四六",《四库全书存目丛书》第101册,齐鲁书社1995年版,第304页。
② (宋)陈师道:《后山诗话》,见《历代诗话》第1册,第310页。
③ (宋)吴子良:《荆溪林下偶谈》,《历代文话》第1册,第554页。
④ (元)潘昂霄:《金石例》卷9,《文渊阁四库全书》第1482册,第362页。
⑤ (宋)范仲淹著,李勇先、王蓉贵校点:《范仲淹全集》,四川大学出版社2002年版,第194—195页。

批评家提出了不少辩证通达之论,这些理论对文学创作和文学批评都颇有意义。

顾尔行《刻〈文体明辨〉序》云:

> 文有体,亦有用。体欲其辨,师心而匠意,则逸辔之御也。用欲其神,拘挛而执泥,则胶柱之瑟也。《易》曰:"拟议以成其变化。"得其变化,将神而明之,会而通之,体不诡用,用不离体。①

顾尔行借用中国哲学"体用"的范畴来说明运用文体的原则②。"体"是指实体、本性,是内在的,根本的,"用"则是"体"的具体表现和运用③。顾尔行的"体用"指文体的体制和实际运用,指出"体欲其辨","用欲其神"。创作者与批评者对于文体的体制,要详切辨明,不然就失去文之大体,就像快马疾驰,无法控制;但对文体的具体使用不妨灵活机动,融合贯通,不可过分拘泥成规。辨体而不受其束缚,破体又不失去本色,从心所欲而不逾矩,这是创作中的一种高妙的境界。

"体"是传统性规范,"用"则包含了个性的创造。许学夷《诗源辩体·自序》:"夫体制、声调,诗之矩也;曰词与意,贵作者自运焉。窃词与意,斯谓之袭;法其体制,仿其声调,未可谓之袭也。"④体制与

---

① (明)徐师曾著,罗根泽校点:《文体明辨序说》,人民文学出版社 1962 年版,第 75 页。

② 中国哲学中的"体用"范畴很复杂,请参看张岱年:《中国古典哲学概念范畴要论》,中国社会科学出版社 1989 年版,第 62 页。

③ 关于"体用"关系,王夫之在《周易外传》卷 5 中提出"体用相函","体以致用,用以备体"。比如:"无车何乘? 无器何贮? 故曰体以致用;不贮非器,不乘非车,故曰用以备体。"车、器是体,而乘车、储物是用。(清)王夫之:《周易外传》卷 5《系辞上传第十一章》,中华书局 1977 年版,第 198 页。

④ 《诗源辩体》,第 1 页。

声调是可以取法和模拟前人的,但语言表现和艺术构思必须"自运",也就是需要在"诗之矩"之内作出自我创造。古代文学批评既重辨体,又重个性创造。明陈洪谟说:

> 文莫先于辩体,体正而后意以经之,气以贯之,辞以饰之。体者,文之干也;意者,文之帅也;气者,文之翼也;辞者,文之华也。①

文之体是个骨架子,至于文之精神、血肉还必须仰仗作家的创造。陈洪谟所说的"意""气""辞"指作家的构思和语言表现力以及作品的气骨,这些属于个性创造范畴之内,在创作中起着关键的作用。可见古人强调体制,但并不束缚个性的创造力。遵古人体制与个性创造是可以达到一致的。

王若虚《滹南遗老集》卷37《文辨》:

> 或问文章有体乎?曰:"无。"又问:无体乎?曰:"有。"然则果何如?曰:"定体则无,大体须有。"②

文体虽没有绝对的、一成不变的体制,但必须有相对的总体体制。如果没有"大体",也就取消了各种文体的个性,文体之间没有区别,实际上也就无文体可言了。这是一种辩证的观点,"大体须有",故应辨体;"定体则无",故可破体。

承认文之"大体",同样也应该允许别体与变体,应该认识在"大体"基础上风格的多样化。赋的体制如刘勰《文心雕龙·诠赋》所

---

① 《文体明辨序说》"文章纲领"引,第80页。
② (金)王若虚:《滹南遗老集》,《四部丛刊初编》本,第189页。

说:"赋者,铺也,铺采摛文,体物写志也。"①夸张繁缛、闳侈钜衍是汉赋的普遍风格,此即"大体",但在这"大体"之上,又有多种风格,如《文心雕龙·诠赋》所言:

> 观夫荀结隐语,事数自环;宋发巧谈,实始淫丽。枚乘《菟园》,举要以会新;相如《上林》,繁类以成艳;贾谊《鵩鸟》,致辨于情理;子渊《洞箫》,穷变于声貌;孟坚《两都》,明绚以雅赡;张衡《二京》,迅发以宏富;子云《甘泉》,构深伟之风;延寿《灵光》,含飞动之势。②

刘勰所举汉赋十家,各有自己的风格,但又有铺采摛文的"大体"。可见同一文体由于题材内容和创作个性的不同,便可以有不同的风格,尽管其"大体"有相通处。

本章试以刘勰的理论对辨体和破体之关系作一总结性的概括,因为体大思精的《文心雕龙》对此已作了十分辩证的论述。刘勰在《通变》篇开章明义说:

> 夫设文之体有常,变文之数无方,何以明其然耶?凡诗、赋、书、记,名理相因,此有常之体也。文辞气力,通变则久,此无方之数也。③

他认为文的体势历代相沿有一定规范,但文章的变化却无一定规律可循。在《风骨》篇中,他主张:"洞晓情变,曲昭文体,然后能莩甲新

---

① 《文心雕龙义证》,第 270 页。
② 《文心雕龙义证》,第 289 页。
③ 《文心雕龙义证》,第 1079 页。

意,雕画奇辞。昭体故意新而不乱,晓变故辞奇而不黩。"①把"昭体"和"晓变"结合起来,这也是文体运用的通变关系。

在《定势》篇中,刘勰更为明确地论述到文体融合的原则。他在谈到各种文体有一定的体势后说:

> 虽复契会相参,节文互杂,譬五色之锦,各以本采为地矣。②

他指出各种文体的体制可以互相融合,然而必须保持其"本采"即文体的总体风格。这可以说是对文体融合理论最为形象和准确的表述。

刘勰的理论使我们想起历来关于宋词婉约、豪放两派的争论。这里且不讨论这种分法是否合理。笔者认为词以婉约含蓄为其总体风格特征,这是应该承认的。词的创作吸收诗的某些表现方法,提高词的格调,也应予肯定。但是词的"豪放"有一定的规定性,必须"以本采为地",就是在婉约基础上的豪放,不是粗豪叫嚣。同样是豪放,词体和诗体不同。如苏轼《水调歌头》"明月几时有",写天上人间,现实和幻想,入世和出世,可谓以人生哲理入词。但它融理于情,融意于景,圆通无碍。"我欲乘风归去,又恐琼楼玉宇,高处不胜寒",更是兴寄微茫,委婉之极。辛弃疾之词也是豪放词的代表。其词踔厉风发,喑呜沉雄。但又有摧刚为柔,缠绵悱恻的词的"本采为地"。"何意百炼刚,化为绕指柔"(刘琨诗)③,可借喻稼轩词风。其词有雄豪之气、悲郁之意、哀婉之音,而无粗犷的毛病。至于一些豪放词粗

---

① 《文心雕龙义证》,第 1066 页。
② 《文心雕龙义证》,第 1129 页。
③ 逯钦立辑校:《先秦汉魏晋南北朝诗·晋诗》卷 11,中华书局 1983 年版,第 853 页。

率叫嚣,失其词体之妙,在艺术价值上,是不可与苏、辛相比的。许多赞扬或攻击豪放词的论者,往往着眼于苏辛词和婉约词的差异,却没有从整体上看到苏辛词虽然突破一些词体的束缚,引进诗歌的一些表现手法,但其总体风格仍然是以词的"本采为地"。且不说他们同时创作大量可称为婉约的词作,就其优秀的豪放词来说,也是一种富有词体特点的豪放,与诗歌相比,自是不同。而苏辛派一些不成功的词,往往与失去词的"本采"有直接的关系。

从哲学的角度看,每种事物都有保持自己质的稳定性的数量界限——度。在此界限之内,量的增减不会改变事物的质,但超过界限事物就失去了质的稳定性而转化为其他事物。文的"大体"也就是文的"度"。在这个"度"内,作家可以"契会相参,节文互杂",充分发挥自己的创造力。而一旦失去了大体,超过了"度",也就失去文体的特色了——或者说,也就破坏了这种文体。

第九章　文体价值谱系与破体通例

中国古代讲究文体明辨,各种文体之间似乎界线分明,但实际上又存在着不同文体之间互相融合、互相吸收的情况。在两种不同文体互相融合的过程中,通常是以某一文体为基础,借用吸收另一种文体的体制。在中国古代文体学中,其实这种融合是有规律可寻的,也就是说,借用哪些文体是有一定规则的。中国古代文学创作中破体为文的通例,反映出古人的审美价值取向和文体价值谱系。

一、价值谱系与破体为文

钱锺书《中国文学小史序论》说:"吾国文学,横则严分体制,纵则细别品类,体制定其得失,品类辨其尊卑,二事各不相蒙","体制既分,品类复别,诗文词曲,壁垒森然。"①将文体类别与价值尊卑紧密关联,视为同一事物的纵横两种不同面相。体类不一,尊卑有别,是古人的基本文体观念。中国古代文体品类复杂、成员众多。这些众多的文体成员,在整个文体家族中的地位尊卑、价值高下各有不同,主要表现在两个密切相关的方面:

一,源于政治、礼乐制度的文体价值高于纯粹(或偏重)审美与娱

---

① 钱锺书:《中国文学小史序论》,《国风半月刊》1933 年第 3 卷第 8 期,第 6—7 页。

乐的文体。如诏、令、章、表、奏议、移、檄等行政公文,以及诗、赋、颂、赞、祝、盟、碑、铭、诔、哀、吊、墓志等直接产生于礼乐制度的文体,历来受到推重,被称为"经国之大业,不朽之盛事",其文体地位远远高于词、曲、戏剧、小说等。因为前者是与官制及礼制联系密切的文体,关乎政治权力和社会运行,故地位尊贵;而后者主要以抒情、审美、娱乐功能为文人乃至"愚贱耳目"所认可与喜爱,甚至带有流俗文化色彩,故长期受主流文化的轻视和排斥,在古代文体谱系中处于边缘地位。《四库全书总目》集部"词曲类"小序说:"词、曲二体在文章、技艺之间,厥品颇卑,作者弗贵,特才华之士以绮语相高耳。"①这一看法,其实代表了中国传统社会正统的文体价值判断。所以四库馆臣在编纂《四库全书》时,其文学观以诗文为中心,以词曲(散曲)、小说为边缘文体,而白话小说与戏曲作品则完全被摈斥在外。至于诗文文体内部,情况比较复杂。如六朝王权衰落,政教式微,文学的审美性空前张扬,诗、赋类最能体现声律、藻彩之美的文体得到普遍推崇,故萧统《文选》分体编次,而以诗赋居首。唐宋以后,随着明道、经世意识的增强,在许多总集如《文章正宗》《三国志文类》等中,政教类文体跃居编首,诗赋则退居末位。序次的升降,体现了不同时代文体价值观的变迁。

在儒家文艺思想中,文学的政治、教化功能始终处于首要与核心地位,远远重于抒情、审美和娱乐功能。因此,以明道、经世、教化为主旨的文体,地位高于以抒情、娱乐为主的诗词、戏曲、小说等。当传统诗文逸出明道、经世、教化的轨道,偏于抒情、娱乐,过于华丽、雕琢时,往往遭致严厉批评。而像汉大赋这种与政教本无多大关系的文体,为了抬高其文体地位,便有"赋者,古诗之流也""诗人之赋丽以则"等论断,以便与儒家经典攀上渊源,同时强调赋的美刺功能,以满

---

① 《四库全书总目》卷198,第1807页。

足统治阶级的教化需要。当扬雄等赋家意识到这种教化作用的苍白无力时,遂发出"自悔类倡"的喟叹。这恰恰说明,一旦丧失政教功能,文体和文体作家的地位就极其卑下了。戏曲、小说作家常在本以娱乐为主的文体中强加教化内容,所谓"不关风化体,纵好也枉然",同样是为了迎合正统文艺观,提高其文体品位和价值。

儒家礼乐制度的本质,是对等级秩序的建设和维护。上下尊卑,次序井然。早期文体既产生于这种等级制度,因文体作家的身份、文体使用场合与实际功用有尊卑之分,文体自然也有高下等级。故同为行政公文,诏、诰、令、敕等下行文书,其文体次序居于章、表、奏、启、上书等上行文书之上。如真德秀《文章正宗》一改《文选》以来诗赋居首的总集编纂传统,以"辞命"为编首,原因在于:"文章之施于朝廷,布之天下者,莫此为重。故今以为编之首。"[1]在"辞命"类中,又先以"王言",次以人臣之文。次序先后,体现了等级差别,其判断依据则是政治地位之高下。又,宋人辑《三国志文类》,文体编次为诏书、教令、表奏、书疏、谏诤、戒责、荐称、劝说、对问、议、论、书、笺、评、檄、盟、序、祝文、祭文、诔、诗赋、杂文等,同样体现了以王权政治为本位的文体价值秩序。

二,古人往往以早期产生的文体为正体、古体、雅体,以后世孳生的文体为变体、近体、俗体。在文体价值谱系中,正体高于变体,古体高于近体,雅体高于俗体。儒家礼乐文化有浓厚的贵始反本意识,并由此形成鲜明的崇古思想。"文章与时高下,后代自不及前"[2]之类说法,在古代文论中俯拾皆是。尊古体而卑近体,正是这种崇古思想的体现。儒家礼乐制度是建立在宗法血缘关系基础之上的。宗法讲

---

① (宋)真德秀:《文章正宗》,《文渊阁四库全书》第 1355 册,台湾商务印书馆 1986 年版,第 5 页。

② (明)郎瑛:《七修类稿》卷 26,中华书局 1959 年版,第 392 页。

究血统之正、嫡庶之别,以正宗、正统为贵。文体分正、变,尊正体而卑变体、旁流,自是理所当然。此外,古代士人往往兼有知识分子和行政官员的双重角色。他们位居社会上层,在思想、文化上处于主流和正统地位,是雅文化的代表,追求古典、高雅的艺术品位。至于表现下层世俗社会思想情感和审美倾向的俗文化,他们纵使有兴趣,但对其文体品位的评价仍不高。论文体而分雅俗,重雅轻俗,也是由这种文化地位的差别形成的。

文体上的正变、古近、雅俗之辨,不仅表现在诗、文等成熟较早的文体,尊于词曲、小说等后起文体,也表现在同一文体中,早期产生的尊于晚近产生的。如,同为诗歌,在六朝人眼中,四言高于五言。挚虞《文章流别论》:"雅音之韵,四言为正,其余虽备曲折之体,而非音之正也","五言者……于俳谐倡乐多用之。"①可见,在正统文体观念中,四言源于上古的《诗经》,从宗经出发,自然是正体;五言则是汉代以后才形成的诗体,不如四言古雅,只能称为"流调",即流俗文体;七言更是等而下之。所以,直到唐代,李白还说:"兴寄深微,五言不如四言,七言又其靡也。"②关于文体的正变,明代吴讷在《文章辨体·凡例》中说得很清楚:"四六为古文之变;律赋为古赋之变;律诗杂体为古诗之变;词曲为古乐府之变。"③最先产生的文体是古体也是正体,由此流变而产生的是变体。古文、古赋、古诗、古乐府是正体,四六、律赋、律诗、词曲是变体。变体的地位不能与正体相提并论,这种文体观念在宋代以后大盛。姚铉的《唐文粹》则"文赋惟取古体,而

① (西晋)挚虞:《文章流别论》,(清)严可均校辑:《全上古三代秦汉三国六朝文》,中华书局1958年版,第3810页。
② (唐)孟棨:《本事诗》引,丁福保辑:《历代诗话续编》,中华书局1983年版,第14页。
③ (明)吴讷著,于北山校点:《文章辨体序说》,人民文学出版社1962年版,第10页。

四六之文不录。诗歌亦惟取古体,而五、七言近体不录"①。吕祖谦的《古文关键》、真德秀的《文章正宗》,凡变体诗文,皆摈于集外。吴讷的《文章辨体》分内集、外集。而内外有别,内集收正体,外集收变体。这种取舍反映出选家们颇为普遍的价值取向。

以几种常见的文体而论,诗、文与词、曲相较,诗文品位较高,词曲则被视为旁门变体,胡应麟云:

> 四言不能不变而五言,古风不能不变而近体,势也,亦时也。然诗至于律,已属俳优,况小词艳曲乎!宋人不能越唐而汉,而以词自名,宋所以弗振也。元人不能越宋而唐,而以曲自喜,元所以弗永也。②

胡应麟认为文体之变,每况愈下。词视之"小",曲称为"艳",鄙夷之情溢于言表。甚至以词曲之兴为宋元诗歌沦落的根源,所言更为极端。《四库全书总目》代表着中国传统社会正统文学批评观念。在集部五十一"词曲类"云:"词、曲二体在文章、技艺之间,厥品颇卑,作者弗贵,特才华之士以绮语相高耳。"③从正统的诗学观念看,词多花间尊前的"绮语",词风婉媚,故与载道之文、言志之诗相比,"厥品颇卑"。文人们既普遍认为词曲品位不高,又十分喜爱。陆游《长短句序》:"予少时汩于世俗,颇有所为,晚而悔之。然渔歌菱唱,犹不能止。今绝笔已数年,念旧作终不可掩。因书其首以识吾过。"④他把写词作为过错,既习之,又悔之;既悔之,犹不能止;既绝笔,又觉不可

---

① (清)永瑢等:《四库全书总目》卷 186,第 1692 页。
② (明)胡应麟:《诗薮》内篇卷 2,上海古籍出版社 1979 年版,第 23 页。
③ 《四库全书总目》卷 198,第 1807 页。
④ (宋)陆游:《陆游集·渭南文集》卷 14,中华书局 1976 年版,第 2101 页。

掩。对词的态度颇为矛盾。

唐代律诗形成以后,便有古体与律体优劣之分。古人普遍认为古诗品位高于律诗。有人甚至说,诗至于律是诗家一厄。皎然十分重视声律,但也说:"律家之流,拘而多忌,失于自然,吾常所病也。"①唐人推崇风骨,他们往往将风骨与古体联系起来,而认为律诗缺乏风骨。元稹说:"律体卑下,格力不扬。"②又批评六朝人"律切则骨格不存"③,把声律看作妨害诗歌风骨的因素。因为声律拘忌较多,所谓"律伤严,近寡恩"④,写起来不如古诗潇洒自由,容易过于雕琢而失去自然之趣。吴讷说:"大抵律诗拘于定体,固弗若古体之高远……"⑤对于普通诗人来说,的确如此。

中国古代重视实用性的文体,但那些纯粹出于追求个人名利地位、具有强烈功利目的之文体,则被视为俗下之体,比如科举考试所用之体如经义八股、律赋、试帖诗等,皆被视为与古文相对的时文。另外,有些应酬性质的文体,比如寿序文,内容多逢迎谀颂,颇为人所轻。从本质上讲,这些是另类的俗文体。

古人这种文体价值谱系,简单地看,似乎只不过是一种厚古薄今的复古主义思想在作祟,不值一谈。事实上有些文学批评史研究者往往对此作出简单否定的结论。我以为对古人首先需要的是理解而不是评判。如文体正变高下的观念,反映了中国传统文化所积淀的

---

① [日]遍照金刚撰,卢盛江校考:《文镜秘府论汇校汇考》第3册,中华书局2006年版,第1414页。
② (唐)元稹撰,冀勤点校:《元稹集》卷60《上令狐相公诗启》,中华书局1982年版,第633页。
③ 《元稹集》卷56《唐故工部员外郎杜君墓系铭》,第601页。
④ (宋)强幼安:《唐子西录》,见(清)何文焕辑:《历代诗话》,中华书局1981年版,第445页。
⑤ 《文章辨体序说》,第56页。

审美理想,这就是推崇正宗的、古典的、高雅的、朴素的、自然的艺术形式,相对轻视时俗的、流变的、繁复的、华丽的、拘忌过多的艺术形式。对于这种传统的审美理想,这里不准备漫加褒贬,本章的目的是研究这种审美理想对于文学创作和文学批评的制约和影响。

传统的文学创作与批评十分重视"辨体"。然而宋代以后,破体为文成为一种风气,以文为赋、以文为四六、以文为诗、以诗为词、以古为律等在在可见。那么,在破体融合之中,有什么规律呢?清诗人潘德舆云:

> 以诗为词,犹之以文为诗也。韩昌黎、苏眉山皆以文为诗,故诗笔健崛骏爽,而终非本色;以诗为词,则其功过亦若是已矣。虽然,天下犹有以诗为文、以词为诗者:以诗为文,六朝俪偶之文是也;以词为诗,晚唐、元人之诗是也。知以诗为文、以词为诗之失,则知矫之者之为健笔矣,而所失究在于不如其分也。夫太白以古为律,律不工而超出等伦;温、李以律为古,古即工而半无真气。持此为例,则东坡之诗词,未能独占古今,而亦扫除凡近者欤![①]

潘德舆这里所持的破体价值取向很明显。"以诗为词""以文为诗""以古为律"虽然不本色,却能获得健崛骏爽的风格。李白以古为律,虽"不工而超出等伦",苏轼的诗词,虽"未能独占古今,而亦扫除凡近",总之,是一种有缺陷的成功。而"以诗为文""以词为诗""以律为古"同样也不本色,却显萎弱乏真气,毫无是处,可谓是彻底的失败。可见"以诗为词""以文为诗""以古为律"的价值远超出于"以词

---

① (清)潘德舆:《养一斋诗话》卷2,郭绍虞编选,富寿荪校点:《清诗话续编》第4册,上海古籍出版社1983年版,第2035页。

为诗""以诗为文""以律为古"。潘德舆虽然没有很明确地提出来，实际上涉及古代破体的通例问题。

中国古代存在一种破体的通例，尽管没有人公然标举，这一通例和文体正变高下的观念大有关系：在创作近体时可参借古体，而古体却不宜借用近体；比较华丽的文体可借用古朴文体，古朴文体不宜融入华丽文体；骈体可兼散体，散体不可带骈气。更为具体地说，以文为诗胜于以诗为文，以诗为词胜于以词为诗，以古为律胜于以律为古，以古文为时文，胜于以时文为古文……了解这个通例，对于我们了解宋代以后诗文创作和批评很有益处。下面我们结合几种破体的实例加以阐述。

二、以诗为词与以词为诗

在文学批评中，对以诗为词评价不一，有褒有贬；然而对以词为诗却一致否定，评价较低。这种微妙的差异显示诗、词不同的地位。

在宋代，苏轼和秦观分别被视为以诗为词和以词为诗的代表。《王直方诗话》：

> 东坡尝以所作小词示无咎、文潜曰："何如少游？"二人皆对云："少游诗似小词，先生小词似诗。"①

秦观词是本色派的代表，《后山诗话》谓："退之以文为诗，子瞻以诗为词，如教坊雷大使之舞，虽极天下之工，要非本色。今代词手，惟秦

---

① 郭绍虞辑：《宋诗话辑佚》卷上《王直方诗话》，中华书局1980年版，第93页。

七、黄九尔,唐诸人不逮也。"①夏敬观《手批淮海词》:"少游则纯乎词人之词也。"②其词妍丽俊逸,境界凄婉,情辞俱佳。然而他的诗风颇类词风。《后山诗话》引世语云:"秦少游诗如词。"③可见这是当时人的定评。

以词为诗的特点是妩媚而婉弱。宋人敖陶孙《臞翁诗评》谓:"秦少游如时女步春,终伤婉弱。"④苏轼说秦观诗可入"小石调"⑤。据燕南芝庵《唱论》:"小石唱旖旎妩媚。"⑥黄彻《䂬溪诗话》卷3以钟嵘称张茂先诗"儿女情多,风云气少"之语移评秦观诗⑦。而元好问把秦观诗与韩愈诗相比,干脆称之为"女郎诗"⑧,这当然不是个好名称。秦观有些诗歌风格的确比较婉约,近乎词风,以其《游鉴湖》诗为例:

> 画舫珠帘出缭墙,天风吹到芰荷乡。
> 水光入座杯盘莹,花气侵人笑语香。
> 翡翠侧身窥渌酒,蜻蜓偷眼避红妆。
> 蒲萄力缓单衣怯,始信湖中五月凉。⑨

---

① 《历代诗话》,第309页。
② (宋)秦观著,徐培均笺注:《淮海居士长短句笺注》附录4,上海古籍出版社2008年版,第367页。
③ 《历代诗话》,第312页。
④ (宋)魏庆之:《诗人玉屑》卷2,上海古籍出版社1978年版,第19页。
⑤ (宋)张孝祥著,徐鹏校点:《于湖居士文集》附录宋汤衡《张紫微雅词序》,上海古籍出版社1980年版,第423页。
⑥ (元)陶宗仪:《南村辍耕录》卷27,中华书局1959年版,第338页。
⑦ (宋)黄徹著,汤新祥校注:《䂬溪诗话》,人民文学出版社1986年版,第46页。
⑧ 参见郭绍虞集解、笺释:《杜甫戏为六绝句集解 元好问论诗三十首小笺》,人民文学出版社1978年版,第76页。
⑨ (宋)秦观著,周义敢等编注:《秦观集编年校注》卷4,人民文学出版社2001年版,第67页。

妍丽香软，伤于婉弱，评为"风云气少"并不过分。秦观并非有意识的以词为诗，在他之后，似乎没有其他诗人尝试以词为诗的方法。这也反映出在古人的观念中以词为诗，此路不通。

在宋代，以诗为词之风甚盛。当然，以诗为词有各种不同的层次与方式。黄庭坚《小山集序》称赞晏几道"独嬉弄于乐府之余，而寓以诗人之句法，清壮顿挫，能动摇人心"，"可谓狎邪之大雅，豪士之鼓吹。其合者《高唐》《洛神》之流，其下者岂减《桃叶》《团扇》哉！"①晏几道写词，"寓以诗人之句法"②，使词雅化，这只是在极有限的形式中渗透诗的句法，与苏轼等人的以诗为词的本质自是不同。而以唐诗入宋词，宋人贺铸、周邦彦都乐于此道。贺铸自己曾说："吾笔端驱使李商隐、温庭筠，常奔走不暇。"③王铚《默记》卷下亦云："贺方回遍读唐人遗集，取其意以为诗词。"④陈振孙《直斋书录解题》卷 21 云，《清真词》"多用唐人诗语，隐括入律，浑然天成"⑤。刘克庄《刘叔安感秋八词》："美成颇偷古句，温、李诸人，困于掎扯。"⑥他们融化唐诗，使字面典雅。这种方法和东坡从内容到形式地以诗为词的创作差距也是明显的。

苏轼的以诗为词受到一些人的批评，视为非本色，但作为一种创作方式，其价值却是以词为诗所不能相比的。苏词突破了词为艳科的传统，把言志和抒情结合起来。刘辰翁说："词至东坡，倾荡磊落，

---

① 《全宋文》第 106 册，第 150 页。
② 《全宋文》第 106 册，第 150 页。
③ （宋）周密撰，孔凡礼点校：《浩然斋雅谈》卷下，中华书局 2010 年版，第 59 页。
④ （宋）王铚撰，朱杰人校点：《默记》，中华书局 1981 年版，第 46 页。
⑤ （宋）陈振孙著，徐小蛮、顾美华点校：《直斋书录解题》，上海古籍出版社 1987 年版，第 618 页。
⑥ （宋）刘克庄著，辛更儒笺校：《刘克庄集笺校》卷 99，中华书局 2011 年版，第 4183 页。

如诗如文,如天地奇观,岂与群儿雌声学语较工拙。"①他提高了词的品位格调和地位,开拓了词的表现范围,扩大了词境,凡是在诗文中可以表现的,都可以在词中表现。刘熙载《艺概》卷4《词曲概》说:"东坡词颇似老杜诗,以其无意不可入,无事不可言也。"②尽管不少人批评苏轼以诗为词,但有一个事实不容忽视:苏轼之后,许多人继承其传统,甚至形成阵营颇壮的流派。这就与秦观的以词为诗的命运显然不同。而诗人在后代的命运,是由人们普遍的审美趣味所决定的。

其实不仅"豪放派"以诗为词,就是格律派的代表姜夔也有某种程度的以诗入词的倾向。苏轼以诗为词,扩大了词的题材,使它走出花间樽前,从而提高词的意格。而姜夔则以诗法为词,以他熟悉的江西诗派瘦硬爽健的风格和一些表现手法融入词中,改造晚唐以来温、韦、柳、周靡曼软媚之词风,从而形成飘逸、清空、骚雅的词境。《乐府指迷》说:"姜白石清劲知音,亦未免有生硬处。"③冯煦说:"读姜词者,必欲求下手处,则先自俗处能雅,滑处能涩处。"④所谓清劲、生硬、雅、涩等美学特征正是江西派的精神。夏承焘先生《姜夔的词风》说:"白石用辞多是自创自铸,如'数峰清苦,商略黄昏雨'、'冷香飞上诗句'等,意境格局和北宋词人不同,分明也出于江西诗法。"⑤姜

---

① (宋)刘辰翁撰,段大林校点:《刘辰翁集》卷6《辛稼轩词序》,江西人民出版社1987年版,第177页。

② (清)刘熙载:《艺概》,上海古籍出版社1978年版,第108页。

③ (宋)沈义父著,蔡嵩云笺释:《乐府指迷笺释》,人民文学出版社1963年版,第48页。

④ (清)冯煦:《蒿庵论词》,唐圭璋编:《词话丛编》第4册,中华书局1986年版,第3594页。

⑤ 夏承焘:《姜夔的词风》,《夏承焘集》第2册,浙江古籍出版社、浙江教育出版社1998年版,第307页。

夔的创作从某种意义上看,也是以诗入词成功的例子。但批评家对白石的以诗为词比对东坡要宽容得多。这大概因为姜词注重音律,词的本色较多之故。

为什么中国古代文学史上除秦观之外,几乎没有人运用以词为诗的创作方法,而秦观又是一个失败的例子呢?为什么以诗为词能蔚然成风,并得到许多批评家的赞同呢?这主要是文体正变高下的传统观念在起作用。诗庄词媚,诗正词变,故诗体高于词体。以词入诗,诗变软媚;以诗为词,词转刚劲。田同之《西圃词说》:

> 魏塘曹学士云:"词之为体如美人,而诗则壮士也。如春华,而诗则秋实也。如夭桃繁杏,而诗则劲松贞柏也。"罕譬最为明快。然词中亦有壮士,苏、辛也。亦有秋实,黄、陆也。亦有劲松贞柏,岳鹏举、文文山也。选词者兼收并采,斯为大观。若专尚柔媚,岂劲松贞柏,反不如夭桃繁杏乎。①

"词之为体如美人,而诗则壮士也。"②那么苏、辛以诗入词,是"词中壮士",而秦观以词入诗,则为"女郎诗"。以"女郎诗"与"壮士词"相比,虽然同样非本色,但人们宁愿要后者。这与中国传统美学理念重阳刚之气大概也有关系。清代查礼说:"词不同乎诗而后佳,然词不离乎诗方能雅。"③更明确地把词的诗化作为提高词格的一种原则。陈廷焯说:"昔人谓诗中不可著一词语,词中亦不可作一诗语,其间界若鸿沟。余谓诗中不可作词语,信然;若词中偶作诗语,亦何害其为

---

① 《词话丛编》第 2 册,第 1450 页。
② (东汉)班昭《女诫·敬慎》云:"阴阳殊性,男女异行。阳以刚为德,阴以柔为用。男以强为贵,女以弱为美。"(《全后汉文》卷 96)这对我们理解"词之体为美人,而诗则壮士"的美学内涵有所帮助。
③ (清)查礼:《铜鼓堂词话》,《词话丛编》第 2 册,第 1482 页。

大雅?""诗中不可作词语,词中不妨有诗语,而断不可作一曲语。温、韦、姜、史复起,不能易吾言也。"①这种诗、词、曲之间的融合原则,正反映了文体品位的传统观念。

三、以古入律与以律入古

这里的古诗是相对于律诗而言的,泛指乐府、歌行和古体诗。以古入律就是在律诗中用古诗句法、气势,打破格律的规范,使之具有古意;而以律入古就是在古诗中运用合乎格律的句式或体制。两者相较,古人明确指出以古入律的审美价值高于以律入古。李东阳云:

> 古诗与律不同体,必各用其体,乃为合格,然律犹可间出古意,古不可涉律。古涉律调,如谢灵运"池塘生春草""红药当阶翻",虽一时传诵,固已移于流俗而不自觉。若孟浩然"一杯还一曲,不觉夕阳沉",杜子美"独树花发自分明,春渚日落梦相牵",李太白"鹦鹉西飞陇山去,芳洲之树何青青",崔颢"黄鹤一去不复返,白云千载空悠悠",乃律间出古,要自不厌也。②

王世贞说:

> 古乐府、《选》体、歌行,有可入律者,有不可入律者,句法、字

---

① (清)陈廷焯著,杜维沫校点:《白雨斋词话》卷5,人民文学出版社1983年版,第143—144页。

② (明)李东阳著,李庆立校释:《怀麓堂诗话校释》,人民文学出版社2009年版,第6页。

法皆然。惟近体必不可入古耳。①

为什么古可入律而律不可入古？李东阳、王世贞语焉不详。方弘静《千一录》解释："以古诗为律诗，其调自高。太白、浩然所长，储侍御亦多此体。以律诗为古诗，其格易卑，虽子美不免。"②古诗品位高，故可提高律诗的意趣；律诗品位低于古诗，故降低了古诗的格调。其道理颇似高度酒与低度酒的互相调配。沈德潜也解释：

> 乐府中不宜杂古诗体，恐散朴也；作古诗正须得乐府意。古诗中不宜杂律诗体，恐凝滞也；作律诗正须得古风格。与写篆、八分不得入楷法，写楷书宜入篆、八分法同意。③

因为律诗在音律字句等方面有严格的规定，拘忌较多，古诗更富于曲折顿挫奔放纵逸，表达更为自由。因此沈德潜认为以律入古之弊在"凝滞"，即束缚了古诗，失去质朴自然之趣。以古入律反能提高律诗的意格风骨，开拓其气度章法，增加其浑然古朴之美。

王寿昌与沈德潜一样，以书法作比：

> 作字者，可以篆隶入楷书，不可以楷法入篆隶。作诗者，可以古体入律诗，不可以律诗入古体。以古体作律诗，则有唐初气味；以律诗入古体，便落六朝陋习矣。④

---

① （明）王世贞著，罗仲鼎校注：《艺苑卮言》卷1，齐鲁书社1992年，第39页。
② （明）方弘静：《千一录》卷10，《续修四库全书》第1126册，上海古籍出版社2002年版，第247页。
③ （清）沈德潜著，霍松林校注：《说诗晬语》卷下，《原诗 一瓢诗话 说诗晬语》，人民文学出版社1979年，第244页。
④ （清）王寿昌：《小清会园诗谈》卷上，《清诗话续编》第3册，第1857页。

王寿昌认为,以古体作律诗,则其律诗有初唐诗的意味,而以律诗入古体,其古诗则有齐梁风气了。这种解释,是以文学时代价值观来表达对不同文体融合形式的价值判断。

谢灵运《登池上楼》的名句"池塘生春草,园柳变鸣禽",近乎律句。句摘可成佳语,整篇则欠浑然。《沧浪诗话·诗评》:"建安之作,全在气象,不可寻枝摘叶。灵运之诗,已是彻首尾成对句矣,是以不及建安也。"①这也是李东阳批评谢诗"移于流俗"的原因。古涉律调就失去浑然古朴之气,所以在传统文学批评中,对此几乎全是贬词。如贺贻孙《诗筏》提出,"夫古诗可截作律诗,非古诗之至者也。"并举王昌龄《别刘谞》一诗为例,说中间四十字"是一首绝好五言律",但作为一首古诗,"便减价数倍"②。又如许学夷《诗源辩体》卷20批评道:"初唐七言古,句皆入律,此承六朝余弊。钱、刘七言古亦多入律,此是风气渐漓也。"③又说:"乐天五言古,语既率易,中复间用律句,是厥体中所短……学乐天者最宜慎之。"④清代施补华《岘佣说诗》认为"齐、梁、陈、隋间,自谢玄晖、江文通外,古诗皆带律体,气弱骨靡,思淫声哀,亡国之音也"⑤。这些批评家都一致把以律入古作为诗病对待。

再看以古为律,崔颢《登黄鹤楼》是律中间古的典型诗例。许印芳说:"此篇乃变体律诗,前半是古体诗,以古笔为律诗,盛唐人有此格。"⑥此诗前四句:"昔人已乘黄鹤去,此地空余黄鹤楼,黄鹤一去不

① (宋)严羽著,郭绍虞校释:《沧浪诗话校释》,人民文学出版社1983年版,第158页。
② 《清诗话续编》第1册,第185—186页。
③ (明)许学夷著,杜维沫校点:《诗源辩体》,人民文学出版社1987年版,第224页。
④ 《诗源辩体》卷28,第273页。
⑤ (清)王夫之等撰:《清诗话》下册,上海古籍出版社1963年版,第977页。
⑥ (元)方回选评,李庆甲集评校点:《瀛奎律髓汇评》卷1引,上海古籍出版社2005年版,第25页。

复返,白云千载空悠悠。"黄鹤"二字重复三次,这在标准的律诗中是不允许的,而且其颔联的平仄对偶都不严格。然而此诗历来颇受青睐,严羽甚至说:"唐人七言律诗,当以崔颢《黄鹤楼》为第一。"①

唐人的律诗创作,颇有以古入律的,如盛唐的高适、岑参的五言律,杜甫的七言律。而杜甫更是有意识地创制拗体,运用古诗句法气势入律,打破原来律句的固定形式,使其音响拗折,兀傲有奇气,如《白帝城最高楼》《愁》《白帝》《昼梦》等都是拗体七律。这种拗体,更适合抒发杜甫胸中抑郁不平之气。正如王嗣奭评《愁》诗:"愁起于心,真有一段郁戾不平之气,而因以拗语发之,公之拗体大都如是。"②历来对高适、岑参、杜甫以古入律之作评价都较高。许学夷评论说:"盛唐高岑五言、子美七言,以古入律,虽是变风,然气象风格自胜。"③刘熙载《艺概》卷2《诗概》:"少陵以前律诗,枝枝节节为之,气断意促,前后或不相管摄,实由于古体未深耳。少陵深于古体,运古于律,所以开阖变化,施无不宜。"④后代不少诗家有意以古入律,以求奇气。江西诗派写诗往往故意不对,或者故意对得不工,因为他们认为对偶太工则失于巧,故主张宁拙勿巧的。明人写律诗也喜欢以古入律,如徐祯卿就喜欢摹拟孟浩然通首不对偶的律诗(如《送范静之迁威州》),以追求高古之气格。这种风气是颇说明问题的。魏禧教弟子写诗:"学诗当从古诗入手,有得乃学律。从古入律,律中带古,风格自尔贵上;从律入古,古中带律,易入轻厌矣。"⑤可见这种观念也影响到古人诗歌创作的学习途径。

① 《沧浪诗话校释》,第 197 页。
② (明)王嗣奭:《杜臆》,上海古籍出版社 1983 年版,第 245 页。
③ 《诗源辩体》卷 20,第 227 页。
④ (清)刘熙载:《艺概》,上海古籍出版社 1978 年版,第 60 页。
⑤ (清)魏禧:《魏叔子日录》卷 2,胡守仁等校点:《魏叔子文集》,中华书局 2003 年版,第 1118 页。

四、以文为诗与以诗为文

以文为诗和以诗为文的情况与以上所述情况稍有不同。诗与文两者并无明显正变高下之分。然而,自唐代古文运动后,文的载道功能空前加强。而诗与政治、礼乐的关系已远不如《诗经》时代,更多承载的是抒情、审美功能。而按传统的文体价值观,"载道"要高于"缘情"。这种观念也影响到对以文为诗与以诗为文两种破体方式的不同评价。

关于"以文为诗"与"以诗为文"的渊源,清邓绎《藻川堂谭艺》"唐虞篇"说:

> 以诗为文者始于《文言》之释《易》,而六朝之骈俪继之。以文为诗者始于屈原之《离骚》,而杜、韩之诗歌继之。辞章之变化随世代因,而古今不能限隔,惟睿智而希圣者能观其通,众人则束缚于绳墨之不暇耳。[1]

依邓绎所言,"以诗为文"和"以文为诗"是古已有之,而他对此也没有什么厚此薄彼之意。

假如从严格的辨体角度而论,则"以诗为文"和"以文为诗"都是有所欠缺的。明人车大任《又答友人书》说:

> 诗文各有体,不辩体而能有得者,未之前闻也。夫文贵显也,不显不足以敷畅其事情。诗贵隐也,不隐不足以见深长之味。设若以文为诗,堕议论之窟矣;以诗为文,乏经纬之章矣。

---

[1] 《历代文话》第7册,第6129页。

故说者以为诗祖盛唐,文宗两汉,岂不谓其气格骨力,足以追《三百篇》之遗响,绍《六经》之废绪哉?①

文实用性较强,适用于叙述、说理、议论,范围较广,而诗则偏重抒情。所谓文以载道,诗以缘情。文在形式上更为自由、流畅、平易,而诗仍受句式、押韵的限制,诗体重含蓄、凝练、典雅。

宋人把韩愈与杜甫分别当作以文为诗和以诗为文的代表。《后山诗话》引黄庭坚语:"诗文各有体,韩以文为诗,杜以诗为文,故不工尔。"②《扪虱新话》上集卷1:"韩以文为诗,杜以诗为文,世传以为戏。"③可见在宋代这几乎成为家喻户晓的熟语。从传统文体学的眼光看,杜诗、韩文是诗体、文体的典型,杜文、韩诗却不本色,不值得推崇。然而在绝大多数批评家眼里,韩诗与杜文并不能等量齐观的,韩诗地位高于杜文。刘辰翁《须溪集》卷6《赵仲仁诗序》云:

> 文人兼诗,诗不兼文也。杜虽诗翁,散语可见。惟韩、苏倾竭变化,如雷霆河汉,可惊可快,必无复可憾者,盖以其文人之诗也。④

韩苏之诗胜于杜甫之文,文人之诗高于诗人之文。文人可以兼作诗人,诗人不得兼作文人。这也涉及以文为诗和以诗为文孰优孰劣的问题。

---

① (清)黄宗羲编:《明文海》卷161,中华书局1987年影印本,第1617页。
② 《历代诗话》,第303页。
③ (宋)陈善:《扪虱新话》卷9"文中有诗,诗中有文",《四库全书存目丛书》子部杂家类第101册,齐鲁书社1995年版,第303页。
④ (宋)刘辰翁撰,段大林校点:《刘辰翁集》卷6,江西人民出版社1987年版,第172页。

所谓"以文为诗",就是以古文的章法、句法入诗,以议论入诗,扩展了诗的表现手法和表现范围,提高了诗的格调。以文为诗,杜甫已有此倾向。刘熙载《艺概》卷2《诗概》说:"杜陵五七古叙事,节次波澜,离合断续,从《史记》得来,而苍莽雄直之气,亦逼近之。"①这是从其表现手法而言的。宋人称杜甫诗为"诗史",则主要是从其表现内容着眼的。以史为诗,也是以文为诗的一种。韩愈的七言古诗,以文为诗的倾向最为明显。方东树论七古诗时说:"观韩、欧、苏三家,章法剪裁,纯以古文之法行之,所以独步千古。"②其七言古诗的成就来自于以文为诗,唐初的七言古诗受声律影响,宛转流丽但风骨不高,韩愈以其所擅长和推崇的散体古文的气格、章法、字句融入古诗之中,使其风骨端翔,气韵高古。与唐初七言诗相较,别具一种风味,如其《山石》诗,就把写游记的古文体用来写诗,故方东树谓此诗:"只是一篇游记,而叙写简妙,犹是古文手笔。"③又如韩愈的《琴操》十首,朱彝尊评曰:"果非《诗》《骚》,微近乐府,大抵稍涉散文气。昌黎以文为诗,是用独绝。"④也把以文为诗作为韩愈的独创性与成就。可见韩愈所代表的以文为诗的表现方法,固然受到某些批评,但也有不少批评家颇为赞赏。宋代以后,以文为诗蔚然成风。严羽严厉批判宋人以文字为诗,以议论为诗,以才学为诗,正好说明这种风气之盛。历来对宋诗褒贬不一,与对以文为诗的不同评价大有关系。以文为诗对宋人的影响是多方面的,宋诗之所以有自己的风神面目,不沿袭唐人的格调气象,和以文为诗有密切关系。以文为诗,故宋诗重

---

① (清)刘熙载:《艺概》,上海古籍出版社1978年版,第60页。
② (清)方东树著,汪绍楹点校:《昭昧詹言》卷11,人民文学出版社1984年版,第232页。
③ 《昭昧詹言》卷12,第270页。
④ (唐)韩愈著,钱仲联集释:《韩昌黎诗系年集释》卷11引,上海古籍出版社1994年版,第1172页。

理致、尚深刻、求平淡、崇学力。由于宋人自觉而独特的美学追求,使宋诗格调与唐诗之风韵迥异。如果说唐诗就像唐人最喜爱的牡丹一样高华壮丽,宋诗则如宋人最推崇的梅花一样脱弃凡俗、格高韵远。

黄庭坚教人"作诗使《史》《汉》间全语,为有气骨"①。这是主张以文入诗。而黄庭坚的诗还往往融入古文的气势章法,如其七律《登快阁》:

> 痴儿了却公家事,快阁东西倚晚晴。
> 落木千山天远大,澄江一道月分明。
> 朱弦已为佳人绝,青眼聊因美酒横。
> 万里归船弄长笛,此心吾与白鸥盟。②

方东树评这首律诗"此所谓寓单行之气于排偶之中者"③,后世批评家们常以此作为山谷的律诗代表作。唐人律诗以风华壮丽、音调和谐为美,而黄庭坚把古文的气势风骨摄入律诗中,一首短诗如长河气势磅礴,又有顿挫起伏,曲折盘旋,气格高古。中间的对句毫无骈偶之气,细看却颇为工整,是以古文入诗的佳例。

在中国文学史上,"以诗为文"的情况相当少,也比较特殊。批评家偶有涉及,但很少有专门讨论这个问题的,所以"以诗为文"的内涵比较含糊。陈师道《后山诗话》引黄庭坚云:"杜之诗法出审言,句法出庾信,但过之尔。杜之诗法,韩之文法也。诗文各有体,韩以文为

---

① 郭绍虞辑:《宋诗话辑佚》卷上《王直方诗话》第 236 则,中华书局 1980 年版,第 87 页。
② (宋)黄庭坚著,(宋)任渊、史容、史季温注,刘尚荣校点:《黄庭坚诗集注》外集卷 11,中华书局 2003 年版,第 1144 页。
③ 《昭昧詹言》卷 20,第 451 页。

诗,杜以诗为文,故不工尔。"①比较明确把"以文为诗"和"以诗为文"对举,并分别以韩愈、杜甫为代表。但是,黄庭坚所谓杜甫"以诗为文"之说相当含糊,并没有具体的例证,其内涵难以把握。唐人司空图曾在《题柳柳州集后序》提到杜甫的文章时说:"愚观文人之为诗,诗人之为文,始皆系其所尚,既专则搜研愈至,故能衔其功于不朽。亦犹力巨而斗者,所持之器各异,而皆能济胜以为勍敌也……又尝睹杜子美《祭太尉房公文》,李太白佛寺碑赞,宏拔清厉,乃其歌诗也。"②认为李白、杜甫有些文章宏拔清厉,如其歌诗,言外之意是赞扬李、杜作为"诗人之为文"。但司空图所举李、杜之碑文和碑赞,皆为韵文,谓其近乎"歌诗",是可以理解的。但是文学批评史上,对于杜甫古文的评价总体不高。许印芳针对司空图的说法,认为"李杜二公,皆专工于诗,妙处非韩柳所及,虽亦能为古文,而菁华既竭于诗,文笔遂少光焰。太白之文可读者多,子美之文可观亦少,且有拙涩累赘之病。"③认为杜文成就不高,这可以说是传统的看法。如在宋代,秦观就说过:"人才各有分限,杜子美诗冠古今,而无韵者殆不可读。"④那么杜文的缺点是什么?有批评家认为杜文质而艰涩。如仇兆鳌说:"杜诗皆熔经铸史,而散文时有艰涩。"⑤又评《东西两川说》:"此文无段落结构,而兼有拙涩之语。"⑥而赞者也多谓其古拙。如张潜《读书堂杜工部文集注解》评《唐兴县客馆记》:"以质见姿,似拙似

---

① 《历代诗话》,第 303 页。
② (唐)司空图著,郭绍虞集解:《诗品集解》附录,人民文学出版社 1963 年版,第 53 页。
③ 《诗品集解》附录,第 53 页。
④ 《宋诗话辑佚》卷上《王直方诗话》第 280 则《诗文难兼善》,第 101 页。
⑤ (唐)杜甫著,(清)仇兆鳌注:《杜诗详注》卷 25 评《唐兴县客馆记》,中华书局 1979 年版,第 2207 页。
⑥ 《杜诗详注》卷 25,第 2213 页。

滞,而有古致,总不欲堕流利尖巧一家。"①又评《秋述》:"古拙曲折。"②评《前殿中侍御史柳公紫微仙阁画太一天尊图文》:"每于生处拙处见致。"③杜文的特点是生拙艰涩,某种程度上像其诗。在宋代,欧苏掀起第二次古文运动,古文崇尚平易流畅,文从字顺。杜文古拙艰涩,不平易,不流畅,和宋人审美标准迥异,自然品评不高。也许在这个意义上,宋人才谓杜甫"以诗为文"吧。关于杜甫"以诗为文",尚无确解,有待进一步探讨。本人认为,韩愈"以文为诗"是公论,但杜甫"以诗为文"却并非典型。宋人之所以这样说,可能是因为杜甫之文远逊其诗,所以顺便拿来作为韩愈"以文为诗"的陪衬,以足其语意,说明诗文各有体,作家各有擅长而已。此语带有调侃意味,并非严谨之言。故宋代陈善《扪虱新话》上集卷 1 说:"韩以文为诗,杜以诗为文,世传以为戏。"所以对杜甫的"以诗为文",不必求之过深。不过可以肯定,杜甫的"以诗为文"与韩愈的"以文为诗"相比,在文学批评史上的地位要低得多,每部唐诗选本都少不了韩诗,而向来的文选均不重视杜文。这一方面可能因为批评家们认为杜甫缺乏古文创作的高超能力,但另一方面,也可能反映了批评家对"以诗为文"的轻视。

在中国古代,无论创作还是理论,关于"以诗为文"的文献极少,也许这种现象本身就说明"以诗为文"不太符合古人的审美习惯。在古人的文体分类传统中,文以载道,诗以缘情。古人的散文和我们现代的文学性散文并不完全一致,它主要是实用性的文体,以记叙、议论、说理、载道为主,其中有些文体如游记等,也颇有写得充满诗意

① (唐)杜甫著,(清)杨伦笺注:《杜诗镜铨》,上海古籍出版社 1962 年版,第1076 页。
② 《杜诗镜铨》,第 1079 页。
③ 《杜诗镜铨》,第 1104 页。

的,但不能形成一种以诗为文的创作风尚和方法。"以诗为文"的内涵是什么,古人似乎没有明确阐释过。他们的"以诗为文"似乎是指具有诗歌声韵、整饬与凝炼之美的文章。六朝俪偶之文注重隶事用典、追求声律和谐、句式趋于齐整。有些骈文名篇如陶弘景《答谢中书书》、吴均《与朱元思书》、丘迟《与陈伯之书》等都是雅洁精致的小品,确有诗化的倾向。然而若是从正宗古文的标准来衡量,六朝俪偶之文价值并不高。从古文家的眼中,六朝俪偶之文正是属于"八代之衰"。"以诗为文"之弊可能就是因为形式上有所拘束,因此不够自由开阔,显得过于工巧纤弱。在中国古代尚没有人大力提倡以诗为文,而在创作上,像晚明小品,独抒性灵,清新工巧,富有诗情画意,似乎可称为以诗为文的作品,但在正统的文学批评看来,晚明小品过于小巧,只能算旁门而非正宗散文。在《四库全书总目》集部与子部的提要中,对于晚明这类文章几乎都是强烈贬斥的,这也反映出以诗为文在人们心目中的地位。而且严格地说,古人也对以诗歌语言入古文不感兴趣。桐城派领袖方苞倡导"雅洁",反对以"诗歌中隽语"入古文①,就是一个例子。

从以上这几种典型的破体为文形式的选择中,我们可以看出古人一些审美价值取向,这就是崇尚古朴、自由、自然与风骨。这是中国古典美学理想在文体学上的体现。需要说明的是,破体为文是宋代以后才形成的风气,破体为文的通例自然产生于宋代以后。唐人对此并没有强分高下,唐人的古体诗(尤其七古)就颇多入律。如高适《燕歌行》"汉家烟尘在东北",大体是律句,且很讲对仗,是入律古风,此外如王维《桃源行》、白居易《长恨歌》《琵琶行》、元稹《连昌宫词》也是入律古风。杜甫的五言古诗《望岳》(岱宗夫如何),就是熔

---

① (清)沈廷芳:《隐拙斋集》卷41《书〈方望溪先生〉后》,《四库全书存目补编》第10册,齐鲁书社2001年版,第517页。

律入古的典范之作。宋代以后，这种现象显然减少了。我们所说的"破体通例"，主要是形成于宋代以后。艺术上既有通例，便有例外。价值判断的标准会随着时代发展而变化，艺术规律也绝非不能越雷池一步。艺术表现和创新的动力往往会冲破规则的牢笼，并在文学理论和批评中表现出来。北朝乐府《木兰辞》（作品年代尚有争议）中"朔气传金柝，寒光照铁衣。将军百战死，壮士十年归"数句是以律入古。谢榛说它"绝似太白五言近体"①，沈德潜批评它"伤于炼也"②，认为它以律入古，失去浑朴之美。依我们看来，这数句诗凝练明快，使整体富于变化，何妨为好诗。正如韩愈散文颇多骈句，以之增加音色之美，以骈入散何妨为佳构。不过，尽管不能以古人的标准为标准，我们却必须了解这个标准。

---

① （明）谢榛著，宛平校点：《四溟诗话》卷3，人民文学出版社1961年版，第83页。
② （清）沈德潜著，霍松林校注：《说诗晬语》卷上，《原诗 一瓢诗话 说诗晬语》，人民文学出版社1979年版，第198页。

第十章　中国古典风格学的形成及特色

在中国文学批评理论中，文学风格学占有很重要的地位。它源远流长，丰富精微，且自成体系，与西方风格学相比，极其典型地呈现出中华传统文化的思维特征与理论风采。如果冷静地面对西方文论20世纪以来的风起云涌，我们尤其可以说，中国古代文学风格学还是一座尚待深入挖掘的宝山。下面试图对其形成过程加以考察，并由此讨论其理论特色。

一、人物品评与风格批评

中国古代的风格批评起源很早，在先秦诸子和经籍史传中已有大量对于文学艺术的批评材料，而且古代的文学艺术批评从一开始就以风格作为主要的批评对象之一。但早期的风格批评尚缺乏系统性，而且早期的文学艺术创作主要是民间的与集体的创作，所以在批评上人们往往只强调风格与时代、地域的关系，尤其强调不同时代、不同地域的政教状况对于文艺风格的决定作用。如《左传·襄公二十九年》季札观乐，就是从各地的社会状况和艺术风格的关系上来评论的。早期的风格批评，几乎集中于时代风格和地域风格，至于创作主体的个性对风格的决定作用，人们尚没有明确意识到。这是很自然的现象，因为在当时的文艺创作中，艺术的创作个性尚未凸显，虽有极个别的诗人已具有创作个性,但还没有引起批评家对个性的充分发现和重视。当然早期的文学批评也重视创作主体,但重视的主要是人品道德而不是创作个性。

魏晋时代,中国古代风格学初步形成。到了刘勰的时代,风格学已构成系统的理论。与西方风格学相比,中国古代风格学的形成和兴盛有非常奇特的历史原因。如果说西方风格学起源于修辞学的话,中国古代风格学则是在魏晋时代人物品评的直接影响之下形成的①。一种完全非文学性的社会活动,导致了一场美学上的变革。

汉代以察举纳士,选拔人才,人物品评已成为风气。但魏晋人物品评却从原先的政治、道德目的,变为对人物的才性与风神的鉴赏。由于儒教的衰落,人们更能突破传统教化的束缚,更为注重考核人物的精神和个性。"才性之辨"就是当时清谈的重要论题。魏晋人物品评有其特点,即是由人的形象风姿入手品评其神韵。魏初刘劭的《人物志》一书就"主于论辨人才,以外见之符,验内藏之器"②。此书以"九征"即人的神、精、筋、骨、气、色、仪、容、言来观人,"由形所显观心所蕴"③,以人物的形象作为品评的对象,于是人物的品鉴就由实用转而趋向审美。

在《世说新语》中,人物品鉴艺术化倾向更是显而易见,它对人物的品鉴已寓于对人物风姿的描写之中:

　　世目李元礼:"谡谡如劲松下风。"④

---

① 人物品评盛于汉末魏晋,延至南朝而不绝,这里仅以魏晋为例。
② 《四库全书总目》卷117,第1009页。
③ 汤用彤认为该书"书中大义可注意者有八","一曰品人物则由形所显观心所蕴"。见氏著《魏晋玄学论稿》之《读〈人物志〉》,上海古籍出版社2005年版,第1页。
④ (南朝宋)刘义庆撰,(南朝梁)刘孝标注,余嘉锡笺疏:《世说新语笺疏·赏誉》,上海古籍出版社1993年版,第415页。

王戎云:"太尉神姿高彻,如瑶林琼树,自然是风尘外物。"①

王公目太尉:"岩岩清峙,壁立千仞。"②

嵇康身长七尺八寸,风姿特秀。见者叹曰:"萧萧肃肃,爽朗清举。"或云:"肃肃如松下风,高而徐引。"山公曰:"嵇叔夜之为人也,岩岩若孤松之独立;其醉也,傀俄若玉山之将崩。"③

我们不难看出,这些人物描写和政治上或伦理上的实用目的并无关系。这些人物引起人们喜爱的原因主要不是他们的政治倾向或道德品质,而是其风姿神韵;而这种人物品评在当时之所以能耸动天下,甚至今日仍令人回味无穷,则主要是因为其品评的艺术化。

文学艺术与人物鉴赏双向地互相影响。一方面,人物品鉴的艺术化使人物形象更具感染力;另一方面,文学批评则在方法、形式方面吸取了人物品鉴的精髓,从而显得玄远和简要。从形式上,看魏晋南北朝的文学批评和人物品鉴非常相近。这并不奇怪,因为中国古代文学批评具有把艺术形式拟人化的传统,批评家喜欢把艺术和人体视为"异质同构",往往以人体结构来比拟艺术结构。刘勰说:"夫才童学文,宜正体制,必以情志为神明,事义为骨髓,辞采为肌肤,宫商为声气。"④颜之推《颜氏家训·文章》谓:"文章当以理致为心肾,气调为筋骨,事义为皮肤,华丽为冠冕。"⑤这里所言的"神明""骨髓""肌肤""声气""心肾""筋骨"等,显而易见是借人体概念来比拟艺术。至于文学批评上如形神、风骨、筋力、神韵等一系列美学概念,

①《世说新语笺疏·赏誉》,第 428 页。

②《世说新语笺疏·赏誉》,第 442 页。

③《世说新语笺疏·容止》,第 607 页。

④《文心雕龙义证》,上海古籍出版社 1989 年版,第 1593 页。

⑤（北齐）颜之推撰,王利器集解:《颜氏家训集解》（增补本）卷 4《文章》,中华书局 1993 年版,第 267 页。

都是从人物品鉴移植而来的，从而赋予了艺术形式结构以人的生命特质。风格学上重要的概念"体"，顾名思义，是把艺术形态和结构的总貌用人体的比喻来表述的。既然人体与文体相似甚至相通，文学批评借用人物品鉴的方式也就十分自然的。

魏晋人物品鉴对于文学风格批评的影响大致有二。首先，魏晋人物品鉴以超实用的审美观念，观照人物的风神个性之美，重精神而略皮相。推及文学批评，则着眼点从作品的伦理教化内容转向文学的个性精神，从而自觉地把风格美作为批评的主要对象。如《诗品》对作品风格的把握已达到妙入精微的境界。如评以清刚、沉郁、繁密、自然、温丽、凄怆、清捷、华净、逸荡、美赡、妍冶、峻切、省净、绮密、劲健等，假如把这些评语和先前惯用的"乐而不淫，哀而不伤""思无邪""温柔敦厚""安以乐""怨以怒""哀以思"之类相比，差异是不难体味出来的。其着眼点已超越以往所关注的文学艺术的教化德性，转而关注艺术的审美风神。这标志着古典风格学的重大进展。

其次，人物品评不但要求评骘切当，还需要运用创造性的匠心独运的语言形式来表达。这种形象、凝练、优美的语言形式本身便是可供玩味的艺术品。受其影响，中国古典风格批评也喜欢以具象化和高度概括的手法，摹写和揭示作品的神采风韵。具象的批评使风格变得具体可感；而概括化的批评则一语中的，起了画龙点睛的作用。而且无论是概括化还是具象化的批评，大多是用最简约玄远的语言对作品风格作整体性的把握，很少有详尽的理性分析。这种看起来直观、直感的批评，绝不是信口开河，它离不开批评者的反复吟咏，悉心体味，凝聚着批评者独特的感受和想象。如鲍照评颜延之和谢灵运诗："谢五言如初发芙蓉，自然可爱。君诗若铺锦列绣，亦雕缋满眼。"①钟嵘评范云、丘迟诗："范诗清便宛转，如流风回雪；丘诗点缀

---

① （唐）李延寿：《南史》卷34《颜延之传》，中华书局1975年版，第881页。

映媚,似落花依草。"①这种品评准确凝练、形象生动,成为千古流传的名句。

二、"气""体"的发现

古代文学风格学形成的另一个更为重要的原因,是魏晋南北朝的批评家和作家都发现了艺术的某种特质,并且有意识地追求它——这就是文的"气"和"体"。如果说人物品评从外部给风格学提供了形式和方法,文的"气""体"的发现,则是从艺术内部促进了人们对艺术风格本质的理解。

文气的发现是中国风格学发展的一大关键。在中国古代,"气"是个极重要的哲学观念。古人认为宇宙万物都由气构成,人也是由气构成的。《管子·心术下》:"气者,身之充也。"②汉代人进而认为人的品质性格的美恶是由禀受的气所决定的。文学批评上的气论,渊源很早。在先秦已有人论及辞与气的关系。如《论语·泰伯》篇里曾子说:"出辞气,斯远鄙倍矣。"据朱熹解释,"辞,言语。气,声气也"。《孟子·公孙丑上》云:"我知言,我善养吾浩然之气。"但孟子所言的气主要是论道德修养,和文学尚无直接关系。

以气论文,始于曹丕。曹丕在《典论·论文》中,倡"文以气为主"之说:

　　文以气为主,气之清浊有体,不可力强而致。譬诸音乐,曲

---

① (南朝梁)钟嵘著,曹旭笺注:《诗品笺注》"诗品中·梁卫将军范云、梁中书郎丘迟诗",人民文学出版社 2009 年版,第 188 页。
② (春秋)管仲撰,(唐)房玄龄注:《管子》,上海古籍出版社 1989 年版,第 128 页。

度虽均，节奏同检，至于引气不齐，巧拙有素，虽在父兄，不能以移子弟。

在批评具体作家时，曹丕提出："徐幹时有齐气"，"孔融体气高妙"，"公幹有逸气"。曹丕所言的"气"包含两方面意义：对于作者而言，"气"指其气质才性；就作品而言，则是艺术的风貌。"文以气为主"指文章之气；"气之清浊有体"指作者的禀赋才性。人的内在之气，外发则为文气。文气是内蕴外化的整体表现，有风格的含义。如"齐气"指舒缓的文风，"体气高妙"指超越常人的高妙风格，"逸气"指奔逸的风格。曹丕认为人的禀赋才性有清浊之分，故为文亦有高下。清浊之气既禀于自然，文章的文气也取决于天赋，"不可力强而致"。

"文以气为主"之说，第一次把文气即作品的个性提高到最重要的地位，这标志着文学个性风格论的形成。但在曹丕那里，文气的含义尚有些含混，到了刘勰则擘肌分理，明确指出决定作品风格的要素即才、气、学、习。《文心雕龙·体性》篇云：

> 夫情动而言形，理发而文见；盖沿隐以至显，因内而符外者也。然才有庸俊，气有刚柔，学有浅深，习有雅郑；并情性所铄，陶染所凝。是以笔区云谲，文苑波诡者矣。故辞理庸俊，莫能翻其才；风趣刚柔，宁或改其气；事义浅深，未闻乖其学；体式雅郑，鲜有反其习。各师成心，其异如面。①

曹丕认为作家的气决定了作品的风格特点，而气又是天生的，这就显得有些片面。刘勰所说的才、气、学、习四者则可以分为两类。才与气属先天的禀赋；学与习属后天的修养。作家的才气固然有先

---

① 《文心雕龙义证》，第 1011—1013 页。

天条件的高下之分,但后天的学习可以在一定程度上影响和改变其先天条件。刘勰既重视才与气,又强调学与习。在刘勰的风格论中,才、气、学、习作为一个整体构成了作者的创作个性。正因为有了千差万别的创作个性,才形成云谲波诡的多样化的艺术风格。

在古人用以称谓风格的众多概念中,资格最老又被普遍接受的,就是"体"①。"体"原是人的首、身、手、足的总称。《说文》:"体,总十二属也。"段玉裁注说:"十二属,许未详言。今以人体及许书覈之,首之属有三:曰顶、曰面、曰颐;身之属三:曰肩、曰脊、曰尻;手之属二:曰厷、曰臂、曰手;足之属三:曰股、曰胫、曰足。"②汉刘熙《释名·释形体》曰:"体,第也;骨肉、毛血、表里、大小相次第也。"③可见"体"是人全身的总称。文学批评用于表示风格含义的"体"字,正来源于人体的概念④。汉代班固已使用"体"来指称艺术风格。《汉书·地理志》云:"《齐诗》曰:'子之营兮,遭我虖嶩之间兮。'又曰:'竢我于著乎而。'此亦其舒缓之体也。"⑤这种"舒缓之体"也即后来曹丕所说的"齐气",是一种典型的地域风格。魏晋南北朝批评也多从"体"立论。刘勰把风格分为典雅、远奥、精约、显附、繁缛、壮丽、新奇、轻靡"八体"。钟嵘《诗品》基本上是从文体的角度来品评作家作

---

① 参看王运熙先生:《中国古代文论中的"体"》,收入《中国古代文论管窥》(增补本),上海古籍出版社 2006 年版,第 23 页。
② (东汉)许慎撰,(清)段玉裁注:《说文解字注》,上海古籍出版社 1981 年版,第 166 页。
③ (东汉)刘熙著,(清)毕沅疏证,(清)王先谦补,祝敏彻、孙玉文点校:《释名疏证补》,中华书局 2008 年版,第 60 页。
④ 沈承说:"文之有体,即犹人之有体也。"(明)沈承:《文体》,载《毛孺初先生评选即山集》卷 4"策",《四库禁毁书丛刊》集部第 41 册,第 636 页。
⑤ (东汉)班固撰,(唐)颜师古注:《汉书》卷 28 下《地理志下》,中华书局 1962 年版,第 1658 页。

品的。他评诗注重风格渊源,如评《古诗》"其体源出于《国风》"①,是指其风格来源于《国风》,而不单指其内容或文词。又如评王粲"其源出于李陵"②,评张协"其源出于王粲"③,评魏文帝"其源出于李陵"④,都是指其作品总的体貌风格的渊源所自。钟嵘评论具体作家,大多着眼于"体",如评陆机"举体华美"⑤,张协"文体华净"⑥,曹丕"颇有仲宣之体则"⑦,张华"其体华艳"⑧。其他人也非常重视从作家作品的总的体貌来立论。如《宋书·谢灵运传论》评论汉魏文学的发展说:"自汉至魏,四百余年,辞人才子,文体三变。"⑨萧子显《南齐书·文学传论》也把当时文章分为三体⑩。至于创作上有意识地仿效前代名家诗歌的风格也是南朝文人的风气。南朝诗歌有拟古一体,专摹前人诗风。如鲍照有《学刘公幹体》五首、《学陶彭泽体》一首。江淹《杂体三十首》更是广泛模拟古人名作的风格,故自序称"今作三十首诗,斅其文体"⑪。拟古诗从创作上看价值不一定很高,但从风格学发展的角度看,却有很大意义。它标志着作家对风格观念的自觉。因为模拟古人文体的前提是对其风格的准确把握,所以首先必须具有高超的风格鉴赏力,然后才可能模仿。

---

① 《诗品笺注》"诗品上·古诗",第 45 页。
② 《诗品笺注》"诗品上·魏侍中王粲诗",第 66 页。
③ 《诗品笺注》"诗品上·晋黄门郎张协诗",第 84 页。
④ 《诗品笺注》"诗品中·魏文帝诗",第 114 页。
⑤ 《诗品笺注》"诗品上·晋平原相陆机诗",第 24 页。
⑥ 《诗品笺注》"诗品上·晋黄门郎张协诗",第 84 页。
⑦ 《诗品笺注》"诗品中·魏文帝诗",第 114 页。
⑧ 《诗品笺注》"诗品中·晋司空张华诗",第 122 页。
⑨ (南朝梁)沈约:《宋书》卷 67,中华书局 1974 年版,第 1778 页。
⑩ (南朝梁)萧子显:《南齐书》卷 52,中华书局 1972 年版,第 908 页。
⑪ (南朝梁)江淹撰,(明)胡之骥注:《江文通集汇注》卷 4,中华书局 1984 年版,第 136 页。

在古代文论的相关术语中,"体"字最切近现代意义的"风格"一词。"体"有各种含义,它可以指文体风格,如刘勰《文心雕龙·铭箴》说:"铭兼褒赞,故体贵弘润。"①胡应麟《诗薮》外编卷 1 说:"诗与文体迥不类:文尚典实,诗尚清空;诗主风神,文先理道。"②这里的"体"指的是各种文体由于表现对象、表现方式的不同,在总体上呈现出来的不同风貌,即文体风格。"体"也可指作家的艺术风格。严羽《沧浪诗话·诗体》谓"以人而论,则有苏李体、曹刘体、陶体、谢体、徐庾体、沈宋体、陈拾遗体……东坡体、山谷体、后山体、王荆公体、邵康节体、陈简斋体、杨诚斋体"③。这里的"体"指的是由于作家创作个性不同而呈现的不同的艺术风格。"体"也可用于指称时代风格。李东阳《怀麓堂诗话》云:"汉、魏、六朝、唐、宋、元诗,各自为体"④,这是指各个时代都有其各自的文学风格。

三、"气""体"的本质与特点

以上我们回顾了魏晋南北朝的人物品鉴和文学批评中"气""体"的出现,对中国文学风格学的形成所起的重要作用。那么,对"气""体"本质的认识,对于中国文学风格学的理论特色的形成有何影响呢?

首先,对"气""体"本质的理解影响了风格批评方法。"气"

---

① 《文心雕龙义证》,第 420 页。
② (明)胡应麟:《诗薮》外编卷 1,上海古籍出版社 1979 年版,第 125 页。
③ (宋)严羽著,郭绍虞校释:《沧浪诗话校释》,人民文学出版社 1983 年版,第 58—59 页。
④ (明)李东阳著,李庆立校释:《怀麓堂诗话校释》第 66 则,人民文学出版社 2009 年版,第 179 页。

"体"是整体性的,一般地说,它们不是具体地指艺术的某一部分,而是就艺术因素的总体而言的。《文心雕龙·附会》:"夫才童学文,宜正体制,必以情志为神明,事义为骨髓,辞采为肌肤,宫商为声气。"①可见"体制"(同"体")综合了情志、事义、辞采、宫商等内容和形式因素,就像人的"体"是由全身各部分所组成的。"气"和"体"一样是整体上的风貌,但"气"比起"体"更为虚化,更为浑然天成。

《庄子·人间世》云:"无听之以耳而听之以心,无听之以心而听之以气。"②这里的"听之以气"是洞鉴精微,妙悟神韵,而不是细密的分析。这种崇尚直觉的方法对中国古代文学批评影响很大。古代风格批评大都采用直观神悟的方式,注重把握对象的整体生命,保全对象的气足神完,较少有周密细致的剖析。我们不妨引用一些例子:

> 黄、唐淳而质,虞、夏质而辨,商、周丽而雅,楚、汉侈而艳,魏、晋浅而绮,宋初讹而新。③
>
> (古诗)文温以丽,意悲而远。惊心动魄,可谓几乎一字千金!④
>
> 曹公古直,甚有悲凉之句。⑤
>
> 唐人与本朝人诗,未论工拙,直是气象不同……子美不能为太白之飘逸,太白不能为子美之沉郁。⑥

---

① 《文心雕龙义证》,第 1593 页。
② (清)郭庆藩撰,王孝鱼点校:《庄子集释》卷 2,中华书局 1961 年版,第 147 页。
③ 《文心雕龙义证·通变》,第 1089 页。
④ 《诗品笺注》"诗品上·古诗",第 45 页。
⑤ 《诗品笺注》"诗品下·魏武帝",第 220 页。
⑥ 《沧浪诗话校释·诗评》,第 144—169 页。

这种批评是一种整体性的把握,而对构成风格的因素很少作细致的理性分析。严羽以"雄浑悲壮"为盛唐诗风下断语,遂成千古定案。他并不全面分析这种风格产生的原因,诸如盛唐的政治、文化、经济对于盛唐诗风的影响,但谁也不能否认以"雄浑悲壮"论盛唐诗是对其本质和总体的准确把握。相比而言,西方的文学批评显然比较注重风格的分析。如古罗马郎加纳斯《论崇高》就力图找出构成崇高风格的因素。他认为构成崇高风格有五种因素,即"庄严伟大的思想"、"强烈而激动的情感"、"运用藻饰的技术"、"高雅的措辞"和"总结全部上述的四个"而形成的"整体结构的堂皇卓越"①。《论崇高》一书就是按照这五种崇高因素的顺序来进行论述的。

当然中国古代风格学并不是完全抛弃对语言形式的分析。尤其明清评点之学兴盛之后,对于语言、技法的分析还是相当细致的。而桐城文派倡言的"因声求气"之说,从作品的"格律、声色"来求其"神理、气味",更是开拓了风格分析的一大途径。

其次,在古人看来,"气"与"体"的本质特点还在于其个体的表现性。文气的发现也就是个性的发现。曹丕认为气是天生的,"虽在父兄,不能以移子弟"。可见气是一种独特的个性,不可复制。而"体"也是难以摹拟、无法重复的,所谓人各有体,就是强调"体"的独创性。体与气是内在个性的表现,刘勰认为"体"是由"性"决定的,"沿隐以至显,因内而符外","各师成心,其异如面"②。宋濂《林伯恭诗集序》说:"诗,心之声也。声因于气,皆随其人而著形焉。是故凝重之人,其诗典以则;俊逸之人,其诗藻而丽;躁易之人,其诗浮以靡;苛刻之人,其诗峭厉而不平;严庄温雅之人,其诗自然从容而超乎

---

① 伍蠡甫主编:《西方文论选》上卷,上海译文出版社 1988 年版,第 119—120 页。
②《文心雕龙义证·体性》,第 1011、1013 页。

事物之表。"①在古人的观念中,风格(气、体)是一种表现形态,而这种表现形态是由作家的人格、修养、学识和个性等因素决定的。"文如其人"这个命题在中国古代包含了两个方面含义:一是个性决定了艺术风格;一是人品决定了文品。这个命题十分复杂,它不是纯艺术问题,它已交汇了美学、心理学和伦理学的理论。所以古人论"文气",往往综合着审美判断和道德判断。可以说,中国古代风格批评特别注重艺术的内在品格,强调作家创作主体包括艺术个性与道德人格,而相对忽略外在的形式。薛雪《一瓢诗话》说:"格有品格之格,体格之格。体格一定之章程,品格自然之高迈。品高虽被绿蓑青笠,如立万仞之峰,俯视一切;品低即拖绅搢笏,趋走红尘,适足以夸耀乡间而已。所以品格之格与体格之格,不可同日而语。"②文学的内在"品格"较之外在的"体格"更为重要,"不可同日而语"。

四、参照与比较

为了更清晰地考察中国古典风格学的特点和价值,我们不妨同时了解一点西方的风格学,以之作为研究的参照。

在西方文学批评观念中,风格学是什么呢?对此众说纷纭。《简明不列颠百科全书》对此有简明扼要的定义:"风格学(stylistics),对于表达风格的语言手段(如修辞格和句法模式)的研究。"③它还对风

---

① (明)宋濂著,黄灵庚编辑校点:《宋濂全集》卷 27,人民文学出版社 2014 年版,第 575 页。
② (清)薛雪,杜维沫校点:《一瓢诗话》第 93 则,《原诗 一瓢诗话 说诗晬语》,人民文学出版社 1979 年版,第 119—120 页。
③ 《简明不列颠百科全书》卷 3"风格学"条,中国大百科全书出版社 1985 年版,第 127 页。

格学的历史作了简要的介绍。自古以来,风格就是学者们的研究对象。亚里士多德、西塞罗和昆提利安都把风格看成思维的恰当的修饰。根据流行于文艺复兴时代的这种观点,风格手段是可以分成多种类型的。作家和演说家都希望借助范句构思,规定适合话语方式的"修辞格"类型。乔纳森·斯威夫特(Jonathan Swift)谈及风格时有句名言:"恰当场合的恰当的词。"①在西方,风格学颇得研究者的青睐,在近代和当代,风格学又与语言学、语言哲学、语言心理学和美学结合起来,更成为研究领域的重镇。浮士勒学派认为句法和语法"不过是冻结了的风格学"。而克罗齐则认为:"在风格学批评和美学批评之间再也没有任何的分别。"风格研究的重要性被提到无以复加的地步。西班牙达马索·阿隆索(Dmaso Alonso)说:"风格是文学批评惟一的对象,而且是文学史的真实任务。"埃米尔·施塔格尔(Emil Staiger)认为:"在文学研究一切的可能性中,它(风格研究)最自主,对于文学创作最忠实。"②

在西方,风格学有传统和现代之分。传统的风格学和文学批评关系密切,它着重分析作家的文学风格,研究代表作品风格特点的语言变体。而且传统的风格学和修辞学有不解之缘,因为风格学就是在古代修辞学基础上发展起来的。在古希腊,风格是演说的要求,其含义主要是指语言清楚明白。亚里士多德的《修辞学》里就论述到语言修辞风格问题。在《诗学》里,亚里士多德要求风格明晰而不流于平淡,而明晰的风格是用普通的字造成的,所以风格的重点是语言修辞。因此传统的风格学十分注重对于语言运用和表现技巧的研究。现代风格学则不限于对作家作品的分析批评,它运用现代语言学理

---

① 《简明不列颠百科全书》,第 127 页。
② 以上几段引文转引自[瑞士]沃尔夫冈·凯塞尔著,陈铨译:《语言的艺术作品:文艺学引论》,上海译文出版社 1984 年版,第 357 页。

论研究包括文学变体在内的各种文体。在现代风格学中,风格并不是文学艺术的专利,"所有的文体都展现风格,因为风格是整个语言的标准特征,而不是专对文学或只是对某些文学而言的额外奢侈品"①。一般认为现代风格学是由瑞士学者夏尔·巴利(Charles Bally)建立的。巴利划分了语言中的理智成分和情感成分,巴利所理解的风格学是在语言感情功能的观点之下关于语言手段的研究和知识。文学作品也在风格学分析之列,但并不是为了文学自身而研究的,而是因为它们是感情语言的负荷者。这种风格学强调风格和语言学的联系,其理论的主干并非植根于文学批评的土壤上。浮士勒、列奥·施皮策(Leo Spitzer)和其他"明兴学派",把诗和语言看成是一致的,认为一切的说话都是一种创作,一个由幻想的力量所培养和指导的创作。一切属于语言的东西,都包含着美学因素。在语言哲学的指导下,他们一方面把民族语言作为风格的研究对象,另一方面他们把一个作家个人的语言系统作为他的人格表现来理解,认为作家是最真实的"说话的人",他们的语言是最纯洁的表现。列奥·施皮策的风格学研究最重要的是有关心理成分的理论,而不是美学的理论,他所探讨的心理成分是作家作为人的心理构造,故人们称为"心理分析的风格学"②。

在西方文学批评中,"风格"一词的含义非常丰富。以英文为例,style 一词既可指某一时代的文风,又可指某一作家的语言习惯;既可指某一种体裁的语言特点,又可指作品的语言特色。英国罗杰·福勒编著的《现代西方文学批评术语辞典》说:"风格是一种表达方式……风格可以被视为是一个作家的特征,一个时期的特征,一种特

---

① [英]罗杰·福勒编:《现代西方文学批评术语辞典》"风格"条,春风文艺出版社 1988 年版,第 68 页。
② 《语言的艺术作品:文艺学引论》第 2 部第 9 章"风格",第 357—364 页。

殊的劝说方式（修辞）的特征，或是一种体裁的特征。"①由于西方的风格学和修辞学、语言学关系密切，故西方批评家对于风格含义的理解，往往比较侧重于在语言技巧和表现形式方面的特点。黑格尔说："风格在这里指的是个别艺术家在表现方式和笔调曲折等方面完全见出他的人格的一些特点。"②这就是把风格归属于形式范畴，故作品的风格取决于其表现的形式结构。我们这里指出西方批评家侧重于表现形式，只是相对而言，绝不意味西方批评家无视内容对于风格形成的重要作用。德国威克纳格在《诗学·修辞学·风格学》中指出风格论的"对象是语言表现的外表，不是观念，不是材料，而只是外在形式——词汇的选择，句法的构造"。但他同时又十分明确地指出："风格并不仅仅是机械的技法，与风格艺术有关的语言形式大多必须被内容和意义所决定。""风格是语言的表现形态，一部分被表现者的心理特征所决定，一部分则被表现的内容和意图所决定。"③他把风格比喻为一件覆体之衣，衣服的皱襞起伏是由身体的姿态不同所引起的，而只有灵魂才能赋予肢体的各种动作或姿势。

沃尔夫冈·凯塞尔在《语言的艺术作品》一书中，全面概述了西方历来对于风格的种种理解之后，指出这些理解之中，有些是批评家们的共识。"风格是某种个体的东西：一个人，一个时代等等所特有的东西。风格是一个统一体，这句话的含意是：一切属于风格的标志，那就是一切风格的特点，都是互相调节的。""对于一切方向最主要的，风格是表现，而且一切标志都是一个内在之物的表现。"在总结

---

① 《现代西方文学批评术语辞典》，"风格"条，第69—70页。
② ［德］黑格尔著，朱光潜译：《美学》第1卷，商务印书馆1979年版，第372页。
③ ［德］歌德等著，王元化译：《文学风格论》，上海译文出版社1982年版，第15—18页。

这三者之后,凯塞尔认为风格是某个个体事物统一的表现①。凯塞尔对西方风格含义的总结和阐释颇为简要中肯。

　　综上所述,笔者以为中国古典风格学和西方风格学对于风格本质的理解并无太大的差异。但由于中西风格学起源不同以及中西不同文化体系的影响,所以又形成各自的理论个性。中国古典风格学起源甚早,但到了魏晋南北朝才真正形成体系。这一方面是由于人物品鉴的巨大影响,另一方面也是因为当时人们发现了艺术的特质,即"气"与"体"。人物品鉴和"气""体"的出现还影响了风格批评的方式,从而使中国古代文学风格学形成了注重整体把握、直观神悟,注重艺术的内在品格,强调创作主体人格因素,而相对忽略外在形式的理论特点。而西方传统的风格学和修辞学有不解之缘,风格学是在古代修辞学基础上发展起来的,所以自然十分注重对于语言运用和表现技巧的研究。与中国古典风格学的直观神悟、注重整体相比,西方风格学对于语言形式的理解显然更侧重于细密分析②。可以说,中国古典风格学与西方风格学的差异,在某种程度上,也是中西文化差异的一种折射。

---

① 《语言的艺术作品:文艺学引论》第 2 部第 9 章"风格"A 之五,第 369 页。
② [美]托马斯·门罗著:《走向科学的美学》(*Toward Science in Aesthetics*)一书第 6 篇"艺术的风格———种进行风格分析的方法",极其详尽,颇有代表性,中国文联出版公司 1985 年版,第 286—339 页。

第十一章　体与性

　　"体"与"性"，是中国古代文学批评史上一对非常重要的美学范畴，也是古典风格学研究的核心问题。体，指体貌，即作品的体制风格；性，指作家的情性、才性。文学风格是各种客观因素与主观因素综合的产物。从客观因素看，每个作家都生活在一定的时代，属于一定的民族、阶层，受到特定的文化氛围的熏陶与影响，其作品总是会表现出一定时代、民族、阶层的特有色彩；此外，各种不同的文艺形式也在客观上制约着文学风格的形成。从主观因素看，作家都有自己独特的生活经历、个性气质、审美理想、艺术修养、创作个性等，这些主观因素必然会给作品打上深深的烙印，形成独特的艺术风格。体性论研究的就是文学风格与作家创作个性的关系。

一、从情志论到体性论

　　要了解体性论的崛起及其理论意义，有必要回顾之前文学批评中的情志论。

　　把文学艺术作为创作主体表现思想感情的工具，这种美学观念由来已久。《尚书·尧典》已有"诗言志,歌永言"①之语,成为儒家诗论的开山纲领。《荀子·儒效》也说:"《诗》言是其志也。"②在文学作品中,古人同样表达了这种观念。如在《诗经》里,已有"心之忧矣,我歌且谣"③;"君子作歌,维以告哀"④;"啸歌伤怀,念彼硕人"⑤。屈原《九章·惜诵》则更明确地表达:"惜诵以致愍兮,发愤以抒情。"⑥这些诗歌的作者,都已认识到用诗歌可以表达、抒发自己的喜怒哀乐之情。

汉代《毛诗序》进一步说:

> 诗者,志之所之也。在心为志,发言为诗。情动于中而形于言,言之不足故嗟叹之,嗟叹之不足故永歌之,永歌之不足,不知手之舞之,足之蹈之也。⑦

所谓"情""志",在传统的儒家诗学里,并无本质上的区别。孔颖达谓:"在己为情,情动为志,情志一也。"⑧但两者又各有其侧重。志,主要指符合理性规范的思想志尚;情,主要指人发自本性的感情,是由外物所激发的心理波动。《毛诗序》把言志与抒情两者结合起来,对后来的诗学影响很大。

古人不但认识到文学艺术是表现思想感情的工具,而且也认识

---

① (清)孙星衍撰,陈抗、盛冬铃点校:《尚书今古文注疏》卷 1《尧典下》,中华书局 1986 年版,第 70 页。
② 梁启雄:《荀子简释》,中华书局 1983 年版,第 89 页。
③ 《魏风·园有桃》,《十三经注疏》上册,第 357 页。
④ 《小雅·四月》,《十三经注疏》上册,第 463 页。
⑤ 《小雅·白华》,《十三经注疏》上册,第 496 页。
⑥ (宋)洪兴祖撰,白化文等点校:《楚辞补注》卷 4,中华书局 1983 年版,第 121 页。
⑦ 《毛诗正义》卷 1,《十三经注疏》上册,第 269—270 页。
⑧ 《左传正义》卷 51"昭公二十四年",见《十三经注疏》下册,第 2108 页。

到作家思想感情的种类,直接影响着艺术风格的形成。《乐记·乐本》说:

> 乐者,音之所由生也;其本在人心之感于物也。是故其哀心感者,其声噍以杀;其乐心感者,其声啴以缓;其喜心感者,其声发以散;其怒心感者,其声粗以厉;其敬心感者,其声直以廉;其爱心感者,其声和以柔。①

不同的感情种类反映到艺术上就形成各种不同的风格,这种理论其实已涉及文学风格学了,我们不妨称之为"情感类型风格论",与魏晋以后的个性风格论本质上差异很大。《礼记·礼运》说:"何谓人情?喜、怒、哀、惧、爱、恶、欲,七者弗学而能。"②这些感情类型,作为人类对客观外界的情绪反映,是人类普遍存在的感情倾向,而不是具有个性的心理特征。无疑每个人的喜、怒、哀、乐是有个性的,但魏晋以前文学批评尚未注意及此,只就情感类型立论。同样,《乐记·乐本》里指出:"治世之音安以乐,其政和;乱世之音怨以怒,其政乖;亡国之音哀以思,其民困。"③在这里阐述的是艺术风格与时代政治的关系,也尚未注意创作个性的因素。

《周易·系辞》说:"将叛者其辞惭,中心疑者其辞枝,吉人之辞寡,躁人之辞多,诬善之人其辞游,失其守者其辞屈。"④这里阐述了言辞风格与言者的心理状态、精神面貌、人品道德的关系。它的着眼点是道德品格对于言辞的决定作用,而不是个性与言辞风格的问题。

---

① 《十三经注疏》下册,第 1527 页。
② 《十三经注疏》下册,第 1422 页。
③ 《十三经注疏》下册,第 1527 页。
④ 《十三经注疏》上册,第 91 页。

其实,古人对于个性的认识颇早。《左传·襄公三十一年》就提到:"人心之不同,如其面焉,吾岂敢谓子面如吾面乎?"①但是在文学艺术批评中,尚不见把这种理论和风格学联系起来②。

刘若愚(James J.Y.Liu)在《中国的文学理论》(*Chinese Theories of Literature*)中论及中国古代的"表现理论"时说:"我们可以发现表现的对象是多种多样的:可以是普遍的人类情感,也可以是个人的性格;可以是个人的天赋或感受性,也可以是道德品质。"③古人对于"表现的对象"有一个不断深化的认识过程。可以说,在魏晋以前,文艺理论尚未明确提出创作主体千差万别的个性对于艺术风格形成的作用。他们也看到创作主体的主观因素与文学风格的关系,但主要着眼点在于普遍的感情类型和有一定规范的政治伦理的"志",尚未明确注意到创作主体表现情志时所具有的特殊个性。

如果说言志抒情理论的精华在于把诗歌作为主体表现情志的工具,强调诗歌对于主观情志自我表现的功用,魏晋的"文气"理论则第一次明确地强调了创作个性对于艺术的决定作用。建安时代是文学自觉的时代,当时的人物品鉴也十分注重对人的才性的评论,在这种情况下,文学风格的个性理论便水到渠成地产生了。最早自觉地从作家的创作个性的角度来说明作品艺术风貌的是曹丕。他在《典论·论文》中提出"文以气为主"之说,特别强调作家的个性气质是形成文学艺术风格的决定因素。曹丕所言的"气",是指人先天的禀赋、气质、个性。"气之清浊有体,不可力强而致。譬诸音乐,曲度虽

---

① 《十三经注疏》下册,第 2016 页。
② 后来刘勰在《文心雕龙·体性》提出"各师成心,其异如面",便把两者联系起来。
③ [美]刘若愚著,田守真、饶曙光译:《中国的文学理论》第 3 章《决定的理论和表现理论》,四川人民出版社 1987 年版,第 99 页。

均,节奏同检,至于引气不齐,巧拙有素,虽在父兄,不能以移子弟。"①清浊之气,指自然禀赋,作者中禀受清气者才性清明,其作品便爽朗动人;禀受浊气者才性暗昧,作品亦暗浊低下。这种差异是先天赋予的,不是后天可以传授和改变的。曹丕认为建安七子的创作有鲜明的个性特征:

> 王粲长于辞赋,徐幹时有齐气,然粲之匹也。如粲之《初征》《登楼》《槐赋》《征思》,幹之《玄猿》《漏卮》《圆扇》《橘赋》,虽张、蔡不过也。然于他文,未能称是。琳、瑀之章表书记,今之隽也。应玚和而不壮,刘桢壮而不密。孔融体气高妙,有过人者,然不能持论,理不胜辞,以至乎杂以嘲戏。及其所善,扬、班俦也。②

曹丕对建安七子的创作情况作了分析,由于这些作家才性不同,他们的作品各有自己的风格特色。而且由于才性各有所偏,各个作家对于不同文体的创作也各有长短。如王粲善于辞赋,阮瑀擅长章、表、书、记的写作。在曹丕看来,才性各有所偏,难以兼善,所以不可求全责备。

刘勰《文心雕龙·体性》一方面继承了古代儒家情志论的精神,一方面又吸取了魏晋以来的个性理论(如陆机的理论),在批评史上成为个性风格理论的经典之作,比《典论·论文》更为全面系统。《体性》开篇即指出风格与作家个性的必然关系:"夫情动而言形,理

---

① (南朝梁)萧统编,(唐)李善注:《文选》卷52,上海古籍出版社1986年版,第6册,第2271页。
② 《文选》卷52,第6册,第2270—2271页。

发而文见;盖沿隐以至显,因内而符外者也。"①刘勰指出创作是人们思想感情的外现。思想感情是内在不可看见的,故称"隐";一旦表现为语言文字就"显"而可见了。由隐到显、由内到外是一致的。《诗大序》说:"情动于中而形于言。"②王充说:"实诚在胸臆,文墨著竹帛,外内表里,自相副称。意奋而笔纵,故文见而实露也。"③刘勰的话粗看似乎只是沿袭了这些旧话头,其实不然。《诗大序》的"情"只是指普遍的感情,王充所言的"实诚""内""里"不过是指道德修养。而刘勰所说的"隐""内",虽也是指作家的思想感情,却是与其个性密切相关的思想感情,而不只是一般喜怒哀乐的感情类型。总之,刘勰是从个性的角度来讨论风格的,与传统诗学只是从情志的类型着眼本质已是不同。刘勰把文学风格分为八体,即八种类型,并说:"若夫八体屡迁,功以学成。才力居中,肇自血气。气以实志,志以定言,吐纳英华,莫非情性。"④这里的情性也不是一般的感情,而是才情个性。

从风格学的发展进程来看,在魏晋以前,人们已认识到文学艺术风格与时代、地域、文体、感情类型的关系,但到了魏晋,文学批评才正式揭示了文学风格的核心问题即创作个性与风格的关系,把文学风格的独特性作为审美的主要对象,强调显示作家的主观精神面貌的特殊性,要求作家形成自己独特的风格。可以说,这标志着中国古典风格学真正的形成。

① 《文心雕龙义证》,上海古籍出版社 1989 年版,第 1011 页。
② 《十三经注疏》上册,第 270 页。
③ (东汉)王充著,黄晖校释:《论衡校释》卷 13,中华书局 1990 年版,第 609 页。
④ 《文心雕龙义证》,第 1022 页。

二、才性与风格

研究作家的才性与艺术风格之间的关系,至今仍是一个难题。下面对古人一些主要观点作简要的介绍:

个性是指在一定生理素质基础和一定社会条件影响下,通过社会实践形成并发展起来的个人比较稳定的心理特征的总和,它包括性格、气质、兴趣、能力等因素。对于影响艺术风格的个性诸因素,古人注意力较为集中的是作者的性格与才思两大方面。刘勰《文心雕龙·体性》①以贾谊、司马相如、扬雄、刘向、班固、张衡、王粲、刘桢、阮籍、嵇康、潘岳、陆机 12 位作者为例,说明作者的情性(主要是性格)决定了作品的风格。如贾谊年轻才高,意气英发,"故文洁而体清"。司马相如性格高傲夸诞,所以其作品过于夸饰,"理侈而辞溢"。扬雄性格沉默寂静,所以其作品内容深隐,意味含蓄。王粲性情急躁敏锐,所以文章锋芒外露,构思敏捷。刘桢气褊,故其作品"言壮而情骇"。阮籍倜傥不羁,"故响逸而调远"。嵇康尚奇任侠,性烈才俊,其作品志趣高旷,文采壮烈。潘岳其人轻浮而机敏,其作品辞锋显露,音韵流畅。陆机则矜持庄重,"故情繁而辞隐",与潘岳形成鲜明对比。刘勰认为,情性与风格是一致的,"触类以推,表里必符"。即就大体言之,文如其人。黄侃《文心雕龙札记》说:"此语甚明,盖谓因文观人,亦但得其大端而已。"②可见刘勰对于个性与风格的观点比较通达圆融。

---

① 《文心雕龙义证》,第 1024—1025 页。
② 黄侃:《文心雕龙札记》,中华书局 1962 年版,第 98 页。

自刘勰之后,从作者的性格来讨论艺术风格的人甚多,如:

储咏曰:"性情褊隘者,其词躁;宽裕者,其词平;端靖者,其词雅;疏旷者,其词逸;雄伟者,其词壮;蕴藉者,其词婉。"①

大都其诗潇洒者,其人必岂快;其诗庄重者,其人必敦厚;其诗飘逸者,其人必风流;其诗流丽者,其人必疏爽;其诗枯瘠者,其人必寒涩;其诗丰腴者,其人必华赡;其诗凄怨者,其人必拂郁;其诗悲壮者,其人必磊落;其诗不羁者,其人必豪宕;其诗峻洁者,其人必清修;其诗森整者,其人必谨严。②

以上论述都把作家的性格气质作为形成文学风格的主观因素。一般而言,这是有道理的。性格是个性中最重要的部分,它代表了作家个性的特点,是作家核心的心理特征。作家的气质、兴趣、能力、习惯受到性格的影响,而且在创作过程中,作家的性格特征必然贯穿于对生活的感受、反映、选择、加工、改造和表现方式之中,所以可以说性格是决定作家艺术风格的最基本因素。一般地说,作家的性格总是反映在其艺术作品之中,从而使其作品呈现出鲜明的艺术个性。宋代吴处厚《青箱杂记》卷7:

白居易赋性旷达,其诗曰:"无事日月长,不羁天地阔。"此旷达者之词也。孟郊赋性褊隘,其诗曰:"出门即有碍,谁谓天地宽?"此褊隘者之词也。③

① (元)范德机:《木天禁语·气象》,见(清)何文焕辑:《历代诗话》,中华书局1981年版,第751页。
② (明)江盈科:《雪涛诗评》,见(元)陶宗仪等编:《说郛三种》第10册,《说郛续》卷34,上海古籍出版社1988年版,第1628页。
③ (宋)吴处厚撰,李裕民点校:《青箱杂记》,中华书局1985年版,第75页。

又惠洪《冷斋夜话》卷3：

> 少游谪雷，凄怆，有诗曰："南土四时都热，愁人日夜俱长，安得此身如石，一时忘了家乡。"鲁直谪宜，殊坦夷，作诗云："老色日上面，欢情日去心，今既不如昔，后当不如今。""轻纱一幅巾，短簟六尺床，无客白日静，有风终夕凉。"少游钟情，故其诗酸楚；鲁直学道休歇，故其诗闲暇。至于东坡，《南中》诗曰："平生万事足，所欠惟一死。"则英特迈往之气，不受梦幻折困，可畏而仰哉。①

这种论述文如其人的例子不胜枚举，尤其在直接抒发思想情感的文学样式中，这种关系就更为明显了。

不过在性格与艺术风格的关系上，有些问题仍值得注意。性格对风格形成无疑具有重要作用，但必须指出，作家的性格乃至个性，本身并不等于创作个性，尽管两者有密切的关系。作家的个性是形成其创作个性的基础，创作个性是作家个性在创作实践过程中的体现。创作个性主要体现在作家独特的感受方式，以及在艺术传达过程中独特的构思与表现方式之上。如对题材的选择和感受，对其表现对象作艺术的概括、提炼、加工、改造、想象、虚构、表达上显示出来的独特性。文学风格从本质上来说，是创作个性的直接体现，作家的个性只有通过审美这个中介才对艺术风格起作用。要使作家的个性心理素质在创作中获得肯定，并在作品中鲜明地表现出来，还必须经过作家创作活动的再塑造。作家的个性与创作个性的统一，还有一个形成过程。从这个意义上看，"文如其人"之说便有其不够严密之

---

① （宋）惠洪著，陈新点校：《冷斋夜话》，中华书局1988年版，第30页。

处。江盈科说:"其诗潇洒者,其人必畅快;其诗庄重者,其人必敦厚。"①通常情况的确如此。但薛雪倒过来说:"畅快人诗必潇洒,敦厚人诗必庄重,倜傥人诗必飘逸,疏爽人诗必流丽,寒涩人诗必枯瘠,丰腴人诗必华赡,拂郁人诗必悽怨,磊落人诗必悲壮,豪迈人诗必不羁,清修人诗必峻洁,谨敕人诗必严整,猥鄙人诗必委靡:此天之所赋,气之所禀,非学之所至也。"②情况未必绝对如此。因为从性格到相应的创作个性的形成,只是一种可能性,畅快的人并不一定都能够写出潇洒的诗来。创作毕竟需要天赋、才能与实践。

再者,作家的个性与其创作的个性毕竟属于不同的系统,两者的关系十分复杂,并非简单的对应。个性是一个复杂的结构,并非所有的因素都直接影响着风格的形成。挥金如土者未必用墨如泼,直率磊落者不妨含蓄蕴藉,严谨诚实者也可以虚构夸张,口舌木讷者的文章或许如泻水悬河。反而言之,文章华丽绮靡的人未必锦衣玉食,骄奢纵逸;文风质朴者也未必克勤克俭,箪食瓢饮。总之,我们不可简单地把作家的性格与其创作的个性完全等同,把作家的生活风格与其艺术风格混为一谈。只有通过审美中介与创作实践,作家的个性才能形成创作个性。

除了性格之外,才性、才思也是古人非常重视的问题。在魏晋南北朝,人们用才性论的观念来品人评文。认为人禀受不同的气,故形成各种才性,才性是人形成个性特征的首要因素。刘劭《人物志》论述了"人禀气生,性分各殊"之理。他说:"夫容之动作,发乎心气。心气之征,则声变是也。夫气合成声,声应律吕,有和平之声,有清畅

---

① 《雪涛诗评》,第 1628 页。
② (清)薛雪著,杜维沫校注:《一瓢诗话》第 181 则,见《原诗 一瓢诗话 说诗晬语》,人民文学出版社 1979 年版,第 143 页。

之声,有回衍之声。夫声畅于气,则实存貌色。"①(《九征》)曹丕还把气论引入文学批评,指出气是形成创作个性的决定因素。葛洪则把才性与才思结合起来说:"夫才有清浊,思有修短,虽并属文,参差万品。或浩瀁而不渊潭,或得事情而辞钝,违物理而文工。盖偏长之一致,非兼通之才也。"②葛洪认为作者才性有清有浊,才思或长或短,故作文的成就与风格也就千差万别。

　　刘勰把作者的个性因素析为才、气、学、习四方面。作者的才、气、学、习反映到作品之中,便形成不同的创作风格:"辞理庸俊,莫能翻其才;风趣刚柔,宁或改其气;事义浅深,未闻乖其学;体式雅郑,鲜有反其习。各师成心,其异如面。"③《文心雕龙·才略》评论了历代作家的创作,其中论及作者才思与文学风格的关系。其"赞"说:"才难然乎,性各异禀。"④把才与性联系起来,看到才性对文章写作的影响。在具体的作者批评中,也多次提到他们的才思与其文学风格的联系。如曹丕与曹植兄弟二人才思不同:"子建思捷而才俊,诗丽而表逸。子桓虑详而力缓,故不竞于先鸣;而乐府清越,《典论》辩要,迭用短长,亦无懵焉。"⑤由于二人才思各有特点,所以所擅文体不同,风格也异。又如陆机、陆云兄弟:"陆机才欲窥深,辞务索广,故思能入巧,而不制繁。士龙朗练,以识检乱,故能布采鲜净,敏于短篇。"⑥陆机才思丰赡,求其深广,所以其风格工巧繁缛;而陆云才思朗练,故

---

① (三国魏)刘邵著,李崇智校笺:《人物志校笺》,巴蜀书社2001年版,第28页。
② (东晋)葛洪撰,杨明照校笺:《抱朴子外篇校笺》卷40《辞义》,中华书局1997年版,第394—395页。
③ 《文心雕龙义证·体性》,第1012—1013页。
④ 《文心雕龙义证·体性》,第1833页。
⑤ 《文心雕龙义证》,第1798页。
⑥ 《文心雕龙义证》,第1813页。参考詹锳:《文心雕龙的风格学》"论才思与风格的关系",人民文学出版社1982年版,第106—114页。

风格清省鲜净。

刘勰在《神思》篇中论及在创作构思和表现过程中作家不同的个性:"人之禀才,迟速异分;文之制体,大小殊功。相如含笔而腐毫,扬雄辍翰而惊梦,桓谭疾感于苦思,王充气竭于沉虑,张衡研《京》以十年,左思练《都》以一纪。虽有巨文,亦思之缓也。淮南崇朝而赋《骚》,枚皋应诏而成赋,子建援牍如口诵,仲宣举笔似宿构,阮瑀据案而制书,祢衡当食而草奏。虽有短篇,亦思之速也。"①刘勰把他们分为两大类型的作者,其构思不同:"若夫骏发之士,心总要术,敏在虑前,应机立断。覃思之人,情饶歧路,鉴在疑后,研虑方定。机敏,故造次而成功;虑疑,故愈久而致绩。"②从刘勰所举的具体作家的例子看,思维敏捷的作者,其才华颖出骏发,写作一气呵成,如枚皋、曹植、王粲、阮瑀、祢衡等。而"覃思之人"构思迟缓,反复研虑,求深求广,故作品风格丰赡细密,繁缛艰深,如扬雄、桓谭、张衡、左思。《镕裁》篇中也认为:"思赡者善敷,才核者善删。善删者字去而意留,善敷者辞殊而意显。"③才思丰赡者善于敷陈铺张,才思精核者擅长删削。故前者作品铺张繁密,后者作品简约蕴藉。

关于作者的"才",古来所论者甚多。那么,"才"究竟包括什么内容呢? 清人徐增在《而庵诗话》中认为"诗本乎才,而尤贵乎全才":

> 夫才有情、有气,有思、有调,有力、有略,有量、有律,有致、有格。情者,才之酝酿,中有所属;气者,才之发越,外不能遏;思者,才之径路,入于缥缈;调者,才之鼓吹,出以悠扬;力者,才之充拓,莫能摇撼;略者,才之机权,运用由己;量者,才之容蓄,泄

----

① 《文心雕龙义证》,第989—992页。
② 《文心雕龙义证》,第997页。
③ 《文心雕龙义证》,第1195页。

而不穷；律者，才之约束，守而不肆；致者，才之韵度，久而愈新；格者，才之老成，骤而难至。①

这里的"才"，包括作者主观因素的许多方面，这些内容综合起来，大体上就形成了作者的创作个性。

三、"文如其人"辨

古人通常认为，文如其人。这就是说，文品与人品、风格与个性是一致的。关于文品与人品的关系，笔者在下章再作讨论，这里集中研究作品的风格与作家的个性是否一致的问题。

一般而言，文艺作品作为一种精神产物，总是会反映出作者的个性特征来。作者的性格、气质、兴趣、才能、习惯等不同的主观因素互相依存、互相影响、互相制约，从而构成一个有机整体。在长期的创作实践中，作家的个性通过审美中介，形成对于生活独特的感受方式、理解方式和传达方式，再进一步形成了创作个性，因而对作品的艺术风格起着主观制约作用。从这个角度来看，"文如其人"之说总体上是有道理的。

但是，"文如其人"并非处处适用的定律，实际上，有时存在文与人不相符的情况。之所以会出现这种情况，主要有以下几方面原因：

首先，生活中的个性与艺术创作个性有密切关系，但毕竟不能简单等同。艺术是掌握世界的特殊思维方式，要使个性心理因素在创作中获得肯定，作家必须在创作实践中不断探索，逐步找到适合自己个性特征的表现方式。而且艺术创作一般都经过向前人学习、摹拟

---

① （清）王夫之等撰：《清诗话》，上海古籍出版社 1978 年版，第 427—428 页。

前人作品的过程,并非每个作者都能通变创新,自成一家。若因袭前人作品而不能超越,其作品的风格自然也是摹拟而得,不一定与作者个性一致。尤侗说:"有人于此,面目我也,手足我也,一旦憎其貌之不工,欲使眉似尧,瞳似舜,乳似文王,项似皋陶,肩似子产,古则古矣,于我何有哉?今人拟古,何以异是?"①摹拟太过而失去自己原有面目,也就谈不上"文如其人"了。

其次,文学风格不仅仅由作者的主观因素所决定,在某些情况下,客观因素如时代风气、文体体制等的影响远远超过主观因素,作者的个性被消融于客观因素而隐蔽不见了。这种情况下,文与人就不一定一致了。沃尔夫冈·凯塞尔在《语言的艺术作品》"风格"一章中,对"风格就是本人"的"天真的信念"提出异议。他指出:

> 盛行的风格规律、公共的嗜好、代表性的模范、世代、时代等等,它们统通对创造作品的作家发生影响,正如选择的类别本身已经对他们发生影响一样。它们抓住了作家,把他带到这里来,对他施加暴力。②

他认为"风格就是本人"的说法不确切,因为作品的风格包含了许多超越本人的东西。他举例说,各种文体类型本身"有一些规定风格的力量",作者在创作不同文体时,要服从不同风格规律的支配,所以同一个作家在不同文体的创作中往往具有完全不同的风格,如莎士比亚的戏剧与其十四行诗,歌德的《葛兹·封·伯利欣根》和《少年维特之烦恼》风格都不相同。而且有一些风格不仅仅是个人的,也是整

---

① (清)尤侗:《西堂杂组》2集卷3《吴虞升诗序》,清康熙刻本,第8页。
② [瑞士]沃尔夫冈·凯塞尔,陈铨译:《语言的艺术作品:文艺学引论》第2部第9章"风格"A之五,上海译文出版社1984年版,第373页。

个时代的,例如巴洛克时代许多人在当时盛行的诗学和风格学的统治下,采用了一种不适应自己创作个性的华丽风格,这是一种"超个人的风格力量"在起作用。凯塞尔认为在风格研究中有两种观念不准确:一是认为"作家整个的人格都要参加创造活动",一是认为"只有作家的人格才参加创造活动"。

沃尔夫冈·凯塞尔的观点有可借鉴之处,我们对传统风格学中"文如其人"的理论应加以具体分析。的确,在通常情况下,作家个性对风格的形成起着主导和决定作用,但是除此之外,时代、民族、文体、地域等客观因素也影响着文学风格的形成,有时它们甚至起着更重要的作用。下面我们举例说明:

雪莱说:"在任何时代,同时代的作家总难免有一种近似之处,这种情形并不取决于他们的主观意愿。他们都少不了要受到当时时代条件的总和所造成的某种共同影响,只是每个作家被这种影响所渗透的程度则因人而异。"[1]李东阳《怀麓堂诗话》也说:"人囿于气化之中,而欲超乎时代土壤之外,不亦难乎?"[2]所论甚确。王世贞《艺苑卮言》卷4举唐太宗李世民为例:"唐文皇手定中原,笼盖一世,而诗语殊无丈夫气,习使之也。"[3]因为李世民尽管是雄睥一世的君主,但唐初诗坛沉浸在"梁陈宫掖之风"里,李世民受其影响,也作宫体诗,其风格轻靡,"殊无丈夫气"。又如陈子昂,其诗歌风骨端翔,但其文章仍沿袭六朝文风,不脱骈俪卑弱之体。马端临说:"陈拾遗诗语高妙,绝出齐梁,诚如先儒之论。至其它文,则不脱偶俪卑弱之体,未见

---

① 〔英〕雪莱著,王科一译:《伊斯兰的起义》(原序),上海译文出版社1978年版,第6页。

② (明)李东阳著,李庆立校释:《怀麓堂诗话校释》第66则,人民文学出版社2009年版,第179页。

③ (明)王世贞著,罗仲鼎校注:《艺苑卮言》,齐鲁书社1992年版,第157页。

其有以异于王、杨、沈、宋也。"①八股文是束缚思想、戕害性灵的文体,但明代以来,以八股文取士,读书人几乎没有不受八股文影响的。李贽在当时是思想解放的代表,尚高度评价八股文。他批评当时有人轻视八股时说:"彼谓时文可以取士,不可以行远,非但不知文,亦且不知时矣。夫文不可以行远而可以取士,未之有也。"②高明如李贽,尚且如此,其他人就可想而知了。明代著名的文学家如刘基、方孝孺、于谦、李东阳、唐顺之、归有光、顾宪成、袁宏道、艾南英等人都是八股文的名家,而且像唐寅、汤显祖这些不拘格套、独抒性灵者,也是八股文写作的好手。唐寅八股文方正严洁,近于老师宿儒;汤显祖的八股文写得佳丽明隽,自成一家。假如只从八股文写作这一点来看,说文如其人也是不准确了的。不仅八股,其他类似八股的摹拟、代言性文体,都需要作者在一定程度上放弃自我,向摹拟或代言的对象看齐。

况周颐云:"晏同叔赋性刚峻,而词语特婉丽。蒋竹山词极秾丽,其人则抱节终身……国朝彭羡门孙遹《延露词》吐属香艳,多涉闺襜。与夫人伉俪綦笃,生平无姬侍。词固不可概人也。"③其实这种情况并不足怪。古人写作讲究体制,传统的词学观念以词为艳科,以婉约秾丽为宗。词人写作就要顺从词体的风格要求,在这"盛行的风格规律"的面前,词人们可能要采用与自己个性不完全一致的风格。晏殊的赋性刚峻,而词语殊婉妙,如王灼《碧鸡漫志》所言:"晏元献公、欧阳文忠公风流蕴藉,一时莫及,而温润秀洁,亦无其比。"④晏殊的词

① (元)马端临:《文献通考》卷231《经籍考》58 按,中华书局1986年版,第1844页。
② (明)李贽:《焚书 续焚书》卷3《时文后序》,中华书局1975年版,第117页。
③ (清)况周颐著,王幼安校订:《蕙风词话》卷1,见《蕙风词话 人间词话》,人民文学出版社1960年版,第19—20页。
④ (宋)王灼:《碧鸡漫志》卷2,见《碧鸡漫志 乐府指迷 词源 词旨》,中华书局1991年版,第9页。

风主要体现了传统词学的审美要求,并受到五代词余风遗韵的影响,其性格的刚峻,并没有在词风中表现出来。

还有一种情况比较复杂。皮日休《桃花赋序》:"余尝慕宋广平之为相,贞姿劲质,刚态毅状。疑其铁肠石心,不解吐婉媚辞。然睹其文而有《梅花赋》,清便富艳,得南朝徐、庾体,殊不类其为人也。"①宋璟(广平)为人刚正贞劲,却写出"殊不类其为人"的婉媚作品,故皮日休说:"将广平困于穷,厄于踬,然强为是文邪?"②《四库全书总目》卷152《清献集》提要说宋代赵抃之为人与诗风不同:"其劾陈执中、王拱辰疏,皆七八上,可以知其伉直;……其诗谐婉多姿,乃不类其为人。王士禛《居易录》称其五言律中《暖风》一首、《芳草》一首、《杜鹃》一首、《寒食》一首、《观水》一首,谓数诗掩卷读之,岂复知铁面者所为? 案:皮日休《桃花赋序》称,宋广平铁心石肠,而所作《梅花赋》轻便富艳,得南朝徐庾体。抃之诗情,殆亦是类矣。"③卷170《两溪文集》提要谓明代刘球对权臣王振敢"仗大义以与之抗,至死屹不少挠","其刚毅之气,亘生死而不可磨灭。今观其文,乃多和平温雅,殊不类其为人"④。从这方面看,刚毅之人与温雅之文似不相类。为什么像宋璟、赵抃、刘球这一类刚毅之人却能创作出婉谐风格的作品? 其原因十分复杂,如受文学传统、文体风格影响。而更为主要的是,从人格心理学的角度看,人的心理结构是非常复杂而多层次的。有深层,有表层;有内在,有外在;有主体部分,也有纷纭的枝蔓。在日常生活中,人格的主体部分往往为人所熟悉;一旦触景生情,引发性灵,内在感情外现于文学作品,也许就披露了一种深层的人格,

① (唐)皮日休著,萧涤非、郑庆笃整理:《皮子文薮》卷1,上海古籍出版社1981年版,第9页。
② 《皮子文薮》卷1,第9页。
③ 《四库全书总目》,第1315页。
④ 《四库全书总目》,第1486页。

与人们平素所熟悉的面孔似乎不同。胡仔《苕溪渔隐丛话》后集卷20说寇准所写的《江南春》诗思凄婉,观其诗风,"疑若优柔无断者。至其端委庙堂,决澶渊之策,其气锐然,奋仁者之勇,全与此诗意不相类,盖人之难知也如此"①。袁枚《随园诗话》卷5也指出:"上官仪诗多浮艳,以忠获罪。傅玄善言儿女之情,而刚正嫉恶,台阁生风。"②其实,人是一个最复杂的总体,也是矛盾的统一体。"儿女情多"者未必"风云气少";豪杰未必真无情。霸王项羽叱咤风云,暴戾恣睢,然当其兵败垓下,四面楚声,对美人而悲歌,何其慷慨,又何其委婉多情!而这曲垓下之歌,虽率尔而作,却非常深刻地表现了项羽人格的深层部分。

---

① (宋)胡仔纂集,廖德明校点:《苕溪渔隐丛话》后集,人民文学出版社 1962 年版,第 137 页。按:当时有"寇准上殿,百僚股栗"的俗谚。见《宋名臣言行录》前集卷 4。又,《古谣谚》卷 20 引。
② (清)袁枚著,顾学颉校点:《随园诗话》,人民文学出版社 1982 年版,第 160 页。

第十二章　人品与文品

　　古人说,文如其人①。这其实包涵了两个命题:一个是"体"与"性",即风格与创作个性的关系;一个是人品与文品的关系。前者探讨作家的气质、禀性、性格等个性因素对于文学风格的影响;后者则主要探讨作家的人格、情操、思想、品行等道德因素对于艺术品格的制约。换言之,前者是美学和心理学的交汇合流;后者是伦理学对于创作论和审美的锲入。这两者当然难以截然分开,古人往往把两个命题综合起来,但为了论述清晰方便,本章只对古代的"人品文品说"作一述评②。

一、人品文品说的历史发展

　　人品文品说的理论渊源,可追溯到先秦的儒家思想。孔子开始注意"德"与"言"的复杂关系。他说:"有德者必有言,有言者不必有德。"③孔子强调德对于言辞的决定作用,"有德"是"有言"的基础和

---

① 参考钱锺书:《谈艺录》48"文如其人"条,生活·读书·新知三联书店 2007 年版,第 425—431 页。
② 关于"体"与"性"关系问题,可参本书上一章《体与性》。
③《论语·宪问》,见(宋)朱熹:《四书章句集注》,中华书局 1983 年版,第 149 页。

前提;但又指出言与德之间可能存在不一致。有言者可能有德,也可能无德。金子发光,但发光的不一定是金子。德与言的关系也是如此。孔子所指的"言",并非文学,大概指充满着智慧、辩才又有文采的言语。所以"有德者必有言",大体没错。而后人一旦把"言"扩大到文学艺术范畴,情况就变得复杂,甚至枘凿不入。因为文学艺术是把握主客观世界的独特形式,和一般言辞毕竟不同。《周易·系辞下》论及言辞与人的品质、心态、人格等道德和个性因素的必然关系:"将叛者其辞惭,中心疑者其辞枝,吉人之辞寡,躁人之辞多,诬善之人其辞游,失其守者其辞屈。"①这里已包含了人品与言辞相一致的观念。《孟子·万章下》说:"颂其诗,读其书,不知其人,可乎?"②提出读书、颂诗要"知人",这就把作者的为人和作品的特点联系起来。《乐记》论述德与乐的关系说:"德者,性之端也;乐者,德之华也;金石丝竹,乐之器也。诗,言其志也;歌,咏其声也;舞,动其容也。三者本于心,然后乐器从之。是故情深而文明,气盛而化神,和顺积中,而英华发外,唯乐不可以为伪。"③《乐记》认为乐是德的外在表现,"和顺积中,而英华发外",表里一致,所以艺术是不可作伪的。这是较早在艺术领域里阐述"德"对艺术创作影响的理论。《乐记》理论对后来人品文品说的影响很大,大多数批评家师承其说,或加以引申。

继承儒家传统的汉代批评家更为强调道德对于文学艺术创作的决定作用。扬雄《法言·问神》云:"言,心声也;书,心画也。声画形,君子小人见矣。"④《法言·君子》:"或问:'君子言则成文,动则成德,何以也?'曰:'以其弸中而彪外也。'"⑤王充《论衡·超奇》:

① 《十三经注疏》上册,第 91 页。
② 《四书章句集注》,第 324 页。
③ 《礼记·乐记》,见《十三经注疏》下册,第 1536 页。
④ (清)汪荣宝撰,陈仲夫点校:《法言义疏》卷 8,中华书局 1987 年版,第 160 页。
⑤ 《法言义疏》卷 18,第 496 页。

"文墨辞说,士之荣叶、皮壳也。实诚在胸臆,文墨著竹帛,外内表里,自相副称。"①这些理论强调语言文墨是道德人格的外化,并强调两者的一致性,认为从语言文墨即可判断"君子小人"。汉人所谓"弸中彪外""外内副称"之说,上继先秦儒家之说,下启隋唐的王通、韩愈等人的主张。

如果说汉人强调"有德者必有言",魏晋南北朝的文学批评则对此不甚感兴趣,倒是对"有言者不必有德"作了淋漓尽致的发挥。曹丕《与吴质书》谓:"观古今文人,类不护细行,鲜能以名节自立。"②对古往今来文人的道德评价极低,以致形成"文人无行"之说。这绝不是曹丕一己之私见,而是当时普遍之观念。南北朝时杨遵彦还专门写了一篇《文德论》,"以为古今辞人皆负才遗行,浇薄险忌"③。《颜氏家训·文章》也认为"自古文人,多陷轻薄"④,并细数历代文人轻薄之例。这种现象容易予人以错觉,似乎魏晋南北朝的文学批评十分重视对文人的道德要求,事实恰恰相反。

这首先和当时人物品评的风气关系密切。在当时,人才各有所偏,鲜能备善的观念十分流行。曹操《敕有司取士勿废偏短令》说:"夫有行之士,未必能进取,进取之士,未必能有行也。陈平岂笃行,苏秦岂守信邪?而陈平定汉业,苏秦济弱燕。由此言之,士有偏短,庸可废乎!"⑤《文心雕龙·程器》指摘"文士之疵"⑥,同时指出:"文

---

① (东汉)王充著,黄晖校释:《论衡校释》卷13,中华书局1990年版,第609页。
② (南朝梁)萧统编,(唐)李善注:《文选》卷42,上海古籍出版社1986年版,第5册,第1897页。
③ (唐)李延寿:《北史》卷71《文苑传》,中华书局1974年版,第2785页。
④ (北齐)颜之推撰,王利器集解:《颜氏家训集解》(增补本)卷4《文章》,中华书局1993年版,第237页。
⑤ (东汉)曹操:《曹操集·文集》卷2,中华书局1959年版,第46页。
⑥ 《文心雕龙义证》,上海古籍出版社1989年版,第1870页。

既有之，武亦宜然。古之将相，疵咎实多……岂曰文士，必其玷欤？"①又云："盖人禀五材，修短殊用；自非上哲，难以求备。"②对于道德品质的要求在当时显然比较宽容，挑剔和批评的目的不是否定对象，只是说明人才难以备善。批评家对文士品德多指摘，但并不认为人品德行的高下制约决定着创作，他们更多地注重才性与创作的关系，并不特别强调人品道德的重要作用。在品评上，他们主要着眼于作品自身艺术的高下，并不把作家的品行作为审美判断的砝码。这是因为当时文学走向自觉，文学批评注重艺术的个性风格和审美特性，而传统的儒学观念相对淡薄之故。

隋唐时代，随着政教中心论的复兴，文人的人品道德和创作的关系，重新成为文学批评的重要论题。王通开始把道德标准和审美标准混而言之。在《中说·事君篇》中，王通对谢灵运、沈约、鲍照、江淹、庾信、颜延之、任昉等一大批六朝著名文人的人品与文品作了一番考察。他认为人品文品绝对一致，有德的"君子"，其文品总是美的；而品德不高的"小人"、"纤人"、"鄙人"、"贪人"、"诡人"，文品必然不高③。人品等同于文品，又是文品的基础。推而论之，对人品的批评便显得比艺术批评还重要，而作家的人品也就成为文学批评的重要标准。这种观念和六朝文学批评已显然不同。

唐代古文运动标志着儒家思想在文学界的复兴，其宗旨便是文以明道，作家的道德修养，必然又摆在极重要的地位。古文运动的先驱独孤及就提出"必先道德而后文学"④，韩愈把德与文的关系比为

---

① 《文心雕龙义证》，第 1880—1884 页。
② 《文心雕龙义证》，第 1885 页。
③ （隋）王通著，阮逸注：《文中子中说》卷 3，上海古籍出版社 1989 年版，第 13 页。
④ （唐）梁肃：《常州刺史独孤及集后序》，（清）董诰等编：《全唐文》卷 518，中华书局 1983 年版，第 5261 页。

树的根部和枝叶、灯的灯油与光亮："将蕲至于古之立言者,则无望其速成,无诱于势利,养其根而俟其实,加其膏而希其光。根之茂者其实遂,膏之沃者其光晔;仁义之人,其言蔼如也。"①韩愈还把孟子"我善养吾浩然之气"的说法运用到文学批评,把作家的内在修养归结为养气:"气盛则言之短长与声之高下者皆宜。"②随着古文运动的胜利以及儒家思想的加强,韩愈的养气说影响很大,几乎成为不易之论。

宋代以后文学批评不但强调道德修养对文辞的决定作用,而且在实际的批评中,也把作家的人品纳入审美评价的范畴中。对艺术作品的评价,除了作品本身的艺术性外,还考虑到作家人品的高下,并把人品放在相当重要的地位。欧阳修说:"使颜公书虽不佳,后世见者必宝也。杨凝式以直言谏其父,其节见于艰危,李建中清慎温雅,爱其书者兼取其为人也。"③这种"兼取其为人"的批评同样反映在诗文理论中。宋朝魏了翁举了几个品评例子,颇能说明宋人的审美心态:

> 唐之辞章称韩、柳、元、白,而柳不如韩,元不如白,则皆于大节焉观之。苏文忠论近世辞章之浮靡无如杨大年,而大年以文名,则以其忠清鲠亮,大节可考,不以末伎为文也。眉山自长苏公以辞章自成一家,欧、尹诸公赖之以变文体,后来作者相望,人知苏氏为辞章之宗也,孰知其忠清鲠亮,临死生利害而不易其

---

① (唐)韩愈著,马其昶校注,马茂元整理:《韩昌黎文集校注》卷3《答李翊书》,上海古籍出版社1986年版,第169页。
② 《韩昌黎文集校注》卷3《答李翊书》,第171页。
③ (宋)欧阳修著,李逸安点校:《欧阳修全集》卷129《世人作肥字说》,中华书局2001年版,第1970页。

守？此苏氏之所以为文也。①

苏东坡是最理想的文人,人品辞章俱佳,杨亿文风浮靡,文品不高,但因有名节,故仍有文名。而柳宗元、元稹的文学地位不如韩愈、白居易,宋人认为有道德气节方面的原因。当然现在看来,这种评价是不妥的。这种品评的特点是把作家的人格道德纳入审美范畴,成为批评的一个重要标准,甚至置于对作家艺术作品的评价之上。宋人教人学诗"工夫在诗外"②,诗外工夫,既指阅历,也应包括人格的修养。既然学诗功夫在"诗外",那么批评的标准自然不能全在诗内,也须顾及"诗外"。宋代以后,批评家最为推崇的大诗人如屈原、陶潜、李白、杜甫、韩愈、苏轼等无一不是辞章超群、人格拔俗的伟人。而那些品格不高的诗人,尽管可能写出杰出作品,却难以被列入较高的审美品级。清代李调元说:"诗以人品为第一,蔡京书法,荆公文章,直不可寓目,所谓恶其人者,恶及储胥也。"③虽然,这种评论未必合理,但确是古人普遍认同的批评观念。

这种批评风气的形成,一方面固然因为理学思想盛行,人们普遍注重道德规范,文学批评也染上伦理化的色彩;另一方面也因为文学批评越来越重视创作主体的作用,除了作家的个性、才能、学识之外,人格、道德对创作的制约作用,也是批评家普遍关注的论题。关于人品与文品的关系,绝大多数批评家认为两者完全一致。纪昀说:"人

① (宋)魏了翁:《鹤山集》卷29《杨少逸不欺集序》,《全宋文》第310册,上海辞书出版社、安徽教育出版社2006年版,第69页。
② (宋)陆游著,钱仲联校注:《剑南诗稿校注》卷78《示子遹》,上海古籍出版社2005年版,第4263页。
③ (清)李调元:《雨村诗话》卷下,见郭绍虞编选,富寿荪校点:《清诗话续编》,上海古籍出版社1983年版,第1535页。

品高,则诗格高;心术正,则诗体正。"①刘熙载也说:"诗品出于人品。人品悃款朴忠者最上,超然高举、诛茅力耕者次之,送往劳来、从俗富贵者无讥焉。"②既然人品与文品一致且决定文品,由此论及又推导出另一种观点:从诗品可观人品。陆游认为:"人之邪正,至观其文,则尽矣决矣,不可复隐矣。"③李梦阳把诗当作"人之鉴"④,而徐增《而庵诗话》说:"诗乃人之行略,人高则诗亦高,人俗则诗亦俗,一字不可掩饰,见其诗如见其人。"⑤在这种观点看来,人品文品两者是浑然一体、完全统一的。这是在"人品文品说"中占统治地位的观点。

二、人品诸要素对艺术品格的影响

人品主要属于道德范畴,它是一定的社会道德原则和规范在个人思想行为中的体现,是一个人在一系列的道德行为中所表现出来的比较稳定的特征和倾向,它反映了个人的尊严、价值、品格的总和。但在古代文学批评里,人品却是一个内涵较为宽泛的概念,其含义有时已超越了道德范畴。概而言之,古人所谓人品,主要包括人们实际的伦理行为与主观的思想修养二端。

实际的伦理行为即所谓名节操行,其内容是传统社会的基本道

---

① (清)纪昀:《纪文达公遗集》卷9《诗教堂诗集序》,《续修四库全书》第1435册,第374页。

② (清)刘熙载:《艺概》卷2《诗概》,上海古籍出版社1978年版,第82页。

③ (宋)陆游:《陆游集·渭南文集》卷13《上辛给事书》,中华书局1976年版,第2087页。

④ (明)李梦阳:《空同集》卷51《林公诗序》,《文渊阁四库全书》第1262册,第469页。

⑤ (清)王夫之等:《清诗话》,上海古籍出版社1978年版,第430页。

德规范和伦理纲常,比如忠、孝、节、义、廉、耻、温、良、恭、俭、让等修身立世的准则。作为道德范畴的气节操行,有鲜明的历史性和阶级性,如"三纲五常""三从四德"便代表着传统社会道德规范,从这些观点出发进行文学批评,就可能对作家的人格及其作品作出不恰当的评价。比如班固在《离骚序》中指责屈原"露才扬己","责数怀王,怨恶椒兰",认为屈原"非明智之器"①。一些批评家对李白追随李璘,柳宗元参加王叔文集团,李清照再嫁等,都提出批评,便带有传统伦理的偏见。有些批评家过分强调气节品行对于文学品格的决定作用,如清代宋大樽《茗香诗论》云:

> 齐、梁、陈、隋之格之降而愈下也,其由来安在?齐之王俭、韩兰英先仕宋,刘绘后仕梁。梁之范云、丘迟、任昉、张率、柳恽、周舍、徐勉先仕齐,庾信后仕北周,江淹、沈约先仕宋、齐。陈之阴铿、徐陵、沈炯、周宏正、张正见、顾野王先仕梁……偶指数之,皆诗人之名级故高者也。②

他认为六朝诗格不高,就因为当时诗人品格低下。他所指的人品,便是"忠"。所以他说:"女事二夫,男仕二姓,尚何言乎……不止乎礼义,则无廉耻。无廉耻,安得有气节?"③六朝时期,政权交替频仍,人们并不注重仕一姓而终的所谓气节。但六朝诗格不高(与汉魏古诗和唐诗相比而言)的根本原因并不在当时作家的气节问题。一个时代文风的形成,是由于文学发展的内部规律以及时代的政治文

---

① (清)严可均校辑:《全上古三代秦汉三国六朝文》第1册《全后汉文》卷25,中华书局1958年版,第611页。
② 《清诗话》,第108页。
③ 《清诗话》,第108—109页。

化风气所决定的。以传统道德观念作为文学批评的标准,其偏颇是明显的。六朝著名作家庾信先仕梁后仕周,当然也属于"男仕二姓"。但庾信后期的作品艺术上更为成熟,反映面比前更为广泛,大量作品抒发了怀念故国之情与身世之感,形成一种苍劲悲凉的风格。可见庾信并没有因为"仕二姓"而诗品卑下。

曹丕说:"古今文人,类不护细行。"①不拘"细行"对文学创作并无必然影响,"解衣般礴裸"者无妨成为"真画者"②。文学创作是一种个性创造,作家诗人大多情感丰富强烈,思想敏锐新颖、性情真实直率。颜之推认为:"文章之体,标举兴会,发引性灵,使人矜伐,故忽于持操,果于进取。"③他从文学创作的思维特点论述"自古文人多陷轻薄"的原因多少有些道理,由于文学创作的特点和作家创作主体的特质,决定了文人常常打破社会通行的道德行为准则和传统习惯的束缚,因而常被人视为狂狷不羁,不合礼俗。然而这根本不会影响其作品的艺术价值,相反,这种追求自由、无拘无束的观念倒有裨益于创作。

气节操行,有一定的历史性。传统社会标准的气节,无疑散发出浓烈的传统道德气息,但从具体的历史环境看,传统社会中的一些气节操行代表着当时社会的正义,在历史上有进步的意义,在今天也有可以借鉴和批判继承之处,如爱国、廉洁、正直、谦逊、舍生取义、鞠躬尽瘁、言信行果、重义轻利、自强不息、贫贱不移、威武不屈等节操。气节操行本身,不见得会直接影响着文学创作,但可以通过精神境界的折射反映到创作中。有优秀气节操行的人,便有内在的"浩然正

---

① 《文选》卷42《与吴质书》,第5册,第1897页。
② (清)郭庆藩撰,王孝鱼点校:《庄子集释》卷7下《田子方》,中华书局1961年版,第719页。
③ 《颜氏家训集解》(增补本)卷4《文章》,第238页。

气",保持着一种自信自豪、宏大刚强、坦荡磊落、无所愧怍的精神境界。这种内在的精神境界一旦外现为文学作品,便自然有英拔超俗之气。朱熹《王梅溪文集序》曾举诸葛亮、杜甫、颜真卿、韩愈、范仲淹为例说:"求其心则皆所谓光明正大,疏畅洞达,磊磊落落而不可掩者也。其见于功业文章,下至字画之微,盖可以望之而得其为人。"①只有像诸葛亮这样关心国家前程命运,并为之鞠躬尽瘁的人,才可能写出千古流传的《出师表》。相反,品行低劣的人,牵于名缰利锁的人,其内心充满猥琐、卑劣、愧恶、奸诈、庸俗之情,这种精神境界自然不能创作出崇高的艺术作品。当然猥琐庸俗者也可能试图表现高尚的内容,但其精神境界一定会限制其表现。这就像家禽拍打着翅膀,却不能够像鹰那样凌空飞翔。由此看来,气节操行能影响人的精神境界,而艺术境界的高下,又与创作主体的精神境界密切相关,因此,文学品格的高下,与创作主体的气节操行确有关系。

扬雄的"弸中彪外",韩愈的"本深末茂""闳中肆外",欧阳修的"充于中者足,而后发乎外者大以光"②,其所谓"中""本",指的都是内在的修养。理学家提倡的内在修养主要指儒学修养,即格物、致知、诚意、正心、修身、齐家、治国、平天下的工夫,是集传统伦理、政治、哲学于一身的修养。明代宋濂说:"圣贤之心,浸灌乎道德,涵泳乎仁义。道德仁义积而气因以充,气充,欲其文之不昌,不可遏也。"③指的便是儒学修养对文章创作的积极作用。单纯从儒学的角度来要求艺术家的内在修养,这显然过于狭隘。在中国文学艺术史上,许多作家都是以儒学为主,融合释、道,旁收杂学的。古文学家提

---

① (宋)朱熹:《晦庵先生朱文公文集》卷75,《四部丛刊初编》集部,第1395页。
② 《欧阳修全集》卷70《与乐秀才第一书》,第1024页。
③ (明)宋濂:《文说》,黄灵庚编辑校点:《宋濂全集》卷81,人民文学出版社2014年版,第1961页。

倡的内在修养含义较为宽泛。如韩愈就合儒学修养和艺术修养为一，要求作者"行之乎仁义之途，游之乎《诗》《书》之源"①。"上规姚姒，浑浑无涯；《周诰》《殷盘》，佶屈聱牙；《春秋》谨严，《左氏》浮夸；《易》奇而法，《诗》正而葩；下逮《庄》《骚》，太史所录，子云相如，同工异曲。先生之于文，可谓闳其中而肆其外矣。"②可见"闳其中"的内在修养的范围是十分宽泛的，经、史、子、集无不吸取其精华。这就比一般理学家的眼界要开阔得多，也比较符合文学创作的实际。

清代诗论家提出的"胸襟"，是一个泛指创作主体精神境界的综合概念。"胸襟"说是叶燮提出来的：

> 我谓作诗者，亦必先有诗之基焉。诗之基，其人之胸襟是也。有胸襟，然后能载其性情、智慧、聪明、才辨以出，随遇发生，随生即盛。千古诗人推杜甫。其诗随所遇之人之境之事之物，无处不发其思君王、忧祸乱、悲时日、念友朋、吊古人、怀远道，凡欢愉、幽愁、离合、今昔之感，一一触类而起，因遇得题，因题达情，因情敷句，皆因甫有其胸襟以为基。如星宿之海，万源从出；如钻燧之火，无处不发；如肥土沃壤，时雨一过，夭矫百物，随类而兴，生意各别，而无不具足。③

叶燮所指的"胸襟"，既不单纯指儒学修养，也不仅指名节品行，而是指具有高超思想境界、人生识见与审美理想的作家的主体意识。叶燮认为，胸襟是创作的基础，有胸襟，才能在客观世界"所遇之人、之

---

① 《韩昌黎文集校注》卷3《答李翊书》，第170页。
② 《韩昌黎文集校注》卷1《进学解》，第46页。
③ （清）叶燮著，霍松林校注：《原诗·内篇下》，《原诗 一瓢诗话 说诗晬语》，人民文学出版社1979年版，第17页。按：薛雪《一瓢诗话》中有一段同样的话，应该是抄录叶燮之语。

境、之事、之物"中发现对象的社会意义和审美意义。胸襟在创作主体诸要素中起主导作用,有胸襟才能发挥作家的"性情、智慧、聪明、才辩"。叶燮把诗的表现对象分为理、事、情三要素,把诗人的主观分为才、胆、识、力四要素,有了才、胆、识、力,客观事物的理、事、情才能"为之发宣昭著"①。而才、胆、识、力四者,叶燮尤重"识",而识的根本,就在诗人的胸襟。他还举王羲之的《兰亭集序》为例。兰亭之集,名流毕至,假使平庸者作序,必极力铺写,谀美万端,决无杳远苍凉之感。但王羲之能仰观宇宙之大,俯察品类之盛,宇宙万汇,系之感慨,表现了对人生透彻的领悟,这一切都来自王羲之的胸襟。所以,"由是言之,有是胸襟以为基,而后可以为诗文"②。

清代诗论家沈德潜、薛雪、潘德舆、方东树等人论诗都极重胸襟。如薛雪云:"诗文与书法一理,具得胸襟,人品必高。人品既高,其一馨一欬,一挥一洒,必有过人之处,享不磨之名。"③方东树也说:"大约胸襟高,立志高,见地高,则命意自高。"④沈德潜因据有诗坛宗主的地位,所以他论胸襟之说尤其著名:

> 有第一等襟抱、第一等学识,斯有第一等真诗。如太空之中,不着一点;如星宿之海,万源涌出;如土膏既厚,春雷一动,万物发生。古来可语此者,屈大夫以下,数人而已。⑤

这基本上继承了叶燮的理论。沈德潜的"第一襟抱"的说法,也是截

---

① 《原诗·内篇下》,第 23 页。
② 《原诗·内篇下》,第 17 页。
③ (清)薛雪:《一瓢诗话》第 6 则,见《原诗 一瓢诗话 说诗晬语》,第 91—92 页。
④ (清)方东树:《昭昧詹言》卷 14,人民文学出版社 1984 年版,第 381 页。
⑤ (清)沈德潜:《说诗晬语》卷上,见《原诗 一瓢诗话 说诗晬语》,第 187 页。

取了前人的话头①。沈德潜把它和文学创作联系起来,提出高超的诗学理想。

三、人品与文品的深层关系

人品与文品的关系,是文学批评上颇有争议的论题。中国古代绝大多数文学批评家认为两者完全一致,同时也有人对此持怀疑态度。元好问就曾举潘岳为例,感叹道:"心画心声总失真,文章宁复见为人。"②史书称潘岳:"性轻躁,趋世利,与石崇等诌事贾谧,每候其出,与崇辄望尘而拜。"③但潘岳却写出了"高情千古"的《闲居赋》,表现萧然淡泊的情趣,故元好问认为扬雄言为心声的说法值得怀疑。都穆《南濠诗话》赞同元好问的说法,对扬雄所谓的"心声心画"之说持保留意见,指出"世之偏人曲士,其言其字,未必皆偏曲。则言与书,又似不足以观人者"④。陈廷焯曾列举文学史上一些诗人、词家,有"人品皆不足取,而诗品甚高"和"词不必足法,人品却高绝"的两种人品文品不一致的情况,认为"诗词不尽能定人品"⑤。

西方很多理论家不同意风格即人格的说法,克罗齐的理论比较有代表性。他在《美学原理》中认为风格即人格是一个"错误的等

---

① 宋代严羽有"第一义之悟"的说法;明代吕坤《续小儿语》云:"做第一等人,干第一等事,说第一等话,抱第一等识。"中华书局 1985 年版,第 6 页。

② 郭绍虞笺释:《杜甫戏为六绝句集解 元好问论诗三十首小笺》,人民文学出版社 1978 年版,第 62 页。

③ (唐)房玄龄等:《晋书》卷 55《潘岳传》,中华书局 1974 年版,第 1504 页。

④ 丁福保辑:《历代诗话续编》,中华书局 1983 年版,第 1356 页。

⑤ (清)陈廷焯著,杜维沫校点:《白雨斋词话》卷 5,人民文学出版社 1983 年版,第 132—133 页。

式"。他指出:"艺术对于科学、实践和道德都是独立的。"他认为:
"风格即人格说只有两个可能:如果它指风格就是具风格方面的人
格,即只指表现活动那方面的人格,那就是完全空洞无意义的;如果
要想从某人所见到而表现出来的作品去推断他做了什么,起了什么
意志,即肯定知识与意志之中有逻辑的关系,那就是错误的。"他讽刺
人们基于这个"错误的等式"认为一个人在作品中表现了高尚的情
操,在实践生活中就不可能不是一个高尚的人,或者认为在作品中写
杀人行凶,在生活中不可能一点坏事也不干,就像梵罗那城的妇女看
到但丁黝黑的面孔,就以为他真正下过地狱①。

　　其实,仔细考察还可以发现,18世纪法国学者布封(Buffon,
1707—1788)提出的"风格即人",但其本意并非人们惯常引用、发挥
的"风格即人格"。"只有写得好的作品才是能够传世的:作品里面
所包含的知识之多,事实之奇,乃至发现之新颖,都不能成为不朽的
确实的保证;如果包含这些知识、事实与发现的作品只谈论些琐屑对
象,如果他们写得无风致,无天才,毫不高雅,那么,它们就会是湮没
无闻的,因为,知识、事实与发现都很容易脱离作品而转入别人手里,
它们经更巧妙的手笔一写,甚至会比原作还要出色些哩。这些东西
都是身外物,风格却是人的本身。"②这里的"风格却是人的本身",又
经常被译为"风格即人""风格却是本人"或"风格就是人本身"。

　　我们必须辩证地看待人格与文品的关系。从总体上看,大多数
作家、诗人的人品与文品是统一的。因为在整个创作过程中,如心物
交融、艺术想象、艺术构思、语言表达等始终离不开创作主体的指导,
人格是创作主体的重要方面。作家的人品、情操、思想境界都制约着

---

① [意]克罗齐著,朱光潜译:《美学原理 美学纲要》,外国文学出版社1983年
　　版,第62—63页。
② [法]布封:《论风格》,《译文》1957年9月号,第151页。

作品的格调境界。屠隆说:"清流不出于淤泥,洪音不发于细窍。"①
只有高尚的胸襟,创作才能臻上乘,否则会流于凡俗。陶潜胸襟浩
荡,人品高绝,故诗品高洁。杜甫有先天下之忧而忧的胸怀,才能成
为诗圣。歌德说过:"一个作家的风格是他的内心生活的准确标志,
所以一个人如果想写出明白的风格,他首先就要心里明白;如果想写
出雄伟的风格,他也首先就要有雄伟的人格。"②从这个意义上,文如
其人是没有疑义的。当然我们不应拘泥生硬地理解文如其人的说
法,应该把它放在更高层次上来理解。文学批评要统观作品的整体
格调,所谓人品文品一致,并不是只就作家的个别篇章的片言只语或
只就其表现内容而言,而主要是指作家作品的整体格调。顾炎武在
《日知录》卷19"文辞欺人"条中提出文学批评要"知言",就是透过
作品的内容,深入到艺术境界内部去考察,"则其人之真伪即以其言
辨之,而卒莫能逃也"。他举《诗》《骚》、陶诗为例:

> 《黍离》之大夫,始而摇摇,中而如噎,既而如醉,无可奈何,
> 而付之苍天者,真也。汨罗之宗臣,言之重,辞之复,心烦意乱,
> 而其词不能以次者,真也。栗里之征士,淡然若忘于世,而感愤
> 之怀有时不能自止而微见其情者,真也。其汲汲于自表暴而为
> 言者,伪也。《易》曰:"将叛者其辞惭,中心疑者其辞枝,失其守
> 者其辞屈。"《诗》曰:"盗言孔甘,乱是用啖。"夫镜情伪,屏盗言,
> 君子之道,兴王之事,莫先乎此。③

① (明)屠隆:《抱恫集序》,《白榆集》卷2,《续修四库全书》第1359册,第557页。
② [德]歌德著,朱光潜译:《歌德谈话录》,人民文学出版社1978年版,第39页。
③ (清)顾炎武著,黄汝成集释:《日知录集释》(全校本),上海古籍出版社2006
年版,第1095页。

顾炎武认为,只要深入到作品的艺术境界与格调内部,就可以辨别真伪,不为浮言巧辞所迷惑。

叶燮《原诗·外篇上》说:

> 诗是心声,不可违心而出,亦不能违心而出。功名之士,决不能为泉石淡泊之音;轻浮之子,必不能为敦庞大雅之响。故陶潜多素心之语,李白有遗世之句,杜甫兴"广厦万间"之愿,苏轼师"四海弟昆"之言。凡如此类,皆应声而出。其心如日月,其诗如日月之光。随其光之所至,即日月见焉。故每诗以人见,人又以诗见。使其人其心不然,勉强造作,而为欺人欺世之语;能欺一人一时,决不能欺天下后世。究之,阅其全帙,其陋必呈。其人既陋,其气必苶,安能振其辞乎!①

"诗以人见,人又以诗见",这不是从作家个别篇章得出来的,而是基于对作家本人及其所有作品的长期考察而得出的结论。黄侃《文心雕龙札记》说:"因文见人,非必视其义理之当否,须综其意言气韵而察之也。"②作品的思想内容可以作假,但整体的气韵格调却难以摹仿。所以要真正考察人品文品的关系,需要批评家具有高超的艺术判断力。

但是,尽管我们不同意克罗齐把"风格即人格"视为一个完全错误的等式,文学艺术创作的实际情况的确不乏风格与人格分离的现象。中国古代一些批评家也早已注意及此,对于当代研究者来说,困难的不是引证古人的片言只语,而在于对此作出比较合理的解释。

人品文品错位的现象,首先有社会学和心理学方面的原因。美

---

① 《原诗·外篇上》,第52页。
② 黄侃:《文心雕龙札记》,中华书局1962年版,第94页。

国当代文学批评家雷·韦勒克和奥·沃伦在其名著《文学理论》中认为作家和作品的关系十分复杂,艺术品决不仅仅是作家生活的摹本:"与其说,文学作品体现一个作家的实际生活,不如说它体现作家的'梦';或者说,艺术作品可以算是隐藏着作家真实面目的'面具'或'反自我'。"他还认为,在作家心目中,实际生活"由于受到艺术传统和先验观念的左右,它们都发生了局部的变形"①。因此不能把作品看成是作家忠实的传记。这是就叙事文体文学而言的,对抒情文体文学而言,作品里所表达的思想感情也可能发生变形。

每个人都生活在现实社会之中,社会的道德规范时刻在监察人的言行。这种道德规范甚至积淀为深层的心理机制,影响着人们的社会生活——文学创作当然也不例外,这是那些虚伪作品产生的道德和心理学上的根源。刘勰《文心雕龙·情采》指出:"有志深轩冕,而泛咏皋壤;心缠几务,而虚述人外"的"为文而造情"现象②。施闰章《曾子学陶诗序》云:"今有日屠人于市,而口诵好生之书;侈声色,极口体,日夜聚敛,而好为屏嗜绝欲之语。"③那些炙手可热的达官贵人偏要装出陶潜式的淡泊,大伪大奸倒不乏忧国忧民的豪言壮语。口蜜者不妨腹剑,巧言者或许鲜仁。内心卑劣庸俗的人越喜欢以高言旷语来自饰,以此博得社会的信任,或者取得自我心理平衡④。

创作上的人品文品分离现象既可能是创作者有意识的作伪,也很可能是心理上一种无意识的矫饰。弗洛伊德认为人的心理具有

---

① [美]雷·韦勒克、奥·沃伦著,刘象愚等译:《文学理论》,生活·读书·新知三联书店1984年版,第72页。
② 《文心雕龙义证》,第1164页。
③ (清)施闰章:《学馀堂文集》卷5,《文渊阁四库全书》第1313册,第59页。
④ (清)朱彝尊:《静志居诗话》卷9"严嵩"条,谓严嵩晚年"立身之败裂,有万倍于诗者。《生日诗》犹云:'晚节冰霜恒自保。'昧心之言,将谁欺乎?"人民文学出版社1990年版,第259页。

"自我防御机制"（ego-defense mechanisms），其中有"反作用形成"（reaction formation），人们通过反作用形成的机制，无意识中的真实思想以与它相反的形式在意识中呈现出来。例如一个对爱人不忠诚的人往往信誓旦旦，夸张地表达对爱人热烈的感情。弗洛伊德认为一般反作用形成的人倾向于过度表露和强调自己的感情，他们的感情表露带有夸张的色彩。这种说法使我们想起顾炎武所说的，那些在作品中"汲汲于自表暴而为言者，伪也"①。荣格则认为人的心理存在"人格面具"（persona），它是一个人公开的自我。人格面具的产生是因为人需要在社会中扮演一个角色。荣格认为把人格面具当成整个人格的全部是错误的。在某种意义上，人格面具只是用来欺骗别人的工具，因为它只是把个人人格的很小部分呈现给他人。尽管我们很难整体上赞同弗洛伊德和荣格的心理学理论，但其心理防御机制以及人格面具之说，为我们了解人品文品错位现象提供了某些心理学方面的借鉴。我们不妨把文学也看成是一种"面具"，我们就不会天真地只从表面内容来判断作家的人品。宋人吴处厚说："文章纯古，不害其为邪；文章艳丽，亦不害其为正。然世或见人文章铺陈仁义道德，便谓之正人君子；若言及花草月露，便谓之邪人，兹亦不尽也。"②可见仅从作品表现内容上来判断作家的人格高下，容易造成文学批评上的"冤假错案"。宋高宗赵构曾写过一首题金山的绝句："屹然天立镇中流，弹压东南二百州。狂虏来临须破胆，何劳平地战貔貅。"隐然以抗击外敌的中流砥柱自居，实际上他却是个辱国丧权、屈服外敌的庸君。所以胡应麟评这首诗"殊不类其人"③。可以说，这首诗正是赵构的"人格面具"。假如我们只从诗歌本身激昂慷慨的

①《日知录集释》（全校本），第 1095 页。
②（宋）吴处厚撰，李裕民校点：《青箱杂记》卷 8，中华书局 1985 年版，第 81 页。
③（明）胡应麟：《诗薮》外编卷 5，上海古籍出版社 1979 年版，第 208 页。

调子去理解,很容易被这种面具所欺骗。孔子早就说过:"始吾于人也,听其言而信其行;今吾于人也,听其言而观其行。"[1]古人有句老话:"善欲人见,不是真善;恶恐人知,便是大恶。"[2]从文学批评的角度看,这些话也值得玩味。

人品与文品毕竟分属道德和美学两个不同系统。叶燮虽然肯定地说:"诗文一道,根乎性,而发为言,本诸内者,表乎外,不可以矫饰,而工与拙亦因之见矣。"但是诗文创作毕竟是特殊的技艺,不但需要天资,还需要苦功。"诗文一道,在儒者为末务。诗以适性情,文以辞达意,如是已矣。初未尝争工拙于尺寸铢两间。故论者未可以诗文之工拙,而定其人之品;亦未可以其人之品,而定其诗文之工拙也。"[3]所论颇为通达。《修竹庐谈诗问答》中有一段徐熊飞与陆坊之间意味深长的问答:

> (陆)问:古来大奸大慝,尽有可传之诗。若忠臣义士、老师宿儒,或辞不达意,甚有流为笑柄者,所谓"言之无文,行而不远"也。审是,则诗主性情之说谬欤?
>
> (徐)答:金壬小人,其诗非无可传者,以其当为诗时,能冥搜力索,用志不纷耳。《钤山堂》《咏怀堂》二集,较胜于定山、白沙两先生,一则刻意求工,一则信口而出故也。然以五言、七言定人之邪正喜恶,往往不验。宋之问、陈子昂之流,人品卑不足道,其诗何尝不独步一时哉!盖诗者,性情所寄托,非心术所见端

---

① 《论语·公冶长》,见《四书章句集注》,第78页。
② (清)朱柏庐撰:《治家格言》,朱利注释:《治家格言 增广贤文 女儿经》,上海古籍出版社1991年版,第2页。
③ (清)叶燮:《已畦集》卷8《南游集序》,《四库全书存目丛书》集部第244册,第90页。

也。性情同而心术异,故贤者不必皆工,工者不必皆贤。①

徐熊飞认为:"盖诗者,性情所寄托,非心术所见端也。"诗歌直接表现的是人的"性情",而不是人的"心术",后者属于道德范畴。所以"贤者不必皆工,工者不必皆贤"。

因为道德和美学分属于两个不同系统,使得人们的生活观与艺术观有时并不一致;对人格与对艺术的衡量标准也有差异。梁朝萧纲《诫当阳公大心书》说:"立身之道与文章异。立身先须谨重,文章且须放荡。"②他认为立身须受礼教的规范,所以要谨慎持重;而在文章中表现性情却可放纵自由,无拘无束,不可畏首畏尾,拘忌太多。王铎《拟山园选集·文丹》云:"为人不可狠鸷深刻,作文不可不狠鸷深刻。"③李渔《窥词管见》云:"意之曲者,词贵直;事之顺者,语宜逆。此词家一定之理,不折不回。表里如一之法,以之为人不可无,以之作诗作词,则断断不可有也。"④袁枚对此引经据典再作发挥:"凡作人贵直,而作诗文贵曲。孔子曰:'情欲信,词欲巧。'孟子曰:'智譬则巧,圣譬则力。'巧,即曲之谓也。崔念陵诗云:'有磨皆好事,无曲不文星。'洵知言哉!"⑤清代叶矫然《龙性堂诗话初集》云:"诗心与人品不同。人欲直而诗欲曲,人欲朴而诗欲巧,人欲真实而诗欲形似。盖直则意尽,曲则耐思;朴则疑野,巧则多趣;真实则近凝滞,形

① (清)王士禛等著,周维德笺注:《诗问四种》,齐鲁书社 1985 年版,第 261—262 页。
② (清)严可均校辑:《全上古三代秦汉三国六朝文》第 3 册《全梁文》卷 11,中华书局 1958 年版,第 3010 页。
③ (清)王铎:《拟山园选集》卷 82,《四库禁毁书丛刊》集部第 88 册,第 364 页。
④ (清)李渔:《李渔全集》第 2 卷《窥词管见》11 则,浙江古籍出版社 1991 年版,第 512 页。
⑤ (清)袁枚:《随园诗话》卷 4,人民文学出版社 1982 年版,第 111 页。

似则工兴比。"①以上所论虽未必十分精确,但它给我们以启迪:道德规范和审美规范是不同的。文学艺术是反映客观事物和表现主观情性的特殊方式,它更需要天赋,需要个性与独创,需要无拘无束的想象与虚构。艺术的至境总离不开自然与自由,而道德却受人为的、集体的社会伦理制约。

无论人品还是文品都相当复杂。人格结构包含许多层面,在创作活动中,所有的人格因素不一定全部投入其中。作品可以反映人格的主体部分,也可能只是偶露其一鳞半爪。袁枚《再答李少鹤》谈及对"诗言志"之说"不可太拘"。他认为:"诗人有终身之志,有一日之志,有诗外之志,有事外之志,有偶然兴到、流连光景、即事成诗之志。'志'字不可看杀也!"②有时作家表现出某些鲜为人知、甚至令人惊讶的思想感情,其实也是不足多怪的。至于文品也不可"看杀"。作家的文品是在长期创作生涯中逐步形成的,一个诗人在不同时期,由于生活际遇、人生识见与艺术修养不同,文品可能发生变化;一个作家运用不同的文学体裁写作,可能产生不同的艺术品格,甚至如出二手。就是同一作家运用同一文体表现同一内容,也可能表现出不同的文品。宋代诗人林逋,隐遁湖山,人品高洁,其咏梅诗为历代传颂。欧阳修激赏其"疏影横斜水清浅,暗香浮动月黄昏"之风韵;黄庭坚偏爱其"雪后园林才半树,水边篱落忽横枝"之高格③。但其另外的《梅花》诗则有"蕊讶粉绡裁太碎,蒂疑红蜡缀初干"之语,查慎行斥其"堕入恶俗一派",纪昀评为"俗陋之极",并有"和靖何至于此"

---

① 《清诗话续编》,第 938 页。
② (清)袁枚:《小仓山房尺牍》卷 10,王英志整理:《袁枚全集》,江苏古籍出版社 1993 年版,第 770 页。
③ (宋)何汶撰,常振国、绛云点校:《竹庄诗话》卷 24,中华书局 1984 年版,第 449 页。

之叹①。

艺术的传统、时代的风气对作家创作的影响很大，很少作家能够抗御住这种巨大的影响力。这就使他们在潜移默化之中接受了某种审美理想，并且不知不觉地改变自己的禀性来适应或迎合它们。因此在创作活动中，有一些超乎个人人格的力量在起作用。这也是有时人品文品看起来不一致的原因之一。一个简单的事实就足以说明问题了。在中国文学史上，有的时代文风健康，格调高尚；有的时代文风绮靡，格调卑下。但在前者，作家们未必人人高尚正大；在后者，作家们也未必个个庸俗卑浅。在艺术传统和时代风气的强大力量面前，个人的人格与禀性通常显得微不足道。袁枚《随园诗话》卷5："学温、李者，唐有韩偓，宋有刘筠、杨亿，皆忠清鲠亮人也。一代名臣，如寇莱公、文潞公、赵清献公，皆西昆诗体，专学温、李者也，得谓之下流乎？"②宋初诗文主要继承晚唐、五代的风气，词藻典丽而内容空虚，并形成以杨亿、钱惟演、刘筠等人为代表的"西昆体"。西昆体大多形式华丽而内容狭隘贫乏，诗格不高。石介批评其"穷妍极态，缀风月，弄花草，淫巧侈丽，浮华篡组"③。但当时学西昆者众，"后进学者争效之，风雅一变"④。西昆体虽品格不高，但学西昆体的诗人不乏高尚刚峻、忠清鲠亮者。

在某种程度上，有些文学风格也是可以通过摹拟、继承而达到相似甚至乱真的地步。魏禧认为："古人文章无一定格例，各就其造诣

---

① （元）方回选评，李庆甲集评校点：《瀛奎律髓汇评》卷20，上海古籍出版社2005年版，第788页。
② 《随园诗话》，第161—162页。
③ （宋）石介著，陈植锷点校：《徂徕石先生文集》卷5《怪说中》，中华书局1984年版，第62页。
④ （宋）欧阳修著，郑文校点：《六一诗话》，见《六一诗话 白石诗说 瀯南诗话》，人民文学出版社1962年版，第8页。

所至、意所欲言者发抒而出,故其文纯杂瑕瑜犁然并见。至于后世,则古人能事已毕,有格可肖,有法可学,忠孝仁义有其文,智能勇功有其文,孰者雄古,孰者卑弱,父兄所教,师友所传,莫不取其尤工而最笃者,日夕揣摩,以取名于时,是以大奸能为大忠之文,至拙能袭至巧之论。呜呼,虽有孟子之知言,亦孰从而辨之哉!①说得很有理。潘德舆《养一斋诗话》卷3:

> "寒林烟重暝栖鸦,远寺疏钟送落霞。无限岭云遮不断,数声和月到山家。"此宋贼刘豫诗也,清光鉴人,诗竟不可以定人品耶!②

刘豫,原宋代官员,后受到金人利诱而降金,建炎四年被金人册立为帝,"国"号"大齐",是一个宋朝的叛国贼,然而其诗却能写得"清光鉴人"。虽然此诗不知作于何时,但这种风格并非刘豫的独创,只不过是对前人尤其唐人像储光羲、常建、韦应物等的摹拟罢了。当然我们还是要承认其语言技巧是不错的。艺术毕竟需要才能,大奸大恶者同样可能具有艺术天赋,正如古人所说:"陈叔宝绝无肺肠,然诗语有警绝者。"③又如明代的严嵩、阮大铖等都能写出颇为出色的作品。

优秀的文品与人品的统一是一种必须经过长期培养才能达到的艺术境界。何绍基对这个问题的阐述很值得注意。他认为:"心声心画,无可矫为,然非刻苦用一番精力,虽人已成就,不见得全能搬移到

---

① (清)魏禧:《魏叔子日录》卷2《杂说》,胡守仁等校点:《魏叔子文集》,中华书局 2003 年版,第 1122 页。
② 《清诗话续编》,第 2048 页。
③ (宋)惠洪著,陈新点校:《冷斋夜话》卷4,见《冷斋夜话 风月堂诗话 环溪诗话》,中华书局 1988 年版,第 32 页。

纸上,所以古来名人,不是都会诗文字画。"①作诗文,首先要去俗,要培养高尚的人品,有"真性情",但仅仅如此仍不足以成家,"因作诗文自有多少法度,多少工夫,方能将真性情搬运到笔墨上"②。创作自有本身的规律法度,要将"真性情"表现出来,"始则少移焉,继则半至焉,终则全赴焉,是则人与文一。人与文一,是为人成,是为诗文之家成"③。在长期的创作过程中,一方面除去因摹拟而得或与自己品性不同的因素,另一方面培护与自己品性相同的艺术个性,最终才能达到"人与文一"的艺术境界。

四、对人品文品说的评价

中国古代的文学批评,特别强调作家人品的重要性,这反映了在中国古代儒学占统治地位的背景下形成的特定的文化心理,另一方面也与中国传统文学创作和文学观念有关。在古代中国,叙事性的文学作品如戏曲、小说兴起较晚,在当时人们的心目中,其地位也不如占统治地位的诗文。传统观念认为,诗以抒情,文以载道。在诗文中,作家的自我形象、人格品位要比在小说戏曲中更为明显。古人还认为文以气为主,气包括创作个性,也包括人品道德因素。在古人看来,艺术是一种表现形态,它是由作家的人格、性情、才力所决定的。因此古代文学批评尤其注重对作家艺术个性和道德人格的要求。

中国古代文学批评强调人品与文品的统一,这在创作上和理论

---

① (清)何绍基著,龙震球、何书置校点:《何绍基诗文集·东洲草堂文钞》卷5《题冯鲁川小像册论诗》,岳麓书社1992年版,第815页。

② 《何绍基诗文集·东洲草堂文钞》卷5《与汪菊士论诗》,第817页。

③ 《何绍基诗文集·东洲草堂文钞》卷3《使黔草自序》,第781页。

上都有其积极意义。在中国古代的文学批评中,实际上已经把批评对象的人品道德作为重要的(有时甚至是最重要的)价值判断标准。薛雪《一瓢诗话》说:"著作以人品为先,文章次之,不可以'不以人废言'为藉口。"①清张谦宜《絸斋论文》卷1谓:"文品以人品为本。"②这种"以人品为先""以人品为本"的批评传统,对于作家对道德修养的追求,起了积极的导向作用。它促使作家们注重内在修养,追求人格的完善。古代杰出的作家几乎都把"做人"放到"作文"之上,而那些大作家的生平事迹本身往往就是一部说不完道不尽的作品。人品说还使批评家在批评上知人论世,对批评对象作出比较全面准确的把握。当然,从鉴赏的角度看,了解作者和了解作品是两码事,而后者才是阅读的目的。所以有些西方批评家提出,每个艺术作品都是一个独立的整体,而且只能从它本身来理解,了解作家并不能帮助人们相应地提高对于作品的接受能力。最理想的事情是出现一部"没有姓名的"文学史③。这种说法有道理——当然只是片面的道理。只了解作者固然谈不上就了解作品,但不了解作者却难以真正地了解作品。一篇作品假如出自不同作者之手,读者往往会读出不同的意义来。辛弃疾《摸鱼儿》(更能消几番风雨)假如出于无名氏,读者大概只能读出其伤春感怀之意,是不太可能体会其由于抗金恢复之志无法实现而产生的深刻痛苦和悲愤的。

但是,由于时代和阶级的局限,古人对人品的判断标准常常带着传统伦理的色彩,而且不少批评家往往把作家的人格和作品的审美价值完全混为一谈,甚至凌驾于后者之上,以道德批评代替文学批

---

① 《一瓢诗话》第99则,第121页。
② (清)张谦宜:《絸斋论文》,《续修四库全书》第1714册,第425页。
③ [瑞士]沃尔夫冈·凯塞尔著,陈铨译:《语言的艺术作品:文艺学引论》第1章《语言学的先决条件》所载当时有人提出的主张。上海译文出版社1984年版,第33页。

评,或因人废言,或爱屋及乌,或忽略对作品本身作审美分析而专注对作家身世的考辨,这些都未免显得本末倒置。对我们来说,应该吸收古代文学批评人品说的合理内核,抛弃其糟粕、纠正其偏颇,至于对"人品即文品""诗品出于人品"这类命题,我们仍须慎重地加以考察,避免不加分析地简单套用,更不必把它奉为无往而不适的金科玉律。

第十三章　江山之助

——中国古代文学地域风格理论

　　人类的社会活动总是在具体的时间和空间中进行的。地理环境就是人类创造历史的舞台和背景,人类的生活与地理环境有着千丝万缕的联系。文学创作作为人类的社会活动也自然而然地受到地理环境的制约和影响,因此,某一地域的文学创作,往往具有这一地域所特有的色彩,这就是文学的地域风格。研究文学的地域风格,在中国有特殊的意义。中国自古以来地域广袤,各地之间无论是山川水土的自然地理环境,还是政治、经济、文化方面的人文地理环境往往迥异,文学创作的地域风格差异也就显而易见了,因此中国古代文学批评一直比较重视文学艺术的地域风格问题。可惜在颇受重视的文学批评史的研究中,文学地域风格学却总是被略而不论。

　　中国古代的文学地域风格论起源甚早。人们对艺术最初是从时代风格与地域风格上去把握的,而尚未注意到艺术的个性风格。因为早期的艺术往往是集体性民间性很强的创作,自觉的创作个性尚未产生;而且由于社会文明程度的低下,各地之间文化交流很少,因此早期文学创作的地域色彩最浓烈鲜明。《左传·襄公二十九年》吴公子季札观周乐,就已很准确地分辨出各地音乐由于政教治理风俗差异而呈现出来的不同的艺术风格。《诗经》"国风"是按十五国的地域分布来编排的。《汉书·地理志》在《史记·货殖列传》的基础上,已较全面地论述各地的风俗民情及其对文学创作的影响,并以

《诗经》为例加以说明。随着社会的发展，各地之间加强了政治文化交流，地域对文学的影响也逐步减弱。但在古代中国由于社会发展的缓慢、地域的辽阔、经常性的战乱和割据，各地之间发展极不平衡。魏晋以后，由于文学的自觉，批评家的眼光更为集中在艺术个性之上，文学的个性风格论逐步取代了地域风格论的重要地位。不过，从六朝到近代，批评家对地域风格的论述仍不绝如缕，理论上也在不断加深和完善，可以说地域风格学贯穿在整部中国文学史中。下面把有关材料加以整理并予以述评。

一、自然界留在精神上的印记

古人认为人们的风俗习惯乃至性格人品都与其所处的自然环境有密切关系。《礼记·王制》云："凡居民材，必因天地寒暖燥湿，广谷大川异制，民生其间者异俗。"[①]这就把各地风俗之异与其风貌自然和地理气候联系起来。《淮南子·地形训》则进一步提出"土地各以其类生"之说：

> 轻土多利，重土多迟。清水音小，浊水音大。湍水人轻，迟水人重。中土多圣人。皆象其气，皆应其类……是故坚土人刚，弱土人肥。垆土人大，沙土人细。息土人美，耗土人丑。[②]

认为人类的体质、形貌、声音以至品性都受到所处土地的形态性质的

---

① 《十三经注疏》上册，第 1338 页。
② （西汉）刘安编著，（东汉）高诱注：《淮南子》卷 4，上海古籍出版社 1989 年版，第 42 页。

影响。从行为感应地理学的角度看,自然地理环境的气候、温度、山川、水土、物产,影响着人的气质、感觉、情绪、意志乃至个性。所谓"土地各以其类生","皆象其气,皆应其类"的理论,在某种程度上有其合理性。古人认为南方人与北方人的性格差异是由土风地气所决定的。如唐代孔颖达疏《礼记·中庸》中关于"南方之强"与"北方之强"时说:"南方谓荆扬之南,其地多阳。阳气舒散,人情宽缓和柔";"北方沙漠之地,其地多阴,阴气坚急,故人性刚猛,恒好斗争。"①宋代庄绰则云:"大抵人性类其土风。西北多山,故其人重厚朴鲁。荆扬多水,其人亦明慧文巧,而患在轻浅。"②这些理论尚有待于我们从自然科学和人文科学的综合研究进一步加以考察和验证。

无独有偶,西方也有些理论家提出自然与人类性格关系的问题。如丹纳在《〈英国文学史〉序言》中认为,自然环境对于民族的心理和性格的影响很大。如日耳曼民族居住在高山森林和风浪多变的海岸之间,寒冷潮湿,所以忧郁并倾向于强悍好斗;希腊的生活环境气候宜人,大海风平浪静,故其民族性格较温和③。

人是社会关系的总和,人的地域性乃至民族性本质上是由人的社会实践活动所决定的,同时又与其所处的地理环境关系密切。历史唯物主义认为,自然条件的差异性和自然产品的多样性是形成社会分工的物质基础;地理环境影响着物质生产和社会发展。马克思在《资本论》第 1 卷中说:

不同的公社在各自的自然环境中,找到不同的生产资料和

---

① 《十三经注疏》下册,第 1626 页。
② (宋)庄绰:《鸡肋编》卷上,中华书局 1983 年版,第 11 页。
③ 参看伍蠡甫主编:《西方文论选》下卷,上海译文出版社 1988 年版,第 227—228 页。

不同的生活资料。因此，它们的生产方式、生活方式和产品，也就各不相同。①

如草原与荒漠地带，自然而然地产生游牧生活方式；水土丰沃气候宜人处，是农业生产的理想之域；沿海地区因交通发达兼有鱼盐之利，所以是商业的温床。自然条件制约着生产方式，也顺理成章地影响着人们的生活方式以至性格气质。相较而言，艰苦残酷的生活环境和流荡不安的生活方式，形成游牧民族强悍、凶猛、粗犷和勇敢的性格；在农业生产中，人与土地的稳定关系，造成农民安静内敛的性格；商业经济生产方式，培养人的开拓精神和强烈个性，而殷富财产也使人产生享乐思想。即使在相同的生产方式比如农业生产方式之中，不同的自然条件也会对人们的性格品质产生直接或间接的影响。交通发达之处，文化随之开放和多样；交通闭塞之处，文化诚然比较单一和传统。土地贫瘠的自然环境，容易培养出艰苦朴素的性格；得天独厚的自然环境，容易使人产生坐享其成的观念。故古人说："沃土之民不材，逸也；瘠土之民莫不向义，劳也。"②相对而言，这是有道理的③。中国古人还认为，特殊的地理位置也影响着人们的社会生活和人格品质。《汉书·地理志》对此所述颇多，如秦地"迫近戎狄"的特殊战略位置，使秦地人时常处于战备警戒之中，所以"高上气

---

① ［德］马克思、恩格斯著，中共中央马克思、恩格斯、列宁、斯大林著作编译局编：《马克思恩格斯全集》第 23 卷，人民出版社 1972 年版，第 390 页。
② 徐元诰撰，王树民、沈长云点校：《国语集解》（修订本）卷 5《鲁语下》，中华书局 2002 年版，第 194 页。
③ ［法］孟德斯鸠著，严复译：《论法的精神》第 18 卷中也有惊人相似的说法，而所述更为详切，可资参考，上海三联书店 2009 年版，第 246—264 页。

力"①。《诗经》中的"秦风",多言战备,透露出秦人尚武勇敢的精神。又如"郑卫之音"的产生也有其地理原因:"(郑)土狭而险,山居谷汲,男女亟聚会,故其俗淫……卫地有桑间濮上之阻,男女亦亟聚会,声色生焉,故俗称郑卫之音。"②文学批评需要知人论世,这也必须包括对文学创作的自然基础的了解。

文学地域风格的形成,主要取决于审美情趣的地域性。在古人看来,特定的自然地理环境既然影响着人们的性格品质和风俗,对于诗人的审美理想也自然产生潜移默化的作用。诗人受自然地域景观的熏陶,受"水土""地气"的感召,"皆象其气,皆应其类",从而产生一种与地理风貌相似的审美理想。清代孔尚任就说:

> 盖山川风土者,诗人性情之根柢也。得其云霞则灵,得其泉脉则秀,得其冈陵则厚,得其林莽烟火则健。凡人不为诗则已,若为之,必有一得焉。③

这是《淮南子》"土地各以其类生"④说法在后世诗论中的发挥。所谓"灵""秀""厚""健",都是得之山川风土感召而产生的艺术个性(就同一地域的诗人而言则是共性)。云蒸霞蔚之地,文学风格多空灵舒

---

① (东汉)班固撰,(唐)颜师古注:《汉书》卷28下《地理志下》,中华书局1962年版,第1644页。

② 《汉书》卷28下《地理志下》,第1652、1665页。按:张载又进一步解释郑卫之音形成的地理原因:"盖郑卫之地滨大河,沙地土不厚,其间人自然气轻浮;其地土苦,不费耕耨,物亦能生,故其人偷脱怠惰,弛慢颓靡。其人情如此,其声音同之。"《张子全书》卷4《经学理窟》,《景印文渊阁四库全书》第697册,第158页。

③ (清)孔尚任著,汪蔚林编:《孔尚任诗文集》卷6《古铁斋诗序》,中华书局1962年版,第475页。

④ 《淮南子》卷4,第42页。

卷;山水明丽之处,文学风格多秀丽明媚;高原大山地区,文学多浑厚壮实;林莽烟火之域,文学多矫健有力。所以孔尚任认为山川风土是诗人审美情趣的自然基础("根柢")。沈德潜则更为明确地说:"余尝观古人诗,得江山之助者,诗之品格每肖其所处之地。"他举例说,永嘉山川明媚,谢灵运诗风与之相肖;夔州山水险绝,杜甫诗风与之相类;永州山水幽峭,柳宗元诗风与之相近,他认为这是因为"彼专于其地故也"①。自然风貌影响了诗人的审美观,从而使其创作呈现和自然风貌相似的风格,这就是"江山之助"。

关于"江山之助"对审美理想的影响,古人谈得最多的是南北方文风的差异。明代唐顺之认为:"西北之音慷慨,东南之音柔婉,盖昔人所谓系水土之风气,而先王律之以中声者……若其音之出于风土之固然,则未有能相易者也。"②近代况周颐认为:"南人得江山之秀,北人以冰霜为清。"③反映到创作上则南方诗词风格秀美婉丽,北方诗词则清劲爽利。刘师培在《南北文学不同论》中指出南方文学是浪漫型的("虚无");北方文学是现实型的("实际")。南北文学审美倾向与南北地域各自的水土有关:"北方之地,土厚水深","南方之地,水势浩洋"④。

正如以上所述,地域的民情风俗,主要是由人们的社会生活的差异决定的。同样,审美理想的形成本质上也取决于社会生活,但地理环境的影响绝不是微弱到可以忽略不计的。而且由于中国古典抒情诗注重意境,古代诗人尤喜徜徉山水清音之中,所以受自然环境影响

① (清)沈德潜著,潘务正、李言校点:《沈德潜诗文集》,《芳庄诗序》,人民文学出版社 2011 年版,第 1526 页。
② (明)唐顺之:《荆川先生文集》卷 10《东川子诗集序》,《四部丛刊》本。
③ (清)况周颐著,王幼安校订:《蕙风词话》卷 3,人民文学出版社 1960 年版,第57 页。
④ 舒芜等编选:《中国近代文论选》,人民文学出版社 1959 年版,第 571 页。

尤其明显。人与自然的关系也是社会生活的一部分。对作家来说,大自然是美的观照对象,自然的环境对于作家就是美的环境。自然可以划分为各种类型,有平易,有奇险,有秀美,有雄壮……某一地域的人,生于其中,长乎其中,受其感召,潜移默化。在审美过程中,心物交融,物我同一。一方面是自然的人化,另一方面又是人的自然化。人的自然化的结果是自然美在人们审美心理中积淀,使他们形成与之相应相似的审美趣味。从这个角度看,古人所谓"山川风土者,诗人性情之根柢","诗之品格每肖其所处之地",这类说法是可以用审美心理学加以解释的。丹纳在《艺术哲学》中的一段话足供借鉴。他在论希腊人的审美观时谈到"自然界的结构留在民族精神上的印记"。他认为希腊的自然界和谐秀美,没有奇幻险绝,"一切都大小适中,恰如其分,简单明了,容易为感官接受","人看惯明确的形象,绝对没有对于他世界的茫茫然的恐惧,没有太多的幻想和不安的猜测","自然界在人的头脑中装满这一类的形象,使希腊人倾向于肯定和明确的观念。"[1]他谈论的是希腊的雕像与绘画,但其他艺术形式也是相通的。以《楚辞》为例,其浪漫诗风的形成原因很多,但楚地特殊的自然风貌对于诗人的审美理想,也起了一定的感召作用。王夫之在《楚辞通释·序例》中说:

> 楚,泽国也。其南沅湘之交,抑山国也。叠波旷宇,以荡遥情,而迫之以崟嶔戍削之幽菀,故推宕无涯,而天采矗发,江山光怪之气莫能掩抑。[2]

荆楚文学有浓烈的地域色彩,其山泽之国,便是神话与巫鬼文化

---

① [法]丹纳著,傅雷译:《艺术哲学》,人民文学出版社1963年版,第255—256页。

② (清)王夫之:《船山全书》第14册,岳麓书社1996年版,第208页。

的温床。荆楚诗人诡奇、浪漫、惊采绝艳的审美理想,自然得之于山川相缪、风物灵秀、"江山光怪之气"的感召。我们很难想象在平坦无奇的平原地域,会产生像《楚辞》这样浪漫神秘的作品。所以荆楚文学的浪漫奇诡,有几分是"自然界的结构留在民族精神上的印记"。刘勰曾感叹说:"若乃山林皋壤,实文思之奥府,略语则阙,详说则繁。然屈平所以能洞监风骚之情者,抑亦江山之助乎!"①后来宋祁也说:"江山之助,本出楚人之多才。"②张九龄则云:"士风从楚别,山水入湘奇。"③"士风"如此,文风也如此,与其山水之奇有密切的关系。

当然地理环境除了影响诗人的审美理想,作为表现对象,还直接在作品中构成富有地域色彩的意境要素。法国著名作家斯太尔夫人(一译为"史达尔夫人")在《论文学》一文中说:"我觉得有两种完全不同的文学存在着,一种来自南方,一种源出北方。"④"北方人喜爱的形象和南方人乐于追忆的形象间存在着差别。气候当然是产生这些差别的主要原因之一。诗人的梦想固然可以产生非凡的事物;然而惯常的印象必然出现在一切作品之中。"⑤"惯常的印象"是构成作品意境的自然材料。以南北朝诗歌为例,江南人当然不能写出《敕勒歌》"天苍苍,野茫茫,风吹草低见牛羊"那种粗犷自然的景色;塞北人也难以摹写出"逶迤带绿水,迢递起朱楼。飞甍夹驰道,垂柳荫御沟"⑥的江南佳丽风光。诗歌的意境有其自然环境基础,这是毋庸细论的。

---

① (南朝梁)刘勰著,詹锳义证:《文心雕龙义证·物色》,上海古籍出版社 1989 年版,第 1759 页。

② (宋)宋祁:《江上宴集序》,《全宋文》第 24 册,第 365 页。

③ (唐)张九龄:《曲江集》卷 4《南还以诗代书赠京都旧僚》,上海古籍出版社 1992 年版,第 32 页。

④ 《西方文论选》下卷,第 107 页。

⑤ 《西方文论选》下卷,第 108 页。

⑥ 逯钦立辑校:《先秦汉魏晋南北朝诗·齐诗》卷 3 谢朓《入朝曲》,中华书局 1983 年版,第 1414 页。

二、地域文化与人格塑造和创作

与自然地理环境相比,地域的人文地理环境对于文学创作的影响更为巨大、深刻且直接。千百年来,自然地理的变化缓慢得人们难以感受出来,而政治、文化、经济、风俗、民情等人文地理因素却永远处于激烈的发展变化之中。这些都是文学地域风格形成的主要原因。按古人的理解,在"风俗"这个概念中,风与俗含义不同。《汉书·地理志》云:"凡民函五常之性,而其刚柔缓急,音声不同,系水土之风气,故谓之风;好恶取舍,动静亡常,随君上之情欲,故谓之俗。"①北齐刘昼《刘子·风俗》云:"土地水泉,气有缓急,声有高下,谓之风焉;人居此地,习以成性,谓之俗焉。"②可见"风"是人的本性受自然地理的影响而形成的特征,而"俗"则是文化地理的反映。但当"风俗"合为一个概念时,就偏指其文化地理的属性。

古人认为从文学的地域风格,可以考察出各地的政治、文化、民俗等风貌。故《汉书·艺文志》说:"古有采诗之官,王者所以观风俗,知得失,自考正也。"③《左传·襄公二十九年》记载吴公子季札在鲁国观周乐,他把乐章里所反映的各地政治经济情况作为评论的依据,从中了解民众的情绪,以此作为施政的借鉴。这就是所谓"听音而知治乱,观乐而晓盛衰"④。明代屠隆解释民风与文学创作的关系

① 《汉书》卷28下《地理志下》,第1640页。
② (北齐)刘昼撰,杨明照校注:《刘子校注》,巴蜀书社1988年版,第197页。
③ 《汉书》卷30《艺文志》,第1708页。
④ 《春秋左传正义》卷39"使工为之歌《周南》《召南》曰美哉"句孔颖达疏,《十三经注疏》下册,第2006页。

时举例说：

> 周风美盛，则《关雎》《大雅》；郑、卫风淫，则《桑中》《溱洧》；秦风雄劲，则《车邻》《驷驖》；陈、曹风奢，则《宛丘》《蜉蝣》；燕、赵尚气，则荆、高悲歌；楚人多怨，则屈骚凄愤。斯声以俗移者也。①

"声以俗移"正指出文学地域风格形成的主要原因。吴公子季札从歌诗观察各地政教得失、风俗厚薄，而屠隆则从各地民风之不同来考察它对文风的影响。两者角度不同，观念却是一致的。"声以俗移"说完全符合文学艺术史的实际发展情况。"俗"不仅是一般的习俗，而且是一种传统文化心理的积淀，它表现为一种文化氛围，绝大多数诗人作家都难以超越它。吴歌西曲产生于明媚的江南地域，江南的城市经济很发达，民风奢侈，吴歌西曲的旖旎、艳丽、柔媚的风格，正是江南在城市经济发达基础上民风崇尚享乐、追求个性和爱情的反映。不过我们还要注意到"声以俗移"的现象仍然有其自然地理基础的因素。试想，假如江南不是土壤肥沃、气候温润，湖泊河川、水道密布，又有长江天堑的话，在当时其城市经济文化的高度发达是无法想象的，其文学风格也可能大异其趣了。

地域的民俗文化，影响和塑造着人们的气质、性格，也对诗人的创作特性起着潜移默化的作用。比如魏晋论文有"齐气"之说。曹丕《典论·论文》批评徐幹"时有齐气"②。徐幹，建安七子之一，北海人，即齐地人。所谓"齐气"，便是受齐地风俗影响而形成的一种舒缓

---

① （明）屠隆：《鸿苞集》卷18，《四库全书存目丛书》子部第89册，第254页。
② （南朝梁）萧统编，（唐）李善注：《文选》卷52，上海古籍出版社1986年版，第6册，第2270页。

文风。"舒缓"是齐地传统的民风。吴公子季札观乐,称赞齐国歌诗,具有独特的"齐气"。在先秦,舒缓之气是一种泱泱大国的气度,一种雍容不迫的风度。《左传·襄公二十九年》:"美哉,泱泱乎大风也哉!"服虔注:"泱泱,舒缓深远,有大和之意。"①《史记·货殖列传》论及齐地:"其俗宽缓阔达。"②《论衡·率性》记当时的谚语:"齐舒缓,秦慢易,楚促急,燕戆投。"③齐地舒缓之文化气质,影响了这一地域作家的审美理想,从而形成了创作上独特的"齐气"。但在建安时代,文学批评重视风骨,推崇鲜明爽朗,风清骨峻的风格,所以,文学上这种舒缓的"齐气"因不合当时的美学要求而成为文学批评上的一个贬义词,由此也可以看出审美观的转变。

自宋代以后,中国文学批评开始对流派以地域命名,如江西派、公安派、竟陵派,这只就大体言之,其成员未必都同出一地。杨万里《江西宗派诗序》说得很明白:"诗江西也,人非皆江西也。"④但不能否认,地域的文化氛围和传统无疑对本地域的作家产生强烈的直接影响。所以,同一地域的作家容易产生相近的审美理想,甚至自觉不自觉地形成创作流派。如荆楚文化,《楚辞》《老子》以及受《老子》影响的《庄子》构成荆楚文化的特点:崇尚自然,耽于幻想,充满浪漫情调,一直到公安派都有其余音。巴蜀文学历来有崇尚宏大的气魄、瑰丽的文采和奇幻想象的传统,从司马相如、李白、苏轼的创作上,我们不难看到某种相同的气质。宋代诗人多出于江西,大都推崇学力、理致与高洁的人格,其诗风朴素、平淡而韵味高远。江西诗人的这种传

---

① (清)李贻德:《春秋左氏传贾服注辑述》卷13,清同治五年刻本。
② (西汉)司马迁:《史记》卷129,中华书局1982年版,第3265页。
③ (东汉)王充著,黄晖校释:《论衡校释》,中华书局1990年版,第79页。
④ (宋)杨万里撰,辛更儒笺校:《杨万里集笺校》卷79,中华书局2007年版,第6册,第3230页。

统有意无意地受到同乡老前辈陶渊明的影响①。明初闽人的诗歌创作,推崇盛唐的气象格调,"闽中十子"的形成,一方面应追溯到宋代邵武的批评家严羽《沧浪诗话》的影响,另一方面这批人师友相承,互相唱和,推波助澜,的确形成了一种文学创作的风格。

　　文化交流也反映在文学风格的地域性上,与外界文化交流较少的地域,往往能较长久地保持着独特的风格。以岭南文化为例,山河之隔,交通之阻,曾经严重地影响了岭南人与外界的交流。正如自然界北方寒冷的空气难以穿透千里延绵的南岭,中原或江南流行的文风、诗风也难以跨越南岭,因此,岭南诗歌长期保持着"雄直"的地域风格。清人洪亮吉高度评价岭南三家诗时说:"药亭独漉许相参,吟苦时同佛一龛。尚得昔贤雄直气,岭南犹似胜江南。"②陆鉴《问花楼诗话》卷3:"国朝谈诗者,风格遒上推岭南,采藻新丽推江左。"③岭南诗歌多意境雄直、气势劲厉、音调高亮。唐宋以还,岭南诗多宗曾南迁的韩愈与苏轼。由于地域的特殊性,岭南人较少与江南和中原人士接触,所以往往少受各个时期文风的影响,从而保持独特的地域风格。王士禛曾对岭南诗人程可则说:"君乡东粤,人才最盛,正以僻在岭海,不为中原江左习气熏染,故尚存古风耳。"④潘耒《羊城杂咏》

---

① 陶诗的地位在宋代才真正确立,参看钱锺书《谈艺录》24"陶渊明诗显晦"条。江西派受陶诗的影响恐不在杜诗之下。生活·读书·新知三联书店2001年版,第258—265页。明代郑之玄《熊公远诗序》引豫章人士之言谓"江右诗派肇自渊明",见(清)黄宗羲编:《明文海》卷273,中华书局1987年版。厉鹗《江西诗社宗派图录跋》谓"江西诗派实祖渊明"。

② (清)洪亮吉著,刘德权校点:《洪亮吉集》第4册《更生斋诗》卷2《道中无事偶作论诗截句二十首》之五,中华书局2001年版,第1244页。

③ 郭绍虞编,富寿荪校点:《清诗话续编》第4册,上海古籍出版社1983年版,第2312页。

④ (清)王士禛撰,靳斯仁点校:《池北偶谈》卷11《粤诗》,中华书局1982年版,第251页。

亦云："地偏未染诸家病,风竞堪张一旅军。韶石凄清珠海阔,湘灵雅调至今闻。"①如果说地域的偏僻、交通的闭塞反而使文学创作保存着独特的地域风格,那么在文化交流越来越广泛的近代社会里,纯粹的地域风格不可避免地会受到冲击而有所改变。如岭南在近代以后,因其独特的地理位置,较先接触到外来文化,也受到外来的政治、经济、军事的压迫,所以广东诗人成为当时最有反抗、革新精神的作家群体。黄遵宪、康有为、丘逢甲、朱执信、苏曼殊等,他们的作品领导着时代潮流。从这里可以看出,文学地域风格的演化也透露出某些社会发展变化的信息。

三、风土感召与风格创造

中国古代文学地域风格论的发展,大体可以分为两个阶段:唐宋以前,批评家往往只看到某地域的自然地理和文化地理对这一地域文学艺术家的影响。这种理论从整体上把握文学的地域风格显然是必要的,但是现实却更为复杂,随着社会的开放、文化的交流,比较少有文学艺术家终生困守一地,局限于原来的地域范围。南方诗人可以领略骏马秋风冀北的风光,北方作家也不难饱餐杏花春雨江南的秀色。所以唐宋以后文学批评逐渐重视社会阅历对创作的巨大作用,由此又产生了一种新的批评观念:不同的地域风貌与各地的民情、文化,可以丰富诗人的审美感受,开拓和形成诗人更为健全的风格。唐宋以后,诗人们喜欢漫游生活,这种风气无疑反映出一种文学观念。宋人在理论上重视"江山之助"对于创作的影响。吴曾《能改斋漫录》卷7"事实"就专立"江山之助"一节。唐宋以后诗人大多高

---

① (清)潘耒:《遂初堂诗集》卷7,《续修四库全书》第1417册,第255页。

度肯定游历对于创作所起的重大作用,同时也认为"诗不发扬因地小"①,在狭小的空间里活动,难以写出阔达飞扬的诗境,所以诗人必修的功课是"饱以五车读,劳以万里行"②,读万卷书的同时行万里路。这种"江山之助"对本地域和其他地域的诗人同样有意义,该理论显得比以前更通达和辩证。宋代苏辙把游历纳入诗人"养气"的范畴。他认为:"太史公行天下,周览四海名山大川,与燕、赵间豪俊交游,故其文疏荡,颇有奇气。"③《史记》疏荡奇气的形成,得力于司马迁漫游天下、感受名山大川的雄伟气象和燕赵豪杰慷慨悲壮的风气④。明人宋濂说:"吟咏侈矣,非得夫江山之助,则尘土之思,胶扰蔽固,不能有以发挥其性灵。"⑤魏禧则更进一步说:

> 文章视人好尚,与风土所渐被,古之能文者,多游历山川名都大邑,以补风土之不足,而变化其天质。司马迁,龙门人,纵游江南沅湘彭蠡之汇,故其文奇恣荡轶,得南戒江海烟云草木之气为多也。⑥

---

① (清)宋湘撰,黄国声校辑:《红杏山房集·红杏山房诗钞·南行草》之《黔阳江上》,中山大学出版社 1988 年版,第 220 页。
② (宋)陆游著,钱仲联校注:《剑南诗稿校注》卷 18《感兴》,上海古籍出版社 2005 年版,第 1433 页。
③ (宋)苏辙著,曾枣庄、马德富校点:《栾城集》卷 22《上枢密韩太尉书》,上海古籍出版社 1987 年版,第 477 页。
④ 明代王叔英对苏辙的"养气"论作了详尽精到的解释,此论尚未引起批评史研究者的注意,见(清)黄宗羲编:《明文海》卷 287《送章辉远之永州序》,中华书局 1987 年版,第 3 册,第 2976—2977 页。
⑤ (明)宋濂著,黄灵庚编辑校点:《宋濂全集》卷 24《刘兵部诗集序》,人民文学出版社 2014 年版,第 496 页。
⑥ (清)魏禧著,胡守仁等校点:《魏叔子文集》卷 8《曾庭闻文集序》,中华书局 2003 年版,第 401 页。

他认为司马迁是北方人,但他漫游南方,因此感觉江海烟云草木之气,故其文能奇恣荡轶。魏禧认为每个地域对诗人的影响总有局限,生活于秀美环境中,风格容易流于软媚,局限于雄劲的环境中,风格容易流于粗砺。游历生活可以"补风土之不足,而变化其天质",弥补地域的局限,开拓和变化诗人的风格,成为诗人自我超越的契机。有些批评家进而认为,游历生活可以提高创作主体的精神境界。王士禛教人:"为诗须要多读书,以养其气;多历名山大川,以扩其眼界。"①吴雷发主张游览山水可洗涤俗肠:"欲治其诗,先治其心。心最难于不俗,无已,则于山水间求之。"②这就把"江山之助"提高到一个新的认识角度。词的创作也一样,清代蒋敦复说:"昔人论作诗必有江山书卷友朋之助,即词何独不然。不读万卷书,不行万里路,不交万人杰,无胸襟,无眼界,嗫嚅龊龊,絮絮效儿女子语,词安得佳。"③可见,"江山之助"对各种文体的创作都有意义。

作家所处地域的转换,往往意味着生活方式的改变。在文学批评中,有许多这样的评论:一些诗人由于身处异地,其诗风发生了变化。《唐诗纪事》谓张说官岳州后,"诗益凄婉,人谓得江山助云"④。张说贬官岳阳后,抒情作品往往更加凄婉,得骚人之绪。《河岳英灵集》卷中评崔颢:"年少为诗,多陷轻薄。晚节忽变常体,风骨凛然。一窥塞垣,说尽戎旅。"⑤崔颢早期创作,局限于狭小的生活圈子,多是描写妇女生活与应对唱酬之事,后赴边塞,诗中多描写边塞风光与

---

① (清)何世璂:《然灯记闻》,《清诗话》上册,上海古籍出版社 1978 年版,第 120 页。
② (清)吴雷发:《说诗菅蒯》,《清诗话》下册,第 906 页。
③ (清)蒋敦复:《芬陀利室词话》卷 1,唐圭璋《词话丛编》第 4 册,中华书局 1986 年版,第 3645 页。
④ (宋)计有功:《唐诗纪事》卷 14,上海古籍出版社 1965 年版,第 197 页。
⑤ (唐)元结、殷璠等选:《唐人选唐诗》,上海古籍出版社 1958 年版,第 83 页。

战斗生活,风格遂变为慷慨豪迈,风骨凛然。刘师培谓柳宗元说:"子厚与昌黎齐名,然栖身湘、粤,偶有所作,咸则《庄》《骚》,谓非土地使然与?"①柳诗大体抒写贬谪生活和对湘粤山水的欣赏,时时流露出愤懑不平的情绪,与屈原作品的精神相通。游历生活扩大了诗人的生活面,大自然的壮色可以改造诗风。中国古代诗歌史上此类例子很多,比如杜甫夔州诗,韩愈潮州诗,苏轼惠州、儋州诗的诗风之变,都是"江山之助"的有名例子。

明代周立勋《白云草序》云:

> 士当不得志而寄情篇什,忧闷悲裂,隽词遥旨,往往有之。然未若躬历山川,意驰草木,眺囊迹,本土风,览宫阙之嵯峨,极边庭之萧瑟,为情与境雄也。②

古人的"躬历山川",不仅为了游山玩水,而且是为了考察古往今来的历史文化变迁的陈迹,从而获得一种"念天地之悠悠"的浩茫的历史意识和悲壮的使命感,故创作能"情与境雄"。陈与义诗云:"深知壮观增诗律,洗尽元和到建安。"③壮观可开扩心胸,提高格调,从而洗尽平弱获得风骨。沈德潜在《盛庭坚蜀游诗集序》中说,诗人盛庭坚原来诗风近元和、长庆体,后来游历蜀地,大山名川的奇险风光、壮阔气势,使其诗"变高格焉"。沈德潜提出:"是江山之助,果足以激发人之性灵者也"。他认为这是因为诗人"登山临水,俯仰古今",引起

---

① 刘师培:《南北文学不同论》,舒芜等编选:《中国近代文论选》,第576页。

② (明)陈子龙著,施蛰存、马祖熙标校:《陈子龙诗集》附录三《白云草序》,上海古籍出版社1983年版,第765—766页。

③ (宋)陈与义著,吴书荫、金德厚校点:《陈与义集》卷20《周尹潜过门不我顾,遂登西楼作诗寄次韵谢之三首》之二,中华书局1982年版,第323页。

了"去国怀乡之思,岁月变迁之感"①,从而加深了对人生对历史的体验。这对于提高诗的格调,开拓和深化诗的意境,促使诗风转变,作用往往是巨大的。

许多批评家还认为,"江山之助"也体现在具体的创作构思之中。《文心雕龙·物色》说:"若乃山林皋壤,实文思之奥府。"②指出自然界是诗人奥妙文思的宝库。宋代大诗人陆游更明确提出"挥毫当得江山助"③。明代张鼐《程原迳稿序》谓:"文章之借灵于湖山,如草色借润于酥雨。"④清代陈弘绪说:"夫篇什生于感慨,感慨缘于登临。"⑤沈德潜也说:"诗人不遇江山,虽有灵秀之心、俊伟之笔,而孑然独处,寂无见闻,何由激发心胸,一吐其堆阜灏瀚之气?"⑥自然景色触发诗人的灵感,贯注诗篇以灵气。

在唐人的一些诗歌里,我们不难发现这样一种批评观念:从自然景色中追寻文学风格产生的根源。韦应物《休暇日访王侍御不遇》云:"九日驱驰一日闲,寻君不遇又空还。怪来诗思清人骨,门对寒流雪满山。"⑦诗思之清,源自寒流雪山的高洁。白居易《题浔阳楼》诗云:

常爱陶彭泽,文思何高玄。又怪韦江州,诗情亦清闲。今朝

① (清)沈德潜著,潘务正、李言校点:《沈德潜诗文集》,《盛庭坚〈蜀游诗集〉序》,人民文学出版社 2011 年版,第 1348 页。
② 《文心雕龙义证》,第 1759 页。
③ 《剑南诗稿校注》卷 60《予使江西时以诗投政府丐湖湘一麾会召还不果偶读旧稿有感》,第 3474 页。
④ (明)张鼐:《宝日堂初集》卷 11,《四库禁毁书丛刊》集部第 76 册,第 294 页。
⑤ (明)陈弘绪:《陈士业先生集·石庄初集》卷 4《望湖亭诗集序》,《四库全书存目丛书补编》第 54 册,第 289 页。
⑥ (清)沈德潜著,潘务正、李言校点:《沈德潜诗文集》,《芳庄诗序》,人民文学出版社 2011 年版,第 1525 页。
⑦ 孙望编著:《韦应物诗集系年校笺》卷 1,中华书局 2002 年版,第 52 页。

登此楼,有以知其然。大江寒见底,匡山青倚天。深夜溢浦月,
平旦炉峰烟。清辉与灵气,日夕供文篇。我无二人才,孰为来其
间? 因高偶成句,俯仰愧江山!①

白居易认为,陶渊明文思的高玄和韦应物诗情的清闲,源于他们所处
自然环境的清辉与灵气。当他亲身处在前人创作的环境中,才真正
理解他们文思诗情的源泉。这就给我们以启示,文学批评要知人论
世,其中也应该包括对作者所处自然环境的考察,尽管这不是首要的
因素。

四、科学地评价地理环境的作用

中国古代文学地域风格论有着丰富和复杂的内容,需要我们进
一步梳理与研究,从而更全面更准确地理解其理论内涵。目前,国外
有"文化景观地理学"与"行为感应地理学"。前者研究文化习俗、传
统、艺术与居住的地域环境条件的关系,后者研究人对周围环境的心
理反应以及在不同的地理条件下社会行为的差异。希望有学殖深厚
者能更多地吸收自然科学和社会科学的新成果,来研究中国古代的
文学地域风格理论,并从现代的角度加以阐述。在研究中国古代的
文学地域风格理论中,有几个理论问题仍需注意:

(一)影响文学风格的因素主要有文学主体方面的才、胆、识、力,
时代的政治、文化及审美倾向,文体的选择等。除此之外,地域是一
个不容忽视的要素。但是地理环境并非文学艺术风格形成的首要或
主要的原因。在千百年来几乎保持不变的地理环境之中,文学风格

---

① (唐)白居易著,顾学颉校点:《白居易集》卷7,中华书局1979年版,第128页。

可能发生了极大的变化。黑格尔说:"我们不应该把自然界估量得太高或者太低。"①充分地但不过分地评价地理对历史发展的影响,也是历史唯物论精神②。这正是我们研究文学地域风格论应持的态度。我们还必须看到,在地理环境诸因素中,自然地理是相对稳定的,而人文地理却是变化不居的,人文地理对文学所起的作用要比自然地理大得多。而且地域的自然地理环境和人文地理环境对人们审美理想的影响,只有通过人的社会实践才有可能实现。自然地理与人文地理对创作的作用,只有纳入社会生活的系统中考察才有意义。

(二)我们应该历史地辩证地看待地理环境对文学的影响。如在不同的文学样式中,地理环境所起的作用并不一样。传统的文学样式,经过了文人审美规范的过滤之后,地域色彩相对减弱了,而土生土长的民间艺术形式,其地域色彩最浓烈。六朝时期南北文人的诗风差异并不很大,北朝诗人喜欢追摹南朝诗风。《北齐书·魏收传》记载魏收和邢邵互相揭发对方在沈约、任昉集中"作贼""偷窃"③,魏、邢号称北朝名家,尚且如此,余人可推而知之。故严羽《沧浪诗话·诗体》云:"南北朝体(通魏周而言之,与齐梁体一也。)"④视南北文人诗风为一体,这是大致符合文学史事实的。但南北朝乐府民歌却淋漓尽致地体现了南北文风的差异:南朝民歌感情细腻缠绵,风格清新委婉;北朝民歌朴质刚健,爽直豪放。可见南北朝乐府民歌比起文人创作更能体现地域风格。

(三)在文学地域风格论中,可能反映出某些地域之间的相轻和

---

① [德]黑格尔著,王造时译:《历史哲学》,上海书店出版社1999年版,第85页。
② 参看[德]恩格斯:《自然辩证法》中反对"自然主义的历史观"部分,《马克思恩格斯全集》第20卷,第574页。
③ (唐)李百药:《北齐书》卷37,中华书局1972年版,第492页。
④ (宋)严羽著,郭绍虞校释:《沧浪诗话校释》,人民文学出版社1983年版,第53页。

偏见。徐学谟《二卢先生诗集序》云:

> 夫大江南北,其谣俗之不相为用,岂不称较然哉! 其发之为声诗,大都北主迅爽,而南人则诮其粗;南主婉丽,而北人则短其弱。而要之不诡于率然应感之情,即仲尼而在,均有取焉。南北人亦何相笑之有?①

这种南北地域相轻的现象的确存在,而且由来已久。不过由于中国传统文化的主干——儒学的根柢在北方,中国历来的政治文化中心多在北方,因此在长期的南北文化的融合中,北方的文化总体上是占优势的。在传统文学的审美价值标准中也是如此。比如《诗》《骚》并称,但《诗》的传统地位远高于《骚》;又如南朝文学的艺术成就并不低,但其清绮婉丽之风格,历来多被贬斥,其流弊往往被夸大,而其艺术价值却常常被忽略。我们指出这种现象的目的,是提醒人们在研究地域风格论时,要考虑到文化的大背景。

(四)在古代文学批评中,对"江山之助"之说也存在一种不同声音。例如元代杨弘道《送赵仁甫序》在谈到中国文章发展时说:

> 隋唐而下更以诗文相尚,狂放于裘马歌酒间,故文有侠气、诗杂俳语而不自知也。方且信怪奇夸大之说,谓登会稽,探禹穴,豁其胸次,得江山之助,清其心神,则诗情文思可以挟日月、薄云霄也。於戏! 吟咏情性,止乎礼义。斯诗也,江山何助焉? 有德者必有言,辞达而已矣。斯文也,禹穴何与焉?②

---

① (清)黄宗羲编:《明文海》卷 269,中华书局 1987 年影印本第 3 册,第 2800—2801 页。
② (元)杨弘道:《小亨集》卷 6,《文渊阁四库全书》第 1198 册,第 210 页。

杨弘道更强调作家的内在修养，认为"江山之助"之说有夸大之处。古人有"内游""外游"之说，"江山之助"属于"外游"。两者相比，则"外游不如内游"[1]。我们把古人对"江山之助"的不同意见考虑进来，才能更全面准确地理解古代文学理论："江山之助"的"助"对于作家创作来说，仅仅起一种辅助作用，并非是决定性的。总体来看，古人并没有夸大"江山之助"的作用。

（五）古代与"江山之助"说同在的，还有"诗人之助"说。比如，宋人李觏《遣兴》诗云："境入东南处处清，不因辞客不传名。屈平岂要江山助，却是江山遇屈平。"[2]江山之美有赖诗人之眼发现、诗人之笔传神，而声名远扬。能得诗人之助，亦江山之幸也。李觏诗中的感慨是针对刘勰"屈平所以能洞监风骚之情者，抑亦江山之助乎"一语而发的，颇有翻案之意。"江山之助"说与"诗人之助"说皆为有得之见。两者相互补充，可以更全面地反映出诗人与江山的互动关系，其中有深刻而丰富的理论内涵。

（六）在文学艺术发展过程中，地理环境对艺术的影响总趋势是在逐渐减弱。这是否意味着文学的地域风格最终会完全消失呢？普列汉诺夫认为："每一个民族的气质之中，都保存着某些为自然环境的影响所引起的特色，这些特色，可以由于适应社会环境而有几分改变，但是绝不因此完全消灭。这些民族气质的特色，形成所谓种族。种族对于某些思想体系的历史，譬如艺术史，给予一种毫无疑问的影响。"[3]他谈的是民族的气质和自然环境的关系，文学的地域性也如此。随着社会发展，它们有所削弱，有所改变，但总体上不会完全消

---

① （明）汤显祖撰：《玉茗堂全集》尺牍卷5《与王相如》，《四库全书存目丛书》集部第181册，齐鲁书社1995年版，第725页。

② （宋）李觏撰，王国轩点校：《李觏集》卷36，中华书局2011年版，第434页。

③ ［苏］普列汉诺夫：《普列汉诺夫哲学著作选集》第2卷，生活·读书·新知三联书店1959年版，第274页。

失。这是因为各地域之间政治、经济、文化发展在任何时候都不可能没有差异;各地域各自的文化传统先天地决定了文化的地域性;各地域的不同的自然景观永远在塑造着不同的审美心理;此外,有些文学家自觉地追求着文学艺术的地域风格,并在这基础上创立流派,这即便在当代文学中也是屡见不鲜的。因此,笔者以为关于文学地域风格的发展可以作出这样的表述:早期的文学艺术地域色彩较显著,随着社会发展和交通的发达,各地的文学互相吸收、互相融合,并逐步形成了文学艺术的民族风格。中国文学以鲜明的民族特色出现在世界文学之林中,这是文学发展的总趋势。同时在中国文学内部,仍然或隐或现地存在着各种地域的文学风格。因此,研究中国古代的文学地域风格论,依然有历史和现实的意义。

第十四章　文学上的南北派与南北宗

文学上的"南北派"与"南北宗",与"江山之助"有所联系,但其内涵超越了地理划分,主要反映中国古代两类不同的审美风尚与审美理念。俞樾《九九销夏录》卷14《南北》说:

> 孔子分别南方之强,北方之强,不过谓风气不同耳。至六朝而学派遂有南北之分。《北史·儒林传》序云:"南北章句,好尚不同。江左,《周易》则王辅嗣,《尚书》则孔安国,《左传》则杜元凯。河洛,《左传》则服子慎,《周易》《尚书》则郑康成。《诗》则并主毛公,《礼》则同遵郑氏。"此经术流派有南北之分也。
>
> 及至二氏之教兴,而南北显分两派,有南宗、北宗之名。《传灯录》云:"五祖下,曹溪、慧能为南宗,神秀为北宗。时号南能、北秀。"此佛家之南北二宗也。明都卬《三余赘笔》云:"道家南宗自东华少阳君得老子之道,以授汉钟离权,权授唐进士吕岩、辽进士刘操,操授宋张伯端,伯端授石泰,泰授薛道光,道光授白玉蟾。北宗自吕岩授金王嚞,嚞授七弟子,一邱处机、次谭、次端①、次刘处元、次王处一、次郝大通、次马珏及珏之妻孙不二。"此道家之南北两宗也。乃至画有南宗、北宗,词曲有南曲、北曲。

---

① 引者按:原文如此,考其意,"次谭、次端"似应为"次谭处端"。

群分类聚,凡事皆然。①

他认为:"南北之分,实江河大势使然也。"这就是说,由于中国特殊的地理环境,所以自古以来,地分南北,人亦分南北。不仅如此,经术、宗教、文学、艺术等都有南北之分。本章试图对南北文风不同这种观念的起源和发展作历史的分析,并阐述文学上南北派与南北宗的美学内涵,探讨南北文风差异的成因,而且从古人重北轻南的批评传统剖析古人的文化心理和审美价值取向。

一、南北文风不同论发展概述

在地理观念上,中国古人特别重视南北的区分。中国南方与北方在山川、水土、气候、物产,以至民俗、文化等方面差异显著;而且在历史上南北的地域分界,也多次成为政权的分疆。在中国历史上,南方与北方之分是模糊而且变化的。先秦所谓"南土",一般指荆楚一带和淮河汉水以南的地域,而"北土"则所指较广。《诗·周南·樛木》:"南有樛木",《笺》谓"南土,谓荆扬之域。"②《左传·昭公九年》云:"巴、濮、楚、邓,吾南土也;肃慎、燕、亳,吾北土也。"③这是以周王朝为中心来划分南北的。三国以后,随着政治文化的发展变化,南方的概念除了指荆楚淮汉流域外,常常专指吴越地区。而且有时人们还习惯以长江作为南北分界线。如史书记载魏文帝带兵攻吴,为长

---

① (清)俞樾著,崔高维点校:《九九销夏录》,中华书局1995年版,第152页。
② 《十三经注疏》上册,第278页。
③ 《十三经注疏》下册,第2056页。

江所阻,感叹长江是"天所以隔南北也!"①故人们有时还以大江南北来称代南北方。

南北文风不同的观念,可上溯到古代"南音""北音"的艺术概念。关于南音北音的起源,《吕氏春秋·音初》记载了当时的传说:

> 禹行功,见涂山之女,禹未之遇而巡省南土。涂山氏之女乃令其妾候禹于涂山之阳,女乃作歌。歌曰:"候人兮猗。"实始作为南音。周公及召公取风焉,以为周南、召南。
>
> 有娀氏有二佚女,为之九成之台,饮食必以鼓,帝令燕往视之,鸣若谧隘,二女爱而争搏之,覆以玉筐。少选,发而视之,燕遗二卵,北飞,遂不反。二女作歌,一终曰:"燕燕往飞。"实始作为北音。②

大体言之,南音产生在江淮流域,而《诗经》中的周南、召南受南音影响,也属南音系统。北音的起源,大致在河洛之间。上古时代诗歌音乐合为一体,南音北音其实是早期不同的诗乐系统。先秦文献有关南音北音的记载颇多。《左传·成公九年》记载楚人钟仪为郑所获,以献于晋。晋侯令钟仪奏乐,钟仪"操南音",南音也就是江、汉、淮流域的楚地音乐。《左传·襄公十八年》:"晋人闻有楚师。师旷曰:'不害,吾骤歌北风,又歌南风。南风不竞,多死声。楚必无功。'"③师旷以南风音乐的低沉不竞来推断楚师打不了胜仗。从这些记载,

---

① (西晋)陈寿著,裴松之注:《三国志》卷47《吴主传》第二注引《吴录》,中华书局 1982 年版,第 1132 页。
② (战国)吕不韦著,(东汉)高诱注:《吕氏春秋》卷6,上海古籍出版社 1989 年版,第 48—49 页。
③《十三经注疏》下册,第 1966 页。

可以推测出在先秦南方艺术与北方艺术的差异已显露出来,不过人们尚没有自觉地加以区分和对照。

六朝以后,情况不同了。况周颐说:"自六朝以还,文章有南北派之分。"①在六朝以前,中国的政治文化中心一直在北方,北方的文学总体上也远盛于南方。尽管以《楚辞》为代表的南方文学自身已具有鲜明的特色,但人们尚未把南方文学作为一个独特的系统,与北方文学分疆划派。晋室南迁后,南北隔绝,政治、文化、经济的重心南移。从此南方北方无论在自然环境还是人文环境,差异都十分显著。南方北方在哲学思想和审美思想方面,也随之呈现了很大的反差。正如汤用彤所说:"南朝北朝的名称,不仅是属于历史上政治的区划,也成为思想上的分野了。"②以学术而论,南北不同。南朝"清通简要";北朝"渊综广博"③。前者兼取众说,不拘家数,玄佛兼采;后者固守东汉旧说,以章句训诂为主,不愿别出新义④。南朝的思想界较活跃解放,北朝则较正统保守。北齐邢邵在《萧仁祖集序》中说:"昔潘、陆齐轨,不袭建安之风;颜、谢同声,遂革太原之气。自汉逮晋,情赏犹自不谐;江北江南,意制本应相诡。"⑤邢邵指出无论从时代来看,还是从地域来看,都有情赏不谐,意制相诡之处。这是时代风格的差异,也是南北文风的差异。颜之推历官南北朝,对南北方的文学创作

① (清)况周颐著,王幼安校订:《蕙风词话》卷3,人民文学出版社1960年版,第57页。
② 汤用彤:《魏晋思想的发展》,见《魏晋玄学论稿》,上海古籍出版社2005年版,第102—103页。
③ 《世说新语笺疏·文学》,上海古籍出版社1993年版,第216页。
④ 参考(清)皮锡瑞:《经学历史》第6章。关于南北学术的差异,清人王鸣盛:《蛾术编》卷2《南北学尚不同》所述尤详。商务印书馆1958年版,第27页。
⑤ (清)严可均校辑:《全上古三代秦汉三国六朝文》第4册《全北齐文》卷3,中华书局1958年版,第3842页。

了解很多，其《颜氏家训》对南北文学创作风气的差异颇多记载①。

六朝人尚没有从理论上明确系统地总结南北文风的差异。唐王朝的建立，结束了长期以来南北对峙的局面，使人们有可能也有必要站在历史的高度，考察和比较南朝与北朝文学创作的差异与优劣，并加以总结，为建立一代新文风提供借鉴。《北史·文苑传序》的一段话便代表了古人对南北文学思考的结果：

> 暨永明、天监之际，太和、天保之间，洛阳、江左，文雅尤盛，彼此好尚，互有异同。江左宫商发越，贵乎清绮；河朔词义贞刚，重乎气质。气质则理胜其词，清绮则文过其意。理深者便于时用，文华者宜于咏歌。此其南北词人得失之大较也。若能掇彼清音，简兹累句，各去所短，合其两长，则文质彬彬，尽美尽善矣。②

严格地说，这段话并不是对整个南北朝文风的全面总结。这里所讲的"南北词人"有特定的含义，特指南朝齐、梁，北朝魏、齐时代的南北文人。唐代史家认为这段时间的文学代表着南北朝文学的最高成就，风格差异也最为显著。南朝文学注重音韵词藻之美，文风清新绮丽，但"文过其意"。这一方面继承了魏晋以来文学的骈俪传统，另一方面也反映了南朝文人在经济发达的社会基础上所产生的新审美趣味。北方由于长期战乱，生活相对艰苦，文化比较落后，而且北方民族性格豪放尚实，故文学倾向于朴素实用，形成词义贞刚、重乎气质的文风，但同时又有理过其辞的弊病。《隋书·文学传序》还认为南

---

① 可参考柳诒徵：《中国文化史》第 2 编第 4 节"南北之对峙"，岳麓书社 2010 年版，第 439—446 页。

② （唐）李延寿：《北史》卷 71《文苑传》，中华书局 1974 年版，第 2781—2782 页。

朝梁大同以后，文学创作日见衰落，"其意浅而繁，其文匿而彩，词尚轻险，情多哀思"，是"亡国之音"。而北朝也深受南朝影响，自"周氏吞并梁、荆，此风扇于关右，狂简斐然成俗，流宕忘反，无所取裁"①。这个时期南北文风几乎没有差异，一直到隋炀帝，方"一变其风"。可见，《隋书》论南北文风差异是用历史发展的眼光去考察的。人们往往引用这段话来通论整个南朝北朝文学的差异，应该说与原意有出入。然而从宏观研究的角度看，从更广阔的文学背景看，整个南朝北朝文学的差异是明显存在的。就创作成就而言，南朝以诗歌取胜，北朝以实用文为优。《北史·文苑列传序》："章奏符檄，则粲然可观；体物缘情，则寂寥于世。"②此外北朝的散文如《水经注》《洛阳伽蓝记》艺术成就也很高。至于南北朝的民歌，比起文人创作就更能体现南北文风的差异了。南朝民歌感情细腻缠绵、清新委婉；北朝民歌朴质刚健、爽直豪放。读一读《西洲曲》与《木兰辞》，《子夜歌》与《敕勒歌》，其强烈的反差，是不难体会出来的。

二、南派北派的美学内涵

唐宋以后，文学艺术批评受到南北朝文风不同观念的影响，书、画、诗、文等文学艺术样式的创作都有南派北派的说法。那么在古人观念中，所谓南派北派的美学内涵是什么呢？下面我们以古人对文、诗、词、曲南北派的论述加以研究和概括。

（一）文之南北派。况周颐《蕙风词话》卷 3 认为："自六朝以还，

---

① （唐）魏徵等：《隋书》卷 76《文学传》，中华书局 1973 年版，第 1730 页。
② 《北史》卷 71《文苑传》，第 2778 页。

文章有南北派之分"①,其意似以南朝、北朝文学分为南派与北派。张谦宜《絸斋论文》卷 2 则云:

> 古文有南北派:南派以八家为宗,自宋濂传方孝孺,后有王慎中、茅坤、唐顺之、归有光;北派以秦汉为主,李攀龙、王世贞倡之,李梦阳和之。②

张谦宜的南北派之分是以明代文章为例的。南派以唐宋八大家为宗,其后继者则是唐宋派,他们追求平易流畅和文从字顺的风格。而北派以秦汉文为宗,后继者则是前后七子,他们追求境界的雄浑宏大,气势的纵横驰骋,音节的慷慨激昂。

(二)诗之南北派。孔尚任《古铁斋诗序》云:"画家分南北派,诗亦如之。北人诗隽而永,其失在夸;南人诗婉而风,其失在靡。"③徐学谟《二卢先生诗集序》论及南北诗歌风格的差异,认为"北主迅爽,而南人则诮其粗;南主婉丽,而北人则短其弱。"④这里对于南北派特点与缺陷的描述,大体就是《隋书》所谓"江左宫商发越,贵于清绮;河朔词义贞刚,重乎气质"⑤之说的演绎。这么一来,南北派诗风便成为两种鲜明对立的风格类型。

(三)词之南北派。况周颐《蕙风词话》卷 3 认为词的南派、北派不可断然而分,但"细审其词,南与北确乎有辨","南宋佳词能浑,至金源佳词近刚方。宋词深致能入骨,如清真、梦窗是。金词清劲能树

---

① 《蕙风词话》卷 3,第 57 页。
② (清)张谦宜:《絸斋论文》,《续修四库全书》第 1714 册,第 431 页。
③ (清)孔尚任著,汪蔚林编:《孔尚任诗文集》卷 6,中华书局 1962 年版,第 475 页。
④ (清)黄宗羲编:《明文海》卷 269,中华书局 1987 年版,第 3 册,第 2801 页。
⑤ 《隋书》卷 76《文学传》,第 1730 页。

骨,如萧闲、遁庵是。南人得江山之秀,北人以冰霜为清。南或失之绮靡,近于雕文刻镂之技。北或失之荒率,无解深裘大马之讥。"①宋、金时期南北词风差异比较明显。南宋后期至宋亡后,词家多尊周邦彦、姜夔,而非难苏轼、辛弃疾。陈模《怀古录》卷中说:"近时作词者,只说周美成、姜尧章等,而以稼轩词为豪迈,非词家本色。"②但金源词以元遗山为泰斗,推崇苏、辛。所以元代赵文在《吴山房乐府序》中说:"近世辛幼安,跌荡磊落,犹有中原豪杰之气。而江南言词者,宗美成;中州言词者,宗元遗山;词之优劣未暇论,而风气之异,遂为南北强弱之占,可感已。"③南宋词多崇格律本色,而金源词推尊豪放与气骨。南宋词深致浑化,金源词清劲豪放。南宋词缺点是绮靡,金源词的过失是荒率。

(四)曲之南北派。刘师培说:"自元以降,惟剧曲一端,区分南北。"④戏曲作为新兴的艺术,少受传统的规范和束缚,又发源于民间,有强烈的地域色彩,故南北曲体制风格差异甚大。南曲盛行于元明,用韵以南方方言为标准,音乐用五声音阶,声调柔缓宛转,以箫笛伴奏。宋元南戏和明清传奇都以南曲为主。北曲盛行于元代,用韵以《中原音韵》为准,音乐上用七声音阶,声调遒劲朴实。元杂剧都用北曲。南北曲是继南北朝乐府后最能体现南北文风差异的艺术形式。古人对此论述甚多。王世贞说:"大抵北主劲切雄丽,南主清峭柔远。虽本才情,务谐俚俗。譬之同一师承,而顿渐分教。俱为国

---

① 《蕙风词话》卷3,第57页。
② (宋)陈模撰,郑必俊校注:《怀古录校注》卷中,中华书局1993年版,第61页。
③ 李修生主编:《全元文》第10册,江苏古籍出版社1998年版,第71页。
④ 刘师培:《南北文学不同论》,舒芜等编选《中国近代文论选》,人民文学出版社1959年版,第576页。

臣,而文武异科。"①他又进一步详论之:"凡曲北字多而调促,促处见筋。南字少而调缓,缓处见眼。北则辞情多而声情少,南则辞情少而声情多。北力在弦,南力在板。北宜和歌,南宜独奏。北气易粗,南气易弱。此吾论曲三昧语。"②王骥德《曲论》杂论卷三十九上也认为:"南北二调,天若限之。北之沉雄,南之柔婉,可画地而知也。"又指出北人"以气骨胜",南人"以色泽胜"③。历来对南北文风差异的描述,以清人魏际瑞《伯子论文》中论南北曲一段文字最为形象、详尽而且妙趣横生:

> 南曲如抽丝,北曲如轮枪。南曲如南风,北曲如北风。南曲如酒,北曲如水。南曲如六朝,北曲如汉魏。南曲自然者,如美人淡妆素服、文士羽扇纶巾;北曲自然者,如老僧世情物价、老农晴雨桑麻。南曲情联,北曲势断;南曲圆滑,北曲劲涩;南曲柳颤花摇,北曲水落石出;南曲如珠落玉盘,北曲如金戈铁马……北曲步步挢高,南曲层层转落;北曲枯折见媚,南曲宛转归正;北曲似粗而深厚,南曲似柔而筋节;北白似生似呆,南白贵温贵雅;北白或过文或眼目或案断,南白有穿插有挑拨有埋伏;北白冗则极冗,简则极简,南白停匀而已。④

这段评语排列博喻,纷沓而来。虽然是论曲,但简直就可以看作一篇

①（明）王世贞:《弇州山人四部稿》卷152说部《艺苑卮言》附录一,《文渊阁四库全书》第1281册,第449页。
②《弇州山人四部稿》卷152说部《艺苑卮言》附录一,《文渊阁四库全书》第1281册,第449页。
③（明）王骥德著,陈多、叶长海注释:《王骥德曲律》卷3,湖南人民出版社1983年版,第175页。
④《历代文话》第4册,复旦大学出版社2007年版,第3596—3597页。

"南北文风不同赋"。

从以上材料不难看出,尽管文体不同,但古人对文学上南北两派的论述,却有其共性。我们可以从中总结出其心目中南北两派不同的审美特征。具体而言,南派感情深婉,注重音律色泽,风格婉丽、深致、柔缓、宛转,缺点是绮靡柔弱,文过其意;北派则重在气质骨力,风格劲切迅爽、豪放沉雄,缺点是荒率粗砺,理胜其词。假如更为简括,南北派美学内涵可分为优美与壮美,阴柔与阳刚。这恰是中国古代风格学中风格分类的两大典型。

三、文学上的南北宗

文学上的南北宗情况比较复杂。中国佛教传到五世弘忍门下,分为北方神秀的渐悟和南方慧能的顿悟两派。随着禅宗的分流,文学艺术批评也援引南宗北宗之说来比附。以禅喻诗,一般认为肇自宋人,其实在中唐,此风气已开始形成。最早以南北宗论文的材料,见于《文镜秘府论》南卷"论文意"一节:

> 夫子传于游、夏,游、夏传于荀卿、孟轲,方有四言五言,效古而作。荀、孟传于司马迁,迁传于贾谊。谊谪居长沙,遂不得志,风土既殊,迁逐怨上,属物比兴,少于《风》《雅》,复有骚人之作,皆有怨刺,失于本宗。乃知司马迁为北宗,贾生为南宗,从此分焉。①

---

① 《文镜秘府论汇校汇考》第 3 册,中华书局 2006 年版,第 1283 页。饶宗颐认为此语"必非出自转引,谅为空师自撰。"见《中国古代文学之比较研究》中《文评与释典》一节,载《文辙》,台北学生书局 1991 年版,第 42 页。

它以"司马迁为北宗,贾生为南宗"的区分之始。司马迁远接孔、孟传统,是为北宗。贾谊辞赋多作于南方,比兴少而迁逐怨上,和屈原辞赋关系密切,"失于本宗",故列为南宗。《文镜秘府论》之南宗、北宗之说,似乎既有南、北地域的含义,也有传统与新变的含义。

旧题贾岛《二南密旨》有"论南北二宗例古今正体",认为诗歌南北宗的差异是"南宗一句含理,北宗二句显意",并举例说明:

> 南宗例,如《毛诗》云:"林有朴樕,野有死鹿。"即今人为对,字字的确,上下各司其意。如鲍照《白头吟》"申黜褒女进,班去赵姬升"。如钱起诗"竹怜新雨后,山爱夕阳时"。此皆宗南宗之体也。

> 北宗例,如《毛诗》云"我心匪石,不可转也。"此体今人宗为十字句,对或不对,如左太冲诗"吾希段干木,偃息藩魏君"。如卢纶诗"谁知樵子径,得到葛洪家"。此皆宗北宗之体也。①

此说甚为费解,所以俞樾说"不知其意云何矣"②。《四库全书总目》卷197批评《二南密旨》这种分法"皆有如呓语"③,抑之似太过。其实,南北宗的说法只是比喻。在这里南北宗的含义是什么?饶宗颐先生认为:"观其例句,似以虚而尚比兴者为南宗,实而用赋者为北宗。"④其论述相当慎重。笔者推测这里所谓的南北宗,指的是两种不同的诗歌句式。"南宗"句式就是后来律诗学上的"的对",对偶工整,且每句诗都构成一个独立完整的意思,故叫"南宗一句含理";而

---

① 张伯伟:《全唐五代诗格汇考》,凤凰出版社2002年版,第375页。
② 《九九销夏录》卷14《南北》条,第153页。
③ 《四库全书总目》,第1797页。
④ 饶宗颐:《中国古代文学之比较研究》中《文评与释典》一节,载《文辙》,第42—43页。

"北宗"句式则两句一意贯穿,一气呵成,下句承接上句,二句相连,才构成完整意思,故叫"北宗二句显意"。律诗学上,或称之为"十字格"和"十字句法"①。问题在于为何把两种句法分称南北宗。笔者认为是因为前者"一句含理",省净简炼,故喻为直指心性的顿悟南宗;而后者"二句显意",不那么简捷,故喻为渐悟的北宗。说到底,这是以禅法喻句法,以繁与简作为北宗与南宗的精神。

董其昌把唐代以后画家分为南北二宗,分别以王维和李思训为南北宗的开山之祖②。南北二宗划分的根据是什么?钱锺书先生认为,南宗把学问简至无可再简,约至无可再约。"南宗画的原则也是'简约',以经济的笔墨获取丰富的艺术效果,以减削迹象来增加意境。"③以南北宗来比喻简约和繁博两种风格,和《二南密旨》有相通之处。其实,六朝人以"清通简要"和"渊综广博"④作为南北人治学的不同风格,似乎已是南顿北渐的理论先声了。

古人也喜欢用南宗北宗的概念来评论诗文风格。如王琦《李太白集辑注序》谓李白为南宗,杜甫为北宗。"以禅悟喻,谓太白顿而子美渐。"⑤因为李白以天才胜,飘逸浪漫,空灵自然;杜甫以学力胜,沉郁顿挫,渊综广博。而王士禛论诗倡"妙悟",推崇王孟的"南宗"⑥。他所说的南宗,指的是妙契自然,冲淡秀润的艺术风格;北宗则指雄奇奥博、沉挚刚健的审美风貌。前者偏于阴柔,后者偏于阳刚。这和

---

① 参看(宋)葛立方:《韵语阳秋》卷 1、(元)方回:《瀛奎律髓》卷 24。

② (明)董其昌:《容台别集》卷 4《画旨》,《四库禁毁书丛刊》集部第 32 册,第 499 页。

③ 钱锺书:《中国诗与中国画》,《七缀集》,上海古籍出版社 1985 年版,第 11 页。

④ (南朝宋)刘义庆著,(南朝梁)刘孝标注,余嘉锡笺疏:《世说新语笺疏·文学》,上海古籍出版社 1993 年版,第 216 页。

⑤ (唐)李白著,(清)王琦注:《李太白全集》,中华书局 1977 年版,第 1685 页。

⑥ (清)王士禛:《蚕尾集》卷 10《跋〈论画绝句〉》,《四库全书存目丛书》集部 227 册,第 323 页。

传统的南派北派之分有相近处，也有差别。

词学上也有南北宗之说。张其锦《梅边吹笛谱序》云：

> 填词之道，须取法南宋，然其中亦有两派焉。一派为白石，以清空为主，高、史辅之，前则有梦窗、竹山、西麓、虚斋、蒲江，后则有玉田、圣与、公谨、商隐诸人，扫除野狐，独标正谛，犹禅之南宗也。一派为稼轩，以豪迈为主，继之者，龙州、放翁、后村，犹禅之北宗也。①

"南宗"词派以姜夔为代表，注重格律，讲究词的本色，词风清空蕴藉。"北宗"词派以辛弃疾为代表，豪迈旷达，倾荡磊落。张其锦推崇"南宗"，以之为"正谛"，反映了传统的词学观念。厉鹗《樊榭山房集》卷4《张今涪红螺词序》也说："尝以词譬之画，画家以南宗胜北宗。稼轩、后村诸人，词之北宗也。清真、白石诸人，词之南宗也。"②厉鹗以清空浑雅为南宗，以豪放劲健为北宗，与张其锦观点相同，但他更明确地认为南宗胜北宗。

文学艺术批评上的南北宗，和地域上的南北分界关系不大，主要是从风格差异上去区分的。南人可属北宗，北人不妨列入南宗。以禅喻诗，本来主观随意性就很大，大体言之，南宗指简约淡远、含蓄委婉的风格及流派；北宗则指渊综奥博、豪放雄奇的风格与流派。文学批评上的南北宗的含义与南北派相近，但更为宽泛些，是因南北宗本为哲学概念，含义比较复杂之故。

---

① 见（清）凌廷堪：《梅边吹笛谱》，《四部丛刊初编》第 2665 册，第 16 页。
② （清）厉鹗：《樊榭山房集·文集》，（上海）商务印书馆 1936 年版，第 476 页。

四、南北文风差异的成因

南北文学艺术差异的成因是什么？中国古人大都是从水土方面寻找答案。古人认为南方"其地多阳,阳气舒散,人情宽缓和柔",北方"其地多阴,阴气坚急,故人性刚猛,恒好斗争"①。宋代庄绰说："大抵人性类其土风。西北多山,故其人重厚朴鲁。荆扬多水,其人亦明慧文巧,而患在轻浅。"②刘师培则明确指出南北水土与南北文学之关系："大抵北方之地,土厚水深,民生其间,多尚实际;南方之地,水势浩洋,民生其际,多尚虚无。民崇实际,故所著之文,不外记事、析理二端;民尚虚无,故所作之文,或为言志、抒情之体。"③这就是说水土影响着人们的性格、品质,从而塑造了地域的文学风貌。有人则认为水土不同造成了南北语言的差异。颜之推说："南方水土和柔,其音轻举而切诣,失在浮浅,其辞多鄙俗。北方山川深厚,其音沈浊而钝钝,得其质直,其辞多古语。"④陆德明在《经典释文·叙录》中指出南北语言差异最为巨大："或失在浮清,或滞于重浊。"⑤陆法言《切韵序》云："吴、楚则时伤轻浅,燕、赵则多伤沉浊。"⑥在古人的观

① (唐)孔颖达疏:《礼记·中庸》"南方之强""北方之强",见《十三经注疏》下册,第 1626 页。
② (宋)庄绰:《鸡肋编》卷上,中华书局 1983 年版,第 11 页。
③ 刘师培:《南北文学不同论》,《中国近代文论选》,第 571 页。
④ (北齐)颜之推撰,王利器集解:《颜氏家训集解》(增补本)卷 7《音辞》,中华书局 1993 年版,第 529 页。
⑤ (唐)陆德明撰,黄焯汇校,黄延祖重辑:《经典释文汇校》,中华书局 2006 年版,第 4 页。
⑥ (隋)陆法言撰本,(宋)陈彭年重修:《覆宋本重修广韵》(一),《丛书集成初编》本,中华书局 1985 年版,卷首第 4 页。

念里,南北语言的特点与文学特点是相联系的。刘师培说:"神洲语言,虽随境而区,而考厥指归,皆析分南北为二种……声音既殊,故南方之文,亦与北方迥别。"①古人对南北文风的评价与对南北语言风格的把握,完全是一致的。如唐初卢照邻在谈南北诗风时就认为"北方重浊""南国轻清"②。

关于南北文风差异的成因,在西方也有类似的观念。18、19 世纪之交,法国著名的作家和批评家斯太尔夫人在其著名的《论文学》和《论德国》两部著作中,把西欧文学分成南方文学和北方文学,"莱茵河这堵永恒的屏障划分出了两个精神上的范围,两者如同这两片土地一样,是互为异域的。"③南方文学以荷马为始祖,包括希腊、拉丁、意大利、西班牙以及法国文学;北方文学渊源于行吟诗人莪相,包括英国、德国、丹麦和瑞典文学。斯太尔夫人完全从自然环境气候差异来解释南北文学不同的原因。她认为南方清新的空气、丛密的树林、清澈的溪流等生动活泼的自然景象,会激起人们的思想情绪,使人们感受到生活的乐趣,并安于现状,其文学情调欢快,崇尚古典美;而北方土壤贫瘠,天气阴沉,生活缺乏乐趣,容易引起忧郁感和哲学沉思,其文学富有个体独立性、意志力量和战斗精神。

如何看待中西方这种"水土"观念呢? 在笔者看来,人的地域性归根到底是由人的社会实践活动和复杂的社会关系所决定的。但自然环境对于人类的社会活动起着很大的制约作用,也影响着人类的文化生活。自然条件的差异和自然产品的多样性,是形成社会分工的自然基础;地理环境影响着物质生产和社会发展。自然条件制约

---

① 刘师培:《南北文学不同论》,《中国近代文论选》,第 570—571 页。
② (唐)卢照邻撰,李云逸校注:《卢照邻集校注》卷 6《南阳公集序》,中华书局 1998 年版,第 313 页。
③ [法]斯太尔夫人著,丁世中译:《德国的文学与艺术》,人民文学出版社 1981 年版,第 5 页。

着生产方式,也当然影响着人们的生活方式和性格气质,影响着人们的审美理想,从而产生审美情趣的地域性。所谓"南人得江山之秀,北人以冰霜为清",这是有些道理的。

但必须看到,自然地理对于文学艺术的直接影响毕竟是有限的,它往往要通过人文地理对文学艺术产生影响,而地域的人文地理与自然地理又有十分密切的联系。就中国古代文学而言,南北文风的差异,固然和南北方的山川、水土、气候、物产有关,但关键还是南北方在长期的历史过程中所产生的政治、文化、经济、风俗、民情等人文地理因素的差异。不过这些人文地理因素的形成,又有其自然地理的基础。在南北朝以前,中国的政治文化中心一直在北方,以后才逐步南移。中国历史上的永嘉之乱、安史之乱、靖康之难,造成了中国文化三次由北向南的传播与迁移。南北朝以后,南方因拥有优越的自然条件,经济、文化发展很快,甚至超过北方。但中国历代的政治中心仍多在北方,建都于南方者,大都是创业未就或偏安一隅的王朝①。从这一点看,政治与南北方的关系显然有疏密之分。中国文化是一个统一的整体,但南北文化又各有特点。中国传统的文化(尤其儒学)深深扎根于北方土壤,北方又常常是政治的中心,所以一般来说,北方的政治文化思想带有比较浓厚的传统和正宗的色彩。北方的文学倾向尚质崇实,尚用载道,切近现实和政治,推崇朴素、刚健、浑厚的风格。南方在先秦时代地处僻壤,远离中原,受儒学传统束缚较少,因而老庄思想较为流行,思想较为活跃解放。加之南方水土丰沃,气候温润,交通发达,生产条件优越于北方,所以南朝以后,南方经济发展迅猛,又有长江天堑作为自然的防御屏障,免受一些战

---

① 梁启超:《饮冰室合集》第2册《饮冰室文集》卷10《中国地理大势论》对古代建都地点和政治、军事等因素的关系颇多论述,可参看。中华书局1989年版,第77—101页。

火之苦,故江南一带城市经济发达。"都邑之盛,士女昌逸,歌声舞节,袿服华妆。桃花渌水之间,秋月春风之下,无往非适。"①这些条件都影响了南方的审美理想,比较注重抒情,追求个性,强调形式之美,文学风格比较浪漫、灵秀、华丽。

五、重北轻南的文化心理

在中国文学史上,南北文学互相借鉴、互相补充,构成文学发展的合力。如果说北方的文学思想把中国古代文学导向一种现实尚用、言志载道、正大刚健的传统,那么,南方文学则不断以其独特的个性、浪漫的情调、细腻的艺术技巧和华美的艺术形式给文坛灌注生气和活力,并以其巨大的生命力冲击着正宗的文学传统。

南北文学的发展有阶段性,清人孔尚任说:"考三代以来,江以东无诗,所谓楚风者,乃在方城、汉水之间。汉魏之言诗者,南弱而北盛,至唐宋始相均。近则吴、越、七闽,家弦户诵,可谓南盛于北矣。"②所论是江南诗歌的发展,也是南北文学发展的一个缩影。在宋代以前,中国文学总体上是北盛于南,六朝时南方较盛,然许多文人才士也是由北方渡江而来的,或与北方文化根源关系密切。自宋代以后,南方的文化和文学的创作成就总体上超过北方。宋代文人,多来自南方如江西、四川与江南;明代则江南盛极。例如,明代自洪武四年(1371)至万历十四年(1616),245 年间,科举文魁(包括状元、榜眼、探花及会元)共 244 人,其中南方人(大多江南人)215 人,占

---

① (唐)李延寿:《南史》卷 70《循吏列传》,中华书局 1975 年版,第 1697 页。
② 《孔尚任诗文集》卷 6《古铁斋诗序》,第 476 页。

88%;北方人仅 29 人,只占 12%①。科举情况当然很难说明全部问题,但仍可以反映出一个地域的文化氛围和水平。至于明代以后,南方出现的骚人墨客,也远比北方多。这可以说是中国文化中心南移的证明。

南方文学传统在中国古代并没有受到应有的重视,地位没有北方文学传统那么高。文学批评中存在重北轻南的倾向。自古"风""骚"并称,以象征中国文学。我们不妨把《诗经》和《楚辞》作为南北文学的源头和代表②。风骚并称,但骚的地位显然要低于风。风是儒家的崇高经典,而骚只是文人吟咏情志的作品。就是在六朝,风的地位也高于骚,在《文心雕龙》中,论"风"的归入《宗经》,评"骚"的则列在《辨骚》,一"宗"一"辨",轩轾自见。在钟嵘《诗品》中,源于《国风》的诗人,品位往往高于源于《楚辞》的。古人对于《诗经》褒赞之外,不敢贬抑,而对屈原却常有所批评。对屈原的批评,大体是以《诗经》为标准而立论的。新中国成立后,研究界较重视骚,但骚的地位还是不如"现实主义"的风。有人认为:"大抵本于风者,多有现实主义倾向,而出于骚者往往偏重形式技巧。"③这种说法有一定道理,问题在于如何看待"形式技巧"。南方文学比较注重形式技巧,情灵摇荡。历来传统批评对于南方文学重视文采、缘情绮靡的倾向,总是激烈地抨击贬斥。这一方面固然起着反对形式主义的作用,但另一方面也多少流露了正宗正统的审美理想对另一种类型的审美的反感。

---

① 陈正祥:《中国文化地理》第 1 篇《中国文化中心的转移》,生活·读书·新知三联书店 1983 年版,第 21—22 页。
② 《诗经》中也有南方之诗,作为整体,不妨这么说。
③ 郭绍虞语,见(宋)严羽著,郭绍虞校释:《沧浪诗话校释·诗辨》,人民文学出版社 1983 年版,第 6 页。

为什么古代文坛存在着重北轻南的观念？这有其政治、文化方面的原因。历代政治文化中心多在北方,北方政治文化传统势力总体上比南方强大,占统治地位①。这反映到批评的价值标准上,就是以北方传统为主体,以南方传统为补充。以北方的尚质实用、文以载道的传统为正宗,为正统,以南方缘情绮丽为旁门,为别派,甚至为异端。在创作上,南方文学有很强的生命力,但在理论势力上,实在难以与北方传统抗衡。

另外,重北轻南也反映了中国古人的特定的文化心理。中国古代哲学讲阴阳统一,但又尊阳卑阴②。马王堆汉墓帛书《黄帝书·称》:

> 凡论必以阴阳【之】大义。天阳地阴,春阳秋阴,夏阳冬阴,昼阳夜阴。大国阳,小国阴。重国阳,轻国阴。有事阳无事阴,信(伸)者阳而屈者阴。主阳臣阴,上阳下阴。男阳【女阴,父】阳【子】阴,兄阳弟阴,长阳少【阴】。贵【阳】贱阴,达阳穷阴。娶妇生子阳,有丧阴。制人者阳,制于人者阴。③

阳占统治地位,阴是次要的,受阳支配统治。这种心理同样折射到文学批评之中。姚鼐文章风格属阴柔类,但他也说:"天地之用也,尚阳

---

① 鲁迅《花边文学·北人与南人》说:"北人的卑视南人,已经是一种传统。这也并非因为风俗习惯的不同,我想,那大原因,是在历来的侵入者多从北方来,先征服中国之北部,又携了北人南征,所以南人在北人的眼中,也是被征服者。"(《鲁迅全集》第 5 卷,人民文学出版社 2005 年版,第 456 页)鲁迅的话是针对当时"京派""海派"之争而言的,而其所论也可看成是重北轻南的原因之一。

② 参看《春秋繁露》卷 11《阳尊阴卑》。

③ 陈鼓应注译:《黄帝四经今注今译——马王堆汉墓出土帛书》,商务印书馆 2007 年版,第 439 页。

而下阴,伸刚而绌柔,故人得之亦然。文之雄伟而劲直者,必贵于温深而徐婉;温深徐婉之才,不易得也。然其尤难得者,必在乎天下之雄才也。"①管同也说:"仆谓与其偏于阴也,则无宁偏于阳。何也?贵阳而贱阴,信刚而绌柔者,天地之道,而人之所以为德者也……夫为文之道,岂异于此乎?"②在古人观念中,南派婉丽,失之于靡,属阴柔一类;北派劲爽,失之于粗,属阳刚一类。由于"尚阳而下阴"的通例,北派的地位也就自然高于南派了③。当然,这也不能一概而论,实际情况要复杂得多。"重北轻南"的文化心理比较集中在传统文体如诗文,而对源于民间的词、曲、乐府民歌,或重南轻北,或无轩轾之评。而在绘画艺术上,自董其昌提出"画分南北宗"后,历来多是重南宗而轻北宗的。

南派北派的观念,作为对文学现象的宏观把握是有必要的,也多少有益处。中国人喜欢辩证观念,南北派之说,就明显受到辩证观念的影响。这有其合理性,但这种观念一旦凝固化,形成一种模式甚至公式,就容易产生简单化和绝对化之弊。我们一谈到南北文风的差异,似乎喜欢用"杏花春雨江南"和"骏马秋风冀北"的景象来形容,或者用"阴柔、阳刚""优美、壮美"来把握。然而,文学现象却要复杂得多,远非用一种简约的模式就可以完全把握的。在中国悠久的历史上,无论南方还是北方都产生过优秀的作家和诗人。正如《四库全书总目》所说:"文章公器,何限方隅。韩、柳皆非南人,欧、曾亦非北

---

① (清)姚鼐著,刘季高标校:《惜抱轩诗文集·文集》卷4《海愚诗钞序》,上海古籍出版社1992年版,第48页。

② (清)管同:《因寄轩文初集》卷6《与友人论文书》,《续修四库全书》第1504册,第430页。

③ 文学艺术中的南北宗地位问题比较复杂,可参考钱锺书:《中国诗与中国画》一文。载《七缀集》,上海古籍出版社1985年版,第1—28页。

士,门户相夸,总拘墟之见耳。"①

在不同的时代、不同的文学样式里,南北文风差异的程度是不同的。梁启超在论南北文学风格时说:

> 自唐以前,于诗于文于赋,皆南北各为家数。长城饮马,河梁携手,北人之气概也;江南草长,洞庭始波,南人之情怀也。散文之长江大河一泻千里者,北人为优;骈文之镂云刻月善移我情者,南人为优。盖文章根于性灵,其受四围社会之影响特甚焉。自后世交通益盛,文人墨客,大率足迹走天下,其界亦浸微矣。②

随着南北文化的交融,传统的文学样式中南北文风的差异在逐步减弱。就诗歌而言,唐以后南北诗风差异并不明显。宋代诗人大多数是南方人,但宋诗讲气格哲理,以朴实硬健取胜,绝无婉弱之病。明代江南诗人也不乏感愤淋漓、悲壮苍凉之作。而在民间新兴的文学体裁,如戏曲、民歌倒鲜明地体现了南北文风的差异。我们更不能把南派阴柔优美、北派阳刚壮美的观念作为公式。郑、卫之音,何尝不是出自北方;而高举"建安风骨"旗帜的陈子昂,难道不是南方人?刘师培把唐诗分为南北两派,张籍、孟郊为"北方之诗";温庭筠、李商隐是"南方之诗"③。然而,张籍、孟郊是南方人,而温庭筠、李商隐是北方人。这种有趣的现象颇耐人寻味。

刘师培《南北文学不同论》影响甚大,而他在另一篇论文《论研

---

① 《四库全书总目》卷181《西北文集》提要,第1640页。
② 梁启超:《饮冰室合集》第2册《饮冰室文集》卷10《中国地理大势论》,中华书局1989年版,第86页。
③ 刘师培:《南北文学不同论》,《中国近代文论选》,第576页。

究文学不可为地理及时代之见所囿》中所述可作南北文学论争的补充：

> 《隋书·文学传序》论南北朝文体不同云："江左宫商发越，贵于清绮；河朔词义贞刚，重乎气质。气质则理胜其词，清绮则文过其意。理深者便于时用，文华者宜于咏歌。此南北词人之大较也。"（《隋书》卷76）后代承之，亦有谓中国因南北地理不同，文体亦未可强同者。然就各家文集观之，即殊不然。《隋书》之说，非定论也。试以晋人而论，潘岳为北人，陆机为南人，何以陆质实，而潘清绮？后世学者亦各从其所好而已。若必谓南北不同，则亦只六朝时代为然。盖名理初兴，发源洛下，王、何、嵇、阮之流，各以辩论清谈成风。西晋承之，无由变易。及五胡乱华，中原文士相率南迁，于是魏晋以来之文化遂由北而南。其时南北之所以不同者，北方文句重浓，南方文句轻淡，自东晋以降，北如五胡十六国，南如晋、宋、齐，大抵皆然。揆厥所由，则以晋承清谈之风，出语甚隽。宋、齐踵继，余韵犹存，及齐、梁之际，宫体盛行，则又加以绮丽。沿流溯源，殆仍洛下玄风，逐渐演变，而非江南独有此派文学也。北方经五胡之乱，名理弗彰，文遂变为质实。元魏、北齐、北周大都如是。及庾信入周，乃始沟通。周、隋之际，南北又趋混一。准是以言，则南北固非判若鸿沟耳。上溯两汉，南北之分亦不甚严。《教官碑》为江南石刻，而作法与北碑无别。班孟坚、蔡中郎均超迈当时，而学之者不间南朔。更就清代论之，胡天游本为浙人，而追摹燕、许，功候甚深；其他北人而擅长六朝文学者，尤不可胜数。倘能于古人文字精勤钻研，无论何人均不难趋步，士衡入洛，子山入周，南北易地，各能蔚成文

风,然则,文学奚必有关地理哉?①

　　他以大量的文学史实说明文学史研究不可为地理之见所囿,所言甚是,值得我们予以重视。文学上的"南北派""南北宗"之说,与其说反映了中国文学的实际,不如说代表了中国古代两类不同的审美风尚与审美理念。对此,得意忘言可也,不可过于拘泥。

---

① 刘师培:《中古文学论著三种》之《汉魏六朝专家文研究》之一六,辽宁教育出版社 1997 年版,第 135 页。

下 编

———— * ————

第一章　中国早期文字与文体观念

文字与文体,看起来是两个距离遥远的领域。在当代学术研究中,两者似乎也是风马牛不相及的。我们把两者结合起来研究,并不是为了标新立异、哗众取宠,而是出于学术内部的学理需求。刘师培《文章源始》曾说:"积字成句,积句成文,欲溯文章之缘起,先穷造字之源流。"①他认为,考察文章缘起应该从造字源流开始。中国文字是中国文体的存在方式。顺理成章,研究文体与文体观念的产生和发展,也有必要从文字溯源开始。

中国古人造字以象形、指事、会意和形声等方法为基础。古文字所包含的"形""意"与"事"比较形象直观地记录了初民对事物原始状态的朴素认识。从一些古文字的构形与渊源流变入手,可以考察文体的原始状态、形象与意义,考察古人对文体最为原始的感知与文体观念,也可以看出古代文体形成、命名、分类乃至文体观念演变的一些规律。

一、文字形态与文体内涵

中国古人既然依照一定的规则来造字,一些与文体相关的文字

---

① 原载《国粹学报》第 1 年第 5 册,收入郭绍虞主编:《中国历代文论选》,上海古籍出版社 1980 年版,第 4 册,第 331 页。

形态或许透露出文字的原始意义以及初民对早期文体本义的理解。

比如，"命"与"令"是中国古代两种关系非常密切的文体，早期"命"与"令"通用，后来才渐有差别。徐师曾《文体明辨序说·命》说：

> 按朱子云："命犹令也。"字书："大曰命，小曰令。"此命、令之别也。上古王言同称为命：或以命官，如《书·说命》《冏命》是也；或以封爵，如《书·微子之命》《蔡仲之命》是也；或以饬职，如《书·毕命》是也；或以锡赉，如《书·文侯之命》是也；或传遗诏，如《书·顾命》是也。秦并天下，改名曰制。汉唐而下，则以策书封爵，制诰命官，而"命"之名亡矣。[①]

那么"令"与"命"初始的意思是什么呢？我们从"令"与"命"的构形及其演变可以看出初民对其特征的理解。《说文解字》谓："令，发号也。"[②]从文字学角度看，"命""令"同源，"命"字后起，是在"令"字基础上加"口"而成的。据古文字学家所言，二字本为一字一义。罗振玉说："古文'令'从'亼''人'，集众人而命令之，故古'令'与'命'为一字一谊。"[③]在甲骨文中，有"令"的内容数百事，而其中六十余条属"王令"，具有命令文体性质。甲骨文有"令"字无"命"字，直到金文才分化出"命"字，但在金文中二字几乎可以通用。甲骨文的"令"，

---

① （明）徐师曾著，罗根泽校点：《文体明辨序说》，人民文学出版社 1962 年版，第 111 页。校点本在"《蔡仲之命》"后漏"是"字，见《四库全书存目丛书》第 311 册，第 130 页。

② （东汉）许慎撰，（清）段玉裁注：《说文解字注》，上海古籍出版社 1988 年版，第 430 页。

③ 罗振玉：《殷虚书契考释》，载宋镇豪、段志洪主编：《甲骨文献集成》，四川大学出版社 2001 年版，第 7 册，第 45 页。

其字形为 。罗振玉认为是"集众人而命令之"的意思，而林义光《文源》谓"令"字"从口在人上……象口发号，人跽伏以听也。"①学术界多以林说为是。甲骨刻辞有"王令"辞例，一般是王命令祭祀、征伐、垦田这几类内容②。殷代金文中，也有王命的记录，如毓祖丁卣云："辛亥，王在廙，降令曰：归裸于我多高。"（《集成》5396）③这是殷商时期王发布命令的记载，这种命令最早的发布，应该是口头性的活动，后来才书于简册。秦始皇统一中国后，把命令改为制诏。司马迁《史记·秦始皇本纪》："臣等昧死上尊号，王为'泰皇'。'命'为'制'，'令'为'诏'。"④戴侗《六书故》卷十一："命者，令之物也。从口，从令。令出于口，成而不可易之谓命。《传》曰：'君能制命为义。'秦始皇始改令曰诏，命曰制，即诏与制，可以见命、令之分。"⑤

又如，"占"也是早期文体。黄佐在其文章总集《六艺流别》中说：

> 占者何也？《说文》："视兆问也，从卜口。"谓卜人之口也。《书》曰："三人占，则从二人之言。"则以龟人为主矣。然《易》筮亦必观象玩占，则占者兼卜筮而言也。六爻变动占法，经传甚明，观者当自得之。⑥

① 林义光：《文源》卷6，中西书局2012年版，第222页。
② 朱歧祥：《殷墟卜辞辞例流变考》，收入《甲骨文研究——中国古文字与文化论稿》，台北里仁书局1998年版，第242页。
③ 中国社会科学院考古研究所编：《殷周金文集成》第10册，中华书局1984年版，第312页。
④ （西汉）司马迁：《史记》，中华书局2014年版，第1册，第304页。
⑤ （元）戴侗撰，党怀兴、刘斌点校：《六书故》，中华书局2012年版，第224页。
⑥ （明）黄佐：《六艺流别》卷20"易艺"之"占"，《四库全书存目丛书》集部300册，齐鲁书社1997年版，第492页。

黄佐把占辞作为"易艺"的一种古老文体。《六艺流别》收录相关作品,如《左传·昭公十二年》"鲁南蒯筮叛坤占"、《左传·闵公元年》"晋毕万筮仕屯占"、《国语·周语下》"晋筮立成公乾占"。在甲骨文中,"占"字有"固""昌"的写法,从凸从口,裘锡圭认为"凸"即"兆"之初文①,以口解说卜兆即表示占断之义。《说文解字》"占"字属于"卜"部,古人用火灼龟甲,根据裂纹来预测吉凶,叫卜。而"卜"也是象形的。《说文解字》"卜部":"卜,灼剥龟也。象炙龟之形,一曰象龟兆之纵衡也。"②在甲骨文中,"卜"字为ㄣ或ㄣ等,徐中舒说:"卜,正象灼龟后兆璺纵横斜出之状。卜兆先有直坼,而后有斜出之裂纹,裂纹或向上,或向下,卜人据此以判吉凶。"③小篆的"占"字构形原理与甲骨文略同,只是把"兆"的初文"凸"改作了"卜"而已,"卜"在这里充当形符,表示的也是卜兆。

中国古代早期文体具有强烈的实用性,沟通人神关系就是其主要功用之一。比如"祝"体,据《周礼·春官·大祝》所记,"大祝掌六祝之辞……一曰顺祝,二曰年祝,三曰吉祝,四曰化祝,五曰瑞祝,六曰策祝。"④《尚书》有"祝册"的记载。《尚书·洛诰》载:"王命作册逸祝册。"孔颖达《疏》曰:"王命有司作策书,乃使史官名逸者祝读此策。"⑤按,在甲骨文中,也有关于"祝册"或"册祝"的记录。如《甲骨文合集》32285:"丙午贞,彭人册祝。"⑥《小屯南地甲骨》2459:"……

① 裘锡圭:《从殷墟卜辞的"王占曰"说到上古汉语的宵谈对转》,《裘锡圭学术文集1·甲骨文卷》,复旦大学出版社2012年版,第485—488页。
② (东汉)许慎撰,(清)段玉裁注:《说文解字注》,第127页。
③ 徐中舒主编:《甲骨文字典》,四川辞书出版社2006年版,第349页。
④ (清)阮元校刻:《十三经注疏》,中华书局1980年影印本,第808页。
⑤ (清)阮元校刻:《十三经注疏》,第217页。
⑥ 郭沫若主编:《甲骨文合集》第10册,第3939页;胡厚宣主编:《甲骨文合集释文》32285号,中国社会科学出版社1999年版。

卜秦祝册……毓祖乙惟牡。""祝册"或"册祝"有制作简册、书写祝辞、向神灵祷祝之意。按照《说文解字》的解释:"祝,祭主赞词者。从示,从儿口。"段注曰:"此以三字会意,谓以人口交神也。"①《释名》曰:"祝,属也,以善恶之词相属著也。"②"祝"既为赞词之人,也是祭告之词。现存不少甲骨材料记录了"祝"的使用情况,"祝"在当时已具有初步的文体意义。甲骨文的字形,并非完全如《说文》所说的"从示,从儿口。"而是或"从示",或不"从示"。"示"表示神主。值得注意的是,无论其字形是否"从示",其中都有一个象人跪姿并有所祷告之形,形象地反映出"祝"的初始状态:人虔诚地下跪并与神进行交流,这也是作为早期文体"祝"的本质特征。

二、文字载体与文体命名

文体的命名方式是中国文体学研究的重要内容,它为我们理解古代文体之原始功能与体制提供了某种独特的路径。中国古代的文体众多,有些文体对内容有相当严格的限定,有的文体对其内容要求则比较宽松。造成这种现象的原因很多,但从其根源来看,与最早的文体命名方式之不同有很大的关系。

中国古代之文体命名方式颇为复杂,其中最主要是根据文体的行为方式或功能来命名。如:命、训、誓、诰、祷、谏等,都是从一种行为、活动变成一种文体之名。郭英德先生认为,不少先秦文体产生于不同的"言说方式",他指出:"中国古代文体的生成大都基于与特定

---

① (东汉)许慎撰,(清)段玉裁注:《说文解字注》,第6页。
② (东汉)刘熙撰,(清)毕沅疏证,(清)王先谦补:《释名疏证补》,中华书局2008年版,第132页。

场合相关的'言说'这种行为方式,这一点从早期文体名称的确定多为动词性词语便不难看出。"因此,他将对行为方式的区别类分,作为中国古代文体分类原初的生成方式①。胡大雷先生总结说:"以行为动作本身来命名这些文体,这是早期文体命名的一般性方法。"②这种总结是有道理的。但是,早期文体命名除了一般性方法之外,也有其他特殊方法,比如以文字和文体载体为文体命名。

王国维《简牍检署考》开篇说:"书契之用,自刻画始。金石也,甲骨也,竹木也,三者不知孰为后先,而以竹木之用为最广。"③甲骨文与金文是中国现存最早的文字,但是根据古文献记载,除了甲骨与青铜器之外,同时代还有其他文字与文体之载体,如"简""册""篇""典"等,而且这些载体本身也成为文体的名称。"简"字见于两周金文。西周晚期的有司简簋盖铭文说:"丰中(仲)次父其有司简作朕皇考益叔尊簋。"④(《新收殷周青铜器铭文暨器影汇编》736)器主名为"简",虽然用作人名,但字以竹为意符,很可能就是竹简的"简"。战国时期的中山王𰯼方壶(《集成》9735)有"载之简策"一语。在传世文献中"简"亦早有记载,如《诗·小雅·出车》:"畏此简书。"孔颖达《正义》说:"古者无纸,有事书之简,谓之简书。"⑤《左传·襄公二十五年》记载:"南史氏闻大史尽死,执简以往。闻既书矣,乃还。"⑥甲骨文已有"册"字。徐中舒据甲骨文所载"册"字用例,指出殷代除

① 郭英德:《中国古代文体学论稿》,北京大学出版社 2005 年版,第 29—31 页。
② 胡大雷:《论中古时期文体命名与文体释名》,《中山大学学报》2011 年第 4 期。
③ 王国维著,胡平生、马月华校注:《简牍检署考校注》,上海古籍出版社 2004 年版,第 1—2 页。
④ 钟柏生等编:《新收殷周青铜器铭文暨器影汇编》第 736 号,台北艺文印书馆 2006 年版,第 537 页。
⑤ (清)阮元校刻:《十三经注疏》,第 416 页。
⑥ (清)阮元校刻:《十三经注疏》,第 1984 页。

甲骨之外,亦应有简策纪事,又结合《尚书·多士》"惟殷先人,有册有典"之语证之,并指出只是由于年代久远,竹木不易保存,故殷代简策尚无出土实物作为佐证①。早至商代竹简已是文字载体,这已成为学界共识②。从现在所见的出土材料来看,竹简的使用最早可上溯到战国早期(曾侯乙墓遣册)。战国时期简牍文献较甲骨文、铜器铭文数量增多,使用更为频繁,其类型更为多样化,内容形式也更为成熟。只是由于甲骨与青铜器质地坚实而得以留传下来,而竹简则可能因为未能长远保留而湮灭不见。

从甲骨文、金文中一些文字最初形状在某种程度上可以了解与文体相关的事实与观念。

《说文解字》"册部":"册,符命也,诸侯进受于王也。象其札一长一短,中有二编之形。"③然汉墓所出土之简册形制,并非一长一短,皆由大小长短相同之简札编成。甲骨文"册"字象形,竖笔表示简札,中间笔划表两道穿连竹简的绳子④。至于简札为何"一长一短"且与出土所见简策不同,文字学家有许多解释,尚未有共识,不少学者认为一长一短当为刻写变化所致。姚孝遂《甲骨文字诂林》按语:"据出土战国秦汉简册,皆有长有短。但成编之册皆等长,长短不一之册,无法编列。商代册制目前仅见龟骨,尚未发现简牍。卜辞累见'再册',即举册。国有大事,必有册告。"⑤于省吾认为:"策、册古籍

① 参考徐中舒主编:《甲骨文字典》卷2"册",第200页。
② 参考陈炜湛:《战国以前竹简蠡测》,《中山大学学报》1980年第4期;钱存训:《书于竹帛》,上海书店出版社2002年版,第72页。
③ (东汉)许慎撰,(清)段玉裁注:《说文解字注》,第85—86页。
④ 曾宪通、林志强谓:"象编简之形,竖为简,横为编。"见曾宪通、林志强:《汉字源流》,中山大学出版社2011年版,第77页。
⑤ 于省吾主编:《甲骨文字诂林》第4册,第2963页。

同用。经传言册祝、祝册、策告，其义一也。"①从职官制度来看，商代开始设置"作册"一职，西周时也称作册内史、作命内史、内史。《尚书·洛诰》："王命周公后，作册逸诰。"可见"作册"之职在于掌著作简册，奉行王的告命。这也可以看出"册"在当时已具有文体意义了②。

简与册在文体上的特点与内涵，与其作为载体的本来特点也是直接相关的。简与册虽然可以并列或称"简册"，但在具体使用中，简与册有所区别。杜预《春秋经传集解序》："诸侯亦各有国史，大事书之于策，小事简牍而已。"孔颖达《疏》："单执一札，谓之为简；连编诸简，乃名为策。"③（按："策"本义为竹制的马鞭。《说文解字》："策，马箠也。"④"策"为形声字，假借为象形字之"册"。马王堆汉墓帛书《老子甲》"筹策"之"策"作"筴"，即"筴"字之异体。）之所以有大事和小事之不同书写，原因之一在其载体容量之不同。策的容量大而简牍的容量小。郝经《郝氏续后汉书》谓：

> "册"者，辞、命、记、注之总称。古者书于竹简，一简谓之简，编简谓之册。事小辞略，一简可书，则曰"简"而已。事大辞多，一简不容，必编众简而书之，则曰"册"。故史官大事书之于册，小事简牍而已。其名始见于《金縢》之书，曰"史乃册祝"。其后纳册、作册、祝册、册命，凡告庙、命官、封建，皆用之。汉因周制，

---

① 于省吾：《双剑誃殷契骈枝 双剑誃殷契骈枝续编 双剑誃殷契骈枝三编》，中华书局 2009 年版，第 166 页。
② 参见（清）孙诒让：《周礼正义》卷 52 "内史"，中华书局 2015 年版；王国维：《观堂别集》卷 1《书作册诗尹氏说》，载《观堂集林》，中华书局 1959 年版，第 1122—1124 页。
③ （清）阮元校刻：《十三经注疏》，第 1704 页。
④ （东汉）许慎撰，（清）段玉裁注：《说文解字注》，第 196 页。

尊太上皇、皇太后，立皇后、皇太子，封建诸侯王，拜免三公，皆用册。郊祀天地、谒告宗庙、封禅泰山亦用册。至于特拜郡守，述其政绩，亦用册。古者尚质，惟用竹。秦汉则泥金检玉，号为玉册，示其侈也。（原注：蔡邕曰："册者，简也。""其制长二尺，短者半之。其次一长一短，两编下附。"许慎《说文》："册者，符命也，诸侯进受于王者也。象其札一长一短，中有二编之形。"《汉书》："武帝元狩六年，庙立皇子闳为齐王、旦为燕王、胥为广陵王，初作册。"）其于国恤有哀册、谥册。于是高文大册，为汉帝制礼文盛矣，后世皆遵用之。①

　　从古文字来看，"册"是早期文字的载体，后来逐渐被视为文体，而且在中国古代是使用时代相当长的实用性行政文体。除了册、典之外，还有其他以载体命名的文体，其载体与竹简相关，有些字在现存甲骨文与金文中未见，但《说文解字》收录了，如篇、笺等②，这些都具有文体意义。

　　古代以木作为载体的文体也应该很常见。王国维《简牍检署考》说："用木书者曰'方'……曰'版'……曰'牍'。竹木通谓之'牒'，亦谓之'札'。"③《仪礼·聘礼》谓："百名以上书于策，不及百名书于方。"郑玄注："名，书文也，今谓之字。策，简也。方，板也。"④"策"是竹简之编连，故容量大；"方"是单独的木片，故容量小。所以字数

---

① （元）郝经：《郝氏续后汉书》卷66上上"文艺"，《文渊阁四库全书》第385册，第613页。
② 《文章缘起》："篇，汉司马相如作《凡将篇》。"王水照编：《历代文话》第3册，复旦大学出版社2007年版，第2537页。
③ 王国维著，胡平生、马月华校注：《简牍检署考校注》，上海古籍出版社2004年版，第6—8页。
④ （清）阮元校刻：《十三经注疏》，第1072页。

多者(百字以外)载于竹简,字数少者(百字以内)载于木方。以木为载体类文体,以"木"为部首的有"檄"、"概"、"案"、"札"、"检"等字。另外,"牍""牒"的部首为"片",《说文解字》说:"片,判木也。从半木。"①究其义,就是分剖的木。所以"牍""牒"也可以视为以木质载体来命名的文体。

从文字的角度看,古代丝帛制品与文体亦有密切关系,如:绪、经、统、纪、绝、续、结、终、组、纂、纲、编等文体或著述形态,数量也相当大,其中或有以丝帛为载体者。

还有以石头为载体的文体,这类文体的内容多崇高神圣,作者希望藉以传之长久。如"碑",《说文解字》"石部"说:"碑,竖石也。"②碑早期指竖立在宫、庙门前用以识日影的石头。另外,古代用以引棺木入墓穴的木柱,后专用石,也叫碑。《礼记·檀弓下》说:"公室视丰碑。"郑玄注:"丰碑,斫大木为之,形如石碑。于椁前后四角树之,穿中于间为鹿卢,下棺以繂绕。"③碑可以镌刻图案或文字,可以记载死者生平功德。秦时称为刻石,汉代以后称碑,成为古代最为常用而重要的文体。刘勰《文心雕龙·诔碑》谓:"夫属碑之体,资乎史才,其序则传,其文则铭。标序盛德,必见清风之华;昭纪鸿懿,必见峻伟之烈,此碑之制也。"④

还有一种特殊现象,即同一文体由于载体不同,而出现不同命名。如"碣"与"楬"两字就是同属一体的。晚清王兆芳《文章释》说:"碣者,与'楬'通,特立之石,藉为表楬也。石方曰碑,圆曰碣。赵岐曰:'可立一圆石于墓前。'洪适曰:'似阙非阙,似碑非碑。'隋唐之

---

① (东汉)许慎撰,(清)段玉裁注:《说文解字注》,第 318 页。
② (东汉)许慎撰,(清)段玉裁注:《说文解字注》,第 450 页。
③ (清)阮元校刻:《十三经注疏》,第 1310 页。
④ (南朝梁)刘勰著,詹锳义证:《文心雕龙义证》,上海古籍出版社 1989 年版,第 457 页。

制,五品以上立碑,七品以上立碣。主于表扬功德,与碑相通。源出周宣石鼓为石碣。"①此前,唐代封演《封氏闻见记》已从文字学的角度解释说:"物有标榜,皆谓之楬……其字本从木,后人以石为墓楬,因变为碣。《说文》云:'碣,特立石也。'据此,则从木从石,两体皆通。"②《周礼·秋官·蜡氏》谓:"若有死于道路者,则令埋而置楬焉。"郑玄注引郑众曰:"楬,欲令其识取之,今时揭橥是也。"③故可见以特立标识之义立名的文体,以木质则为"楬",以石质则为"碣"。

中国古代的文字载体颇为多样。《墨子·非命下》说:"书之竹帛,镂之金石,琢之盘盂,传遗后世子孙。"④钱存训《书于竹帛》一书将之归为"甲骨文"、"金文和陶文"、"玉石刻辞"、"竹简和木牍"、"帛书"、"纸卷"诸类⑤。但是,以竹木、丝帛为载体的文体用字最多,其他载体则较少。推其故,可能相比其他载体,竹帛容量更大且更方便使用和传播,故为著述者首选载体。

从以上例证可以看出,以文字与文体载体命名,也是中国古代文体命名的主要方式之一。如果仅仅揭示出这个现象,意义也许不大。重要的是,由此现象我们可以进而思考其丰富的文体学意义。以载体来命名的文体和以行为方式来命名的文体是有差异的。以行为方式来命名,如:命、训、誓、诰、祷、诔等文体,这些名称直接地揭示了文体的内容和功能:不同的实际用途、实施对象与操作程序。而以文字载体来命名的文体,载体对文体的内容和功能不一定直接限定,它的

① (清)王兆芳:《文章释》"碣",王水照主编:《历代文话》第7册,复旦大学出版社2007年版,第6294页。
② (唐)封演撰,赵贞信校注:《封氏闻见记校注》卷6"碑碣",中华书局2005年版,第57—58页。
③ (清)阮元校刻:《十三经注疏》,第885页。
④ 吴毓江:《墨子校注》,中华书局2006年版,第417页。
⑤ 钱存训:《书于竹帛》,上海书店出版社2002年版。

实施对象与实际用途比较灵活,也没有什么操作程序。比如"碣"本身只是指石头而已。《说文解字》"石部"谓:"碣,特立之石也。"①作为文体的"碣",石头是其载体,其所载内容一般比较重要和崇高,可以传之久远,但具体内容却可能有很大差异,既可以记载名胜,可以歌功颂德,可以是界碑,也可以是墓文。又如"简",唐代苏鹗《苏氏演义》卷下谓:

> 《急就篇》曰:以竹为书笺,谓之简。《释名》云:简者,编也。可编录记事而已。又曰:简者,略也。言竹牒之单者,将以简略其事。盖平板之类耳。②

"简"原以竹之载体为名,其本义就是以竹简记事,而所记载的内容则比较宽泛而无单一严格的限定。后来,才逐渐形成书信类文体。

文体在发展的初始阶段,其命名可能与其载体有关,但名称与体制形成之后,便形成一种文体传统,此后有些载体发生变化,而其文体体制依旧沿用。吴讷《文章辨体序说·册》说:

> 《说文》云:"册者,符命也。诸侯进受于王,象其札一长一短,中有二编之形。"当作冊,古文作笧。盖冊、策二字通用。至唐宋后不用竹简,以金玉为冊,故专谓之冊也,若其文辞体制,则相祖述云。③

---

① (东汉)许慎撰,(清)段玉裁注:《说文解字注》,第 449 页。
② (唐)苏鹗撰,吴企明点校:《苏氏演义(外三种)》,中华书局 2012 年版,第 29 页。
③ (明)吴讷著,于北山点校:《文章辨体·凡例》,《文章辨体序说》,人民文学出版社 1962 年版,第 35—36 页。

虽然初始阶段文体可能以其文字载体来命名，但文体之名固定以后，便不再受文体载体变化的影响，即使文体载体变化，其"文辞体制"祖述不变，文体之名亦相与沿用。

三、文字形（意）符与文体类别

部首之说，始于东汉。然作为文字结构之意符则古已有之。许慎《说文解字·叙》认为，汉字的构造有六种，称为"六书"，即指事、象形、形声、会意、转注、假借。多数汉字是形声字，形声字由表示意义的"形符"与表示发音的"声符"组成。形声字以"形符"为部首，部首原则上表示一组文字的共通意义。部首的意义既建立在客观事实上，也是一种约定俗成的集体认同。所以部首的归属，反映出人们对文字原始意义在类别上的理解。从文体学角度看，同属一形（意）符或部首的文体用字，也反映出某种共通的文体特性。

许慎开创了字书的部首编排即"建首"方式。《说文解字》把形旁相同的字归在一起，称为部，共分为540部，其中大量的部首是象形字。许慎《说文解字·叙》说："其建首也，立一为端。方以类聚，物以群分。同条牵属，共理相贯。杂而不越，据形系联。引而申之，以究万原。毕终于亥，知化穷冥。"①可见他具有非常强烈而清晰的分类意识：以"类""群""条""理"对文字进行分类。分类，反映出人类对事物复杂属性的认识，通过比较，揭示出事物间的同异之处。"建首"就是将字形上具有共通处的字置于一类，而部首往往具有独特的字义。同属一部的文字在意义上可能就具有某种同一性。中国古代有许多文体名称的用字有其规律，即使用相同的形

———————
① （东汉）许慎撰，（清）段玉裁注：《说文解字注》，第781—782页。

（意）符。

以文体功能来给文体归类是中国古代文体学一般的分类方法，但从文字的形（意）符或部首来考察古代众多文体的属性，也可视为一种特殊的文体分类。这一独特角度的意义在于探究早期文字构造所反映出来的更为原始的文体意义。

首先，"口"部文字反映出文体发展初始阶段的口头形态。"口"是象形字，象人口之形。《说文解字》"口部"："口，人所以言、食也，象形。凡口之属皆从口。"①口的功能就是言语与饮食。在《说文解字》中，与口部相关的文体有：名（后来为"铭"）②、命、召、咨、问、唱、和、吟、叹、喑等。

在《说文解字》所有部首中，"言"部存在着最多可用于文体名称的文字。从文字流变的字形而论，"言"与"口"有密切关系③。许慎《说文解字》卷三上："言，直言曰言，论难曰语。从口辛声。凡言之属皆从言。"④按照这种说法，"言"是个从口辛声的形声字，以"口"为意符。在古文字中，"言"字是在"舌"字上加一横而成，表示"言"由口舌发出，并不从"辛"得声。不过"舌"字本身也有"口"旁，因此

① （东汉）许慎撰，（清）段玉裁注：《说文解字注》，第 54 页。
② "铭"字较"名"字晚出。《释名疏证》卷四毕沅曰："铭，《说文》无'铭'字，郑康成注《仪礼·士丧礼》曰：'今文铭为名。'又注《周礼·小祝》云：'铭，今书或作名。'然则'铭'乃古文'名'也。"（〔东汉〕刘熙撰，〔清〕毕沅疏证，〔清〕王先谦补：《释名疏证补》，第 114 页）《说文解字》尚未收入"铭"字。段玉裁《说文解字注》"口部"："凡经传，铭字皆当作名矣。"（《说文解字注》，第 56 页）证诸古文字材料，郘公华钟铭（《集成》245，春秋时期）有"名"（铭）字，而屬羌钟（《集成》161，春秋时期）、中山王䜌鼎（《集成》2840，战国时期）则已出现"铭"字，明确指称铜器铭文。
③ 古文字学家认为，从字源学角度看，"言"应当是在"舌"字上部加区别符号"一"而成的指事字。见李学勤主编：《字源》，天津古籍出版社 2012 年版，第 167 页。
④ （东汉）许慎撰，（清）段玉裁注：《说文解字注》，第 89 页。

无论如何,"言"与"口"有密切关系。在《说文解字》中,从属于"言"部首渐次具有文体意义的文字有:

语、诗、谶、讽、诵、训、谕、谟、论、议、识、讯、诚、诰、誓、诂、谏、谣、说、话、记、讴、詠、谚、讲、讥、诽、谤、诅、讼、诃、诉、遣、让、诛、讨、谥、诔、译……

这么大的数量确实给我们以强烈的印象,这一现象蕴含了丰富的文体学意义。它们属于同一个部首,正表示古人认为这些文字具有一定的共性,这共性就是与"言"相关,即皆具有口头性。

"号"部也与口头性有关。《说文解字》"号部":"号,痛声也。从口在丂上。凡号之属皆从号。"①我们在讨论中国古代早期文体的口头性时,应该把这些考虑进来。

《说文解字》认为,"辛"部也与语言有关:"辛,罪人相与讼也。从二辛。凡辛之属皆从辛。"此部首即有以言语相讼之意。如"辩"字:"辩,治也。从言在辛之间。"②"辩"是中国古代最常用的论说文体之一。黄佐《六艺流别》解释"辩"之体:"辩者何也?治也,从言在辛中。察言以治之,加辩,罪人相讼也。"③他对此文体的解释,完全采用了《说文解字》对"辛""辩"的释义。

若从文字部首来看,在所有文体名称之中,属于"口""言"等部、表意与言语相关的文字占了压倒性份量。这种特殊现象不仅揭示了这些文字的原始意义,还反映出中国早期文体形态是以语辞即口头形态为主的。口头性、言语性,正是早期辞命文体形态的基本特点之

---

① (东汉)许慎撰,(清)段玉裁注:《说文解字注》,第204页。
② (东汉)许慎撰,(清)段玉裁注:《说文解字注》,第742页。
③ (明)黄佐:《六艺流别》卷19"春秋艺下",第475页。

一。因此我们可以得出这样的结论:言辞活动在中国早期社会活动中至为重要,是文体产生之主要源头。虽然以上所列属于"言"等部首的各种文体后来皆可以用文章形态来书写,但溯其原始语境,却离不开言辞。

另外一个值得注意、富有文体学意义的部首是"示",分属示部的文体用字也比较多。《说文解字》"示部":"示,天垂象,见吉凶,所以示人也。从二(古文'上')。三垂,日月星也。观乎天文,以察时变。示,神事也。凡示之属皆从示。"①按其解释,示这个部首是由两部分组成的:其上的"二"是古文字的"上"字,而示下的三垂,表示日、月、星。"示"这个部首的含义表示"神事",凡与"神事"有关的字,都用这个部首。按:许慎受材料、方法所限,他对"示"字字形的解释不一定妥当。现代有不少学者对此提出新见。如唐兰《释示宗及主》、陈梦家《殷虚卜辞综述》、何琳仪《战国古文字典》都以为"示""主"同字②。"示"就是祭祀的神主。在甲骨文中,它最早的字形是 示、示、示,"示"象神主形③。

在中国古代属于"示部"的文体有:祭、祠、祝、祈、禬、祷、禜、禳、禁等,这些文体都是与祭祀的神主有关系的。以《周礼·春官·大祝》所论及的"六祝""六祈""六辞"为例:

> 大祝掌六祝之辞,以事鬼神示,祈福祥,求永贞。一曰顺祝,二曰年祝,三曰吉祝,四曰化祝,五曰瑞祝,六曰策祝。掌六祈,以同鬼神示,一曰类,二曰造,三曰禬,四曰禜,五曰攻,六曰说。

---

① (东汉)许慎撰,(清)段玉裁注:《说文解字注》,第 2 页。
② 唐兰:《唐兰全集》第 2 册,上海:上海古籍出版社 2015 年版,第 579—581 页;陈梦家:《殷虚卜辞综述》,中华书局 1988 年版,第 440 页。何琳仪:《战国古文字典——战国文字声系》,中华书局 1998 年版,第 356 页。
③ 参考季旭升:《说文新证》,台北艺文印书馆 2014 年版,第 48—49 页。

作六辞,以通上下亲疏远近,一曰祠,二曰命,三曰诰,四曰会,五曰祷,六曰诔。①

这里的"祝""祈""禬""祭""祠""祷"皆为"示"部文字。而其功能"以事鬼神示""以同鬼神示""以通上下亲疏远近"又皆与人神沟通相关。刘师培《文学出于巫祝之官说》谓:

> 盖古代文词恒施于祈祀,故巫祝之职文词特工。今即《周礼》祝官职掌考之,若"六祝""六祠"之属,文章各体,多出于斯。又颂以成功告神明,铭以功烈扬先祖,亦与祠祀相联。是则韵语之文,虽匪一体,综其大要,恒由祀礼而生。欲考文章流别者,曷溯源于清庙之守乎?②

刘师培之意,并非谓所有文学皆出于巫祝之官,而是认为早期文章各体,多与巫祝之官相关。以上这些文字之例,也可为刘师培的说法提供某些佐证。如果说,"言"部(包括"口"部)的众多文体反映出早期文体的口头性和言语性特点,那么,"示"部的众多文体,则反映出一些早期文体所具有的宗教性特点。

通过对中国古代文体用字部首之考察,可以看出:早期的文体以巫祝—辞命为核心,以语辞为主要形态,文字多是对语辞的记录,并以天人鬼神为主要对象,具有强烈的实用性色彩。随着历史发展,语辞式文体才逐渐发展为篇章式文体。

---

① (清)阮元校刻:《十三经注疏》,第808—809页。
② 刘师培:《左庵集》卷8,载《刘申叔遗书》下册,江苏古籍出版社1997年版,第1283页。

四、文字声符与文体特征

裴锡圭先生指出,春秋战国时代,随着汉字象形程度的不断降低,形声字成为造字的主要方式①。从汉代的声训,如刘熙《释名》,到宋代王圣美的"右文说",至清代王念孙著《广雅疏证》、郝懿行著《尔雅义疏》等,将以声求义的原则贯串于训诂之中,从而形成一种传统。段玉裁说:"声与义同原,故谐声之偏旁多与字义相近,此会意、形声两兼之字致多也。"②虽然声旁表义并不是造字的普通规律,但确是值得注意的现象③。文字的声音与其意义有着密切联系。语言学家认为,一开始,音、义的结合具有偶然性,而经过社会成员的约定俗成,音、义关系也就具有了某种规定性。"由于社会的'约定',本无必然联系的音义关系便对自身所处的语言系统产生反作用,使语言发展接受其已有的音义关系的影响制约,即早起的音义关系对后起的音义关系产生'回授'作用。"④这是"以声求义"的理论基础。

以声求义的传统也影响了文章学的研究。刘师培《文章源始》在谈到文章起源时,就引黄承吉(春谷)语,指出字的声旁可以表义:

> 凡字义皆起于右旁之声,任举一字,闻其声即知其义。凡同声之字,但举右旁之声,不必举左旁之迹,皆可通用。

---

① 裴锡圭:《文字学概要》(修订本),商务印书馆 2013 年版,第 36—44 页。
② (东汉)许慎撰,(清)段玉裁注:《说文解字注》,第 2 页"禛"条。
③ 此问题可参考曾昭聪:《形声字声符示源功能述论》,黄山书社 2002 年版。
④ 许威汉著:《训诂学教程》第 3 版,北京大学出版社 2013 年版,第 51 页。

然后"由黄氏之例推之"曰:

> 盖古代之字,只有右旁之声,而未有左旁之形。后世恐无以区别也,乃加以左旁之形,以为区别。故右旁之声,纲也;左旁之形,目也。①

刘师培认为中国文字这种特点直接影响了中国文章的形成。

杨树达先生对以声求义现象进行了一系列的研究②。这些成果虽然不是直接研究文体,但对文体学研究显然具有启示作用。杨树达先生所研究的一些文字,也是文体之名。比如,"说"是中国古代最重要的说理文体之一。《说文解字》云:"说,说释也。从言,兑声。一曰谈说。"③《文心雕龙·论说》谓:"说者,悦也,兑为口舌,故言资悦怿。"④而杨树达先生则从以声求义的角度指出,"说"字"兑"声,其义与"兑"相关。他说:"兑者锐也。""盖言之锐利者谓之说。"认为"说"的原意就是使用锋芒锐利的语言,"悦怿"则是引申义⑤。又如

---

① 《国粹学报》第 1 年第 5 册。又郭绍虞主编:《中国历代文论选》第 4 册,上海古籍出版社 1980 年版,第 331 页。
② 如《形声字声中有义略证》《字义同缘于语源同例证》等,载杨树达:《积微居小学金石论丛》,《杨树达文集》,上海古籍出版社 2013 年版,第 60—80、80—112 页;《造字时有通借证》《文字孳乳之一斑》《字义同源于语源同续证》《文字初义不属初形属后起字考》《文字中的加旁字》等,载杨树达:《积微居小学述林全编》,《杨树达文集》,上海古籍出版社 2013 年版;以及《论丛》《述林》中多篇文字考证文章。
③ (东汉)许慎撰,(清)段玉裁注:《说文解字注》,第 93 页。
④ (南朝梁)刘勰著,詹锳义证:《文心雕龙义证》,第 707 页。
⑤ 杨树达:《积微居小学金石论丛》,第 58—60 页。古代注疏一般训"说"为"解",其语源有"开释""释放""解释"等意思,其同源词有"敊""悦"等。"锐"虽然与"说"声旁相同,但不一定是同源词。

"论",《说文解字》谓:"论,议也。从言,侖声。"①而"侖"就有条理之意。"侖,理也。"故杨树达说:"论,从言,从侖,谓言之剖析事理者也。"②即以为论字侖声,故"论"的原意就是剖析事理之言。又如"议"字,《说文解字》说:"议,语也。从言,义声。"③《礼记·中庸》曰:"义者,宜也。"杨树达说:"议从言从义,谓言之说明事宜者也。"④又如"赠"字,杨树达认为:"'曾,益也。'赠从曾声,故有增益之义。""曾有益义,故从曾声之字多含加益之义,不惟赠字为然也。"⑤又如"祷"字,《说文解字》谓:"祷,告事求福也。从示,寿声。"⑥杨树达认为:"祷从示寿声,盖谓求延年之福于神。许君泛训为告事求福,殆非始义也。"⑦以上诸释,或非文字学之定论,然而诸字都是文体名称,所以从文体学角度来看,则皆可说明文字的声旁反映了文体的独特性。

中国古代确实有些文体可以从声符求义。除了杨树达所举之例外,又如"讲"(講)是形声字,从言,冓声。"冓"有遇到、相会之义,在"講"中当兼表沟通义。从言、冓,会和解意。《说文解字》谓:"讲,和解也。"引申出论说、评论、商讨等义。《广雅·释诂二》谓:"讲,论也。"如"咏"(詠),从言,永声。永兼表意。"永"字有水势长流之意,故"咏"有长声而歌、曼声长吟之意,所谓"歌永言"是也。又如"诫",从言,戒声。诫也是形声兼会意字⑧。

---

① (东汉)许慎撰,(清)段玉裁注:《说文解字注》,第91—92页。
② 杨树达:《积微居小学金石论丛》,第60页。
③ (东汉)许慎撰,(清)段玉裁注:《说文解字注》,第92页。
④ 杨树达:《积微居小学金石论丛》,第60页。
⑤ 杨树达:《积微居小学金石论丛》,第5—6页。
⑥ (东汉)许慎撰,(清)段玉裁注:《说文解字注》,第6页。
⑦ 杨树达:《积微居小学金石论丛》,第26页。
⑧ 以上数例,参考李学勤主编:《字源》,天津古籍出版社2012年版,第175、182—184页。

下面重点从以声求义的角度,谈谈中国古代最重要的文体之一——"诗"。虽然诗歌作为一种文学体裁古已有之,而且是最早成熟的文体之一,但目前最早的"诗"字仅见于楚简,甲骨文、金文尚未见。在战国中晚期的楚简中,"诗"字对应多种字形,如"寺""時""诗""訔""峕""志""時""陦"等①,例如:

《寺(诗)》云:"成王之孚,下土之式。"(郭店《缁衣》13)②

善哉!商也,将可学時(诗)矣。(上博二《民之父母》8)③

《诗》,所以会古今之恃(志)也者。(郭店《语丛一》38—39)④

《訔(诗)》《书》《礼》《乐》,其始出也,并生于【人】。(上博一《性情论》8)⑤

《峕(诗)》云:"仪型文王,万邦作孚。"(上博一《紂衣》1)⑥

子夏曰:"无声之乐,无体之礼,无服之丧,何志(诗)是迡?"(上博二《民之父母》7—8)⑦

---

① 参考陈斯鹏:《楚系简帛中字形与音义关系研究》,中国社会科学出版社2011年版,第24—25页。高华平:《论先秦诗歌的基本特点及其演进历程——由楚简文字所作的新探讨》,《学术月刊》2014年第7期;俞琼颖:《"诗"字渊源初探》,郑章应主编:《学行堂语言文字论丛》第4辑,四川大学出版社2014年版;滕壬生:《楚系简帛文字编》,湖北教育出版社2008年版;李守奎、曲冰、孙伟龙编著:《上海博物馆藏战国楚竹书(一—五)文字编》,作家出版社2007年版。

② 荆门市博物馆编:《郭店楚墓竹简》,文物出版社1998年版,第129页。

③ 马承源主编:《上海博物馆藏战国楚竹书》(二),上海古籍出版社2002年版,第166页。

④《郭店楚墓竹简》,第194页。

⑤《上海博物馆藏战国楚竹书》(一),上海古籍出版社2001年版,第230页。

⑥《上海博物馆藏战国楚竹书》(一),第174页。

⑦《上海博物馆藏战国楚竹书》(二),第164—165页。

時（诗），有为为之也。（郭店《性自命出》16）①

虞時（诗）曰：“大明不出，万物皆暗。”（郭店《唐虞之道》27）②

“诗”虽有多个字形，但这些字都有一个共同点，或从“寺”，或从“屮”。“寺”“屮”为诗字声符，与“志”同音而且意义有密切联系。这个声符准确地揭示了古代诗体的特质与内涵。《说文解字》谓：“诗，志也。从言，寺声。”③“寺声”也有表意作用，就是“志”。杨树达指出，“‘志’字从心屮声，寺字亦从屮声，屮、志、寺古音无二。古文从言屮，言屮即言志也。”④“诗言志”作为一种文体观念，可见于多处文献，如《尚书·舜典》谓：“诗言志。”《左传·襄公二十七年》谓：“诗以言志。”等等。可见“诗”字本身正表达了“言志”的文体内涵。

从文体学角度来看，文字部首提示了文体的类别区分，这是同类文体的共性；而那些具有意义的文字声旁，则在一定意义上提示了文体的独特内涵，这是文体的个性。

五、文字规范与文体认同

明末清初学者闵齐伋认为，文字与社会一样，都处于不断发展变化之中。他在《六书通》中说：“世与世禅，字亦与字禅，不有损益，不

---

① 《郭店楚墓竹简》，第 179 页。

② 《郭店楚墓竹简》，第 158 页；并参刘钊：《郭店楚简校释》，福建人民出版社 2005 年版，第 150 页。

③ （东汉）许慎撰，（清）段玉裁注：《说文解字注》，第 90 页。

④ 杨树达：《释诗》，《积微居小学金石论丛》（增订本），第 26 页。

足以成其禅","一代之同文即为一代之变体,变变相寻,充塞宇宙"①。中国古代文字有部分的初始义即与文体相关,但多数文体意义是后起的,它们从初始义引申、假借而来,从而引起文字的分化或合并现象。中国文字的发展经过一个漫长的演变与规范化的历史过程,此过程也包含古人对文字内涵与文体特性的集体认同。

《说文解字》所收许多文字的字形和甲骨文、金文已有相当大的差别。早期文字多用同音假借,其后为了更好记录语词和分化同音字,而增益意符或形符。到了许慎才把这些同一形符或意符的字归属一类,建立了部首概念。在许多汉代人所认定属于某部首的文字,在早期文字中并没有意符或形符,是后来才增益的。或者这些意符或形符在当时并不稳定和规范。这种增加与统一意符或形符的现象,体现了对文字性质类别的理解。而从文体学角度来考察,这种文字的演变与规范化可以体现出古人对这类文字所蕴含的文体属性的强调和统一,也反映出一种约定俗成的观念。

例如,"诰"是中国古代非常重要的下行文体,《尚书》六体"典、谟、训、诰、誓、命"之一。甲骨文中,虽然无"诰"字,但有很多"告"字的用例却含有"诰"的文体意义。饶宗颐《殷代贞卜人物通考》认为:"'告'即'诰'。"②屈万里《殷虚文字甲编考释》谓:"告,读为诰。"③而姚孝遂、肖丁则认为,甲骨文的告,其中一义为臣属的报告,其内容多为"有关田猎之情报及敌警等。"④金文虽未见"诰"字字形,但已见有"诰"一词,如何尊(《集成》6014):"王咠(诰)宗

---

① (明)闵齐伋:《六书通序》,(明)闵齐伋辑,(清)毕弘述篆订:《订正六书通》,上海古籍书店1981年版。
② 饶宗颐:《殷代贞卜人物通考》,香港大学出版社1959年版,第157页。
③ 屈万里:《殷虚文字甲编考释》,《屈万里全集》七,联经出版事业公司1984年版,第648页。
④ 姚孝遂、肖丁:《小屯南地甲骨考释》,中华书局1985年版,第158页。

小子于京室"①,金文中的"诰"写作"",隶定为"誥","誥"为会意字,象由上告下,双手捧"言",既形象地体现出"诰"为下行文体的意义,又突出对来自上方之"言"的敬畏之意②。在战国楚简中,"誥"字沿用:

《康誥(诰)》曰……(郭店《成之闻之》38)

《尹誥(诰)》云……(郭店《缁衣》5)

《康誥(诰)》云……(郭店《缁衣》28)

《尹誥(诰)》云……(上博一《紂衣》3)

《康誥(诰)》云……(上博一《紂衣》15)

在时代相近的包山楚简中,则出现了"诰"字:"仆以诰告子宛公。"(《包山》133)此字原整理者释为"诘"字③,然学者多改释为"诰",如陈伟指出"此字右部与随后及其他'告'字相同,而与卜筮简常见的'吉'迥异,因而改释。'诰'从言从告,可能专指诉状而言。"④或可说明战国时期虽有"诰"这一字形,但尚未表示下行文体之意义。"诰"是在"告"字基础上增加"言"符而成的。这种增加也是强调"诰"的言语性质。秦文字中尚未发现"誥""诰"二字,而《说

---

① 中国社会科学院考古研究所:《殷周金文集成释文》第4卷,香港中文大学中国文化研究所2001年版,第275页。

② 容庚编著,张振林、马国权摹补:《金文编》收"誥",中华书局1985年版,第162页。董莲池:《新金文编》仅有3例(作家出版社2011年版,第258页)。陈斯鹏等编著:《新见金文字编》收入"诰"字,作誥(福建人民出版社2012年版,第73页)。参考陈初生编纂,曾宪通审校:《金文常见字典》,陕西人民出版社2004年版,第251页。

③ 湖北省荆沙铁路考古队:《包山楚简》,文物出版社1991年版,第26页。

④ 陈伟:《楚简册概论》,湖北教育出版社2012年版,第202页。

文解字》云："诰，告也。从言告声。𦎫，古文诰。"①"𦎫"与"享"形近，有学者认为《说文》古文左旁的"月"为"𠂆"误抄②。因此，"诰"取代"享"以表示下行文体之"诰"，应在秦汉以后。"诰"字右旁为声符，兼表意，事实上更能体现"诰"这一下行文体的源流（甲骨文中的"告"）。因此，以"诰"取代"享"不仅体现了文字规范与统一的趋势，也反映了文体观念的进一步成熟与统一。

又比如"论"是古代最为常用的文体之一，但此字最早并没有"言"的意符。章太炎《国故论衡·文学总略》说：

> 论者，古但作"侖"，比竹成册，各就次第，是之谓侖。箫亦比竹为之，故龠字从侖。引伸则乐音有秩亦曰侖，"於论鼓钟"是也；言说有序亦曰侖，"坐而论道"是也。《论语》为师弟问答，乃亦略记旧闻，散为各条，编次成帙，斯曰《侖语》。③

此字在甲骨文中未见。在金文中，已有"侖"字④，然未有"言"意符。按章太炎的说法，此字的原始意义是将竹片按次序编成册，就是"侖"，其含义就是有理有序之言。郭店楚简《性自命出》16—17："圣人比其类而侖（论）会之。"⑤仍未加"言"，其中"论"正用伦次比类之义。但在《说文解字·言部》"论"作"論"，已加上"言"意符。这种意符的增加，可以理解为对"论"字的口头性的认定和强调。《说文解字》云："论，议也。"①从文体学的角度看，这是在"论"的条理性基础上，又强调"论"之主于议论性质。

"祭"是中国古代一种常用文体，祭文是一种祭祀或祭奠时表示祷祝或哀悼的文章。《文心雕龙·祝盟》说："若乃礼之祭祝，事止告飨；而中代祭文，兼赞言行。祭而兼赞，盖引伸而作也……凡群言发华，而降神务实，修辞立诚，在于无愧。祈祷之式，必诚以敬；祭奠之楷，宜恭且哀：此其大较也。"②黄佐《六艺流别》卷十四"祭"："祭者何也？祀且荐也。血祭而埋瘗之，为文以荐于神灵也。"③祭文可以视为人与鬼神交流的文体。"祭"字字形也有个演变过程。《说文解字》谓："祭，祀也。从示，以手持肉。"④但是在甲骨文中，"祭"字并不从示，"示"是后来才加的意符。甲骨文的"祭"字作"🅼""🅼"等，或以手持肉，或以数量不等的点象血点之形，以会祭祀之意⑤。"祭"字的本义是杀牲以带血滴的牲肉献于鬼神，是一种向神灵奉献供品的行为。而在金文中，"祭"字都加上了意符"示"⑥。在保持原来意义基础上，加上意符"示"，以明确表示"祭"与神鬼之关系。这个意符在文字上起了统一与强调的作用，代表人们对这个字义更为清晰和统一的理解。在文体学上，则反映出"祭"之本义具有沟通人神之意义。

从总体上看，先秦时代文字的"形"与"义"复杂多样，其与文体之关系也比较空泛与含糊。经过秦代的"书同文字"与汉代的"隶古定"之后，文字与文体的关系才变得比较清晰和统一。比如，从楚简

---

① （东汉）许慎撰，（清）段玉裁注：《说文解字注》，第91页。
② （南朝梁）刘勰著，詹锳义证：《文心雕龙义证》，第372—376页。
③ （明）黄佐：《六艺流别》卷14"礼艺下"，第361页。
④ （东汉）许慎撰，（清）段玉裁注：《说文解字注》，第3页。
⑤ 参考徐中舒主编：《甲骨文字典》，第18页。
⑥ 参考容庚编著，张振林、马国权摹补：《金文编》，第11页。

所见,战国中晚期的"诗"还有多种不同写法,直到秦汉以后,才统一为"诗"①,这反映了文体观念的进一步固定,也说明文字与文体的关系是随着历史发展而推进的。

汉字的发展,经历了从古文字向今文字演变的过程。秦代的"书同文"以及由秦汉的篆隶走向今文字的隶书,不但在文字发展史上有标志性的意义,在文体学史上也具有重要意义,它反映出文体思想与文字规范统一的制度有着密切关系。

本章从几个方面探讨文字与文体之间的关系,这些考察对中国文体学研究有启迪意义。但是,从文字的角度来研究文体观念这一方式明显存在一些困难和不确定因素。首先,由于现存的甲骨文与金文只是古文字的遗存部分,尚有大量的材料已亡佚。有些很重要的文体概念和相关信息,在甲骨文与金文中却没有遗存,这给我们理解一些重要文体名称的原始字形与字义造成了障碍。其次,古文字处于不断发展变化之中。同一个字在不同时期、不同载体中,可能有不同字形,同一时期的字形也可能多种多样,这就增加了阐释的复杂性与困难。再次,从古文字来看古人对文体的感知,固然有实物可以凭借,但是对其阐释也可能存在后人各种望文生义的主观想象。对同一个字的字形,可能有许多见仁见智的解释,其中难免包含一些推测与猜想的成分②。所以通过字形来考察文体的意义,就可能出现选择性阐释甚至郢书燕说之病。不过,无论如何,从古文字与文体之关系看古人对文体的感知和理解以及早期文体的实际情况,仍

---

① 参考俞琼颖:《"诗"字渊源初探》,郑章应主编:《学行堂语言文字论丛》第4辑,四川大学出版社2014年版。
② 如"史"字,《说文解字》谓:"史,记事者也。从又持中;中,正也。""中"具体为何物,有释为笔者,有释为簿书者,有释为简册者,有释为盛算筹之器者,有释为狩猎工具者等,可谓众说纷纭。参考曾宪通、林志强:《汉字源流》,中山大学出版社2011年版,第213页。

然是值得尝试的方式。因为这在某种程度上可以反映出中国文体学的独特性：它是基于中国人独特的语言文字与独特的思维方式之上的。

第二章　命篇与命体

——兼论中国古代文体观念的发生

一、文体观念发生的研究路径

文体观念的发生是中国文体学研究首先要面对的问题。目前学界的研究成果,更多地集中于对文体本体、文体史、文体分类等方面的研究,对文体观念的发生特别是先秦文体观念发生的机制、标志、形态等,系统、深入的研究并不多见。研究文体观念的发生具有重要意义,它是文体学的基础,也是其理论雏形和理论基因。文体观念发生学主要研究文体观念发生的原因、途径、形态与标志。文体观念的发生是人的思维、语言形式与社会需求发展到一定程度的必然结果。文体观念最早是无意识的,创作者本身并无文体意识,但其行为是文体现象的体现。比如,甲骨卜辞都有"命辞"①,但这种文体形态最开始是由制作活动本身的功能所决定的,只有对特定的语言形式不断地重复运用,最后成为定式,才会形成独立而自觉的文体意识。

研究文体观念的发生有许多路径,举要而言:

---

① 《周礼·大卜》谓太卜"以邦事作龟之八命"(〔清〕阮元校刻:《十三经注疏》,中华书局 1980 年影印本,第 803 页),就是指八种卜筮问龟之辞。

（一）在运用中发生的文体观念。最初的文体观念，主要是在文体运用中体现出来的对文体自身形态的自觉意识。所谓文体运用，即文体创作或使用时采用某种具体的语言特征和语言系统，以及特定的章法结构与表现形式。在某种场合，对某种文体形态的使用，一开始具有偶然性，此后，在类似的场合不断地重复运用某种言语模式以表达类似内容，对特殊形态的言语运用形成习惯，技巧日渐成熟，文体因此逐渐成熟和定型，而文体分类观念亦随之发生。特殊言辞的反复运用方式，可包括特定的应用场合、功用与内容，也包括特定的韵律、套语、句式、章法结构等文本层面上的形态，这也是早期文体发生的一些重要标志。当这些文本形态上的共性频繁出现，从而形成一种反复采用的定式，便意味着相关的文体观念的发生。

（二）制度设置与文体谱系的发生。在先秦时期，制度设置是文体生成的重要来源，因而制度的构建与官守职能的分工，必然对文体观念的发生产生重要影响。制度设置与分工赋予了文体使用者以特殊的职责。对文体使用者的指定是中国早期文体学最为独特的观念之一。在礼仪、政治及制度建构的基础上，产生了中国早期文体谱系观念。从文体使用者的身份与职责延伸出文体功能、文体类别的观念，与之共同构成文体谱系。

（三）礼制与文体观念的发生。在先秦时期，礼制涵盖了政治、文化、社会生活的方方面面，文体的发生与礼制密切相关。早期礼仪活动往往是口头性的，在遣词口宣之初，便具有主动适应礼仪要求的意识，这是初步的文体意识。经过长期使用与积累，逐渐形成了礼制对文体的使用主体与施用对象、使用场合与功能、表现内容、具体措辞与载体等规定，这些规定又内化为人们写作文体的常规。这些常规一旦成为人们意识中潜在的定式，便意味着相关文体观念的发生。从礼学的角度来看，古人讲究行事、言语要"得体"，从文体学的角度来看，对言语"得体"的要求则是文体观念的反映。从礼学的"得事体”到文章学的“得文体”,是一种顺理成章的延伸。在此基础之上,便出现了一些基于礼制的文体批评,如评论某篇作品的写作是否合礼,亦即是否符合礼制对文体的规范和要求。《左传·哀公十六年》子赣论鲁哀公诔孔子:“生不能用,死而诔之,非礼也。”①《左传·襄公十九年》记载臧武仲论季武子作铭:“非礼也。夫铭,天子令德,诸侯言时计功,大夫称伐。今称伐,则下等也;计功,则借人也;言时,则妨民多矣。何以为铭?”②都以是否“合礼”为标准,评价文体的写作是否合体。

(四)诗乐、典籍归类与文体观念的发生。《尚书·尧典》:“诗言志,歌永言,声依永,律和声。”③这涉及艺术内部的分类与差异,对文体分类有启示作用。《礼记·乐记》:“诗,言其志也;歌,咏其声也;舞,动其容也。三者本于心,然后乐器从之。”④艺体虽不等同于文体,但上古时期的文学体式,特别是诗歌,与艺体实有比较密切的联系。以诗、歌、舞三种艺术类别并列,各言其用,显现一定的文体观念。一些典籍的编纂已反映了一种初步的文体分类学观念。如《诗经》之“风”“雅”“颂”即近乎文体分类。又有探讨六经体性及影响之不同的,如《礼记·经解》云:“温柔敦厚,《诗》教也;疏通知远,《书》教也;广博易良,《乐》教也;洁静精微,《易》教也;恭俭庄敬,《礼》教也;属辞比事,《春秋》教也。故《诗》之失,愚;《书》之失,诬;《乐》之失,奢;《易》之失,贼;《礼》之失,烦;《春秋》之失,乱。”⑤又如《庄子·天下》云:“《诗》以道志,《书》以道事,《礼》以道行,《乐》以道

---

① 《十三经注疏》,第 2177 页。
② 《十三经注疏》,第 1968 页。
③ (清)孙星衍撰,陈抗、盛冬铃点校:《尚书今古文注疏》,中华书局 1986 年版,第 70 页。
④ 《十三经注疏》,第 1536 页。
⑤ 《十三经注疏》,第 1609 页。

和,《易》以道阴阳,《春秋》以道名分。"①《荀子·儒效》亦有类似说法。这是在典籍分类的基础上探讨六经在风格、体用上的特点,蕴含着深层的文体分类、文体辨别的观念。从"文本于经"的观念看来,这对后世的文体分类亦有深刻影响。

(五)文献称引与文体学发生。所谓称引,是指对各类文辞的称举与引用。人们在叙述(记录)事物或说明道理的过程中,通常会涉及一些文献或者话语。在上古时期,人们的言辞或各类文献有相当一部分是通过称引的方式而保存下来的。对文辞的称引,往往由一个提示词(也可称"提示语")引起。所谓提示词,乃指领起称引内容的标志性词语。在文体学上,称引提示词揭示了人们对被称引内容性质的研判,涉及对于文体性质的集体认同。殷商甲骨卜辞中,已经出现不少表示言说行为的称引提示词,反映出人们已认识到所称引事物内容以及文体形态的特殊性。这是文体观念的萌芽。西周时期,出现了兼有动词和名词性质的称引提示"兼类词",具有言语行为与文体形式浑融一体的性质。春秋以后,单一性文体提示词出现,它或以文体的独特载体、独特书写形态作为名称,或直接指称独立的文体形态,这是文体学观念发生的标志。

(六)命篇、命体与文体观念发生。人们对"篇章"从无意识到有意识,在理论上有重要意义。独立成篇的文献出现之后,出于整理、归档、称引等需要,便有必要对其命名。早期的文献从无篇名至有篇名,篇名的出现从偶尔到普遍,经过了一个相当漫长的过程。为文献加上标题,不仅体现了命篇者对文献的独立性和结构的完整性的认识,也反映其对文献内容的概括、性质的研判乃至文体的认定。对篇章的命名与命体,是文章学与文体学发展的重要标志。

本章从篇章与命体的角度入手,在语言形式内部考察文体观念

---

① (清)郭庆藩辑,王孝鱼整理:《庄子集释》,中华书局 1961 年版,第 1067 页。

的发生。"篇"是文体最基本的文意单位,有篇章,始有文体,文体意识始于篇章意识。篇章的出现是文体学与文章学产生的基础,而篇章意识之出现则可以视为文体学与文章学观念之萌芽。从这个角度来看,中国古代文体观念的发生主要建立在篇章之上。本章试图从先秦至两汉之篇章形态与篇章意识的形成、对篇章的命名以及文体认定的角度,考察中国古代文体观念的产生与发展。由于传世文献经过历代的传写与改写,在文献的断代与书籍格式的真实性上,有时难以得到确证。因此,出土文献尤其是简帛文献为文体观念发生的研究提供了非常必要与确切的佐证①。通过先秦两汉大量的传世与出土文献,观念发生史这种"忽兮恍兮,其中有象"的玄虚、抽象的问题可以实证的方式展示出来。

二、篇章形态与篇章意识的形成

篇章的出现是文体学与文章学产生的基础,而篇章意识之出现则可以视为文章学观念之萌芽。人们对"篇章"从无意识到有意识,在理论上有重要意义。

先秦以来的文字记录,经历了从零星、片段的记载进化为有一定文意单位的篇章的发展过程。中国古人很早就有区分文意单位的意

---

① 本章力求以实证的方式,论证命篇与命体的问题。我们对文献的甄别原则是基于这样的认识:在漫长的文献流传岁月中,古书在不断地改写、补充、编集的过程中,逐渐层累成现今的面貌。先秦古书的体貌与刘向校书以后的面貌肯定是大异其趣的。本章论述先秦文献的命篇与命体主要通过两种途径:一是出土文献,一是比较可靠的先秦文献所引述的篇题。比如考察《尚书》在先秦的命篇情况,是以比较可靠的先秦传世文献所征引的《尚书》篇题为材料,而非传世《尚书》标题。

识,而篇章形态的形成又在篇章意识出现之前,它源于自然而无意识的创作或相关行为。早期的创作或相关行为,可以分为两大类:一是纯仪式性与口头性的行为,二是诉诸特定载体的文字记录。

先说纯仪式性与口头性的行为。早期的创作往往具有强烈的实用性与仪式性,是在特定场合出于特定目的而产生的。如盟誓、祭祀活动,歌舞、咏诗之会,它们有起始有结束,有时间长度,是一个过程或阶段,其在内容、形式与时间上具有独立性、特殊性与完整性。这些是"篇章"隐在的客观基础。若有人将之记录下来,就具有篇章性质了。再说诉诸特定载体的文字记录。一些文献本来是出于某些特定目的而单独撰写的,如甲骨卜辞用于记录占卜,青铜器铭文用于记录典礼仪式、征伐战功、先祖功德、赏赐锡命、训诰群臣等内容,等等。这些早期的文字记录往往是为了记载特定的活动、仪式等,因此,内容上的完整性是必然要求。而对内容和结构的完整性的要求,则是篇章意识形成的基础,从而使这些文字记录先天地具有"篇章"的意味。需要注意的是,对仪式性与口头性的行为和文字记录的分类只是相对而言的,二者并不能截然分开,往往可以相互转化。如《尚书》的训、诰、命等篇什和一些青铜器铭文便有明显的记言性质;而仪式性、口头性的行为往往会通过书于竹帛或琢于盘盂的方式保存下来。

商代甲骨卜辞的刻写形态已呈现出最原始的对文意单位的区辨。甲骨卜辞是对占卜的记录,每占一事,自成一条。一条完整的卜辞,可以包含前辞、命辞、占辞、验辞四个部分。虽然结构如此完整的不多,但一般都包含前辞和命辞,因为它们是一条卜辞的主体内容。对这些占卜中的要点记录完毕,一条卜辞便自成一个文意单位。若在同一块龟甲上有多条卜辞,其契刻则遵循一定的规律,以便于各条卜辞之间相互区别。这体现在以下三个方面:第一,甲骨卜辞的刻写行款有特定的走向。董作宾总结道:"沿中缝而刻辞者向外,在右右行,在左左行,沿首尾之两边者而刻辞者,向内,在右左行,在左右行。

如是而已。"①甲骨卜辞的刻写行款体现了殷人对于各条独立的卜辞的区分意识。如《乙编》6385中有两条单行横列的对贞卜辞,以千里路为界,在右的从左往右刻,在左的从右往左刻,两条卜辞对称相背而行,非常易于区分。第二,界线。在甲骨卜辞中,为了便于分辨同一块甲骨上不同的卜辞,有时候会在两辞之间加刻一条线以为界线,这样的例子很常见②。第三,位置布局,即通过安排各条卜辞所书刻的位置以区分彼此。如《甲编》2905为一大胛骨,一共刻有七条卜辞,每辞都遵循单行直下的文例,在此基础上,一辞契刻完毕,则另起一行刻第二条;又如《前编》4·6·3关于王入衣的两条卜辞,每条从上往下契刻,从右往左分为三行,两条卜辞高低位置不同、中间有一定空间间隔以区辨③。

青铜器铭文的创作,同样在内容的完整性上有所要求。特别是西周以后,青铜器铭文的篇幅变长,并有了相对固定和完整的结构。

---

① 董作宾:《商代龟卜之推测》,见《董作宾先生全集甲编》,台北艺文印书馆1977年版,第872—873页。甲骨文例的定义,应该包括了书刻在甲骨上的卜辞行文形式、位置、次序、分布规律、行款走向的常制与特例,还包括字体写刻习惯等,参见宋镇豪为李旼妗《甲骨文例研究》所作的序(李旼妗:《甲骨文例研究》,台湾古籍出版有限公司2003年版,第1页)。经过几代学者的努力,现在对于甲骨文例的研究已更为细致和科学。本章关注点在于甲骨卜辞的刻写规律所反映的殷人对于卜辞独立性的认识,因此,笔者以为董先生的概括,虽然很早,而且比较简括,但较为准确地总结出甲骨卜辞行款的规律,故未引用其他后来的研究成果。下文所提出的卜辞在甲骨中的位置布局,着眼点在于各条独立的卜辞之间的区辨,与现有甲骨文例"定位法"研究有所不同,故不包含在关于甲骨文例的论述中。
② 陈炜湛:《甲骨文简论》,上海古籍出版社1987年版,第51页。
③ 文中所举卜辞的例子多参考陈炜湛:《甲骨文简论》,第三章第三节。袁晖等将甲骨文语言层次的表达方式分为"使用符号"(包括竖线号、横线号、曲线号和折线号)和"留空"两种情况,与本章所举的第二、三点相似,参见袁晖等:《汉语标点符号流变史》,湖北教育出版社2002年版,第23—32页。

其中以册命铭文最为突出,其格式主要包括时间、地点、受册命者、册命辞、称扬辞、作器、祝愿辞等内容①。可以说,这些铜器铭文,是较早的篇幅较长、文意独立、结构完整的文献材料,初步具有"篇"的性质。

甲骨卜辞与青铜器铭文都有其特定的刻写载体,所以其文本的呈现先天地受到材料的限制。刻写者为保持文本的完整性,会设法克服这一限制,体现出潜在的"完篇"意识。如一些刻写在胛骨上的卜辞,往往因为篇幅较长,正面刻不完便转至反面,只有正反面接续才能通读②。有学者注意到西周中期的《史墙盘铭》,其铭文分铸为对称的两组,字距匀称,但最后一行比其他行多铸入五个字③,这是铸工在彝器篇幅的限制下,在铭刻总体的对称美观与铭文内容完整性之间的权宜之举。

春秋时期文献典籍整理活动兴起。在文体观念发生过程中,口头文体的书面化与篇籍的编纂是一个关键环节。上述这些早期的纯仪式性与口头性的行为以及文字记录可能具有"篇章"性质,并初步具有原始的篇章意识。当简牍成为文献流传的主要载体,这些数量较以往大增、类型较以往更为多样的文献以单篇的形态大量流传,甚至人们把原本孤立的"篇章"记录、编排、汇集在一起,并对不同篇章予以区别,具体"篇章"成为文献整体的一部分时,"篇章"意识才进一步成熟。

从语义学来看,"篇"与简的关系非常密切,其原意便是简册上的

① 马承源主编:《中国青铜器》(修订本),上海古籍出版社 2003 年版,第 353 页。
② 参考《甲骨文简论》,第 50 页。
③ [美]孙康宜、[美]宇文所安主编:《剑桥中国文学史》上册,生活·读书·新知三联书店 2013 年版,第 40 页。

文字撰作。《说文解字》曰:"篇,书也。"①又曰:"书,箸也。"②《说文解字叙》曰:"著于竹帛谓之书。"③则将帛书也包含在内。章学诚说:"著之于书,则有简策。标其起讫,是曰篇章。"④学者推测商代、西周便有竹简,从现在所见的出土材料来看,简册的使用最早可上溯到战国早期(曾侯乙墓遣册)。战国时期的简牍较甲骨文、铜器铭文这类载体的文献数量增加,类型更为多样化,内容形式也越趋成熟。同时,起码上溯至战国时期,"篇"已作为独立的文意单位来使用。《国语·鲁语下》:"昔正考父校商之名《颂》十二篇于周大师,以《那》为首。"⑤《墨子·明鬼下》曰:"故先王之书,圣人一尺之帛,一篇之书,语数鬼神之有也,重有重之。"⑥《墨子·贵义》又曰:"昔者周公旦朝读书百篇,夕见漆十士。"⑦而且,先秦的简牍文献大部分是以单篇的形态流传的⑧,这表明时人已很自然地按照文意单位来抄写、传播这些材料。

从单篇流传到对单篇的文献加以汇集、编排,是篇章意识进一步明晰的体现。单篇文献的汇集和编次,是促成命篇的重要条件,也是探讨文章学甚至文体学观念何以萌芽的重要基点。传世文献记载较早的文献编集整理,有《国语·鲁语下》所载西周宣王时宋国正考父校《商颂》的活动。在春秋战国时期,对文献的编集活动逐渐增多。

---

① (东汉)许慎:《说文解字》,中华书局 1963 年版,第 95 页。
② 《说文解字》,第 65 页。
③ 《说文解字》,第 314 页。
④ (清)章学诚著,叶瑛校注:《文史通义校注》,中华书局 1985 年版,第 305 页。
⑤ 徐元诰撰,王树民、沈长云点校:《国语集解》(修订本),中华书局 2002 年版,第 205 页。
⑥ (清)孙诒让撰,孙启治点校:《墨子间诂》,中华书局 2009 年版,第 238 页。
⑦ 《墨子间诂》,第 445 页。
⑧ 关于这一点,余嘉锡、张舜徽、李零等学者已多有述及。

春秋后期以后,一些官书已经过编集整理,如《论语》记载了孔子谈论《周南》《召南》①,且多次言及"诗三百",可见其时《诗》已编集成书。《左传·昭公二年》记载韩宣子"观书于大史氏,见《易象》与鲁《春秋》。"②可见《象传》及《春秋》在其时已有流传。又如《尚书》,在《左传》《国语》《孟子》等书中已见"虞书""夏书""商书""周书"等称谓,这或可认为是《尚书》诸篇分类成集的证明③。战国以后,私人著述盛行,其撰写虽然并不系统,但在后期应该都经过整理编撰的过程,成书或由作者手定,或经后人递相整理。

伴随着文献的汇集整理,篇章意识也趋于自觉和成熟,这首先体现在以"篇"为单位来区辨汇集在一处的文献。根据出土材料,先秦简册一般通过留白提行来分篇,更有以符号分篇的例子,与甲骨卜辞中使用线号区分文意单位的方法一脉相承。如湖北荆门郭店竹简《成之闻之》《六德》《老子》甲等诸篇末尾有钩识号,大致表示分篇。《太一生水》《穷达以时》《鲁穆公问子思》《唐虞之道》等篇末尾有扁黑方框以示分篇④。另外上博简也有以钩识号分篇的用例,如《性情论》。《缁衣》《鲁邦大旱》《子羔》等则在篇末以一长黑方号表示全篇

---

① 《论语·阳货》云:"子谓伯鱼曰:'女为《周南》《召南》矣乎? 人而不为《周南》《召南》,其犹正墙面而立也与。'"见《十三经注疏》,第 2525 页。

② 《十三经注疏》,第 2029 页。

③ 其它材料如《左传·昭公十二年》:"能读《三坟》《五典》《八索》《九丘》。"(《十三经注疏》,第 2064 页)《国语·楚语上》:"教之《春秋》,而为之从善而抑恶焉,以戒劝其心;教之《世》,而为之昭明德而废幽昏焉,以休惧其动;教之《诗》,而为之导广显德,以耀明其志;教之礼,使知上下之则;教之乐,以疏其秽而镇其浮,教之令,使访物官;教之语,使明其德,而知先王之务用明德于民也;教之《故志》,使知兴废者而戒惧焉;教之《训典》,使知族类,行比义焉。"(《国语集解》,第 485 页)不一一列举。

④ 参黄人二:《郭店竹简小墨钉点之一作用(上)——兼论简本〈老子〉甲之文本复原》,见简帛研究网 http://www.bamboosilk.org/Wssf/2002/huangrener06.htm。

结束①。秦汉时期以符号分篇的现象更为普遍,以大方墨块、圆点、三角号等区分篇目的用例甚多②。此外,先秦简帛文献以各种符号来分章的现象也比较多见,如郭店楚简《缁衣》用小方点间隔章,长沙子弹库楚帛书用朱色填实长方号来分章,等等③。以符号分篇、分章,是文献整理的结果,因为只有文献归并在一处的情况下,才有必要加以区分。辨别篇章是文献整理的必然诉求和必然结果。

春秋战国时代文献编集活动促进了篇章意识的形成,但是从总体而言,先秦的文献仍多以单篇的形态流传,有些聚合一处的文献,往往也只是不系统的杂钞性质,篇目也呈现出此入彼的情况,传世文献和已出土的战国简册都可证明。如在《逸周书》中,还保存着未编入现存《尚书》的一些逸篇。近年出土的清华简中也发现有《尚书》《逸周书》的单篇。又如同一批出土的战国简册,往往都是单独的篇。若几篇合为一卷竹简的,往往只是杂钞,彼此并无关联④。其中的原因比较复杂。这一方面与春秋以后"天子失官,学在四夷"的情况相关。西周时《书》类文献等典籍尚可在周王朝集中保存,春秋以后多

---

① 参见蒋莉:《楚秦汉简标点符号初探》,四川师范大学文学院 2004 年硕士学位论文,第 31—32 页。

② 兹举数例:(一)大方墨块与长方墨块:马王堆汉墓帛书《老子》乙本及卷前古佚书四种,用长方墨块提行,书于行首并高于正文文字,以区分不同书籍;同一书内,各篇之间不提行,用大方墨块分开。《经法》《经》等用墨块分篇。(二)圆点:马王堆汉墓帛书《老子》甲本及卷后古佚书四种,在每段或每章、每篇前用小圆点分隔。《德经》《道经》分章不提行,每章用圆点分隔。还用圆点分隔《德经》《道经》《五行》《九主》《明君》《德圣》诸篇。(三)三角号:表示一篇或一章开始。如武威汉简《仪礼甲本·燕礼》第一枚简的首端书三角号。以上据张显成《简帛文献学通论》第三章第三节"题记与符号"(中华书局 2004 年版)所举例概括而成。

③ 《汉语标点符号流变史》,第 48 页。

④ 李零:《上博楚简三篇校读记》,中国人民大学出版社 2007 年版,第 8 页注 1。

散在各国,如王子朝奉周之典籍奔楚即是一例。竹简的体量决定了其不便于大量保存及携带,故在文献流动性大增的春秋战国时期,单篇流传成为一种常态。另一方面,当时社会知识传授方式趋于碎片化,亦无明确系统的著述观念,诸子学说的传授及撰作、修订往往历经数代,其师承、传抄又每每不同,故难有完整而系统的定本。

因此,从先秦至于汉初,虽然也有一些文献整理的活动,但古书流传的总体面貌一直以较为分散、错杂的状态持续着。刘向校书以前,中秘藏书有很多重复错杂的篇章。同一本书中的篇章,并不是系统地编纂在一起的,可能只是经过简单的归类、储存①。刘向校书,使分合不定、次第讹乱的篇章得到了整理和定型,并成为书籍中有系统的一部分,更奠定了校理文献的规范。这不仅仅是"篇章"意识成熟和定型的里程碑,更促使"著述"成为一种规范、稳定的文献形态。这种形态的定型,也是文章能得以区别于著述而独立出来,特别是文章观念得以独立出来的前提之一。

文章作为一种独立的、区别于著述的制作从先秦以来对文献的含混认识中分化出来,经历了一个过程。按照汉初人的理解,单篇的制作既可以指"著述"中的单篇,也可以指赋、颂、书、奏等后世所理解的一篇篇"文章"。从观念而言,司马迁将包括赋等文体在内的个人写作都称为"书"。如《史记·司马相如列传》云:"相如口吃而善著

① 刘向《别录》对此多有说明,如《晏子书录》云"凡中外书三十篇,为八百三十八章。除复重二十二篇六百三十八章,定著八篇二百一十五章。"(吴则虞编著:《晏子春秋集释》(增订本),国家图书馆出版社 2011 年版,第 22 页)可见其中重复的篇章所占比例很大。又如《战国策书录》云"所校中《战国策》书,中书余卷,错乱相糅莒。"(《刘向书录》,〔西汉〕刘向集录,范祥雍笺证,范邦瑾协校:《战国策笺证》,上海古籍出版社 2006 年版,第 1 页)

书。"①《史记·屈原贾生列传》云:"贾生……以能诵诗属书闻于郡中。"②从创作、流传而言,著述和文章都始于单篇制作,此乃继承先秦以来的文献单篇创作、流传的特点。如《史记·郦生陆贾列传》云:"陆生乃粗述存亡之征,凡著十二篇。每奏一篇,高帝未尝不称善,左右呼万岁,号其书曰《新语》。"③陆贾所奏有"上书"的性质,都是写成一篇便上奏一篇,最后才将诸篇编订成书,并得高祖赐书名为《新语》。司马相如的著述和文章甚至在其生前都未整理过,都是每写成一篇便被取去。据《史记·司马相如列传》记载,相如"时时著书,人又取去,即空居",所以其临死时为书一卷,叮嘱其妻,若有使者来取则奏之。除此之外,其家"无他书"④。又如贾谊《新书》的《保傅》篇,又载于《大戴礼记》,定县八角廊竹简中亦发现有单行的《保傅》,可见其作为单篇传播甚广。而《汉书》所载贾谊的《治安策》,乃剪裁《新书》的《保傅》等篇什而成。余嘉锡更详论《新书》中的篇什与上疏的关系⑤,可见著述与上疏之文可相互转化;从编纂而言,直至刘向校书,虽特设"诗赋"一略,但其他的文类大部分仍与著述之文收录在一书之中。如《汉志》"诸子略"有"董仲舒百二十三篇"⑥,其中内容可从《汉书·董仲舒传》证之:"仲舒所著,皆明经术之意,及上疏条教,凡百二十三篇。"⑦可见包括上疏条教等单篇文章都被收入个人的著述中。又如"诸子略"有"扬雄所序三十八篇",班固注:"《太

---

① (西汉)司马迁:《史记》,中华书局 1959 年版,第 3053 页。

② 《史记》,第 2491 页。

③ 《史记》,第 2699 页。

④ 《史记》,第 3063 页。

⑤ 余嘉锡:《目录学发微 古书通例》,中华书局 2007 年版,第 235—236 页。

⑥ (东汉)班固撰,(唐)颜师古注:《汉书》,中华书局 1962 年版,第 1727 页。

⑦ 《汉书》,第 2525 页。

玄》十九、《法言》十三、《乐》四、《箴》二。"①将《太玄》《法言》等著述与箴等文体合为一书。又如《汉志》有"《东方朔》二十篇"②。按《汉书·东方朔传》云:"朔之文辞,此二篇(笔者案:指《客难》及《非有先生之论》)最善。其余有《封泰山》《责和氏璧》及《皇太子生禖》,《屏风》,《殿上柏柱》,《平乐观赋猎》,八言、七言上下,《从公孙弘借车》,凡向所录朔书具是矣。"颜师古注:"刘向《别录》所载。"③颜师古时《别录》未亡,所言《别录》内容,应该可信。因此刘向所校《东方朔》之书应收有《封泰山》等单篇制作。

到了东汉,王充则有意识地区分著述与文章。《论衡·案书》云:"广陵陈子迴、颜方,今尚书郎班固,兰台令杨终、傅毅之徒,虽无篇章,赋颂记奏,文辞斐炳,赋象屈原、贾生,奏象唐林、谷永,并比以观好,其美一也。"④这里的"篇章"乃指著述,与赋、颂、记、奏明确区分开来。《论衡·超奇》云:"采掇传书以上书奏记者为文人,能精思著文连结篇章者为鸿儒。"⑤《论衡·佚文》又云:"文人宜遵五经六艺为文,诸子传书为文,造论著说为文,上书奏记为文,文德之操为文。立五文在世,皆当贤也。造论著说之文,尤宜劳焉。"⑥可见王充认为著述是需要精心构思、连接篇章的,比"上书奏记"之文更有价值,"尤宜劳焉"。而且王充所认为的理想著述是有系统的制作,这便与先秦以至汉初的著述先著单篇,然后整理成书甚至由后人整理有明显的不同。"著述"观念的明晰,也是与文章观念的形成同步发展的。

由此可知,从先秦至于汉初,本无著述与文章制作之分际,文献

---

① 《汉书》,第 1727 页。
② 《汉书》,第 1741 页。
③ 《汉书》,第 2873 页。
④ (东汉)王充著,黄晖校释:《论衡校释》,中华书局 1990 年版,第 1174 页。
⑤ 《论衡校释》,第 607 页。
⑥ 《论衡校释》,第 867 页。

皆以单篇形态撰述、流传。汉代以后,一方面,著述成为一种系统的撰作;另一方面,赋颂记奏等写作日益繁盛,成为单篇制作的主流,而文章的观念亦逐渐明晰。在汉人看来,文章与著述成为两种性质不同的撰作模式。这种区分,既出于对"单篇"还是"连结篇章"这种形式上的区别的体察,更源于对其本质的认识,是文章观念史的进步。

篇章的独立以及随之而来的篇翰意识,是汉代文体学发展的重要基础。在先秦时期,"篇"已是对文献的计量单位。至文章创作兴盛的汉代,"篇"亦用以计量文章创作的数量,如《汉书·楚元王传》记载刘向"献赋颂凡数十篇"①等。至范晔《后汉书》著录传主所著文章,则详载各类文体,最后统计篇数,如:冯衍"所著赋、诔、铭、说、《问交》、《德诰》、《慎情》、书记说、自序、官录说、策五十篇。"②班固"所著《典引》、《宾戏》、《应讥》、诗、赋、铭、诔、颂、书、文、记、论、议、六言,在者凡四十一篇③。崔骃"所著诗、赋、铭、颂、书、记、表、《七依》、《婚礼结言》、《达旨》、《酒警》合二十一篇"④。傅毅"著诗、赋、诔、颂、祝文、《七激》、连珠凡二十八篇"⑤。文体与篇翰的关系乃更为直接而明确。

汉人对于作为古代文献中完整独立的文意单位的"篇",有了理论高度的概括。王充不仅区分著述之篇章与文章之制作,更对文章结构有了细致的分析。《论衡·正说》云:"故圣人作经,贤者作书,义穷礼竟,文辞备足,则为篇矣。其立篇也,种类相从,科条相附。"⑥这是对"篇"之内容及其文辞完整性、构思条理性的概括。《正说》又

---

① 《汉书》,第 1928 页。
② (南朝宋)范晔撰,(唐)李贤等注:《后汉书》,中华书局 1965 年版,第 1003 页。
③ 《后汉书》,第 1386 页。
④ 《后汉书》,第 1722 页。
⑤ 《后汉书》,第 2613 页。
⑥ 《论衡校释》,第 1131 页。

云:"夫经之有篇也,犹(同"由")有章句也。有章句,犹有文字也。文字有意以立句,句有数以连章,章有体以成篇。篇则章句之大者也。"①这反映了对字、句、章、篇的文章结构的认识,明确体现了文章学的篇翰意识,在文体学与文章学发展史上都具有重要意义和影响。后来刘勰《文心雕龙·章句》所说"积句而成章,积章而成篇"②,所论即基于此。

三、篇章之命名及形态

独立成篇的文献出现之后,需要有个名称以便于使用。早期的文献从无篇名至有篇名,篇名的出现从偶尔到普遍,经过一个相当漫长的过程。在先秦时期,文献一般是成篇在前,命篇在后,且命篇的主体以文献的整理者、编撰者甚至抄写者为主。命篇者首先要对该文献结构的完整性有比较清楚的认识,或者理解每一段文献的独立性、有将某一段文献标志出来或区分彼此的需要,才能为其加上标题。标题设置在文献上标志了篇的独立性,也反映了时人对篇的内容、结构等方面的认识。对篇章的命名,也是文体认定与命体的前提,所以命篇是文章学与文体学发生的基础。至汉代,更出现了书籍目录编纂,这种系统、规范、有意识的命篇行为,对后世以《文选》为代表的文集命篇,以至于"以体命篇"有着深远的影响。

标题的制作乃出于日常的交流以及文献的整理、积累与传播等现实之需求。在出土文献中,篇题未见于甲骨文、铜器铭文,在简牍文献中才开始出现。在春秋战国时代,随着文献的日益繁杂与文化

---

① 《论衡校释》,第 1129 页。

② (南朝梁)刘勰著,詹锳义证:《文心雕龙义证》,上海古籍出版社 1989 年版,第 1250 页。

交流的频繁,人们在切磋学问、研习经典、赋诗言志,甚至是外交聘问的时候,经常要称引文献与经典,故有必要给这些文献特别是经典篇什加上一个较为固定的称谓。简册作为当时文字资料的主要载体所体现的篇章意识已比较明确,其材料和形制特点使标题制定不仅有可能而且有必要。竹简连缀而成简册,由于文献篇幅长短不一,可能一册一篇,也可能一册多篇,或多册一篇,这样便有加上标题以便区分其文意单位的需要。另外,竹简是一册册卷起来保存的,为了便于归档和查检,有人便在卷册露在外面的竹简上写上标题。由此,人们区分篇章和总括文意的意识愈加成熟。

古书的命篇可能经过历代修改,情况比较复杂。我们可以通过先秦出土文献与传世文献之征引内容来了解文献命篇的大致情况,以期从一个侧面研究先秦文章观念的发生与发展历程。

先谈命篇的形态与原则。现代以来,有不少学者对文献的标题做过研究①。他们关于标题命名原则的归纳各有详略甚至互有出入,总的来说,余嘉锡的概括较为精审。他将古人为篇章命题的原则归纳为"以事与义题篇"与"摘其首简之数字以题篇"两种②。当然

---

① 包括传世文献与出土文献标题的研究,前者以余嘉锡《目录学发微》《古书通例》影响最大,后世学者多援引之,也有不少研究出土文献的学者以出土文献来印证、修正、发展余先生的学说。张舜徽《广校雠略》与余先生的著作成书时间相距不远,其中也多有卓见。出土文献方面的研究,有张显成《简帛标题初探》,收入谢维扬、朱渊清编:《新出土文献与古代文明研究》,上海大学出版社 2004 年版,第 299—307 页。张先生后来写有《简帛书籍标题研究》,收入氏著《简帛文献论集》,巴蜀书社 2008 年版,第 457—513 页。林清源著有《睡虎地秦简标题格式析论》(《"中央研究院"历史语言研究所集刊》第 73 本第 4 分册,2002 年),其《简牍帛书标题格式研究》(台北艺文印书馆 2004 年版)对简牍文献的标题作了全面细致的研究。此外,还有骈宇骞《出土简帛书籍题记述略》(《文史》总第 65 辑,中华书局 2003 年版)、程鹏万《简牍帛书格式研究》(上海古籍出版社 2017 年版)等。

② 余嘉锡:《目录学发微 古书通例》,第 34 页。

"以事与义题篇"还可能包括"以体题篇",这是下文我们要重点论述的。"以事与义题篇"的命题方式,体现了命题者对这些文字材料的内容、性质的判断,故更具有文体学研究之意义。

"摘其首简之数字以题篇"的命题方式,因其简单直观,"技术含量"不高,其出现可能比"以事与义题篇"的方式更早。《诗》的标题绝大部分都是取篇首的数字,其出现较早。《论语》已引用了《诗》的标题。《论语·八佾》云:"子曰:'《关雎》乐而不淫,哀而不伤。'"①《八佾》:"三家者以《雍》彻,子曰:'"相维辟公,天子穆穆",奚取于三家之堂?'"②新近发表的安徽大学藏战国竹简显示在战国早中期,《诗》应已有篇题③。据专家考定为战国早期的曾侯乙墓遣册,是最早有标题的出土简册。其第一简正面有"右令建所乘大旆"语,背面写有"右令建驭大旆",此为标题,可知乃取自篇首文字④。这种命篇方式虽然较为简单,但由于其制作出于征引或文献整理的需要,已反映出命篇者对文意单位的辨别意识。

"以事与义题篇"的命篇方式的出现可能稍晚。《尚书》的篇题,大部分遵循此原则。《论语》引《尚书》一共 8 次,但均未标出篇名,有的地方只引作"《书》"⑤。对比《论语》引《诗》篇名的情况,可推测孔子所据的《尚书》可能尚无篇题,《诗》的篇题形成要比《尚书》早。而被认为是战国早期写成的《左传》则引用了不少《尚书》篇题。比较多学者认为是子思子所作的《礼记·缁衣》所引《尚书》篇题的例子非常多。因此,《尚书》的篇题形成时间应在战国早期之前。此后,

① 《十三经注疏》,第 2468 页。
② 《十三经注疏》,第 2465 页。
③ 安徽大学汉字发展与应用研究中心编,黄德宽、徐在国主编:《安徽大学藏战国竹简》(一),中西书局 2019 年版,第 1—2 页。
④ 湖北省博物馆编:《曾侯乙墓》,文物出版社 1989 年版,第 490 页。
⑤ 据刘起釪:《尚书学史》,中华书局 1989 年版,第 64 页。

《孟子》《国语》《墨子》《礼记》《荀子》《韩非子》《吕氏春秋》等先秦文献对《尚书》的篇题也多有引述①。正是由于流播广泛、经常被称引等原因，相比其他文献，《诗》《书》等篇什的命题相对更普遍、稳定。而且，《尚书》作为儒家传习的经典，以其为代表的命篇方式对汉代以后文献的命篇方式以至于文体认定的影响是直接而深远的。战国时期，诸子著述有不少以事与义题篇的，如《墨子》的《尚贤》《尚同》《兼爱》《非攻》，《邹衍子》的《主运》，《韩非子》的《孤愤》《五蠹》《说林》《说难》等，体现了对篇章主旨的准确把握与精心概括。《楚辞》诸篇的制题如《离骚》《天问》等，以其高度的概括性和艺术性，在诗歌制题史上超乎寻常地成熟，似亦受到诸子著述的影响②。

---

① 先秦文献所引《尚书》篇题，前人研究甚多，本章主要采用陈梦家《尚书通论》（中华书局 2005 年版）、刘起釪《尚书学史》、程元敏《尚书学史》（台北五南书局 2008 年版）、许锬辉《先秦典籍引〈尚书〉考》（花木兰文化出版社 2009 年版）等著作的成果，下文如非特别情况不再一一说明。

② 见吴承学：《论古诗制题制序史》，《中国古代文体形态研究》（第三版），北京大学出版社 2013 年版，第 119 页。虽然这些先秦诸子著述的篇题的形成时间难以确证，但作于秦汉以前的可能性较大。《墨子·鲁问》曰："子墨子曰：'凡入国，必择务而从事焉。国家昏乱，则语之尚贤、尚同；国家贫，则语之节用、节葬；国家憙音湛湎，则语之非乐、非命；国家淫僻无礼，则语之尊天、事鬼；国家务夺侵凌，即语之兼爱、非攻，故曰择务而从事焉。'"（《墨子间诂》，第 475—476 页）此乃墨子后人追述墨子言论，其中可见"尚贤""尚同""兼爱""非攻"等语，除了"尊天""事鬼"以外，皆与今本《墨子》篇题相同。案原文所举未必即是《墨子》篇题，但因其与今本篇题高度吻合，至少可推知，当时对于墨子的理念已有较为系统的总结，将之拟为篇题的可能性非常大，更有可能是墨子自拟。又如《庄子·天下》云："墨翟、禽滑釐闻其风而说之，为之大过，已之大循。作为《非乐》，命之曰《节用》。"（《庄子集释》，第 1072 页）又《史记》中多可见先秦诸子之文的篇题，如韩非的《孤愤》《五蠹》《说林》《说难》（《史记·老庄申韩列传》），又如《楚辞》的《离骚》《怀沙》《天问》《招魂》《哀郢》（《史记·屈原列传》）等，这些篇题恐非史迁自撰，而是对当时流传文献的记录。

再谈先秦文献的命篇主体。先秦文献主要是由文献的整理者或编撰者命篇的。可以比较确定的是,《诗》篇的标题基本都取诗的首二字或四字,结合诗的性质及其编集的过程,其标题应该是采诗者或者编者所加。《尚书》诸篇在写作之初,应无篇题。上文已论及孔子所见的《尚书》可能尚无篇题。且对同一篇《尚书》文献,不同的先秦典籍所引篇题又有一定差异。另外,清华简(一)有《周武王有疾周公所自以代王之志》,篇题写于第十四支简背下端,简文与今传《尚书·金縢》大致相合,故推测为《金縢》的战国写本,然篇题与今题完全不同①。可证《书》类文献的命题并非出于一人之手。其中可能有时间推移、辗转抄写、师承各有出入等原因;也可能因为命篇者对文献的理解不同,导致命题有所不同。至于诸子之文,情况则较为复杂。如《论语》《孟子》等由后学整理成书的著作,其篇题应为编者所定,这一点应无异义。而如《邹衍子》《韩非子》等著作,囿于文献的局限,只能通过间接的证据来推测其属于先秦,究竟是否作者自命,亦难以确定。《墨子》的部分篇题似为墨子自命,但该书又有一些篇目是后人所撰,故不可一概而论。总的来说,我们认为先秦诸子之文的篇题多由编者所命。

　　从出土材料可以发现,某些先秦简册的内容和标题是由不同的人写成。如有学者经过对比,发现上博简《曹沫之阵》的标题与内文的字形明显不同,因而推断两者并非出于同一个写手②。又有学者认为《容成氏》篇题与内文不是一次书写完成③。清华简(三)有《周

<hr />

① 清华大学出土文献研究与保护中心编:《清华大学藏战国竹简》(一),中西书局 2010 年版,第 157 页。

② 高佑仁:《〈上海博物馆藏战国楚竹书(四)·曹沫之阵〉研究(下)》,花木兰文化出版社 2008 年版,第 391—393 页。

③ 赵平安:《楚竹书〈容成氏〉的篇名及其性质》,赵平安编著:《新出简帛与古文字古文献研究》,商务印书馆 2009 年版,第 249 页。

公之琴舞》与《芮良夫毖》两篇，其形制、字迹相同，应为同时书写的。而《芮良夫毖》首简有刮削过的篇题"周公之颂志（诗）"，与正文没有关系，而与《周公之琴舞》内容相关。故整理者疑乃书手或书籍管理者据《周公之琴舞》的内容概括为题，误写于这里。由此证明，一些材料是同一个写手同时抄写标题和正文，也有一些可能是一位写手抄写了内文以后，再由他人在简背补写上标题。可见这是文献的整理者、抄写者出于归档、查检等需要，总括简册文意，进而命题。

由此可见，先秦文献的篇题大多数不是来自原作者，而是由文献整理编纂者甚至是抄写者所制作的，是他们基于对文献结构与内容的理解而"赋予"篇章的题目，这种行为反映了一种朴素的文体观念。

从传世文献的征引内容以及出土文献看来，除了《诗》《书》等广为传诵的经典文献，先秦文献中篇题的使用并不算多，也不很统一和规范。从秦代至于汉代，命篇又有新的发展，篇籍规范的风气渐起，从而显现出新的文章观念。

在文体学史研究上，秦代是一个不应该被忽视的朝代。由于大一统王朝的建立，政治、经济、文化都需要体制化和规范化，即所谓"书同文，车同轨"。这种统一与规范的风气在文体学上也有所反映，只是以比较隐秘的方式存在。秦代出土文献便在标题上显出某种严谨与规范化的趋势。比如在睡虎地秦墓竹简[①]中，就出现比较规范的标题。《语书》是秦始皇时代的文书，是对官吏进行"法律令"方面的教戒训告，标题书于最后一支简的背面上端。《封诊式》是一部法律文书与案例，全书的标题也写在最后一支简的背面上端。全书共有《治狱》《有鞫》《封守》等二十五节文字，皆各自独立，标题写在每一节第一支简之简首上。《封诊式》的标题设置有两个层次，在秦以前的出土简牍中鲜见。此外，《日书》乙种也设有总标题和子标题。

---

① 睡虎地秦墓竹简整理小组:《睡虎地秦墓竹简》，文物出版社1990年版。

另有《秦律十八种》收入《田律》《厩苑律》《仓律》《金布律》《关市》等十八种秦代法律，每种法律之下各收入数量不等的法条，并在每条独立的律文后标明律名，如《田律》每一条律文后都标明"田律"。因为一种法律下有多条律文，所以在重复时往往采取简省的方法，如律名为"均工"的可简称为"均"，律名为"仓律"的可简称为"仓"，等等①。格式上非常严谨，律文之间不致混淆。从睡虎地秦简看来，秦代文书在标题的制作上确是比较严谨和规范，与先秦简册的单篇流传并仅设置篇题相比，更具系统性，某种意义上说，已开篇籍规范之风气。

汉代承秦而来，随着典籍整理活动的兴起，篇籍形态的规范又有了较大发展。汉初以后，统治者广为搜集书籍，并加以初步整理，先秦文献单篇流传的状况开始改变。司马迁编撰《史记》时，已经读到众多已成书的先秦典籍，且多有称引其篇目，或曰某书多少篇，可见这些文献在那时已得到一定程度的整理②。

篇籍形态的规范，最突出的体现是目录的编纂。汉初已有目录，银雀山出土的《孙子兵法》，据推测写于西汉文帝、景帝至武帝初期这段时期内③。诸篇有篇题，且各篇篇题还另外抄写在木牍上，最后用绳子捆扎在简册上。木牍所载，类似书籍目录性质④。西汉末，刘向理校群书、整理篇章，图书的编纂走向规范，其中最重要的一个方面便是目录的编订。《汉志》记载刘向等校书时"每一书已，向辄条其篇目，撮其旨意，录而奏之"⑤。根据刘向所撰写的《孙卿新书》《晏子》等书的叙录可知，刘向校理群书，程序往往是：去掉重复篇目、定

① 林清源：《简牍帛书标题格式研究》，台北艺文印书馆 2004 年版，第 110—112 页。
② 具见金德建：《司马迁所见书考》，上海人民出版社 1963 年版。
③ 吴九龙释：《银雀山汉简释文》，文物出版社 1985 年版，第 13 页。
④ 《银雀山汉简释文》，第 11—12 页。
⑤ 《汉书》，第 1701 页。

著后加以详细对校、写定正本、撰写该书的书录并详列目录、上奏皇帝。《汉志》所说的"条其篇目",就是定著并详列目录。目录的撰写体现出一种系统思维。在刚开始,撰写目录可能只是对一书中已有篇题的简单抄录,但如果是在文献整理工作的基础之上撰写目录,面对错杂重复的篇章,有时需要对整部著作的内容加以全面观照并重新建立结构合理的系统,这时目录的厘定、篇题的撰写也随之呈现出一定条理性。如刘向为《晏子》篇、章的命题。《史记·管晏列传》云:"吾读管氏《牧民》《山高》《乘马》《轻重》《九府》,及《晏子春秋》,详哉其言之也。"①对比可见,司马迁所见《管子》可能只是单篇流传,尚未成书,而《晏子春秋》已经成书了。但是根据刘向所撰写的《晏子叙录》的说明,刘向对其篇章结构做了较大的改动,主要是分内、外篇,内篇分谏、问、杂三类,外篇则收入诸篇中重复而不合经术者②,条理十分清晰。其中内篇谏上、下各章的标题都非常整饬,如《庄公矜勇力不顾行义晏子谏第一》《景公饮酒酣愿诸大夫无为礼晏子谏第二》《景公饮酒酲三日而后发晏子谏第三》等,每章都是晏子的"谏"。内篇问上、下各章的标题,则如《庄公问威当世服天下时耶晏子对以行也第一》《庄公问伐晋晏子对以不可若不济国之福第二》等,一问一对,亦有定式。刘向所拟篇题分别为"谏""问",是对各章内容和体制的概括,每篇都是对同一类材料的类编。四篇中的各章,内容完

---

① 《史记》,第 2136 页。

② 根据《晏子叙录》,刘向取中外书 30 篇,除复重 22 篇,余 8 篇。但现存 8 篇中的两篇外篇是取诸篇中重复及不合经术者而成的,可知刘向已对原书结构作了很大的改动,余嘉锡先生《古书通例》论之甚详。该书经其编次后目录为:"内篇谏上第一,凡二十五章。内篇谏下第二,凡二十五章。内篇问上第三,凡三十章。内篇问下第四,凡三十章。内篇杂上第五,凡三十章。内篇杂下第六,凡三十章。外篇重而异者第七,凡二十七章。外篇不合经术者第八,凡十八章。"(〔西汉〕刘向、刘歆撰,〔清〕姚振宗辑录,邓骏捷校补:《七略别录佚文 七略佚文》,澳门大学 2007 年版,第 34 页)

整，且行文和章名都有定式，可以看作独立的文章。刘向所校《晏子》的章题，与先秦古书篇章的题目迥异，基本可以确定为刘向所定，余嘉锡对此有过论证①。古书为章命名的做法鲜见，刘向所命名的章题，体现了他对每章材料的内容、体制的概括，也反映出他的文体观念。

　　当然，刘向在校理群书时，并不是对每本书都作如此大的改动。有一些著作，特别是经部和一些先秦诸子之书，刘向可能只是定著篇章、校雠字句②。然而，根据出土文献的状况我们可以知道，在先秦的简册中，无篇题的文献所占比例是很可观的。而且据刘向所述，中秘的藏书存在着"错乱相糅莒"（《战国策叙录》)、"章乱布在诸篇中"（《列子叙录》)等情况。因此，根据刘向校书的体例，出于编写目录的需要，他应该做过不少整理、完善篇题甚至为无篇题的文献命题的工作，而且经过编目、定题的文献数目应该是很庞大的，工作的规模肯定也是非常巨大的。文献的命篇是整理文献的客观需求和必然结果。因此，这些校书活动无疑进一步促成了文献的命篇，并使命篇的方式逐步规范化。

---

① 余嘉锡认为现存《晏子春秋》的篇题、章题皆是刘向所为："全书二百十五章，皆有章名，辄至一二十字……与他书之但有篇名无章名者迥异，亦向编次时之所为……是已解散其篇第，离析其章句，分者合之，合者分之，非复原书之本来面目矣。既已别加编次，则旧本篇名皆不可用，故重为定著之如此……向所校定，未有详于此书者。"见《目录学发微　古书通例》，第283页。
② 以《筦子》(即《管子》)为例，司马迁《史记》已云"吾读管氏《牧民》《山高》《乘马》《轻重》《九府》，及《晏子春秋》，详哉其言之也。"（《史记·管晏列传》，第2136页）刘向《筦子叙录》引《史记》之文，又曰："《九府》书民间无有，《山高》一名《形势》。"（《刘向叙录》，黎翔凤撰，梁运华整理：《管子校注》，中华书局2004年版，第4页）审其语，该篇题在刘向之前已存在，非其所加。考之《史记》，记载这些诸子著作篇目的材料每每可见，如《韩非子》的篇目等，此不详述，可参见金德建：《司马迁所见书考》。

在汉代,除了图书典籍,对单篇文章、文书档案进行收集整理时,也有编订目录、拟定篇题。诏策等政事之文在写成以后便进入上下级之间、政府机构之间的流通,一般没有标题,这从居延汉简等出土材料以及《史记》《汉书》等史书的引用状况中都可以证实。由于数量较多,在归档整理的时候,命篇甚至撰写目录便很有必要。据陈梦家考证,《居延汉简甲编》简 2551 内容为诏书目录①。简文为:"县置三老二、行水兼兴船十二、置孝弟力田廿二、征吏二千石以符卅二、郡国调列侯兵卌二、年八十及孕朱需颂穀五十二。"其中每个条目都是诏书的篇题,条目前半部分的文字是对诏书的概括性文句,后面的数字是诏书的编号。在传世文献中也可以见到诏书有类似的命篇方式。如《汉志》有"《高祖传》十三篇"。班固注:"高祖与大臣述古语及诏策也。"②对照《汉书·魏相丙吉传》记载:"高皇帝所述书《天子所服第八》曰……"③如淳注曰:"第八,天子衣服之制也,于施行诏书第八。"④《天子所服第八》是这篇诏书的题目,而且它处于"施行诏书"的第八篇,可知这些诏书已被编集在一处,"施行诏书"或可理解为诏书册之总名,"第八"则表示具体的诏书的编号或位置。在汉代,诏、令有分别,也有混同之处⑤。天子的诏书可编定为令,此后便具有法律效力。在编定的过程中,便有命题的必要。如武威汉简的"王杖诏令册"收有五个诏书令文件,部分诏令后有"兰台令卌三""令在

---

① 陈梦家:《西汉施行诏书目录》,《汉简缀述》,中华书局 1980 年版,第 275—284 页。
② 《汉书》,第 1726 页。
③ 《汉书》,第 3139 页。
④ 《汉书》,第 3141 页。
⑤ 陈梦家:《汉简缀述》,第 278 页。

兰台第卅三"的说明,最后一简写有"右王杖诏书令在兰台第卅三"①,既是对诏书令内容和性质的总括,也表明了其收藏处与篇目。《后汉书·律历志》的"《令甲》第六《常符漏品》"②也是类似的例子。这反映了整理者在诏书册或诏书目录中为诸篇诏令命题的情况,而且命题的方式都比较统一和规范。由此我们也可以了解诏令文书在汉代真实的政治生活中的命篇,与后世《文选》等文集中类似文体的命篇方式并不相同,从中可以窥见命篇方式的发展脉络。

总之,资料汇编与目录编制进一步促进了文献命题的自觉和规范。此后在《文章流别集》《文选》为代表的总集以及别集的编撰中,由于编目的需要,文章命题成为文集编纂的必要步骤。在此基础上,随着文体种类的日益繁茂、辨体意识的日益明晰,以体命题的原则逐渐占据了主流。故从历史的角度来看,以刘向为代表的汉代文献整理者,是别集、总集编纂的先导,也是有目地、规范地对文献进行命题的重要推动者。

以上所论,都是整理者为文献命题,然篇题亦有作者自命者,只是此风较为晚起。余嘉锡《古书通例》已指出:"古人之著书作文,亦因事物之需要,而发乎不得不然,未有先命题,而强其情与意曲折以赴之者。故《诗》《书》之篇名,皆后人所题。诸子之文,成于手著者,往往一意相承,自具首尾,文成之后,或取篇中旨意,标为题目。"③余先生认为作者自为标题,始于成于手著的诸子之文。余先生的推测,在现有文献中不易找到实质的证据。我们认为最早可以确定为作者有意识自制篇题的诸子之文是成书于秦代的《吕氏春秋》。其《序

① 武威县博物馆:《武威新出王杖诏令册》,甘肃省文物工作队编:《汉简研究文集》,甘肃人民出版社1984年版,第35—37页。
② 《后汉书》,第3032页。
③ 《目录学发微 古书通例》,第211—212页。

意》曰："凡《十二纪》者,所以纪治乱存亡也,所以知寿夭吉凶也。"①
既然明确言及"十二纪",那么至少"孟春纪""仲春纪"等篇题,应是
作者自题。秦汉以后,著书时自为篇题成为比较普遍的趋向。如刘
安的《淮南子·要略》云:"故著二十篇,有《原道》,有《俶真》,有《天
文》……"②可见刘安的著作是自己为诸篇命题的。又如司马迁的
《史记》也是如此,《太史公自序》已明确说明《史记》的篇目结构。至
于诗赋创作更是如此。《史记·司马相如列传》:"司马相如云:'臣
尝为《大人赋》,未就,请具而奏之。'"③《大人赋》应为司马相如所自
拟之题。

四、从命篇到命体

　　虽然先秦时代文体与文体观念尚未成熟与定型,命体的情况相
当复杂,但却标志着早期文体观念的发生,这在文体学史上具有重要
意义。对于文献整理而言,从命篇到命体乃是顺理成章之事。篇章
的命题是整理者对该文献的内容、创作目的、体式等性质的研判和概
括,故"命篇"是一种隐在的文章学"批评"。再深入一步看,一些命
篇即具有命体因素,题目含有对该文献的文体认定,这种命篇与命
体,又显现古人的文体学观念。如《尚书》一部分篇目的命题,已带有
一些文体认定的意味。
　　在先秦文献中,有些篇题中直接出现文体之名,体现了当时人们
的文体意识,对后世的辨体意识产生了很大的影响。古人往往根据

---

① 许维遹撰:《吕氏春秋集释》,中华书局 2009 年版,第 274 页。
② 刘文典撰:《淮南鸿烈集解》,中华书局 1989 年版,第 700 页。
③《史记》,第 3056 页。

文章篇题来辨体，如根据《尚书》诸篇的题目来辨体。成于汉代的《尚书大传》有云："六誓可以观义，五诰可以观仁，《甫刑》可以观诚，《洪范》可以观度，《禹贡》可以观事，《皋陶谟》可以观治，《尧典》可以观美。"①基于《尚书》的篇题，初步归纳出誓、诰二体。而且值得注意的是，《大传》对文献的列举方式与《后汉书》对文章的著录方式有着明显的相通之处，即对于有明显文体归属的，概括其文体之名，没有明显文体归属的则直接列出其篇名。大约成于东晋的《尚书大序》更归纳出六体："典、谟、训、诰、誓、命之文，凡百篇。"②这六体都来自于《尚书》篇题。到了唐代孔颖达，则更为广之："致言有本，名随其事。检其此体为例有十，一曰典，二曰谟，三曰贡，四曰歌，五曰誓，六曰诰，七曰训，八曰命，九曰征，十曰范。《尧典》《舜典》二篇，典也。《大禹谟》《皋陶谟》二篇，谟也……"③孔颖达从《尚书》篇题归纳出"十体"，当然带着后人的眼光，未必是《尚书》的分类实际，但这种因题辨体的思维的存在，值得重视。它不仅仅存在于对经部文献的批评，魏晋六朝以来，《文心雕龙》成为集部文体批评领域中因题辨体的先声。在宋代以后，因题辨体更成为文章学领域普遍的辨体模式。

在先秦有限的文献篇题中追寻文体发展的轨迹，有些是偶然出现的个案，有些则是多次出现的常例，后者显然更具代表性与说服力。《尚书》便是如此。先秦文献所引《书》类文献中，有些具有"文体"性质的词在篇题中重复出现。"誓"，如《汤誓》《太誓》《禹誓》；

---

① 《尚书大传》是秦汉时伏生所传，汉代时由其弟子整理其学说所撰，刘向曾奏此书目录，后郑玄重新诠次并为其作注。《大传》在宋代便有残缺，并亡于元明之际，清人有辑佚本。此段文字来自《困学纪闻》卷 2 所引《尚书大传》，可据。见（宋）王应麟著：《困学纪闻》，上海古籍出版社 2008 年版，第 262 页。
② 《十三经注疏》，第 114 页。
③ 《十三经注疏》，第 117 页。

"诰",如《盘庚之诰》《康诰》《唐诰》《仲虺之诰》《尹诰》①;"训",如《伊训》《夏训》;"命",如《兑命》《叶公之顾命》;"刑",如《甫刑》,又《左传·昭公六年》有云:"夏有乱政而作《禹刑》,商有乱政而作《汤刑》,周有乱政而作《九刑》。"②从这些篇题的相似性,我们可以了解到部分《书》类文献的命名原则及其基本体类。其篇题基本上都是标举篇中关键的事物,不少篇题在此基础上进一步概括其文体因素,命题的同时亦为命体,反映命题者对该文献文体性质的认识,具有典型意义,非常值得注意。

　　除了《书》类文献,现存先秦文献中还有一些以体命题的材料。如:《左传·襄公四年》引有"《虞人之箴》",又作"《虞箴》"③,后人认为乃箴体滥觞。《逸周书·文传解》:"《夏箴》曰……"④《吕氏春秋·应同》引"《商箴》云:'天降灾布祥,并有其职。'"⑤《吕氏春秋·谨听》引"《周箴》曰:'夫自念斯学,德未暮。'"⑥时代定于战国中晚期的上博简(七)《武王践阼》引有《檻(鉴)名(铭)》《鑑(盘)名(铭)》《桯(楹)名(铭)》《柸(杖)名(铭)》《卤(牖)名(铭)》数题,可与《大戴礼记·武王践阼》所载十六条铭题相印证。《礼记·大学》有"汤之《盘铭》曰:'苟日新,日日新,又日新。'"⑦《礼记·祭统》有"卫孔悝之《鼎铭》。"⑧《商子·更法》:"于是遂出《垦草令》。"⑨余嘉

① 《礼记·缁衣》作"尹吉",研究者根据郭店简、上博简,确定应为《尹诰》。
② 《十三经注疏》,第 2044 页。
③ 《十三经注疏》,第 1933 页。
④ 黄怀信、张懋镕、田旭东撰:《逸周书汇校汇注》(修订本),上海古籍出版社
　 2007 年版,第 245 页。
⑤ 《吕氏春秋集释》,第 288 页。
⑥ 《吕氏春秋集释》,第 296 页。
⑦ 《十三经注疏》,第 1673 页。
⑧ 《十三经注疏》,第 1607 页。
⑨ 《商子》卷 1,四部丛刊初编本,第 61 册,第 1 页。

锡认为"凡《管》《商》书中多当时之教令,特此篇明见篇名,最为可据耳。"①此外,上博简有《鲍叔牙与隰朋之谏》、清华简有《傅说之命》《封许之命》等篇题,皆出现所标志的文体(谏、命)名称。

值得注意的是,先秦所引文献,有不少同文异题现象,即同一篇章,有不同题目,其中《尚书》最为典型。除去异体字、假借字、同义字等情况,其原因大致有二:第一,命题时取事与义的不同而造成篇题的不同。如《尧典》,《孟子·万章上》引作《尧典》,《礼记·大学》引作《帝典》。《墨子·明鬼下》引《禹誓》,记载与有虞氏战于甘之事。《书序》曰:"启与有扈战于甘之野,作《甘誓》。"②两者同篇异题③。以上两例,虽然标举关键的人、事、物有所不同,但都遵循了"以事与义题篇"的原则,而且其不变的,是对该篇文体性质的概括:"典"及"誓"。可见,不同命题者对文献内容的概括虽然有所不同,但对其体式、性质的认识是相对一致的。第二,对同篇文献的命题繁简不同。如:《国语·周语上》引《盘庚》,而《左传·哀公十一年》引作《盘庚之诰》。《左传·昭公六年》引《汤刑》,而《墨子·非乐上》引作《汤之官刑》。以上两例或以"某某之体"的体式来命篇,恰恰是对文献的文体性质的认同与强调,表现出比较强的文体意识。先秦以来的文献以"某某之体"这种形式命题的例子不少,如《上博简》(七)《武王

---

① 《目录学发微 古书通例》,第 233 页。
② 《尚书今古文注疏》,第 560 页。《书序》的成书年代不明,但不少学者认为其成于先秦,最晚不超过汉初,所以,《甘誓》之篇题的形成,也不会太晚,大抵是秦汉间解经之人所作。
③ 将墨子所引《禹誓》与孔传本《甘誓》对照,其文大抵类似,故大致认为《禹誓》《甘誓》同属一篇。然对于该文是禹还是启伐有虞之誓以及作者何人,则各有说法。皮锡瑞看法比较通达:"古者天子征讨诸侯,诛其君,不绝其后……则禹伐有扈,何必启不再伐? ……《墨子》引此经为《禹誓》,或所传异耳。"(〔清〕皮锡瑞撰:《今文尚书考证》,中华书局 1989 年版,第 190 页)

践阼》有《槛（鉴）名（铭）》《鑑（盘）名（铭）》《桯（楹）名（铭）》《柾（杖）名（铭）》《卣（牖）名（铭）》数题，《大戴礼记·武王践阼》分别作《鉴之铭》《盥盘之铭》《楹之铭》《杖之铭》《牖之铭》①。又如上文所举《虞箴》与《虞人之箴》。这是命题之人突出强调文献之文体性质，是早期文章命题、命体的一种常见的形式。

先秦文献中还存在同文异体现象，即同一文献，不但篇目不同，所标志的文体亦相异，这更值得注意。如《汤誓》又作《汤说》。《国语·周语上》："在《汤誓》曰：'余一人有罪，无以万夫。万夫有罪，在余一人。'"②《墨子·兼爱下》："虽《汤说》即亦犹是也。汤曰：'……万方有罪，即当朕身，朕身有罪，无及万方。'"③经考证两处所引同为汤祷雨之辞，但一题为"誓"，一题为"说"，对文体认定有异。按，《周礼·大祝》有云大祝"掌六祈"，其中"五曰攻，六曰说"，郑注云："攻说则以辞责之。"④《墨子·兼爱下》下文又曰："以祠说于上帝鬼神。"⑤可见，"说"是一种祭名或祭礼中的言说方式，因此《汤说》的"说"，应指这种祭祀仪式中所用到的"以辞责之"的文体。"誓"在先秦的使用颇广，祭祀、出师、田猎时往往都行誓礼，甚至行射礼、过他邦假道、入境有时都会行誓礼。誓的含义比较复杂，有对臣下、将士的戒誓，也有对鬼神的起誓等，其中后者与祭祀的"说"有一定的相通之处。又如《太誓》作《大明》。《太誓》见引于诸多先秦古籍，或作《泰誓》《大誓》，"太""泰"即"大"，且不讨论。而《墨子·天志中》引作《大明》。陈梦家认为《大明》即《大誓》，亦即《大盟》⑥，蒋善国更

---

① （清）孔广森撰：《大戴礼记补注》，中华书局 2013 年版，第 116—118 页。
② 《国语集解》，第 32 页。
③ 《墨子间诂》，第 122—123 页。
④ 《十三经注疏》，第 808—809 页。
⑤ 《墨子间诂》，第 123 页。
⑥ 《尚书通论》，第 88 页。

将《墨子》引《大明》《太誓》的三段文字加以对比,确定三者都是《大誓》之文,"明"即"盟",而"盟""誓"两体相互关联①。

先秦文献所引《尚书》之同文异体现象具有深刻而丰富的文体学与文章学意蕴:它反映了中国古代文体分类学有一定模糊性,有些文体之间存在相关性与交叉关系。同文异题或同文异体现象虽出现于先秦时期,却是历代都存在的文体学现象。如汉代"颂""赋"二称经常通用。《史记·司马相如列传》:"相如以为列仙之传居山泽间,形容甚臞,此非帝王之仙意也,乃遂就《大人赋》。其辞曰:……"②后文又云:"相如既奏《大人之颂》,天子大说。"③同一文章,既称"赋",又称"颂"。又如马融《长笛赋序》云:"追慕王子渊、枚乘、刘伯康、傅武仲等《箫》《琴》《笙》颂,唯笛独无,故聊复备数作《长笛赋》。"④《汉志》"诗赋略"中有"李思《孝景皇帝颂》十五篇"⑤,后人或斥《汉志》类例不纯⑥,在笔者看来,这可能反映出同文异体现象,以"颂"为"赋"之属。"同文异题"或"同文异体"现象,在中国古代并不少见,它所反映出的中国文体分类学的复杂性问题,具有普遍意义⑦。

"以体命题"的方式发端于先秦,以《书》类文献的篇题为代表,

---

① 蒋善国:《尚书综述》,上海古籍出版社 1988 年版,第 219 页。
② 《史记》,第 3056 页。
③ 《史记》,第 3063 页。
④ (梁)萧统编,(唐)李善注:《文选》,中华书局 1977 年版,第 249 页。
⑤ 《汉书》,第 1750 页。
⑥ (清)章学诚:《校雠通义·汉志诗赋第十五》,《文史通义校注》,第 1066 页。
⑦ 如《宋书》卷 93 记载陶渊明归终前:"与子书以言其志,并为训诫。"(〔南朝梁〕沈约撰:《宋书》,中华书局 1974 年版,第 2289 页)《太平御览》卷 594 作《陶渊明遗戒》;《六艺流别》卷 8 命名为《道诫》;《戒子通录》卷 4 以之为"疏";《陶渊明集》卷 8、《文章辨体汇选》卷 279、《汉魏六朝百三家集》卷 62《陶渊明集》皆题为《与子俨等疏》。同一内容的文章或被命为戒体,或被命为疏体。

也偶见于其他文类。直至汉代，文章"以体命题"的现象逐渐增加。略举数种常体为例：

"颂"：《东观汉记》："苍因上《世祖受命中兴颂》，上甚善之。"①《东观汉记》："使作《神雀颂》。"②

"箴"：《汉书·扬雄传》："箴莫善于《虞箴》，作《州箴》。"③《汉书·游侠传》："先是黄门郎扬雄作《酒箴》以讽谏成帝。"④

"铭"：《汉志》道家："《黄帝铭》六篇。"⑤《文选》所收扬雄《甘泉赋》下李善注曰："雄答刘歆书曰：'雄作《成都城四隅铭》。'"⑥

"解"：《汉书·扬雄传》："时雄方草《太玄》，有以自守，泊如也。或嘲雄以玄尚白，而雄解之，号曰《解嘲》。其辞曰……"⑦《汉书·扬雄传》："客有难《玄》大深，众人之不好也，雄解之，号曰《解难》，其辞曰……"⑧

"书"：《史记·司马相如列传》："相如他所著，若《遗平陵侯书》《与五公子相难》《草木书》篇不采，采其尤著公卿者云。"⑨

"论"：《汉书·东方朔传》："又设《非有先生之论》，其辞

---

① （东汉）刘珍等撰，吴树平校注：《东观汉记校注》，中华书局 2008 年版，第 242 页。
② 《东观汉记校注》，第 628 页。
③ 《汉书》，第 3583 页。
④ 《汉书》，第 3712 页。
⑤ 《汉书》，第 1731 页。
⑥ 《文选》，第 111 页。
⑦ 《汉书》，第 3565—3566 页。
⑧ 《汉书》，第 3575 页。
⑨ 《史记》，第 3073 页。

曰……"①《汉书·叙传》:"乃著《王命论》以救时难。"②《汉志》"诸子略":"《荆轲论》五篇。(班固注:轲为燕刺秦王,不成而死,司马相如等论之。)"③

"制":《史记·封禅书》云:文帝"使博士诸生刺《六经》中作《王制》,谋议巡狩封禅事"。《史记索隐》于此处引"刘向《七录》④云:'文帝所造书有《本制》《兵制》《服制》篇。'"⑤

"对":《汉志》"诸子略"有"《博士臣贤对》一篇。(班固注:汉世,难韩子、商君)。"⑥又有"河间献王《对上下三雍宫》三篇。"⑦《汉志》"六艺略":"《封禅议对》十九篇。"⑧

"策":《新书·数宁》:"因陈《治安之策》,陛下试择焉。"⑨《东观汉记》:(申屠刚)"举《贤良对策》。"⑩

"祝":《汉书·贾邹枚路传》:"武帝春秋二十九乃得皇子,群臣喜,故皋与东方朔作《皇太子生赋》及《立皇子禖祝》。"⑪《周礼·大祝》郑玄注:"董仲舒《救日食祝》曰……"⑫

---

① 《汉书》,第 2868 页。
② 《汉书》,第 4207 页。
③ 《汉书》,第 1741 页。
④ 笔者按:此处《七录》疑为《别录》之误。
⑤ 《史记》,第 1382—1383 页。按:卢植认为文帝的《王制》即《礼记·王制》,对此皮锡瑞有过详细批驳,见《郑志疏证》附《答临孝存周礼难》,《续修四库全书》第 171 册,第 379 页。
⑥ 《汉书》,第 1741 页。
⑦ 《汉书》,第 1726 页。
⑧ 《汉书》,第 1709 页。
⑨ (西汉)贾谊撰,阎振益、钟夏校注:《新书校注》,中华书局 2000 年版,第 30 页。
⑩ 《东观汉记校注》,第 564 页。
⑪ 《汉书》,第 2366 页。
⑫ 《十三经注疏》,第 809 页。

此外,有一部分汉代的碑刻会在碑额刻写"某某碑"的标题。如"武斑碑",其额题"故敦煌长史武君之碑";"鲜于璜碑",其额题"汉故雁门太守鲜于君碑"等等,其例甚多①。此处之"碑"未必即指文体,或仅指其刻写媒介,但对后世碑体的文体认定有较大影响。

汉代"以体命题"的命题方式,有一些是与先秦一脉相承的,但又有明显的变化与发展,表现出汉代文体观念正在走向成熟与自觉。汉代文章的命篇与命体有几个特点:

首先,汉代的作者自命篇题的单篇文章创作日多,其中赋体文最为突出。以《史记》所记载的司马相如赋作为例:《史记·司马相如列传》记载司马相如向皇帝"请为《天子游猎赋》",赋成才上奏②,又自述"尝为《大人赋》,未就,请具而奏之"③,可见是先命题,再创作。在命题之时,并已明确自己所创作的是"赋"这种文体。又如班固在《汉书·叙传》自述:"作《幽通之赋》,以致命遂志。"④作者更是既明确自己所作的是何文体、命何题,且对为赋之作意有非常明晰的说明。马融《长笛赋序》曰:"追慕王子渊、枚乘、刘伯康、傅武仲等《箫》《琴》《笙》颂,唯笛独无,故聊复备数作《长笛赋》。"⑤马融不仅依据前人之作自拟题目,更以序来说明写作缘由,在文体自觉上又更进一步。

其次,为他人命篇命体,如由上司为下属命题或命体创作的情况也十分普遍。《汉书·贾邹枚路传》:"(枚皋)从行至甘泉、雍、河东,东巡狩,封泰山,塞决河宣房,游观三辅离宫馆,临山泽,弋猎射驭狗

---

① 所举例子参高文:《汉碑集释》,河南大学出版社 1997 年版。
② 《史记》,第 3002 页。
③ 《史记》,第 3056 页。
④ 《汉书》,第 4213 页。
⑤ 《文选》,第 249 页。

马蹴鞠刻镂,上有所感,辄使赋之。为文疾,受诏辄成,故所赋者多。"①《汉书·贾邹枚路传》:"武帝春秋二十九乃得皇子,群臣喜,故皋与东方朔作《皇太子生赋》及《立皇子禖祝》。受诏所为,皆不从故事,重皇子也。"②又如颂体,《汉书·严朱吾丘主父徐严终王贾传》:"诏褒为圣主得贤臣颂其意。"③《东观汉记》:"帝召贾逵,敕兰台给笔札,使作《神雀颂》。"④此皆为应制之作。

再次,对前人篇题与文体的摹拟。如扬雄就有意识地以前人文体经典为范本,特意摹拟。《汉书·扬雄传》记载"其意欲求文章成名于后世,以为经莫大于《易》,故作《太玄》;传莫大于《论语》,作《法言》;史篇莫善于《仓颉》,作《训纂》;箴莫善于《虞箴》,作《州箴》;赋莫深于《离骚》,反而广之;辞莫丽于相如,作四赋。"⑤扬雄依《虞箴》作《十二州二十五官箴》,摹拟《离骚》作《反骚》,摹拟司马相如赋而作《甘泉赋》《河东赋》《校猎赋》《长杨赋》。对经典的摹拟,是建立在对其体式与风格两方面准确把握的基础上的,扬雄以文体摹拟作为"文章成名于后世"的方式,这不仅是一种创作方式,还反映出强烈而自觉的文体意识,颇有文体学的意义。

汉人命篇与命体的意识已比较明晰了,这正是集部兴盛的基础与前奏。然而,若与魏晋南北朝相比,汉代文体学的发展尚处于一个独特的"过渡期"。它既告别了先秦文体蒙昧的状态,但诸体又未达到魏晋南北朝那样均衡的、全然的成熟。文体丛生,某一些文体体制臻于成熟,创作繁多,作品广为流播,以赋体文为代表;一些文体虽然

---

① 《汉书》,第 2367 页。
② 《汉书》,第 2366—2367 页。
③ 《汉书》,第 2822 页。
④ 《东观汉记校注》,第 628 页。
⑤ 《汉书》,第 3583 页。

有广泛的写作,但基本只局限在应用的范围内,如政事之文。这就导致汉代众体文章命名发展到"以体命题"的进程是不一样的,有着明显的不平衡性。从《史记》《汉书》等史籍的记载来看,赋体文以体命题的情况非常普遍;但是如诏、章、奏、表、议、上书、对策这一类应用类的政事文体,有篇题的则非常少,差别明显。

中国文体学史研究首先要面对文体观念发生的问题。从语言形式内部入手,研究古代文献的命篇与命体是其最重要的研究路径之一。先秦古书在漫长与复杂的文献流传过程中,不断受到改写重编,所以研究文体观念发生所依据的材料,主要应该是出土文献和先秦古书所征引的原始文献。从命篇与命体的角度而言,文体观念发生的标志就是使用者对于所指称的具体文献之文体独特性已有明确认识与认同,能把握该文体独特的形式感,而且将该文献的文体名称明确标示出来,这实际上也反映出对不同文体之间差异的体认。命篇与命体是文体观念发生最重要的表现形态。这种在现代人看来简单的一小步,却是早期文体学发展漫长而关键的一大步。通过考察早期篇章形态与篇章观念的发生、篇章命名与以体命篇的历史发展,可以窥见中国古代文体观念发生与发展的重要线索。从先秦到汉代,文献的命篇与命体从无到有,呈现越来越明晰的趋势,但在文体分类上还是存在许多模糊与不平衡,在集部文体分类成熟以后,命篇与命体才基本得以统一。命篇与命体的历史进程反映了中国文体观念的发生,它既是中国文体学史的起点,也是其理论雏形和理论基因,对中国文体学发展产生了重要而深远的影响。

第三章 "九能"综释

引言:"九能"说的提出

自汉代以来,"九能"之说成为一个文学批评的重要命题,历代多有引用和阐释,惜尚未见系统深入的理论研究①。

现存"九能"说的最早文献来自汉儒毛亨对《诗·鄘风·定之方中》一诗的解释(下称《毛诗传》)。毛氏认为此诗歌颂卫文公迁居楚丘,建城营宫之事。诗中"卜云其吉,终然允臧"句言迁都之前占卜之事,《毛诗传》曰:"龟曰卜。允,信。臧,善也。建国必卜之。故建邦能命龟,田能施命,作器能铭,使能造命,升高能赋,师旅能誓,山川能说,丧纪能诔,祭祀能语,君子能此九者,可谓有德音,可以为大夫。"②此即著名的"九能"说。谓君子有此九能则成其"九德",可以授为大夫,这体现了对士大夫文辞、礼仪、言语等各方面能力的要求。

---

① 清代王文清尝作《大夫九能考略》,收入氏著《考古略》中,然仅全录孔疏而已,见《王文清集》。又刘咸炘《尚友书塾课目》尝载其课目有《〈毛诗〉九能证》,后注"论文体",可见刘氏已注意到"九能"与文体之间的关系。见《尚友书塾课目》,《推十书》增补全书己辑。

② (清)阮元校刻:《十三经注疏》,中华书局 1980 年影印本,第 316 页。下引此书省称《注疏》。

孔颖达《疏》云:"《传》因引'建邦能命龟',证建国必卜之,遂言'田能施命'以下,本有成文,连引之耳。"①他认为《毛诗传》这段话"本有成文",是毛亨引用前人成语。因为它具有完整性,不可割裂,故引了"建邦能命龟"一语,连带引出整段话。从引文来看,本至"建国必卜之"意思已完整清晰了,而后接"故建邦能命龟……"数语,乃浑言也。从上下语境看,孔疏可从。

由于文献不足,《毛诗传》所引之"九能"说,难以论断为何时何人之语。清代孙志祖说:"西汉经训之存于今者,惟《诗毛传》最为宝贵,其所征引古书逸典,孔颖达作《正义》已不能详。"②孔颖达确实曾多次表达不知《毛诗传》所引文献之所出。如《丘中有麻》疏说:"毛时书籍犹多,或有所据,未详毛氏何以知之。"(《注疏》第334页)《伐檀》疏说:"毛氏当有所据,不知出何书。"(《注疏》第359页)《鱼丽》疏说:"此皆似有成文,但典籍散亡,不知其出耳。"(《注疏》第417页)孔颖达虽然不知所据,然意其必有所出,认定文献具有可信性。

《汉书·艺文志·诗赋略》:"传曰:'不歌而诵谓之赋,登高能赋可以为大夫。'"所谓"传曰"应该是引古代典籍或流传之语。《汉书》中所引之"传曰"甚多,综而论之,大概是引用六经之外的儒家典籍。《诗赋略》所引"登高能赋"二句应与《毛诗传》为同源而缩略。可见,汉代之前,"登高能赋"之语已经流行。陈奂《诗毛氏传疏》说:"'建邦能命龟'以下,皆用成文,未知所出。《传》盖因徙都命卜,连而及之耳。《韩诗外传》孔子游于景山之上,孔子曰:'君子登高必赋。'《汉书·艺文志》:'传曰:不歌而诵谓之赋,登高能赋可以为大夫。'

---

① 本章所引孔疏"九能",皆见阮元校刻《十三经注疏》本《毛诗正义》,中华书局1980年影印本,第316页。下引该文不再出注。

② (清)孙志祖《读书脞录》续编卷1,《续修四库全书》第1152册,上海古籍出版社2002年版,第301页。

或班引出《鲁诗传》，余义未闻。"①认为"登高必赋"之语见于他书。不过，无论《汉书·艺文志》所引的来源如何，都应该是一句早已流传的古语。《毛诗传》之所引成文，也应该是如此。"九能"说，推其内容，应为战国时期流传下来的典籍古语②。

唐代孔颖达《毛诗疏》力图忠实地阐释"九能"，既阐释其内涵，又在先秦典籍中找到有代表性的例证。孔疏无疑是阐释"九能"说的经典文献，是我们理解"九能"说的必要途径。不过，孔疏限于体例，往往举其一隅，而不及其余，尚非全面系统之研究。另外，孔颖达受到时代的影响，以唐人的理解和想象来描摹和阐释先秦时代的"九能"，有些说法未必准确。近代以来出土了大量的先秦文献，这是古人所未能见到的。孔颖达之后，不少学者对于"九能"说有吉光片羽之论，这些都为我们继续总结与阐释"九能"说提供了基础。

研究"九能"说既不能用后代的文章学眼光去比附，也不能完全照搬前人的阐释，其出发点首先是将它放到先秦时代的文化语境，以相关的传世文献为主，并佐之以出土文献，比较真实而全面地还原先秦时期"九能"说的实际语境与原始意义，然后再考察其内涵在后世的发展。

一、释"建邦能命龟"

"建邦"指建邦国之城。古文字中，"令"与"命"可通用。"命龟"，亦称"令龟"。命龟就是将所卜之事告卜人以龟占之，以决凶

---

① （清）陈奂：《诗毛氏传疏》卷4，中国书店影印漱芳斋1851年本。
② 刘师培则认为："毛公此说，必周、秦以前古说。"刘师培：《论文杂记》，人民文学出版社1959年版，第128页。

吉。《周礼·春官·大卜》:"大祭祀则眂高命龟。"郑玄注:"命龟,告龟以所卜之事。"(《注疏》第 804 页)《周礼·春官·大卜》:"以邦事作龟之八命。"(《注疏》第 803 页)命,指命龟,也就是指有待占卜而决定的国家大事。

"命龟"只是占卜的程序之一。在《周礼·春官·大卜》中,就分别有"作龟""命龟""贞龟""陈龟"等,"凡国大贞,卜立君,卜大封,则眂高作龟;大祭祀,则眂高命龟。凡小事,涖卜。国大迁、大师,则贞龟。凡旅,陈龟。凡丧事,命龟。"郑玄注:"凡大事,大卜陈龟、贞龟、命龟、视高,其他以差降焉。"(《注疏》第 803—804 页)此为大卜司职。"其他以差降焉",是指占卜它事则按级别递降。

孔疏云:

> 《大卜》曰:"国大迁、大师则贞龟。"是建国必卜之。《绵》云"爰契我龟"是也。大迁必卜,而筮人掌九筮,一曰筮更,注云:"更谓筮迁都邑也。"《郑志》答赵商云:"此都邑比于国为小,故筮之。"然则都邑则用筮,国都则卜也。

上古时,建大都邑,是劳民耗财之举,绝对需要谨慎从事,占卜命龟就是当时咨询上天意图的途径。先秦不少传世文献与"建邦能命龟"有关,《周礼·春官·大卜》:"国大迁、大师,则贞龟。""大迁"即迁都,就需要占卜问龟。又如《诗·大雅·绵》开篇记载了周王朝的先祖古公亶父,率族人自豳国来到岐山脚下:"周原膴膴,堇荼如饴。爰始爰谋,爰契我龟。曰止曰时,筑室于兹。"郑玄笺:"此地将可居,故于是始与豳人之从己者谋。谋从,又于是契灼其龟而卜之,卜之则又从矣。"(《注疏》第 510 页)可见周民族定居于周原,也有问龟程序。《尚书·洛诰》记录周公说:"予惟乙卯,朝至于洛师。我卜河朔黎水,我乃卜涧水东,瀍水西,惟洛食;我又卜瀍水东,亦惟洛食。伻来,以图及献卜。"据伪孔传,这里"说始卜定都之意",又说:"我使人卜河北黎水上,不吉,又卜涧、瀍之间,南近洛,吉。今河南城也。"(《注疏》第214页)所述应就是建都而命龟之事。

孔疏曰:

> "建邦能命龟"者,命龟以迁,取吉之意。若《少牢》史述曰:"假尔大筮有常,孝孙某,来日丁亥,用荐岁事于皇祖伯某,以某妃配某氏,尚飨。"《士丧》卜曰:"哀子某,卜葬其父某甫,考降无有近悔。"如此之类也。建邦亦言某事以命龟,但辞亡也。

孔颖达所举之例,一见《仪礼·少牢馈食礼》,一见《仪礼·士丧礼》,皆与建邦命龟无关。推原孔颖达之意,建邦命龟之辞已亡佚不可见,此二例皆有辞,借此以见命龟之辞也。在传世文献中,"建邦能命龟"的具体之辞,确是少见。《说苑》卷十四记载:

> 昔周成王之卜居成周也,其命龟曰:"予一人兼有天下,辟就百姓,敢无中土乎? 使予有罪,则四方伐之,无难得也。"周公卜居曲阜,其命龟曰:"作邑乎山之阳,贤则茂昌,不贤则速亡。"①

这出于汉人的记载,不知所据。

由于孔颖达时代未有甲骨文献出土,故谓"建邦亦言某事以命龟,但辞亡也。"事实上,不少出土甲骨文献记载了"建邦命龟"之辞,并形象地展示了"命龟"的物质形态。《殷契卜辞》壹玖贰片甲辞云:"其乍(作)兹邑,四月。"乙辞云:"贞佳龟令。"杨树达说:"此辞首云作邑,继云令龟,正所谓建邦命龟也。《毛传》多陈古义,此九能之一

---

① (西汉)刘向撰,向宗鲁校证:《说苑校证》,中华书局1987年版,第346页。

与卜辞正相密合矣。"①除了杨先生所举之例外,在现存甲骨文卜辞中还有一些与建邦"作邑"有关的记载。如:

贞乍大邑。(《合集》13513 反)
乍邑于麓。(《合集》13505 正)
王乍邑于牛鼎。(《合集》20275)
贞我㘴邑。(《合集》13499)

　　皆言作邑令龟之事,与《毛传》相合,以甲骨文献和传世文献互相释证,"建邦能命龟"之义便较为清晰。

　　"建邦能命龟",举"命龟"之一用而言也,不可过于拘泥。实则周代举大事之前,多先命龟以占其凶吉。《周礼·春官》有《大卜》《卜师》《龟人》《蓳氏》《占人》《簭人》六节,记录了占卜的不同司职与程序,内容相当复杂。占卜最重要的有"八命",《大卜》云:"以邦事作龟之八命,一曰征,二曰象,三曰与,四曰谋,五曰果,六曰至,七曰雨,八曰瘳。"郑玄注:"国之大事待蓍龟而决者有八,定作其辞,于将卜以命龟也。"(《注疏》第 803 页)这八者都是国之大事,需要作龟而命之。这"八命"并不包括"建邦"。故笔者认为,"建邦能命龟"意指在重大决策之前,大夫在卜筮活动中具有作命辞的能力。

二、释"田能施命"

　　"田",古代打猎和习兵之礼,是狩猎活动与军事训练的结合。

---

① 杨树达:《积微居甲文说》卷下《释乍邑令龟》条,《杨树达文集》,上海古籍出版社 2007 年版,第 90—91 页。

《穀梁传·桓公四年》:"春曰田,夏曰苗,秋曰蒐,冬曰狩。"(《注疏》第 2374 页)《周礼·春官·甸祝》:"掌四时之田。"郑玄注:"田者,习兵之礼。"(《注疏》第 815 页)"施命","命"即"令",指施行政令、教命。

《周礼·夏官》有大司马掌邦政,其属官有军司马、舆司马、行司马,其职责就包括了田猎习兵。《周礼·夏官·大司马》对大司马所掌的田猎教战之礼的记载相当详细,可以看出当时的田猎习兵有一套系统而严密的礼制,而"田能施命"则是其部分内容,在田猎习兵中由大司马负责"施命"。

孔颖达疏曰:

> "田能施命"者,谓于田猎而能施教命以设誓,若《士师》职云:"三曰禁,用诸田役。"注云:"禁,则军礼曰'无干车,无自后射'其类也。"《大司马》职云:"斩牲,以左右徇陈,曰'不用命者斩之'"是也。田所以习战,故施命以戒众也。

孔疏以"田猎而能施教命以设誓"来释"田能施命",并认为"田所以习战,故施命以戒众也",这些意见是可取的。

孔疏所引首例为郑玄注。文见《周礼·秋官·士师》:"掌国之五禁之法……以五戒先后刑罚,毋使罪丽于民:一曰誓,用之于军旅;二曰诰,用之于会同;三曰禁,用诸田役;四曰纠,用诸国中;五曰宪,用诸都鄙。"郑玄注:"禁则军礼曰'无干车,无自后射',此其类也。"(《注疏》第 874—875 页)按,"禁"是指军事演练中的各种纪律与禁令。"无干车"是规定各兵车在狩猎时要各行其道,不能为了追逐野兽而影响其他兵车的行驶。"无自后射"是规定若前面有人,则不能在后射箭,恐误伤他人。

孔疏次例见《周礼·夏官·大司马》"中冬,教大阅":"群吏听誓于陈前,斩牲以左右徇陈,曰'不用命者斩之'。"按孙诒让的解释,此誓之意即"不用将帅之命,其刑则斩也。"①他还认为:"'田能施命',命即誓命也。此习战前之誓,誓以军法。"(《周礼正义》卷56,第2334页)

关于田猎之誓的具体情况,前人有所论述。清代江永认为田猎之誓可分为前誓与后誓②。孙诒让解释说:"前誓,习战之誓,誓以军法,即大阅陈车徒群吏听誓于陈前是也。后誓,田猎之誓,誓以田法,此表貉后之誓是也。"(《周礼正义》卷55,第2308页)孙希旦《礼记集解》的解释更为细致。他认为,四时的田猎都是先教战,然后田猎,而且都有誓。故有"教战之誓"与"田猎之誓"两种誓戒之辞。"教战之誓"用于未出和门之前,"田猎之誓"用于既出和门之后。这和江永所说的前誓与后誓相似③。

江永等人的说法,是根据《周礼·夏官·大司马》所载而得出的。他们认为,田猎之誓的仪式由两部分组成。在田猎活动之前,有一个军事演练。用的是"前誓"("教战之誓"),其内容是誓以军法,其辞如《周礼·夏官·大司马》"大阅"章所引"不用命者斩之"之誓,以警戒军士行动不得违反军令。田猎活动正式开始,用后誓("田猎之誓"),誓以田法,如郑玄注《周礼·夏官·大司马》"有司表貉誓民"条:"誓曰:'无干车,无自后射,立旌遂围禁,旌弊争禽而不审者,罚以假马。'"(《注疏》第836页)强调田猎活动中的纪律,即孙希旦所说的"戒其从禽之不如法者"。从上引内容看,"教战之誓"与"田猎之

---

① (清)孙诒让撰,王文锦、陈玉霞点校:《周礼正义》卷56,中华书局1987年版,第2333—2334页。

② (清)江永:《周礼疑义举要》卷5,《景印文渊阁四库全书》第101册,台湾商务印书馆1986年版,第758—759页。

③ (清)孙希旦撰、沈啸寰、王星贤点校:《礼记集解》卷17,中华书局1989年版,第481—482页。

誓"两种誓戒之辞的性质有明显差异。军法显然极为严厉,若违反军令则"斩之";而田法要宽松许多,不守田法只是"罚以假马"(木制马形筹码)而已。可见田猎不仅有军事训练目的,同时还有某种休闲娱乐功能。

综上所述,"田能施命"指大夫在田猎习兵中能宣布命令、纪律,以整肃军纪,激励士气。无论是教战之誓还是田猎之誓,内容都是宣戒相关纪律与职责,慑以刑罚。"田能施命"的"命"应该属于常规性的仪式套语,应该是对已有军令法规的宣读与强调,并非一种临时的创作。"田能施命"当然与辞令有关,但最需要的未必是辞令能力,而应是大夫对军法、田法的熟练掌握以及军事指挥能力和临阵的威仪风度。

三、释"作器能铭"

"作器能铭"之"器"指器物。器物可分为日常器物与宗庙重器,这种区分颇为重要,因为刻于日常器物与宗庙重器上的铭文内容差异很大。

日常器物与个人生活相当密切,其质地多样,或金属之器,或木竹之器。器物之铭,多从器物之用途特点出发阐释人生哲理与戒慎之思。在传世文献中,警戒自励的铭出现很早。《礼记·大学》:"汤之《盘铭》曰:'苟日新,日日新,又日新。'"盘铭就是刻在盥洗盘器上的劝戒自励之辞。盥洗盘器用于洁净身体,故以之喻君子自修其德,日日更新。

宗庙重器主要是青铜器。青铜器铭文种类甚多,有徽记、祭辞、册命、训诰、记事、追孝、约剂、律令、符、节、诏令、媵辞、乐律、物勒工名等①。宗庙重器上所镌刻的内容主要是记事颂功。古代建功立业,常刻辞于盘鼎以记之,称"盘鼎"。关于铭,唐兰总结说:"作器以记事,常也。而作法戒,偶也,故不恒见。"②指出在传世古器上箴戒性的铭较为罕见,这是值得注意的意见。

从文体学的角度看,汉之前论铭多指宗庙重器(盘鼎)之铭,故重在其记事颂功之用;汉之后论铭多指日常器物之铭,故重在箴戒之功。先秦时代对于铭的功用论述主要集中于纪事、述功、赞美的盘鼎之铭。《礼记·祭统》:

> 夫鼎有铭。铭者自名也,自名以称扬其先祖之美,而明著之后世者也。为先祖者,莫不有美焉,莫不有恶焉。铭之义,称美而不称恶,此孝子孝孙之心也。唯贤者能之。铭者,论撰其先祖之有德善、功烈、勋劳、庆赏、声名,列于天下,而酌之祭器,自成其名焉,以祀其先祖者也。

郑玄注曰:"铭,谓书之刻之以识事者也。自名,谓称扬其先祖之德,著己名于下。"(《注疏》第1606页)汉代的小学著作也如此说。《释名》:"铭,名也,述其功美,使可称名也。"(《释典艺》)又谓:"铭,名也,记名其功也。"(《释言语》)"铭者,自名也。""自名",就是自载其功,自成其名,这主要是指赞美与记功的盘鼎之铭。

古代颂功纪事之文字,既可镌刻于钟鼎,亦可镌刻于碑碣,寄金石之坚,以求不朽。《墨子·兼爱下》:"以其所书于竹帛,镂于金石,

---

① 参见马承源主编:《中国青铜器》第四章第二节"铭文的格式",上海古籍出版社2003年版。

② 唐兰:《〈颂斋吉金图录〉序》,载《唐兰先生金文论集》,紫禁城出版社1995年版,第342页。

琢于盘盂,传遗后世子孙者知之。"①《吕氏春秋·求人》云:"功绩铭乎金石,著于盘盂。"②从历史发展来看,钟鼎之铭早于碑碣之铭,但是从汉代开始纪事颂功之用多施之碑碣。蔡邕《铭论》谓:

> 钟鼎礼乐之器,昭德纪功,以示子孙,物不朽者莫不朽于金石,故碑在宗庙两阶之间。近世以来,咸铭之于碑。③

他指出近代以来,碑铭始盛。因石碑容量更大,可以书写更多内容,也更具开放性,传播性更强,故更适合纪事颂功。铭器原有的纪事赞颂功能逐渐被碑铭所代替,而器物之铭的箴戒功能逐渐被强调与放大。扬雄《法言》卷2《修身》:"或问铭,曰:铭哉,铭哉,有意于慎也。"④可见至少在扬雄的时代开始,器物之铭的功能,已经逐渐向箴戒的方向转移了。此后,在文体学著作中,铭的功能与"箴"相近。《文心雕龙》把铭与箴合为《铭箴》。其中论铭的箴戒功能:"昔帝轩刻舆几以弼违,大禹勒笋虡而招谏。成汤盘盂,著日新之规,武王户席,题必戒之训。周公慎言于金人,仲尼革容于欹器。则先圣鉴戒,其来久矣。"然后再论铭的赞颂功能:"故铭者,名也,观器必也正名,审用贵乎盛德。"刘勰把箴与铭合并一大类,认为两类文体虽有区别,但关系密切,"箴全御过,故文资确切;铭兼褒赞,故体贵弘润。"刘勰论铭先戒而后颂,把铭的箴戒功能视为主体,而"褒赞"是"兼"的,铭之功能的主次之分非常鲜明。

---

① (清)孙诒让:《墨子间诂》,第120页。
② 许维遹:《吕氏春秋集释》,第615页。
③ (清)严可均校辑:《全上古三代秦汉三国六朝文》,中华书局1958年版,第875页。
④ 汪荣宝撰,陈仲夫点校:《法言义疏》,中华书局1987年版,第88页。

在此文体学背景下,孔颖达的疏解明显偏重铭的箴戒自警功能:

> "作器能铭"者,谓既作器,能为其铭,若栗氏为量,其铭曰:
> "时文思索,允臻其极。嘉量既成,以观四国。永启厥后,兹启维
> 则"是也。《大戴礼》说武王盘盂几杖皆有铭,此其存者也。铭
> 者,名也,所以因其器名而书以为戒也。

孔颖达受汉代以来铭体论的影响,故谓铭的功能是"因其器名而
书以为戒也",即根据不同器物的特点而托物以自警戒的。孔疏对
"作器能铭"的阐释至少是不全面的。他把铭作为一种箴戒文体来理
解,所举《周礼·冬官·栗氏》量器之铭、《大戴礼·武王践阼》武王
盘盂几杖之铭,皆为箴戒铭辞,而不及纪功颂德之铭。这是一种选择
性的阐释,虽然符合汉代以来文体学发展的倾向,但与先秦时代的实
际情况是有出入的。明代徐师曾说铭"其体不过有二:一曰警戒,二
曰祝颂"①。所言甚是。不过,铭以警戒为第一义,是后起的。在先
秦语境里,祝颂纪功是首要的,也是其原始意义,传世文献与出土文
献皆可证实这一点。述功之铭镌刻于礼器之上,述其功德,以传后
世,此类铭多刻于鼎、簋、盆等器物之上。当时大夫的"作器能铭",首
先应该是具备纪事、叙述与歌功颂德之才能,这毕竟与国家政治、军
事、文化的需求直接相关,然后才是在道德上具有自我警戒与训戒他
人的能力。在"作器能铭"的原始语境中,铭有多方面功用,但以纪事
述功为主流。汉代以后,铭的警戒功能被强化并强调,而述功赞美的
铭则由金转而为石,变成勒石立碑的铭了。

要之,"作器能铭"之"铭",在文体性质、功能上是开放的。宋陈骙

---

① (明)徐师曾著,罗根泽校点:《文体明辨序说》"铭",人民文学出版社 1962 年
版,第 142 页。

《文则》说："铭文之作,初无定体。量人《量铭》,乃类《诗》'雅'。孔悝《鼎铭》,无异《书》'命'。成汤《盘铭》,考父《鼎铭》,体又别矣。"①其实,以器物为载体的书写,可用诸种不同文体。除箴铭戒训之外,从其叙事纪功的功能来看,同"记"之体;从其歌功颂德而言,近乎"颂"体;就其刻铸会盟文书,则同盟誓之体;就其刻铸文书法律,则同券契之体。

四、释"使能造命"

"使",指出使。"造命"谓创制和使用得体的辞命、辞令。它不仅需要出色的语言能力,还需要政治、军事、外交、历史、文化、艺术等方面的修养,以及纵横捭阖、折冲樽俎的洞察力与应变能力。"达"是辞令的最高境界,即准确和得体。《仪礼·聘礼》"记"云:"辞无常,孙而说。辞多则史,少则不达。辞苟足以达,义之至也。"(《注疏》第1073页)强调辞令应该适应具体环境的需求,态度谦逊使人喜悦。

《周礼·春官·大祝》:"作六辞以通上下亲疏远近。一曰祠,二曰命,三曰诰,四曰会,五曰祷,六曰诔。"郑玄注:"郑司农云:'祠,当为辞,谓辞令也。命,《论语》所谓:为命,裨谌草创……'玄谓'一曰祠'者,交接之辞。《春秋传》曰'古者诸侯相见,号辞必称先君以相接',辞之辞也。会,谓会同盟誓之辞。"(《注疏》第809页)"六辞"中至少有祠、命、会这几种与"使能造命"有关系。王夫之《读四书大全说·论语·为政篇七》:"春秋之时,会盟征伐交错,而唯辞命是赖。"②春秋战国时期使者肩负着邦国的使命与声誉,用于王朝之内

---

① (宋)陈骙撰,王利器点校:《文则》,人民文学出版社 1960 年版,第 43 页。
② (明)王夫之:《读四书大全说》,《船山全书》第 6 册,岳麓书社 1996 年版,第606 页。

朝觐聘问与列国之间会盟征伐、往来应对的使者辞令,往往关乎国家安危、战争胜负。史传所载烛之武退秦师、唐雎使秦、晏婴使楚等故事,可谓"三寸之舌强于百万之师"。

春秋时代"使能造命"确与大夫之职有关。《周礼·秋官》中有"大行人""小行人"之职官。大行人"掌大宾之礼,及大客之仪,以亲诸侯"(《注疏》第890页),属中大夫,掌管天子与诸侯国交往之礼仪等职。小行人"掌邦国宾客之礼籍,以待四方之使者",还要"使适四方,协九仪宾客之礼"(《注疏》第893页),即有出使四方之命。

辞命方式,既有口头性的,也有文字性的。许多外交辞令,属于重要的公文,甚至需要集体讨论、修饰、润色。《论语·宪问》:"为命,裨谌草创之,世叔讨论之,行人子羽修饰之,东里子产润色之。"而大多外交辞令则是在复杂多变的情景中的言辞,这就需要随机应变而语辞得体。孔疏曰:"'使能造命'者,谓随前事应机,造其辞命以对,若屈完之对齐侯,国佐之对晋师,君无常辞也。"强调其应变的辞令能力。"屈完之对齐侯"事见《左传·僖公四年》,"国佐之对晋师"事见《左传·成公二年》,二事皆体现了出使造命,"君无常辞"的现象。孔疏所言极是。

在古代,使者肩负使命,远离家国,面对复杂多变的情况,只能独当一面,根据君命原则来决断。《公羊传·庄公十九年》:"聘礼,大夫受命不受辞,出竟有可以安社稷、利国家者,则专之可也。"(《注疏》第2236页)"受命不受辞"就是接受君主使命的大原则,但不受具体指令的约束,只要有利于国家,不违背原则就可以自己作主处理。

"使能造命",指在邦国相交的场合中,善于辞令,具有得体的应对与应变能力。"造命"在文体学上也是开放的,具有运用各种文体的可能性。如果说"使能造命"的"命"主要就是行人之辞,那么,行人之辞可以是书信,可以是吊文,也可以是会同之辞。会同之辞则可能与盟、誓、约、檄、移、让、责、禁等文体相关。宋代真德秀《文章正宗》把文章分为"辞命"、"议论"、"叙事"、"诗歌"四大类,"辞命"类中最重要就是"春秋列国往来应对之辞",该书选了37篇,皆出于《左传》。可见《左传》诚为古辞令之渊薮,而其标题所用有"对"、"答"、"说"、"谏"、"论"、"谋",这些都具有一定的文体意义。

五、释"升高能赋"

"升高能赋",或作"登高能赋"。若依我们的惯常理解,就是:登上高处,感物兴怀而能写作诗赋作品。这是一种文学化的阐释。

这种文学化阐释的萌芽,始于汉代。《汉书·艺文志·诗赋略》对"登高能赋可以为大夫"之阐释,已同时包含了言志与感物两种内涵。"古者诸侯卿大夫交接邻国,以微言相感,当揖让之时,必称《诗》以谕其志,盖以别贤不肖而观盛衰焉。"此承先秦时代"登高能赋"之原义,即在诸侯会同之时,坛堂之上,赋《诗》言志。而感物之义,则为《诗赋略》首创:"感物造端,材知深美,可与图事,故可以为列大夫也。"颜师古释"感物造端"曰:"因物动志,则造辞义之端绪。"谓能见物兴感,而产生创作辞语的动机。在这个语境中,能产生"感物造端"的"登高",便可以成为登临高处之理解了。"能赋"之"赋",则可以理解为创作诗赋。由于诗赋文体在汉代已完全独立,成为当代文章的标志。所以,虽然《诗赋略》对"登高能赋"包含言志与感物两种内涵,但人们却偏向于选择其"感物造端"的文学化阐释,这种现象既是由《艺文志·诗赋略》内容所导向,又是因为接受者把后来的文学观念投射其中。此后,"感物造端"四字,差不多成为赋体的不刊之论。

刘勰《文心雕龙·诠赋》论赋谓"原夫登高之旨,盖睹物兴情……此立赋之大体也。"他更明确地说,所谓"登高能赋"之旨意,便是看到外界的景物而引发内心感情。《文心雕龙·明诗》又谓"人禀七情,应物斯感"。这些应该是承《诗赋略》"登高能赋""感物造端"之说而阐发的,代表了南北朝以来典型的诗赋理论。

孔颖达疏:"'升高能赋'者,谓升高有所见,能为诗赋其形状,铺陈其事势也。"孔疏所谓"升高有所见",用左思《三都赋序》之语:"发言为诗者,咏其所志也;升高能赋者,颂其所见也。"孔氏之意,"升高能赋"应该指登临高处,如台榭山峰,登临纵目,而能作诗歌"赋其形状,铺陈其事势也"。这肯定属于文学创作了。它明显是以诗赋兴盛之后的文学观念来阐释"升高能赋",这种阐释此后一直是文章学界的主流观点。

但在主流阐释之外,有些学者表达了不同意见。比较早的如明代何良俊就说:"《传》曰:九能可以为大夫。其一曰:'登高能赋。'当春秋时尚未有赋,亦未必人人作诗。即如前之所赋是也,盖但以明志而已。"①何良俊认为春秋时期没有赋体,也非人人写诗,所以"登高能赋"之义并不是说登高能写赋或写诗,只是诵《诗》以明志罢了。虽然何良俊所言较简,影响不大,但见解独特,值得留意。

章太炎《国故论衡·辨诗》:"《毛诗传》曰:'登高能赋,可以为大夫。'登高孰谓? 谓坛堂之上,揖让之时。赋者孰谓? 谓微言相感,歌诗必类。"②揭櫫新义,最为醒豁。此后,其义多被采用。吴静安在《春秋左氏传旧注疏证续》中解释九能,其中谓"登高能赋,七子赋诗"③,用《左传·襄公二十七年》春秋郑国子展、伯有、子西、子产等七大夫在晋国赵孟面前,分别赋《诗》以言志之典故,解释"登高能

① (明)何良俊:《四友斋丛说》卷2,中华书局1959年版,第18—19页。
② 章太炎撰,庞俊等疏证:《国故论衡疏证》,中华书局2008年版,第415页。
③ 吴静安:《春秋左氏传旧注疏证续》,东北师范大学出版社2005年版,第156页。

赋",虽然只有四字,意思却相当清楚。王利器更明确指出"登高能赋"之意是"会同之时,坛坫之上,能赋《诗》见意也"①。

赵逵夫则认为孔颖达《诗正义》对"登高能赋"的解释是"误解":"《汉书·艺文志》所谓'登高'乃是指登于朝堂盟坛之上,而不是指观览风光的山顶或台榭之上。"②周勋初《"登高能赋"说的演变和刘勰创作论的形成》一文指出:"'升高'一词包含着两方面的内容,一是登堂,二是登坛。不论诸侯、卿、大夫参与的是堂上的酬酢或坛上的盟会,都要具有赋诗的能力,才能应付裕如。"而"赋诗"也不是自己创作诗歌,而是诵《诗》以言志的。周先生进一步指出:"孔颖达对'升高能赋'说的解释,实际上是沿用了魏晋南北朝文士的赋说。"③

综上所述,"升高能赋"有二种解释:一种谓登临高处,感物兴怀而能作诗赋。另一种解释是:在会同之时,登坛之际,具有赋《诗》言志的能力。前说是汉魏以来诗赋兴盛背景下的一种文学化理解,它也符合汉魏以来文坛的实际创作情况。后说证之先秦史籍中士大夫引《诗》之例,比较符合先秦的实际语境。

六、释"师旅能誓"

"师旅"指军队、军事;"誓"指告戒、约束将士的号令。孔颖达疏

① 王利器:《颜氏家训集解》卷4"文章"案语,上海古籍出版社1980年版,第243页。
② 赵逵夫:《"登高能赋"辨析》,《屈原与他的时代》,人民文学出版社1990年版,第165—166页。
③ 中国《文心雕龙》研究会编:《〈文心雕龙〉研究》第2辑,北京大学出版社1996年版。

曰:"'师旅能誓'者,谓将帅能誓戒之,若铁之战,赵鞅誓军之类。"①

誓,是中国最为古老的文体之一。《周礼·秋官·士师》:"以五戒先后刑罚,毋使罪丽于民。一曰誓,用之于军旅。"(《注疏》第874页)《墨子·非命上》:"所以整设师旅、进退师徒者,誓也。"②在先秦时代,虽然誓约被广泛使用,然师旅之誓最具代表性。孔颖达《尚书·甘誓》疏曰:"《曲礼》云:'约信曰誓',将与敌战,恐其损败,与将士设约,示赏罚之信也。将战而誓,是誓之大者。《礼》将祭而号令齐百官,亦谓之誓……彼亦是约信,但小于战之誓。"(《注疏》第155页)誓有大者,有小者,师旅之誓正是誓之大者。

明代黄佐论誓体说:

> 誓者,所以一众心力,使下情孚于上者也。《大禹谟》禹征有苗,誓于师曰"济济有众,咸听朕命",以至"其克有勋"是也。故《甘誓》《汤誓》《牧誓》,终于《费誓》《泰誓》,其体皆出于谟。盖下不与上同意,则其心力必不一矣。犹夫《伊训》之后,《咸有一德》是也。成汤即天子之位,与诸侯誓曰:"阴胜阳即谓之变,而天弗施;雌胜雄即谓之乱,而人弗行。"盖亦此意。春秋以后,誓体变矣。③

《尚书》保存了许多早期誓词,如《夏书·甘誓》、《商书·汤誓》、《周书·牧誓》、《周书·费誓》和《周书·秦誓》④。除了《尚书》之

① 孔疏所举之例,见《左传·哀公二年》所载。
② (清)孙诒让撰,孙启治点校:《墨子间诂》,第266页。
③ (明)黄佐:《六艺流别》卷6"书艺"一。《四库全书存目丛书》第300册,齐鲁书社1996年版,第192页。
④ (清)秦蕙田《五礼通考》有"誓师"一节,将师旅之誓分为"致师之誓"与"还师之誓"。见该书卷237"军礼"五"出师"一,《景印文渊阁四库全书》第141册,第465页。

外,其他先秦典籍也记载了一些军旅之誓。如《国语·晋语三》引韩之誓曰:"失次犯令,死;将止不面夷,死;伪言误众,死。"①意为:脱离队伍,违抗命令者死;将帅被敌俘虏而身体无伤者死(指不竭力战斗);传假消息误导众人者死。这是语言比较简洁而措辞严厉的誓言。

除了传世文献所载的军旅之誓外,出土的上古文献也有相关材料。商艳涛曾对"古文字材料中的'誓'"、"甲骨文中的誓师"、"金文中的誓师"等内容有所研究,此不赘述②。

在古代文体学中,盟与誓往往并称。但会盟之誓与军旅之誓不同。"誓之体于《尚书》屡见,所以告于神明者,亦与盟文相类。惟盟则多施之同等之国,而誓则用以约束群下,为稍异耳。"③会盟之誓是在不同利益集团间进行的,需要指天为证,杀牲歃血,不守信者神祇将惩罚降灾。军旅之誓则是在同一军事集团内部为了共同完成某一行动而进行的,是上级对下级的约束规定,虽或告之神明,但不必依靠神祇施以惩罚,不遵誓言者将直接受到严厉的军事处置。

"师旅能誓"的意思是在军事行动中,能发布告戒、约束将士的辞令,以整饬军心,严肃军纪,壮大声势,加强战力。

"师旅能誓"与"田能施命"内容有一定交叉。田猎活动之前所进行的"前誓"或"教战之誓",誓以军法,与"师旅能誓"是一样的。郑玄注《礼记·月令·季秋》"北面誓之"时认为是"誓众以军法也"。孔颖达《正义》曰:"军法之誓,有异田猎之誓,则云'无干车',如蒐田之法也。今此大阅之誓,以依军法,故《司马》中冬大阅云:'群吏听

① 徐元诰:《国语集解》,中华书局 2002 年版,第 317 页。
② 商艳涛:《西周军事铭文研究》,华南理工大学出版社 2013 年版,第 148—154 页。
③ 吴曾祺:《文体刍言》"誓文",王水照编:《历代文话》第 7 册,复旦大学出版社 2007 年版,第 6669 页。

誓于陈前,斩牲以左右徇陈,曰:"不用命者斩之。'"……则军法之誓,必斩杀也。"(《注疏》第1380页)孔颖达指出"蒐田之法"与"军法之誓"是有明显不同的。"蒐田之法"的处置就是"罚以假马",而违反"军法之誓"则是要斩杀的。

七、释"山川能说"

"山川能说"一语较为难解。"山川"指名山大川、山水土地。至于"说"究竟指什么,因语境不明而难有确解。

孔颖达谓:

> "山川能说"者,谓行过山川,能说其形势,而陈述其状也。
> 《郑志》:"张逸问:'《传》曰"山川能说",何谓?'答曰:'两读。
> 或云说者,说其形势;或云述者,述其古事。'"则郑为两读,以义
> 俱通故也。

郑玄认为"山川能说"意为"说其形势"与"述其古事",即解说"山川"的现状与叙述其历史,但郑玄没有说明是在什么语境下"说其形势"与"述其古事"。孔颖达吸收《郑志》说法,又补充"山川能说"的语境,就是"行过山川"。孔颖达对"山川能说"与"登高能赋"的解说相当近似。他说,"'升高能赋'者,谓升高有所见,能为诗赋其形状,铺陈其事势也。""'山川能说'者,谓行过山川,能说其形势,而陈述其状也。"不同在于:一是"为诗",一是"能说"。这样,就容易让人把"山川能说"理解为文学性的活动,与"登高能赋"相提并论。如元代虞集说:"古之大夫君子,所以有登临览观之乐者,盖以其升高

能赋,山川能说,非徒为燕游以暇逸也。"(《青云亭记》)①明代释妙声说:"不然则山川能说,登高能赋可以为大夫者,岂无其人乎?"(《宦游记》)②明代胡翰说:"山川能说,登高能赋,可以为大夫,余闻诸古而于此卷见之矣!"(《北山纪游总录跋》)③

不过,以上阐释是诗赋兴盛以后人们对先秦时代的一种文学想象,未必与当时的事实相符。笔者认为,此涉及大夫之能,应该从当时之相关制度去考察。然而,考之先秦典籍,似未见如孔疏所言的"行过山川,能说其形势,而陈述其状"的相关记载。

宋代以来,不少学者提出不同理解。王应麟《通鉴地理通释》卷五"十道山川考":"《禹贡》定高山大川,以别九州之境,《职方》《尔雅》取法焉。山川万古不易,州县随时变迁。后之志地理者,附山川于注,失其纲领,唯《唐六典》叙十道得《禹贡》遗意,今释其地以备参考,'山川能说',九能之一,或庶几焉。"④王应麟从《禹贡》遗意说起,然后说其著书是"释其地以备参考",并和"山川能说"联系起来⑤。按其意,"山川能说"与《禹贡》区域地理学内容是相关的。

到了清代,许多学者沿用此说。惠士奇《礼说》云:

> 土训,道地图;诵训,道方志,古之稗官也,稗官乃小说家者流。小说九百,本自虞初。虞初,洛阳人。汉武帝时,以方士侍

---

① (元)虞集:《道园学古录》卷37,《景印文渊阁四库全书》第1207册,第533—534页。
② (明)释妙声:《东皋集》卷中,《景印文渊阁四库全书》第1227册,第605页。
③ (明)胡翰:《胡仲子集》卷8,《景印文渊阁四库全书》第1229册,第102页。
④ (宋)王应麟撰,张保见校注:《通鉴地理通释校注》,四川大学出版社2009年版,第153页。
⑤ 王应麟另在《诗地理考自序》一文中也有类似的表述。参见张保见校注:《诗地理考校注》,四川大学出版社2009年版,第2页。

郎号黄车使者,盖即古之土训、诵训。王巡守则夹王车,挟此秘书,储以自随,待上所求问,皆常具焉。王者欲知九州山川形势之所宜,四方所识久远之事,及民间风俗,輶轩之所未尽采,太史之所未及陈,凡地慝方慝恶物丑类,乃立稗官使称说之,故曰训。解诂为训,偶语为稗,其义一也。说者谓街谈巷语、道听途说者所造,岂其然乎? 应劭曰:其说以《周书》为本。贤者识大,不贤者识小,而文武之道存,仲尼之所学也。君子有九能,一曰山川能说,说有两义,一曰说,说者,说其形势;一曰述,述者,述其故事。然则训兼两义,或说之或述之。①

惠士奇已明确将《周礼》中的土训、诵训之职与"山川能说"联系起来。此后,孔广林也说:"《郑志》答张逸问《毛诗传》'山川能说'云:两读,或言说,说者,说其形势。或言述,述者,述其故事。广林谓此地道图,以诏地事,说其形势矣。诵训道方志,以诏观事,述其故事矣。九能之一,二职分焉。"②汪中亦称:"古者诵训之官,掌道方志,以诏观事,王巡狩则夹王车,故曰'山川能说,可以为大夫'。"③孔广林、汪中所言与惠士奇相近,皆以《周礼》之职解释"山川能说"。夏炘《读诗札记》更明确指出:"'山川能说',如《夏史》纪《禹贡》,《周礼》详《职方》之类是也。"④刘师培则认为:"山川能说,为后世地志、图说之祖。"(《论文杂记》,第128页)

《周礼·地官·叙官》中提到有"土训""诵训"二职。郑众谓土训即"谓以远方土地所生异物告道王也",郑玄谓诵训是"能训说四

① (清)惠士奇:《礼说》卷5,《景印文渊阁四库全书》第101册,第488页。
② (清)孔广林:《周官臆测》卷2,《续修四库全书》第80册,第384页。
③ (清)汪中:《广陵对》,《新编汪中集》,广陵书社2005年版,第446页。
④ (清)夏炘:《读诗札记》卷3"卜云其吉"条。《续修四库全书》第70册,第649—650页。

方所诵习及人所作为久时事。"(《注疏》第 699 页)《周礼·地官·土训》:"掌道地图,以诏地事。"郑玄注:"道,说也。说地图,九州形势山川所宜,告王以施其事也。若云'荆扬地宜稻,幽并地宜麻'。"(《注疏》第 747 页)孙诒让《周礼正义》卷 30 释云:

> "掌道地图"者,地图即《司书》《大司徒》"土地之图",《职方氏》"天下之图",彼藏其书,此官则为王道之,与彼为官联也。注云"道,说也"者,《广雅·释诂》同。《毛诗·鄘风·定之方中》传,说大夫九能,云"山川能说",即其义。(《周礼正义》卷三十,第 1194 页)

孙诒让承惠士奇之说,并明确指出"山川能说"即是为王说"九州形势山川所宜,告王以施其事"。土训、诵训皆有"王巡守,则夹王车"的职掌,随行以备顾问。

除了土训、诵训之外,还有一些掌管各地域信息的官职。职方氏"掌天下之图,以掌天下之地。辨其邦国、都鄙、四夷、八蛮、七闽、九貉、五戎、六狄之人民,与其财用、九谷、六畜之数要,周知其利害"(《周礼·夏官·职方氏》,《注疏》第 861 页),训方氏"掌道四方之政事与其上下之志,诵四方之传道。正岁,则布而训四方,而观新物"(《周礼·夏官·训方氏》,《注疏》第 864 页),山师"掌山林之名,辨其物与其利害,而颁之于邦国,使致其珍异之物"(《周礼·夏官·山师》,《注疏》865 页),川师"掌川泽之名,辨其物与其利害,而颁之于邦国,使致其珍异之物"(《周礼·夏官·川师》,《注疏》第 865 页),邍师"掌四方之地名,辨其丘陵、坟衍、邍隰之名,物之可以封邑者"(《周礼·夏官·邍师》,《注疏》第 865 页),撢人"掌诵王志,道国之政事,以巡天下之邦国而语之,使万民和说而正王面"(《周礼·夏官·撢人》,《注疏》第 865 页),这些职官都与王的巡狩、贡赋制度关系密切。

在古代官制中，土训、诵训等职与"山川能说"有关，但"山川能说"并不只局限于这些具体的官职，也是大夫应有的修养。魏源《海国图志·释昆仑下》谓："古者九能之士，山川能说，其非徒说形势分合之谓，其必察地理、脉水性，并其卓诡之状、隐潜之络，而了知之。"①清代谭莹亦说："夫山川能说，风俗当知，土宜田赋之必须，国计民生之攸系，贵征文以考献，宜博古以通今。"②则把"山川能说"与各地的风俗、物产、田赋、国计民生联系起来。

以上文献，治文论者少有涉及，故特别揭出。综上所述，"山川能说"在先秦时代是有制度依据的，不过，我们不能只拘泥于具体的官职，把它局限在职方、土训、诵训等这些具体的职位。"山川能说"也并非只是"行过山川，能说其形势，而陈述其状"，而是意谓大夫应该熟悉各地山川之自然地理与人文地理，对其水土、物产、经济、民情、历史皆能给以评说分析，以备咨询。

八、释"丧纪能诔"

"丧纪"，即丧事。诔与谥有直接关系，《说文解字》曰："诔，谥也。"古代帝王、贵族、大臣、士大夫或其他有地位的人死后，要有一个谥号，在周代诔文只用于王侯卿大夫之丧。评定谥号的依据和说明就是"诔"，"诔"就是列述死者德行，表示哀悼并以之定谥。

诔属于"六辞"之一。郑玄注《周礼·春官·大祝》"六辞"引郑众语曰："诔，谓积累生时德行，以锡之命，主为其辞也。"（《注疏》第

---

① （清）魏源：《海国图志》卷74《释昆仑下》，岳麓书社2011年版，第1864页。

② （清）谭莹：《乐志堂文集》续集卷1，《续修四库全书》第1528册，第364页。

809 页)大祝是掌祭祀告神之赞辞者,属春官宗伯,下大夫。依"贱不诔贵,幼不诔长"之礼,作为下大夫的大祝,并无资格为诸侯大夫作诔。故太祝若是诔天子的话,那就只能以"天"为名义来写诔了。

先秦时代诔文的体制究竟如何?汉代以来学者基本认为"诔"是累列死者生平事迹,据此而作谥。汉儒以声训之法,释"诔"为"累"。《释名》曰:"诔,累也。累列其事而称之也。"《礼记·曾子问》:"贱不诔贵,幼不诔长,礼也。唯天子称天以诔之。诸侯相诔,非礼也。"郑玄注:"诔,累也。累列生时行迹,读之以作谥。谥当由尊者成。"(《注疏》第 1398 页)"累列其事"与"累列生时行迹"都容易给人以强调"诔"之叙事性的印象。所以顺此导向发展,到了梁代皇侃就说:"诔者,谓如今行状也。诔之言累也,人生有德行,死而累列其行之迹为谥也。"(《论语义疏》卷 4)[①]明确把诔等同于行状,这就把诔看成是专指记述死者世系、籍贯、生卒年月和生平概略的叙事文章。此后,学者往往把诔与行状相提并论。《礼记·檀弓上》:"鲁哀公诔孔丘。"孔疏:"作谥,宜先列其生时行状,谓之为诔。"(《注疏》第 1294页)此亦以诔等同行状。章太炎《国故论衡·正赍送》说:"自诔出者,后有行状。诔之为言,累其行迹而为之谥。故《文心雕龙》曰:'序事如传,辞律靡调,诔之才也。'此则后人行状,实当斯体。"(《国故论衡疏证》,第 453 页)

先秦之诔,本质上是一种礼仪形式,并未形成规范的文体体制,成熟的诔文体制到了汉魏以后才真正形成。郝经说:"魏晋而下,始有诔文,有序、有事,盛为辞章,勒石于墓,亦与碑等矣。"[②]在文学批

---

① (三国魏)何晏集解,(南朝梁)皇侃义疏:《论语集解义疏》,《丛书集成初编》本,商务印书馆 1937 年版,第 101 页。

② (元)郝经:《郝氏续后汉书》卷 66 上上"文艺",《景印文渊阁四库全书》第 385 册,第 622 页。

评方面,刘勰《文心雕龙·诔碑》云:"详夫诔之为制,盖选言录行,传体而颂文,荣始而哀终。"又说:"夫碑实铭器,铭实碑文,因器立名,事光于诔。是以勒石赞勋者,入铭之域;树碑述已者,同诔之区焉。"刘勰以诔与碑同类,而且强调诔文的"传体"即其叙事性,这应该是对汉魏以来的诔体文创作的理论总结。

但是,先秦的诔并非如后代的行状那样明确属于叙事性的文体。

先秦时代的诔流传极少,就传世的诔来看,并无定制。挚虞《文章流别论》曰:"诗、颂、箴、铭之篇,皆有往古成文,可放依而作,惟诔无定制,故作者多异焉。"①《礼记·檀弓上》提到鲁庄公对县贲父诔时说:"士之有诔,自此始也。"(《注疏》第 1277 页)然此诔之文已不可见。现存最早的诔文,是鲁哀公《孔子诔》。《左传·哀公十六年》:"(哀公)诔之曰:'旻天不吊,不慭遗一老,俾屏余一人以在位,茕茕余在疚。呜呼哀哉尼父!无自律。'"(《注疏》第 2177 页)此诔并没有涉及孔子的生平事迹,似也未及于谥,故郝经说此诔"不累其行,特哀之之辞也"。(《郝氏续后汉书》卷 66 上上"文艺",第 622 页)

比较完整的诔文见刘向《列女传》:"柳下既死,门人将诔之。妻曰:'将诔夫子之德邪? 则二三子不如妾知之也。'乃诔曰:'夫子之不伐兮,夫子之不竭兮,夫子之信诚,而与人无害兮。屈柔从俗,不强察兮? 蒙耻救民,德弥大兮。虽遇三黜,终不蔽兮。恺悌君子,永能厉兮。嗟呼惜哉,乃下世兮。庶几遐年,今遂逝兮。呜呼哀哉,魂神泄兮。夫子之谥,宜为惠兮。'"②此书为汉人所编,真实性无法断定,但倒体现出诔与谥的关系。该诔以贱诔贵,是个人之行为,可称"私

---

① (清)严可均校辑:《全上古三代秦汉三国六朝文》卷 77,第 1906 页。
② (西汉)刘向撰,(清)王照圆补注:《列女传补注》,华东师范大学出版社 2012年版,第 74 页。

谥"。值得注意的是,该诔不涉及生平事迹,与行状之体并不相同,与刘勰所说的"传体"也相去甚远,只是在阐释"夫子之谥,宜为惠兮"的理由,文体并非叙事,而近乎议论。

由于先秦遗留的诔太少,无法展开全面的研究,但就现存的诔文仍可以看出,当时的诔并没有统一的规范,孔子诔与柳下惠诔在形式与内容上就很不一样,或与谥有关,或仅为寄哀,但都不是后人所说的叙事文体。

在笔者看来,所谓"累列其行",应该是指累列和概括其德行以便作谥,而不是叙述其生平。作诔的目的和指向就是谥。谥需用最简要的字来准确地概括死者的德行,所以诔就需要总结死者的德行以便确定谥号的褒贬。孔颖达疏说:"'丧纪能诔'者,谓于丧纪之事,能累列其行,为文辞以作谥。若子囊之诔楚恭之类。"孔疏所谓"子囊之诔楚恭"事,见《国语·楚语上》:

> 恭王有疾,召大夫曰:"不穀不德,失先君之业,覆楚国之师,不穀之罪也。若得保其首领以殁,唯是春秋所以从先君者,请为'灵'若'厉'。"大夫许诺。王卒,及葬,子囊议谥。大夫曰:"王有命矣。"子囊曰:"不可。夫事君者,先其善,不从其过。赫赫楚国,而君临之,抚征南海,训及诸夏,其宠大矣。有是宠也,而知其过,可不谓'恭'乎?若先君善,则请为'恭'。"大夫从之。(《国语集解》,第 487 页)

可见,"子囊之诔楚恭"并不是子囊对楚恭王生平大事的记叙,而是说明其功劳及知错能改的德行可以配上"恭"这个谥的理由。

《墨子·鲁问》曰:"诔者,道死人之志也。"[1]按,"志"是"德"而

---

[1]（清）孙诒让:《墨子间诂》,第 470 页。

不是事①。墨子这个说法也许更符合先秦时代诔的真实面貌。从现存先秦的诔文来看，与行状并不相同。诔最重要的是总结和概括死者的主要德行，而不是叙述死者的生平事迹。这两者在文体上有较大的差异。先秦时代的诔是总结性与议论性的文体，而后起的行状是记载具体生平的叙述文体。"丧纪能诔"首先是对死者生平德行的概括能力，另一方面也包含写作表达哀思辞令的能力。

九、释"祭祀能语"

"祭祀能语"指祭祀时能作祈福禳灾的祝祷之辞。无论是"祭祀"还是"能语"都包括许多内容，但其核心就是祝祷。

孔疏曰："'祭祀能语'者，谓于祭祀能祝告鬼神，而为言语，若荀偃祷河，蒯聩祷祖之类是也。"孔疏所举二例皆出《左传》，"荀偃祷河"指襄公十八年晋国荀偃伐齐时向河神祈祷之辞。"蒯聩祷祖"是指哀公二年卫太子蒯聩在晋国参加对郑国之战，祈求祖先保佑。孔疏谓"祭祀能祝告鬼神，而为言语"是可取的，然所引两例都是战争祷文，则不免单一。实际上，祭祀"祝告鬼神"的文体相当繁多而复杂，明代徐师曾《文体明辨》曰："按祝文者，飨神之词也……考其大旨，实有六焉：一曰告，二曰修，三曰祈，四曰报，五曰辟，六曰谒，用以飨天地山川社稷宗庙五祀群神，而总谓之祝文。"②他把祝文分为告、修、祈、报、辟、谒六类，但仍难以把所有"祭祀能语"的内容包括进来。

① 《吕氏春秋·遇合》："凡举人之本，太上以志，其次以事，其次以功。"高诱注："志，德也。"（《吕氏春秋集释》，第346页）
② （明）徐师曾著，罗根泽校点：《文体明辨序说》"祝文"，人民文学出版社1962年版，第155—156页。

祭祀在古代是极为重要而广泛使用的礼制。"丧纪能诔"属于凶礼,"祭祀能语"属于吉礼。《礼记·祭统》:"凡治人之道,莫急于礼。礼有五经,莫重于祭。"郑玄注:"礼有五经,谓吉礼、凶礼、宾礼、军礼、嘉礼也。莫重于祭,谓以吉礼为首也。"(《注疏》第 1602 页)作为古代祀神供祖的仪式,祭祀的种类繁多,细分之则供奉天神为祀,供奉地祇为祭,供奉人鬼为享。又有所谓大祀、次祀、小祀①。由于祭祀的时间和对象不同,祭祀又有各种不同名称。《尔雅·释天》曰:"春祭曰祠,夏祭曰礿,秋祭曰尝,冬祭曰烝。祭天曰燔柴,祭地曰瘗薶。祭山曰庪县,祭川曰浮沉,祭星曰布,祭风曰磔。"(《注疏》第 2609 页)总之,祭祀本身是一个复杂的礼制系统。

国之祭祀由大宗伯掌管,小宗伯辅佐之。大宗伯为地位尊贵的六卿之一,可见祭祀的重要性。古人认为,人与神无法直接交流,只能由祝担任人与神交流的中介。在祭祀过程中,由司祝与神祇进行沟通,代表人意,达之于天,用于祈福禳灾。祭祀的祝辞,由宗伯命旨,而司祝负责具体文辞。司祝也是分工复杂的系统,有"掌六祝""六祈","作六辞","辨六号"的大祝(《周礼·春官·大祝》),有"掌小祭祀将事侯禳祷祠之祝号"的小祝(《周礼·春官·小祝》),有"掌四时之田表貉之祝号"的甸祝(《周礼·春官·甸祝》),有"掌盟、诅、类、造、攻、说、禬、禜之祝号"的诅祝(《周礼·春官·诅祝》),名目繁多,难以尽述。他们各自从事的具体工作,构成了"祭祀能语"的复杂内容。

《国语·楚语下》曾论宗伯与大祝之才德云:

> 使先圣之后之有光烈,而能知山川之号、高祖之主、宗庙之
> 事、昭穆之世、齐敬之勤、礼节之宜、威仪之则、容貌之崇、忠信之

---

① 参考钱玄、钱兴奇编著:《三礼辞典》,江苏古籍出版社 1998 年版,第 752 页。

质、禋洁之服，而敬恭明神者，以为之祝。

使名姓之后，能知四时之生、牺牲之物、玉帛之类、采服之仪、彝器之量、次主之度、屏摄之位、坛场之所、上下之神祇、氏姓之所出，而心率旧典者，为之宗。（《国语集解》，第512—513页）

前论大祝，后论宗伯，虽然地位不同，且分别论之，但二者的才能似无法截然分开，宜以兼通视之，即掌管祭祀的大宗伯与大祝都必须具有全面的知识修养。当然，从文章学的角度而言，司祝职责为文辞，故尤为文论家所重视。刘勰《文心雕龙·祝盟》云："祝史陈信，资乎文辞。"刘师培《文学出于巫祝之官说》则谓："盖古代文词，恒施于祈祀，故巫祝之职，文词特工。今即《周礼》祝官职掌考之，若六祝六词之属，文章各体，多出于斯。"①他高度评价巫祝对于文学发生的重要性，认为古代各体文章，多出于祝官职掌。古人多谓"文本于经"，而刘师培进一步提出"文学出于巫祝之官"，这是一种虽片面却独到的文学史眼光。

余论："九能"说的接受和发展

综上所述，在先秦的原始语境中，"九能"说涉及当时占卜、田猎、外交、军事、丧礼、地理、祭祀等各个方面的内容，其核心精神在于强调大夫应该具有多方面修养与能力，能在不同场合适应不同的需求。正如章太炎所言："古之儒知天文占候，谓其多技，故号遍施于'九能'，诸有术者悉晐之矣。"（《国故论衡·原儒》，《国故论衡疏证》第484页）"九能"说原意并非从文学或文体学出发的，而是对君子和大

---

① 陈引弛编：《刘师培中古文学论集》，中国社会科学出版社1997年版，第218页。

夫的修养、才能的要求。孔疏曰:"独言'可以为大夫'者,以大夫事人者,当贤著德盛,乃得位极人臣。大夫,臣之最尊,故责其九能。天子、诸侯嗣世为君,不可尽责其能此九者。"宋代邢昺《孝经注疏》卷4认为"九能"说本意是讲"位以材进"(《注疏》第2552页),即君子是以自身的才能获取职位的,才位相配,所以可以称为"德音",这是有道理的。但汉代以后,在"九能"的接受与阐释过程中,逐渐从大夫才德命题发展为文学命题。刘师培曾引用此语并认为"九能"是"后世文章之祖"(《论文杂记》,128页)。刘毓崧曾总结说:"夫'九能',均不外乎作文。"①直接把"九能"等同于"作文",于是顺理成章,"大夫"的才能就演变成文人的才能。清代夏炘说:"毛公'九能'之《传》,不知所自出,其后世文人之滥觞乎!"②以"九能"说为"后世文人之滥觞",这真是"九能"接受史上的点睛之笔。到了当代,"九能说"甚至被赋予文体学的内涵与意义③。

"九能"说发展为文学命题有一个过程。《汉书·艺文志·诗赋略》最早为"九能"说的文学化阐释提供了理论基础:

> 《传》曰:"不歌而诵谓之赋,登高能赋,可以为大夫。"言感物造端,材知深美,可与图事,故可以为列大夫也。(《汉书》,第1755页)

此所引"登高能赋"与"九能"说相比,有明显不同,它明确将

---

① (清)刘毓崧:《通义堂文集》卷11《从横家出于行人之官说下篇》,《续修四库全书》第1546册,第524页。
② (清)夏炘:《读诗札记》卷3"卜云其吉"条。《续修四库全书》第70册,第649—650页。
③ 当代学者郭英德先生明确地说:"所谓'九能',指的是作为大夫所必须掌握的九种文体。"《中国古代文体学论稿》,北京大学出版社2005年版,第31页。

"赋"作为"诗赋"文献来讨论,而且强调赋体"感物造端"的特点。汉代诗赋开始兴盛,并成为文坛的主要文体。因此,在"九能"中,被引用最多的就是"升(登)高能赋",这是诗赋时代文人自然而然的选择。在先秦时代,"升(登)高能赋"的"赋"内涵较广,包括言志与抒情,吟咏古人作品,但到了后代,基本上集中到文学创作上了。所以,《诗赋略》在"九能"文学化的阐释史上,最先起到了关键作用。南北朝文论家引用"九能"之语,皆关乎文章之学。如《文心雕龙·诠赋》:"登高能赋,可为大夫。"还谓"原夫登高之旨,盖睹物兴情……此立赋之大体也"。这也是承《诗赋略》而有所阐发的。

《隋书·经籍志》曰:"文者,所以明言也。古者登高能赋,山川能祭,师旅能誓,丧纪能诔,作器能铭,则可以为大夫。言其因物骋辞,情灵无拥者也。"①明确把"九能"作为"文",将之纳入文章学范畴,这既传承《诗赋略》传统,又有所发展。"九能"已被缩略,"有德音"也被忽视。原属大夫才德命题内容的"九能"说已成功地变成"因物骋辞,情灵无拥"的文学性阐释。"因物骋辞",即有感而发,强调作家对于环境的感受,并用语言文字表现出来;"情灵无拥",即情灵自由,不受拥蔽。至此,"九能"说不但文学化了,而且还被赋予了性灵的色彩。《隋书》之外,《初学记》卷21也明确地把"九能"的内容收录在"文章"类。作为一部类书,它反映的正是当时人们的普遍观念。

"九能"说之所以从大夫才德命题发展成文学命题,并被赋予文体学的内涵与意义,有多方面的原因:

一,"九能"初始虽然是大夫才德命题,但皆与"辞命言语"相关。清代刘宝楠《论语正义》曰:

《孟子·公孙丑篇》:"宰我、子贡善为说辞,冉伯牛、闵子善

---

① (唐)魏徵等撰:《隋书》,中华书局1973年版,第1090页。

言德行,孔子兼之。曰:'我于辞命则不能也。'"是言语以辞命为重。《毛诗·定之方中》传:"故建邦能命龟,田能施命,作器能铭,使能造命,升高能赋,师旅能誓,山川能说,丧纪能诔,祭祀能语。"此九者皆是辞命,亦皆是言语。①

即将"九能"视为辞命、言语。又,孙宝瑄《忘山庐日记》曰:"我国自古重文辞,圣门有'言语'一科,文辞即言语也。《毛诗·定之方中》传所谓大夫之九能,云……皆谓文辞也。"②也明确指出"九能"就是使用"文辞"的能力。而"辞命言语"正是文章的基本因素,这是"九能"说能够发展成文章学命题的主要原因。

二,"九能"说与传统文论"物感说"有相通处。古人认为,创作活动是由于有感于外部事物而产生的。《礼记·乐记》:"凡音之起,由人心生也。人心之动,物使之然也。"《文心雕龙·物色》:"情以物迁,辞以情发。"《诗品·序》也谓"气之动物,物之感人,故摇荡性情,形诸舞咏"。"九能"说本身虽然与物感说并无关涉,但它所涉及是面对不同的场景与需要,撰述或使用不同形态、内容的言辞与文字的能力,容易与"情以物迁,辞以情发"的思路联系起来。同时,"九能"说与文体学也有相通的元素。文体本质上是对于独特事物的恰当的表达方式,而"九能"在某种程度上可以说就是在特定的语境中使用适当辞令之能力,故"九能"说具有文体学阐释的可能性。

三,"九能"说的语境发生了改变。"九能"说的原始语境是先秦典章制度与礼乐仪式系统,汉代以后,引用和阐释"九能"说的语境则主要是文章学背景。

四,人们对"九能"说进行了选择性的接受与阐释,强调和放大其

---

① (清)刘宝楠:《论语正义》卷14,中华书局1990年版,第441—442页。
② 孙宝瑄:《忘山庐日记》,上海古籍出版社1983年版,第236页。

感物造端的方面,甚至有所改造。在"九能"说的接受过程中,有一个奇特的缩略现象,便是在引用九能时,以"升(登)高能赋""山川能说"二者代替了"九能"。缩略是一种简化,也是一种有意无意的选择和强调。何绍基《题吴子厚世丈龙湫观瀑图》谓"夫登高能赋,山川能说,古所称九能也"①。李元度《醉月楼诗序》说:"传曰:'登高能赋,山川能说,可以为大夫矣。'"②陶澍《海曙楼铭》:"九能之士,登高能赋,山川能说,可以为大夫。"③"升(登)高能赋""山川能说"二者之所以可以代替"九能",是因为这二者最切合中国古代文学创作感物兴怀的传统。

在诸原因之中,前两者是内在原因,后二者来源于外在的语境与后人的阐释。内外原因交替作用而推进了"九能"说从才德命题发展为文学命题。

---

① (清)何绍基:《东洲草堂文钞》卷 5 杂著,《续修四库全书》第 1529 册,第 177 页。

② (清)李元度:《天岳山馆文钞》卷 25,《续修四库全书》第 1549 册,第 393 页。

③ (清)陶澍:《陶文毅公全集》卷 44 "文集",《续修四库全书》第 1503 册,第 514 页。

第四章　从章句之学到文章之学

　　研究中国文学批评,不仅要注意文学批评自身的话语,还要注意它与特定的思想、学术、文化背景的互动关系。两汉极度繁盛的经学阐释形式——章句之学的产生,与古书的标识符号、古代书籍形式与传播方式都有密切的关系,并直接影响了当时及后世的文章学理论。章句之学发现和揭示了文本的结构,并且加以细密分析,客观上促成文学研究从外部批评扩展到内部批评。汉代章句之学,是六朝文章学的重要渊源之一,六朝的文章学又影响了后世的经学阐释学。本章拟从这种比较开阔的文化史与学术史视域出发,探讨章句之学与文章之学的关系①。

一、古书的句读标志与计量单位

　　章句之学产生的前提是句读之学,句读观念由来已久。《礼记·学记》:"古之教者,家有塾,党有庠,术有序,国有学。比年入学,中年考校,一年视离经辨志。"郑注:"离经,断句绝也。"孔疏:"离经,谓离析经理,使章句断绝也。"②《礼记》一书为西汉编定的著作,可见汉代

①　限于篇幅,本章所论文章学的内容以六朝为中心。
②《十三经注疏》下册,第 1521 页。

以前,离经断句已受到重视,并成为童蒙教育与考核的重要内容。何休《春秋公羊解诂序》:"援引他经,失其句读。"①高诱《淮南子注序》:"自诱之少,从故侍中、同县卢君受其句读。"②可见句读也是汉儒解经乃至学童授习的基本内容,故汉人对句读之学多有关注和记载。许慎《说文》五篇上"丶"部:"'丶',有所绝止,'丶'而识之也。"③黄侃云:"假借为'读',所谓句读之读也,凡一言之停驻者用之。或作句投,或作句豆,或变作句度,其始皆但作'丶'耳。"④以为"丶"是句读符号,表示语之停顿。又《说文》十二篇下"乚":"乚,钩识也。"段玉裁注:"钩识者,用钩表识其处也。"⑤这里的"丶""乚"都是表示句子停顿的标点符号,体现了古人对文字内容的理解和判断。《说文》三篇上:"句,曲也。"段玉裁注:"凡章句之句,亦取稽留可钩乙之意,古音总如钩,后人句曲音钩,章句音屦,又改句曲字为勾。"⑥可见,从语言学的角度来看,章句之学与句读之学的基础是相通的。

古人关于语言文字表达需要技巧与法度的观念可谓由来已久。《周易》谓"言有物""言有序"⑦。"言有序"可视为中国文章学潜在的观念,它正是中国文章学形式理论的中心。"序"指条理、次序。

---

① 《十三经注疏》下册,第 2191 页。
② 何宁:《淮南子集释》,中华书局 1998 年版,第 6 页。
③ (东汉)许慎撰,(清)段玉裁注:《说文解字注》,上海古籍出版社 1981 年版,第 214 页。
④ 黄侃:《文心雕龙札记》,中华书局 1962 年版,第 126 页。
⑤ 《说文解字注》,第 633 页。
⑥ 《说文解字注》,第 88 页。
⑦ 《周易·艮》六五之爻辞:"艮其辅,言有序,悔亡。"孔颖达《周易正义》云:"言有伦序,能亡其悔。"见《十三经注疏》上册,第 63 页。方苞在《又书货殖传后》谈到文章学的"义法"时说:"义,即《易》之所谓'言有物'也;法,即《易》之所谓'言有序'也。义以为经而法纬之,然后为成体之文。"见刘季高校点:《方苞集》卷 2,上海古籍出版社 1983 年版,第 58 页。

"言有序"的前提就是言语本身是有层次结构的。古人的句读标志符号，正反映了他们的语言结构观念。从出土文献看，汉语标点符号的产生与使用，可远溯到殷周时期。在甲骨文和金文中即已出现了表现语言层次的竖线号、横线号、折线号等，然而在形式上不规则，使用上具有随意性，表现出标点符号萌芽期的特点。西周共王时期的铜器铭文《永盂》中，"句"字左下方的"乚"，据陈邦怀所说，就是一个钩识号，作用与《说文》中的"丨"同，表示上文到"句"字处终止，都是记锡田之事。"句"字以下，"永拜稽首"云云，是铭文中的常见套语①。这里的钩识号，把铭文的内容分成两个层次，有分段的作用。类似的情况，在周代金文中还比较少见。春秋晚期的"侯马盟书"已使用了许多标点符号，这些符号可分为二短横号和点号两类②。二短横号主要用于重文、合文。点号主要用于句读，共 47 例，其作用有三：一是用于短语之后表示停顿，二是用于句末表示停顿，三是用于盟辞最后表示盟辞的终结。这些点号，尽管形体上大小有别，但使用上已规则化，与后世的句读符号非常接近。长沙子弹库战国楚帛书中，有两种符号：一种二短横号，前代已见；一种为朱色填实长方号，此前未见。这种长方号在帛书中使用了至少 18 次，都用于篇中的章后，起分章的作用③。

湖北云梦睡虎地第十一号秦墓出土竹简主要为秦代的法律文书，所用符号主要有圆点号、钩识号、黑方号和二短横号，其中以圆点号、钩识号使用最多。圆点号的作用主要有四：（一）用于分章，如《为吏之道》篇"凡为吏之道"至"必有大赏"，"吏有五失"至"身及于

---

① 参见陈邦怀：《永盂考略》，《文物》1972 年第 11 期，第 57 页。
② 参见山西省文物工作委员会编：《侯马盟书·前言》，文物出版社 1976 年版。
③ 参见袁晖、管锡华等著：《汉语标点符号流变史》，湖北教育出版社 2002 年版，第 48 页。

死"，"除害兴利"至"法置以私"等章首皆用圆点号"●"表示分章；
（二）用于分节，如《封诊式》篇中有许多章，每章皆有小标题，章中再
用圆点号"●"分节；（三）用于句读，如《封诊式·封守》："乡某爰书
以某县丞某书封有鞫者某里士五甲家室妻子臣妾衣器畜●甲室人一
宇二内各有户内室皆瓦盖木大具门桑十木●妻曰某亡不会封●子大
女子某未有夫●子小男子某高六尺五寸●臣某妾小女子某●牡犬一
●几讯典某某甲伍公士某某……"这些圆点号，大致起句号的作用；
（四）用于段末的类题之首，如《秦律杂抄》中的律文，大多在段末注
明律名，其中许多律名之前用了圆点号，如"●游士律""●中劳律"
"●公车司马猎律""●牛养课""●傅律"等。钩识号用于句读，如
《南郡守腾文书》"私好乚乡俗之心不变"，其作用相当于顿号；"法律
未足乚民多诈巧乚故后有间令下者乚"，前两处相当于逗号，后一处
相当于句号。又如《秦律》："钩不正四两以上乚斤不正三朱以上乚
半斗不正少半升以上乚参不正六分升一以上乚升不正廿分升一以上
乚黄金衡嬴不正半朱以上赀各一盾。"这里五个"乚"都相当于
分号①。

　　以上只是就出土文献简单介绍了汉以前文献中的标点符号，从
中可以看出，先秦已有比较明确的篇章、段落、句读等文章层次意识，
并用各种符号越来越细致地表达这种意识。到了汉代，随着对语言
表达层次认识的深化，无论是标点符号的种类还是用法，都比前代有
了长足的发展。除了传世文献的记载外，近代以来出土的汉代简帛
证明了这一点。《长沙马王堆一号汉墓·竹简》和《长沙马王堆三号
汉墓·帛书》分别使用了五种和六种符号，都出现了顿号、黑方号，后
者还出现了形体与今天的逗号完全一样的符号。三号汉墓帛书中的
黑方号用于篇、书之首，具有普遍性；圆点号用于篇首、章首，还用于

----

① 参见《汉语标点符号流变史》，第52—53页。

篇名、计数之首。银雀山汉简中的圆点号，大量用于篇首和章首，如《孙膑兵法·十问篇》，共十章，每章章首皆有●，分章的意识很明确、固定①。《居延汉简》共有标点符号 15 种，用法近 40 种，是汉前文物中标点符号种类最丰富的。15 种符号分别是竖长点号(▮)、顿点号(、)、圆点号(●)、钩识号(∟)、乙字号(乙)、斜线号(/)、黑方号(■)、横线号(—)、平捺号(形如楷书捺的横写)、卩字号(卩)、马字号(彡)、三角号(△)、横 S 号(⌒)、网纹号(半圆内呈网纹)、重文号(形为二短横或两斜点)，适合文字之外的多种意思表达②。可以看出，汉人对语言意义层次已有深刻的认识和细致的把握，自觉应用句读符号来帮助人们理解古书，并在此基础上产生了句读理论。从现存文献看，"句读"一词在汉代产生，《说文》对句读的重视，以及章句之学的极盛，都充分表现了这一点。尽管传世典籍由于经过辗转抄写或翻刻，已无法确定汉人著作是否普遍使用标点符号来表达语言层次，但大量出土文献为此提供了丰富的、确凿可信的实物资料。

先秦时期，不但已经有了句读观念，而且已经产生了文章结构中的更高层次——"章"和"篇"的概念，这可与传世文献相印证。《左传·文公七年》："弗听，为赋《板》之三章。"③《左传·文公十三年》："子家赋《载驰》之四章。"④《左传·襄公二十八年》："赋诗断章，余取所求焉，恶识宗？"⑤《墨子·贵义》："昔者周公旦朝读书百篇，夕见漆十士。"⑥黄侃引申《说文》"乐竟为一章"曰："古但以章为施于声

---

① 参见《汉语标点符号流变史》，第 56—63 页。
② 参见《汉语标点符号流变史》，第 65—75 页。
③ 《十三经注疏》下册，第 1846 页。
④ 《十三经注疏》下册，第 1853 页。
⑤ 《十三经注疏》下册，第 2000 页。
⑥ (清)孙诒让撰，孙启治点校:《墨子间诂》，中华书局 2001 年版，第 445 页。

音之名,而后世则泛以施之篇籍。"①《左传》所载赋诗之章,本与音乐之章一致,故黄说可从。至于《墨子》中"篇"这一概念的产生,则与古代书籍形式有关。

中国的书籍起源很早,即使把镂于甲骨、金石、盘盂等处的铭刻排除在严格意义的书籍外,也可以推溯到西周时期。春秋时期,简牍和缣帛已成为主要的文字载体。此时铭刻虽仍在使用,但其普遍性、广泛性与重要性,已远不及殷商时期的甲骨与金石。所以,后世多以著于竹帛作为书籍形式成熟的重要标志。贾谊《新书》谓:"是故著此竹帛谓之书。"②许慎《说文序》谓:"箸于竹帛谓之书。"③贾谊、许慎的看法,颇能代表汉人对书籍的观念,也符合中国古代书籍形式发展演变的实际。简帛制度对于中国书籍形式乃至整个传统文化,都有极其深远的影响。这种影响,可以从古代书籍形式计量单位看出来。古代书籍的单位主要有简、册、卷、篇等。简是古书的基本单位,为长条状竹片,载有一行直书的文字,相当于现代书籍的一页。若干同长的简札编连起来就成为册,故《后汉书·蔡伦传》:"自古书契多编以竹简。"④又《仪礼·聘礼》贾疏:"简谓据一片而言,策是编连之称。"⑤《春秋左传序》孔疏:"单执一札谓之为简,连编诸简乃名为策。"⑥这里策、册相通,皆指书籍而言。编册完毕,可以最后一简为中轴,卷起存放,故"卷"又成为更大的古书单位。然而,有些学者以

① 《文心雕龙札记》,第 126 页。
② (西汉)贾谊撰,阎振益、钟夏校注:《新书校注》卷8,中华书局2000年版,第325页。
③ 《说文解字注》,第 754 页。
④ (南朝宋)范晔撰,(唐)李贤等注:《后汉书》卷78,中华书局1965年版,第2513页。
⑤ 《十三经注疏》上册,第 1072 页。
⑥ 《十三经注疏》下册,第 1704 页。

为,卷始于帛书,是卷轴的单位;篇始于竹简,是简札的单位,两者的差别,在于书写材料不同①。这种看法是值得商榷的。《史记·司马相如列传》:"相如既病免,家居茂陵。天子曰:'司马相如病甚,可往从悉取其书。若不然,后失之矣。'使所忠往,而相如已死,家无书。问其妻,对曰:'长卿固未尝有书也。时时著书,人又取去,即空居。长卿未死时,为一卷书,曰有使者来求书,奏之。无他书。'其遗札书言封禅事。"②可见,相如遗书,是编札而称卷。《居延汉简》(208.5)在署检上端写一"卷"字,成为后世档案卷宗的滥觞,可见竹简也可称卷。篇与卷的区别,在于卷指卷帙,而篇指意义独立、内容起讫完整的文献单位,往往有篇题为标志,如《诗》三百篇之每一篇。换言之,篇是内容的单位,卷则着眼于简帛的数量,是物质的单位。一卷可容短章的若干篇,或长篇的半篇,也有相当于一篇的③。

古书多以单篇流行,故往往无大题(书名),而只有小题(篇名)。篇数较多的古书,多带有丛编性质,如《诗》是古代诗歌选,《尚书》实际是古代典谟训诰的汇编。因此,古书的编纂,多是将零散的篇章加以汇总,内容往往出此入彼,分合不定④。西汉成帝时,刘向、刘歆父子典校秘书,是中国历史上第一次大规模全面系统的图书整理与编

---

① 如章学诚《文史通义·篇卷》提出:"大约篇从竹简,卷从缣素,因物定名,无他义也。"见(清)章学诚著,叶瑛校注:《文史通义校注》,中华书局 1994 年版,第 305 页。马衡以为:"以篇计者为竹木,以卷计者为缣帛。"见《凡将斋金石丛稿》,中华书局 1977 年版,第 262 页。钱存训也认为,篇和卷既然分列,当系材料和单位不同。见《书于竹帛:中国古代的文字记录》(第四次增订本),上海书店出版社 2002 年版,第 86 页。
② (西汉)司马迁撰:《史记》卷 117,中华书局 1959 年版,第 3063 页。
③ 参见陈梦家:《由实物所见汉代简册制度》,载氏著《汉简缀述》,中华书局 1980 年版,第 305—306 页。
④ 参见李零:《出土发现与古书年代的再认识》,载氏著《李零自选集》,广西师范大学出版社 1998 年版,第 27—29 页。

目,其内容主要包括校勘众本、删除重复、订正脱误、组织编次、确定篇数和卷数、撰写书录提要等。这些工作,对于规范古书的体例起了重要作用。其中在书录提要中详记卷数、篇数乃至章数,尤可见汉人的学术倾向。如《上晏子》曰:"所校中书《晏子》十一篇,臣向谨与长社尉参校雠,太史书五篇,臣向所书一篇,参书十三篇。凡中外书三十篇,为八百三十八章。除复重二十二篇,六百三十八章,定著八篇二百一十五章。外书无有三十六章,中书无有七十一章,中外皆有以相定。"①如此详记篇章数目,是为了规范体制,使分合不定、次第讹乱的书籍得到整理。而这种统计,就是建立在对"篇""章"等文章层次已有明确清晰概念的基础之上,这也是汉代章句之学得以产生与兴盛的基础与背景。

二、两汉章句之学

曾国藩曾说:"自六籍燔于秦火,汉世掇拾残遗,征诸儒能通其读者,支分节解,于是有章句之学。"②这个判断深有见地。古人为文,多不加标点,读者全凭个人学识体会文章的行文脉络和旨意,或用各种简要标志表明自己的理解。到了汉代,去古渐远,随着语言的变迁、文字的更替,以及社会生活的发展变化,阅读前代典籍难度增大。仅凭简单的标点符号,已很难明了旨意,无法有效地学习、传播经典,于是经典解说之学大盛,其名目繁多,有"传""故""解故""训诂""解诂""说""说义""记""章句""注""笺""训""训旨""微""难"

---

① (明)梅鼎祚编:《西汉文纪》卷 17,《文渊阁四库全书》第 1396 册,第 537 页。
② (清)曾国藩:《经史百家简编序》,王澧华校点:《曾国藩诗文集》,上海古籍出版社 2005 年版,第 316 页。

等。马宗霍以为,汉代注疏"立名虽繁,而通行之体则不外乎传、注、章句三者"①;戴君仁认为,汉人经说大致可分为解故和章句两种②;王葆玹把汉代经学著述形式分为章句、笺注、传、说、记五种③;杨权则从体例上归纳为传、说、记、注、故、例、章句七种④。尽管各家分类不尽相同,但无一例外都包括章句,足见章句已被公认为两汉一种重要的注疏形式。

章句之学是两汉学术史的基本问题,汉代一切经学思潮,如经学师法与家法、今古文经学之争、今文经学向古文经学转型等问题,几乎都与章句之学息息相关。因此,在汉代种种注疏形式中,章句无疑是最引人注目,也是引发争论最多的一种体式。近现代学者对何谓章句、章句产生时间、章句体例与内容等问题,都未能达成共识。吕思勉《章句论》谓:"顾考诸古书,则古人所谓章句,似即后世之传注。"⑤冯友兰谓:"章句是从汉朝以来的一种注解的名称。先秦的书是一连串写下来的,既不分章,又无断句。分章断句,都须要老师的口授。在分章断句之中,也表现了老师对于书的理解,因此,章句也成为一种注解的名称。"⑥表述略异,但都把章句视为传注或注解。广义而言,这样理解自然不错。然而,汉代注疏既有传、说、注、训诂等名目,其中也自有差别,不可完全等同。《汉书·刘歆传》:"初,《左氏传》多古字古言,学者传训故而已。及歆治《左氏》,引传文以

---

① 马宗霍:《中国经学史》,商务印书馆 1998 年版,第 56 页。
② 戴君仁:《经疏的衍成》,台北《孔孟学报》第 19 期,1970 年。
③ 参见王葆玹:《今古文经学新论》,中国社会科学出版社 1997 年版,第 66 页。
④ 参见杨权:《〈白虎通义〉是不是章句》,载《学术研究》2002 年第 9 期,第 104 页。
⑤ 吕思勉:《文字学四种》,上海教育出版社 1985 年版,第 5 页。
⑥ 冯友兰:《中国哲学史史料学》,载氏著《三松堂全集》第 6 卷,河南人民出版社 2000 年版,第 423 页。

解经,转相发明,由是章句义理备焉"①;扬雄少而好学,"不为章句,训诂通而已"②;王莽新朝时,刘歆让郑兴为《左传》"撰条例、章句、传诂"③;班固"五经百家之言无不究览,其学无常师,又不为章句,训诂通而已"④。这些记载足以说明,章句固然是一种注解,但不同于以解释字词音义、名物制度为主的训诂。那么,其独特性在哪里呢?《后汉书·桓谭传》:"博学多通,遍习五经,皆诂训大义,不为章句。"李贤注:"章句谓离章辨句,委曲枝派也。"⑤又清儒焦循说:"既分其章,又依句敷衍而发明之,所谓章句也。"⑥可见,离章析句以阐释经义,是章句区别于其他注疏体裁的基本特征。当然,离章析句难免涉及训诂,也离不开义理阐发⑦,今存《孟子章句》《楚辞章句》以及马国翰《玉函山房辑佚书》中辑录的《周易京氏章句》《尚书小夏侯章句》《春秋穀梁传尹氏章句》等足以证明这一点。因此,汉代的章句之学,是一种以分章析句为基础的经学阐释体系,其内容包括分析篇章结构、解释字词名物、疏通串讲文句、阐发经文义理等。

关于章句的起源,或以为始于春秋末期,如东汉徐防称"发明章句,始于子夏"⑧;或以为起于西汉昭、宣时期,如钱穆称"汉儒经传有

---

① (东汉)班固撰,(唐)颜师古注:《汉书》卷36,中华书局1962年版,第1967页。
② 《汉书》卷87上《扬雄传》,第3514页。
③ 《后汉书》卷36《郑兴传》,第1217页。
④ (汉)荀悦、(晋)袁宏著,张烈点校:《两汉纪》,中华书局2002年版,第261页。
⑤ 《后汉书》卷28上,第955页。
⑥ (清)焦循撰,沈文倬点校:《孟子正义》卷1,中华书局1987年版,第27页。
⑦ 康有为《万木草堂口说·袁稿》分汉儒经术为微言大义之学与章句之学两派,把章句与义理对立起来,后来学者多不取其说。参见姜义华、张荣华编校:《康有为全集》第2集,中国人民大学出版社2007年版,第203页。
⑧ 《后汉书》卷44《徐防传》,第1500页。

章句,其事亦晚起,盖在昭、宣以下"①。笔者认为,分章析句作为一种解读典籍的方式,在先秦已有萌芽。故吕思勉认为"章句之朔,则今符号之类耳"②,即以符号表示分章断句,以此体现对文本的理解。但其时既无"章句"之称,也无章句体之作,更无自成体系的章句之学。《汉书·儒林·丁宽传》:"景帝时,宽为梁孝王将军距吴楚,号丁将军,作《易说》三万言,训故举大谊而已,今《小章句》是也。"③这是现存文献记载中最早的章句著作,但当时并未以章句名。《楚辞章句·离骚叙》:"至于孝武帝,恢廓道训,使淮南王安作《离骚经章句》,则大义粲然,后世雄俊莫不瞻慕。"④如果王逸所言属实,则汉武帝时已有章句体著作,且武帝本人也提倡章句,否则,他让刘安作《离骚经章句》便是空穴来风,不合情理。武帝之后,章句体著作渐增,且以儒家经典为主。据《汉书·艺文志》《汉书·儒林传》《后汉书·儒林传》记载,昭帝时期《书》有《欧阳章句》三十一卷,《大夏侯章句》二十九卷,《小夏侯章句》二十九卷;宣帝时期《易》有《施氏章句》二篇,《孟氏章句》二篇,《梁丘氏章句》二篇;宣帝以后,《诗》《春秋》《礼》等经典的章句日益增多。《鲁诗》有《韦氏章句》《许氏章句》,《齐诗》有《伏氏章句》,《韩诗》有《薛氏章句》,《春秋》有《公羊章句》《穀梁章句》,《左传》有《刘氏章句》,足见章句之学逐渐走向兴盛。随着五经博士的设置,经学日益成为利禄之途,一方面,博士、经师孜孜于章句撰述,另一方面,越来越多的经生以"博士弟子"的身份研习章句,遂使章句之学成为一代显学。《汉书·儒林传》赞曰:"自武帝立

① 钱穆:《两汉博士家法考》,见《两汉经学今古文平议》,《钱宾四先生全集》,联经出版事业股份有限公司 1998 年版,第 223—224 页。
②《章句论》,见《文字学四种》,第 7 页。
③《汉书》卷 88,第 3597—3598 页。
④ (宋)洪兴祖撰,白化文等点校:《楚辞补注》,中华书局 1983 年版,第 48 页。

五经博士,开弟子员,设科射策,劝以官禄,迄于元始,百有余年,传业者寖盛,支叶蕃滋,一经说至百余万言,大师众至千余人,盖禄利之路然也。"①《论衡·谢短》:"夫儒生之业,五经也,南面为师,且夕讲授章句。"②应劭《风俗通义序》:"汉兴,儒者竞复比谊会意,为之章句,家有五六,皆析文便辞,弥以驰远;缀文之士,杂袭龙鳞,训注说难,转相陵高,积如丘山,可谓繁富者矣。"③都反映了汉代章句之学的兴盛。这种盛况,从西汉宣帝时开始,一直到东汉中期明、章时代,持续了 160 年。

章句之学既为利禄之途,经师为了争立学官,博士为了巩固自己的地位,遂形成不同的学派,各有严格的师法、家法。这既是章句之学繁荣的标志,同时也带来一些弊端。《汉书·夏侯胜传》:"胜从父子建,字长卿,自师事胜及欧阳高,左右采获。又从《五经》诸儒问与《尚书》相出入者,牵引以次章句,具文饰说。胜非之曰:'建所谓章句小儒,破碎大道。'建亦非胜为学疏略,难以应敌。"④可见,辩论应敌,是章句的重要功能之一。经师为使自己说经严密以资应敌,不得不辗转牵引,具文饰说,由此造成章句之学日趋繁琐臃肿,枝蔓旁衍,而经文本旨反日益湮没。桓谭《新论》:"秦延君能说《尧典》,篇目两字之说,至十余万言;但说'曰若稽古'三万言。"⑤这种湮没经旨、耗尽习经者终生时间与精力,而无益于经世致用的繁琐章句,在西汉后期即遭致不满与批判。东汉以来,更出现了桓谭、班固、马融、贾逵、蔡邕、卢植、郑玄等一批不守章句,不专一经,追求博洽融通的经学大

---

① 《汉书》卷 88,第 3620 页。
② (东汉)王充著,黄晖校释:《论衡校释》卷 12,中华书局 1990 年版,第 555 页。
③ (东汉)应劭著,王利器校注:《风俗通义校注》,中华书局 1981 年版,第 4 页。
④ 《汉书》卷 75,第 3159 页。
⑤ (清)朱彝尊:《经义考》卷 76,见冯晓庭等点校:《点校补正经义考》第 3 册,台北"中央研究院"中国文哲研究所筹备处 1997 年版,第 217 页。

师。然而，这并没有改变章句之学作为官方学术的主导地位。光武立国，大倡儒风，尊显章句之士。明帝继之，而且他本人也深研章句，著有《五家要说章句》（《后汉书·桓郁传》）、《五行章句》（《东观汉记·显宗孝明皇帝纪》）。又据《东观汉记·顺帝纪》载，顺帝自小好章句，"始入小学，诵《孝经章句》，和熹皇后甚嘉之"①；顺帝阳嘉元年十一月，朝廷"初令郡国举孝廉，限年四十以上，诸生通章句，文吏能笺奏，乃得应选"②，开章句铨选之先河，后遂为定制。章句之学日益成为儒生入仕的要途。因此，尽管有识之士对章句之学批判日甚，但其渗透力、影响力却与日俱增。在某种意义上，章句之学已成汉代经学的代称。饶有趣味的是，一些不好章句，甚至不屑于章句的古文经学家，也致力于章句撰述，如贾逵作《春秋左氏章句》、卢植作《尚书章句》、蔡邕作《月令章句》、刘表作《周易章句》等。当然，这并不意味着章句之学始终保持着西汉极盛时期那种繁琐支离的面貌。自章句之学初露弊端而为学者诟病之时，即开始出现一系列减省、改造章句的过程，且为时甚长。《论衡·效力》："王莽之时，省五经章句，皆为二十万。"③《后汉书·桓郁传》："初，荣受朱普学章句四十万言，浮辞繁长，多过其实。及荣入授显宗，减为二十三万言。郁复删省定成十二万言。由是有《桓君大小太常章句》。"④《后汉书·张奂传》："初，《牟氏章句》浮辞繁多，有四十五万余言，奂减为九万言。"⑤这些改造工作，使繁琐的章句复归简朴精练，经旨因而明朗起来，从而使章句之学继续保持其生命力。

---

① （东汉）刘珍等撰，吴树平校注：《东观汉记校注》卷3，中华书局2008年版，第111页。
② 《后汉书》卷6《顺冲质帝纪》，第261页。
③ 《论衡校释》卷13，第583页。
④ 《后汉书》卷37，第1256页。
⑤ 《后汉书》卷65，第2138页。

三、《孟子章句》与《楚辞章句》

汉代章句极盛时期，一经说至数十万乃至上百万字的著作，今已荡然无存。汉代的章句体著作，只有东汉中期王逸的《楚辞章句》和后期赵岐的《孟子章句》等少数几种完整地流传至今。《楚辞章句》《孟子章句》注释简明，并无繁琐臃肿之弊，可见是受削减章句思潮影响。尽管如此，由于削减章句，主要是删除繁文或浮辞，其基本内容、体例不会有根本改变，因此，我们仍可以之为例，结合其他典籍，来讨论汉代章句的内容与体系特征。

《孟子章句》的注释内容，主要包括解释篇名、分章析句、串讲句义、概括章旨、训释字词等。

（一）解释篇名。《孟子·梁惠王章句上》题注："圣人及大贤有道德者，王公侯伯及卿大夫咸愿以为师。孔子时，诸侯问疑质礼，若弟子之问师也。鲁、卫之君，皆专事焉，故《论语》或以弟子名篇，而有《卫灵公》《季氏》之篇。孟子亦以大儒为诸侯师，是以《梁惠王》《滕文公》题篇，以《公孙丑》等而为之，一例者也。"[1]在赵岐看来，《孟子》七篇乃仿照《论语》分篇命名。他把七篇各分为章句上、下，并在开篇阐释为何以此命名。如《公孙丑章句上》题注："公孙丑者，公孙，姓；丑，名。孟子弟子也。丑有政事之才，问管、晏之功，犹《论语》子路问政，故以题篇。"[2]《告子章句上》题注："告子者，告，姓也；子，男子之通称也；名不害。兼治儒墨之道者。尝学于孟子，而不能纯彻性命之理。《论语》曰：'子罕言命。'谓性命难言也。以告子能执弟

---

[1]《十三经注疏》下册，第 2665 页。
[2]《十三经注疏》下册，第 2684 页。

子之问,故以题篇。"①《楚辞章句》也注重对篇题的解说。王逸分《楚辞》为十七卷,每卷之前皆有一序,交代作者、创作时间、背景、意图,解释篇名涵义②,如《远游序》:"《远游》者,屈原之所作也。屈原履方直之行,不容于世,上为谗佞所谮毁,下为俗人所困极,章皇山泽,无所告诉,乃深惟元一,修执恬漠。思欲济世,则意中愤然,文采铺发,遂叙妙思,托配仙人,与俱游戏,周历天地,无所不到。然犹怀念楚国,思慕旧故,忠信之笃,仁义之厚也。是以君子珍重其志,而玮其辞焉。"③古人著作最初多以单篇流传,篇是内容独立完整的文章单位。《孟子章句》和《楚辞章句》对篇题的解释,正表明了对这种单位的理解和重视。除了这两部章句著作,汉人在对其他经典的阐释中,也多有释篇的内容。最典型的是毛亨传《诗》,每篇篇题之下各有一序,介绍其时代背景与创作宗旨,此即小序。在每类作品之末,又计其篇数,如卷1"周南之国十一篇"、"召南之国十四篇",卷3"卫国十篇",卷4"王国十篇",卷10《南有嘉鱼之什》十篇",卷14《甫田之什》十篇"等。

(二)分章析句。这是章句体最基本的特征,但其产生、应用,并不限于章句著作。上文已提到,《毛诗》在每类作品后必题篇数,篇数后还有章句之数。如卷1"周南之国十一篇,三十六章,百五十九句"、"召南之国十四篇,四十章,百七十七句"等。此外,每篇作品传末也必题章句之数,如卷1"《葛覃》三章,章六句"、"《羔羊》三章,章四句",卷3"《载驰》五章,一章六句,二章章四句,一章六句,一章八

---

① 《十三经注疏》下册,第 2747 页。
② 在《九歌》《九章》两组作品中,只有大篇题"九歌""九章"之序,其中各单篇如《湘君》《湘夫人》《哀郢》等无序。
③ 《楚辞补注》,第 163 页。

句"等①。如此不厌其烦地记载篇、章、句之数,固然有规范内容与体例的用心,但也表明了汉人对文章结构层次的认识与重视。这种重视,在《孟子章句》中得到了集中体现。全书七篇,每篇各分若干章,计二百六十一章;每章之末,以"章指"概括全章旨意,时兼义理阐发。如《梁惠王章句》二十三章,上篇七章,下篇十六章。上篇第一章从篇首至"何必曰利",章指云:"治国之道,明当以仁义为名,然后上下和亲,君臣集穆,天经地义,不易之道,故以建篇立始也。"②第二章从"孟子见梁惠王,王立于沼上"至"岂能独乐哉",章指云:"圣王之德,与民共乐,恩及鸟兽,则忻戴其上,大平化兴;无道之君,众怨神怒,则国灭祀绝,不得保守其所乐也。"③第三章从"梁惠王曰寡人之于国也"至"王无罪岁,斯天下之民至焉",章指云:"王化之本,在于使民养生丧死之用备足,然后导之以礼义,责己矜穷,则斯民集矣。"④第四章从"梁惠王曰寡人愿安承教"至"如之何其使斯民饥而死也",章指云:"王者为政之道,生民为首,以政杀人,人君之咎,犹以白刃,疾之甚也。"⑤可以看出,章指多以简明扼要的语言概括每章的内容及义蕴,显示各章之间的逻辑关系及其在整篇作品中的地位或作用。如第一章"治国之道,当以仁义为名"实即《梁惠王章句》的主旨,故置于首章,统领全篇。《孟子》的文章,多开篇明义,然后从各种角度和层面展开论述。赵岐对首章及其在全文中地位的概括,极为准确。第二章论与民同乐,是对第一章主旨的具体化;第三章论王化之本,是对主旨的深化;第四章批评以政杀人,是从反面论证主旨。各章的

---

① 这些篇、章、句数的统计,是否出自毛公,尚可存疑,但出自汉人之手,应无疑问。
②《十三经注疏》下册,第2668页。
③《十三经注疏》下册,第2669页。
④《十三经注疏》下册,第2669页。
⑤《十三经注疏》下册,第2669页。

思想内涵及其内在关联在章指中得到揭示和彰显,段落层次因此清晰可辨。

章是组成篇的结构单位,句则是组成章的基本单位。因此,章句体在分章之外的又一重要工作便是析句。赵岐往往是以注释的位置来表示对句子的划分,在哪里作注,即表示哪里为一个语义单位。以《梁惠王章句上》第四章为例。此章有八处注释,前五句是梁惠王与孟子的对话,一问一答,语法关系与逻辑关系是统一的。从第六句开始,都是孟子一个人的话,从语法上看,应为一句,但赵岐却分三句疏解。这是因为,从逻辑上看,孟子的话有三层意思,其侧重点有别,共同构成一个句群,表达对暴政的厌恶和批判。最后的章指则是对以上八句所表达的中心意义,即疾"以政杀人"的概括。赵岐以句为单位进行的疏解,既有对字词的训释,又有对句子的串讲,更注重各句之间逻辑关系、语气承接或转换。如解说"以刃与政,有以异乎"为"以政喻王"①,即为下文的"章指"张本。很显然,正是由于这些句子在思想内涵、逻辑、语气上有内在的统一性,赵岐才有可能在章指中归纳出共同的思想倾向。换言之,章句体注解的关键是分章析句,从对章、句的分析中可以看出注者对文本的理解及其思想倾向。这种阐释方法,与文章学是相通的。

《楚辞章句》对分章没有明确的说明,从注释中也难以看出分章的规律,但有一种情况值得注意,即在分别解释了若干关系比较紧密的句子后,往往对这几句话加以总的概括。如《离骚》:"余既滋兰之九畹兮,又树蕙之百亩。畦留夷与揭车兮,杂杜衡与芳芷。冀枝叶之峻茂兮,愿俟时乎吾将刈。"除了每句的字词训释外,王逸又在这段文字的最后作注曰:"言己种植众芳,幸其枝叶茂长,实核成熟,愿待天时,吾将获取收藏而飨其功也。以言君亦宜蓄养众贤,以时进用,而

---

① 《十三经注疏》下册,第 2667 页。

待仰其治也。"①注文与《孟子章句》中的逐句串讲不一样,而是对《离骚》这段纯用比喻象征手法来抒写心志的文字内涵的概括性揭示,其作用类似《孟子章句》中的章指。尽管王逸没有明确分章,但对作品的表达层次、情感脉络等还是有清晰认识的。《天问·后叙》曰:"昔屈原所作凡二十五篇,世相教传,而莫能说《天问》,以其文义不次,又多奇怪之事。自太史公口论道之,多所不逮。至于刘向、扬雄援引传记,以解说之,亦不能详悉,所阙者众,日无闻焉。既有解词,乃复多连蹇其文,濛澒其说,故厥义不昭,微指不哲。自游览者,靡不苦之,而不能照也。今则稽之旧章,合之经传,以相发明,为之符验,章决句断,事事可晓,俾后学者永无疑焉。"②王逸批评以前的学者解说《天问》"连蹇其文",故"厥义不昭,微指不哲",而自矜其章句能"章决句断,事事可晓",可见他是把决断章句作为理解作品的基本条件和标准的。

(三)字词训释。章句体尽管以分章析句为基本特征和主要内容,但也包括了对字词名物的训释。以《梁惠王章句上》为例,"百姓皆以王为爱也"注:"爱,啬也。""老吾老,以及人之老;幼吾幼,以及人之幼"注:"老犹敬也,幼犹爱也。"③"寡人之于国也,尽心焉耳矣"注:"王侯自称孤寡","焉耳者,恳至之辞。"④"万取千焉,千取百焉,不为不多矣"注:"周制:君十卿禄。君食万钟,臣食千钟,亦多,故不为不多矣。"⑤"晋国,天下莫强焉"注:"韩、魏、赵本晋六卿,当此时,号三晋。"⑥可以看出,《孟子章句》的训释一般采用直训法,简明扼

① 《楚辞补注》,第10—11页。
② 《楚辞补注》,第118—119页。
③ 《十三经注疏》下册,第2670页。
④ 《十三经注疏》下册,第2666页。
⑤ 《十三经注疏》下册,第2665页。
⑥ 《十三经注疏》下册,第2667页。

要,绝不旁枝蔓衍、漫无节制,这就避免了章句的繁琐臃肿。这些注释虽然简练,内容却很丰富,除了对一般词义、词性的训释外,还有对国名、人名、引用书名篇名的解释,以及对典章制度的介绍等。今文经学家在阐发义理时往往有不顾文本,随意生发的弊端,这才导致"一经说至百万余言"的状况。赵岐的《孟子章句》重视对字词、名物制度的训释,尊重文本,以解释字词为理解文本、概括章旨、阐发义理的基本前提。只有在解释字、词、句的基础上,章指的义理才能得到落实,从而避免脱离文本而进行主观、随意、过度的阐释。所以,清儒焦循对这种义例给予极高评价:"赵氏于《孟子》,既分其章,又依句敷衍而发明之,所谓'章句'也。章有其恉,则总括于每章之末,是为'章恉'也。叠诂训于语句之中,绘本义于错综之内,于当时诸家,实为精密而条畅。"①他认为《孟子章句》集分章析句、词义训诂、阐发义理于一体,体例精密合理。东汉以来的章句之学,正是在广泛吸收传、说、解、训、诂、微等注疏形式优点的基础上形成的,这使章句之学能够适应学术思潮的变化,在一片批判声中重新焕发生机,并对后世经学产生深远影响。

《孟子章句》中分章析句的内容占了全部注释的一半以上。《楚辞章句》的注释中,释词占一半以上,且多引用前人训释成果,相比之下,带有更多传注体训诂的特点,故四库馆臣谓王注"去古未远,多传先儒之训诂"②。王注除了训释词义外,也兼及对思想内容、艺术手法等的评述,用以阐发自己对文本的理解。以《离骚》为例,"朝搴阰之木兰兮,夕揽洲之宿莽"注:"木兰去皮不死,宿莽遇冬不枯,以喻谗人虽欲困己,己受天性,终不可变易也。"③"荃不察余之中情兮"注:

---

① 《孟子正义》卷1,第27页。
② 《四库全书总目》卷148,第1267页。
③ 《楚辞补注》,第6页。

"恶数指斥尊者,故变言荃也。"①注文说明表现手法。"曰两美其必合兮,孰信修而慕之？思九州之博大兮,岂唯是其有女？曰勉远逝而无狐疑兮,孰求美而释女？何所独无芳草兮,尔何怀乎故宇"注:"此皆灵氛之词。"②注文提示篇章结构。"乱曰"注:"乱,理也。所以发理词指,总撮其要也。屈原舒肆愤懑,极意陈词,或去或留,文采纷华,然后结括一言,以明所趣之意也。"③注文点明作品体例。这些注释,已似后代诗文评点,对于指导读者理解文本,乃至领会其写作手法,都有一定的参考价值。

四、从经学向文章学的转折

作为经学的章句之学,何以能对后来的文章学产生影响？这是因为章句之学与文章之学虽然性质不同,却异质同构。章句之学对于文本结构与层次的发现与分析为文章学的发展奠定了形式基础。"章指"的出现,在方法论上,意味着对于批评对象在分析的基础上有一种理性的总括与综合,这种方法、观念与后来文章学中的主旨、立意乃至立主脑都有相通处,而章句之学对于典籍的分章析句、训释字词、串讲句义与后代的文章之学的文本细读和审美阐发乃至评点之学亦有启迪作用。

汉代以前,文学批评的主要内容是探讨文与德、文与质等关系以及比较笼统的修辞观,如"修辞立其诚"、"辞达而已"、"言而无文,行之不远"等。尽管早在先秦时期,人们已经用各种标志符号来表示对

---

① 《楚辞补注》,第9页。
② 《楚辞补注》,第35页。
③ 《楚辞补注》,第47页。

文本内容和结构的理解了，但理论上却未涉及文章的内部结构。到了汉代，随着经典阐释的兴起，尤其是章句之学的发展和繁荣，人们对儒家经典的外在形式、体制特征、组织结构等的研究越来越深入，并由章句之学逐渐发展出六朝的文章之学，文学批评出现了从原先的外部批评扩展至内部批评的趋势。

如前所述，章句学的基本特征是分章析句，其本质是对文章组织结构的理解与分析，并在此基础上把握经典的内容与思想。在汉代章句著作中，所涉及的结构层次有篇、章、句、字等。汉儒作此分析时，是为了阐释经典涵义，而作非文章学探讨。然而，由于儒家思想的绝对地位及其对中国传统文化的全面渗透，人们常常视儒家经典为各体文章的起源及习作典范，因此，汉儒对经典结构层次的分析，自然就转化为文学批评及文章习作者对文章内在结构的自觉研讨。《论衡·正说》篇："说事者好神道恢义，不肖以遭祸（有脱误），是故经传篇数，皆有所法。考实根本，论其文义，与彼贤者作书，无以异也。故圣人作经，贤者作书，义穷礼竟，文辞备足，则为篇矣。其立篇也，种类相从，科条相附。殊种异类，论说不同，更别为篇。意异则文殊，事改则篇更，据事意作，安得法象之义乎？"[1]先秦典籍经过秦火以后，多残缺不全，其篇数与载籍时有出入，从而引起争议。汉儒为了维护己说，在解释内容篇数时，往往带有天人感应的神学色彩，如以《春秋》十二公法十二月，《尚书》二十九篇法北斗七宿等。王充认为，圣人作经，与贤者作书一样，都是根据表达内容的需要而定其篇数的，数字本身并无深意。凡内容完整自足，可以独立表达某种思想或意义的，即为一篇。相同或相近的内容，可在同一篇中表述；不同性质、内容的材料，则要另起篇制，这纯粹出于表意的需要，与天象、神道毫无关系。王充的观点，从经学上看，廓清了神学的迷雾，而从

---

[1]《论衡校释》卷28，第1131页。

文章学角度看,则是第一次对"篇"这个概念作明确界定。这在文章学史上,有着重要意义。因为,不管从文学批评还是文章写作角度看,"篇"作为一个独立完整的单位,作为文章结构层次中的最高层,都是我们必须关注而且首先关注的对象。

不仅如此,王充对文章结构中的各个层次也有所探讨。《正说》篇又说:"夫经之有篇也,犹(同'由')有章句也。有章句,犹有文字也。文字有意以立句,句有数以连章,章有体以成篇。篇则章句之大者也。"①这是现存文献中最早阐述文章的意义层次与结构组合的资料,明确了篇、章、句、字在文章中的层次地位、组合关系和相互作用。其立足点是儒家经典,其论述方法是汉儒解经时最常用的章句分析法。而这一方法所体现的思维特征与写作构思时整体——分析——综合(整体)的思维运动程序完全吻合。经学中的章句之学,也就顺理成章地转化为文章之学。后来刘勰《文心雕龙·章句》所说"积句而成章,积章而成篇"②,刘知幾《史通·叙事》"句积而章立,章积而篇成"③莫不基于此论。

汉代以后,章句这一术语,也逐渐为文章家所用,从而具有了文章学意义。如曹植《答诏示平原公主诔表》赞美对方的文章,特地强调"文义相扶,章章殊兴,句句感切"④,正突出了章和句在文章结构层次中的重要性。谢朓《酬德赋》:"连篇章之莫(谟)酬,欲寄言于往

① 《论衡校释》卷28,第1129页。
② 《文心雕龙义证》,上海古籍出版社1989年版,第1250页。
③ (唐)刘知幾撰,(清)浦起龙释:《史通通释》卷6,上海古籍出版社1978年版,第173页。
④ (清)严可均校辑:《全上古三代秦汉三国六朝文·全三国文》卷15,中华书局1958年版,第1137页。

句。"①也是以章和句代指辞章作品。沈约《〈梁武帝集〉序》:"汉高、宋武,虽阙章句,歌《大风》以还沛,好清谈于暮年。"②何逊《下直出溪边望答虞丹徒敬诗》:"夫君美章句,席丈珍梁楚。伊余忝摄官,含毫亦禁阻。"③《颜氏家训·文章》:"今世音律谐靡,章句偶对,讳避精详,贤于往昔多矣。宜以古之制裁为本,今之辞调为末,并须两存,不可偏弃也。"④则章、句连称,合为一词,指代诗赋作品。这些章、句对举或合称的例子,透露了章句之学在六朝发展为文章之学的轨迹。

章句之学与文章之学的出发点不同:前者是为了分析典籍,后者则是为了教人写作。王充提出文章内部的结构层次问题,呈现出向文章学转化的趋势。此后从文章写作的角度考虑如何安排结构,把各种分散、独立的材料组织成逻辑严密、层次清晰、秩序井然的有机整体,逐渐为文学批评界所关注。西晋陆机《文赋》从研究"作文之用心"出发,提出写作要遵循"选义按部,考辞就班"的要求。吕延济注曰:"选择义理,按比而用之,以为部次;考摘清浊之词,以就班类而缀之。"⑤徐复观以为:"所谓部者,指从整体所分出的单位,就文章而言,即是一篇中所分的'段落'。""所谓选义按部者,乃分配内容,安置于作品中适当的部位。"⑥这就是如何布局谋篇,有理有序地组织

---

① (南朝齐)谢朓著,曹融南校注集说:《谢宣城集校注》卷1,上海古籍出版社1991年版,第3页。

② (唐)欧阳询撰,汪绍楹校:《艺文类聚》卷14,上海古籍出版社1982年版,第269页。

③ 逯钦立辑校:《先秦汉魏晋南北朝诗》,中华书局1983年版,第1685页。

④ (北齐)颜之推撰,王利器集解:《颜氏家训集解》(增补本)卷4,上海古籍出版社1993年版,第268—269页。

⑤ (南朝梁)萧统编,(唐)李善等注:《六臣注文选》卷17陆机《文赋》,中华书局1987年版,第310页。

⑥ 徐复观:《陆机〈文赋〉疏释》,《中国文学论集续篇》,九州出版社2014年版,第92—93页。

文辞与内容的问题。对此，陆机提出一个总的原则，即"抱景者咸叩，怀响者毕弹"①，意思是说，艺术结构的安排在于使义和辞都能充分发挥其作用，以便构思中形成的精彩意象得到具体体现。"或因枝以振叶，或沿波而讨源"六句，则以比喻的手法，列举了六种不同的艺术结构方式，说明艺术构思要根据表达内容的需要灵活采用各种各样的结构方式②。如果没有统筹安排与合理布局，就会在条理、层次上造成"或仰逼于先条，或俯侵于后章"③之类的重复与混乱。

五、篇翰意识的凸显

在章句之学转向文章之学的过程中，有一个问题特别值得注意，这就是六朝人篇翰意识的加强。文章学所探讨的布局谋篇、结构层次等问题，探讨对象主要是那些内容集中、结构完整、体制独立的篇翰，而非成部著作中的片段。而汉代以来辞章写作的高度繁荣以及人们学习写作的实际需要，则是这种探讨的内在动因。梁萧绎《金楼子·立言》谓："诸子兴于战国，文集盛于二汉，至家家有制，人人有集。"④谓汉代"家家有制，人人有集"，未免夸张，但足以看出当时辞章之盛。又章学诚谓"两汉文章渐富，为著作之始衰"，"自东京以降，讫乎建安、黄初之间，文章繁矣"⑤，刘师培谓"文章各体，至东汉

---

① 《文赋集释》，第 60 页。
② 《文赋集释》，第 60 页。
③ 《文赋集释》，第 145 页。
④ （梁）萧绎撰：《金楼子》卷 4，《文渊阁四库全书》第 848 册，第 844 页。
⑤ 《文史通义·文集》，见《文史通义校注》，第 296 页。

而大备"①等,都一致强调两汉尤其是东汉文章写作的繁荣。这些文章的形态,都是独立成篇的制作,讲究文采和词藻,与"以立意为宗"或"成一家之言"的著作不同。这可从《后汉书》对传主著作的著录中看出来:"著诗、赋、诔、颂、祝文、《七激》、连珠凡二十八篇。"②"所著诗、赋、铭、诔、颂、《七叹》《哀典》凡二十八篇。"③"所著《典引》《宾戏》《应讥》、诗、赋、铭、诔、颂、书、文、记、论、议、六言,在者凡四十一篇。"④"所著诗、颂、碑文、论议、六言、策文、表、檄、教令、书、记凡二十五篇。"⑤可以看出,《后汉书》著录传主著作都有固定的体例,即详载各种文体,最后统计篇数。这些能归入某种文体的制作,自然都是独立成篇的。对于一些当时尚无明确文体归类的作品,如《哀典》《典引》《宾戏》《应讥》等,则列举篇名,且与其他文体一起统计篇数,可见也是独立的篇制。在《后汉书》中,这种篇制与经、史、子著作绝不混淆,如《马融传》载:"著《三传异同说》。注《孝经》《论语》《诗》《易》《三礼》《尚书》《列女传》《老子》《淮南子》《离骚》,所著赋、颂、碑、诔、书、记、表、奏、七言、琴歌、对策、遗令,凡二十一篇。"⑥《贾逵传》载:"逵所著经传义诂及论难百余万言,又作诗、颂、诔、书、连珠、酒令凡九篇。"⑦《文苑·杜笃传》:"所著赋、诔、吊、书、赞、七言、《女诫》及杂文,凡十八篇。又著《明世论》十五篇。"⑧都把自成部帙的学

① 刘师培著,舒芜校点:《中国中古文学史 论文杂记》,人民文学出版社 1959 年版,第 23 页。
② 《后汉书》卷 80 上《文苑·傅毅传》,第 2613 页。
③ 《后汉书》卷 80 上《文苑·李尤传》,第 2616 页。
④ 《后汉书》卷 40 下《班固传》,第 1386 页。
⑤ 《后汉书》卷 70《孔融传》,第 2279 页。
⑥ 《后汉书》卷 60 上,第 1972 页。
⑦ 《后汉书》卷 36,第 1240 页。
⑧ 《后汉书》卷 80 上,第 2609 页。

术著作与单篇的辞章分开著录和统计,其区别非常严格。这些材料表明,随着各体文章写作的兴盛,人们已经意识到这些制作与学术著作性质的不同以及体制形式的差异。换言之,东汉以来的篇翰意识已经非常明确和自觉了①。

独立成篇的文章,体制短小,易于散佚,若汇为一集就便于保存。《隋书·经籍志》与《四库全书总目》都把西晋挚虞《文章流别集》视为荟萃各体文章的总集之始。《晋书·挚虞传》云:"又撰古文章,类聚区分为三十卷,名曰《流别集》,各为之论,辞理惬当,为世所重。"②所谓"类聚区分",指《文章流别集》分体编次各类文章的体例。据邓国光考证,此书所涉文体,达 41 种之多③。这些能归入某体的文章,自然都是独立的篇制。至于这些篇制是否包括从成部著作中截取的片段,由于原书已佚,不能遽断。但在体例上明显受《文章流别集》分体编次影响的《文选》,则对此有明确的阐述,《文选序》曰:

> 若夫姬公之籍,孔父之书,与日月俱悬,鬼神争奥,孝敬之准式,人伦之师友,岂可重以芟夷,加之剪截?老庄之作,管孟之流,盖以立意为宗,不以能文为本,今之所撰,又以略诸。若贤人之美辞,忠臣之抗直,谋夫之话,辨士之端,冰释泉涌,金相玉振。所谓坐狙丘,议稷下,仲连之却秦军,食其之下齐国,留侯之发八难,曲逆之吐六奇,盖乃事美一时,语流千载。概见坟籍,旁出子史,若斯之流,又亦繁博,虽传之简牍,而事异篇章,今之所集,亦所不取。至于记事之史,系年之书,所以褒贬是非,纪别异同,方

---

① 《后汉书》作者范晔是刘宋时人,而其撰述所据文献如《东观汉记》等主要是汉代的。因此,此书可能兼有汉人与六朝人的文章观念,但这并不影响笔者的判断。

② (唐)房玄龄等:《晋书》卷 51,中华书局 1974 年版,第 1427 页。

③ 详参邓国光:《挚虞研究》,(香港)学衡出版社 1990 年版,第 243 页。

之篇翰,亦已不同。若其赞论之综缉辞采,序述之错比文华,事出于沉思,义归乎翰藻,故与夫篇什,杂而集之。①

序文明确指出《文选》的收录标准首先是单篇文章即"篇章"、"篇翰"、"篇什",而不收经、史、子等成部著作。这一方面是为了划清文章与学术著作的界限,反映了文章写作摆脱对学术范畴的依附,走向独立发展的历史趋势;另一方面也是出于编纂体例的需要。王运熙、杨明先生认为,自西晋以来,四部分类法逐渐成立。编纂某人著作,一般都将单篇文章汇为别集,而成部著作则依其性质归入各部,不再割裂以入文集。因此,尽管许多子、史著作符合"事出于沉思,义归乎翰藻"的标准,也不收录。章学诚曾批评《文选》录贾谊《过秦论》、曹丕《典论·论文》为割裂子书,自乱其例。其实,这些作品虽出自子书,但长期以来单出别行,布在人口,其性质已近于独立的辞章,因而并非自乱其例②。《文选》所收录的作品都是独立于学术著作的单篇制作,人们在阅读、学习和揣摩中,自然会使这种独立成篇的意识得到加强。

东汉以来文体学繁荣。文体学的对象,就是具有独立文体意义的文章即"篇翰"。从曹丕《典论·论文》开始,到陆机《文赋》、挚虞《文章流别论》、李充《翰林论》,直至刘勰《文心雕龙》,文体分类和文体批评开始成为文学研究的重要内容和基本方式。尽管在追溯文体起源时,可能会涉及先秦著作,但在探讨各体文章的体制程式、体貌特征时,所举作品多是秦汉以来的单篇制作。而任昉《文章缘起》虽以探

---

① （南朝梁）萧统编,（唐）李善注:《文选》卷首,上海古籍出版社1986年版,第1册,第2—3页。

② 详参王运熙、杨明:《中国文学批评通史·魏晋南北朝卷》第2编第2章第5节,上海古籍出版社1996年版。

讨各体文章之缘起为宗旨,也绝不攀附六经。《文章缘起序》说:"此盖取秦汉以来,圣君贤士沿著为文之始,故因录之,凡八十五条,抑亦新好事者之目耳。"①任昉虽然认识到"六经"中已包含一些有文体意义的片段,但他一概不录,只录秦汉以来各体文章之始。从所录八十五体来看,基本都是汉代以来独立成篇的辞章之作,先秦只有屈原《离骚》、宋玉赋等少数单行已久的名篇。这些作品都有比较成熟的文体形式,都有明确的作者和创作年代,是任昉心目中具有文体定型意义、独立完整的篇章。所以任昉所谓"文之始"的含义,决非仅仅是对一个时间概念的溯源,更有文体独立、定型与规范之始的内涵②。任昉所要讨论的,是脱离经学束缚的个体文章创作,因此,绝不随意截取经史子或乐舞歌辞中的片段。《文章缘起》的著录,与《文选》一样,充分反映了东汉以来日益觉醒的篇翰意识,在南朝得到了空前的凸显。魏晋以来文集的编纂、文体学的发展,都与这种意识的不断强化密切相关。

汉代王充以篇、章、句、字为层次,以"篇"为文章独立的基本单位,这种观念从章句之学而来,但同时也隐含文章学的篇翰意识。而南朝篇翰意识的凸显,既反映了当时文坛的实际情况,又是文章之学兴盛的前提和基础:从结构形式理论的角度看,文章之学即篇翰之学。

六、《文心雕龙·章句》的文章学理论

南朝篇翰意识的自觉,文章写作日益从学术著作中分离出来,与文章之学从经学章句中分离出来,走向独立发展,是齐头并进、相辅相成的。王充、陆机的文章结构论还比较简略、抽象,到了南朝,刘勰

---

① (宋)陈元靓等编:《事林广记》后集卷7,《续修四库全书》第1218册,第354页。
② 详参本书《任昉〈文章缘起〉考论》一章。

在《文心雕龙》中专立《章句》《镕裁》《附会》等篇,全面总结汉代以来章句研究的成果,吸收前人关于文章结构理论的精华,构筑了一个完整、严密的文章结构论体系,《章句》篇成为经学的章句之学向文章之学转变的标志。

《文心雕龙·章句》开篇曰:"夫设情有宅,置言有位;宅情曰章,位言曰句。故章者,明也;句者,局也。局言者,联字以分疆;明情者,总义以包体。区畛相异,而衢路交通矣。"①这里对章、句的概念作了界定。"位言曰句",谓句是安排语词的单位。句要"联字以分疆",也就是联结语词以形成意义独立的句子。"宅情曰章",谓章是表达思想感情,安排文章内容的单位。章要"总义以包体",即总括若干语句,形成一个相对独立的整体。值得注意的是,刘勰对章、句二词的解释,没有采用传统的训释。《说文》:"乐竟为一章。"②"句,曲也。"③这是关于章、句二词本义的权威解释,为一般训诂学家所接受。刘勰则撇开一切训释传统,直接从文章学切入,用的是引伸义。这表明"章句"一词的文章学意义在南朝已成共识。刘勰认为章、句是文章层次结构中最重要的两个概念,故采用汉代章句学术语作为篇题,这正显示了文章之学与章句之学的契合之处。

《章句》篇所涉文章学的内容极为丰富,其核心在于对文章的结构层次及其相互关系的探讨。《章句》曰:"夫人之立言,因字而生句,积句而成章,积章而成篇。篇之彪炳,章无疵也;章之明靡,句无玷也;句之清英,字不妄也。振本而末从,知一而万毕矣。"④这里提出了篇、章、字、句相生相依的关系。就成文而言,是积字成句,积句

① 《文心雕龙义证》,第 1248 页。
② (东汉)许慎撰,(清)段玉裁注:《说文解字注》,上海古籍出版社 1981 年版,第 102 页。
③ 《说文解字注》,第 88 页。
④ 《文心雕龙义证》,第 1250 页。

成章,积章成篇,但从构思而言,恰好相反,先考虑全篇主旨以及相关论点或材料,考虑分章节;章节确定后,再遣词造句。不但章与章、句与句、字与字之间有密切联系,章、句、字三者之间,也是互相作用,互相影响的。字是句的基础,句是章的基础,章是篇的基础。刘勰把文章内部的各个层次作为统一的有机整体来看待,于是就有了一个如何布局谋篇的问题。《章句》说:"夫裁文匠笔,篇有小大;离章合句,调有缓急;随变适会,莫见定准。句司数字,待相接以为用;章总一义,须意穷而成体。其控引情理,送迎际会,譬舞容回环,而有缀兆之位;歌声靡曼,而有抗坠之节也。寻诗人拟喻,虽断章取义,然章句在篇,如茧之抽绪,原始要终,体必鳞次。启行之辞,逆萌中篇之意;绝笔之言,追媵前句之旨;故能外文绮交,内义脉注,跗萼相衔,首尾一体。若辞失其朋,则羁旅而无友;事乖其次,则飘寓而不安。是以搜句忌于颠倒,裁章贵于顺序,斯固情趣之指归,文笔之同致也。"①在刘勰看来,章句的安排,应随表达内容之不同而富于变化,没有固定之格式,但仍有一定的原则,即从全局出发作妥善布置,使各部分内容如蚕茧之抽丝,鳞片之比次,自始至终,排列紧凑,层次井然;起笔宜暗示迹象,埋伏线索;收笔宜检阅过脉,回应前文,如此,不仅外在辞藻绮丽精工,更有内在的义脉贯注、浑然一体,否则便会文理颠倒错乱,文辞破碎支离。

文章结构论是《文心雕龙》的重要内容。《章句》篇所谈结构层次问题,在《镕裁》《附会》等篇中又多有阐发。故黄侃云:"舍人此篇,当与《镕裁》《附会》二篇合观,又证以《文赋》所言,则于安章之术灼然无疑矣。"②《镕裁》篇云:"规范本体谓之镕,剪截浮词谓之裁。"③并将"镕裁"置于"蹊要所司"的地位。所谓镕,指提炼主旨,

---

① 《文心雕龙义证》,第 1253—1262 页。
② 《文心雕龙札记》,第 144 页。
③ 《文心雕龙义证》,第 1180 页。

使文章纲领分明；所谓裁，指剪裁浮词，使文章不芜杂。只有下了镕裁的工夫，才能使文章"首尾圆合，条贯统序"；反之，"若术不素定，而委心逐辞，异端丛至，骈赘必多"[1]，意谓未经镕裁，随意走笔，便会题旨不清，纲领不明，造成文义上的骈拇枝指和文辞上的附赘悬疣，自然也就谈不上布置结构、安排章句了。《文心雕龙》先立《镕裁》，后立《章句》，或即有见于此。《章句》之后，又有《附会》篇，更为具体地论述安章之术。开篇云："何谓附会？谓总文理，统首尾，定与夺，合涯际，弥纶一篇，使杂而不越者也。若筑室之须基构，裁衣之待缝缉矣。"[2]"总文理"指综合文章义理以确定主旨，"统首尾"指文章首尾完整，前后一贯；"定与夺"指决定内容的取舍增删，"合涯际"指章节之间巧妙过渡密合无间，"弥纶一篇"指按一定的层次结构把内容组织成统一的整体；"杂而不越"，指内容虽多，文辞虽繁，却不越出主题之外。可见"附会"谈的是谋篇命意、布局结构问题，这个问题在写作中若筑室之基构，裁衣之缝缉，地位十分重要。

如果说，汉人发现文章的结构层次，那么刘勰的创造性则是在此基础上，明确提出文章结构是一个有生命的有机整体，所谓"必以情志为神明，事义为骨髓，辞采为肌肤，宫商为声气"[3]，每一部分都是构成一篇完整的文章所不可缺少的，既各施其用，又相互协调。《附会》对此进一步阐发："凡大体文章，类多枝派，整派者依源，理枝者循干，是以附辞会义，务总纲领，驱万途于同归，贞百虑于一致。使众理虽繁，而无倒置之乖；群言虽多，而无棼丝之乱。扶阳而出条，顺阴而藏迹，首尾周密，表里一体，此附会之术也。"[4]认为不管内容如何复

<hr>

① 《文心雕龙义证》，第1188页。
② 《文心雕龙义证》，第1589—1590页。
③ 《文心雕龙·附会》，《文心雕龙义证》，第1593页。
④ 《文心雕龙义证》，第1596—1599页。

杂,文辞如何繁富,都必须紧扣题旨,为表现题旨服务,这样才能把各个层次、各种内容安排得"首尾周密,表里一体",才是掌握了附会之术,并认为"善附者异旨如肝胆,拙会者同音如胡越"①。

　　上述分析可以看出,刘勰论文章结构安排,非常重视从主旨出发,一切为表现题旨服务,这就是他再三致意的"总文理""总纲领",又以驾车为喻,称之"总辔"。刘勰指出,在文章写作中有两种人,一种是"制首以通尾",即全盘考虑,合理布局,所以能去留随心,修短在手,可惜这种人只是少数;一种是"尺接以寸附",想一段写一段,想一句写一句,没有全局观念,结果必然统绪失综,义脉不流,这种人占多数。在刘勰看来,题旨就是文脉,是统摄文章所有内容、所有层次的主导力量,正如人的脉管中循环流淌的血液,赋予所有肢体和器官旺盛的生命一样。结构的安排、内容的去取,都要适合表现题旨的需要,否则就会义脉滞涩,文体偏枯,缺乏艺术的生命力和感染力。《附会》篇又说:"夫画者谨发而易貌,射者仪毫而失墙,锐精细巧,必疏体统。故宜诎寸以信尺,枉尺以直寻,弃偏善之巧,学具美之绩,此命篇之经略也。"②即是说画工若舍本逐末,只醉心于须发等琐碎细小的内容,那么,刻画再精工、再逼真,也不能表现出人物的性格特征或内在神采。写文章也一样,必须从题旨出发,合理安排内容和结构,去小存大,去粗取精,抛弃一切多余的修饰、无用的言辞,这样才能做到弥纶一篇,杂而不越,首尾圆合,义脉贯注,使文章所有部分、所有细节都和谐一致地向着共同目标驰进。

　　刘勰关于文章结构层次理论,是其文章学的重要内容,对后世有深远影响。颜之推《颜氏家训·文章》云:"文章当以理致为心肾,气

---

① 《文心雕龙义证》,第 1610 页。
② 《文心雕龙义证》,第 1600 页。

调为筋骨,事义为皮肤,华丽为冠冕。"①以人体喻文章,当脱胎于刘勰。《文镜秘府论》南卷《论体》《定位》诸篇,关于立意、谋篇、布位的原则以及通过开合、过渡、埋伏、照应等结构技巧,使文章首尾圆合、义脉贯注的论述与《文心雕龙》之《镕裁》《章句》《附会》诸篇一脉相承。宋代的古文评点,如吕祖谦《古文关键》、谢枋得《文章轨范》等,非常重视文章结构,通过评点名家名作,示人以谋篇布局之法,强调过渡照应、开头结尾以及脉络连贯、层次分明等。到了明清两代,批评家不仅研究散文、诗歌结构,还扩大到小说、戏曲领域。八股文理论的核心,就是文章结构论,其起承转合等结构观念,在《文心雕龙》中早有发端;金圣叹在《水浒传》评点中强调结构的完整性,重视经营人物出场顺序、情节线索贯串和避犯之妙;毛宗岗在《三国演义》评点中提出两种安排结构之法:一是首尾大照应,中间大关锁,二是联络起结关目,尽变错综文势;李渔倡导戏剧创作中"结构第一",并提出了立主脑、减头绪、脱窠臼、密针线等结构安排原则。这些观点,都继承并丰富、发展了刘勰的文章结构理论。

《章句》篇除了论结构层次外,还有句式、用韵等内容。句子是标志语言自然停顿的最小单位,也是构成文章层次的基本单位。在刘勰看来,句式长短,虽无定式,但大体而言,则以四字、六字为适中,偶用三字或五字,只是应变之权宜。这种观点,反映出南朝骈体日盛,四六句已成为文章中最普遍、最常用的句式。六朝盛行文笔之辨,用韵问题也是刘勰所关注的。诗赋用韵,多在句末,故韵脚即是断句的标志,也是句法的重要内容。用韵的变化,往往暗示着文义的变化,声情的曲折,结构的转换,因此,用韵与章法密切相关。两韵即转,则文气太促,躁动不安;百句不迁,则声韵单调,唇吻告劳。在刘勰看来,两者皆不足取,而应有所折中,即四韵一转,最符合节奏韵律之

---

① 《颜氏家训集解》(增补本)卷4,第267页。

美。这是对当时创作实践的理论总结，有力推进了五言八句诗体的繁荣，为唐代律诗篇制的定型打下了理论基础。《章句》篇还论及虚字，把虚字分为"发端之首唱"、"札句之旧体"、"送末之常科"三类①，并准确揭示出虚字作为"语助余声"所具备的弥缝文体、衬贴语义，从而使文势飞动、开阖自如的作用。六朝盛行的骈体文，句式以四六为主，容易造成文气窒塞。刘勰就此提出如何运用虚字，确属卓见，其论述因已超越了汉儒讨论虚字的训诂学范畴而具有了文章学意义。

《文心雕龙·章句》篇的主要内容，可分为章和句两大部分。论述文章结构层次及如何布局谋篇的，是章；论述句式、用韵、虚字问题的，是句。章是句的组合，句是章的基础。两者在文章中的层次虽然不同，但互相作用、互为依存，共同为表达题旨服务。当然，布局谋篇、遣词造句涉及的问题非常多，难以在一篇之中谈全、谈透。所以，刘勰在《文心雕龙》的其他篇目中，多方申发、补充这些问题。上文已谈到《镕裁》《附会》所涉构思布局问题。此外，《练字》篇主要谈实字如何"缀字属篇"，与《章句》中谈虚字结合起来，可更全面地看出篇章字句的关系；《丽辞》篇谈对偶，《声律》篇谈声韵，《隐秀》篇谈秀句，也都关系到句法句式，是探讨章句不可或缺的内容。从立意谋篇到炼句炼字，《文心雕龙》已构建了文章学的基本体系。

七、文章学对经学的反哺

从先秦句读意识的产生到六朝文章之学的形成，是一个漫长的历史过程。在这个过程中，汉代是一个重要的转关。在汉儒的章句

---

① 《文心雕龙义证》，第1282页。

之学中,对儒家经典篇章结构的重视,使经学逐渐摆脱字词训诂、义理阐发的局限,开始关注字词与篇章、内在义理与外在形式的关系,从而使经学研究带上文章学色彩。到了南朝,随着文章写作的繁荣、篇翰意识的凸显和理论探讨的热烈,刘勰对汉代以来的章句之学与文章之学给予了系统的总结,不仅从阅读理解的角度对分章析句进行理论阐发,更从创作规律、写作技巧上对于文章的篇章字句等结构层次进行多方探讨,其内容之丰富,分析之辟透,立论之精当,使《文心雕龙》成为一部前所未有的文章学巨著,为后世文章之学开无数法门。刘勰之后的文章学研究,如颜之推《颜氏家训·文章》、刘知幾《史通》、日僧空海《文镜秘府论》、陈骙《文则》、陈绎曾《文说》等著作中关于文章结构布局的意见,无不吸收刘勰的理论成果。而唐代以来大量产生的诗格、诗话、文话类著作中,布局谋篇、结构层次等问题,一直是批评家关注的内容。在唐宋八大家古文理论、明代以来的八股文理论、小说戏曲理论中,布局谋篇始终占有重要地位,其受刘勰章句理论的影响也多有迹可寻。

值得注意的是,刘勰的文章学理论是由汉代章句发展而来的,反过来又对经学研究产生了影响。如在《毛诗正义》中,孔颖达于《周南·关雎》篇末,为“章句”一词作了两千余字的疏,阐述了篇章句字的性质和历史演变,以及《诗经》章法、句法特征,是对刘勰章句理论的补充和发展。疏云:

> 句必联字而言。句者,局也。联字分疆,所以局言者也。章者明也,总义包体,所以明情者也。篇者,遍也。言出情铺,事明而遍者也……
>
> 章者,积句所为,不限句数也,以其作者陈事,须有多少,章总一义,必须意尽而成故也。累句为章,则一句不可,二句得为之,《卢令》及《鱼丽》之下三章是也。其三句,则《麟趾》《甘棠》

《驺虞》之类是也。其多者,《载芟》三十一句,《閟宫》之三章三十八句,自外不过也。

篇之大小,随章多少。风、雅之中,少犹两章以上,即《驺虞》《渭阳》之类是也;多则十六以下,《正月》《桑柔》之类是也。唯《周颂》三十一篇,及《那》《烈祖》《玄鸟》皆一章者,以其风、雅叙人事,刺过论功,志在匡救,一章不尽,重章以申殷勤,故风、雅之篇无一章者。颂者太平德洽之歌,述成功以告神,直言写志,不必殷勤,故一章而已……

或篇有数章,章句众寡不等,章有数句,句字多少不同,皆由各言其情,故体无恒式也。①

孔疏对“章句”的解释来源于南北朝经学的长期讨论和发展,同时也受到刘勰章句理论的影响。以上引文以《诗经》为例,论述篇、章、句、字的关系,显然是演绎刘勰的章句思想,而又有新的发展。一是根据刘勰积字成句、积句成章、积章成篇的说法,明确提出篇章、句法上“少不减二”的原则。句由字构成,“一字不制”;章由句构成,“一句不可,二句得为之”;篇由章构成,“风、雅之中,少犹两章以上”。孔颖达还进一步指出这种章句法则,并非机械的规定,而是出于意义表达的需要,所谓“一字则言塞而不会”②,“章总一义,必须意尽而成故也”。二是明确把句中用字分“制义”“为助”两类,其区分标准是“为义”与否,即是否表达实在的语义内容。这一观点,成为后世实字虚字说的先导。孔疏中还谈到用韵问题:“诗之大体,必须依韵。其有乖者,古人之韵不协耳。之兮矣也之类,本取以为辞,虽在句中,不以为义,故处末者皆字上为韵。之者,‘左右流之,寤寐求之’之类也。

---

① 《十三经注疏》上册,第 274 页。
② 《十三经注疏》上册,第 274 页。

兮者，'其实七兮，迨其吉兮'之类也。矣者，'颜之厚矣，出自口矣'之类也。也者，'何其处也，必有与也'之类也。"①把"为义"与"为韵"联系起来，提出了义、韵一致的观点，不为义者不为韵。因此，诗句中若有语助，韵脚必在语助之上，今人或称句中韵。这是对刘勰章句论中声韵说的发展，对于正确认识《诗经》韵例，了解其句式句法，有重要贡献。

唐代经学中，受《文心雕龙》章句论影响的著作，又有成伯玙《毛诗指说》。此书《文体第四》专论《诗经》的章法、句法、用韵、虚字等。四库馆臣评此书云："凡三百篇中句法之长短，篇章之多寡，措辞之异同，用字之体例，皆胪举而详之，颇似刘氏《文心雕龙》之体，盖说经之余论也。"②确实，不管是孔颖达对"章句"的义疏，还是成伯玙论《诗经》文体，其出发点已不是解释经文内容或阐发其蕴含的义理，而是以经书作范例，从文章写作学角度，探讨其章法结构、遣词造句等艺术表现手段③。这些探讨，不管在内容、观点还是方法上，都打上了刘勰章句论的烙印，反映了文章之学对经学的影响与渗透。由经学发展而来的文章之学，又反作用于经学，这一现象，再次生动地说明了文学与其他文化学术同源共脉、相辅相成的密切关系。

---

① 《十三经注疏》上册，第 274 页。

② 《四库全书总目》卷 15，第 121 页。

③ 宋代注疏中，朱熹《四书章句集注》《诗集传》《楚辞集注》等，多分章析句以阐释经典，并在一定程度上揭示章与章、句与句之间的结构脉络，是对唐前章句之学与文章之学的综合运用。如《离骚》："自'汩余'至此，三章同用一韵，意亦相承。"参见（宋）朱熹集注：《楚辞集注》，上海古籍出版社 1979 年版，第 5 页。"自'怨灵修'以下至此，五章一意，为下章回车复路起。"参见《楚辞集注》，第 10 页。这样的注疏，显然不是单纯的解释文义、概括章旨，而是包含着对章节之间逻辑关系、结构脉络的揭示。

第五章　任昉《文章缘起》考论

　　《文章始》一卷,梁任昉作,自宋代起被称为《文章缘起》。该书宋元以来刻木甚多,章如愚撰《山堂考索》前集卷 21 列"《文章缘起》类",收录《文章缘起》全本①;陈元靓编《事林广记》亦收录《文章缘起》全本②。入明以后有《艺林》《艺圃搜奇》《夷门广牍》《夜航船》《广博物志》《学海类编》《四库全书》《诗触》《砚北偶钞》《心斋十种》

---

① 《山堂考索》(亦称《群书考索》)现存宋刻和元刻两个版本系统,宋本残缺甚多;元本系统曾经过宋吕中增广重编,今有完帙本子传世。按,章如愚,宋宁宗时人,庆元丙辰(1196)登进士第。吕中,宋理宗时人,淳祐丁未(1247)廷对第六。北京大学图书馆及日本静嘉堂文库、国立公文书馆藏元延祐庚申(1320)圆沙书院刻本《群书考索》存有相关完整内容,为现可见最早《文章缘起》刻本,该元刻本今有《中华再造善本》据北京大学图书馆藏本影印通行;中华书局影印明正德十六年(1521)建阳书林刘洪慎独斋本《山堂考索》相关内容与元刻本一致。
② 此本承刘跃进教授示知,特此志谢。按《事林广记》传本甚多,元至顺(1330—1332)建安椿庄书院刻本《新编纂图增类群书类要事林广记》后集卷 7"辞章类"、元至元庚辰(1340)良月郑氏积诚堂刊《纂图增新群书类要事林广记》己集卷上"辞章类"、日本元禄十二年(1699)翻刻元泰定二年(1325)刻本《事林广记》丙集卷 5 均存有《文章缘起》完整内容。据胡道静先生考:陈元靓是宋宁宗、理宗时人,《事林广记》在宋绍定(1228—1234)以后成书。参见胡道静《一九六三年中华书局影印本前言》,载(宋)陈元靓撰:《事林广记》附录,中华书局 1999 年版,第 559 页。

《邵武徐氏丛书》《文学津梁》等各本①。各本所署作者皆为梁代任昉。

唐宋以后直至明代，学者皆以此书作者为梁代任昉，至清代四库馆臣始疑为依托之书。《四库全书》集部"诗文评类"载《文章缘起》一卷，列于《文心雕龙》和《诗品》之后，孟棨《本事诗》之前。《四库全书总目》卷195该书提要有一段比较详细的论证：

> 《文章缘起》一卷，旧本题梁任昉撰。考《隋书·经籍志》载任昉《文章始》一卷，称有录无书。是其书在隋已亡。《唐书·艺文志》载任昉《文章始》一卷，注曰张绩补。绩不知何许人。然在唐已补其亡，则唐无是书可知矣。宋人修《太平御览》，所引书一千六百九十种，挚虞《文章流别》、李充《翰林论》之类，无不备收，亦无此名。今检其所列，引据颇疏。如以"表"与"让表"分为二类，"骚"与"反骚"别立两体；"挽歌"云起缪袭，不知《薤露》之在前；玉②"篇"云起《凡将》，不知《苍颉》之更古。崔骃《达旨》，即扬雄《解嘲》之类，而别立"旨"之一名；崔瑗《草书势》，乃论草书之笔势，而强标"势"之一目。皆不足据为典要。至于谢恩曰"章"，《文心雕龙》载有明释，乃直以"谢恩"两字为文章之名，尤属未协。疑为依托，并书末洪适一跋亦疑从《盘洲

---

① 历代还有一些注释与续补之专著。如明陈懋仁《文章缘起注》《续文章缘起》，清代以来有方熊《文章缘起补注》、钱方琦《文章缘起订误》、《文章缘起补》、蒋楷《文章缘起笺》、兰襟（韩静芳）《文章缘起注》等。各本文字略有不同，在我们目前见到的本子中，以《山堂考索》《事林广记》两本为善，本章所引据此两本。

② "玉"字衍，中华书局1997年出版的《四库全书总目》整理本此处标作《玉篇》，误。《文章缘起》全书不及《玉篇》。《文渊阁四库全书》所录《文章缘起》书前提要无此字。见台湾商务印书馆影印本，第1478册，第203页。

集》中钞入。然王得臣为嘉祐中人,而所作《麈史》有曰:"梁任昉集秦、汉以来文章名之始,目曰《文章缘起》。自诗、赋、离骚至于势、约,凡八十五题,可谓博矣。既载相如《喻蜀》,不录扬雄《剧秦美新》;录《解嘲》而不收韩非《说难》;取刘向《列女传》而遗陈寿《三国志评》。"又曰:"任昉以三言诗起晋夏侯湛,唐刘存以为始'鹭于飞,醉言归';任以颂起汉之王褒,刘以始于周公《时迈》;任以檄起汉陈琳檄曹操,刘以始于张仪檄楚;任以碑起于汉惠帝作《四皓碑》,刘以管子谓无怀氏封太山刻石纪功为碑;任以铭起于秦始皇登会稽山,刘以为蔡邕《铭论》'黄帝有巾几之铭'"云云。所说一一与此本合,知北宋已有此本,其殆张绩所补,后人误以为昉本书欤?①

四库馆臣认为任昉原著《文章始》在隋代已亡佚了,现存的《文章缘起》为"依托"之本,其主要的理由有四:其一,《隋书·经籍志》载任昉《文章始》一卷,称有录无书,可见其书在隋代已亡。其二,《唐书·艺文志》载任昉《文章始》一卷,注曰张绩补。既然在唐已补其亡,可见此书在唐代也不存在。其三,宋代《太平御览》引用了许多书但是不收此书。其四,该书对于各类文章缘起"引据颇疏"。所以四库馆臣推断说,现存的《文章缘起》可能是唐代张绩补亡的,后人误以为任昉的原本。

　　由于《四库全书总目》的巨大影响,晚近学术界普遍视该书为依托之书,或者存而不论②,罕有人对此问题进行专门的探讨③。《文章

①《四库全书总目》,第 1780 页。

② 王运熙、杨明先生合著的《中国文学批评通史·魏晋南北朝卷》、刘跃进先生《中古文学文献学》与穆克宏先生的《魏晋南北朝文学史料述略》,都是这个领域代表性成果,对此书都持谨慎阙疑的态度。

③ 言及该书者,如方孝岳先生称:"任昉《文章缘起》原书,已丧失了。现在所传的,照清《四库全书总目》里讲,是唐朝张绩所补,大概就是张绩(转下页注)

缘起》在一定程度上成为六朝文学与文学批评研究的盲点，所以关于《文章缘起》的考辨仍是有意义的。既然《文章缘起》的真伪首先是《四库全书总目》提出来的，我们拟从四库馆臣判断该书为依托之本的四大理由入手进行讨论。

一、《隋志》称"亡"之书未必不存

　　四库馆臣的第一个理由是："考《隋书·经籍志》载任昉《文章始》一卷，称有录无书。是其书在隋已亡。"以《隋书·经籍志》之著录来怀疑现存任昉《文章缘起》真实性，应该是四库馆臣最为有力、对后人影响最大的理由。问题是《隋书·经籍志》所未载、或认为亡佚的书，是否就绝对不再存在？换言之，有无《隋书·经籍志》著录"亡"而后来实际上存在，或者后来又出现的书呢？
　　对此，我们有必要要了解《隋志》与《旧唐志》的编纂情况与体例。《隋书·经籍志》总集类载："《文章始》一卷，姚察撰。"该条下注文

（接上页注）所依托的，不是完全真的。但虽然是依托，而大致总是依照原式。"（《中国文学批评》，1934 年初版，今据生活·读书·新知三联书店 1986年重印本，第 62 页）台湾张仁青先生本方氏之说，又进言曰："虽疑其为依托，然由同时之萧统析分文体为三十八类（见《文选》）观之，则此书画为 84类，非无可能，固不足诧异也。"（《魏晋南北朝文学思想史（下）》，台北文史哲出版社 1978 年版，第 667 页）皆未对真伪问题展开探讨。朱迎平先生的《〈文章缘起〉考辨》，是我们所见到的惟一一篇专门研究该书的论文（见《古籍整理研究学刊》1996 年第 6 期，第 19 页），该文推测任昉的《文章始》原作大部分保存在今本《文章缘起》之中，《隋志》所载"亡"，是因为编《隋志》时未见其书；《旧唐志》所记为张绩据所见《文章始》的缺佚补全本。这些判断是有道理和有价值的。但该文对《提要》所提出的问题未能有力辨析，立论推测的成分较多，且朱先生认为"开元以后直至北宋末近 400 年间，任昉《文章始》的流传一直未见著录"，也不甚准确。

曰:"梁有《文章始》一卷,任昉撰……亡。"①姚振宗《隋书经籍志考证·叙录》考《隋志》编修体例云:"凡卷中低一字写录,悉冠以'梁有'云云者,皆《七录》及梁代书目所有之书也。"②又于阮孝绪《七录》一条曰:"章氏(章宗源)考证《隋志》依《七录》,凡注中称'梁有今亡'者皆阮氏旧有。"③又于"子部·纵横家"末云:"本志注'梁有'云云者,不尽是《七录》一书,亦有在《七录》之外者。"④足见此处"梁有《文章始》……亡"乃前代书目如《七录》等所载而《隋志》未见之作。

《旧唐书·马怀素传》曰:"南齐已前坟籍,旧编王俭《七志》。已后著述,其数盈多,《隋志》所书,亦未详悉,或古书近出,前志阙而未编……望括检近书篇目,并前志所遗者,续王俭《七志》,藏之秘府。"⑤已明确谈及"古书近出,前志阙而未编"的问题。姚振宗《隋书经籍志考证·后序》说:"隋唐相去不远,故二代著录亦略相同,隋代亡书,唐时复出著于《群书四录》者不知凡几。即《唐书》'经籍'、'艺文'二志之所载是也。"⑥余嘉锡在其《古书通例·绪论》中指明辨别古书真伪的办法,其一为"考之史志及目录以定其著述之人,及其书曾否著录";同时指出:"其著录与否,则历代求书,不能举天下之载籍,尽藏之于秘府;况书有别称,史惟载其定名;篇有单行,志仅记其

---

① (唐)魏徵、令狐德棻:《隋书》卷35《经籍志》,中华书局1973年版,第1082页。
② (清)姚振宗:《隋书经籍志考证》第11页,见《二十五史补编》第4册,中华书局1956年版,第5049页。
③ 见《隋书经籍志考证》卷40"集部·总集类·文章及评论之属",见《二十五史补编》第4册,第5427—5428页。章宗源之言见其《隋书经籍志考证》卷8第62页,《二十五史补编》第4册,第5004页。
④ 见《二十五史补编》第4册,第5501页。
⑤ (后晋)刘昫等:《旧唐书》卷102,中华书局1975年版,第3164页。
⑥ 见《隋书经籍志考证·后序》,见《二十五史补编》第4册,第5903页。

总会。又往往前代已亡，后来复出。或发自老屋，而登中秘；或献自外国，以效梯航……是则据史志目录以分真伪之法，不尽可凭也。"① 又说："若仅恃此法以衡量古今，是犹决狱者不能曲体物情，得法外之意，而徒执尺一以定爰书；则考竟之时，必有衔冤者。"② 余嘉锡举清章宗源《隋志考证》所补《隋志》未载之书，仅史部即有六百一十九部，而《隋志》注为梁有隋亡，或残缺者，尚不在此数。

今试举《隋志》谓"亡"而实存之例。《隋志》"医方类""《神农本草》八卷"下注曰："梁有……陶弘景《本草经集注》七卷……亡。"③ 然《旧唐志》"医术本草类"载"《本草集经》七卷，陶弘景撰"④；《新唐志》"医术类"载"陶弘景集注《神农本草》七卷"⑤，中医文献专家已确认《隋志》所载与新旧《唐志》所载为同一书。⑥ 如果按照《四库全书总目》判断《文章缘起》为依托的逻辑，则《旧唐志》中《本草集经》亦应为唐人依托之作。但在 20 世纪初期，敦煌出土《本草集注序录》，是初唐以前的抄本，原卷现藏于日本龙谷大学图书馆中⑦。其后在新疆吐鲁番又出土了《本草集注》残简，现藏德国柏林普鲁西学士院中，中医药文献研究者详考其版本，证实该残简乃初唐人据六朝版本抄写而成⑧。可见《隋志》所载"梁有……亡"而后在《旧唐志》

① 见余嘉锡：《余嘉锡说文献学》，上海古籍出版社 2001 年版，第 164—165 页。
② 《古书通例》卷 1，见《余嘉锡说文献学》，第 168 页。
③ 《隋书》，第 1041 页。
④ 《旧唐书》，第 2048 页。
⑤ （宋）欧阳修、宋祁：《新唐书》，中华书局 1975 年版，第 1567 页。
⑥ 详见尚志钧：《〈本草经集注〉书名的讨论》，（梁）陶弘景撰，尚志钧辑校：《本草经集注》，皖南医学院科研科 1985 年版，第 206 页。
⑦ 尚志钧：《敦煌出土〈本草经集注叙录〉的考察》，载《中国医药学报》1986 年 9 月，第 1 卷第 1 期，第 40 页。
⑧ 见［日］渡边幸三著，储天任译：《中央亚细亚出土的〈本草集注〉残简文献学的研究》，《上海中医药杂志》1957 年 11 月号，第 39 页。

中重出之书,绝不可遽断为依托之作。

　　余嘉锡曾言:"新、旧《唐志》所载隋以前书,多《隋志》所不著录或注为残缺亡佚者,则怀素所谓古书近出,阙而未编者也。《旧唐志》本之毋煚《古今书录》,《新志》本之《四库书目》,二书皆修于开元时,正在怀素之后。故其所录,当为可信。而后来目录家之论古书者,或反以《隋志》不著录,至唐复出为可疑,其亦不考之甚矣!"①诚然。陶弘景《本草经集注》被《隋志》著录为"亡"而实存,《文章始》的情况相仿,也不可轻疑。《隋志》断为"梁有……亡"的著作,在新旧《唐志》中重新出现,是极可能因"古书近出"而重新进入目录学的。四库馆臣以《隋志》"梁有……亡"一语则断定《文章始》一书在隋已亡佚,而《唐志》所著录则疑为"依托",在学理上是有问题的。

二、唐宋文献中的《文章缘起》

　　四库馆臣的第二个理由是:"《唐书·艺文志》载任昉《文章始》一卷,注曰张绩补。绩不知何许人。然在唐已补其亡,则唐无是书可知矣。"在现存唐代文献中,是否有《文章缘起》的遗存呢? 答案是肯定的。《六臣注文选》在《文选序》"又少则三字,多则九言,各体互兴,分镳并驱"的注文中,吕向曰:"《文始》三字起夏侯湛,九言出高贵乡公。"②吕向所引《文始》应即《文章始》,其内容与现存《文章缘起》所著"三言诗,晋散骑常侍夏侯湛所作"、"九言诗,魏高贵乡公所

---

① 《古书通例》卷1,见《余嘉锡说文献学》,第173页。
② (梁)萧统编,(唐)李善等注:《六臣注文选》,中华书局1987年版,第3页。

作"完全一致,可为盛唐期间《文章始》存世的明证①。另《文选序》中"自炎汉中叶,厥涂渐异,退傅有在邹之作,降将著河梁之篇,四言五言区以别矣。"李周翰注曰:"退傅谓韦孟,傅楚元王孙代(按:"戊"字之讹),作四言诗讽王,自此始也;降将谓李陵,降匈奴,苏武别河梁上,作五言诗自此始也,是区分也。"②也与现存《文章缘起》所言四言与五言起源的篇目相同。这其间或许有些关系。吕向注《文选》当于开元六年(718)以前③,则其所见《文始》也应为此前之书。吕向注《文选》所引《文始》条目,证明了《文章始》在唐代的存在,又《古逸丛书》影旧钞本《日本国见在书目》载"文章始冷泉院",按黎庶昌叙目④介绍,该《书目》成书于日本宽平年间(889—897),相当于我国唐昭宗朝,这可谓《文章始》在唐时尚存之又一证据。可见《旧唐志》所

---

① 按《唐李崇贤上文选注表》云:"显庆三年九月日上表。"则李善注《文选》完成于唐显庆三年即公元 658 年。《吕延祚进五臣集注文选表》云:"开元六年九月十日工部侍郎臣吕延祚上表。"则五臣(吕延济、刘良、张铣、吕向、李周翰)所注《文选》应完成于开元六年即公元 718 年。

② 《六臣注文选》,第 3 页。案"退傅谓韦孟,傅楚元王孙代作四言诗",今可见诸本无异文,如《宋刊明州本六臣注文选》,人民文学出版社 2008 年版,第 20 页左上栏;绍兴三十一年(1161)建阳崇化书坊陈八郎宅善本五臣注《文选》,台北"国家图书馆"藏本;另外可参刘跃进著,徐华校《文选旧注辑存》第 1 册,凤凰出版社 2017 年版,第 7 页。然考《汉书·韦贤传》及《六臣注文选》卷 19"诗甲·劝励"所见韦孟《讽谏诗》内容一样,均先述韦氏辅臣家世,至汉兴楚元王"建侯于楚",自己"惟傅是辅";后述楚元王孙刘戊"既藐下臣",讽谏刘戊"追思黄发",启用老臣,改过自新。显是韦孟自作诗口吻,非代刘戊之作。李周翰注中"代"字盖"戊"字形近之讹,此注当是"退傅谓韦孟,傅楚元王孙戊作四言诗"。《文章缘起》:"四言诗,前汉楚王傅韦孟谏楚夷王戊诗。"可为佐证。

③ 按,《吕延祚进五臣集注文选表》有云:"开元六年九月十日工部侍郎臣吕延祚上表。"

④ (清)黎庶昌:《拙尊园丛稿》卷 6《影旧钞卷子本日本见在书目一卷》,见《续修四库全书》第 1561 册,第 377 页。

录《文章始》确有其书。

《旧唐志》乃据开元时毋煚等所著书目编成，它所记录的书应是天宝以前之存书。《旧唐志序》云："煚等《四部目》及《释道目》，并有小序及注撰人姓氏，卷轴繁多，今并略之，但纪篇部，以表我朝文物之大。其《释道录目》附本书，今亦不取，据开元经籍为之志。天宝已后，名公各著文章，儒者多有撰述，或记礼法之沿革，或裁国史之繁略，皆张部类，其徒实繁。臣以后出之书，在开元四部之外，不欲杂其本部，今据所闻，附撰人等传。其诸公文集，亦见本传，此并不录。"①余嘉锡言："盖全从毋煚《古今书录》中录出，但删其小序，存其书名而已。天宝以后书且不录，遑望其于古书有所增益乎。"②现代学者基本赞同《旧唐志》所著录均来自《古今书录》③，乃当时实存之书。由此可初步推断，《文章始》在开元时确有其书。而且吕向注《文选》的时代与毋煚《古今书录》的时间相仿，估计他们所看到的《文章始》应该是相同的，也就是题任昉撰张绩补的本子。

现存唐代文献中关于几位张绩的记载④，可以肯定的是，张绩补

---

① 《旧唐书》卷 46，第 1966 页。
② 见《余嘉锡说文献学·古书通例》，第 174 页。
③ 据王重民考：《古今书录》是《开元群书四部录》（公元 717—721 年间编成）的修正、补充和简化的新本。"《古今书录》对后世的影响是大于《群书四部录》的。不但《唐书·经籍志》是完全以《古今书录》作依据，五代北宋时期所征引和参考使用的开元旧目，大概都是指的《古今书录》。""凡是依据《古今书录》所著录的，唐代开元时候必有其书，其传本（包括书名，卷数以及撰人等）也必然如所著录。"见王重民：《中国目录学史论丛》，中华书局 1984 年版，第 97—101 页。今人的相关论争可参考武秀成《〈旧唐书·经籍志〉"增补〈古今书录〉"说辨误》（《中国典籍与文化》2006 年第 3 期，第 9 页）。
④ 一张绩为隋末人。《新唐书·王世充传》中载王世充把持隋末朝政时，"以将张绩、董濬卫宫城"。《资治通鉴·唐纪三》载武德二年（619）王世充媚事皇泰主，礼甚谦敬。而皇泰主知其终不为臣，而力不能制，唯取内库彩物大造幡花；又出诸服玩，令僧散施贫乏以求福。"世充使其党张绩、（转下页注）

《文章始》应在《古今书录》编纂年代（即天宝）之前，由于文献所限，我们无法确定张绩补订《文章缘起》的情况。这虽然很遗憾，但对我们的讨论并不会产生关键性的影响。最关键的是，这本题任昉撰、张绩补的本子，是不是像四库馆臣所说的，任昉一书已亡，而这是张绩所补写的呢？这正是本章讨论的关键问题：《旧唐书》所谓"张绩补"，是补亡，还是补订？是一本完全重撰的新书，还是在原有著作基础上加以补订的？解决这个问题的路径可以通过考察《旧唐书·经籍志》关于书籍作者"某某撰、某某补"的体例加以推断。

今考《旧唐书·经籍志》著录"某某撰、某某补"者仅有两条：《经籍志》上"杂四部书目"："《今书七志》七十卷，王俭撰，贺纵补。"②《经籍志》下"杂家类"载："《文章始》一卷，任昉撰，张绩补。"③按《宋书》卷9《后废帝纪》："（元徽元年八月）秘书丞王俭表上所撰《七志》三十卷"④。《南齐书·王俭传》："王俭……依《七略》撰《七志》四十卷"⑤。而《隋志》记王俭《今书七志》则为七十卷，比以前的记载多出三四十卷，其中应该包括贺纵增补的内容。《梁书·任昉传》谓

（接上页注）董浚守章善、显福二门，宫内杂物，毫厘不得出。"一张绩可能为高宗时人，《洛阳新出土墓志释录》中《唐故扬州大都督府士曹参军张府君（林）合祔墓志铭并序》（元和六年八月二十八日）载："大王父绩，朝散大夫、邓州刺史；王父希明，历为妫、沁二州刺史。烈考守志，历河南少尹，丹、齐、易、陕四州刺史。"张林卒于大历九年，年六十，以此上推，则张绩刺邓州时间可能在高宗、武后时期。一张绩年代未详，《新唐书》又载"绩，曲江令"，在历代《广东通志》和《韶州府志》中皆著为年次无考者。一张绩为唐昭宗时人。《文苑英华》卷411有薛廷珪在唐昭宗时所作《授翟州刺史张绩等加官制》，昭宗朝在文德元年（888）三月至天祐元年（904）四月，则此翟州刺史张绩不可能补吕向所见之《文始》。

② 《旧唐书》，第2011页。

③ 《旧唐书》，第2034页。

④ （南朝梁）沈约：《宋书》卷9，中华书局1974年版，第180页。

⑤ （南朝梁）萧子显：《南齐书》卷23，中华书局1972年版，第433页。

"昉卒后,高祖使学士贺纵共沈约勘其书目,官所无者,就昉家取之。"①《梁书·刘峻传》:"天监初,召入西省,与学士贺踪(纵)典校秘书。"②可见贺纵是精于目录之学的。由于贺纵与王俭生活时代甚近,他之补《今书七志》,肯定不是补亡,而是增补。若按四库馆臣解释《文章缘起》"张绩补"为"在唐已补其亡,则唐无是书可知矣"一语的逻辑,王俭之《今书七志》既注"贺纵补",则是"在梁已补其亡,则在梁无是书可知矣"。这显然是不符事实的!《隋志》所著录王俭《今书七志》七十卷本,应是经过贺纵所补之本③。但由于《隋志》著录没有"某撰、某补"之体例,所以未注"贺纵补"④。唐人如陆德明《经典释文》多引用《七志》,并记为王俭所作。无论如何,王俭之《今书七志》在唐代并没有亡佚⑤。《旧唐书·经籍志》"《今书七志》七十卷,王俭撰,贺纵补。"⑥卷数与《隋志》相同,应该是同一部书。只是《旧唐志》的著录体例更为细致⑦,所以特别标出补者贺纵,绝不是贺纵自行另撰的一部书。依此看来,《旧唐书·经籍志》关于书籍作者"某某撰、某某补"的内涵应该是原书与所补共存的。

---

① (唐)姚思廉:《梁书》卷14,中华书局1973年版,第254页。
② 《梁书》卷50,第702页。
③ 参见姚振宗:《隋书经籍志考证》"《今书七志》条",见《二十五史补编》第4册,第5426页。
④ 《隋志》著录体例,基本仅载撰、注人,对于补续之书,则直接在标题中标出。如《隋书》卷35:"宋侍中张敷、袁淑《补谢灵运诗集》一百卷。"又如卷33"《补续冥祥记》一卷,王曼颖撰。"
⑤ 参考乔好勤:《关于〈七志〉的几个问题》,《四川图书馆学报》1987年第4期。
⑥ 《旧唐书》,第2011页。
⑦ 我们做过相同书目著录的比较:《隋志》仅注明主要撰人,而《唐志》往往既注明撰人,又注明其他,如:"述"、"解"、"续"、"颂"等与原书相关的其他创作者。这就不难理解,《旧唐志》在《今书七志》中注明"贺纵补"而《隋志》不注明的原因了。

再考察《新唐书·艺文志》,丙部子录杂家类载:"任昉《文章始》一卷。"下注:"张绩补。"①按杂家类末云:"右杂家类六十四家,七十五部,一千一百三卷。"下注云:"虞世南以下不著录三十四家。"②余嘉锡言:"《新志》每类后所著右某类若干家,若干部,若干卷,皆开元以前书。又注云:自某书以下不著录,则天宝以后书也。考其所著录,凡《旧志》所有皆已收入。"③而任昉著录在虞世南之前,可见此处《文章始》为开元以前书。此外,《新唐志》中注文说明"某某补"者,便仅有乙部史录目录类"《今书七志》七十卷"了,注云:"贺纵补注。"④可见关于这两本书著录情况与《旧唐志》同,则此"补"也非补亡。值得注意的是,《新唐志》著录体例乃以书类人,更加突出著作的创作主体,而补、补注等人则以小字注出;合撰或撰与注合一书等难以分辨谁为主创的书,其著作人也以注文标出⑤。由此也略可推见张绩所补,并非《文章始》一书的主体。四库馆臣把《唐志》"张绩补"解释为:"在唐已补其亡,则唐无是书可知矣。"仅为凭空的推断,并不合乎两《唐志》著录的体例。

由此可见,《文章始》不可能出自唐人依托⑥,《隋志》称"梁有……亡",只是因前人已有著录,而编修《隋志》时未见该书,故谓此。唐开元年间任昉《文章始》确实存于秘阁之中,并被毋煚著录入《古今书录》;吕向注《文选》时,亦应征引该书。后晋人编修《旧唐

---

① 《新唐书》卷59,第1535页。
② 《新唐书》卷59,第1537页。
③ 见《余嘉锡说文献学·古书通例》,第174页。
④ 该条前为"王俭《宋元徽元年四部书目录》四卷。"见《新唐书》,第1498页。
⑤ 如有《六经法言》二十卷",注云:"韦处厚、路隋撰。"(《新唐书》,第1513页)"《广成子》十二卷",注云:"商洛公撰,张太衡注。"(《新唐书》,第1516页)
⑥ 另外从该书所举之例看,无一例出于任昉之后,这是很重要的佐证。若是全书为张绩重新补亡之作,所录文章当不限于梁前。

志》时，又从《古今书录》中载入此书。北宋初修《新唐志》时，又沿《旧唐志》的说法，但是此后人们就不再提张绩了。

在现有宋人文献中，最早论及《文章始》的是北宋王得臣（1036—1116），《麈史》卷中"论文"条：

> 梁任昉集秦汉以来文章名之始，目曰《文章缘起》。自诗、赋、离骚至于艺①、约八十五题，可谓博矣。既载相如《喻蜀》，不录扬雄《剧秦》，录《解嘲》而不收韩非《说难》，取刘向《列女传》赞而遗陈寿《三国志》评……
>
> 任昉以三言诗起晋夏侯湛，唐刘存以为始于"鹭于飞，醉言归"。任以颂起汉之王褒，刘以始于周公《时迈》。任以檄起汉陈琳檄曹操，刘以始于张仪檄楚。任以碑起于汉惠帝作《四皓碑》，刘以《管子》谓无怀氏封太山刻石纪功为碑。任以铭起于始皇登会稽山，刘以蔡邕《铭论》"黄帝有金几之铭"其始也。若此者尚十余条，或讨其事名之因，或具成篇而论，虽有不同，然不害其多闻之益。②

此文首次将"任昉集秦汉以来文章名之始"的著作记为《文章缘起》，不用《文章始》，也不提及"张绩补"。王得臣最早讨论《文章缘起》的分类问题。他既认为《文章缘起》收录文体"八十五题，可谓博矣"，又指出其中有不确之例。他还举唐刘存《事始》所列文体起始与《文章缘起》相比较，指出两者有许多不同的说法。但他认为这两

---

① 引者按："艺"应为"势"。（宋）王正德《馀师录》卷3引用此文，加上案语："案，势，约，原作艺、约。昉此编终于崔瑗《草书势》、王褒《僮约》共八十五也。今改正。"所辨甚是，且历来无以"艺"作为文体之名者。

② （宋）王得臣：《麈史》，上海古籍出版社1986年版，第51页。

本书角度不同，"或讨其事名之因，或具成篇而论，虽有不同，然不害其多闻之益。"所言颇为有理。《四库全书总目》卷 120 谓《麈史》"特为精核"①，然《麈史》对《文章缘起》作者为任昉无一字之疑。《麈史》所举条目，与现存《文章缘起》一一相合，他所说的《文章缘起》八十五题，正与《山堂考索》本、《事林广记》本相同。此后，宋代绍熙年间王正德《馀师录》卷 3 引用此文，并加考订。这些都是《文章缘起》在宋代有流传的明证。

那么宋人是否因为不了解前代著录情况，以致"误以为昉本书"呢？事实不然。南宋洪适（1117—1184）辑印完整的《文章缘起》，并在书后作跋云："《文章缘起》一卷，梁新安太守乐安任公书也。按《隋经籍志》，公《文章始》一卷，有录无书。""三馆有集六卷，悉见萧氏类书中，疑后人掇拾传著，于传亡益。独是书仅存可藏去（弆）。"②作为考据家的洪适，在了解《文章缘起》曾在目录学史上被著录为"有录无书"的情况后，怀疑所看到任昉的其他书是"后人掇拾传著"，独许《文章缘起》为任昉仅存之原作，必有其道理。洪适也指出此书一些偏误，如以殷仲文《从弟墓志》为墓志之始。但他并未因"墓志"条的偏误而怀疑《文章缘起》非任昉所作，而是认为任昉创作《文章缘起》时，由于"丘中之刻"未出土名世，局于所见，对"墓志"缘起的认识有所偏误，是可以理解的③。这种历史局限，反而从另一方面印证了今存《文章缘起》创自六朝时期。若该书真为唐人依托之作，则《水经注》所载汉刻，必可采为墓志缘起，何必以晋人墓志贻后世考证者口实？

---

① 《四库全书总目》，第 1036 页。
② 见（宋）陈元靓等编：《事林广记》，《续修四库全书》第 1218 册，第 354 页。
③ 周必大（1126—1204）《益国周文忠公全集》卷 51《跋王献之保母墓碑》又对"墓志"条加以考证，在纠正《文章缘起》"墓志"缘起偏误的同时，亦认为"洪丞相适跋云世传东汉墓碑皆大隶，疑昉时尚未露见，其说良是"。可见宋代学者是认同六朝时埋藏于坟墓中的墓志尚未出土这一说法的。

《事林广记》本的洪适《跋〈文章缘起〉》末有明确的题写时间,胡道静先生在《事林广记》1963 年中华书局影印本《前言》中评说道:

> 还有一件事是很重要的:篇末载有洪适的刻书跋,结语为"绍兴三十年四月二日鄱阳洪适识"。今本但作"洪适题"三字。这个题识的年月,不仅有助于考查洪景伯知徽州的年代,而且还可以有力地驳斥《四库总目提要》怀疑今本《文章缘起》是出于依托的一个论证。因为《提要》这样说:"并书末洪适一跋,亦疑从《盘洲集》钞入。"查《盘洲集》卷六十三所载《跋〈文章缘起〉》一文,结尾也没有署年月,可知南宋流行也即是后来各本之祖的《文章缘起》,其识语为本来所有,断断不是"从《盘洲集》钞入"的。徒因明以后刻本失去了年月,四库馆臣才能援为怀疑的论据。①

可见四库馆臣对洪适此跋的怀疑也是不能成立的。

洪适跋文的不同版本也提示了《文章缘起》书名的变化,《事林广记》本"按《隋·经籍志》,公《文章始》一卷"中"文章始"三字,《盘洲文集》卷 63 所载《跋〈文章缘起〉》及现存《隋书·经籍志》各个版本无异文;而《山堂考索》《夷门广牍》《心斋十种》及四库本作"文章缘始";《学海类编》作"《文章缘起》"。可见任昉此书原名当是《文章始》,在唐宋流传过程中,又有《文始》(《文选序》吕向注)、《文章缘始》、《文章缘起》数名,最后以《文章缘起》之名流传最广。

《文章缘起》一书在宋代学者心目中有重要位置与影响。宋代章如愚《山堂考索》卷 21"文章门"中在"评文类"和"评诗类"之前专辟"文章缘起类",收录洪适题跋的《文章缘起》全本②。"评诗类"所收

---

① (宋)陈元靓:《事林广记》附录,中华书局 1999 年版,第 559 页。
② (宋)章如愚辑:《山堂考索》,中华书局 1992 年影印本,第 142 页。

作品便是钟嵘《诗品》，而《文心雕龙》仅仅在《山堂考索》的续集"总集文集"中一笔带过。宋陈元靓《事林广记》后集卷7"辞章类"亦以《文章缘起》为首而未收《文心雕龙》与《诗品》。① 南宋严羽《沧浪诗话·诗体》："五言起于李陵、苏武，七言起于汉武《柏梁》，四言起于汉楚王傅韦孟，六言起于汉司农谷永，三言起于晋夏侯湛，九言起于高贵乡公。"②此数语全采《文章缘起》之说，无稍变易，亦没有说明出处，这正是《文章缘起》论诗体之说在当时成为"常识"之佐证。

从目录学来看，北宋以后，历代的官私书目及考订笔记著录任昉《文章缘起》者，也是络绎不绝。《宋史·艺文志》"文史类"："任昉《文章缘起》一卷。"③《郡斋读书志·读书附志》"类书类"："《文章缘起》一卷，右梁太常卿任昉彦升所集也，自秦、汉以来圣君贤士所为文章名之所始，备见于中。"④《遂初堂书目》"文史类"："梁任昉《文章缘起》。"⑤《直斋书录解题》"文史类"："《文章缘起》一卷，梁太常卿乐安任昉彦升撰，但取秦、汉以来，不及六经。"⑥《百川书志》卷18集部"文史类"："《文章缘起》一卷，梁太常卿任昉彦升集秦汉以来圣君贤士沿革文章立名之始，凡八十五题，自为序。"⑦《读书敏求记》"诗

① 《事林广记》，《续修四库全书》第1218册，第354—355页。
② （宋）严羽著，郭绍虞校释：《沧浪诗话校释》，人民文学出版社1983年版，第48页。
③ （元）脱脱等：《宋史》卷209，中华书局1985年版，第5408页。
④ （宋）赵希弁：《郡斋读书志·读书附志》卷上，见孙猛校证：《郡斋读书志校证》，上海古籍出版社1990年版，第1151—1152页。
⑤ （宋）尤袤：《遂初堂书目》，见《海山仙馆丛书》第1册，凤凰出版社2010年版，第49页。
⑥ （宋）陈振孙著，徐小蛮、顾美华点校：《直斋书录解题》，上海古籍出版社1987年版，第641页。
⑦ （明）高儒撰：《百川书志》卷之18，上海古籍出版社2005年版，第283页。

文评"①:"任昉《文章缘起》一卷,梁新安太守乐安任昉著,此书凡八十五题,洪适曰:'墓志皆汉人大隶,此云始于晋日,盖丘中之刻,其时未露见也。'"②这些著录,言之凿凿,皆系于任昉名下。在前有《隋志》与《唐志》著录相异的情况下,毫无疑问地著录任昉《文章缘起》,自有其道理。而像四库馆臣所推测的此书是"张绩所补,后人误以为昉本书"的可能性是很小的。宋人甚重考辨,为何宋代后来目录学根本不提张绩呢?这也是我们不得其解之处。推测起来,张绩所补可能份量很少,也有可能张绩所补乃附于《文章始》之后,后人因其不重要而删去③,仅保留《文章始》之旧。

　　四库馆臣的第三个理由是:"宋人修《太平御览》,所引书一千六百九十种,挚虞《文章流别》、李充《翰林论》之类,无不备收,亦无此名。"以类书是否收入,作为书籍存佚的判断标准,于理颇疏,无须多辨。唐代的《初学记》、《艺文类聚》收书亦多矣,然未及刘勰《文心雕龙》、钟嵘《诗品》之一语。若因此怀疑《文心雕龙》、《诗品》的真实性,岂不谬哉!类书并非总集,也非书目,它不可能收录所有书籍,只是分门别类取其所需罢了。《太平御览》首册附录《太平御览经史图书纲目》共有一千六百九十种,然所列之书,有二见者,有三见者,剔去重复,不过一千余种④。而《旧唐志》所著录书目总数已超过三千。故以《太平御览》之所引书考证书之存则可,以《太平御览》之未引证书之亡则不可。四库馆臣因有先入之见,故以《太平御览》未收为由,而置宋代其他重要著作的记录情况于不顾,所疑实不足为据。

---

① 《读书敏求记》"诗文评"首列《文章缘起》,其后方为刘勰《文心雕龙》。
② (清)钱曾著,(清)管庭芬、章钰校证:《读书敏求记校证》卷4之下,上海古籍出版社2007年版,第453页。
③ 如明代陈懋仁既有《文章缘起注》,又有《续文章缘起》(见《学海类编》),《四库全书》则仅取其《注》而删其《续》。
④ 《重印太平御览前言》,见(宋)李昉:《太平御览》,中华书局1960年版,第1页。

三、《文章缘起》之著录体例及其特色

四库馆臣的第四个理由是："今检其所列，引据颇疏。"又举一些例子认为，"不足据为典要"、"尤属未协，疑为依托"。文学批评乃见智见仁之事，何况智者千虑，尚有所失。若因某书有误即"疑为依托"，则天下之书可疑者甚多。对于前人的诸多具体批评，我们没有必要一一强为之辨。但由于许多批评涉及对《文章缘起》体例的不同理解，对此仍有必要进一步展开讨论。

解读《文章缘起》，首先须明其著录体例。其序云：

> 《六经》素有歌、诗、书①、谏、箴、铭。如《尚书》帝庸作歌、《毛诗》三百篇、《左传》叔向《诒子产书》、鲁哀公《孔子谏》、孔悝《鼎铭》、《虞人箴》之类是也。此盖取秦汉以来，圣君贤士沿著为文之始，故因录之，凡八十五②条，抑亦新好事者之目耳。

---

① 除《事林广记》外，它本此句皆脱"书"字。通读序文，首句"歌、诗、书、谏、箴、铭"与下文所列举六经文章恰好一一对应："歌"对应"帝庸作歌"，"诗"对应"毛诗三百篇"，"书"对应"叔向诒子产书"，"谏"对应"鲁哀公《孔子谏》"，"铭"对应"孔悝《鼎铭》"，"箴"对应"《虞人箴》"。

② 现流行本皆改为"八十四题"，非是。按元刊《群书考索》本、《事林广记》本皆为"八十五题"，王得臣《麈史》、王正德《馀师录》皆明确记载"八十五题"，宋人所见的本子即如此。明代正德年间刘洪慎独斋本《群书考索》仍如是。万历年间浙江嘉兴人周履靖校刻《文章缘起》（见《夷门广牍》）、陈懋仁《文章缘起注》本把"诏"、"玺文"合为一条（见《学海类编》），以致不通。后陈懋仁《注续文章缘起》经林古度校刻（见《邵武徐氏丛书》），林古度之学生方熊又对陈懋仁《文章缘起注》加以补注，《四库全书》收入陈、方注本《文章缘起》，亦沿袭"诏"、"玺文"合为一条之误。

任昉先肯定六经之中已出现歌、诗、书、诔、箴、铭之类的文体,但此书并不是要溯源六经,而是要记录六经之后、秦汉以来圣君贤士创作的各体"文之始"。"秦汉以来……文之始"一句规定了全书内容所涉的时段与基本框架,是理解全书体例的关键。这里的"秦汉以来",实指战国秦汉以来。其所列文章从屈原《离骚》至最晚近晋殷仲文《从弟墓志》,确是战国至任昉生活年代以前的作品,这是任昉所要记录的各体文章的起始年代。讨论此书,只能在作者所规定的框架之内。历代对《文章缘起》的辨误补正之文,往往忽略作者所定的"秦汉以来"之框架,无怪乎发现该书比比皆是"引据颇疏"之处①。对《文章缘起》用力甚勤的明代陈懋仁、晚清钱方绮,亦不免此疏舛。如《文章缘起》:"四言诗,前汉楚王傅韦孟《谏楚夷王戊诗》。"陈懋仁注引《诗家直说》与《诗纪》,认为《诗经》与《康衢歌》是更早的四言②。又如《文章缘起》认为诰始汉司隶冯衍《德诰》。钱方绮《文章缘起订误》:"又谓诰始汉司隶冯衍,非也。骏案:《尚书》有《仲虺之诰》、《洛诰》、《大诰》、《酒诰》等篇。"③今人谭家健先生说:"《文章缘起》所标举的每种文体的最初作者,也有很多错误的。""如说'四言诗'起于汉楚王傅韦孟《谏楚夷王戊诗》,竟无视早于他几百年的《诗经》……'谏'仅举汉武帝《公孙弘谏》,而不提《左传》所记鲁哀公之谏孔子。"又谓任昉的《文章缘起序》中所举例子在正文中一个也没有,该书前后矛

---

① 参见方孝岳:《中国文学批评》,生活·读书·新知三联书店1986年重印本,第62—63页。张仁青:《魏晋南北朝文学思想史(下)》,台北文史哲出版社1978年版,第671页。

② (梁)任昉撰,(明)陈懋仁注,(清)方熊补注:《文章缘起》,《文渊阁四库全书》第1478册,第205页。

③ 钱方琦(1876—1901),字观保,号骏华,又号访奇,武进人。《文章缘起订误》和《文章缘起补》收入《得天爵斋丛书》,今藏北京国家图书馆。

盾，所以必假无疑①。其实他们所批评的，皆在任昉明确划定的框架之外。

为了进一步了解《文章缘起》的体例，我们引用其中数条："论，汉王褒《四子讲道德论》。""议，汉韦玄成《奏罢郡国庙议》。""反文，汉扬雄作反文。""弹文，晋冀州刺史王深集有《杂弹文》。""荐，后汉云阳令朱云《荐伏湛》。""教，汉京兆尹王遵出《教告属县》。""封事，汉魏相《奏霍氏专权》。""白事，汉孔融主簿作《白事书》。""移书，汉刘歆《移书让太学博士论左氏春秋》。"②可见其基本体例为：文章名——创立时代——（官爵）作者——篇名。除个别条之外，所列的文章篇名都包含了"文章名"。如"对问，楚宋玉《对楚王问》"，"传，汉东方朔作《非有先生传》"，"上章，后汉孔融《上章谢太中大夫》"③。可见《文章缘起》所引文章篇名与文章名之一致也是其基本体例。《麈史》批评《文章缘起》"既载相如《喻蜀》，不录扬雄《剧美》；录《解嘲》而不收韩非《说难》；取刘向《列女传》赞而遗陈寿《三国志》评。"这在《文章缘起》中，是不成问题的，因为它所标的"文章名"是"喻难"、"解嘲"、"传赞"，现所选几篇文章的篇名与文章名更为相合。

与《文心雕龙·序志》所标举的"原始以表末，释名以章义，选文以定篇，敷理以举统"④的系统研究相比，《文章缘起》是一种简要的簿录式载录，但这并不意味着它是没有内涵没有选择的纯客观记录。任昉在《序》中特别强调他所记录的是"圣君贤士"⑤的文章，而每立

---

① 谭家健：《试论任昉》，载《文学评论丛刊》第 16 辑古典文学专号，中国社会科学出版社 1982 年版，第 31 页。
② 《事林广记》，《续修四库全书》第 1218 册，第 355 页。
③ 《事林广记》，第 355 页。
④ 《文心雕龙义证·序志第五十》，上海古籍出版社 1989 年版，第 1924 页。
⑤ 多数作者的姓名之前还标出其王号、官爵。

一体,也仅列举一篇作品,这可能意味着这些文章在文体上具有一定的规范或典范意义。《文章始》之"始",不是纯粹的时间概念,而是带有文章定型与规范之始的含义。故综合起来看,任昉所列作品大致有明确的创作年代、创作者,是独立完整并有一定规范性或典范性的①,而不像此前人们从经史歌乐舞辞中任意截取创作年代与创作者都比较模糊的片段②。

《四库全书总目》指责说:"'挽歌'云起缪袭,不知《薤露》之在前;'篇'云起《凡将》,不知《苍颉》之更古。"按《文章缘起》云:"挽词,魏火禄勋缪袭《挽词》。"③假如从文体溯源的角度,《薤露》当然更早。然缪袭不仅是最早给挽歌定名,更重要的是他开创了文人挽歌的传统与规范。这种挽歌在形式上与《薤露》、《蒿里》绝不相同:变杂言诗为成熟的五言诗,变集体性倡和与实用性的丧家之乐为文人抒发一己之情的个性化创作。此后,创作挽歌者众,如陆机、傅玄、陶渊明、祖班都创作了"挽歌"④,故任昉以挽词文体始于缪袭是准确的⑤。

至于以《凡将篇》为"篇"之始的问题,推想起来,任昉不至于"不知《苍颉》之更古"。现两书都已亡佚,只遗留残文。从残存片段来

---

① 除了极个别例外:"诏"没有作者(但明显指秦始皇),"乐府"、"引"没有时代与作者。有些没有标出时代是因为同一作者(如扬雄)前面已标出了,后则不再重复。
② 《文选》大致也是不从经史子中采录作品的,见《文选序》。傅刚教授认为"《文选》的编纂在文体分类上可能受到任昉《文章缘起》的影响。"见傅刚:《〈昭明文选〉研究》第3章第2节,中国社会科学出版社2000年版,第221页。《文章缘起》与《文选》之关系可进一步研究。
③ 《续修四库全书》第1218册,第355页。
④ 参考吴承学:《汉魏六朝挽歌考论》,载《文学评论》2002年第3期。
⑤ 这也是当时人们的普遍看法。《文选》卷28"挽歌"类首列"缪熙伯挽歌",《初学记》卷14"挽歌"后附"诗"亦以"魏缪袭挽歌诗"为第一首。

看，两书的形态差异是明显的。李斯《苍颉篇》主要以四言成句，二句一韵①；而司马相如《凡将篇》则基本为七言韵语。值得注意的是，《凡将篇》影响了当时字书写作，是这种文体的创始之作，具有一定的典范意义②。如汉代史游受到《凡将篇》影响而作《急就篇》③，其文体亦以七言韵语为主。此种以七言韵语成"篇"的形态后代仍然存在，如宋代王应麟《姓氏急就篇》、赖文俊《催官篇》、张伯端《悟真篇》皆为七言韵语之作。不仅如此，《凡将篇》还开创了"无复字"字书新传统。班固《汉书·艺文志》曰：

> 《史籀篇》者，周时史官教学童书也，与孔氏壁中古文异体。《苍颉》七章者，秦丞相李斯所作也。《爰历》六章者，车府令赵高所作也。《博学》七章者，太史令胡母敬所作也：文字多取《史籀篇》，而篆体复颇异，所谓秦篆者也。是时始造隶书矣，起于官狱多事，苟趋省易，施之于徒隶也。汉兴，闾里书师合《苍颉》、《爰历》、《博学》三篇，断六十字以为一章，凡五十五章，并为《苍颉篇》。武帝时司马相如作《凡将篇》，无复字。元帝时黄门令史游作《急就篇》，成帝时将作大匠李长作《元尚篇》，皆《苍颉》中正字也。《凡将》则颇有出矣。至元始中，征天下通小学者以百数，各令记字于庭中。扬雄取其有用者以作《训纂篇》，顺续

① 王国维《史籀篇疏证序》云："《苍颉篇》据许氏《说文序》、郭氏《尔雅注》所引，皆四字为句。又据近日敦煌所出残简，又知四字为句，二句一韵。"（见《观堂集林》，中华书局1959年版，第257页）
② 《四库全书总目》卷41"小学类·字书"案语："观陆羽《茶经》所引司马相如《凡将篇》，亦以韵语成句，知古小学之书，其体如是。"第358页。
③ 颜师古《急就篇序》："逮至炎汉司马相如作《凡将篇》，俾效书写，多所载述，务适时要，史游景慕，拟而广之。"见（汉）史游撰，（唐）颜师古注，（宋）王应麟补注：《急就篇》，商务印书馆1936年版。

《苍颉》,又易《苍颉》中重复之字,凡八十九章。臣(班固)复续扬雄作十三章,凡一百二章,无复字,六艺群书所载略备矣。《苍颉》多古字,俗师失其读,宣帝时征齐人能正读者,张敞从受之,传至外孙之子杜林,为作训故,并列焉。①

此叙《史籀篇》以来教学童书,特别强调司马相如《凡将篇》"无复字";又指出扬雄作《训纂篇》"易《苍颉》中重复之字",表明《苍颉》乃至其前各篇字书皆是有复字者②。换言之,司马相如《凡将篇》"无复字",影响了扬雄、班固的字书编纂工作。至今广泛流传的《千字文》、《百家姓》亦"无复字"。所以《文章缘起》以《凡将篇》为字书"篇"之始,也是有道理的。

下面再讨论《文章缘起》的文章分类问题。全书著录"文章名"如下:

　　诗三言、诗四言、诗五言、诗六言、诗七言、诗九言、赋、歌、离骚、诏、玺文、策文、表、(让表)③、上书、书、对贤良策、上疏、启、奏、笺、谢恩、令、奏、驳、论、议、反文、弹文、荐、教、封事、白事、移书、铭、箴、封禅书、赞、颂、序、引、志录、记、碑、碣、诰、誓、露布、檄、明文、乐府、对问、传、上章、解嘲、训、辞、旨、劝进、喻难、诫、吊文、告、传赞、谒文、祈文、祝文、行状、哀策、哀颂、墓志、诔、悲

① 《汉书》卷30,第1721页。
② 按《北京大学藏西汉竹书》第1卷《仓颉篇》第9支简有"饬端脩法"、第34支简有"端直准绳","端"字重复。详见朱凤瀚编撰:《北京大学藏西汉竹书》(一),上海古籍出版社2015年版,第3、7、15、24页。
③ 《事林广记》本缺"让表"二字,据他本补入。

文、祭文、哀词、挽词、七发、离合诗、连珠、篇、歌诗、遗命、图、势、约。①

共85类文章名。此前曹丕《典论·论文》所讲奏、议、书、论、铭、诔、诗、赋八体，陆机《文赋》所论诗、赋、碑、诔、铭、箴、颂、论、奏、说十体，及今人所辑挚虞《文章流别论》所及十一体：诗、颂、赋、七、铭、箴、碑、诔、哀策、哀辞、图谶②，李充《翰林论》所论：赞、表、驳、论、议奏、盟檄、诫诰、五言诗、赋等体，大致皆在其收罗之内。蔡邕《独断》所列"策、制、诏、戒、章、奏、表、驳议"，加上《后汉书·蔡邕传》所言"诗、赋、碑、诔、铭、赞、连珠、箴、吊、论、议"等文体，仅"制"一类《文章缘起》未立体。而考《独断》所释："制书，帝者制度之命也。其文曰'制诰三公'，赦令、赎令之属是也。刺史太守相劾奏，申下土，迁书文，亦如之。其征为九卿，若迁京师近宫，则言官，具言姓名，其免若得罪，无姓。凡制书，有印使符，下远近皆玺封。尚书令印重封。唯赦令、赎令、召三公诣朝堂受制书，司徒印封，露布下州郡。"③可以看到，在《文章缘起》中，已拆分为玺书、露布、诏、令、弹文等体。同样，备受《提要》指责的"表"与"让表"的分类，也正源于作者的这种拆分。

　　四库馆臣对于《文章缘起》分类的指责，有些是出于版本方面的原因，因为四库馆臣所据的是明代以后经过改易的本子。如批评

---

① 《续修四库全书》第1218册，第354—355页。按原本"谢恩"至"檄"、"明文"至"七发"所在页面窜入同卷所收"声律类格"页面内（详见李晓红《"文章缘起类"文献发微》，《中华文史论丛》2020年第2辑）。此列目顺序依日本元禄十二年（1699）翻刻元泰定二年（1325）刻本《新编群书类要事林广记》及《山堂考索》所录《文章缘起》。

② 参见邓国光：《文章体统：中国古代文体学的正变与流别》上，上海古籍出版社2013年版，第158—163页。

③ 见《四部丛刊三编》景明弘治本，第4页。

"'骚'与'反骚'别立两体",据刻本较早的《事林广本》元代至顺刊本与至元刊本①,"反骚"都作"反文"②,是指以《反离骚》为代表的一类文章。"反文"文体体制的特色是:形式上与原文相仿,而内容上则与原文相对。《文选》卷22"招隐"、"反招隐"并列立类,大概是当时的风气。后代也有以"反"为体的,清代王兆芳《文章释》论"反"体:"反者,覆也,背也。主于违背旧文,欲使倾覆。源出汉扬子《反离骚》,流有魏王粲《反金人赞》,晋孙楚《反金人铭》,唐皮日休《反招魂》,明徐祯卿《反〈反骚〉赋》。"③

　　四库馆臣对历代文章选集的文体分类有过许多批评④。《文章缘起》全书所录八十五类文章名,在馆臣眼中可能显得琐碎,不合他们讲求简约的文体分类思想。但《文章缘起序》已经明确说明,它著录的是秦汉以来"圣君贤士"所著之"文之始",这是对从六经独立出来的文章学初始阶段的历史记录。秦汉以来,文章从经学体系中独立出来,任昉时代文体学方兴未艾,人们的认识也相当多元,《文章缘起》反映的"琐碎",或者在后人眼中"颇疏"、"未协",也许恰恰真实反映出秦汉以来文章学的初始状态。至于文体分类之详略,在中国文体学史上从来就没有定论与共识。四库馆臣及其赞同者指责其分类不协者,或有道理,但也非定论。如"表"与"让表","旨"、"势"别立一体,这是《文章缘起》不断受到指责的例子,其实后世也有持同样

---

① 关于此版本,参见胡道静1963年中华书局影印本《前言》一文,载(宋)陈元靓撰:《事林广记》附录,中华书局1999年版,第559页。

② 按明初朱权辑《原始秘书》卷7"文史经籍部"采《文章缘起》而未出书名,其中即有"反文:汉扬雄作反文始之"一条,所据的版本当是宋元旧本。《四库全书存目丛书》子部第173册,第123页。

③ (清)王兆芳:《文章释》,见《历代文话》第7册,复旦大学出版社2007年版,第6276页。

④ 参考《四库全书总目》之《元诗体要》《文体明辨》《文章辨体汇选》《古诗类苑》《明文海》等书的提要。

分类法者。明人朱荃宰《文通》卷 8"表"中便专立一条:"让表,让,逊也。《书》曰:舜让于德弗嗣。"①按:授官让表在当时是非常普遍的现象,从这种背景来看,任昉以"让表"为独立文体本无可厚非②。在后代文体学著作中,亦有以"旨"、"势"为体的。《文通》卷 15 有:"旨,后汉崔骃作《达旨》,旨,美也,令也;达,简言也,取达其意而已。"③"势,汉济北相崔瑗作《草书势》,商略笔势,形容字体者也。蔡邕作《隶势》、《篆势》。"④从这些都可以看出《文章缘起》的分类自有其道理与影响,而不是像四库馆臣所批评的那样舛误不堪。退一步说,即便《文章缘起》的分类真的存在疏漏,也未必可作为证伪的依据。昭明《文选》,苏轼讥"其编次无法,去取失当"⑤,章学诚批评其分类混乱无识⑥,此皆为后贤自得之言,然若以之论真伪,可乎?

综上所述,我们认为四库馆臣对《文章缘起》"疑为依托"的几个主要理由是不能成立的,或者是不充分的,其结论不可采信。我们主张以谨慎的信任态度对待唐宋以来的目录学载录与学者们的共识。在"疑为依托"说没有其他充分的文献与理论依据作为支持之前,还是尊重以现存《文章缘起》为任昉著的传统说法为妥。

在中国文学批评史上,任昉的《文章缘起》是一部有特色的著作。自晋代以来,学术界有一种追溯事物创始的著述风气。晋崔豹著《古今注》三卷,原释事物创始之意。与任昉年代相仿的谢昊,著有《物

---

① (明)朱荃宰:《文通》,《四库全书存目丛书》集部第 418 册,第 462 页。
② 参见(清)赵翼:《陔馀丛考》卷 26《授官表让》条,中华书局 1963 年版,第 5444 页。
③《文通》,第 532 页。
④《文通》,第 533 页。
⑤ (宋)苏轼:《苏轼文集》卷 67《题〈文选〉》,中华书局 1986 年版,第 2092 页。
⑥ 见(清)章学诚著,叶瑛校注:《文史通义·诗教下》,文曰:"若夫《封禅》、《美新》、《典引》,皆颂也……"一长段。中华书局 1994 年版,第 81 页。

始》十卷,晚于任昉的刘孝孙,著有《事始》三卷,任昉《文章始》与这些著述同出一辙,都反映出当时探讨万物起始之风。从文体学的角度看,当时探讨文章渊源的也颇有人在,但任昉的方法方式与众不同。陈振孙《直斋书录解题》卷22认为该书"但取秦汉以来,不及六经",无论他是否带有贬意,确拈出该书的特点:会心之处于六经之外。这正是此书与前后那些言及文体必溯至六经的文论之区别①。《文章缘起》所标举作品大致是六经之外、秦汉以来有明确的创作年代、创作者,有一定典范意义的独立完整的篇章。它体现出任昉的关注重点是脱离经学束缚之后个体的文章创作,它创造性地以簿录的方式记录了任昉心目中具有一定独立性与典范性的文章学谱系。

任昉《文章缘起》是一部简短但绝不简单的书——它有许多复杂而丰富的内涵还值得我们玩味。

① 参考本书《对"文本于经"说的文体学考察》一章。

第六章　宋代文章总集的文体学意义

　　宋代文章总集非常繁荣,远超前代。《宋史·艺文志》载总集435 部,10657 卷,其中主要是宋代的文章总集。宋明目录所载的宋人总集,有三百多种,还有大量的总集虽然未著录于目录,但仍有序跋流传①。宋代是中国文学与文体学发展的重要时期,宋代文章总集具体而准确地反映出宋人的文体观念以及相关的文学观念,为文学批评提供了特别的研究视角。当然宋人别集同样具有文体学研究价值,但由于不同作家有不同的才性与习惯,一般来说,别集所包含的文体类别远不如总集全面。限于篇幅,本章主要以这个时期综合各体的文章总集为对象,讨论其文体观念兼及相关的文学观念。

一、唐宋新文体的确认与传播

　　文体是人们感受世界、阐释世界所选择的工具。文体的生灭盛衰,具有深刻的文学史意味。从六朝至唐宋,中国文学发生了巨大的变化。这种变化不仅出现在作品的思想内容与艺术风格中,还体现在具体的形式嬗变上:旧文体的淡出、新文体的出现,都是文体史与文学史发展的重要标志。关于唐宋文体新变,学术界已有一些研究

---

① 参见祝尚书:《宋人总集叙录》,中华书局 2004 年版。

成果①。本章要补充的是:唐宋新文体的出现、定名、传播和接受,集中地反映在宋代文章总集的编录之中,它们为理解文体史与文学史的发展提供了新颖的角度和有力的证据。对于唐宋文体研究可以有多种路径,但是不夸张地说,宋代文章总集是唐宋新文体最为具体而准确的总结与标志,也是唐宋新文体传播的最重要方式。而这一点,却往往被人所忽视。

从挚虞《文章流别集》与萧统《文选》开始,文章总集形成一种分体编录的体例。唐代流传下来的文章总集很少,但是从《文馆词林》残本来看,体例与《文选》相似②。另外,《古文苑》世传为唐人所编,真伪莫明,宋人章樵《古文苑序》谓:"《古文苑》者,唐人所编,史传所不载,《文选》所不录之文也。歌、诗、赋、颂、书、状、箴、铭、碑、记、杂文,为体二十有一,为篇二百六十有四,附入者七。"③观其编辑体例,近乎《文选》。北宋文章总集的编纂方式有多种,但《文选》模式即以文体为纲、以事类为目的方式占了主流④。宋人几部重要文章总集如《文苑英华》《唐文粹》《宋文鉴》等大致采用《文选》的编排体例。这些总集与《文选》相比,反映出从六朝至唐宋文体的具体变迁,也透露出唐宋人文学观念的新变。

北宋前期李昉等编纂《文苑英华》⑤,全书 1000 卷,其中以唐代作品收录最多,约占十分之九。《文苑英华》把所收作品分为 38 体。

① 如钱穆:《杂论唐代古文运动》,见《中国学术思想史论丛4》,安徽教育出版社2004年版,第18页;杨庆存:《宋代散文体裁样式的开拓与创新》,载《中国社会科学》1995年第6期,第154页。
② 参见罗国威整理:《日藏弘仁本文馆词林校证》,中华书局2001年版。
③ (宋)章樵:《〈古文苑〉序》,见《古文苑》,《文渊阁四库全书》第1332册,第575页。
④ 参见郭英德:《中国古代文体学论稿》,北京大学出版社2005年版,第99页。
⑤ 本章据中华书局1966年影印本。

姚铉编《唐文粹》100 卷①,所收作品文体分为三十余类,南宋吕祖谦编《宋文鉴》150 卷②,所选文分 61 类。把这几部有代表性的宋人文章总集与《文选》的目录进行比较,就透露出一些值得注意的宋人的文体观念与文体史信息,以下略加论述:

首先,不难发现有些在六朝非常盛行的文体在宋人总集中已被边缘化了,比如《文选》所收录的"七"体,是汉代至六朝极为流行的文体,在《文选》中的文体次序处于赋、诗、骚之后。但隋唐以后,已很少人用这一体裁写作,因此,宋人几部文章总集不再独立设"七"体,正反映出"七"体在当时文学创作中,已经不再是强势文体。又如《文选》有"符命",《文心雕龙》有"封禅",可见这是当时的重要文体,但唐宋以后,它们在总集中的作品数量与重要性都明显下降了③。

其次,从文体类目的细化可以看出同一文体的演变和增殖。如《文选》有"诏",《文苑英华》分为"中书制诰"与"翰林制诏","中书制诰"下列子目 20 类,"翰林制诏"下列子目 10 类,《宋文鉴》成为"诏、敕、赦文、御札、批答、制、诰"。这些变化折射出唐宋以来朝廷文书制度的嬗变。有些文体的名称虽然相同,其内涵却大大扩展了。《文选》"序"收录书集与诗集之序。唐宋时期新出现了大量用于赠别的"序",古代多有长亭祖送之宴会,宴会赋诗,因赋诗而有序。当送别者关注点从作诗转向作序,就有了赠序。这种赠序兴盛现象及时地在总集中反映出来。《文苑英华》收"序"40 卷,其中专门标出"饯送""赠别"。《唐文粹》有"序"8 卷,亦有"饯别"类。《宋文鉴》

---

① 本章据浙江人民出版社 1986 年影印本。
② 本章据中华书局 1992 年排印本。
③ 《唐文粹》第 19 卷收录"封禅"三首,但系于"颂"体之下,而《宋文鉴》则不收封禅文。

"序"有 8 卷,虽然未明确分列书序与赠序,但也收录不少赠序作品。

再次,从宋人总集所录文体与六朝相似文体的比较,也可以看出文体内涵的历史变化。《宋文鉴》卷 125 至 127 收录"杂著"。徐师曾说:"按杂著者,词人所著之杂文也;以其随事命名,不落体格,故谓之杂著。"①"杂著"之名,应从《文心雕龙·杂文》而来,但是,《文心雕龙·杂文》主要是指对问、七、连珠等几种文体。而《宋文鉴》的"杂著"则不收这几种文体的作品,所收的刘敞《责和氏璧》、王回《告友》《记客言》、王令《道旁父老言》、刘恕《自讼》等文,都是随笔性的散体短篇。骈文中心时代《文心雕龙》的"杂文"大体是指有韵之文,而古文中心时代《宋文鉴》的"杂著",则特指散体短篇,其内涵已产生明显的变化。

但最值得注意的还是宋代文章总集中反映出来的唐宋新文体,从这些新文体的兴盛与传播,可以见出文体与文学发展的新态势。

从宋人总集的编录可以看出唐宋一些新文体从萌发到定名的过程。如"题跋"一体便是肇始于唐代而定名于宋代。《文章辨体·题跋》:"汉晋诸集,题跋不载。至唐韩、柳始有读某书及读某文、题其后之名。迨宋欧、曾而后,始有跋语,然其辞意亦无大相远也。故《文鉴》《文类》总编之曰'题跋'而已。"②《唐文粹》有"序" 8 卷,含书序、赠序,而"传录纪事"类下有"题传后"小类,有皮日休《题叔孙通传后》、司空图《题东汉传后》;另外,柳宗元《读毛颖传》则附于韩愈《毛颖传》后,俱见卷 99,然都不称"题跋"。可见在唐代只称为"题""题后",尚未称为"题跋"。题跋之称,始见于宋人总集。《宋文鉴》卷 130 以下两卷为"题跋"类,共 46 篇,有欧阳修《跋放生池碑》、王安石《读孟尝君传》、苏轼《书黄子思诗集后》、李格非《书洛阳名园记后》等文。

---

① （明）徐师曾:《文体明辨》卷 46,《四库全书存目丛书》集部第 312 册,第 70 页。
② （明）吴讷:《文章辨体》"目录",《四库全书存目丛书》集部第 291 册,第 27 页。

《文苑英华》等宋人总集与《文选》相比,明显多出传、记二体。在《文选》产生的时代及此后相当长的时期中,叙事与述人的功能基本是由史传来完成的①,所以只有少数文体如碑文涉及叙事与述人的功能。但是自从唐宋古文兴盛以后,出现文、史合流的倾向。文章学内部越来越重视叙事性,叙事性文章也大为增多。具体反映到文体之上,便是记体与传体的高度繁荣。

　　关于记体,徐师曾《文体明辨·记》说:"《文选》不列其类,刘勰不著其说,则知汉魏以前,作者尚少;其盛自唐始也。"②《文选》《文心雕龙》皆不载记体文章,至唐宋记体大盛,宋人文章总集中收录大量记体文章。《文苑英华》收记体37卷,《唐文粹》收7卷,《宋文鉴》收8卷。唐宋的记体略有不同,唐代的记为纪事之文,而宋人喜欢杂以议论。吴讷《文章辨体·记》:"《金石例》云:'记者,纪事之文也。'西山曰:'记以善叙事为主。《禹贡》《顾命》,乃记之祖。后人作记,未免杂以议论。'后山亦曰:'退之作记,记其事耳;今之记,乃论也。'"③宋人以叙事为记的正体,议论为其变体。"记"之中的山水游记、亭阁记、书画记等,都是唐以来盛行的文体,宋人总集中所收甚多,文学史多有论述,此不赘言。然《文苑英华》中"厅壁记"共10卷,在记体之中所占份量最重,值得注意。唐代以来厅壁记大兴,朝廷百司乃至州县官署都有壁记。唐封演《封氏闻见记》卷5"壁记"条谓:"朝廷百司诸厅皆有壁记,叙官秩创置及迁授始末。原其作意,盖欲著前政履历,而发将来健羡焉。故为记之体,贵其说事详雅,不为苟饰。而近时作记,多措浮辞,褒美人材,抑扬阀阅,殊失记事之本意。韦氏《两

---

① 在理论上首次系统研究"叙事"的,不是文学批评家而是史学家。见(唐)刘知幾《史通·叙事》。
② 《文体明辨》,《四库全书存目丛书》集部第312册,第162页。
③ 《文章辨体》,《四库全书存目丛书》集部第291册,第24页。

京记》云:'郎官盛写壁记以纪当厅前后迁除出入,浸以成俗。'然则壁记之出,当是国朝以来,始自台省,遂流郡邑耳。"①可见自唐代以来,壁记是朝廷与地方官员所喜爱的文体,是考察唐宋官场政治制度、政治风气与官员政治理念的重要材料。

如果说记体以叙事为主,传体则以人物为中心。《文心雕龙》有《史传》篇,认为传本为翼经之作②。《文选》有史论,但不收史传。《文苑英华》卷792以下5卷收录30篇"传"。《唐文粹》不收正史之传,然在卷99"传录纪事"类下有"假物"(读传附)、"忠烈"、"隐逸"、"奇才"、"杂伎"、"妖惑"等小类的"传"体文章,"假物"类有韩愈《毛颖传》等,"忠烈"类有沈亚之《李绅传》等,"隐逸"类有陆龟蒙《江湖散人传》等,"奇才"类有李商隐《李贺小传》,"杂伎"类有柳宗元《梓人传》等,"妖惑"类有柳宗元《李赤传》。《宋文鉴》卷149、150收录17篇"传"。唐宋以来文坛盛行的"传"体实始于史学,然文章学的"传"体与史学的"传"体又有明显差异。徐师曾《文体明辨·传》说:"自汉司马迁作《史记》,创为'列传'以纪一人之始终,而后世史家卒莫能易。嗣是山林里巷,或有隐德而弗彰,或有细人而可法,则皆为之作传以传其事,寓其意;而驰骋文墨者,间以滑(音骨)稽之术杂焉,皆传体也。"③顾炎武《日知录》卷19"古人不为人立传"条亦云:"列传之名始于太史公,盖史体也。不当作史之职,无为人立传者,故有碑、有志、有状而无传。梁任昉《文章缘起》言传始于东方朔作《非有先生传》,是以寓言而谓之传。韩文公集中传三篇:《太学生何蕃》、

---

① (唐)封演撰,赵贞信校注:《封氏闻见记校注》,中华书局2005年版,第41页。
② 古代经史不分,章学诚说:"传记之书,其流已久,盖与六艺先后杂出。古人文无定体,经史亦无分科。《春秋》三家之传。各记所闻,依经起义,虽谓之记可也。经《礼》二戴之记,各传其说,附经而行,虽谓之传可也。"(清)章学诚著,叶瑛校注:《文史通义校注·传记》,中华书局1994年版,第248页。
③ 《文体明辨》卷58,《四库全书存目丛书》集部第312册,第370页。

《圬者王承福》、《毛颖》。柳子厚集中传六篇：《宋清》、《郭橐驼》、《童区寄》、《梓人》、《李赤》、《蝜蝂》。《何蕃》仅采其一事而谓之传。王承福之辈皆微者而谓之传。《毛颖》、《李赤》、《蝜蝂》则戏耳而谓之传，盖比于稗官之属耳。若《段太尉》，则不曰传，曰'逸事状'。子厚之不敢传段太尉，以不当史任也。自宋以后，乃有为人立传者，侵史官之职矣。"①徐师曾、顾炎武指出文章学中的"传"与史学的"传"分属不同的学术体系，史传作者为史官，传主为贵人名士，所述为其较完整的生平。而文传作者为文人，传主多为小人物或失意者，或为自传，或"仅采其一事"，或为有寄托之寓言或游戏笔墨，与"稗官"文体相似。考之宋人文章总集，以上所言基本属实。顾炎武所说"自宋以后，乃有为人立传者，侵史官之职矣"，殆指文集多收传文。《宋文鉴》卷149 收司马光所撰《范景仁传》、《文中子补传》，确近乎史传，在宋代的文传之中，显得比较特殊。事实上，《隋书》与《宋史》分别有王通与范镇的传。不过，司马光本身就是史官，故不可谓之"侵史官之职"。文体现象总是比文体通例更为复杂，所以学者对文集收录传体问题自然也就有所讨论和补充②。

---

① （清）顾炎武著，黄汝成集释，栾保群、吕宗力校点：《日知录集释》（全校本），上海古籍出版社 2006 年版，第 1106 页。

② 参见《日知录集释》该则"续补正"、章学诚《文史通义·传记》。又《古文辞类纂·序目》："传状类者，虽原于史氏，而义不同，刘先生云：'古之为达官名人传者，史官职之。文士作传，凡为圬者种树之流而已，其人既稍显，即不当为之传，为之行状，上史氏而已。'余谓先生之言是也。虽然，古之国史立传不甚拘品位，所纪事犹详，又实录书人臣卒，必撮序其平生贤否，今实录不纪臣下之事，史馆凡仕非赐谥及死事者不得为传。乾隆四十年定一品官乃赐谥。然则史之传者，亦无几矣。余录古传状之文，并纪兹义，使后之文士得择之。昌黎《毛颖传》嬉戏之文，其体传也，故亦附焉。"浙江古籍出版社 1998 年版，第 7 页。《古文辞类纂》收《圬者王承福传》、《方山子传》、《毛颖传》等，而不收史传。

因篇而得名是中国古代文体命名方式之一,如"七"体即因《七发》而得名,又如任昉《文章缘起》所列文章名都是因圣君贤士之名篇而得①。宋人王得臣《麈史》说:"梁任昉集秦汉以来文章名之始,目曰《文章缘起》……至韩、柳、元结、孙樵又作'原',如《原道》《原性》之类;又作'读',如《读仪礼》《读鹖冠》之类;又作'书',如《书段太尉逸事》;'讼',如《讼风伯》;'订',如《订乐》等篇。呜呼,文之体可谓极矣。"②他非常明确地指出当时许多文体都是因韩、柳古文名篇而立名的。从宋代总集的文体及所选篇目,可以印证这个重要事实:唐代以来盛行的新议论文体,其中不少是因为韩愈、柳宗元的古文名篇而得名的,正可窥见韩、柳在宋代文章学上的影响以及新文体的命名、确立与接受。唐宋以前,并无"原"体,这种文体的出现,源于韩愈写的《原道》《原性》《原毁》《原人》《原鬼》五篇以"原"命名的文章。吴讷《文章辨体·原》:"若文体谓之'原'者,先儒谓始于退之之'五原',盖推其本原之义以示人也。"③吴曾祺《文体刍言·论辨类》:"原者,溯其始之谓也,古无此体,韩退之始作'五原',后人因仿而为之。"④"原"体,其实就是推源性的论说文。《崇古文诀》《文章轨范》《古文集成》《古文关键》都收录"原"体。又如"解",《文体明辨·解》谓:"其文以辩释疑惑、解剥纷难为主,与论、说、议、辨,盖相通焉。"⑤虽然,汉代扬雄已有《解嘲》之作,后世亦有摹仿。但是在文章总集之中,"解"单独作为一种文体,却是宋代以后的事。《崇古文诀》《文章轨范》《古文集成》《古文关键》都收录"解"体。如《古文集成》的"解",就收录韩愈的《获麟解》《进学解》《择言解》、

① 参考本书《任昉〈文章缘起〉考论》一章。
② (宋)王得臣:《麈史》卷中"论文",上海古籍出版社1986年版,第51页。
③ 《文章辨体》"目录",《四库全书存目丛书》集部第291册,第27页。
④ 吴曾祺:《涵芬楼文谈》"附录",台湾商务印书馆1998年版,第121页。
⑤ 《文体明辨》卷43,《四库全书存目丛书》集部第311册,第761页。

《通解》等文,明显也是因韩愈文章而立体的。"辩"也是唐宋以来的新文体。《文体明辨·辩》谓:"汉以前,初无作者,故《文选》莫载,而刘勰不著其说。至唐韩、柳乃始作焉。"①《古文集成》、《古文关键》、《文章轨范》都收录辩体文章,辩体很可能也是因为有了韩愈的《讳辩》与柳宗元的《桐叶封弟辩》等名篇而得名的。

　　说到宋人文章总集反映出唐宋以来的新文体,不能回避一个例外:在宋人综合性文章总集中,一般不收录词体作品。词体成熟于唐、五代而兴于宋代,但是主要收录唐五代作品的《文苑英华》却没有收录词体作品。虽然该书收录一些如白居易《杨柳枝词》这类题目标明"词"的作品,但编者编纂时,是把它们作为诗体而非词体编录进来的②。《文苑英华》编纂时词体已成熟,此前已有词集《花间集》和《尊前集》了,而且参加编纂《文苑英华》的徐铉、苏易简等人就创作过词作。看来《文苑英华》编纂者并没有考虑把词体作品收录进来。《唐文粹》全书收录文体三十余类,也没有收录唐人词作。更值得注意的是,宋人所编的宋代文章总集也不收宋词。吕祖谦《宋文鉴》所选文章分为 61 类,分体已相当细密详尽,连乐语(教坊词)都收录了,仍没有收录词作。楼昉《崇古文诀》收录自秦汉至宋代的诗赋文章,亦不收唐宋词体之作。《成都文类》所录诗赋文章 35 卷,上起西汉,下迄宋淳熙间,凡一千多篇,不收唐宋词作。《文章正宗》收录先秦至唐末之作,包括诗歌,也没有收录词作。另外,《古文集成》、《宋文选》、《古文关键》这些只收古文,不收诗赋作品的总集当然就更不可能收录词作了。

----

① 《文体明辨》卷 43,《四库全书存目丛书》集部第 311 册,第 759 页。
② 事实上,白居易自编《白氏长庆集》就把《杨柳枝词》作为绝句,置于"律诗"之下。见《白居易集》卷 31,中华书局 1979 年据现存最早白集刻本宋绍兴刻 71 卷本《白氏长庆集》整理本,第 714 页。

尽管一般宋人综合性文章总集不收录词体作品,但不能因此简单地认定词体在宋代没有地位。其实,宋人单独的词别集与词总集数量相当多①。这是一个颇为奇怪的现象。如何看待这个问题?首先有一个目录学上的原因。宋人陈振孙《直斋书录解题》集部分为楚辞类、总集类、别集类、诗集类、歌词类、章奏类、文史类,明确把"歌词"独立于总集、别集之外而自成一类。这种文体分类的学术传统为后世所继承。如《四库全书》分类学中,集部包括:楚辞类、别集类、总集类、诗文评类、词曲类。不难看出,"词曲类"是非常独特的自成系统的文体。另一方面,文章总集不收录词体作品,在某种程度上反映出当时人们的文体价值观。胡寅《酒边词序》:"词曲者,古乐府之末造也。古乐府者,诗之傍行也……然文章豪放之士,鲜不寄意于此者。随亦自扫其迹,曰谑浪游戏而已也。"②乐府已是诗的"傍行",而词又是乐府之"末造",在中国古代文体谱系中的地位,可以说是边缘之边缘了。可是文章豪放之士,偏偏要"寄意于此",但又"随亦自扫其迹",真是一种复杂的心态。陆游《长短句序》也说:"予少时汩于世俗,颇有所为,晚而悔之。然渔歌菱唱,犹不能止。今绝笔已数年,念旧作终不可掩。因书其首,以识吾过。"③他把写词作为过错,既习之,又悔之;既悔之,犹不能止;既绝笔,又觉不可掩,对词的态度也颇为矛盾。《四库全书总目》云:"词曲二体在文章、技艺之间,厥品颇卑,作者弗贵,特才华之士以绮语相高耳。"④从正统的诗学观念看,词多花间樽前的"绮语",词风婉媚,故与载道之文、言志之诗相比,"厥品颇卑"。文

---

① 参见蒋哲伦、杨万里编撰:《唐宋词书录》,岳麓书社 2007 年版。
② (宋)向子諲:《酒边词》,《文渊阁四库全书》第 1487 册,第 524 页。
③ (宋)陆游:《渭南文集》,见《陆游集》,中华书局 1976 年版,第 2101 页。
④《四库全书总目》卷 198,第 1807 页。

人们普遍既认为词曲品位不高,然又十分喜爱。宋代文章总集编录反映出宋人这种文体观念:词体既是边缘的,又是独立而独特的文体。

二、从总集看宋人的古文观念

宋代文章总集的编纂,既反映出古文新文体的勃兴,也反映了以古文为中心的时代风气。汉代之前,并无"古文"①之说。到了司马迁时代,才使用这个概念来指秦以前的文献典籍。《史记·太史公自序》:"年十岁,则诵古文。"②王国维《观堂集林·史记所谓古文说》:"故太史公修《史记》时所据古书若《五帝德》,若《帝系姓》……凡先秦六国遗书非当时写本者皆谓之古文。"③唐宋韩、柳、欧、苏倡导古文,"古文"又有了特别的含义。现代权威辞书对于作为文体名称的"古文"定义是:"原指先秦两汉以来用文言写的散体文,相对六朝骈体而言。后则相对科举应用文体而言。"④也就是说"古文"是与骈文和科举考试文体相对的,这也是现代学术界的基本共识。但是如果从宋人所编纂的古文总集收录情况来看,实际情况相当复杂,须略加辨析。《四库全书总目》"崇古文诀"条下说:"宋人多讲古文,而当时选本存于今者不过三四家。真德秀《文章正宗》以理为主……世所传诵,惟吕祖谦《古文关键》、谢枋得《文章轨范》及昉此书而已。"⑤此

---

① 关于"古文"一词,参见(清)章学诚:《章氏遗书》卷9"杂说下"论"古文之目",商务印书馆1936年版,第365—366页。
② (西汉)司马迁撰:《史记》,中华书局1959年版,第3293页。
③ 《王国维遗书》第1册,上海书店1983年版,第322页。
④ 《汉语大词典》(缩印本),汉语大词典出版社1997年版,上卷,第1450页。
⑤ 《四库全书总目》卷187,第1699页。

处拟从《古文关键》《崇古文诀》《文章轨范》《文章正宗》等现存几本有代表性的宋人古文选本入手,考察宋人的古文观念。

一般认为,古文与骈体文是相对的。其实,宋人的古文选本并不强烈地排斥骈体文。《古文集成》卷 15 所收李斯《上秦皇书》,李兆洛《骈体文钞》卷 11 收录并评曰:"是骈体初祖。"①《古文集成》卷 22 收李密《陈情表》,《骈体文钞》卷 16 收录,当然也是用骈体写就的。《崇古文诀》卷 7 收江淹《诣建平王上书》、孔稚圭《北山移文》两篇更是典型的骈文。《崇古文诀》卷 10 所收韩愈《进学解》,也是骈文味十足的文章。

说到古文,人们往往认为就是"用文言写的散体文",这种说法未尝没有道理。一些宋人的诗文评或其他著作中,也有这种观念。沈括《梦溪笔谈·艺文一》:"往岁士人多尚对偶为文,穆修、张景辈始为平文,当时谓之'古文'。"②所谓"平文",也就是散体文。宋吴曾《能改斋漫录》卷 10"古文自柳开始":"本朝承五季之陋,文尚俪偶。自柳开首变其风。始天水赵生,老儒也,持韩愈文数十篇授开。开叹曰:唐有斯文哉!因谓文章宜以韩为宗。遂名'肩愈',字'绍元',亦有意于子厚耳。故张景谓韩道大行,自开始也。"③宋朱弁《曲洧旧闻》卷 9 也说:"方古文未行时,虽小简亦多用四六,而世所传宋景文公《刀笔集》,虽平文而务为奇险,至或作三字韵语,近世盖未之见。"④以上之例,都是以古文作为和骈文相对的文体。但是,这仅是宋人"古文"观念的一面。从宋人文章总集所收录文体来看,"古文"并不等于散文,它可以包括骈文,也可以包括辞赋等韵文。比如《崇

① (清)李兆洛:《骈体文钞》,《万有文库》第 2 册,商务印书馆 1937 年版,第 155 页。
② (宋)沈括:《梦溪笔谈》卷 14,岳麓书社 2002 年版,第 108 页。
③ (宋)吴曾:《能改斋漫录》卷 10,中华书局 1985 年版,第 245 页。
④ (宋)朱弁:《曲洧旧闻》卷 9,中华书局 1985 年版,第 70 页。

古文诀》收录楚辞《九歌》《两都赋》,《文章轨范》收录《归去来辞》《阿房宫赋》与前后《赤壁赋》。黄坚所选编的《古文真宝》后集十卷,以散体文为主,也收录《离骚》等辞赋韵文作品,同时收录《北山移文》《滕王阁序并诗》《春夜宴桃李园序》等骈体文章。

宋人文章总集中,"古文"甚至可以包括诗歌(古诗)。《古文苑》卷八、卷九中收录各体诗数十篇。《文章正宗》卷二十二、二十三、二十四收录诗歌,包括《康衢歌》《击壤歌》等上古歌诗,及汉魏乐府及王粲、曹植、刘桢、阮籍、嵇康、左思、张华、傅玄、张载、束晳、孙楚、陆机、刘琨、郭璞、陶渊明、谢灵运、颜延之、鲍照、谢朓、沈约、陈子昂、李白、杜甫、韦应物等家古诗,明显把古诗纳入在古文正宗谱系中。《古文真宝》前集十二卷,按照五言古风短篇、五言古风长篇、七言古风短篇、七言古风长篇、长短句、歌类、行类、吟类、引类、曲类、辞类,收录古诗。

总括而言,宋人文章总集中"古文"范围虽以散体文为主,但可以包含骈文与韵文(含古诗),至少并不特别加以排斥①。明清人文章选本之"古文辞"与宋人的古文选本之"古文"内涵倒是比较一致的,如姚鼐的《古文辞类纂》收录了大量的辞赋韵文,而梅曾亮的《古文词略》更在此基础上特别增加"诗歌类"4卷,收录古诗。

元代刘将孙《养吾斋集》卷25《题曾同父文后》:"自韩退之创为古文之名,而后之谈文者,必以经、赋、论、策为时文,碑、铭、叙、题、赞、箴、颂为古文。"②关于何为古文的问题,可就几种宋人古文总集收录的文体来讨论。南宋末年王震霆《古文集成》标榜古文,所收录

---

① 宋人总集的实际情况与当今学术界的理解有所不同。如李道英说:"'古文'一词在唐宋两代有其特定含义,即主要指唐宋八大家及其追随者所写的文章,而不涉及骈文和辞赋。"这应该是目前学术界普遍的观点。参见氏著:《唐宋古文研究》"导论",北京师范大学出版社2005年版,第3页。
② (元)刘将孙:《养吾斋集》卷25,《文渊阁四库全书》第1199册,第242页。

文体有:序、记、书、表、札、论、铭、封事、疏、状、图、解、辨、原、辞、议、问对、设论、戒等。吕祖谦《古文关键》①所收文体为:解、说、论、原、书、辨、序、议、传、碑。谢枋得《文章轨范》所收文体为:书、序、论、辨、议、碑、解、说、读、表、墓志、记、跋、书后、祭文、铭、赋、辞。楼昉《崇古文诀》所收文体为:书、辞、论、疏、檄、难、序、赋、诗、封事、表、移文、祭文、原、碑、墓铭、解、传、哀辞、记、说、逸事状、叙、引、赞、制、札子、奏疏、书后、策。如果从这几部古文选本的情况来看,刘将孙的说法并不准确,至少不全面。

在笔者看来,宋人古文选本的"古文"一词,不过是古雅文章之含义而已,在文体上并没有太明确的限定与排他性,它差不多可以包含多数的文体。这正如韩愈所说:"愈之为古文,岂独取其句读不类于今者耶?思古人而不得见,学古道则欲兼通其辞;通其辞者,本志乎古道者也。"②"古文"的精神在于上接"古道"。宋人柳开也说:"古文者,非在辞涩言苦,使人难读诵之;在于古其理,高其意,随言短长,应变作制,同古人之行事,是谓古文也。"③可见宋人心目中的古文,主要是在于高古的艺术旨趣方面,只要是符合他们旨趣的,都可以称为古文。在形式上,古文以散体文为主,但并不绝对排斥骈体文、辞赋等韵文。总之,古文即古雅之文,非时俗之文,这是宋人广义的古文观念。

再看宋人狭义的古文观念。姚铉《唐文粹》选录文章,特别标出"古文"一体,正为研究者提供了另一种理解的参照。《唐文粹》卷43

---

① 以下几本总集不是以文体分类,而是以时代、作家或其他分类排序的,本章是按其作品文体出现的次序排列的。

② (唐)韩愈撰,马其昶校注,马茂元整理:《韩昌黎文集校注》,上海古籍出版社1986年版,第304页。

③ (宋)柳开:《应责》,《河东先生集》卷1,《四部丛刊》本,第10页。

至卷 49 共 7 卷收录唐代"古文"189 篇①,数量相当大,它们就是姚铉眼里唐代"古文"的代表作。这些"古文"也反映出当时人们心目中古文这种特殊文体的体制:从内容来看,这些"古文"都与宣传儒家之道或者积极干预时政有关;从形式来看,姚铉所谓"古文"主要是原、规、书、议、言、语、对、经旨、读、辩、解、说、评等文体。这些文体多是《文选》《文心雕龙》等书所未载的,由于唐宋人的创作以及文集分类观念的强化,这些名目逐渐成为后人承认的文体。总的说来,该书收录的"古文"绝大多数是产生于唐代的比较短小的、思辩性强的、有真知灼见的议论性文体。《唐文粹》所标示的文体和编选的作品,应该代表了宋人比较狭义的古文观念。

宋人面临着两个古文传统:一是先秦两汉古文传统,一是唐宋古文传统,也可简称为"秦汉文"与"唐宋文"。钱穆说:"韩、柳之倡复古文,其实则与真古文复异……二公乃站于纯文学之立场,求取融化后起诗赋纯文学之情趣风神以纳入于短篇散文之中,而使短篇散文亦得侵入纯文学之阃域,而确占一席地。故二公的贡献,实可谓在中国文学园地中,增殖新苗,其后乃蔚成林薮,此即后来之所谓唐宋古文是也。"②他也特别指出"唐宋古文"与"真古文"之差异。

在宋人诗文评中,往往流露出对于秦汉以降文章的轻蔑态度。陈师道云:"余以古文为三等:周为上,七国次之,汉为下。周之文雅,

---

① 郭英德认为《唐文粹》的"古文"分类是从《文苑英华》的"杂文"来的。参见氏著:《中国古代文体学论稿》,北京大学出版社 2005 年版,第 112 页。这种看法有道理,两者确有一定的相关性。但《文苑英华》的"杂文"与《唐文粹》的"古文"仍有比较明显的差异,如《文苑英华》"杂文"收录"骚"体 5 卷,"杂制作"中又收录"中和乐"等,《唐文粹》显然与之不同。

② 钱穆:《杂论唐代古文运动》,见《中国学术思想史论丛 4》,安徽教育出版社 2004 年版,第 52 页。

七国之文壮伟,其失骋。汉之文华赡,其失缓。东汉而下无取焉。"①
在古文观念上反映出强烈的厚古薄今倾向。但是在宋人总集实际编
纂中,情况却非如此,甚至相反。就宋人总集所收古文的历史范围来
看,有些从先秦两汉收起,有些则只收唐宋古文,总集中出现了重秦
汉文或重唐宋文两种倾向,似乎已启明代秦汉派与唐宋派分野之先
声。但总体来说,宋人的古文选本基本是厚今薄古的,收录当代作品
最多,基本不收六朝的作品。《崇古文诀》"尊先秦而不陋汉、唐,尚
欧、曾而并取伊洛"②,只标先秦文、两汉文、唐文、宋文,六朝文只收
江淹《诣建平王上书》、孔稚圭《北山移文》,全书收录宋文最多。王
震霆《古文集成》"所录自春秋以逮南宋,计文五百二十二首,其中宋
文居十之八"③。《文章轨范》唐前只收陶潜《归去来辞》与诸葛亮
《前出师表》。《古文关键》标榜古文,其实只选唐宋古文,而唐代只
选韩愈、柳宗元,宋代作家占绝对多数。可见,在总集中,唐宋文的份
量明显重于秦汉文。

为何宋人更重唐宋古文?首先,当然与宋人对当代文化的强烈
自信心有关,朱熹说:"国朝文明之盛,前世莫及。"④刘克庄说:"本朝
五星聚奎,文治比汉唐尤盛。"⑤在文章学领域,宋人也非常有自信
心。杨万里说:"古今文章,至我宋集大成矣。"⑥有些学者甚至认为:

---

① (宋)陈师道:《后山诗话》,见何文焕辑:《历代诗话》,中华书局 1981 年版,第
305 页。
② (宋)刘克庄:《迂斋标注古文序》,《后村先生大全集》卷 96,四川大学出版社
2008 年版,第 2475 页。
③ 《四库全书总目》卷 187,第 1703 页。
④ (宋)朱熹:《服胡麻赋》小序,《楚辞后语》卷 6,见《楚辞集注》,上海古籍出版
社 1979 年版,第 300 页。
⑤ (宋)刘克庄:《平湖集序》,《后村先生大全集》卷 98,第 2524 页。
⑥ (宋)杨万里:《杉溪集后序》,《杨万里集笺校》卷 83,中华书局 2007 年版,第
6 册,第 3350 页。

"（然则）文章在汉唐未足言盛,至我朝乃为盛尔。"①同时宋人更重唐宋文又与唐宋文比较实用有关。秦汉文尚未有文体区分,高古而又含茫混沌,可谓无迹可求。而唐宋文文体明晰,技法完备,便于掌握②。更重要的是,掌握唐宋古文,有利于参加科举考试。

唐宋古文与时文的关系,是一个饶有趣味的论题。王阳明说:"夫自百家之言兴而后有六经,自举业之习起而后有所谓古文。古文之去六经远矣,由古文而举业,又加远焉。"③在一般的认识中,古文是与科举相抗衡或相对立的文体。然而有趣的是,宋代古文之盛,其实与科举考试关系相当密切。被人视为时文的经义、论、策等考试文体,宋初便是用比较自由的古文形式来写作的,以后才渐渐程式化。古文与时文之间,既没有截然的界线,也不是永不相交的平行线。所谓时文,其实就是程式化的古文。而从古文中寻找文章技法,就成为时文写作的必经之路。唐宋古文家在宋代以至明清时代的科举考试中,起了至关重要的引导作用④。《制义丛话》卷 2 引胡调德语:"唐以前,无专以文为教者。至韩昌黎《答李翊书》、柳柳州《答韦中立

---

① （宋）真德秀:《跋彭忠肃文集》,《全宋文》第 313 册,第 258 页。
② 正如明代唐顺之《董中峰文集序》中所说的:"汉以前之文,未尝无法,而未尝有法,法寓于无法之中,故其为法也,密而不可窥。唐与近代之文,不能无法,而能毫厘不失乎法,以有法为法,故其为法也严而不可犯。"《明文海》卷 245,中华书局 1987 年影印本,第 2553 页。
③ （明）王阳明:《重刻〈文章轨范〉序》,《王阳明全集》卷 22,外集 4,上海古籍出版社 1992 年版,第 875 页。
④ 周作人《谈韩退之与桐城派》一文认为唐宋八大家与八股文具有某种内在联系:"古文与八股之关系不但在桐城派为然,就是唐宋八大家传诵的古文亦无不然。韩退之诸人固然不曾考过八股时文,不过如作文偏重音调气势,则其音乐的趋向必然与八股接近,至少在后世所流传模仿的就是这一类。"参见钟叔河编:《周作人文类编》第 2 册《千百年眼》,湖南文艺出版社 1998 年版,第 669 页。

书》、老泉《上田枢密书》《上欧阳内翰书》、苏颖滨《上韩太尉书》,乃定文章指南……操觚之士,苟好学深思,心知其意,制义之金针不即在是哉?"①八大家所定的"文章指南"在当时之所以产生巨大的社会反响,原因之一就是它们可能是"制义之金针"。陆游曾说:"国初尚《文选》,当时文人专意此书……方其盛时,士子至为之语曰:'《文选》烂,秀才半。'建炎以来尚苏氏文章,学者翕然从之,而蜀士尤盛。亦有语曰:'苏文熟,吃羊肉;苏文生,吃菜羹。'"②这两句著名的谚语既夸张又准确地反映出宋初与宋中期以后截然不同的社会风气与文章价值取向:作为骈文时代文章经典《文选》的地位已被唐宋古文的新典范苏轼文章所代替了,其原因就在于考试科目与方式改变了,"制义之金针"也随之变化③。

把古文经典变为"制义之金针",这是一种艰难而实用的文体转换。当时的许多古文选本及其评点,其实是为了示人以文法,便于应试者揣摩和参加科举考试。举子读的虽然是古文,若有所领悟,却有助于时文的写作④。倪士毅《作义要诀·自序》:"宋初因唐制取士试诗赋(省题诗及八韵律赋),至神宗朝王安石为相,熙宁四年辛亥议更科举法,罢诗赋,以经义、论、策试士。"⑤论体文是当时科举考试的重要科目,所以宋代出现了研究论体文写作的所谓"论学"(如魏天应

---

① (清)梁章钜:《制义丛话》,上海书店 2001 年版,第 34 页。

② (宋)陆游:《老学庵笔记》卷 8,中华书局 1979 年版,第 100 页。

③ (宋)王应麟《困学纪闻》卷 17 说:"熙、丰以后,士以穿凿谈经,而'《选》学'废矣。"骆鸿凯解释说:"王氏谓熙、丰以后,'《选》学'遂废,殆谓自荆公以新经试士后,帖括代兴,学者趋义疏之空疏,而弃辞章于弗问矣。"见《文选学》"源流第三",中华书局 1989 年版,第 74 页。

④ (清)方苞:《钦定四书文·正嘉四书文》卷 2 评语说:"以古文为时文,自唐荆川始,而归震川又恢之以闳肆。"《文渊阁四库全书》第 1451 册,第 88 页。然而以古文为时文之助,却是始于宋人的。

⑤ (元)倪士毅:《作义要诀》,《文渊阁四库全书》第 1482 册,第 372 页。

编总集《论学绳尺》)。《古文关键》是科举考试入门辅助读本,收录论体文近 50 篇,约占总数百分之八十,其他的文体多为书、序与传,而所谓的书、序作品,主要也是论体文①。另外如《苏门六君子文粹》也是当时流行的文章总集,正如四库馆臣所说:"观其所取,大抵议论之文居多。盖坊肆所刊,以备程试之用也。"②张耒《宛丘文粹》收论、议、说、议说、诗传、书、记、序、杂著;秦观《淮海文粹》收进策、进论、论、传、书、记、序、说、杂著;黄庭坚《豫章文粹》收论、序、记、书、杂著、题跋;陈师道《后山文粹》收论、策、策问、书、记、序、杂著;李廌《济南文粹》收进论、书、记、赞、杂著;晁补之《济北文粹》收杂论、策问、书、记、序,所收绝大多数为议论文。议论文体的风行,于总集编纂中有明晰的体现,反映出科举考试对士子的影响。

虽然在历代诗文评著作对于先秦两汉的子、史文章多加赞赏,但是现存宋前的文章总集中,似未出现子、史进入总集的例子。六朝至唐所遗存的文章总集极少,《文选》当然是不收子、史的。唐代柳宗直《西汉文类》,见《新唐书》卷 40,至宋代已佚。宋人陶叔献重新编纂,见《郡斋读书志》卷 4 下。从其兄柳宗元的序言看③,《西汉文类》全辑于班固《汉书》,可以说是收入史部文章,但它单纯辑自一书,与本章所讨论的"总集"有所不同。《直斋书录解题》卷 15 录有《古文章》16 卷,并说:"会稽石公辅编。与前书(按:指《古文苑》)相出入而稍多,亦有史传中钞出者。首卷为武王《丹书》,其末蔡琰《胡笳十八

① 参见吴承学:《现存评点第一书——论〈古文关键〉的编选、评点及其影响》一文,载《文学遗产》2003 年第 4 期,第 72 页。
② 《四库全书总目》卷 187,第 1704 页。
③ (唐)柳宗元:《柳宗直西汉文类集序》,《柳宗元集》卷 21,中华书局 1979 年版,第 575 页。

拍》也。"①由于此书已佚，其时代与内容亦未能确定，所以很难下结论。不过，从现存文献看，说宋代以前尚未形成子、史进入总集的风气应该是可以成立的。

宋人总集要收录先秦两汉子、史文章，必须突破观念与技术两个层面的制约，他们必须对古文文体与古文经典进行发掘与扩展，这是一个非常重要的问题。萧统《文选》以来，总集所录大致是独立成篇的作品，而不是从经、史、子采摘成文。章太炎《国故论衡·文学总略》："《文选》之兴，盖依乎挚虞《文章流别》，谓之总集……总集者，本括囊别集为书，故不取六艺、史传、诸子。"②宋以前，文章总集的体例与选文标准基本是按照《文选》模式。宋代文章总集一个非常重要的创举是把文学经典的范围扩展到子、史两部，重加采摘，而成文章经典。这种开掘经典的工作，既是对篇章的重构，也可能是对文体的重造。因为经典开掘工作首先是要选择、断章，从一长篇书籍中节取出部分内容，作为篇章。有时还需要给文章加上篇名，而篇名的确定，便有对文章文体分类认定的意义。如《崇古文诀》卷1选入乐毅《答燕惠王书》、李斯《上秦皇逐客书》，这两文都是从史传中摘出并重新命名的。同样内容在《古文集成》卷15则题为乐毅《报燕惠王书》、李斯《上秦皇书》，题目虽然不尽相同，但对于其文体"书"的认定却是相同的。

宋代文章总集在史、子两部扩展文章经典。先说"史"部。《文选》不选史部，理由是："至于记事之史，系年之书，所以褒贬是非，纪别异同。方之篇翰，亦已不同。"③《文选》收录的是形态独立的"篇

———————

① （宋）陈振孙撰，徐小蛮、顾美华点校：《直斋书录解题》卷15，上海古籍出版社2015年版，第438页。

② 章太炎：《国故论衡》，上海古籍出版社2003年版，第55页。

③ 见（南朝梁）萧统编，（唐）李善注：《文选》卷首，上海古籍出版社1986年版，第1册，第3页。

翰",即单篇独行的文章,不选录《左传》《国语》之类史书,也不选《史记》《汉书》的史传内容。后来的总集也继承这种传统,不收史部,但《文章正宗》的辞命、议论、叙事几部分都收录《左传》《国语》章节,而且成为后来古文选本的体例。《四库全书总目》论真德秀《文章正宗》时特加按语说:"总集之选录《左传》《国语》,自是编始。遂为后来坊刻古文之例。"①这标志着宋人一种新的文章观念与眼光,这也是对《文选》体例的另一个重要突破,而这种影响则远远超出"坊刻古文之例"②。《文章正宗》以《左传》和《国语》为《春秋》"内外传","辞命"类序说:"《书》之诸篇,圣人笔之为经,不当与后世文辞同录,独取《春秋》内外传所载周天子谕告诸侯之辞、列国往来应对之辞,下至两汉诏册而止。"③"议论类"序说:"然圣贤大训,不当与后之作者同录。今独取《春秋》内外传所载谏争论说之辞、先汉以后诸臣所上书疏封事之属,以为议论之首。"④在"叙事类"序中,非常重视《左传》:"今于《书》之诸篇与史之纪传,皆不复录,独取《左氏》《史》《汉》叙事之尤可喜者,与后世记序传志之典则简严者,以为作文之式。"⑤《文章正宗》共选《左传》133 篇文章,其中辞命类 39 篇,议论类 73 篇,叙事类 21 篇,数量相当多。其他宋人选本同样也有从史传摘采文章的情况,如汤汉《妙绝古今》亦选《左传》文 8 篇、《国语》文 7 篇,占全书近四分之一。这既可能受到《文章正宗》的影响,更可能是当时的文坛风气。

再说子部。虽然在诗文评与历代作家的文章中,诸子一直是关注和赞扬的对象,如《文心雕龙》即设《诸子》篇。但是在宋代之前的

① 《四库全书总目》卷 187,第 1699 页。
② 《古文观止》收录《左传》文章,曾国藩《经史百家杂钞》也收录《左传》作品。
③ (宋)真德秀:《文章正宗·纲目》,《文渊阁四库全书》第 1355 册,第 5 页。
④ 《文章正宗·纲目》,《文渊阁四库全书》第 1355 册,第 6 页。
⑤ 《文章正宗·纲目》,《文渊阁四库全书》第 1355 册,第 6 页。

学术界,子部与集部畛域甚严,诸子文章从未被选录进入总集之中。《文选》不选子部,理由是:"老、庄之作,管、孟之流,盖以立意为宗,不以能文为本,今之所撰,又以略诸。"①但是宋人总集开始从先秦汉代诸子采摘文章。如南宋汤汉《妙绝古今》从《孙子》、《列子》、《庄子》、《荀子》、《淮南子》选摘文章,突破了《文选》所设置的"能文为本"的限制,把"立意为宗"的诸子之文纳入总集。虽然就现存的文献看,宋代把子部纳入文章总集的情况并不多见,但仍具有不可低估的开创意义。

将子部和史部加以分体并纳入文章总集的做法,具有对文章文体重新分类的意义,同时也扩展了文体学与文学经典的范围。

宋人的"古文"观念相当复杂,有广义的,有狭义的。对于"古文",诗文评著作的表述与总集的收录情况也不尽一致。在宋代的文章总集中,古文与骈文、诗赋、时文的关系也不是现在所想象的那么简单明了。虽然,宋人文章总集的选录情况所反映出来的文体内涵不是"标准答案",但至少给研究者提供了另外的视角,而且是重要的视角。

三、总集叙次与文体、文学观念

如果说《文选》的编纂集中反映出骈文中心时代的审美旨趣和文体观念,那么到了以古文为中心的宋代,文章总集的编纂必然反映出不同的文学旨趣。自北宋以来,《文选》就受到一些非议,如苏轼就曾

---

① (南朝梁)萧统:《文选序》,萧统编,(唐)李善注:《文选》卷首,上海古籍出版社 1986 年版,第 1 册,第 2 页。

批评《文选》"编次无法，去取失当"①，表达出对《文选》编辑体例的强烈不满。在总集编纂方面，也出现一些走出《文选》模式的风气，如真德秀不满《文选》的编纂，以为未得"源流之正"②。以上谈到宋人以子、史入总集，也是对《文选》模式的突破。除了编选的内容，宋人总集的编辑体例也丰富和突破了《文选》的模式。宋代综合性文章总集的编纂大致可分为：以体叙次、以类叙次、以人叙次以及以技叙次诸种体例。

文章总集的文学思想，不仅表现在它所选录作家与文章的名单之中，而且也反映在其编纂体例中，后者往往为人所忽略。文章总集编纂者面对众多的文章，首先必须选择某种方式把它们统贯起来，然后再加以排列组合。编者首先要选择一种要素作为贯串总集的纲，以之起纲举目张的作用。这种要素也就是编纂者首要的关注点和切入点，其深层正是编纂者的文学观念。而以体、以人、以类、以技为纲的不同叙次的总集，则编织成不同的文章网状结构，并给读者以不同的总体感受和印象。

（一）以体叙次，这是《文选》以来的传统模式。六朝以来，综合性文章总集编选的体例基本是采用《文选》模式，宋人的文章总集多数也是用文体分类的模式。除了上述《文苑英华》、《唐文粹》、《宋文鉴》等几部重要的总集之外，如《圣宋文海》、《古文集成》、《成都文类》、《文选补遗》、《三国志文类》等总集也都是以体叙次的。

但是在宋人以体叙次的总集中，也出现了打破《文选》原有文体模式的情况。在中国古代的文体谱系中，文体排列的先后往往暗含着编纂者对文体的价值高下的判断。《文选》以赋、诗、骚、七先于诏、册、令、教、策、表等文体，宋人对此有不同看法。宋陈仁子撰《文选补

① （宋）苏轼：《苏轼文集》卷 67《题〈文选〉》，中华书局 1986 年版，第 2092 页。
② 《文章正宗·纲目》，《文渊阁四库全书》第 1355 册，第 5 页。

遗》:"以为诏令,人主播告之典章;奏疏,人臣经济之方略。不当以诗赋先奏疏,翙诏令?是君臣失位,质文先后失宜。"①故《文选补遗》以"诏诰"置于书首。《三国志文类》分诏书、教令、表奏、书疏、谏诤、戒责、荐称、劝说、对问、议、论、书、笺、评、檄、盟、序、祝文、祭文、诔、诗赋、杂文、传等二十三门,把诏书置各文体之首,体现了以王权政治为本位的文体价值秩序,具有强烈的政治色彩,这也是值得注意的倾向。《文章正宗》虽然不是以体叙次的总集,但它以"辞命"为编首,把"诗赋"置之末类,彻底颠覆了《文选》所排列的文体次序。清代学者王之绩对于以诗赋置之末类的编纂方式评论说:"西山《正宗》亦列诗赋于叙事、议论后,诚以诗赋虽可喜,而其为用则狭矣。"②可见以辞命为首,以诗赋为末的次序正反映出宋人实用的文体观念。

以体叙次,即以文体为优先关注点,以文体作为编纂文章的纲,所有的作家作品被系之不同的文体之中。所以,以体分类的总集给人最强烈的印象是各体文章的历时性发展,而时代与作家的个性则被分散和淡化在各体文章之中。这种对于文体的极度重视,正是六朝以来主流的文学思想。这种思想到宋代也一直占据主流。宋代文体学发展最值得关注的,是辨体意识的普遍高涨。辨体批评,成了这个时期文学批评的重要内容,并深刻影响了整个时代的文学创作。因此,许多作家和批评家坚持文各有体的传统,主张辨明和严守各种文体体制。如倪思(正父)说:"文章以体制为先,精工次之。失其体制,虽浮声切响,抽黄对白,极其精工,不可谓之文矣。"③王正德《馀师录》卷2:"荆公评文章,常先体制而后工拙。"④总集以文体叙次,

① (宋)赵文:《文选补遗·序》,《文渊阁四库全书》第1360册,第3页。
② (清)王之绩:《铁立文起》卷1,《四库全书存目丛书》集部第421册,第700页。
③ (宋)王应麟:《玉海》卷202引倪正父语。江苏古籍出版社、上海书店1987年版,第3692页。
④ (宋)王正德:《馀师录》卷2引王安石语。中华书局1985年版,第20页。

正体现出"文章以体制为先"的传统观念。

（二）以人叙次即以作家为序,各体作品系之作家名下。① 这种方式包括以时叙次,即按时代—作家—各体文章的次序来排列的。《宋文选》收录欧阳修、司马光、范仲淹、王禹偁、孙复、王安石、余靖、曾巩、石介、李清臣、唐庚、张耒、黄庭坚、陈瓘北宋十四家作品。吕祖谦《古文关键》收录韩文、柳文、欧文、老苏文、东坡文、颍滨文、南丰文、宛丘文共八家。汤汉《妙绝古今》收《左传》、《国语》、《孙子》、《列子》、《庄子》、《荀子》、《战国策》、《史记》、《淮南子》、扬雄、刘歆、诸葛亮、韩愈、柳宗元、杜牧、范仲淹、欧阳修、曾巩、王安石、苏洵、苏轼共二十一家。虽然以时叙次和以人叙次不完全相同,但本质是一样的。楼昉《崇古文诀》收录先秦文、两汉文、唐文、宋文,整体上是以时叙次的,但书中的作品,则以所属之时代作家为序,所以实际上可视为是以人叙次的。

以人叙次的关注点从文体转移到不同时代与作家的创作个性上。这种总集给人们的印象不是某一文体,而是在具体时代背景下某一作家的个性与成就。各种文体的重要性已经被淡化,并被时代与作家的个性所掩盖。以人叙次和以时叙次的结合,具体地体现出编纂者的文学史观。

（三）以类叙次,即从文章功能着眼,把各体文章加以归类,按类加以编排。真德秀《文章正宗》采用功能归类法,把各种文章归为辞命、议论、叙事、诗赋四大类。辞命类"独取《春秋》内、外传所载周天子谕告诸侯之辞、列国往来应对之辞,下至两汉诏册而止",收入诏、告、谕、赦令、赐书、遗书、玺书、丹策、赐策、策问等"王言之体"的文章。议论类"独取《春秋》内、外传所载谏争论说之辞、先汉以后诸臣

---

① 宋代以前如《河岳英灵集》等也是以人为次的,但此类主要是只收一体（如诗）的总集。

所上书疏封事之属,以为议论之首。他所纂述,或发明义理,或敷析治道,或褒贬人物,以次而列焉",收入疏、对策、奏、对、封事、论、谏、上书、书、议、表、原、说、读、辨、赞、赠序等文体。叙事类"独取《左氏》《史》《汉》叙事之尤可喜者,与后世记序传志之典则简严者,以为作文之式"①,收入碑志、传、行状、记、序等文体。诗赋类只收诗歌而不收"辞赋",也不收律诗。除了古诗之外,还收入箴、铭、颂、赞、乐歌、琴操等。《文章正宗》归纳了原先各种体裁功能上的共通处,以简驭繁,打破了《文选》以来总集文体分类的传统模式,反映出全新的文章分类观念,这在文体学史上是非常值得重视的现象。《文章正宗》的文章归类是以文体功能为标准的,所以同一种文体的作品,因为功能不同,会被分别归入不同的类型之中。如同为序体,韩愈《送许郢州序》《赠崔复州序》《送郑尚书序》《送水陆运使韩侍御归所治序》《送幽州李端公序》《送石处士序》、柳宗元《送薛存义之任序》诸篇收录卷15"议论"类,而韩愈《张中丞传后序》《赠张童子序》、柳宗元《愚溪诗序》则与记体文章同列,收到卷21下"叙事"类中。《文体明辨》在论序体时已注意到真德秀这种特别的处理方式:"其为体有二:一曰议论,二曰叙事。宋真氏尝分列于《正宗》之编。"②这种方式也打破了《文选》的惯例,并为后世一些文章总集所采用。

《文章正宗》以类叙次的方式体现了宋人"以明义理,切世用为主"③的观念。它的关注点既不在文体,也不在作家个性,而在文章的"世用"。《四库全书总目》"总集类序"说:"《文选》而下,互有得失。至宋真德秀《文章正宗》,始别出谈理一派,而总集遂判两途。"④

① (明)叶盛撰,魏中平点校:《水东日记》卷28,"文章正宗叙论"条,中华书局1980年版,第274页。

② 《文体明辨》卷44,《四库全书存目丛书》集部第312册,第1页。

③ 《文章正宗·纲目》,《文渊阁四库全书》第1355册,第5页。

④ 《四库全书总目》卷186,第1685页。

强调《文章正宗》在传统总集之外别创一途，这是有眼光的，但《文章正宗》不仅"别出谈理一派"，而且还开创了一种迥异于《文选》编排体例的新传统。如果说《文选》是以文学性为文章的本位，那么，《文章正宗》则是以实用性为文章的宗旨。重视文章的实用性无疑是宋人普遍的风气，而真德秀把这种风气推到极点，形成了与《文选》鲜明的对立。当然，真德秀矫枉过正地强调文章的实用性，从文学批评的角度看，可谓利弊兼具：其缺陷是明显的，其特色也是明显的。真德秀的文体分类也是既有其长，又有其短。明代吴讷《文章辨体·凡例》："《文章正宗》义例精密，其类目有四：曰辞命，曰议论，曰叙事，曰诗赋。古今文辞，固无出此四类之外者。然每类之中，众体并出，欲识体制，卒难寻考。"①《文章正宗》把文章归为四类，有很强的概括性，以少总多，这是其长处。但是"每类之中，众体并出"，各种文体的渊源流变与体制特性被隐蔽在总类之中，则不免令人"卒难寻考"了。

（四）以技叙次，即按不同的写作技巧的程度来排列文章的次序。谢枋得《文章轨范》全书七卷，前两卷题"放胆文"，后五卷题"小心文"。编者题"放胆文"谓："凡作文初要胆大、终要心小，由粗入细，由俗入雅，由繁入简，由豪荡入纯粹。"题"小心文"谓："议论精明而断制，文势圆活而婉曲，有抑扬，有顿挫，有擒纵，场屋程文论当用此样文法。"②可见"放胆文"与"小心文"是从技法运用上来分类的。编者把诸葛亮、陶渊明、韩愈、柳宗元、元结、杜牧、范仲淹、欧阳修、苏洵、苏轼、王安石、李格非、胡铨、辛弃疾诸人各体文章，分散地排列到他所设计的"放胆文"与"小心文"之中。而"放胆文"与"小心文"之中，又各有不同境界与层次，全书七卷就是七种技法境界。每一卷卷首都有总评，特别说明此卷所收作品之技法特色。《文章轨范》所代

---

① 《文章辨体》，《四库全书存目丛书》集部第 291 册，第 6 页。
② （宋）谢枋得：《文章轨范·目录》，中州古籍出版社 1991 年版。

表的以技叙次的编纂方式,其关注点不在文体,不在作家个性,而在于有助举业的功利目的。王阳明《重刻〈文章轨范〉序》说:"宋谢枋得氏取古文之有资于场屋者,自汉迄宋凡六十九篇,标揭其篇章句字之法,名之曰'文章轨范'。盖古文之奥不止于是,是独为举业者设耳。"①宋人的古文选本多与科举考试有关系,但以技叙次的文章总集的功利性就更为直露了。此类总集的编排叙次乃至编选、评点,都是为举业服务的。

从文体学的角度看,以上所举的四种总集体例之中,最富有文体学意义的是《文选》所代表的以体叙次和《文章正宗》所代表的以类叙次两种。分体与归类,是中国古代文体分类学的两种不同路向,前者尽可能详尽地把握所有文体的个性,故重在精细化;而后者尽可能归纳出相近文体的共性,故所长在概括性。古人说,"文本同而末异"。如果说,文体分类是辨其"异",文体归类就是求其"同"。所以中国古代文体分类学其实应该包括"分体学"与"归类学"。《文选》是分体学的代表,而《文章正宗》则开创了归类学的总集传统。这两种迥异的系统学术影响大小不同,各有优劣,并行不悖。《文选》的影响不必多言,《文章正宗》开创的功能归类法的影响可略作补充。元代郝经将历代文章归入《易》《书》《诗》《春秋》四部②。其中归入《易》部的有序、论、说、评、辨、解、问、难、语、言诸体,归入《书》部的有书、国书、诏、册、制、制策、敕、令、教、下记、檄、疏、表、封事、奏、议、笺、启、状、奏记、弹章、露布、连珠诸体,归入《诗》部的有骚、赋、古诗、乐府、歌、行、吟、谣、篇、引、辞、曲、琴操、长句杂言诸体,归入《春秋》部的有国史、碑、墓碑、诔、铭、符命、颂、箴、赞、记、杂文诸体。《易》

① 《王阳明全集》卷 22,外集 4,第 874 页。
② (元)郝经:《续后汉书》卷 66"文章总叙",《文渊阁四库全书》第 385 册,第 624 页。

《书》《诗》《春秋》四分法本质上是力图把中国古代的所有文体按论说、公文、抒情与叙事来归纳，与《文章正宗》把古代各种文章归为辞命、议论、叙事、诗赋四大类是相通的。清储欣编《唐宋八大家类选》14卷，把八大家古文分为奏疏、论著、书状、序记、传志、词章六大类，《古文辞类纂》把古今文章分为论辨、序跋、奏议、书说、赠序、诏令、传状、碑志、杂记、箴铭、辞赋、颂赞、哀祭十三类，曾国藩《经史百家杂钞》以"门"来统摄文体类别，"著述门"分论著、词赋、序跋；"告语门"分诏令、奏议、书牍、哀祭；"记载门"分传志、叙记、典志、杂记，确立了门、类、体文体三级分类法，体统于类，类归于门，传承和发展了功能分类法的传统。

文体观念与文学观念是宏观而浑茫的话题，而文章总集则是微观而具体的文本。从文章总集的编纂去考察它所蕴涵的文体史与文学史意义，这种管窥蠡测也许能为考察宋代文体史与文学史的复杂性与多样性提供另一种独特的研究视角。它可能印证了以往文学史常识的合理性，但也可能得出与常识不尽相同的结论。当然，个人"结论"并不等同于定论，如果能引起学术界的思考或争论，所讨论问题也就不无意义了。

第七章　评点之兴

——论文学评点的起源和南宋的诗文评点

　　评点是中国古代文学批评一种特殊的形式，也是一种特殊的中国批评文体。近年来这种文体已备受研究者的重视。然而他们的眼光多集中于明清的小说评点，对于评点形式的源流尚缺乏比较完整系统的认识。鉴于此，本章重点讨论评点方式的形成和早期评点的主要著作，以期对研究文学评点历史的工作起到抛砖引玉的作用。

一、评点的学术渊源

　　文学评点形式是在多种学术因素的作用之下形成的。这主要受古代的经学、训诂句读之学、诗文选本注本、诗话等形式的综合影响。古代经学有注、疏、解、笺、章句、章指等方式。如章句，汉代常用分章析句的方式，对经书的意义文句文字进行辨析。如《毛诗传笺》对每篇诗都有分多少章、每章几句的说明。又如章指，即对经书章节主旨的阐说。汉赵岐注《孟子》最早采用此方式，于各章之末，每每概括其大旨。西汉时期，传文皆与经文别行，两者不相搀合。到了东汉，马融《周礼注》始就经文为注。从完整留存至今的郑玄《毛诗笺》《礼记注》来看，此时已经是句句相附，注文一律放在各句之后。这种附注于经的阐释方式,的确便于读者的阅读理解。经注相连,为了避免相混,经用大字,注用小字,并把注文改为双行,夹注于经下。文学评点中的总评、评注、行批、眉批、夹批等方式,是在经学的评注格式基础上发展起来的。

至于评点的符号,则是在古代读书句读标志的基础上进一步发展起来的。句读与评点当然分属语法与鉴赏两个不同的系统,但两者关系相当密切,当句读方式由语法意义扩大至鉴赏意义时,文学性质的圈点也就产生了。事实上,古人的评点标志往往是兼语法意义和鉴赏意义的。古人很重视句读功夫,并使用一些特殊的标志来作为阅读的符号。许慎《说文》五篇上"、部":"、,有所绝止,' ' ' 而识之也。"①据黄侃说,"、"是表示句读的符号②。又如《说文》十二篇下"乚"说:"乚,钩识也。"段玉裁注:"钩识者,用钩表识其处也。褚先生补《滑稽传》:'东方朔上书,凡用三千奏牍。人主从上方读之,止,辄乙其处,二月乃尽。'此非'甲乙'字,乃正乚字也。""钩勒"也就是读书的标志。段玉裁认为"今人读书有所钩勒即此"③。句读,古人又称"句投"。《文选》卷18马融《长笛赋》:"观法于节奏,察变于句投。"李善注:"《说文》曰:'逗,止也。'投,与逗古字通,音豆。投,句之所止也。"④宋人毛晃谓:"凡经书成文,语绝处谓之句;语未绝而点分之,以便诵咏,谓之读。今秘省校书式,凡句绝则点于字之旁,读分则点于字中间是也。亦作投。"⑤

---

① (东汉)许慎撰,(清)段玉裁注:《说文解字注》,上海古籍出版社1981年版,第214页。
② 黄侃著:《文心雕龙札记》,中华书局1962年版,第126页。
③ 《说文解字注》,第633页。
④ (梁)萧统编,(唐)李善注:《文选》,上海古籍出版社1986年版,第817页。
⑤ (宋)毛晃增注,毛居正重增:《增修互注礼部韵略》卷4,《景印文渊阁四库全书》,台湾商务印书馆1986年版,第237册,第539页。

我国大量出土的历代文献也给我们研究古代句读标志提供了可靠和有说服力的材料。如在山西侯马晋国遗址出土的春秋晚期的侯马盟书、河南信阳长台关发掘的战国楚墓中的竹简、湖北云梦县睡虎地发掘的秦墓竹简、长沙马王堆汉墓出土的帛书、山东临沂银雀山竹简、甘肃武威发现的汉简《仪礼》……这些都是春秋、战国、汉代时期我国书面语言的真实记录。从这些原始材料中，我们可以看到在东周、秦、汉时期，一些章句、句读的标点符号已经出现。如在出土的汉代简牍中，存在大量文字之外的标志符号，对其文字表达功能起辅助与强化作用。有学者将这些符号总结为"句读符"、"重叠符"、"界隔符"、"题示符"等①。而更令人惊叹的是，在公元 5 世纪敦煌写本中已经出现多种用途的标点符号。据一些学者研究，在敦煌遗书的西凉到北宋写本中使用较多的就有 17 种标点符号。这 17 种是：句号、顿号、重文号、省代号、倒乙号、废读号、删除号、敬空号、篇名号、章节号、层次号、标题号、界隔号、绝止号、勘验号、勾销号、图解号。其中有些标点符号已经带有意义分析的内涵。这些符号可以说是后来圈点的雏形了。如层次号即标示文中不同层次的符号，最早见于中唐写本，所用的符形多种多样，以区分不同层次和各层次间的子母关系。其标画位置，在每一层次之首。例如"敦煌文书"伯 2147《瑜伽师地论释决择分分门记卷第三》一文，就用了四种符号表示四个层次及各层次的子母关系。又如佛经疏解文书的图解号，起提纲挈领、综合分析的作用，符形为翔燕形，使用时可递系套连多重。通过此号分解处理，可以明确把握各段主旨大意及其在总体结构中的关系位置②。这个标志与圈点的性质已很相近了，和宋人分析文章的篇章段落的标志可谓异曲而同工。

---

① 李均明：《简牍符号考述》，载《华学》第 2 辑，中山大学出版社 1996 年版。
② 参考李正宇：《敦煌遗书中的标点符号》一文，载《文史知识》1988 年第 8 期。

说到评点学之"评",更是渊源久远①。远的不说,光从选本来看,像唐代殷璠《河岳英灵集》、高仲武《中兴间气集》等,已兼选本与评论于一身,在诗人作品之前,有一个对于诗人的总论评价。如《河岳英灵集》卷上"常建"的总评:

> 高才而无贵仕,诚哉是言。曩刘桢死于文学,左思终于记室,鲍照卒于参军,今常建亦沦于一尉。悲夫!建诗似初发通庄,却寻野径,百里之外,方归大道。所以其旨远,其兴僻,佳句辄来,唯论意表。至如"松际露微月,清光犹为君",又"山光悦鸟性,潭影空人心",此例十数句,并可称警策。然一篇尽善者,"战余落日黄,军败鼓声死","今与山鬼邻,残兵哭辽水",属思既苦,词亦警绝。潘岳虽云能叙悲怨,未见如此章。②

这与后代评点之总评形态已非常相近了。所以从形态来看,唐代的选本把诗歌选集与评论结合起来对于宋代的评点学是有直接影响的。

宋代是一个文化高涨的时代。公元8—9世纪,雕版印刷术的发明和使用改变了自汉以来手写书籍的状况,加快了图书的流通和知识的普及。北宋是我国雕版印刷事业史上一个非常重要的发展时期,刻书范围之广,品类之盛,都超越了前代。宋刻使写本书向刻本书全面转变,无疑具有重大意义。宋代的书籍印刷开始使用句读"圈

---

① 钱锺书认为陆云的《与兄平原书》"词气殊肖后世之评点或批改","苟将云书中所论者,过录于机文各篇之眉或尾,称赏处示以朱围子,删削处示以墨勒帛,则俨然诗文评点之最古者矣"。(钱锺书著:《管锥编》,生活·读书·新知三联书店2007年版,第1915页)也就是说,诗文评点的形态是后起的,但与评点式相类的批评却是自古就有的。

② 《唐人选唐诗(十种)》,上海古籍出版社1978年新1版,第49页。

点"符号。岳珂《九经三传沿革例·句读》中说:"监、蜀诸本皆无句读,惟建本始仿馆阁校书式,从旁加圈点,开卷了然,于学者为便。"①可见"加圈点"的方法,在当时校点古书的官署已形成定例。这种书籍印行中的"圈点"虽与文学选本的圈点不同,但两者之间应有密切关系。

除句读之外,古人很早就有其他读书的特殊标志,它反映了阅读者对于作品意义的特殊理解,是富有个性的阅读符号。中国古代很早就出现以朱墨标志来研读经典的著作,据《隋书·经籍志》所录,后汉贾逵就撰有《春秋左氏经传朱墨列》一卷,大概是以朱墨两色分写经文和传注②。而三国时代的董遇就是以"朱墨别异"的阅读方式而闻名的③。所谓"朱墨别异"就是用红黑二色对经书加以标注,用之阐明经书的意义。董遇的"朱墨别异"并非一般的句读,已是有深意的特殊标志,所以一般读者不易掌握,董遇也并不轻易教人。《三国志》注引《魏略》:

> 初,遇善治《老子》,为《老子》作训注。又善《左氏传》,更为作朱墨别异。人有从学者,遇不肯教,而云"必当先读百遍"。言"读书百遍,而义自见"。从学者云:"苦渴无日。"遇言"当以三余"。或问三余之意,遇言"冬者岁之余,夜者日之余,阴雨者时之余也。"由是诸生少从遇学,无传其朱墨者。④

---

① (宋)岳珂:《九经三传沿革例》,见《景印文渊阁四库全书》,台湾商务印书馆1986年版,第183册,第571页。
② (唐)魏徵等撰:《隋书》卷32,中华书局1973年版,第4册,第928页。
③ 用不同色彩的笔来抄录文本,起源甚早,如山西出土的春秋晚期的侯马盟书,其盟辞誓文用毛笔书写,用了红黑二色。
④ (晋)陈寿撰,(南朝宋)裴松之注:《三国志》卷13,中华书局1982年版,第420页。

可见董遇的"朱墨法"是在"读书百遍"的基础上对于经书意义独到见解的抽象概括,有其特殊的义例。以朱墨两色作区别,取其醒目便览。董遇"朱墨别异"的阅读方法,就是后人"五色圈点"的滥觞。《三国志》卷13注在上引的材料之下,又引《魏略》说当时太学生无心向学,大多空疏,"虽有精者,而台阁举格太高,加不念统其大义,而问字指墨法点注之间,百人同试,度者未十。"[1]我怀疑这里所谓的"墨法点注",恐怕也是与董遇的"朱墨别异"相似,是一种具体的读书标注,可以看出读者对于文本的理解,所以,太学以之作为考试的一种方式[2]。

当然,作为一种自觉的批评方式,评点到了宋代才真正形成。它之所以兴盛于宋,除了宋代文学批评发达的原因外,与宋人读书认真的风气有关。宋人读书,讲究虚心涵泳,熟读精思,喜欢独立思考,倡自得悟入之说。所以读书有心得处,多有题跋或标注点抹[3],一旦把这种心得批在所读的作品中,这就是评点了。黄庭坚《大雅堂记》说他读杜诗"欣然会意处,笺以数语。"[4]而宋代儒家的读书方法对于评点之学更是影响巨大,其中理学大师朱熹及其门徒的读书方法影响尤大。

朱熹系统地研究过读书理论,并总结了一系列读书方法。他主

---

① 《三国志》卷13,第421页。

② 《宋史·刘翰传》引李昉《唐本草序》说:"梁陶弘景乃以《别录》参其《本经》,朱墨杂书,时谓明白。"(《宋史》卷461,中华书局1985年版,第39册,第13506页)可见朱墨杂书在六朝已流行。

③ 《宋史·艺文二》录有《神宗实录朱墨本》三百卷,注曰"旧录本用墨书,添入者用朱书,删去者用黄抹。"(《宋史》卷203,第5090页)又《宋史·高文虎传》谓"自熙宁以来,史氏淆杂,人无所取信。文虎尽取朱墨本刊正缪妄,一一研核。"(《宋史》卷394,第12033页)

④ 刘琳、李勇先、王蓉贵校点:《黄庭坚全集》,四川大学出版社2001年版,第2册,第437页。

张读书首先须循序渐进,一本书一本书地读,每书都要系统地学习,"其篇章文句、首尾次第,亦各有序而不可乱也。"①"且如一章三句,先理会上一句,待通透;次理会第二句,第三句,待分晓;然后将全章反复紬绎玩味。"②朱熹认为读书须精读精思:"凡读书……须要读得字字响亮,不可误一字,不可少一字,不可多一字,不可倒一字,不可牵强暗记,只是要多诵遍数,自然上口,久远不忘。"③"若读得熟,而又思得精,自然心与理一,永远不忘。"④读书必须反复琢磨,周密思考,虚心涵泳。这种读书的态度与评点之学的精神是相通的。

《朱子语类》记载了朱熹与其他宋代学者一些圈点读书法:

> 某曾见大东莱之兄,他于《六经》《三传》皆通,亲手点注,并用小圈点。《注》所不足者,并将《疏》楷书,用朱点。无点画草。某只见他《礼记》如此,他经皆如此。⑤

> 某少时为学,十六岁便好理学,十七岁便有如今学者见识。后得谢显道《论语》,甚喜,乃熟读。先将朱笔抹出语意好处;又熟读得趣,觉见朱抹处太烦,再用墨抹出;又熟读得趣,别用青笔抹出;又熟读得其要领,乃用黄笔抹出。至此,自见所得处甚约,只是一两句上。却日夜就此一两句上用意玩味,胸中自是洒落。⑥

---

① (宋)朱熹撰:《晦庵先生朱文公文集》(五)卷74,读书之要,见朱杰人、严佐之、刘永翔主编:《朱子全书》第24册,上海古籍出版社、安徽教育出版社2002年版,第3583页。

② (宋)黎靖德编,王星贤点校:《朱子语类》卷11,学五,读书法下,中华书局1986年版,第189页。

③ (宋)朱熹撰:《童蒙须知》读书写文字第四,《朱子全书》第13册,第373—374页。

④ 《朱子语类》卷10,学四,读书法上,中华书局1986年版,第1册,第170页。

⑤ 《朱子语类》卷10,学四,读书法上,第175页。

⑥ 《朱子语类》卷115,朱子十二,训门人三,第7册,第2783页。

尝看上蔡《论语》,其初将红笔抹出,后又用青笔抹出,又用黄笔抹出,三四番后,又用墨笔抹出,是要寻那精底。看道理,须是渐渐向里寻到那精英处,方是。①

他们所用的已经是五色圈点读书法了,从朱熹的记载可以看出,评点之学与儒学的关系是非常密切的。

朱熹的标注读书法对于其门人乃至对南宋文学评点方式的影响是不可低估的。朱熹的门人黄幹(字勉斋)也有一套标注的方式。其标注的文献已不可见,但在后人的一些文献中却可以考见大概。元人程端礼《读书分年日程》卷2就引了"勉斋批点四书例"②。黄幹的标注方式是对朱熹读书标志法的发展,而他的标注方式又被他的学生何基继承下来。《宋史·何基传》说何基:"凡所读无不加标点,义显意明,有不待论说而自见者。"③这里的"标点",并不是一般的标点符号,而是"圈点"。黄宗羲《宋元学案》卷82《北山四先生学案》说何基"凡所读书,朱墨标点。"④何基的学生王柏(字鲁斋)得此真传,《宋史》谓王柏"于《论语》《大学》《中庸》《孟子》《通鉴纲目》标注点校,尤为精密"⑤据元人吴寿民在董鼎《书传辑录纂注》中题识,提及时人标注五经,谓已多借鉴"王鲁斋先生凡例"⑥,其凡例与黄幹的标

① 《朱子语类》卷120,朱子十七,训门人八,第2887页。另外同书卷104也说:"某二十年前得《上蔡语录》观之,初用银朱画出合处,及再观,则不同矣,乃用粉笔;三观则又用墨笔。数过之后,则全与元看时不同矣。"第2614页。
② 《景印文渊阁四库全书》第709册,第489页。
③ 《宋史》卷438,第37册,第12979页。
④ (明)黄宗羲原撰,(清)全祖望补修,陈金生等点校:《宋元学案》卷82《北山四先生学案》,中华书局1986年版,第2726页。
⑤ 《宋史》卷438,第37册,第12981页。
⑥ 吴寿民此说见魏禧《汲古阁元人标点五经记》所引述,参见(清)魏禧著,胡守仁等校点:《魏叔子文集》外编卷16,中华书局2003年版,第739页。

注符号大致相同。这几位儒家学者的圈点之法,与朱熹的读书方式是一脉相传的。由于宋代理学学派之盛,我们研究宋代的文学评点不得不考虑到理学家读书方式的影响。

科举对于评点之学也起了重要的刺激作用。宋代科举的内容其实就是儒家的经典,因此使儒学与评点之学关系更为密切。熟悉儒家学者所标注的经典,是学子自小的基本功课。如程端礼《读书分年日程》卷1谈到儿童入学之后要熟悉"黄勉斋、何北山、王鲁斋、张导江及诸先生所点抹四书例"①。在为生员所开列的六日为一周期的《读看文日程》中,有三日的功课包括了"夜钞点抹截文"②;在《读作举业日程》中,以十日一周期,其中九日读书,一日作文,而"以九日之夜,随三场四类编钞格料批点抹截。"③可见对于儒家经典"批点抹截"的熟悉,是举业的重要功课。这些学子,日夕揣摩于"批点抹截",他们用这种眼光和方法去解读其他文学文本,便是一种很自然的事情。

科举考试评点也可能与当时的文章评点关系密切。南宋宝祐元年(1253)状元姚勉《雪坡集》所收录《癸丑廷对》之末,保留了当时的初考、覆考、详定时考官的批语:

> 初考:议论本于学识,忧爱发于忠诚。洋洋万言,得奏对体。一上臣经孙
>
> 覆考:以求士以文不若教士以道立说,一笔万言,水涌山出,尽扫拘拘谝谝之习。张、程奥旨,晁、董伟对,贾、陆忠言,皆具此篇矣。一上臣良贵
>
> 详定:规模正大,词气恳切。所答圣问八条,皆有议论,援据

---

① 《景印文渊阁四库全书》第709册,第472页。
② 《景印文渊阁四库全书》第709册,第496页。
③ 《景印文渊阁四库全书》第709册,第497页。

的确,义理精到,非讲明理学、该博传记者,未易到此。奇才也,宜备抡魁之选。臣焴、臣彬之、臣梦鼎①

这些批语与宋代文章选本之评点形态相似。有学者据此认为宋代的文章评点直接仿效了时文选本:“我觉得不妨更大胆地推测其直接仿效了当时时文选本的编辑形态……古文选本上的评语,极有可能是仿效了科举考官对于科场时文的批语。”②这种说法是有一定道理的,但历史的现象是复杂的,许多事物的产生和发展是各种元素合力的结果,最终交叉扭结成一股绳索。南宋古文选本的评语形式的产生应该是多源的,科场时文批语只是重要的影响之一,与其他影响因素并行而存。

宋代书籍的大普及也为读书人提供了更多评点的文献和材料。在南宋,读书圈点是十分普遍的现象,绝不限于理学家。这里举当时一位不甚知名的诗人危稹写的一首少为人知的诗为例。此诗题为《借诗话于应祥弟,有不许点抹之约,作诗戏之》,光是诗题就十分有意思,而诗中更是传神地表现了南宋读书人喜欢圈点的习惯:

我有读书癖,每喜以笔界。抹黄饰句眼,施朱表事派。此手定权衡,众理析畎浍。历历粲可观,开卷如画绘。知君笃友于,因从借诗话。过手有约言,不许一笔坏。自语落我耳,便觉意生械。明朝试静观,议论颇澎湃。读到会意处,时时欲犯戒。将举手复止,火侧禁搔疥。技痒无所施,闷怀时一噫。只可卷还君,如此读不快。千驷容可轻,君抱亦不隘。昨问鸡林人,尚有此编

① (宋)姚勉:《癸丑廷对》,《雪坡集》卷7,《景印文渊阁四库全书》第1184册,第50页。
② 林岩:《南宋科举、道学与古文之学》,《中山大学学报》2013年第6期。

卖。典衣须一收，吾炙当痛嚵。①

点抹的目的是为了"饰句眼"、"表事派"、"定权衡"、"析畎浍"，也就是分析和评价。"抹黄""施朱"都是从艺术技巧上去标点的，但两种方式又各有侧重。诗中只提到使用了红、黄二色，我认为，这是诗中的省略，正因为兼用诸色，书上色彩斑斓，所以才说"开卷如画绘"。这种读书喜欢"以笔界"的"癖好"，应该是宋人普遍的习惯，书的主人借书之前，才有"不许点抹之约"。有意思的是，在诗人看来，读书而不让点抹，简直就像"火侧禁搔疥"一样难受，所以，诗人只好把书还给主人，自己宁愿典当衣裳，也要掏钱购一本，痛痛快快地在书上恣意点抹。这首诗是我在研究评点史过程中所见到的最形象生动的材料。

二、南宋诗文评点举要

阅读过程的评点活动应是渊源久远的，但那往往只是个人的阅读行为；而在书籍印行中，把选集和评点这两种文学批评的方式结合起来，则是一种更为广泛的文化传播和文化普及的行为。下面着重介绍南宋几种较有影响的评点著作②。

---

① （清）厉鹗辑撰：《宋诗纪事》卷 56，上海古籍出版社 1983 年版，第 1414 页。按：危稹，字逢吉，号巽斋，又号骊塘，抚州临川人，淳熙十四年进士，著有《巽斋小集》。

② 祝尚书：《宋元文章学》，中华书局 2014 年版，第一章第二节《宋元时期的文章评点本》述及宋元时期的古文及时文评点本九种，在文献上对本章有所补充，可资参看。

从现存的文献来看,人们认为最早合选本与评点方式为一的书是南宋吕祖谦的《古文关键》。吕祖谦(1137—1181),字伯恭,婺州(今浙江金华县)人;与朱熹、张栻齐名,时有"东南三贤"之称,《宋史·儒林》有传。其为学主明理躬行,论文强调平易,不立崖异。吕祖谦既是理学家,又是文学家、批评家。曾编《宋文鉴》一百五十卷,著有《东莱集》四十卷。另辑有《吕氏家塾增注三苏文选》二十七卷。

《古文关键》是一古文选本,书中选了唐宋古文家韩愈、柳宗元、欧阳修、曾巩、苏洵、苏轼、苏辙、张耒之文凡六十余篇。此书之所以称为"关键",就在于它分别标举诸家古文的命意布局,并在卷首冠以总论看文作文之法,示学者以门径。此书总二卷,《四库全书总目》说:"考《宋史·艺文志》,载是书作二十卷。今卷首所载看诸家文法,凡王安石、苏辙、李廌、秦观、晁补之诸人俱在论列,而其文无一篇录入,似此本非其全书。然《书录解题》所载亦只二卷。与今本卷数相合,所称韩、柳、欧、苏、曾诸家亦与今本家数相合,知全书实止于此。《宋志》荒谬,误增一'十'字也。"①《古文关键》有两种版本,其中一种刻本,旁有圈点钩抹之处。这和陈振孙《直斋书录解题》所说的"标抹注释,以教初学"②相合。

在文学批评史上,吕祖谦《古文关键》最突出的成就在于运用了文学选本的评点方式。吕祖谦在一些文章的夹行之中,旁注小批,又于文中关键的字句旁边,进行标抹,以引起读者的重视,他还在书中详细批点了文章的命意、布局、用笔、句法、字法等,示学者以门径,所以谓之"关键"。《古文关键》卷首有"总论看文字法"、"看韩文法"、"看柳文法"、"看欧文法"、"看苏文法"、"看诸家文法"、"论作文法"

---

① (清)永瑢等撰:《四库全书总目》卷187,集部,总集类二,中华书局1965年版,第1698页上。
② 《直斋书录解题》卷15,第451页。

和"论文字病"八节,对古文的欣赏和写作提出一些具体的法则。如其"总论看文字法":

> 第一看大概主张。第二看文势规模。第三看纲目关键:如何是主意、首尾相应;如何是一篇铺叙次第;如何是抑扬开合处。第四看警策句法:如何是一篇警策,如何是下句、下字有力处,如何是起头换头佳处,如何是缴结有力处,如何是融化屈折、剪截有力处,如何是实体贴题目处。①

在"论看文字法"之后有"论作文法"。"看文"是手段,"作文"才是目的。在此之前,文集、选本首要功用是鉴赏,是文人提高艺术修养的必要手段,故往往只注释字句,标明典故,疏通文意,从来不详论文章的作法。而《古文关键》则实用性很强,使读者通过"四看",既领会名著的精华,也学习了实际的写作技巧。指导写作,成为最直接的目的。这可以说是一种创举,也是文学批评向实用目的、功利目的发展的一个重要转折。《古文关键》是吕祖谦教授初学者的古文选本,但影响很大。此书只选韩愈、柳宗元、欧阳修、曾巩、苏洵、苏轼、苏辙、张耒之文,但已经初具明人所谓的"唐宋八大家"的雏形了,他所选的作家可说是唐宋古文创作的代表作家。这实际上是在选本上最早对唐宋古文艺术价值的总结和肯定。它非但六朝文不取,先秦两汉文也不取,专取唐宋之文。而在那个时代,书中所选只能算是近、现代的文章。吕祖谦的《古文关键》,特别垂意于唐宋之文,固然与选本的诵读对象有关,但也反映了他对唐宋古文的价值与特点的独到

---

① 黄灵庚、吴战垒主编:《吕祖谦全集》录《古文关键》,浙江古籍出版社 2008 年版,第 11 册,第 1 页。

见解。从这个角度来看，他又似乎已经开了明代唐宋派的先声①。我以为，吕祖谦对于唐宋派至少存在一种潜在的影响②。

直接受到《古文关键》影响的文章评点选本是楼昉的《崇古文诀》。此书本名《迂斋古文标注》，所谓"标注"，就是宋人对评点的一种称呼。楼昉，号迂斋，鄞县人，绍熙四年进士，历官守兴化军，卒追赠直龙图阁。楼昉曾受业于吕祖谦，其书当然也受到乃师的影响。正如陈振孙《直斋书录解题》说："其大略如吕氏《关键》，而所取自《史》《汉》而下至于本朝，篇目增多，发明尤精当，学者便之。"③《崇古文诀》在《古文关键》的基础上有所增益，与《古文关键》只选唐宋文章不同，它选录了秦汉至宋代的二百多篇古文，且评语精当，在当时已颇有影响。刘克庄《后村大全集》卷96有《迂斋标注古文序》曰："迂斋标注者一百六十有八篇，千变万态，不主一体……逐章逐句，原其意脉，发其秘藏……尊先秦而不陋汉、唐，尚欧、曾而并取伊洛……可以扫去《粹》《选》而与《文鉴》并行矣。迂斋楼氏名昉，字旸叔，以古文倡莆东。经指授，成进士名者甚众……今大漕宝谟匠监郑公次申，亦当时升堂入室者也。既刊《标注》十卷，贻书余曰：'子莆人也，非迂斋昔所下榻设醴者乎？其为我序此书。'"④《皕宋楼藏书志》卷114载宋刊本迂斋先生标注《崇古文诀》20卷，有宝庆丙戌永嘉陈振孙序曰："迂斋楼□，文名于时，士之从其游者，一□□授，皆有师法。闲尝采集先□□以来迄于今世之文，得一百六十有八篇，为之标注以谂学者，凡其用意之精深，立言之警拔，皆探索而表章之，盖昔

---

① （明）贝琼：《清江文集》卷28《唐宋六家文衡序》谓朱右"其定《六家文衡》，因损益东莱吕氏之选。"见《景印文渊阁四库全书》，第1228册，第477页。
② 关于《古文关键》，详参吴承学：《现存评点第一书——论〈古文关键〉的编选、评点及其影响》一文，载《文学遗产》2003年第4期，第72页。
③ 《直斋书录解题》卷15，第452页。
④ （宋）刘克庄著，辛更儒校注：《刘克庄集笺校》，中华书局2011年版，第4049页。

人所以为文之法备矣。"①据各家著录,此书的卷数、篇数都有出入,可见其版本甚多②。从前人的记载看来,此书对当时举子揣摩举业起了一定作用,培养了不少科举人才。当然从文学选本的角度来看,此书也有其价值,正如《四库全书总目》说:"宋人多讲古文,而当时选本存于今者不过三四家……世所传诵,惟吕祖谦《古文关键》、谢枋得《文章轨范》及昉此书而已。而此书篇目较备,繁简得中,尤有裨于学者。盖昉受业于吕祖谦,故因其师说,推阐加密,正未可以文皆习见而忽之矣。"③评价颇为公允。

　　研究宋代的选集评点,还有必要提到真德秀的《文章正宗》。真德秀学术继承朱熹,是南宋理学的后劲。《文章正宗》二十卷、续集二十卷的编选代表了他的文学思想。此书刻于绍定五年(1232),如果说,《古文关键》的选录是理学家兼古文家的眼光,《文章正宗》则完全代表了理学家的观念和标准。其自序批评了《昭明文选》《唐文粹》,并自称云:"故今所辑,以明义理切世用为主。其体本乎古,其指近乎经者,然后取焉,否则辞虽工亦不录。"④全面发挥了理学家重道轻文的观点。《四库全书总目》说:"四五百年以来,自讲学家以外,未有尊而用之者。岂非不近人情之事,终不能强行于天下欤?"⑤这种评价是中肯的。尽管此书在文学批评史上常被提及,但学术界研究评点之学,往往忽视了此书。其实,《文章正宗》的批点法还相当重要,甚至具有某种程度上的规范作用。我们现在已经难以看到《文章正宗》的原始面目。我以为《文章正宗》原来应是有圈点的。《南雷

① 《皕宋楼藏书志》卷114,《续修四库全书》史部第929册,第597页。
② 参考余嘉锡《四库提要辨证》的"崇古文诀"条。中华书局1980年版,第1572页。
③ 《四库全书总目》卷187,集部,总集类二,中华书局1965年版,第1699页上。
④ (宋)真德秀:《文章正宗》,见《景印文渊阁四库全书》,第1355册,第5页。
⑤ 《四库全书总目》卷187,集部,总集类二,第1699页下。

文定凡例》:"文章行世,从来有批评而无圈点,自《正宗》《轨范》肇其端,相沿以至荆川《文编》,鹿门《大家》。一篇之中,其精神筋骨所在,点出以便读者,非以为优劣也。"①我们还可以在后人的文献中,看到真德秀的批点法的形式。据徐师曾《文体明辨》所载,真德秀批点法是,"点":句读小点(语绝为句,句心为读);菁华旁点(谓其言之藻丽者,字之新奇者);字眼圈点(谓以一二字为纲领)。"抹":主意、要语。"撇":转换。"截":节段②。在宋人的评点中,其圈点方式是比较简要的一种。以上所述三书,在南宋已有较大影响,如南宋末年的《古文集成》一书,在其卷端即刊载了吕祖谦《古文关键》、楼昉《迂斋古文标注》、真德秀《文章正宗》的评点,"一圈一点,无不具载"③。

谢枋得(1226—1289)是南宋末重要的评点家。枋得字君直,号叠山。宝祐四年(1256)进士,曾为考官,后以讪谤贾似道谪兴国军。德祐初,元兵东下,枋得知信州,力战兵败,变姓名入建宁山中。至元二十六年(1289),福建行省强之北行,至京不食死。著有《叠山集》,清人还把他的《诗传注疏》《檀弓解》《文章轨范》《注解章泉涧泉二先生选唐诗》辑为《谢叠山先生评注四种合刻》。谢枋得除了《文章轨范》之外,还有其他批点的著作。今考《唐诗品汇》卷首"引用诸书",中有"广信谢枋得君直《批唐绝句选》"④。在《唐诗品汇》七言绝句十卷中,共引用叠山评语近五十则,占了《唐诗品汇》所选七言绝句评语的绝大多数,可见谢枋得评点的分量了。

谢枋得的《文章轨范》是南宋影响较大的古文选本。它选录了汉晋唐宋之文共六十九篇。其中韩愈之文占了三十一篇,苏轼次之,十

---

① 《黄宗羲全集》(增订版),浙江古籍出版社 2005 年版,第 11 册,第 83 页。
② (明)徐师曾著:《文体明辨》,见《四库全书存目丛书》集部,齐鲁书社 1997 年版,第 310 册,第 372 页。
③ 《四库全书总目》卷 187,集部,总集类二,第 1702 页下。
④ (明)高棅编选:《唐诗品汇》卷首,上海古籍出版社 1982 年版,第 18 页。

二篇,柳宗元、欧阳修各五篇,苏洵四篇,其余诸葛亮、陶潜、杜牧、范仲淹、王安石、李觏、李格非、辛弃疾各有一篇。此书共七卷,原本以"王侯将相有种乎"七字分标各卷,后坊刻易以"九重春色醉仙桃"七字。七卷分为两大部分,前两卷为"放胆文",后五卷为"小心文"①,各有批注圈点。谢枋得认为:"凡学文,初要胆大,终要心小,由粗入细,由俗入雅,由繁入简,由豪荡入纯粹。"②此书是为当时举业而作的,故所选的文章,都是取"古文之有资于场屋者",且"标揭其篇、章、句、字之法"③,各卷之间作品的排列,不是根据作家的先后或文体类别,而是从士子学习场屋程文的进度来安排的。作者的批注颇细致,但其中《岳阳楼记》《祭田横文》《上梅直讲书》《三槐堂铭》《表忠观碑》《后赤壁赋》《阿房宫赋》《送李愿归盘谷序》八篇,只有圈点而无批注。《四库全书总目》认为原因是"盖偶无独见,即不填缀以塞白,犹古人淳实之意。"④而《前出师表》《归去来辞》,连圈点也没有,似有所寓意。其门人王渊济跋谓"汉丞相、晋处士之大义、清节,乃枋得所深致意非附会也。"⑤这种说法可能是有道理的。《文章轨范》的编选虽是出于科举的目的,但其批评圈点,大致十分中肯,对于古文之法辨析入微,尤其是对于韩文的分析,更为细致,成为后人一种规范。元人程端礼《读书分年日程》卷2提到看韩愈全集时,特别强调"谢叠山批点",说它"篇法、章法、句法、字法备见。"⑥后引《批

---

① (宋)谢枋得:《文章轨范》,见《景印文渊阁四库全书》第1359册,第542页。

② 《景印文渊阁四库全书》第1359册,第544页。

③ (明)王阳明:《重刊〈文章轨范〉序》,(明)王守仁撰,吴光、钱明、董平、姚延福编校:《王阳明全集》卷22《外集四》,上海古籍出版社2012年版,第722页。

④ 《四库全书总目》卷187,集部,总集类二,第1703页上。

⑤ 《景印文渊阁四库全书》第1359册,第542页。

⑥ 《景印文渊阁四库全书》第709册,第482页。

点韩文凡例》,又称"广叠山法"①,即在谢枋得标注符号的基础上加以发展。

谢枋得的诗歌评点多是对于诗句本意冷静、客观的阐释,通俗的解说,如说诗者的串讲,平易近人,设身处地地揣度作品的原意,绝无故作高深之处,如评点王昌龄《闺怨》:

> 见虫鸣螽跃而未见君子则忧,见采薇采蕨而未见君子则忧。草木之荣华,禽虫之和乐,皆能动人伤悲之心。此诗谓闺中少妇初不识愁,春日登楼见杨柳之青青,始知阳和发育万物皆春,吾与良人徒有功名之望,今日空闺独处,良人辛苦戎事,曾不如草木群生,各得其乐,于是而悔望此功名。此亦本人情而言也。②

以比兴寄托理论释诗,又加疏解,浅出而能深入。又如评点贾岛的《渡桑乾》:

> 久客思乡,人之常情,旅寓十年,交游欢爱与故乡无异,一旦别去,岂能无情?渡桑乾而望并州,反以为故乡也。非东西南北之人不能道此。③

揭示诗人离开久客之地微妙复杂的心理,转折深入,颇中肯綮。谢枋得的评点虽较为通俗,然亦多自得之言。如评韦庄《江上别李秀才二首》之一:"莫向尊前惜沈醉,与君俱是异乡人"句:"客中送客,最易

---

① 《景印文渊阁四库全书》第 709 册,第 492 页。
② 《唐诗品汇》卷 47,第 439 页。
③ 《唐诗品汇》卷 52,第 481 页。

伤怀,唐人如'今日劝君须尽醉','劝君更进一杯酒'皆不若此之妙。"①点出中国古代送别诗中"客中送客"这一大类诗的特殊况味,极有眼光。

谢枋得说诗,有时过于注重比兴寄托、微言大义,故不免有牵强附会之处。如评韦应物《滁州西涧》:"'幽草'、'黄鹂',比君子在野,小人在位;'春潮带雨晚来急',乃季世危难多,如日之已晚,不复光明也。末句谓宽闲寂寞之滨必有贤人,如孤舟之横渡者,特君不能用耳。"②所以,王夫之在论兴、观、群、怨时,就对此有所批评,认为其说诗"井画而根掘之,恶足知此!"③

三、刘辰翁:第一位评点之集大成者

南宋末年的刘辰翁,堪称批评史上第一位评点巨擘,对于他的文学批评,应有专门的研究,限于篇幅,这里只能简要而论。

刘辰翁(1232—1297),字会孟,号须溪,庐陵(今江西吉安)人。青年时代,曾受学于陆九渊。景定三年(1262)应进士试,因忤权相贾似道,置入丙等,遂以亲老辞官任濂溪书院山长,宋亡后隐居以终。在南宋的评点家中,吕祖谦、楼昉、谢枋得等其批评眼光和标准兼有理学家和古文家的双重身份,而刘辰翁则是比较纯粹的作家与批评家,他最早在评点之中,表现出文人的狂狷之风、岸傲之气。刘辰翁著作等身,其诗文曾结集一百卷,但在明代就已经失传。清人据《永

① 《唐诗品汇》卷 54,第 495 页。
② 《唐诗品汇》卷 49,第 453 页。
③ (清)王夫之著,戴鸿森笺注:《薑斋诗话笺注》,人民文学出版社 1981 年版,第 5 页。

乐大典》辑得《须溪集》十卷①。其评点著作甚多，明人汇刻《刘须溪批评九种》，包括《班马异同评》三十五卷、《老子》《庄子》《列子》上下卷、《世说新语》三卷、《李长吉歌诗》四卷、《王摩诘诗》四卷、《杜工部诗集》二十卷、《苏东坡诗》二十五卷。另外今存评本有《放翁诗选集》八卷、《别集》一卷、《王荆公诗文》五十卷。此外，还选有《古今诗统》一书。关于现存刘辰翁评点著作的真伪情况，学术界有不同看法，有待进一步研究。但这些著作的真伪，并不影响他作为宋代评点学有代表性人物的地位。

刘辰翁在明代影响很大，其评点备受重视，"士林服其赏鉴之精博"②。如果说，刘辰翁的评点在明代文学批评界中是一门"显学"，恐怕并非夸张。举个例子说，明代举足轻重的诗歌选本《唐诗品汇》中收录了历代批评家评论材料，其取舍是比较严的，正如其"凡例"所说："夫文章者，公器也，然而历代辞人志趣不叶，议论纵横，使人惑于趋向，今取其正论悟语，悉录之，其或文儒奇解过中之说，一无取焉。"③据初步统计，《唐诗品汇》引用刘辰翁的评点近七百则，在所有被引用的历代评论家之中，数量最多。而且编者在某些地方还特地声明："批语无姓氏者系刘须溪评。"④在许多卷中，因过多引用刘辰翁评语，只好省称"刘云"以代全称。从《唐诗品汇》引语的数量，就足以看出刘辰翁在明代文学批评中的特殊地位了。明人的选集引用刘辰翁评点语的不少。如顾起经《王右丞诗集参评》、郭浚《增定评定唐诗正声》、周珽《唐诗选脉会通评林》等。明人对刘辰翁评价

---

① （宋）刘辰翁著，段大林校点：《刘辰翁集》，江西人民出版社 1987 年版，收载刘辰翁作品较全。
② （明）杨慎著，王仲镛笺证：《升庵诗话笺证》附录 1，上海古籍出版社 1987 年版，第 567 页。
③ 《唐诗品汇》凡例，第 14 页。
④ 《唐诗品汇》卷 14，第 172 页。

很高,如李东阳《怀麓堂诗话》:"刘会孟名能评诗,自杜子美下至王摩诘、李长吉诸家,皆有评。语简意切,别是一机轴,诸人评诗者皆不及。"①刘辰翁在明代的名气,既有文学上的原因,又有品德上的原因。他在宋亡之后不出仕,所以,杨慎《升庵诗话》卷12把他与伯夷、陶潜相提并论②。

刘辰翁几乎评点遍唐代著名的诗人,从《唐诗品汇》所引的评语来看,刘辰翁至少评点过以下诗人:骆宾王、杜审言、陈子昂、张谓、张九龄、常建、贺知章、王之涣、崔颢、高适、岑参、李白、杜甫、孟浩然、王缙、王维、裴迪、贾至、储光羲、李颀、卢象、韦应物、柳宗元、陶翰、孟云卿、钱起、司空曙、卢纶、戴叔伦、郎士元、刘商、杨衡、武元衡、韩愈、孟郊、王建、张籍、卢仝、李贺、杜牧、贾岛、姚合、崔涂……同时他还评点了一批宋当代作家,如王安石、苏轼、陆游等。他的一些评点著作,早已流传海外,而且有一些在国内已失传,正是赖国外珍本得以保存。如日本翻刻朝鲜本《须溪先生评点简斋诗集》,就收录了约二百条辰翁评语③。

刘辰翁与谢枋得的评点风格迥然相异,如果说谢叠山的评点风格比较冷静客观的话,刘辰翁的评点风格则更充满主观色彩和激情;而且他不像叠山一样,对诗句作详细周到的解说,或阐述诗歌原意,而往往只是三言两语,道出自己对诗的总体印象或感受(下引辰翁文均见《唐诗品汇》)。评杜甫《乐游园歌》"此身饮罢无归处,独立苍茫自咏诗"曰:"每诵此结,不自堪。""吾常堕泪于此。"④评《湨陂行》

---

① (明)李东阳著,李庆立校释:《怀麓堂诗话校释》,人民文学出版社2009年版,第92页。
② 《升庵诗话笺证》附录1,第567页。
③ 见(宋)陈与义著,吴书荫、金德厚点校:《陈与义集》附录四"须溪评点陈与义诗",中华书局1982年版,第572页。
④ 《唐诗品汇》卷28,第304页。

"咫尺但愁雷雨至,苍茫不晓神灵意"云:"吾常游西湖,遇风雨,诵此语如同舟同时。"①评李白《少年行》(五陵年少金市东):"语气凌厉快活,梦亦难忘。"②评韦应物《九日》"明年九日知何处,世难还家未有期"句:"可悲。隔世与余同患。"③这些评点都充满感情,评者与作者似乎合为一体了。

《四库全书总目》对刘辰翁评点的评价很低,如卷150《笺注评点李长吉歌诗》提要说"辰翁论诗,以幽隽为宗,逗后来竟陵弊体。"④又卷165《须溪集》提要也说他"论诗评文往往意取尖新,太伤佻巧,其所批点……大率破碎纤仄,无裨来学。"⑤这种说法并不准确,至少是片面的。其实刘辰翁十分注重自然天成。其评语中对此极尽赞美之辞。刘辰翁论诗文并不取"尖新""佻巧",对于用平淡的语言刻画出生活真实来的诗歌特别赞赏。如评韦应物《庭前有奇树》曰"常言常语,枯淡欲无。"⑥评杜甫《骢马行》"赤汗微生白雪毛,银鞍却覆香罗帕"曰:"无紧要,有风味。"⑦张籍《蓟北旅思》"长因送人处,忆得别家时。"评曰:"晚唐更千首不及两语。无紧无要,自是沈著。"⑧评韩愈《感春》:"无紧无要,写得沈至不同。"⑨苏东坡尝评柳宗元《渔翁》诗说:"此诗有奇趣,然其尾两句虽不必亦可。"刘辰翁则说:"或谓苏评为当,非知言者。此诗气浑,不类晚唐,正在后两句,非蛇安足

---

① 《唐诗品汇》卷28,第307页。
② 《唐诗品汇》卷47,第436页。
③ 《唐诗品汇》卷49,第453页。
④ 《四库全书总目》卷150,别集类三,第1293页下。
⑤ 《四库全书总目》卷165,别集类一八,第1409页下。
⑥ 《唐诗品汇》卷14,第173页。
⑦ 《唐诗品汇》卷28,第305页。
⑧ 《唐诗品汇》卷67,第588页。
⑨ 《唐诗品汇》卷20,第230页。

者。"①评李贺《梦天》结尾:"意近语超,其为仙人语,亦不甚费力。使尽如起语,当自笑耳。"②即说开头"老兔寒蟾泣天色"写得费力。可见辰翁论诗正不取"尖新"与"佻巧",但主观色彩相当强烈。

刘辰翁因为评点过《世说新语》,还被视为小说评点的开山之祖③。

在现存文献中,《古文集成前集》也是一部值得注意的南宋评点著作④。此外,还有署名为南宋末年的诗学批评家严羽的诗歌评点之作。近年出版的陈定玉先生辑校的《严羽集》收录严羽评点的《李太白诗集》⑤,詹锳先生主编的《李太白全集校注汇释集评》⑥,也收录严羽评点,足供参考。但是这些李白诗歌的评点是否严羽所作,尚待考定。

四、圈点的符号意义与评点的文化意味

今人研究评点,多研究"评"而少涉及"点"。其实,评点方式在古代之所以能风靡天下,与圈点有很大关系。姚鼐《答徐季雅书》说,"圈点启发人意,有愈于解说者矣。"⑦圈点是一种超越文字的特殊的分析方式,带有某种神秘色彩。圈点与评语不同:评语所论,十分显

---

① 《唐诗品汇》卷 36,第 372 页。
② 《唐诗品汇》卷 35,第 366 页。
③ 可参考黄霖、韩同文:《中国历代小说论著选》中关于刘辰翁部分的说明。江西人民出版社 1990 年版,第 78—79 页。
④ 参见《四库全书总目》卷 187,总集类二,《古文集成前集》提要,第 1702 页下。
⑤ 中州古籍出版社 1997 年版。
⑥ 百花文艺出版社 1996 年版。
⑦ (清)姚鼐撰,卢坡点校:《惜抱轩尺牍》,安徽大学出版社 2014 年版,第 35 页。

豁,而诸家的圈点方式"义例"各不相同,带有"秘传"性质,更需人去揣摩,弄通各种符号的象征意义以及彼此之间的微妙区别。但是研究宋人圈点标志颇为困难:由于时代久远,现存宋人评点的选本大都是后人传刻的。传刻者往往只留下评点,而删略去圈点标抹之处,使我们难以看到宋人评点的真面目。如《四库全书总目》提到《古文关键》一书就说,"原本实有标抹。此本盖刊版之时,不知宋人读书于要处,多以笔抹,不似今人之圈点,以为无用而删之矣。"①这种情况是十分常见的。但从一些传世的文献中,我们仍可以了解宋人圈点标志的一些情况。

实际上,所谓"点"或"标志"又可分为笔抹与圈点两种。笔抹用比较简单的线条,圈点则加用各种形状的符号。笔抹的流行使用应该早于圈点。正如《四库全书总目》经部卷 37"四书类存目"《苏评孟子二卷》提要谓:"宋人读书,于切要处率以笔抹。故《朱子语类》论读书法云:'先以某色笔抹出,再以某色笔抹出。'吕祖谦《古文关键》、楼昉《迂斋评注古文》,亦皆用抹,其明例也。谢枋得《文章轨范》、方回《瀛奎律髓》、罗椅《放翁诗选》始稍稍具圈点,是盛于南宋末矣。"②圈点盛于南宋末年,晚于笔抹形式。宋代的圈点,可分为详略两种。先说简式。元人程端礼《读书分年日程》卷 2 所引"勉斋(黄幹)批点四书例"中有"点抹例"。包括有红中抹,表示"纲""凡例";红旁抹,表示"警语""要语";红点,表示"字义""字眼";黑抹,表示"考订""制度";黑点,表示"补不足"③。而王柏(鲁斋)标注的凡例是:"朱抹者,纲领、大旨;朱点者,要语、警语也;墨抹者,考订、制

①《四库全书总目》卷 187,总集类二,第 1698 页中。
②《四库全书总目》卷 37,四书类存目,第 307 页下。
③《景印文渊阁四库全书》第 709 册,第 489 页。

度;墨点者,事之始末及言外意也。"①这与黄幹的标注符号内涵大致相同,且都比较简便。这可能是因为他们的学术渊源相同的原因(传于朱子)。谢枋得的标注方式可称为繁式。程端礼《读书分年日程》卷2《批点韩文凡例》,称"广叠山法"②,即在谢枋得标注符号的基础上加以发展。这种标注又分议论体和叙事体两种类型(大致相同)。其凡例中的符号有截、抹、圈、点四大类。截又分黑画截、红画截、黄半画截三种;抹分黑侧抹、青侧抹、黄侧抹、黄中抹、红中抹五种;圈又分红侧圈、黄侧圈、黑侧圈、红圈、黄正大圈五种;点又分红侧点、黑侧点、青侧点、黄正大点四种。

　　古人圈点的意义,是由其标注符号的形状、位置、颜色三者来表示的。以"广叠山法"为例:如同是截,因其颜色不同,故各有不同的意义,如"大段意尽,黑画截;大段内小段,红画截;小段内细节目及换易句法,黄半画截"③。而标注位置不同,意义也不同。如同是黄抹,"义理精微之论"用"黄中抹";"所论纲要,及再举纲要,及提问之语,所或问体问目,及提问难事实,及断制之策",则用"黄侧抹"④。这些区分,在现代人看来,也许十分繁琐,但这对分析作品篇章结构、艺术技巧还是有作用的。这种彩色标志的读书法,后来也运用到书籍的印刷上。由于套色印刷的出现,评点选本也有以套色印刷的,不同颜色的评注与圈点可都印于书上,不但色彩斑斓、赏心悦目,而且评点之处也更为醒豁,利于阅读。

　　明清以后,以圈点来评诗论文、品赏小说戏曲的更是不可胜数。

---

① (清)钱泰吉:《曝书杂记》卷2"元人四书五经标点"条,《续修四库全书》第926册,第35—36页。
②《景印文渊阁四库全书》第709册,第492页。
③《景印文渊阁四库全书》第709册,第492页。
④《景印文渊阁四库全书》第709册,第493页。

所以如何评价评点方式,是文学批评中的一个有争议的问题。对此贬之者众,如章学诚在《文史通义·文理》中说:"至于纂类摘比之书,标识评点之册,本为文之末务,不可揭以告人,只可用以自志。父不得而与子,师不能以传弟。盖恐以古人无穷之书,而拘于一时有限之心手也。"①这种说法是比较有代表性的,可以说在近、现代的学术史上,评点之学基本上受到冷落。

评点的产生,最初是读者读书的一种心得的记录、标志,其目的未必是为了教授他人的写作。正如清人张潮在《虞初新志·凡例》中说的:"触目赏心,漫附数言于篇末;挥毫拍案,忽加赘语于幅余。或评其事而慷慨激昂,或赏其文而咨嗟唱叹。敢谓发明,聊抒兴趣;既自怡悦,愿共讨论。"②如果说断句是为了意义上的理解,那么评点便是对于作品艺术的体会了。对于一般读者来说,评点也是一种行之有效的读书方式。阅读过程的评点,记录自己的理解和感受,也增强了记忆,这是符合阅读心理需求的。评点作为一种阅读方式,至今仍有其生命力。

宋代之前,传统的文学批评讲究对批评对象知人论世,追源溯流,其批评则重在对批评对象作总体审美把握和品第,而很少是对文本的具体入微的批评。评点之学恰是转向对文本的语言分析和形式的批评,其特点在于为人指点创作的具体途径,从"作文之用心"的角度来进行批评,对于作品的用词、造句、修辞、构思和结构上的抑扬、开阖、奇正、起伏等方面的艺术技巧进行评点。它是一种综合性、实用性最强的批评方式,除了文学批评、鉴赏之外,它对于古代修辞学、写作学等的发展都起了很大的作用。历来论者对于评点之学的评价

---

① (清)章学诚著,叶瑛校注:《文史通义校注》,中华书局1985年版,第288页。
② (清)张潮:《虞初新志》,古本小说集成编委会编:《古本小说集成》第五辑,上海古籍出版社2017年版,第2页。

偏低,这可能与中国古人认为艺术之精妙只可妙悟而难以言传的观念有关。评点传授技巧作法,予人以方便法门,不免落了言筌。但是评点作为一种批评方式,引导人们从创作的角度去欣赏揣摩艺术,并从具体作品入手进行评析,有时虽不免琐碎细杂,但比起玄之又玄的空谈,自有其合理性。

宋代是文化高涨的时代,许多学者都做了普及文化的工作。选集与评点的结合,其实也是一种文化普及的工作,它对初学者起了启蒙的作用。评点的阅读对象是一般的读书人,在那个时代,读书人的主要出路和目标就是走科举的道路。因此,评点自然就与科举有难解之缘,而带有明显的实用色彩和功利目的。评点之所以兴盛,也与社会需求有关。评点既提供了作家的作品,使读者可以阅读原著,而不像诗话一样单纯是批评家的感想与评论;评点还提供了批评家的评论圈点,这样比一般的选本总集又多了一种借鉴。读者在阅读过程中,可以比较、参照。所以评点方式把作者、读者与批评家三者密切联系起来了,成为一种人们普遍喜爱的通俗的批评方式。

从文学批评发展史的角度看,宋代的评点标志着文学批评走向通俗化并带有强烈的实用、功利色彩,这些特点和宋代以后整个文化发展的总体趋势正好是相一致的。我们只有把评点方式放在更广阔的人文背景上去考察,才能真正认识其兴盛的必然性及它的历史作用。

第八章　明代文章总集与文体学

——以《文章辨体》等三部总集为中心

　　明代是继南朝之后另一个文体学极盛的时代,而就研究规模之大、研究范围之广而言,明代远在南朝之上。对文章体制规范及其源流正变的探讨成了明代文学批评的中心议题,"辨体"之风,承宋元而来,至明代而集其大成。中国古代文学批评形式多样,比如诗文评、选本、序跋、专论、类书等形式,此前,历代文体学批评的成就主要体现在诗文评著作上,但是明代有所不同。明代文体学的成就、理论的创获与形式特点,突出体现在一批兼选本和文体学著作于一身的文章总集之中。本章以《文章辨体》、《文体明辨》、《文章辨体汇选》这三部分别编纂于明初期、明中期和明末清初的文章总集为中心,探讨明代文章总集的文体学特色与贡献。

一、"以体制为先"与"假文以辩体"

　　"文章以体制为先"是宋人的说法①,但到了明代,差不多成为文学批评的一句口头禅,而"辨体"则是明代文学批评的一个"关键

_____

① （宋）王应麟:《玉海》卷 202 引倪正父语。江苏古籍出版社、上海书店 1987 年版,第 3692 页。

词"。这种特色恰好表现在明代的文章总集中。《文章辨体》、《文体明辨》、《文章辨体汇选》三书的书名都标榜"辨体",这恐怕不是偶合。《四库全书总目》卷186"总集类总序"说:"文籍日兴,散无统纪,于是总集作焉。一则网罗放佚,使零章残什,并有所归;一则删汰繁芜,使菁秕咸除,菁华毕出。"①这是一般编纂总集的两个目的,但明代部分总集编纂的目的既不是"网罗放佚",也不是"删汰繁芜",而重在文体之辨。徐师曾《文体明辨·序》中说:"是编所录,唯假文以辨体,非立体而选文。"②这句话说得最透彻,最有代表性。"假文以辨体"可以说是明代这类总集的一个突出的特色:目的是在"辨体",而不是"选文"。主要从"辨体"的角度选取在文体史上有代表性的作品。有些"文不工"但有辨体意义的文章,也收录在内。而在文学史上影响很大的作品,若非在文体学中占有一席之地,也就未必能入选。因此明代总集与此前的文章总集相比,文体学的意识特别突出。

　　吴讷(1372—1457)《文章辨体》50卷③是明代较早开此"辨体"风气的总集。其《文章辨体·凡例》说:"文辞以体制为先。古文类集今行世者,惟梁昭明《文选》六十卷、姚铉《唐文粹》一百卷、东莱《宋文鉴》一百五十卷、西山前后《文章正宗》四十四卷、苏伯修《元文类》七十卷为备。然《文粹》《文鉴》《文类》惟载一代之作;《文选》编次无序……不足为法。独《文章正宗》义例精密……然每类之中,众

---

① 《四库全书总目》卷186,第1685页。
② (明)徐师曾著,罗根泽校点:《文体明辨序说》,人民文学出版社1962年版,第78页。
③ 《文章辨体》的版本,常见的有《四库全书存目丛书》集部第291册,据吉林省图书馆藏明天顺八年刻本影印。另《续修四库全书》第1602册,内集据北京大学图书馆、外集据北京图书馆藏明天顺八年刻本影印。两书各有漫漶处,可以互校。续修四库本的可辨度更高些,但也有一些问题,如把原版《文章辨体》卷49之11页误拼成第29卷11页(见第1602册,第651页)。

体并出，欲识体而卒难寻考。故今所编，始于古歌谣辞，终于祭文，每体自为一类，各以时世为先后，共为五十卷。"①吴讷主张"文辞以体制为先"，强调体制的重要性。他又批评历代总集的不足，或只收一代，所见文体不广；或编次无序，难见文体演变之迹；或归类过泛，难考众体异同。吴讷既有此种认识，自然要取诸家之长，而避其所短，以期对历代众多文体的源流演变有一个全面、清晰、综合的研究。

《文体明辨》②编撰者徐师曾（1517—1580）则认为，随着文章之学的发展，严于"辨体"是自然合理的趋势："盖自秦汉而下，文愈盛；文愈盛，故类愈增；类愈增，故体愈众；体愈众，故辨当愈严。"③此语透露出明人为何热衷于辨体的时代要求。徐师曾批评那些认为"文本无体，亦无正变古今之异"的说法，认为"夫文章之有体裁，犹宫室之有制度，器皿之有法式也……苟舍制度法式，而率意为之，其不见笑于识者鲜矣，况文章乎？"④该书的编撰宗旨就是"假文以辨体"。徐师曾主张不但文各有体，而且文体有古今正变之别。

明末贺复徵显然有意接踵吴讷《文章辨体》、徐师曾《文体明辨》，并在二书基础上加以扩展，另编成《文章辨体汇选》⑤，这从书名

---

① （明）吴讷著，于北山点校：《文章辨体·凡例》，《文章辨体序说》，人民文学出版社 1962 年版，第 9 页。

② 《文体明辨》编成于隆庆四年（1570），徐师曾《文体明辨》自序写于万历元年（1573），所以此书的印行当在 1573 年或稍后。据《中国善本书目》，《文体明辨》主要存世版本有：明万历游榕铜活字印本、明万历十九年赵梦麟刻本、明抄本、明崇祯十三年（1640）沈芬沈骐笺刻本等。现在该书最易见本为《四库全书存目丛书》本（集部第 310—312 册），它是据北京大学图书馆所存万历年间"归安少溪茅乾健夫校正、闽建阳游榕制活板印行"本影印的。

③ 《文体明辨·序》，《文体明辨序说》，第 78 页。

④ 《文体明辨·序》，《文体明辨序说》，第 77 页。

⑤ 参见《四库全书总目》卷 189《文章辨体汇选》提要，第 1723 页。《文章辨体汇选》书成后，流布不广。四库馆臣当时所见，也只是传播甚稀的抄本，该书收入台湾商务印书馆影印《文渊阁四库全书》第 1402—1410 册。

即可以看出。因此,在文体分类、选文、编纂体例上,《文章辨体汇选》都明显吸收了吴、徐二书的成果,而规模更浩大,收罗更宏富①。此书收录先秦至明末(个别清初)经史、诸子、百家、山经、地志等各体文章,类聚区分,合 132 类,780 卷。规模之巨大,甄录之广博,为历来总集所罕见。

当然,也不光是标明"辨体"的总集才重视辨体。明初高棅《唐诗品汇》也是通过辨别诗体来推崇诗学理想的。《唐诗品汇》全书"校其体裁,分体从类"②,包括五古、七古(附长短句)、五绝(附六绝)、七绝、五律、五排、七律(附七排)等七个部分。高棅之所以分体编排,显然是为了便于"别体制之始终,审音律之正变"③,是辨体意识在体例安排上的体现。《历代名公叙论》引殷璠语:"夫文有神来、气来、情来,有雅体、野体、鄙体、俗体。编记者能审鉴诸体,委详所来,方可定其优劣,论其取舍。"④可见,审鉴体制是定优劣、论取舍的前提。

明代有些总集在辨体方面比较特别,如王志坚(1576—1633)所编《四六法海》12 卷⑤,分体编排,该书辨体的重点不是各体文章的起始之作,而是这种文体最早出现骈俪化倾向的作品,所以其辨体重在古骈之变。如敕托始于宋武帝《与臧焘敕》,诏托始于沈约《劝农访民所疾苦诏》,表托始于陆机《谢平原内史表》等,章托始于沈约《为晋安王谢南兖州章》,书托始于魏文帝《与吴质书》等,七托始于曹植

---

① 本章关于《文章辨体汇选》一书,采用本书《贺复徵与〈文章辨体汇选〉》一章部分内容。
② (明)高棅:《唐诗品汇·总序》,上海古籍出版社 1988 年版,第 10 页。
③ 《唐诗品汇·总序》,第 10 页。
④ 《唐诗品汇·历代名公叙论》,第 11 页。
⑤ (明)王志坚:《四六法海》,易见本有台湾商务印书馆影印《文渊阁四库全书》第 1394 册。

《七启》等。四库馆臣称所列这些作品"大抵皆变体之初,俪语散文相兼而用",颇中肯綮。馆臣对明代文章选集评价不高,但对此书颇为赞赏,称王书"俾读者知四六之文,运意遣词,与古文不异,于兹体深为有功",又谓此书"虽为举业而作,实则四六之源流正变,具于是编矣,未可以书肆刊本忽之也"①。

明人总集的着眼点大多在于辨体,最终目的却是通过辨体推崇某种理想。中国古代文体论的一个传统,就是在文体谱系之中,文体是有等级差别的,它取决于文体的正变高下。虽然明人的文章总集有集大成的倾向,但是在复古思潮统治文坛的明代,强调文体的古今正变仍是明代总集的一个显著特色。

彭时《文章辨体序》高度评价吴讷《文章辨体》:"辨体云者,每体自为一类,每类各著序题,原制作之意而辨析精确,一本于先儒成说,使数千载文体之正变高下,一览可以具见,是盖有以备《正宗》之所未备而益加精焉者也。非先生学之博、识之正、用心之勤且密,宁有是哉?"②其中虽不乏溢美成分,但大致还是公允的。"数千载文体之正变高下,一览可以具见",这正是明代总集在文体学上的主要贡献。《文章辨体·凡例》说:"四六为古文之变,律赋为古赋之变,律诗杂体为古诗之变,词曲为古乐府之变。西山《文章正宗》,凡变体文辞,皆不收录;东莱《文鉴》,则并载焉,今遵其意。复辑四六对偶及律诗、歌曲共五卷,名曰《外集》,附于五十卷之后,以备众体,且以著文辞世变云。"③《文章正宗》选文标准以"明义理,切世用"为主,其体制则"本乎古,其指近乎经者"④,因此,一切骈偶声律之作,皆摒弃不录。

① 《四库全书总目》卷 189,第 1719 页。
② (明)彭时:《文章辨体序》,见《文章辨体序说》,第 7 页。
③ 《文章辨体·凡例》,(明)吴讷著,于北山点校:《文章辨体·凡例》,《文章辨体序说》,人民文学出版社 1962 年版,第 10 页。
④ (宋)真德秀:《文章正宗》,《文渊阁四库全书》第 1355 册,第 5 页。

《文章辨体》深受《文章正宗》影响，把一切古体视为文章之正，把一切骈偶声律之作视为变体，归入《外集》，附于正体之末，表现了明代复古思潮对吴讷文体论的影响。

徐师曾同样重视文体的"正变古今之异"[1]。《文体明辨》把文体分别系之正选与附录，这当然反映出徐师曾的文体价值观。在这方面，徐师曾受到吴讷的影响，但彼此的文体观念同中存异，异中有同。《文章辨体》把连珠、判文、律赋、律诗、排律、绝句、联句诗等文体作为附录，而《文体明辨》则把它们列入正篇，相较而言，徐师曾的文体观念较为开明。《文体明辨》的附录文体，绝大多数是游戏、娱乐与宗教方面的内容，这些文体与正选的文体相比，在当时社会生活的实际运用中，确实是比较次要的、非主流的文体，所以徐师曾把这些文体列入"附录"大致是可以理解的，也是符合实际的。但是"词"是唐、宋以后最为普及与发达的文学文体之一，徐师曾仍把它作为"诗余"而列入"附录"；而当时盛行的南北曲甚至在"附录"中连位置也没有，可见徐师曾的文体观念仍然比较正统，与吴讷并无本质差别。

《文章辨体汇选》虽不像《文章辨体》《文体明辨》分内、外集或正编、附录，但全书的编纂始终贯穿着明古今、严正变的宗旨，同一文体则以古老的、传统的体制为正体，以后起的体制为变体，以特殊的体制为别体，崇古卑今的观念很明显。此外又有古体、近体、散体、律体、骈体、唐体、宋体之分。这些概念，也都渗透着明古今、严正变的意识。

二、序题：一种流行的批评方式

从文学批评形式来看，序题形式盛行于整个明代，是明代最有特

---

[1]《文体明辨·序》，《文体明辨序说》，第77页。

色、影响最大的文学批评方式之一。"序题"不但是明代总集编纂的流行方式,也成为明清乃至现代学术界所重视的一种批评文体。作为一种批评形式,"序题"之名,始于明代。序题是指在文章总集中,编者对各种文体渊源流变与文体特色的阐释。刘勰提出"原始以表末,释名以章义,选文以定篇,敷理以举统"①,差不多成为后代文体学研究的不二法门。刘勰所标示的这种系统的文体学研究方法,一般为诗文评著作所采用,但是明人却将其运用在文章总集之中,并以序题的方式形成一种传统。明人的总集把序题与文选结合起来,更为具体地体现了文体的分类、渊源流变与体制,并且形成一种重要的文体学研究方法和普遍的研究风气,这也是对文体学研究的独特贡献。序题形式与一般专著专论不同之处,就在于它"假文以辨体",为读者提供了可供揣摩的文体文本。序题虽然有一定的独立性,但是要结合所选的作品才能得到完整的理解。吴讷《文章辨体·凡例》说该书"每体自为一类,各以时世为先后"②,这也是明人总集的基本体式。所以如果把明人总集中每种序题与文选结合起来,其实就是一部中国古代文体发展简史。

总集文体"序题"传统远可追溯到魏晋,如挚虞《文章流别集》,近可追溯到宋元,如宋代真德秀《文章正宗》把文体分为四大类,每类都有小序,又如元代祝尧《古赋辩体》把赋分为楚辞体、两汉体、三国六朝体、唐体、宋体,于每体之前各有一序,论述其源流演变及特征③。但挚虞《文章流别集》已散佚,而宋元文章总集的文体序题,毕竟是个别的,也谈不上系统。在总集中对文体分类加以系统序题的

① (南朝梁)刘勰著,詹锳义证:《文心雕龙义证·序志第五十》,上海古籍出版社1989年版,第1924页。
② 《文章辨体·凡例》,《文章辨体序说》,第9页。
③ 从吴讷《文章辨体》的书名可以看到《古赋辩体》的痕迹,其"序题"的形式也借鉴于此书,另外他对赋分类与叙说,几乎全取此书,足见其影响之深。

风气始于明人,这种风气在明初已经出现。高棅《唐诗品汇》的"叙目",详细论述了各体诗歌的起源、唐前发展状况以及唐人的继承、开拓和衍变,从而达到"别体制之始终"的目的。由于《唐诗品汇》在明代有着重要的地位,自然会对后来的总集产生巨大影响。明宋绪编《元诗体要》14卷①,选录元一代之诗,分为三十七类。其文体学价值主要体现在,对每一类体裁都用简短的序题概述此种文体的发展流变、体制特征以及各体诗歌的选录标准等,例如:"七言古体:古诗七言从张衡《四愁诗》来,变柏梁体耳。唐初王子安《滕王阁诗》、宋之问《明河篇》,语皆木纯。至王、岑、李、杜,方成家数。是编凡清壮奇丽,雄深浑厚,其音律皆足以为法者取之。"②《元诗体要》的序题较多地吸收了宋代以来文体学研究的成果,同时在选诗标准上表现了编撰者的文体学思想。尤其值得注意的是,《元诗体要》是较早将序题与选诗合为一体的诗歌总集。

《元诗体要》毕竟还只是诗歌一体,就文章总集而言,真正对明代总集形成序题风气起重要作用的是吴讷《文章辨体》。序题在《文章辨体》中已被视为一种独立的文体,并广泛用来论述各体文章。此后徐师曾《文体明辨》、贺复徵《文章辨体汇选》等,不论在宗旨、体例还是具体内容上,都明显受到《文章辨体》的启发和影响。吴讷《文章辨体·凡例》说:"仍采先儒成说,足以鄙意,著为序题,录于每类之首,庶几少见制作之意云。"③此语很精粹地概括出明人文体"序题"的内容和形式特点。其序题置于每类文体之前,先是广泛征引《说文解字》《文心雕龙》《文章缘起》《文章正宗》《宋文鉴》《古赋辩体》以

---

① 根据《中国善本书目》,《元诗体要》有明宣德八年(1433)刻本,明正德十四年(1519)刻本,清嘉庆三年(1798)刻本等。现在比较常见本子是台湾商务印书馆影印《文渊阁四库全书》第1372册。

② (明)宋绪:《元诗体要》卷2,《文渊阁四库全书》第1372册,第515页。

③《文章辨体·凡例》,《文章辨体序说》,第9页。

及当代人的相关论述，又申以己意，将继承与创新较好地结合起来。如"记"的序题：

> 《金石例》云："记者，纪事之文也。"
>
> 西山曰："记以善叙事为主。《禹贡》《顾命》，乃记之祖。后人作记，未免杂以议论。"
>
> 后山亦曰："退之作记，记其事耳；今之记，乃论也。"
>
> 窃尝考之：记之名，始于《戴记·学记》等篇。记之文，《文选》弗载。后之作者，固以韩退之《画记》、柳子厚游山诸记为体之正。然观韩之《燕喜亭记》，亦微载议论于中。至柳之记新堂、铁炉步，则议论之辞多矣。迨至欧、苏而后，始专有以论议为记者，宜乎后山诸老以是为言也。
>
> 大抵记者，盖所以备不忘。如记营建，当记月日之久近，工费之多少，主佐之姓名，叙事之后，略作议论以结之，此为正体。至若范文正公之记严祠、欧阳文忠公之记昼锦堂、苏东坡之记山房藏书、张文潜之记进学斋、晦翁之作《婺源书阁记》，虽专尚议论，然其言足以垂世而立教，弗害其为体之变也。学者以是求之，则必有以得之矣。①

"记"作为独立成熟的文体，是比较晚近的，所以"《文选》不列其类，刘勰不著其说，则知汉魏以前，作者尚少；其盛自唐始也"②。吴讷正是重在总结唐以后的"记"体体制，以补萧统、刘勰等早期文体学家之未及。他在引用了潘昂霄《金石例》、真德秀（西山）、陈师道（后山）的相关论述后，对"记"这种文体的起源、内容、表达方式等方面

---

① 《文章辨体·记》，《文章辨体序说》，第41—42页。
② 《文体明辨·记》，《文体明辨序说》，第145页。

的发展变化作了综合论述,认为"记"以叙事为主是正体,以议论为主是变体,但这种变体并不影响其价值。所言有史述、有论断,可谓前修未密,后出转精。内容之丰富,立论之精当,超过了此前任何一家。陆深亦称此书:"号为精博,自真文忠公《正宗》之后未能过之。"①后来徐师曾《文体明辨》、朱荃宰《文通》②、贺复徵《文章辨体汇选》中关于"记"的论说,基本是引用或隐括吴说而稍加发挥或补充。

徐师曾《文体明辨》的文体序题数量大增,有些序题是自创的,有些则是在《文章辨体》的基础上发展的。如《文章辨休·判》论判从唐判开始,而徐师曾则引用字书,阐明"判"的本义,追溯先秦汉代判狱的形态,还把判文分为十二类,其立论基于吴讷,但分类与分析更为细密,颇有自己的见解。徐师曾的序题多引前人的文体理论,又有所辨正和发展。如"论"引用字书与刘勰的话,又加以辨证:

> 按勰之说如此。而萧统《文选》则分为三:设论居首,史论次之,论又次之。较诸勰说,差为未尽。唯设论,则勰所未及,而乃取《答客难》《答宾戏》《解嘲》三首以实之。夫文有答有解,已各自为一体,统不明言其体,而概谓之论,岂不误哉?
>
> 然详勰之说,似亦有未尽者。愚谓析理亦与议说合契,讽(讽人)寓(寓己意)则与箴解同科,设辞则与问对一致:必此八者,庶几尽之。故今兼二子之说,广未尽之例,列为八品:一曰理论,二曰政论,三曰经论,四曰史论(有评议、述赞二体),五曰文论,六曰讽论,七曰寓论,八曰设论,而各录文于其下,使学者有

---

① (明)陆深:《俨山外集》卷10《溪山余话》,《文渊阁四库全书》第885册,第58页。
② (明)朱荃宰《文通》,《续修四库全书》第1713、1714册,《四库全书存目丛书》集部第418册收录,均据明天启六年刻本影印。

所取法焉。其题或曰某论,或曰论某,则各随作者命之,无异义也。①

他对于《文心雕龙》与《文选》关于论的分类都提出不同的看法,又把论进一步分为"八品"即八细类。《文体明辨》的文体序题可称是古代文体分类学理论的集大成者。

贺复徵《文章辨体汇选》也是在《文章辨体》基础上加以补充的。《四库全书总目》卷189谓此书"以吴讷《文章辨体》所收未广,因别为搜讨。上自三代,下逮明末,分列各体为一百三十二类。每体之首,多引刘勰《文心雕龙》及吴讷、徐师曾之言,间参以己说,以为凡例。"②该书每类文体前的序题,存录了历代文体论方面的大量资料,同时也表现了编者本人的文体观念,具有相当高的文体史料价值。所引前人资料,更为广博,其中又以引刘勰、吴讷、徐师曾最多。如卷48"状"类引刘勰语③、卷51"约"类引徐师曾语④、卷441"问对"类引吴讷语⑤等。编者序中只引一家之说,表明赞同其意见。若征引数家之说,则表明各家所见互有异同,可互相发明、引申、补充。如果有异议或补充,则在序末以"复徵曰"申述己意。如卷125"表"类在引用吴讷的解说后,又参以己意:"复徵曰:按表有三体,分而别之,一曰古体,二曰唐体,三曰宋体。学者宜有以考云。"⑥表示对吴讷的补充。又如卷435"解"类在引用了刘勰、吴讷的意见后加以按语:"复

---

① 《文体明辨·论》,《文体明辨序说》,第131页。
② 《四库全书总目》卷189,第1723页。
③ (明)贺复徵:《文章辨体汇选》卷48,《文渊阁四库全书》第1402册,第237页。
④ 《文章辨体汇选》卷51,《文渊阁四库全书》第1402册,第273页。
⑤ 《文章辨体汇选》卷441,《文渊阁四库全书》第1407册,第474页。
⑥ 《文章辨体汇选》卷125,《文渊阁四库全书》第1403册,第440页。

徵曰:《文选》以七为一体,固非。前说以七入解,亦欠妥。"①这表明编者对"解"的看法,与前人有较大差别。大凡贺复徵加上按语的地方,都表现了他对文体的分类、特征、源流演变等方面的独特看法,值得重视。

除了《文章辨体》《文体明辨》《文章辨体汇选》之外,明代还有不少总集采用序题的方式,如黄佐(1490—1566)撰《六艺流别》20卷②,黄溥编《诗学权舆》22卷③,周珽(约1507—1588)辑注、陈继儒批点《删补唐诗选脉笺释会通评林》60卷④等总集都有序题。其中,黄佐《六艺流别》一书的序题尤其值得注意,黄佐的序题涉及150多种文体,数量最为可观。在每种文体前都附有小序,对各类文体及其相互联系作简要说明,并解释选文标准,这些小序具有相当高的文体学价值。四库馆臣称赞黄佐"在明人之中学问最有根柢"⑤,尽管把该书列入"存目",但认为其"分类编叙,去取甚严"⑥。黄佐学术精深,其序题也很有见地,如"题辞"一体的序题:

题辞:题辞者何? 题诸前后,提掇其有关大体者,以表章之

---

① 《文章辨体汇选》卷435,《文渊阁四库全书》第1407册,第427页。
② 该书编成于明嘉靖十年(1531),刻成于嘉靖四十一年(1562)。常见的版本有《四库全书存目丛书》集部第300册影印中山大学图书馆藏明代嘉靖四十一年欧大任刻本,香港大学图书馆藏明代嘉靖四十一年宝书楼刊本,两种版本略有不同,后者有黄佐的自序,而前者没有。另有台湾商务印书馆1973年影印康熙重刊本。此处采用本书《黄佐的〈六艺流别〉与"文本于经"的思想》一章的部分内容。
③ (明)黄溥:《诗学权舆》,《四库全书存目丛书》集部第292册。
④ 《删补唐诗选脉笺释会通评林》今有清华大学图书馆藏明崇祯八年刻本,《四库全书存目丛书补编》第25、26册据以影印。
⑤ 《四库全书总目》卷172,《泰泉集》提要,第1503页。
⑥ 《四库全书总目》卷192,《六艺流别》提要,第1746页。

也。前曰引,后曰跋。须明简严,不可冗赘。后世文集有"读某书"及"读某文","题其前"或"题其后"之名,皆本赵岐《孟子题辞》也。①

黄佐以赵岐《孟子题辞》作为"题辞"文体之起源,颇有价值。《六艺流别》的编成与刊刻都早于《文体明辨》,惜历来不受重视。

三、文体分类:集大成与新开拓

明人许多总集编纂的目的在于辨体,其辨体不但朝细密周全的集大成方向发展,而且在深度上有较大的开拓。这是明代文体分类学上的一个特点。值得注意的有两个方面:一、唐、宋以后,出现大量新文体,包括正统文体与民间文体、雅文体与俗文体,以及杂体和运用性文体,都被明人总集所收罗殆尽。二、挖掘和总结出传统文体分类学视野之外的大量的早期文体或文体形态,这方面尤其重要。

吴讷《文章辨体》采辑前代至明初诗文,分体编录,大旨以真德秀《文章正宗》为蓝本,分古今各种文体近六十种,分别为古歌谣辞、古赋、乐府、古诗、谕告、玺书、批答、诏、册、制、诰、制策、表、露布、论谏、奏疏、议、弹文、檄、书、记、序、论、说、解、辨、原、戒、题跋、杂著、箴、铭、颂、赞、七体、问对、传、行状、谥法、谥议、碑、墓碑、墓碣、墓表、墓志、墓记、埋铭、诔辞、哀辞、祭文等五十大类。另有《外集》收录连珠、判、律赋、律诗、排律、绝句、联句诗、杂体诗、近代曲词等九类,共计五十九类。其中某些大类之下又分子目,如"古赋"以时代先后分楚、两汉、三国六朝、唐、宋、元、国朝诸体;"乐府"分郊庙歌辞、恺乐歌辞、鼓

---

① (明)黄佐:《六艺流别》卷18,《四库全书存目丛书》集部第300册,第459页。

吹铙歌曲、横吹曲辞、燕飨歌辞、琴曲歌辞、相和歌辞、清商曲辞;古诗分四言、五言、七言、歌行等。与此前的文体学著作相比,《文章辨体》的类别显然增多了。吴讷是在总结唐、宋以来古文家创作实践的基础上扩大文体分类的,如确立了唐、宋以后新兴的文体"原""解""判"等体裁,丰富了文体的类别。

徐师曾《文体明辨序》自谓:"大抵以同郡常熟吴文恪公讷所纂《文章辨体》为主而损益之。《辨体》为类五十,今《明辨》百有一;《辨体》外集为类五,今《明辨》附录二十有六。"①可见《文体明辨》是在吴讷《义章辨体》基础上编撰的一部文章总集,全书所列文体种类正篇有一百零一种,附录有二十六种,共一百二十七种。如果仅统计其大类的话,大致有以下文体:

> 正选:古歌谣辞、四言古诗、楚辞、赋、乐府、五言古诗、七言古诗、杂言古诗、近体歌行、近体律诗、排律诗、绝句诗、六言诗、和韵诗、联句诗、集句诗、命、谕告、诏、敕、玺书、制、诰、册、批答、御札、赦文、铁券文、谕祭文、国书、誓、令、教、上书、章、表、笺、奏疏、盟、符、檄、露布、公移、判、书记、约、策问、策、论、说、原、议、辩、解、释、问对、序、小序、引、题跋、文、杂著、七、书、连珠、义、说书、箴、规、戒、铭、颂、赞、评、碑文、碑阴文、记、志、纪事、题名、字说、行状、述、墓志铭、墓碑文、墓碣文、墓表、谥议、传、哀辞、诔、祭文、吊文、祝文、睙辞。

> 附录:杂句诗、杂言诗、杂体诗、杂韵诗、杂数诗、杂名诗、离合诗、诙谐诗、诗余、玉牒文、符命、表本、口宣、宣答、致辞、祝辞、贴子词、上梁文、乐语、右语、道场榜、道场疏、表、青词、募缘疏、

---

① 《文体明辨序》,《文体明辨序说》,第 77 页。

法堂疏。①

以上文体又可能包括系列下属文体。比如"古歌谣辞"一项，就包括："歌、谣、讴、诵、诗、辞、谚。""赋"又包括"古赋、俳赋、文赋、律赋"，可见此书所涉及的文体要远远超出其目录所列的数量。《文体明辨》所录的文体大致是在《文章辨体》的基础上增减的。如《文章辨体》哀祭类文体有诔辞、哀辞、祭文三类，而《文体明辨》则增为哀辞、诔、祭文、吊文、祝文、碣辞六种。又如释道类文体道场榜、道场疏、青词、募缘疏、法堂疏等，均为《文章辨体》所未有。《文体明辨序》曰："至于附录，则闾巷家人之事，俳优方外之语，本吾儒所不道，然知而不作，乃有辞于世。若乃内不能辨，而外为大言以欺人，则儒者之耻也。"②徐师曾认为，对这些文体，可以"知而不作"，但不可不知。《文体明辨》收录了宋代以后社会与民间流行的各种俗文体（包括宗教文体），如致辞、贴子辞、上梁文、乐语、右语、道场榜、道场疏、表、青词、募缘疏、法堂疏等。这是《文体明辨》与《文章辨体》在文体收录方面的最大区别。《文体明辨》把《文章辨体》之五十余种文体扩充至一百二十余种，远比《文章辨体》详赡，显示出中国古代文体的丰富性，在文体分类学上有重要意义。

自魏晋南北朝以来，中国文章学的文体分类基本是按《文选》所设置的文体框架而展开的。这个理论框架是在当时文笔之辨的背景下产生的，所以在传统的经、史、子、集之中，唯青睐"集"，而基本不顾及经、史、子部。明代文体学把经、史、子、集都置于视野之内，发现和总结出大量文体或"前文体形态"，大大丰富了文体分类的内容，而且更为符合中国古代文章学的实际情况。

---

① 《文体明辨序说》，第 67—71 页。
② 《文体明辨序》，《文体明辨序说》，第 78—79 页。

黄佐的《六艺流别》就是为了补《文选》之阙佚,凡是《文选》所选过的,它一概不选。此书收录文体有 150 多种(其中 12 类为附属类,有文体小序而无范文),在明代文章总集中涉及文体最多。《六艺流别》是一部特色鲜明的选本,它从文本六经的观念出发,首次以选本的形式把古代的基本文体形态分别系于《诗》《书》《礼》《乐》《春秋》《易》之下,形成六大文体系列,重新建构了一个中国古代文体庞大的谱系。该书完全按照这种"文本于经"的思想来编排。其目录所标的文体系统,极为简明清晰:

诗艺:逸诗、谣、歌。

谣之流其别有四:讴、诵、谚、语。

歌之流其别有四:咏、吟、怨、叹。

诗之流不杂于文者其别有五:四言诗、五言诗、六言诗、七言诗、杂言诗(附:离合、回文、建除、六府、两头纤纤、五杂组、数名、郡县名、八音)。

诗之流其杂近于文而又与诗丽者其别有五:骚、赋(附:律赋)、词、颂、赞(附:诗赞)。

诗之声偶流为近体者其别有三:律诗、排律、绝句。

书艺:逸书、典、谟。

典之流其别有二:命、诰。

谟之流其别有二:训、誓。

命训之出于典者其流又别而为六:制、诏、问、答、令、律。

命之流又别而为四:册、敕、诫、教。

诰之流又别而为六:谕、赐书(附:符)、书、告、判、遗命。

训誓之出于谟者其流又别而为十一:议、疏、状、表(附:章)、笺、启、上书、封事、弹劾、启事、奏记(附:白事)。

训之流又别而为十:对、策、谏、规、讽、喻、发、势、设论、连珠。

誓之流又别而为八:盟、檄、移、露布、让、责、券、约。

礼艺:逸礼、仪、义。

礼之仪义其流别而为十六:辞、文、箴、铭、祝、诅、祷、祭、哀、吊、诔、挽、碣、碑、志、墓表。

乐艺:逸乐、乐均、乐义。

乐之均义其流别而为十二:唱、调、曲、引、行、篇、乐章、琴歌、瑟歌、畅、操、舞篇。

春秋艺:纪、志、年表、世家、列传、行状、谱牒、符命、叙事、论赞。

叙事之流其别有六:序、记、述、录、题辞、杂志。

论赞之流其别有六:论、说、辩、解、对问、考评。

易艺:兆、繇、例、数、占、象、图、原、传、言、注。①

假如从文体发生学来看,把中国古代文体基本形态的渊源一一归之于六经,显然有简单化和"附会牵强"之嫌。但从文体分类学的角度来看,《六艺流别》仍有创新的思想。文体发展到明代,数量极多,黄佐意在对这些复杂纷纭的文体总其类别,以简驭繁,起到纲举目张之用。黄宗羲《明儒学案》卷51谓黄佐之治学"以博约为宗旨"②,《六艺流别》正反映出这种以博返约的学术精神。黄佐强调六

---

① 《六艺流别》"目录",《四库全书存目丛书》集部第300册,第70—72页。
② (清)黄宗羲:《明儒学案》(修订本)卷51,中华书局2008年版,第1198页。

经的不同功能与影响。在他的文体谱系中,六经的功能已经被抽象化与模式化了:《诗》"道性情","诗艺"主要包括诗赋文体;《书》"道政事","书艺"主要包括公文文体;《礼》主"敬","礼艺"主要包括礼仪文体;《乐》主"和","乐艺"主要包括音乐性文体①;《春秋》主"名分","春秋艺"主要包括叙事与论说文体;《易》主"阴阳","易艺"主要包括术数类文体。"六艺流别"本质上是从文体功能出发,创造出一套新的文体分类法,这是有其合理性与创新性的。明代以文体为编辑核心的文章总集不少,如《文章辨体》《文体明辨》《文章辨体汇选》等,但如果就其理论的独创性与系统性而言,则无出黄佐此书之右者。

《六艺流别》的分类对于研究先秦文体作用尤大。中国古代的文体分类学,大体所根据的是南北朝以后的文体,大量在先秦时代的文体形态与泛文体(有些还是口头形态),在后代已不再存在,或者已改变形态。正如章太炎所说:"文章流别,今世或繁于古,亦有古所恒睹,今隐没其名者。"②如先秦时代的"让",原来是运用性的口头文体,在后代已演变成其他专门的文章文体了。所以一般的文体学著作像《文体明辨》是不把它作为文体的。但是从先秦的文献看,这是当时使用相当频繁的形式。黄佐谓:

> 让者何? 责人而巽与之言,先人后己。《国语》祭公谋父,称古有威让之令是也。《字通》作"攘",盖人心从逆,道先王之成宪以禁止之。凡天子柔远人、怀诸侯,与诸侯列国兵争而为文告之辞,必自威让始。《文心雕龙》曰:"齐桓征楚,告菁茅之阙;晋

---

① 刘勰、颜之推与郝经等人主张文本于经,但都没有把《乐》列入其中。黄佐特别把《乐》列入文章本源之一,可见他对音乐性文体的重视。

② 章太炎:《国故论衡·辨诗》,上海古籍出版社 2003 年版,第 87 页。

厉伐秦,责箕郜之焚。"详其意,又檄文萌矣。①

黄佐从《左传》中选出《襄王逆政之让》《定王问鼎之让》《管仲伐楚之让》《展喜犒师之让》《孔子夹谷之让》。又如《六艺流别》所收录的讴、诵、语、诅、祷、兆、繇、例、数、占、象、图、原、传、言、注,这些早期文体形态也是文体学上非常少人注意到的。

　　贺复徵《文章辨体汇选》也是有意突破《文选》的框架。从萧梁时的《文选》开始,下至《文苑英华》《唐文粹》《文章正宗》,直至明代《文章辨体》《文体明辨》等著名总集,虽以"文"命名,实际都兼收诗赋,且诗赋在全书中多占有重要位置。而《文章辨体汇选》煌煌 780卷,立 132 体,却不录诗赋类,显然是把诗赋排除在文章之外的。可见其文章内涵正是以叙事、说理、议论为主的实用性文体,而不包括以缘情体物为主的诗赋在内,这在明清文章总集中是相当独特的。《文章辨体汇选》另一个值得注意的现象是大量选入先秦和两汉史传文章。《文选序》在谈到选文原则时,明确把史类作品排除在"篇翰"之外。此后历代总集,大多接受《文选》的分类法,将史著排除在文章之外。至南宋真德秀《文章正宗》,这种界限才开始打破,然而,其所收史传之文,数量还不大。《文章辨体汇选》则大量收录《左传》《国语》《史记》《汉书》《后汉书》等史籍之文。如仅仅传记类,就录《左传》14 卷,《史记》17 卷,《汉书》8 卷,《后汉书》《三国志》等也收录不少。而本纪、实录、仪注、书志、世表等本来仅仅见于史籍的文章,也被大量收录,并各自成为众多文体中的一类。要之,史书中的篇什,在《文章辨体汇选》中占了相当大的分量,这在历代总集中也是非常罕见的。

　　《文章辨体汇选》规模浩大,收罗宏富。大类之下,往往又根据不同的特点或使用场合,分若干小类。如卷 483"传"下分七品:"一曰

---

① 《六艺流别》卷 12,《四库全书存目丛书》集部第 300 册,第 325 页。

史传,二曰私传,三曰家传,四曰自传,五曰托传,六曰寓传,七曰假传。"①卷281"序"下竟分为经、史、文、籍、骚赋、诗集、文集、试录、时艺、词曲、自序等三十余子类②。这些都反映出明人对文体的分辨越来越细致,越来越严密。吴讷把文体分为五十九类,徐师曾增至一百二十七类,贺复徵又增至一百三十余类。如果仅从绝对数量上来看,贺书与徐书相较,差别不大。但徐书中有诗赋类二十五种,而贺书不收诗赋。因此,就文类而言,贺书新增了三十类。其中有些是细分,如徐书把奏对、奏启、奏状、封事、弹事等归入"奏疏"类中,而贺书则都单独列类,徐书中"纪事"类,贺书析为"纪"和"纪事"两类;有些是新立,如九锡文、日记、故事、品、榜、训、篇、寿辞、本纪、实录、仪注、世表、史传、世谱、年谱等。这样分也许失于烦琐,然而,它表现了明人试图认识文体之间细微差别的意识。在所分文体中,凡涉及前人没有解说的,或作者新设立的,因无复依傍,往往自为解说。如卷28"九锡文"类是贺复徵新立的,作者解说这种文体得名之由和风格特征:"按《说文》:'锡,与也,赐也。'《易》云:'王三锡命,开国承家。'人臣至册以九锡,此乃奸雄篡窃所由始,而非国家之利矣。然其文必典雅闳肆,极其铺张,录之以存一体。"③揭示了"九锡"类文的起源、性质和文体风格。又如卷639"日记类":"复徵曰:日记者,逐日所书,随意命笔,正以琐屑毕备为妙。始于欧公《于役志》、陆放翁《入蜀记》,至萧伯玉诸录而玄心远韵,大似晋人。各录数段,以备一体。"④"日记"也是新立的文体,贺复徵揭示了这种体裁随意命笔而委曲备至的优长,并列举了代表作家和作品。四库馆臣对《文章辨体

① 《文章辨体汇选》卷483,《文渊阁四库全书》第1408册,第63页。
② 《文章辨体汇选》卷281,《文渊阁四库全书》第1405册,第408—409页。
③ 《文章辨体汇选》卷28,《文渊阁四库全书》第1402册,第151页。
④ 《文章辨体汇选》卷639,《文渊阁四库全书》第1409册,第645页。

汇选》编者用力之勤、收罗之富,以及在保存文献上的功绩,给予了较高评价:"坠典秘文,亦往往有出人耳目之外者。且其书只存抄本,传播甚稀,录而存之,固未始非操觚家由博返约之一助尔。"①《四库全书简明目录》卷19亦言:"自《文苑英华》以来,总集之博,未有如是书者,亦著作之渊海也。"②其实,《文章辨体汇选》的编纂宗旨、体例、性质乃至存在的缺点都和《文章辨体》《文体明辨》非常相近,《四库全书》将吴、徐二书列入"存目"而把《文章辨体汇选》选入正编,最主要的原因,恐怕是把它作为历来"总集之博"者的代表吧。

四、综论:特色与影响

在中国文学批评史与学术史上,明代文章总集的文体学价值基本上是被忽视的。清人对于明人学术的歧视与轻蔑往往导致在文学批评上的某种偏颇。在清人编纂的最具权威性的《四库全书》中,吴讷《文章辨体》、黄佐《六艺流别》、徐师曾《文体明辨》等几部明人重要的文章总集都被列入"存目"之中。《四库全书总目》基本没有看到明人总集在文体学上的成就与贡献,相反,求全责备的苛刻之论很多,集中反映在对其文体分类的批评上。

的确,由于明人总集追求文体齐备,所以有时不免繁杂之病。《四库全书总目》批评它们有"治丝而棼"的毛病③,不是没有根据的。但是,对于清人的批评,有时必须加以辨析。明人总集分类上的缺陷固然与编者本人的学术观点相关,但与中国古代文体本身的复杂性

---

① 《四库全书总目》卷189,《文章辨体汇选》提要,第1723页。
② 参见《四库全书简明目录》卷19,上海古籍出版社1985年版,第860页。
③ 《四库全书总目》卷192,《文体明辨》提要,第1750页。

与传统文体分类标准的多元化也有很大关系,四库馆臣本身也难免此病①。另外,对《四库全书总目》的批评也不能不加分析地接受。如四库馆臣批评吴讷《文章辨体》说:"今观所论,大抵剽掇旧文,罕能考核源委,即文体亦未能甚辨。如《内集》纯为古体矣。然如陆机《文赋》、谢惠连《雪赋》、谢庄《月赋》,已纯为骈体,但不隔句对耳。至骆宾王《讨武曌檄》,纯为四六,而列之《内集》;又孔稚圭《北山移文》亦附之古赋。是皆何说也……其余去取,亦漫无别裁,不过取盈卷帙耳,不足尚也。"②馆臣所指出的问题当然是存在的,但如果细读《文章辨体》的话,可以看出吴讷采用这样的分类是有自己的思考的,而不至于像四库馆臣所批评的那样"漫无别裁"的"愦愦"不堪。《文章辨体》其内集、外集的区分是从文体而不是从语体上去区分的。除了唐代科举考试的律赋之外,赋作都列在内集。编者并不是不知六朝的赋有骈俳之习。在"古赋"三之"三国六朝"条即有此语:"建安七子,独王仲宣辞赋有古风。至晋陆士衡辈《文赋》等作,已用俳体。流至潘岳,首尾绝俳。"③可见四库馆臣所批评的,吴讷已指出了。又因该书以文体分内外集,所以檄文在内集,这也正是"骆宾王《讨武曌檄》,纯为四六,而列之《内集》"的原因。另外,四库馆臣批评该书把孔稚圭《北山移文》亦附之古赋的做法,也是因为该书没有把移文当作单独一体之故。《文章辨体》在文体分类上出现的许多问题与它把文体分为内集和外集有关。四库馆臣把《文章辨体》列入存目,却把在此书基础之上编纂的《文章辨体汇选》列入正选,取舍未免失当。

明人总集在文体学上的特点和贡献是值得重视的。明代总集与此前的文章总集相比,"以体制为先""假文以辨体"的文体学意识特

---

① 参见本书《〈四库全书总目〉与文体学思想》一章。
② 《四库全书总目》卷191,第1740页。
③ 《文章辨体序说·古赋》,《文章辨体序说》,第22页。

别突出。明人许多总集编纂总结了唐、宋以后出现的大量新文体,同时又突破了《文选》所设置的文体框架,把经、史、子、集都置于文体学视野之内,挖掘和总结出大量早期文体或文体形态,在文体分类学上取得了集大成与开拓并举的成就。明人严于辨体、强调文体古今正变的意识,当然是明代文学复古思潮的表现。在中国文学批评史上,"辨体"常被指责为形式主义。其实,严于"辨体"的本质是突出文体的个性与品格,强调文体的古今正变有利于考察审美趣味的历史演变。自宋代以来至明清,性灵论者强调人各有体,辨体论者强调文各有体。表面看来两者似乎成水火之势,其实是相克相生,所争不同,而殊途同归:它们的追求最终都是指向文学作品审美的多样化与丰富性。

虽然学术界在理论上忽视明代文章总集的文体学价值,但明代文章总集的编纂与序题形式,集中反映了明代文学批评界的"辨体"之风与集大成的特色,是明代最有代表性、影响最大的文体批评。这里仅以《文章辨体》《文体明辨》二书"序题"被"转载"的情况为例,来看明人总集的"影响因子"。程敏政《明文衡》卷 56"杂著"特收《文章辨体序题》①,此前,文章总集中收录这种文体序题很少见到。明人唐顺之《荆川稗编》卷 73 收录吴讷《文章辨体二十四论》②、卷 75 又收《文章辨体序题》③。吴楚材辑《强识略》卷 19"文章部"差不多收录全书序题④。清代《古今图书集成》⑤、《御定渊鉴类函》⑥"文

① (明)程敏政:《明文衡》卷 56,《文渊阁四库全书》第 1374 册,第 334—350 页。
② (明)唐顺之:《荆川稗编》卷 73,《文渊阁四库全书》第 954 册,第 603—612 页。
③ 《荆川稗编》卷 75,《文渊阁四库全书》第 954 册,第 644—653 页。
④ (清)吴楚材:《强识略》卷 19,《四库全书存目丛书》子部第 181 册,第 772—782 页。
⑤ (清)陈梦雷:《古今图书集成》,中华书局、巴蜀书社 1985 年影印本。
⑥ (清)张英、王士禛等编:《御定渊鉴类函》,《文渊阁四库全书》第 982 册,第 32—33 页。

学部"多处引用《文章辨体》的序题。《文体明辨》的"序题"在明清两代也颇有影响。贺复徵编撰《文章辨体汇选》,清王之绩《铁立文起》①对《文体明辨》序题多加采录。清人陈枚《凭山阁增辑留青新集》卷4之《古学辨体》②辨明一百多种文体,基本采用了《文体明辨》之说。清人方熊作《文章缘起补注》③主要是取材于《文体明辨》的序题。清人曹本荣所编《古文辑略》④,各体前都引《文体明辨》的序题。清代《古今图书集成》"文学部"引用《文体明辨》的序题极多,《御定渊鉴类函》"文学部"对《文体明辨》亦有所引用。在现代由于《文章辨体》与《文体明辨》的序题部分被整理出来,其影响就更是不言而喻了。可以不夸张地说,明代文章总集序题的文体学思想,已经成为明清以来知识界的一种普遍"知识"⑤。

　　总而言之,明代文章总集的文体学思想在明清以来产生了巨大的影响,这种影响一直延续到现在。

---

① (清)王之绩:《铁立文起》,常见有清康熙刻本,《四库全书存目丛书》集部第421册据以影印。
② (清)陈枚:《凭山阁增辑留青新集》卷4《古学辨体》,《四库禁毁书丛刊》集部第54册,第203—228页。
③ (清)方熊:《文章缘起补注》,参见《文章缘起》一书,《文渊阁四库全书》第1478册。
④ (清)曹本荣:《古文辑略》,《四库全书存目丛书》集部第387—392册。
⑤ 明清以来,官修、私修的类书都收录大量明人总集的序题,而类书正是最能代表一般知识的书籍。

第九章　论"序题"与"序目"

如果说,评点是众所周知的古代文学批评文体形态,那么,"序题"与"序目"则是尚未为学界所普遍认同的文集编著形态。这是两种有交叉的相近形态,都与文体学关系密切,是研究古代文体学的重要对象。相较而言,序题的涵盖范围更长,数量更多,影响更大,本章论述以序题为主而兼及序目。

一、关于"序题"的定名

所谓"序题",特指中国古代分体编次的文章总集在其目录、序例、卷首或每体之前附有简述该文体渊源流变以及体制的小序或题解,是中国古代一种独特的文体学研究形式。事实上,古人对这种形式并没有统一的名称。除了序题之外,或称序、小序、序目、序例、题解等,但在更多的时候,是没有标目的。由于这种形式没有名称或名称驳杂,在一定程度上限制了学界对它的认识与研究。为了便于研究这种独特的批评文体,拓展中国文体学研究学术空间,笔者借用吴讷《文章辨体》"序题"一词来指称这一类形式。因为吴讷《文章辨体》"序题"是其中形式最具典型意义,最著名而且影响最大的。

半个多世纪以来,学术界习惯把文章总集的文体小序称之为"序说"。这种名称出于《文章辨体序说》与《文体明辨序说》两部书。

1962年,于北山、罗根泽先生分别从《文章辨体》与《文体明辨》两部文章总集抽录出其中论文体的内容,校点而成《文章辨体序说》与《文体明辨序说》,两书合集出版①。该书出版至今已经60多年,影响极大,成为文体学研究最重要、最基础的文献之一。而吴讷《文章辨体》与徐师曾《文体明辨》两本书在当代学界之流传与影响,很大程度得力于《文章辨体序说》与《文体明辨序说》。这两书书名,是校点者自拟的。"序说"二字,也是校点者加上的。其《校点前言》说:"两书都是一方面分体选文,一方面即依体序说。选录的一般都是习见的文章,值得参考的倒是序说。因此,我们仿效挚虞的抽出《流别志论》别行,将两书的序说校点付印。"②

那么,明清人是如何称呼这种被今人命名为"序说"的批评形式呢?现在根据各种材料,可以肯定,无论是当时的总集编纂者、读者还是目录学家,都称《文章辨体》所代表的这种批评形式为"序题",而非"序说"。

(1)作者自称为"序题"。吴讷在《文章辨体·凡例》中谈到该书:"始于古歌谣辞,终于祭文,每体自为一类,各以时世为先后,共为五十卷。仍采先儒成说,足以鄙意,著为序题。录于每类之首,庶几少见制作之意云。"③这里明确地说,他在先儒基础上,补充而"著为序题"。吴讷在《文章辨体》卷十三《柏梁诗》一诗的按语中也提到关

---

① 收入郭绍虞先生主编的"中国古典文学理论批评专著选辑"之中,人民文学出版社1962年版。

② (明)吴讷著,于北山校点:《文章辨体序说》,徐师曾著,罗根泽校点:《文体明辨序说》人民文学出版社1962年版,第1页。

③ (明)吴讷:《文章辨体》,《四库全书存目丛书》集部第291册,第6页。"每体自为一类"句,于北山校点:《文章辨体序说》本第9页误为"每类自为一类"。"仍采先儒成说"句,误为"仍宋先儒成说"。

于此诗："说见'序题'。"①即关于《柏梁诗》在"序题"中已有论及。查"七言"一体的序题首句即："世传七言起于汉武《柏梁台》体。"②这也是吴讷再次确称这部分论文体文字为"序题"的明证。

（2）序者称为"序题"。明人彭时《文章辨体序》也称："'辨体'云者，每体自为一类，每类各著序题。"③

（3）其他著作编纂者称为"序题"。明人程敏政《明文衡》卷56"杂著"特收《文章辨体序题》。另外，明代唐顺之《荆川稗编》卷75"文艺"四收录《文章辨体序题》④。

（4）当时作家称为"序题"。明代叶盛《菉竹堂稿》卷8《书〈文章辨体〉后》："《文章辨体》……吴思庵先生之所编也。始于古歌谣辞，终于祭文。每体自为一类，各以时世为先后，每类有序题，略叙制作之意。"⑤

（5）目录学家称为"序题"。清人范邦甸《天一阁书目》卷四之三集部：《古文辨体》50卷外集5卷："明海虞吴讷编辑……名曰《文章辨体》。每体自为一类，每类各著序题，原著作之意而辨析精确。一本于先儒成说，使数千载之文体正变高下，一览可以具见。"⑥

以上诸例可证，无论是当时作者还是论者、目录学家，都称《文章辨体》的这种形式为"序题"。

值得注意的是，受到《文章辨体》影响的同类形式亦被称为"序题"。如明代高儒《百川书志》卷19《诗林辨体》16条："皇明景宁潘援编，自唐虞而至我朝，自古歌谣而至近代词曲，体自为类。各著序

---

① （明）吴讷：《文章辨体》，《四库全书存目丛书》集部第291册，第152页。
② （明）吴讷：《文章辨体》，《四库全书存目丛书》集部第291册，第17页。
③ （明）吴讷：《文章辨体》，《四库全书存目丛书》集部第291册，第2页。
④ 《景印文渊阁四库全书》第955册。
⑤ 《四库全书存目丛书》集部第35册，第325页。
⑥ 《续修四库全书》第920册，第273—274页。

题,原制作之意。"①又指出该书是在吴讷《文章辨体》基础上编纂而成的。此处亦明确标明"序题"。可见,"序题"一词不仅用于吴讷《文章辨体》,也适用于指称其他类似的形式。

在吴讷《文章辨体》之前,古代诗文评似未用过"序题"一词,然此前佛学著作已使用此词。梁《高僧传》卷七《释道猛》载刘宋时"猛于寺开讲《成实》。序题之日,帝亲临幸,公卿皆集"②。"序题"或为佛教讲经之程序,也许是首次开讲时对于经典之题解和概括,比较重要,所以皇帝大臣才会亲临听讲"序题"。丁福保《佛学大辞典》"序题"条:

> 唐善导释《观经》先以七门简括之,第一门谓之序题。叙如来出世之大纲,亦题一经元意之意也。《玄义分传通记》二曰:"序题者,略序出世大纲,亦题一经元意也。"③

按:《沙门善导集记》:"此《观经》一部之内,先作七门料简,然后依文释义。第一、先标序题……"④丁福保借用日本僧良忠述所著《观经玄义分传通记》解释"序题"一词之义。所谓"序题者,略序出世大纲,亦题一经元意也。"吴讷《文章辨体》"序题"一词是受到佛学"序题"名称的影响,还是毫无关系之偶合,笔者不敢轻断,守阙存疑,略记于此,以待高明。

那么,吴讷何以称此为"序题"? 推想其原因,"序题"可能兼有

① 《续修四库全书》第 919 册,第 441 页。
② (南朝梁)释慧皎撰,汤用彤校注,汤一玄整理:《高僧传》卷 7《宋京师兴皇寺释道猛》,中华书局 1992 年版,第 296 页。
③ 丁福保编纂:《佛学大辞典》,文物出版社 1984 年版,第 564 页。
④ (唐)释善导:《观无量寿佛经疏》"观经玄义分"卷 1,佛陀教育基金会 1990 年《大正新修大藏经》,第 37 册,第 246 页。

"序"与"题"(或"题辞")之用。吴讷《文章辨体》释"序":

> 《尔雅》云:"序,绪也。"序之体,始于《诗》之《大序》,首言六义,次言《风》《雅》之变,又次言二《南》王化之自。其言次第有序,故谓之序也。①

明黄佐《六艺流别》卷 18 释"题辞"谓:

> 题辞:题辞者何? 题诸前后,提掇其有关大体者,以表章之也。前曰引,后曰跋。须明简严,不可冗赘。后世文集有"读某书"及"读某文","题其前"或"题其后"之名,皆本赵岐《孟子题辞》也。②

汉赵岐《孟子题辞》:"《孟子题辞》者,所以题号孟子之书本末、指义、文辞之表也。"③刘熙《释名·释书契》说:"书称题,题,谛也,审谛其名号也。亦言第,因其第次也。"④以此推之,文体之"题",亦谓其文体之本末、指义与文辞特点。

　　徐师曾《文体明辨》释"题":"夫题者,缔也,审缔其义也。"又释"题辞":"又有题辞,所以题号其书之本末、指义、文辞之表也。"认为题跋与题辞之异:"题跋书于后,而题辞冠于前,此又其辩也。"⑤

---

① (明)吴讷:《文章辨体》,《四库全书存目丛书》集部第 291 册,第 25 页。
② (明)黄佐:《六艺流别》,《四库全书存目丛书》集部第 300 册,第 459 页。
③ (清)严可均校辑:《全后汉文》卷 62,《全上古三代秦汉三国六朝文》,中华书局 1958 年版,第 637 页。
④ (东汉)刘熙著,(清)毕沅疏证,(清)王先谦补,祝敏彻、孙玉文点校:《释名疏证补》,中华书局 2008 年版,第 208 页。
⑤ (明)徐师曾:《文体明辨》,《四库全书存目丛书》集部第 312 册,第 51—52 页。

综上所述,作为文体"序题"之涵义有以下几方面:一,置之文首。具体而言,或置于目录之中,如《文章辨体》;或置书中该体选文之首,如《文体明辨》;或置全书之前的序例,如《文体刍言》。二,题其大意、序其次第,即文体之渊源流变、指义与体制特色。三,形式上"须明简严,不可冗赘"。

笔者之意并非斤斤于"序说"还是"序题"一字之争,主要是本着"正名"的目的。因为"序题"这种形态,并不仅是《文章辨体》一书所有的,而是古代文体学研究的一种特殊文体。笔者主张本着存古之意,尽量保持古书原貌与原始语境,尊重古人原有名称,突出其文体特征,故以为文章总集中此类文体批评形式,还是正名为"序题"为好①。

二、序题的产生与兴盛

以文体为核心之序,始于汉代。班固的《两都赋序》便是代表汉人赋学的小序。到了晋代,此类作品的文体小序尤盛,如傅玄有《连珠序》《七谟序》,左思、皇甫谧都有《三都赋序》,这些序皆叙述某种文体的名称、体制与历史,是很重要的文体学史料,虽然只论一体,但已具有某种文体序题的因素。挚虞所编纂的《文章流别集》标志文章总集文体小序的出现,《文章流别论》便是《文章流别集》的文体序题部分②,是目前所见到的最早系统讨论文体的序题。宋代辨体之风

---

① 按:台湾学者叶庆炳、邵红编《中国文学批评资料汇编》明代卷中,录《文章辨体》五十余种文体小序,总题即为"文章辨体序题",见台北成文出版有限公司,1981年第2版,第165页—186页。

② 《隋书》卷35"经籍四"之"总集",收录挚虞撰《文章流别集》41卷,《志》2卷、《论》2卷,又有挚虞《文章流别志论》2卷。学界一般认为《文章流别志论》取自《文章流别集》。

日严,总集中的文体小序开始增多。郭茂倩《乐府诗集》把乐府诗分为郊庙歌辞、燕射歌辞、鼓吹曲辞、横吹曲辞、相和歌辞、清商曲辞、舞曲歌辞、琴曲歌辞、杂曲歌辞、近代曲辞、杂歌谣辞、新乐府辞 12 类,每类皆有题解。宋人真德秀《文章正宗》"纲目"把所有文体分为辞命、议论、叙事、诗歌四大类,每类都有小序。如"叙事"类小序:

> 叙事起于古史官。其体有二:有纪一代之始终者,《书》之《尧典》《舜典》与《春秋》之经是也,后世本纪似之;有纪一事之始终者,《禹贡》《武成》《金縢》《顾命》是也,后世志、记之属似之。又有纪一人之始终者,则先秦盖未之有,而昉于汉司马氏,后之碑、志、事状之属似之……①

以"叙事"作为中国文章之一大体类,是一大创新。而把叙事诸体总结为纪一代、一事、一人之始终三大类,亦相当简要中肯。真德秀《文章正宗》序题对明人影响甚大。

南宋陈仁子辑《文选补遗》40 卷,改变了《文选》以诗赋为先的文体次序,将诏令奏议这些朝廷实用文体置之书首,表现出新的文体价值观念。《文选补遗》在一些重要文体所选文章之前,用题解形式对相关文体加以说明,在形式上与其他小序有所不同,是比较特殊的序题。这些序题大多是引述前人论述,再加自己的案语。如卷 1 "诏诰"的序题即引了文中子、朱熹、真德秀所论,加上"愚曰"即自己的见解。也有先自己提出观点,再引他人的。如《文选补遗》卷 19 "策",即先提出自己的见解,然后才引用程颢和吕祖谦等人对策的论述。陈仁子序题的特点是相当重视文体与制度之关系。如卷 12 "封事"一体之序题,"汉宣帝始令群臣得奏封事,以通下情。封有正有

---

① 《景印文渊阁四库全书》第 1355 册,第 6 页。

副。领尚书者先发副封,所言不善,屏而不奏。魏相奏去副封,以防壅蔽。"①陈仁子的序题也多自己的见解。如卷35"谣"说:"未有歌先有谣,谣始于《康衢》,歌始于《击壤》,其实皆诗之所由始也。而后世之谣,遂成证应为谤议矣。"②对于歌、谣出现之先后与诗之关系提出己见。

此后辨体之风日盛,元明诗文总集的文体序题更为流行。如元代祝尧《古赋辩体》编选目的是通过"辨体"而复古赋之体:"其意实欲因时代之高下而论其述作之不同,因体制之沿革而要其指归之当一,庶几可以由今之体以复古之体云。"③《古赋辩体》把历代赋体分为:楚辞体、两汉体、三国六朝体、唐体、宋体,而每体之前,皆有一序题,叙其渊源流变。元代左克明编《古乐府》十卷,其体例近乎郭茂倩《乐府诗集》,该书把古乐府词分为:古歌谣辞、鼓吹曲、横吹曲、相和曲、清商曲、舞曲、琴曲、杂曲八类,每类皆有小序。明代诗集也有采用序题方式来辨体的。如高棅《唐诗品汇》"分体编次。为五言古诗二十四卷,七言古诗十三卷,长短句附焉。五言绝句八卷,六言附焉。七言绝句十卷,五言律诗十五卷,五言排律十一卷,七言律诗九卷,排律附焉。""诸体之中,各分正始、正宗、大家、名家、羽翼、接武、正变、余响、旁流九格。"④在目录上每一格皆有序题,重在论诗体之流变,不纯是诗体体制,可以看成是唐代分体的诗歌发展小史。宋绪《元诗体要》分为37体,分体之前有小序。此书选录元诗,而所论诗体,皆直溯源头,论其流别。故37体小序,集中起来,可视为古诗分体学著

————————

① 《景印文渊阁四库全书》第1360册,第203页。
② 《景印文渊阁四库全书》第1360册,第558页。
③ 《景印文渊阁四库全书》第1366册,第711页。
④ (清)永瑢等:《四库全书总目》卷187《唐诗品汇》提要,中华书局1956年影印本,第1713页。

作①。明黄溥编《诗学权舆》22 卷②,是一部诗歌总集,该书刊于成化五年(1469)"是书兼收众体,各为注释,定为名格、名义、韵谱、句法、格调诸目,复杂引诸说以证之。"③该书卷之一"诗之名格",其中包括:歌、谣、骚、辞、赋、铭、操、乐府、古诗、行、歌行、古风、颂、赞、引、曲、调、唱、咏、叹、篇、文、吟、怨、弄、思、乐、哀、愁、别、律诗、绝句。同卷还有"杂体名义",比如:柏梁体、江左体、折腰体等。该卷以序题的形式对各种诗歌文体予以释名章义。

以上诸种总集都把选本与文体小序结合起来,不过,挚虞《文章流别集》残编碎简,难窥全豹。真德秀《文章正宗》仅论四大文类,不及具体文体。陈仁子辑《文选补遗》述及具体文体,然所论不全。而郭茂倩《乐府诗集》、左克明《古乐府》、祝尧《古赋辩体》、高棅《唐诗品汇》、宋绪《元诗体要》、黄溥《诗学权舆》辨体虽细,但其所论,或乐府,或诗,或赋,集中于某大类文体,而非对文体的全面研究。

真正在文章总集中明确开创系统的文体序题之风的是明代吴讷的《文章辨体》。吴讷(1372—1457)在《文章辨体·凡例》说:"仍采先儒成说,足以鄙意,著为序题。录于每类之首,庶几少见制作之意云。"④《文章辨体》顾名思义就是明确以"辨体"为编纂总集的目的,该书把文体分为 59 种,分别加以序题。其序题广泛征引《说文解字》《文心雕龙》《文章缘起》《文章正宗》《宋文鉴》《古赋辩体》以及时人的相关论述,其中又以引《文章正宗》最多,可见其所受的影响。《文章辨体》序题开创了一种风气,此后徐师曾《文体明辨》、贺复徵《文

---

① 《景印文渊阁四库全书》,第 1372 册。
② (明)黄溥:《诗学权舆》,《四库全书存目丛书》,集部第 292 册。
③ (清)永瑢等:《四库全书总目》卷 191《诗学权舆》提要,中华书局 1956 年影印本,第 1740 页。
④ (明)吴讷:《文章辨体》,《四库全书存目丛书》集部第 291 册,第 6 页。

章辨体汇选》等,皆在此基础上踵事增华。《文章辨体》在历代的文体序题中影响最大,被引录最多。程敏政《明文衡》卷56"杂著"特收《文章辨体序题》,此前,文章总集中收录这种文体序题很少见到。明人唐顺之《荆川稗编》卷73收录吴讷《文章辨体二十四论》①、卷75又收《文章辨体序题》②。吴楚材辑《强识略》卷19"文章部"差不多收录《文章辨体》全书序题③。清代《古今图书集成》④、《御定渊鉴类函》⑤"文学部"多处引用《文章辨体》的序题。

黄佐(1490—1566)《六艺流别》20卷是一部特色鲜明的文章选本,编成于明嘉靖十年(1531),刊刻于嘉靖四十一年(1562)⑥。此书从文本六经的观念出发,首次以选本的形式把古代的基本文体形态分别系于《诗》《书》《礼》《乐》《春秋》《易》之下,形成六大文体系列,重新建构了一个庞大的中国古代文体谱系。黄佐《六艺流别》收录文体多达150余种,皆有序题,对各类文体及其相互联系作简要说明,并解释选文标准,这些序题具有鲜明的特点。黄佐在为文体释名章义时,喜欢引用汉人《说文解字》《释名》等小学著作,或采用古代传统的"声训"之法。同时,又采用自设问答形式,有意摹《公羊传》《穀梁传》之例,此亦尊古释经之旨。比如:

① (明)唐顺之:《荆川稗编》卷73,《文渊阁四库全书》第954册,第603页。
② (明)唐顺之:《荆川稗编》卷75,《文渊阁四库全书》第954册,第640页。
③ (清)吴楚材:《强识略》卷19,《四库全书存目丛书》子部第181册,第772—782页。
④ (清)陈梦雷:《古今图书集成》,中华书局、巴蜀书社1985年影印本。
⑤ (清)张英、王士禛等编:《御定渊鉴类函》,《文渊阁四库全书》第982册,第32页。
⑥ 该书最易见为《四库全书存目丛书》本,集部第300册,据中山大学图书馆藏本影印。然该藏本有残缺,前序与后序皆缺,多处不清。国家图书馆有祁县图书馆该书藏本胶卷,与此同一版本,然全书保存完整,字迹清晰,质量优于《四库全书存目丛书》影印本。

谣：谣者何？谣，遥也。有章曲曰歌，无章曲曰谣。信口成韵，无乐而徒歌之，其声逍遥而远闻也。①

歌：歌者何？歌，柯也，长言之也。长引其声以诵之，使有曲章，如草木之有柯叶也。②

《六艺流别》序题所涉及的150多种文体中，不少是未见或少见于此前文体学著作，对于研究中国早期文体颇有参考价值，可惜未受重视。

徐师曾《文体明辨》是在《文章辨体》基础上编纂而成的。该书编成于明隆庆四年（1570），其自序明确说："大抵以同郡常熟吴文恪公讷所纂《文章辨体》为主而损益之。《辨体》为类五十，今《明辨》百有一；《辨体》外集为类五，今《明辨》附录二十有六。"③《文章辨体》把文体分为59类，《文体明辨》增为127类（含附录），皆有序题。《文体明辨》的"序题"在明清两代也颇有影响。贺复徵编撰《文章辨体汇选》，清王之绩《铁立文起》④对《文体明辨》序题多加采录。清人陈枚《凭山阁增辑留青新集》⑤卷4之《古学辨体》辨明一百多种文体，基本采用了《文体明辨》之说。清人方熊作《文章缘起补注》⑥主要是取材于《文体明辨》的序题。清人曹本荣所编《古文辑略》⑦，各体前都引《文体明辨》的序题。清代《古今图书集成》"文学部"引用

---

① 《四库全书存目丛书》集部第300册，第75页。
② 《四库全书存目丛书》集部第300册，第79页。
③ （明）徐师曾：《文体明辨》，《四库全书存目丛书》集部第310册，第359页。
④ （清）王之绩：《铁立文起》，常见有清康熙刻本，《四库全书存目丛书》集部第421册据以影印。
⑤ （清）陈枚：《凭山阁增辑留青新集》卷4《古学辨体》，《四库禁毁书丛刊》集部第54—55册。
⑥ （清）方熊：《文章缘起补注》，《文渊阁四库全书》第1478册，第204页。
⑦ （清）曹本荣：《古文辑略》，《四库全书存目丛书》集部第387—392册。

《文体明辨》的序题极多,《御定渊鉴类函》"文学部"对《文体明辨》亦有所引用。此书刊行后在海外汉文化圈也有影响。日本江户时代刊行的《文体明辨粹抄》二卷①、明治时代刊行的《文体明辨纂要》三卷②,皆是该书"文章纲领"与文体序题部分的单行本。罗根泽编辑《文体明辨序说》时参考过《粹抄》,他在前言称"有的地方还请北京大学中文系吴小如同志和胡经之同志据日本《文体明辨粹抄》勘对"。《文体明辨序说》形式上与《文体明辨粹抄》是完全一样的。近数十年来,因于北山、罗根泽把《文章辨体序说》与《文体明辨序说》两书合集出版,故两书齐名于世③。

　　贺复徵的《文章辨体汇选》也是在《文章辨体》基础上增补的。四库馆臣谓"复徵以吴讷《文章辨体》所收未广,因别为搜讨,上自三代,下逮明末。经史、诸子、百家、山经、地志,靡不收采。分别各体为一百三十二类,七百八十卷,每体之首,多引刘勰《文心雕龙》及吴讷、徐师曾之言,间参以己说,以为凡例。"④该书以体大著称,被收录到《四库全书》之中。其文体分类在《文章辨体》《文体明辨》的基础上扩展为132体,每体之首,皆有序题。序题多采纳刘勰、吴讷、徐师曾论文体之言,创见者较少,然亦有自得之言。如卷639以"日记"为一体,其序题揭示了日记作为宋代以来新文体的特色。该书虽收入《四库全书》之中(吴讷、徐师曾二书皆未收入),但在文体学界影响并不

---

① 野间静轩(1608—1676)抄,江户吉文字屋次郎左卫门宽文元年(1661)本。日本东京都立中央图书馆诸桥文库藏。

② [日]大乡穆(1830—1881)钞录,东京葵花书屋明治十一年(1878)藏版。早稻田大学图书馆中央4F古书资料库藏。

③ 收入郭绍虞主编的"中国古典文学理论批评专著选辑"之中,人民文学出版社1962年版。

④ 《文渊阁四库全书·文章辨体汇选》提要,《景印文渊阁四库全书》第1402册,第2页。

很大。

文体序题形式在晚清民国仍然流行,举其要者,则有吴曾祺《涵芬楼古今文钞》与张相《古今文综》。姚鼐《古文辞类纂》与曾国藩《经史百家杂钞》两书的序题都比较简略,只序文类而对具体的文体不加序题。《涵芬楼古今文钞》与《古今文综》摹拟《古文辞类纂》与《经史百家杂钞》两书而对各体皆有序题。

吴曾祺(1850—1929)编纂《涵芬楼古今文钞》100 卷(附《文体刍言》)①。《涵芬楼古今文钞》的分类主要依照姚鼐《古文辞类纂》,并增补文体细目,加以细化与改造。全书文体共分为 13 类、213 子目。吴曾祺的文体思想,最集中反映在《文体刍言》之中。《文体刍言》分别附录于《涵芬楼古今文钞》和《涵芬楼文谈》之后,《文体刍言》13 篇就是对《涵芬楼古今文钞》所选 13 类文章的文体分类、文章编选作理论上的思考与技术上的总结与说明,所以我们按其性质,把它列在文体序题之中。《古文辞类纂》有类无目,只有文体大类的序题,对各种文体不加论述,吴曾祺的《文体刍言》所论文体 213 种,对各类文体详加论述,可以说是近代颇具集大成性质的文体学著作。

张相(1877—1945)编《古今文综》,上海中华书局于 1916 出版,共 40 册。全书按文体分为 6 部 12 类:论著序录部(论著类、序录类)、书牍赠序部(书牍类、赠序类)、碑文墓铭部(碑文类、墓铭类)、传状志记部(传状类、志记类)、诏令表奏部(诏令类、表奏类)、辞赋杂文部(辞赋类、杂文类)。该书以部统编,以编统章,每章之下又分

———————

① 《涵芬楼古今文钞》,上海商务印书馆清宣统三年(1911)线装初版 96 册。1929 年上海商务印书馆再版。又 1916 年上海商务印书馆出版《涵芬楼古今文钞简编》40 卷线装 41 册,后来收入《万有文库》与《国学基本丛书》。吴曾祺另著有《涵芬楼文谈》(上海商务印书馆 1913 年版),亦收录《文体刍言》。《涵芬楼文谈》另有 1998 年台湾商务印书馆出版杨承祖点校本,及《历代文话》(第 7 册)点校本。

若干层次,编者的部类划分,仍以《古文辞类纂》为基础,加以合并调整,力图建立一个完整而严密的文体分类体系。章目之下各有序题,略述所属文体起源、功用、体性特征等,间有对选文的点评。《古今文综》的序题,甚有文体学价值。王水照先生编《历代文话》将这些序题编为《古今文综·评文》一卷,收入第9册。

三、序目的形成与影响

"序目"就是在文章总集中把序言、目录与序题结合起来的一种特殊形态,是一种和"序题"互有交叉又互有差异的形态。如果宽泛而论,"序题"可以涵盖"序目"。"序目"一词,是姚鼐明确提出的。《古文辞类纂》卷首有《序目》,其内容历来为研究者所重视。然而,对于何为序目,序目的源流结构、形式特征及独特的文学批评意义等问题,学术界尚缺乏关注。

"序目"的雏形,可追溯到司马迁《史记·太史公自序》,《自序》记述在《史记》中,"余述历黄帝以来至太初而讫,百三十篇",并一一介绍所撰本纪、表、书、世家、列传诸篇名及主要内容,这已具有把序言和目录结合起来的性质。《汉书》卷六二《司马迁传》"而十篇缺,有录无书"条,颜师古注曰:"序目本无兵书,张云亡失,此说非也。"[1]此"序目"即指司马迁《自序》及所列各篇目录。颜师古所说的"序目",已接近姚氏序目的内容。可以说,姚鼐《古文辞类纂》卷首的"序目",很可能受到司马迁《史记·太史公自序》的影响。

古人"序""叙"通用,故徐师曾论"序"这种文体时说:"字亦作'叙'","曰某序,曰序某,字或作'序',或作'叙',惟作者随意而命

---

[1] (东汉)班固:《汉书》卷62,中华书局1962年版,第9册,第2725页。

之,无异义也。"①在中国文学批评史上,明代高棅《唐诗品汇》较早明确采用"叙目"形式并有显著的文学批评意味。此书分体编次,计有五古、七古、五绝、七绝、五律、五排、七律七体,各体之下又分正始、正宗、名家、大家、羽翼等品目。每体诗之前,都有"叙目",列举此体诗中各品作家姓氏及作品数量,此即目录;目录之后,评论该体作家作品,此即序题。如"五言古诗叙目"卷二"正始下"在列举沈佺期、宋之问等作家、作品篇数后,序题曰:"神龙以还,品格渐高,颇通远调,前论沈、宋比肩,后称燕、许手笔,又如薛少保之《郊陕篇》、张曲江公《感遇》等作,雅正冲澹,体合风骚,骎骎乎盛唐矣。今自沈云卿而下,以尽乎开元初之诸贤,通得二十五人,共诗七十五首,离为下卷,亦曰正始,使学者本始知来,溯真源而游汗漫矣。"②可见,高棅的诗体叙目,并非"序言"加"目录",而是由目录和序题组成,具有说明选目、评论作家作品、探讨文体发展演变等文学批评功能。

姚鼐(1731—1815)《古文辞类纂》74 卷,选文 700 余篇,成书于乾隆四十四年(1779)。《古文辞类纂序目》的内容与形式都有可能受《唐诗品汇》叙目的影响,又有明显的发展和创新。为了便于说明问题,让我们对姚氏序目的内容、结构略作分析。序目开篇,介绍自己学习古文的经历和编纂《古文辞类纂》的缘起,这和一般自序没有区别。接着交代此书内容和体例,即按文体分类编次。自魏晋以来,文体分类愈来愈细,《古文辞类纂》则由繁返趋简,从文体功能出发,将古今文章分为 13 大类:论辨类、序跋类、奏议类、书说类、赠序类、诏令类、传状类、碑志类、杂记类、箴铭类、颂赞类、辞赋类、哀祭类。总述类次之后,按类一一列举所选篇目,此即全书目录。而每类作品

① (明)徐师曾著,罗根泽校点:《文体明辨序说》,人民文学出版社 1962 年版,第 135 页。
② (明)高棅:《唐诗品汇》,上海古籍出版社 1982 年版,第 46—47 页。

之前,各有一篇序题,概论此类文体的起源、功用、体性特征、发展演变及作者选录标准等。13 篇序题七百多篇作品列举完毕之后,作者又表达对古文写作的基本看法:"凡文之体类十三,而所以为文者八:曰神、理、气、味、格、律、声、色。神、理、气、味者,文之精也;格、律、声、色者,文之粗也。然苟舍其粗,则精者亦胡以寓焉?"①最后对此稍作阐发,作为整篇序目的大结。

可见,《古文辞类纂》"序目"既非单纯的序言或目录,也非序言与目录的简单相加,而是自序、序题、目录三者的有机结合,具有全书纲领性质。其中序题、目录的结合,与《唐诗品汇》叙目相似。但《唐诗品汇》卷首尚有"总叙"一篇,相当于自序,没有纳入叙目中。因此,高氏叙目只有目录和序题,没有序言功能。其叙目分体标列,有五言古诗叙目、七言古诗叙目、五言律诗叙目、七言律诗叙目等多篇,散置于各体选诗之前,故无法像《古文辞类纂》序目那样将自序融入其中,构成完篇,置于卷首,统领全书。在姚氏序目中,自序是全书纲领,被序题、目录截为两段,分居首尾,形式上不同于一般独立成篇的序言;序题阐发文体分类思想,统辖所属各类文章;目录则是序目主体,所占篇幅最长。

姚氏之序目,实为层次井然、针严线密、环环相扣的有机整体:序言揭示全书的体例和主旨,序题是主旨的展开及对选目的说明,目录则是主旨和序题的落实或体现。三者浑然一体,绝非简单混搭,自然也不能随意拆分,或颠倒序次。否则,序言或序题中的很多表述,会显得学理不清,甚至莫名其妙。如序言中提到十三类文体,若无序题的阐释,那么,其分类依据何在,读者难以把握。序言又云:"一类内而为用不同者,别之为上、下编云。"②结合序题,才能更好理解这句

---

① 《古文辞类纂序目》,《续修四库全书》第 1609 册,第 319 页。
② 《古文辞类纂序目》,《续修四库全书》第 1609 册,第 311 页。

话。姚鼐的文体分类大致以功用为标准,而同一文类中的不同文体又因施用对象、场合差异而显示其独特性,故分上、下编来体现这种差异。如"碑志类"序题曰:"碑志类者,其体本于《诗》,歌颂功德,其用施于金石。"①这是碑志体的基本功能。但到了后代,墓志兴起,带有人物传记性质,而不尽歌功颂德,故序题特意指出"墓志文,录者尤多,今别为下编"②。这种体例,可从目录直接得到验证。目录卷40至卷41所录16篇文章,皆功德碑,无关于丧葬,故特标出"右碑志类上编"③;卷42至51录91篇文章,皆丧葬墓志,故标出"右碑志类下编"④。可见,序目除序言外,兼有凡例与目录功能,既可供检索之用,又包括对全书体例的说明,还渗透了作者的文学观念。要全面了解这些功能,必须把序言、序题、选目结合起来阅读,才能更清晰。如三者分离,各自独立,那么,全书宗旨和体例便难以完满呈现,许多表述也就不知所云。《古文辞类纂》的三个早期刊本,即康本、吴本、李本,编刊者或为姚鼐弟子,或为桐城后学,都深谙姚氏用心,故保持了姚氏序目的完整原貌,不像后人那样随意拆分。而一般的书籍,序和目录之间没有如此紧密的关系,不但两者分离无伤大雅,在两者间插入其他内容,或颠倒其序次,也不影响阅读理解。如吴讷《文章辨体》首以彭时望序,次以凡例,次以诸儒总论作文法,次以目录。徐师曾《文体明辨》,卷首为作者自序,次以文章纲领,分总论、论诗、论文等部分;次以真德秀文章批点法。以上内容,单独编为一卷,然后才是目录六卷。在这些书籍中,序是序,目录是目录,关系松散,故不妨自由拆分、合并。

晚近以来,《古文辞类纂》序目独特的体例因不被理解或不重视

---

① 《古文辞类纂序目》,《续修四库全书》第 1609 册,第 316 页。
② 《古文辞类纂序目》,《续修四库全书》第 1609 册,第 316 页。
③ 《古文辞类纂序目》,《续修四库全书》第 1609 册,第 316 页。
④ 《古文辞类纂序目》,《续修四库全书》第 1609 册,第 317 页。

而常受肢解。民国年间,上海瑞文楼书局刊出《百大家批评新体注释古文辞类纂》,将姚鼐原序目分离为独立的三部分,分别名之为"序""文体说明""目录"。又,今人边仲仁校点《古文辞类纂》,则将序言和序题列于目录之前。而吴孟复、蒋立甫主编《古文辞类纂评注》,也将序目拆成"姚鼐原序"和"目录"两部分,原序在前,目录居后。边仲仁校点《古文辞类纂》在《后记》里解释原因说:"李承渊刊本姚氏序目混合,为使读者一目了然,今分离为姚氏序和目录两部份,卷首并新拟《全书总目》。"①这些改造,对于一般读者,似乎眉目比较清晰,但支离了原始语境,变动了姚书序目的原有体例,凿破浑沌,已失原璧之妙。

《古文辞类纂》的"序目",简要而言,就是全书带有纲领性质的编选说明。它融序言、序题、目录于一体,不但具有检索功能,还具有理论性、系统性与内在逻辑性。它是一种文章选本编纂的新体式,也是一种文学批评新方式。从文体渊源看,司马迁《太史公自序》在序文中一一介绍全书篇目及各篇内容和题旨,实融自序和目录于一体,应是序目的最早雏形。此外,还有目录学传统的显著影响。《汉书·艺文志》《隋书·经籍志》乃至《四库全书总目》等目录学著作,在分类著录图书时,大类之前各有一篇总序;每大类又分若干小类,各小类前有小序;小序之下,一一列举图书目录。姚氏序目从结构方式看,与这种体例最为接近。总序相当于姚氏序言,小序相当于序题,图书目录相当于篇章目录。

从文集编纂传统看,"序目"形式也有一个形成过程。除了上文谈到的《唐诗品汇》"叙目"外,黄佐《六艺流别》目录也初具"序目"之体。现以目录前数卷"诗艺"部分为例:

---

① (清)姚鼐编,边仲仁标点:《古文辞类纂》,岳麓书社1988年版,第1001页。

第一卷　诗艺一:逸诗、谣、歌;

第二卷　诗艺二:谣之流其别有四:讴、诵、谚、语;歌之流其别有四:咏、吟、怨、叹;

第三卷　诗艺三:诗之流不杂于文者其别有五:四言、五言、六言、七言、杂言(附:离合、回文、建除、六府、两头纤纤、五杂组、数名、郡县名、八音);

第四卷　诗艺四:诗之流其杂近于文而又与诗丽者其别有五:骚、赋(附:律赋)、词、颂、赞(附:诗赞);

第五卷　诗艺五:诗之声偶流为近体者其别有三:律诗、排律体、绝句。①

可以看出,《六艺流别》目录与一般只记篇名的目录不同,其独特之处是作为目录而并不列举具体"篇目"或作家姓氏,而是列出受六艺影响而生成的各种文体的"纲目",由此形成一个阐发"文本于六经"的,思致严密、编排有序的理论系统。目录之末,还有黄佐之子黄在素对该书之宗旨、编纂与校刊之说明,可以说在传统目录之外,别具一体了。

除《古文辞类纂》外,姚鼐《近体诗钞》也是清代颇有影响的选本。此书卷首有《五七言今体诗钞序目》一篇,由序言和目录组成。序言介绍编纂缘起和宗旨,随即列举目录。与《古文辞类纂序目》稍异的是,此目录没有一一列举篇名,而是根据时代先后,以作家为对象,依次介绍各卷帙内容。序目在对各卷帙内容、体例的介绍中,渗透着对作家的评价和诗史的把握,具有显著的文学批评色彩。如果说,这种与选本结合的批评方式,在《唐诗品汇》中虽露端倪,但只是偶然为之,那么,对姚鼐来说,已是自觉的选择和应用,且在形式上有所发展和创新,标志着序目作为一种书籍编纂方式和文学批评体式

---

① (明)黄佐:《六艺流别》卷首,明嘉靖四十一年欧大任校刻本。

的成熟和定型。

这种序目方式对后来的选本产生了较大影响。曾国藩(1811—1872)辑《经史百家杂钞》26 卷。他不用"序目"之名,而改用"序例"一词,体例略有差异。"序例"第一部分为"识",阐明该书的分类法,以及命名为《经史百家杂钞》的原因,说明该书与《古文辞类纂》之异同。如姚书"不载史传",而"余今所论次,采辑史传稍多"①。此书吸收了姚鼐《古文辞类纂》以文体功能分类的方法,又增加"门"来统摄文体类别,确立了门、类、体文体三级分类法。体统于类,类归于门。《古文辞类纂》把文体分为 13 类,《经史百家杂钞》修订为 11 类。《经史百家杂钞》以文体功能特征为分类依据,首先把各种文体归为三大类,即著述门、告语门、记载门。如著述门主要为议论、抒情文体,告语门为官、私应用文书,记载门为史传类叙事文体。各门之下又分若干类,如著述门分论著类、词赋类、序跋类,告语门分诏令类、奏议类、书牍类、哀祭类,记载门分传志类、叙记类、典志类、杂记类,总计 11 类。每类之下又分若干体,如"论著类"主"著作之无韵者","经如《洪范》《大学》《中庸》《乐记》《孟子》皆是;诸子曰篇、曰训、曰览,古文家曰论、曰辨、曰议、曰说、曰解、曰原皆是";"词赋类"主"著作之有韵者","经如《诗》之'赋''颂',《书》之'五子作歌'皆是;后世曰赋、曰辞、曰骚、曰七、曰设论、曰符命、曰颂、曰赞、曰箴、曰铭、曰歌皆是";"序跋类"主"他人之著作序述其意者","经如《易》之《系辞》,《礼记》之《冠义》《昏义》皆是;后世曰序、曰跋、曰引、曰题、曰读、曰传、曰注、曰笺、曰疏、曰说、曰解皆是"②。这里的篇、训、览、

---

① (清)曾国藩:《经史百家杂钞》卷首"序例",光绪二年传忠书局刊刻《曾文正公全集》本。

② (清)曾国藩:《经史百家杂钞》卷首"序例",光绪二年传忠书局刊刻《曾文正公全集》本。

论、辨、议、说、解、原、赋、辞、骚、七、设论、符命、颂、赞、箴、铭、歌、序、跋、引、题、读、传、注、笺、疏、说等都是具体的文体形态。由此可见《经史百家杂钞·序例》也具有文体序目性质。

此外，如李元度（1821—1887）《赋学正鹄》序目追溯律赋的产生、发展历程，介绍全书编纂宗旨，将所选 147 篇赋分层次、气机、风景、细切、庄雅、沉雄、博大、遒炼、神韵、高古等十类，每类一一序题，序题后列举所选篇目。如"庄雅类"序题："庄雅类者，所谓沈宋之体宜庙堂也。古赋典重裔皇之作最多，以非律体不登。即律赋中亦美不胜收，故择其典雅亲切者，略举数篇以为式。"①随后列清代律赋篇目四篇。所有序题和篇目列举完毕后，作者又对全书内容作了总结，且进一步提出："赋学指要，厥有数端：曰审题，曰辨体，曰炼局，曰取势，曰用笔，曰修辞，曰选韵，曰储材，八者盖阙一不可也。"并就此八端一一展开论述，最后以"留意于斯八者，而就所分之十类，熟读而深思之；其树帜辞坛，和声以鸣国家之盛也，必矣，讵得曰雕龙小技云乎哉"②绾结全篇。可以看出，《赋学正鹄》序目与《古文辞类纂》序目一样，绝不止于目录检索功能，也非序言和目录的简单相加，而是一篇内容丰富、层次清晰、章法严密的赋学批评论文。

王先谦（1842—1917）《骈文类纂》卷首也有序目，介绍此书编纂缘起和体例，全书"凡类十五，卷四十有六，间亦区其义例，第其时代，为上、中、下编云"③。随后即就论说类、序跋类、表奏类、书启类、赠序类等十五类文体，依次展开序题，概述其体性特征及产生、发展、演变过程等；每篇序题之后，一一列举所选篇目。《骈文类纂》的序目与

---

① （清）李元度：《赋学正鹄》卷首，光绪二十年上海文瑞楼刊《赋学正鹄集释》本，第3—4页。
② （清）李元度：《赋学正鹄》卷首，光绪二十年上海文瑞楼刊《赋学正鹄集释》本，第5—6页。
③ （清）王先谦：《骈文类纂》卷首，浙江古籍出版社 1998 年版，第3页。

书名,显然都沿袭了《古文辞类纂》。

可见,自姚氏之后,序目已成为与文章选本伴生的一种独特的文学批评方式。这种方式要求序与目之完美结合,因此需要理论性、系统性和内在逻辑性兼胜,难度相当高,所以在总集编纂中难以得到广泛应用。近代以来,随着传统文章学的式微,序目这种文体批评方式也差不多成为绝响了①。

四、作为批评文体的序题与序目

从文体分类学的角度来看,序题与序目近乎“序”类或“序跋类”文体,但又自成系统与特色,可以视为中国古代独特的文体批评文体。中国古代的文体学研究形式多样,作为文体批评形式,序题与序目别具特色与价值。

(一)强烈而集中的“辨体”意识。以“辨体”为“先”是中国古代文学批评与文学创作的传统与首要的原则:“文章以体制为先,精工次之”②、“文莫先于辨体”③。随着文章与文体的发展,辨体显得越来越重要。徐师曾曾指出:“盖自秦汉而下,文愈盛;文愈盛,故类愈增;类愈增,故体愈众;体愈众,故辩当愈严。”④在中国古代各种文学批评形式中,最集中体现这种以辨体为先的特色,便是文体序题与序目。文章

---

① 参考吴承学、何诗海:《〈古文辞类纂〉编纂体例之文体学意义》,《北京大学学报》2015 年第 3 期。

② (宋)王应麟:《玉海》卷 202 引倪正父语,江苏古籍出版社、上海书店 1987 年版,第 3692 页。

③ 明人陈洪谟语,转引自(明)徐师曾:《文体明辨序说》“文章纲领·总论”,《文章辨体序说·文体明辨序说》,第 80 页。

④ (明)徐师曾:《文体明辨》,《四库全书存目丛书》集部第 310 册,第 360 页。

总集的序题与序目就是明确以"辩体"为其批评的核心。所以明代以来,许多文章总集的编纂目的就是辩体。徐师曾在《文体明辨序》中说:"是编所录,唯假文以辩体,非立体而选文。"①其目的首先在于"辩体"而不是"选文",也就是通过所选的文章,体现出各种文体的特点与流变。正如彭时《文章辩体序》所说的:"'辩体'云者,每体自为一类,每类各著序题,原制作之意而辨析精确,一本于先儒成说,使数千载文体之正变高下,一览可以其见。"②一般的文章总集也有辩体的功用与目的,但有序题与序目的文集其辩体功能与目的当然更为明确。

诗文评著作与经史子书中都有论述文体的,但序题与序目在形式上最为纯粹,它集中讨论文体问题而不及其他。比如《文心雕龙》标举"原始以表末,释名以章义,选文以定篇,敷理以举统"的文体研究方式,也可视为一部文体学著作,但"论文叙笔"的文体问题虽然重要且精彩,但毕竟只是《文心雕龙》理论体系的一部分,甚至不是最重要的部分。而文章总集的序题、序目则集中讨论文体问题,而不讨论创作的其他问题③,也不涉及具体的作家、作品,若有涉及,也是从围绕文体史发展来讨论而不是以作家作品为重点的。所以,从研究文体学的角度来看,序题与序目是中国古代最为集中而纯粹的文体学形式。

(二)系统性。在中国古代文体学研究中,最有系统性的批评就是总集的序题。一般的诗文评,如诗话、文话之类的形式,也可能论及文体,但往往信笔拈来,点到为止,而绝大多数的序题对总集所收录的所有文体皆须论及,从而构成一个文体谱系。如《文章辩体》序题59体,黄佐《六艺流别》序题150余体,《文体明辨》序题127体,贺复徵《文章辩体汇选》序题132体,《文体刍言》序题213体。这些序

---

① (明)徐师曾:《文体明辨》,《四库全书存目丛书》集部第310册,第360页。
② (明)吴讷:《文章辩体》,《四库全书存目丛书》集部第291册,第2页。
③ 吴讷《文章辩体》把论创作部分理论放到"诸儒总论作法"中。

题对文体的收集可谓钜细不遗,而其次第排序又体现出文体的价值观念。可以说序题是对中国古代文体最为系统的研究,具有集大成的性质。如果把历代文章总集的文体序题集中起来,便成为一部相当全面系统的中国古代文体辞典。

(三)直观性。与其他批评形式不同,序题与序目往往相当直观。文体渊源流变与文体的主次尊卑,都可以从其序次清晰地展示出来,望而知之。比如吴讷《文章辨体》的序题与目录结合,又分内集、外集,其文体谱系开卷了然。《六艺流别》完全按照"文本于经"的思想来编排,把所有文体系于诗艺、书艺、礼艺、乐艺、春秋艺、易艺六大系列之下。其《六艺流别目录》已简明清晰地展示出编者心目中的文体体系来。我们把《六艺流别》的目录与序题结合起来,便可以比较清晰地理解编者以经学为纲的文体学谱系。

(四)与选录文章的有机性。序题、序目概论文体之要,然后通过所选的"文章"来辨章文体,总集文章与文体序题互相印证,浑然一体,文体序题、序目也就成为对文章总集起着提纲挈领作用的有机组成部分。"始辨其体,终录其文,使人开卷一读,而知有格式,实后学之指南而艺苑之宝玉也。"①当然,序题有其独立性,可以抽出结集,但序题研究一定要结合所选文章才能比较准确地理解。在这点上,文体序题、序目与文章评点形式上有异曲同工之妙。《六艺流别》卷18"杂志":"杂志:杂志者何?意也。从心,之声。志者,心之所之,

---

① 早稻田大学图书馆藏日本元禄七年(1694)博文堂刊本《文体明辨粹抄跋》。该跋语未标作者名。按前揭宽文元年(1661)本《文体明辨粹抄》二卷,乃目前可考最早《文体明辨粹抄》本,注明是野间静轩抄。元禄七年本盖是宽文元年本之重刊。该跋语称:"不佞抄缀此书而便考览……乃叙梗概而以书诸卷尾云。"可见是抄者自跋。我们因此推测《文体明辨粹抄》跋语是野间静轩作。野间静轩是野间三竹号,其家世为江户前期幕府医官,本人亦为儒医,善文,富藏书,编撰有《群方类稿》《古今逸士传》《望海录》《俗语录》等。

意随志发于言，杂出而书之，非若史之志一代典故也。故凡杂识所志，为此类焉。"①若不结合该体所选陶弘景《寻山志》与庾信《终南山义谷志》两文，是难以体会其序题"杂志"之意的。又如四库馆臣谓黄佐《六艺流别》一书："大旨以六艺之源，皆出于经，因采摭汉魏以下诗文，悉以六经统之。"②如果我们结合《六艺流别》所选的具体文章，便可以看出该书选文范围上自先秦，下迄隋代，四库馆臣所说"采摭汉魏以下诗文"并不确切，因为此说的选文时段的上限与下限皆有问题。在古代，同一文章在不同文章总集可能置于不同文体之中，正说明选家对文体的不同理解。所以要真正准确把握选家的文体观点，不能仅看序题或序目，一定要结合所选文章。

① 《四库全书存目丛书》集部第 300 册，第 460 页。

② （清）永瑢等：《四库全书总目》卷 192《六艺流别》提要，中华书局 1956 年影印本，第 1747 页。

第十章　黄佐的《六艺流别》与"文本于经"的思想

一、黄佐与《六艺流别》的编纂

自明代以后,岭南文化以及岭南一批杰出的学者对中原文化、学术产生的影响日益增大。黄佐就是其中有代表性的一位。

黄佐(1490—1566),字才伯,广东香山(今中山市)人,正德十五年(1520)进士,明代大儒,学者称之泰泉先生。他学问渊博精湛,黄宗羲称他"典礼乐律词章无不该通"①,四库馆臣评价他:"博综今古,生平著述至二百六十余卷,在明人之中学问最有根柢。文章衔华佩实,亦足以雄视一时。"②对黄佐的学术与文章评价都极高。黄佐著述极丰,现存著述主要有:《(嘉靖)广东通志》七十卷、《(嘉靖)广西通志》六十卷、《革除遗事》十六卷、《广州人物传》二十四卷、《翰林记》二十卷、《乐典》三十六卷、《南雍志》二十四卷、《泰泉集》六十卷、《泰泉乡礼》七卷、《小学古训》一卷、《庸言》十二卷、《粤会赋》《两京赋》二卷、《六艺流别》二十卷。黄佐主要成就在经史之学,但他在文

① (清)黄宗羲著,沈芝盈点校:《明儒学案》卷51,中华书局2008年版,第1198页。
② 《四库全书总目》卷172《泰泉集》提要,第1503页。

学上亦有突出的成就。本章以其《六艺流别》为例，探讨黄佐在中国古代文体学史上的贡献。

《六艺流别》①二十卷，关于该书编纂者，应略加辨析。中山大学图书馆藏《六艺流别》本目录之后，刊有黄在素（黄佐之子）的题记：

> 家君讲学于粤洲草堂，进诸生而告之曰：圣人删述以垂世者谓之经，后学传习以修辞者谓之艺。尝观六艺之流，其别犹川，然其源于经则合之，尽其大而无余也。是故文弗周于万物则心为有外，精弗聚于一心则文为支离，必也。文之川流者别而条析之，观其会归，则德之敦化者浑浑乎其一，而六经皆在我矣。诸生其采诸。于是黎君惟敬、梁君公实辈受命而退，博采群书，会稽成编，凡二十卷，名之曰《六艺流别》云。夫晋挚虞尝著《文章流别》，当时称之。然考诸类书，惟琐屑文词而不统诸经，宜其弗传也。今兹编自辛卯告完，日就蠹矣，欧君彦桢因加精校，惧其湮也，乃命工锓诸梓。嘉靖壬戌仲秋吉旦男在素百拜谨书。②

黄在素的题记相当重要。从此题记中可以看出，该书编成于明嘉靖十年（1531），刻成于嘉靖四十一年（1562）。黄佐四十一岁时（嘉靖

---

① 《六艺流别》常见的版本有齐鲁书社《四库全书存目丛书》集部第 300 册影印中山大学图书馆藏明代嘉靖四十一年欧大任刻本，香港大学图书馆藏明代嘉靖四十一年宝书楼刊本，两种版本略有不同，后者有黄佐的自序，而前者没有。另有台湾商务印书馆 1973 年影印康熙重刊本。《泰泉集》卷 35、卷 221 分别有黄佐与欧大任的《六艺流别序》。本章引用《六艺流别》据《四库全书存目丛书》集部第 300 册影印中山大学图书馆藏明代嘉靖四十一年欧大任刻本，仅注页码。

② 见《四库全书存目丛书》集部第 300 册，第 73 页。

九年),因"得家书云太孺人感疾,公即日疏致仕"①。黄佐致仕回乡讲学于粤洲草堂,《六艺流别》一书编于此间。此书编者,历来独署黄佐,实际上是黄佐在粤洲草堂讲学时令学生黎民表(惟敬)、梁有誉(公实)所编成的。按,黄佛颐编《文裕公年谱》"十年辛卯四十二岁"条:

> 公家居,远近学者踵至。始辟粤洲草堂以居之,又建钓鱼台于泰泉上,二月,令门人黎民表、梁有誉辈辑《六艺流别》成,凡二十卷。公序之。②

可见本书的宗旨、定稿与命名,乃出于黄佐,而具体的编辑工作,是由学生黎民表(惟敬)、梁有誉(公实)等人所完成的。总的来说,《六艺流别》一书是黄佐师生合作的产物,在其编辑与刊行过程中,黎民表、梁有誉与欧大任(彦桢)诸位弟子贡献相当大。《四库全书总目》卷172谓:"岭南自南园五子以后,风雅中坠,至佐始力为提倡。如梁有誉、黎民表等,皆其弟子。广中文学复盛,论者谓佐有功焉。"③此书的编辑,对于黄佐培养"广中文学复盛"的人才,应该起了一定的作用。黄佐这几位弟子都是出身岭南,而声名远播的。欧大任(1516—1595)、梁有誉(1521—1556)、黎民表(1515—1581)三人与吴旦、李时行合称"南园后五先生"。而梁有誉与李攀龙、王世贞、谢榛、宗臣、徐中行、吴国伦结诗社,史称明代"后七子"。

《六艺流别》一书之命名,应受挚虞《文章流别》之影响。黄佐在

---

① (清)黄佛颐编:《文裕公年谱》,清光绪二十九年刻本。见北京图书馆编《北京图书馆藏珍本年谱丛刊》第45册,北京图书馆出版社1999年版,第680—681页。
② 《文裕公年谱》,第681页。
③ 《四库全书总目》卷172《泰泉集》提要,第1503页。

《六艺流别序》中说:"昔晋挚虞尝著《文章流别》,其亡已久,故予搜罗散逸以为此编,统诸六艺。窃比于我董生云。"①然黄佐可能实存超越《文章流别》之志。他本人在《六艺流别序》中没有很明确的表述,但黄在素的题记说:"夫晋挚虞尝著《文章流别》,当时称之。然考诸类书,惟琐屑文词而不统诸经,宜其弗传也。"②黄在素认为,该书上继挚虞《文章流别》,而又纠正其"琐屑文词而不统诸经"的不足,故超越之。

二、建构"文本六经"的文体谱系

《六艺流别》是一部特色鲜明的选本,它从文本六经的观念出发,首次以选本的形式把古代的基本文体形态分别系于《诗》《书》《礼》《乐》《春秋》《易》之下,形成六大文体系列,重新建构了一个中国古代文体庞大的谱系。黄佐《六艺流别序》云:

> 闻之董生曰:"君子志善。知世之不能去恶服人也,是以简六艺以善养之,而各有所长。《诗》道志,故长于质。《书》著功,故长于事。《礼》制节,故长于文。《乐》咏德,故长于风。《春秋》司是非,故长于治。《易》本天地,故长于数。"人当兼得其所长,是故举其详焉。

> 志始于《诗》,以道性情,为谣、为歌。谣之流其别有四:为讴、为诵、为谚、为语。歌之流其别亦有四:为吟、为咏、为怨、为叹。其拘拘以为诗也,则为四言、为五言、为六言、为七言、为杂

① (明)黄佐:《泰泉集》卷35,清康熙二十一年黄逵卿等刻本。
② 见《四库全书存目丛书》集部第300册,第73页。

言。其杂近于文而又与诗丽也,则为骚、为赋、为辞、为颂、为赞。其专事对偶,亡复蹈古,则律诗终焉。

《书》,行志而奏功者也。其源以道政事,为典、为谟。典之流其别为命、为诰。谟之流其别为训、为誓。凡典,上德宣于下者也,又别而为制、为诏、为问、为答、为令、为律。命之流又别而为册、为敕、为诫、为教。诰之流又别而为谕、为赐书、为书、为告、为判、为遗命。而间亦有不尽出于上者焉。凡谟,下情孚于上者也,又别而为议、为疏、为状、为表、为笺、为启、为上书、为封事、为弹劾、为启事、为奏记。训之流又别而为对、为策、为谏、为规、为讽、为喻、为发、为势、为设论、为连珠。誓之流又别而为盟、为檄、为移、为露布、为让、为责、为券、为约。而间亦有不尽出于下者焉。

《礼》以节文斯志者也,其源敬也。敬则为仪、为义。其流之别则为辞、为文、为箴、为铭、为祝、为诅、为祷、为祭、为哀、为吊、为诔、为挽、为碣、为碑、为志、为墓表。

《乐》以舞蹈斯志者也,其源和也。和则为乐均、为乐义。其流之别为唱、为调、为曲、为引、为行、为篇、为乐章、为琴歌、为瑟歌、为畅、为操、为舞篇。

《春秋》以治正志者也,其源名分也。其流之别为纪、为志、为年表、为世家、为列传、为行状、为谱牒、为符命。其大概也,则为叙事、为论赞。叙事之流其别为序、为记、为述、为录、为题辞、为杂志。论赞之流其别为论、为说、为辩、为解、为对问、为考评。而凡属乎《书》《礼》者不与焉。

《易》则通天下之志矣,其源阴阳也。其流之别为兆、为繇、为例、为数、为占、为象、为图、为原、为传、为言、为注,而凡天地鬼神之理管是矣。

昔晋挚虞尝著《文章流别》,其亡已久,故予搜罗散逸以为此编,统诸六艺,窃比于我董生云。①

黄佐以董仲舒自比,因为《六艺流别》就是受到董仲舒"简六艺以善养之,而各有所长"思想的启发。这也可以看出黄佐对《六艺流别》的自许甚高。该书完全按照这种"文本于经"的思想来编排。其目录所标的文体系统,更为简明清晰:

诗艺一
逸诗、谣、歌。
诗艺二
谣之流其别有四:讴、诵、谚、语。
歌之流其别有四:咏、吟、怨、叹。
诗艺三
诗之流不杂于文者其别有五:四言、五言、六言、七言、杂言
(附:离合、回文、建除、六府、两头纤纤、五杂组、数名、郡县名、八音)。②
诗艺四
诗之流其杂近于文而又与诗丽者其别有五:骚、赋(附:律赋)、词、颂、赞(附:诗赞)。
诗艺五
诗之声偶流为近体者其别有三:律诗、排律、绝句。

书艺一
逸书、典、谟。

---

① 《泰泉集》卷 35,清康熙二十一年黄逵卿等刻本。
② 括号内文字不见于正文前目录,而见于正文中目录。

典之流其别有二:命、诰。

谟之流其别有二:训、誓。

书艺二

命训之出于典者其流又别而为六:制、诏、问、答、令、律。

书艺三

命之流又别而为四:册、敕、诫、教。

书艺四

诰之流又别而为六:谕、赐书(附:符)、书、告、判、遗命。

书艺五

训誓之出于谟者其流又别①而为十一:议、疏、状、表(附:章)、笺、启、上书、封事、弹劾、启事、奏记(附:白事)。

书艺六

训之流又别而为十:对、策、谏、规、讽、喻、发、势、设论、连珠。

书艺七

誓之流又别而为八:盟、檄、移、露布、让、责、券、约。

礼艺上

逸礼、仪、义。

礼艺下

礼之仪义其流别而为十六:辞、文、箴、铭、祝、诅、祷、祭、哀、吊、诔、挽、碣、碑、志、墓表。

乐艺上

逸乐、乐均、乐义。

乐艺下

---

① 目录中"别"字作"流"。

乐之均义其流别而为十二：唱、调、曲、引、行、篇、乐章、琴歌、瑟歌、畅、操、舞篇。

春秋艺上
纪、志、年表、世家、列传、行状、谱牒、符命、叙事、论赞。
春秋艺中
叙事之流其别有六：叙①、记、述、录、题辞、杂志。
春秋艺下
论赞之流其别有六：论、说、辩、解、对问、考评。

易艺
兆、繇、例、数、占、象、图、原、传、言、注。

三、《六艺流别》的文体学史价值

从明代开始，文章总集出现以"序题"的方式论述各种文体的风气。这种风气是从吴讷（1372—1457）开始的，吴讷《文章辨体·凡例》说："仍采先儒成说，足以鄙意，著为序题。录于每类之首，庶几少见制作之意云。"②此后徐师曾《文体明辨》、贺复徵《文章辨体汇选》等，莫不如此。黄佐的《六艺流别》在各种文体之前亦采用序题的方式③，对各文体及相互联系作简要说明，并解释选文标准，这些序题

---

① 目录为"序"，正文为"叙"。
② （明）吴讷著，于北山点校：《文章辨体·凡例》，《文章辨体序说》，人民文学出版社 1962 年版，第 9 页。
③ 《六艺流别》的序题位置与《文章辨体》不同，《文章辨体》的文体序题置于全书的目录部分，而《六艺流别》则置于书中各体作品之前。

具有比较重要的文体学史料价值①。比如：

> 章：章者明也，其义与表同。《汉杂事》云：凡群臣书，通于天子者四：一曰章，二曰奏，三曰表，四曰驳议。章以谢恩，奏以按劾，表以陈情，议以执异。按：曹植《改封陈王谢恩章》曰："臣既弊陋，守国无效，自分削黜，以彰众诚。不意天恩滂霈，润泽横流，猥蒙加封。茅土既优，爵赏必重。非臣虚浅所宜奉受，非臣灰身所能报塞！"其视谢灵运《谢封表》何异？《文章缘起》曰：谢恩始汉魏相《诣公车谢恩章》。而上章又始于孔融上章谢大中大夫，则是章有二用也。然《文心雕龙》谓胡广谒陵有章，则又近于表矣。然魏相《月令明堂》及赵充国《屯田》俱称奏，则奏与议同，则谢恩陈情，章表一耳。故不为别录。②

黄佐的文体序题往往先列前人说法，再加以辨证，《文心雕龙》的文体论对黄佐的影响最大，其文体序题采之甚多。黄佐的序题对于我们认识中国古代复杂的文体现象颇有作用。如：

> 碣：碣者何也？石之特立而揭焉者也。方者谓之碑，圆者谓之碣。李斯所造，汉人效之，揭诸通衢，表厥宅里用焉。亦有揭诸墓者，唐人为墓碣，叙事以不铭。今制，大臣立神道碑，五品以下则用碣，而铭为墓志有之。③

---

① 关于黄佐的文体学理论，参考邓国光：《黄佐〈六艺流别〉的文体论》，载邓国光：《文原：中国古代文学与文论研究》，澳门大学出版中心 1997 年版，第287—315 页。
② （明）黄佐：《六艺流别》卷 10，第 265 页。
③ 《六艺流别》卷 14，第 367 页。

碑：碑者何也？丽牲之方石也。古者宗庙有碑，树之两楹以丽牲。后人因于其上为文，以纪功德。秦以来制也，后汉逮六朝益盛。凡祠堂坟墓，莫不用之。按《檀弓》曰：季康之母死，公肩假曰：公室视丰碑。注云：丰碑以木为之，形如石碑，附于椁前后，穿中为鹿卢，绕之綍，用以下棺，后改用石，专用以纪行业。晋宋间始作神道碑，盖地理家以东南为神道也。但汉文亦有兼铭及诔者。《文心雕龙》独推蔡邕云。①

志（誌）：志者何也？识也。《说文》曰：记也，从言，志声。凡墓志，直述世系、岁月、名字、爵里及其言行。铭而识之，用防陵谷迁改。或树于墓前，非也。埋铭、墓记乃志之异名尔。②

墓表：墓之有表者何也？表其行，使之著明于世也。有官无官皆得用之。大抵体孝子孙慈之心，称美弗称恶。然无美而称之者谓之诬，有其美而弗称者谓之蔽也。诬与蔽，君子所弗由也。史传所据以为实录，载笔者慎诸！③

碣、碑、墓志、墓表这些文体都属于哀祭类文体，彼此之间关系错综复杂，对于现代人来讲，更容易混为一谈。黄佐就诸种特定文体的用途、身份、规格、形态、场所等方面进行辨析，甚可借鉴。

四、《六艺流别》与文体分类学

《六艺流别》的最大特点是首次以选本的形式建构了一个"文本

---

① 《六艺流别》卷14，第367页。
② 《六艺流别》卷14，第373页。
③ 《六艺流别》卷14，第374页。

于经"的庞大的文体谱系。"文本于经"是中国传统的文学批评观念。从《文心雕龙·宗经》开始,就论及各体文章与五经的关系:"故论、说、辞、序,则《易》统其首;诏、策、章、奏,则《书》发其源;赋、颂、歌、赞,则《诗》立其本;铭、诔、箴、祝,则《礼》总其端;纪、传、铭、檄,则《春秋》为根。"①自此以后,主张"文本于经"的代有其人。到了元代的郝经,进而具体地将历代文章文体归入《易》《书》《诗》《春秋》四部。郝经曾在《原古录序》中说:"古今文章皆经之所出,万言千论,不能有以外而莫能及焉。为之群分类聚,论定区别,以稽其变,益见经之大,圣人不敢觊觎,则尊经也。"②郝氏《续后汉书》一书正是反映出作者以经学的理念研究文体的"群分类聚,论定区别,以稽其变"。该书卷 66 上上"文章总叙"将历代文章归入《易》《书》《诗》《春秋》四部。其中归入《易》部有序、论、说、评、辨、解、问、难、语、言诸体,归入《书》部有书、国书、诏、册、制、制策、赦、令、教、下记、檄、疏、表、封事、奏、议、笺、启、状、奏记、弹章、露布、连珠诸体,归入《诗》部有骚、赋、古诗、乐府、歌、行、吟、谣、篇、引、辞、曲、琴操、长句杂言诸体,归入《春秋》部有国史、碑、墓碑、诔、铭、符命、颂、箴、赞、记、杂文诸体③。黄佐的思想自然是继承了前人文体学的思想资源,与前人不同的是,黄佐是首次以总集的形式将文本于经的观念具体化和谱系化了,所以这种理论特色以及所带来的缺陷就更为明显了。《四库全书总目》虽然赞扬黄佐的学问,并认为该书"分类编叙,去取甚

---

① (南朝梁)刘勰著,詹锳义证:《文心雕龙义证》上册,上海古籍出版社 1989 年版,第 78—79 页。

② (元)郝经:《陵川集》卷 29,《文渊阁四库全书》第 1192 册,第 316 页。

③ (元)郝经:《续后汉书》,《文渊阁四库全书》第 385 册,第 624 页。归于《春秋》类的"杂文"比较特殊:"杂于四经之间而其体不一。如祭文、吊文、移文、纪录、传志,即事为文,随物命题者皆是也。"(元)郝经:《续后汉书》,《文渊阁四库全书》第 385 册,第 624 页。

严",但批评说："文本于经之论,千古不易,特为明理致用而言。至刘勰作《文心雕龙》,始以各体分配诸经,指为源流所自,其说已涉于臆创。佐更推而衍之,剖析名目殊无所据,固难免于附会牵合也。"①《四库全书》把此书列入"存目",可见对该书评价不高,其原因就在于它推衍"文本于经"之说以至于附会牵强。"文本于经"原本是相当模糊含混的观念,一旦具体化,问题就产生了。四库馆臣对《六艺流别》文体溯源的批评是有道理的。

但从文体分类学的角度来看,《六艺流别》仍有某种创新的思想。文体发展到明代,数量极多,黄佐意在将这些复杂纷纭的文体总其类别,以简驭繁,起纲举目张之用。黄宗羲谓黄佐之治学"以博约为宗旨"②,《六艺流别》也反映出黄佐以博返约的学术精神。黄佐在《六艺流别序》中强调六经的不同功能与影响。在他的文体谱系中,六经的功能已经被抽象化与模式化了,他在《序》中认为六经的功能分别是:《诗》"道性情","诗艺"主要包括诗赋文体;《书》"道政事","书艺"主要包括公文文体;《礼》主"敬","礼艺"主要包括礼仪文体;《乐》主"和","乐艺"主要包括音乐性文体③;《春秋》主"名分","春秋艺"主要包括叙事与论说文体;《易》主"阴阳","易艺"主要包括术数类文体。他的所谓"六艺流别",本质上是从文体功能出发,创造出一套新的文体分类法,这是有其合理性与创新性的。明代以文体为

---

① 《四库全书总目》卷192《六艺流别》提要,第1746页。
② （清）黄宗羲:《明儒学案》(修订本)卷51,中华书局2008年版,第1198页。
③ 《乐经》的存亡,历来说法不同,班固说:"古者以《易》《书》《诗》《礼》《乐》《春秋》为'六经'。至秦焚书,《乐经》亡。"(宋)李昉等:《太平御览》卷608引《白虎通》,中华书局1960年版,第2735页。但也有学者认为,乐本无经,无所谓存亡,如《四库全书总目》的经部《乐类序》即持此说。本章只讨论黄佐的《乐》学思想,而不涉及《乐经》的存亡问题。刘勰、颜之推与郝经等人主张文本于经,但都没有把《乐》列入其中。黄佐特别把《乐》列入文章本源之一,可见他对音乐性文体的重视。

核心的文章总集不少,如《文章辨体》《文体明辨》《文章辨体汇选》等,但如果就其理论的独创性与系统性而言,则无出黄佐此书之右者。

黄佐把各体文章的发展视同水之渊源流别。六艺是源,后代文体则有流有别,线索分明。欧大任在《六艺流别序》中称赞这种分类:"譬之疏导九川,功同神禹。"①比如书艺:

> 《书》,行志而奏功者也。其源以道政事,为典、为谟。典之流,其别为命、为诰。谟之流其别为训、为誓。凡典,上德宣于下者也,又别而为制、为诏、为问、为答、为令、为律。命之流又别而为册、为敕、为诫、为教。诰之流又别而为谕、为赐书、为书、为告、为判、为遗命。而间亦有不尽出于上者焉。凡谟,下情孚于上者也,又别而为议、为疏、为状、为表、为笺、为启、为上书、为封事、为弹劾、为启事、为奏记。训之流又别而为对、为策、为谏、为规、为讽、为喻、为发、为势、为设论、为连珠。誓之流又别而为盟、为檄、为移、为露布、为让、为责、为券、为约。而间亦有不尽出于下者焉。②

《六艺流别》把经典的源与后代文体之流的关系看成是分级分支衍生的。这种源流分级分支衍生的文体观念有其合理之处。一方面,既肯定六艺的渊源作用,另一方面,也承认后代各种文体虽承六艺之绪,但也出现了分流现象,文体本质已有所演变,具有新的因素并各有独立的意义。假如仅从表面来看,处于最末的"流"也许与"源"的关系并不明显,但从其分级分支衍生的关系来看,又是有一定道理

---

① (清)黄宗羲编:《明文海》卷221,中华书局1987年版,第2242页。
② (明)黄佐:《泰泉集》卷35《六艺流别序》,清康熙二十一年黄逵卿等刻本。

的。如把"券""约"这些文体归之《书》，初看起来相距甚远，似乎不免牵强附会，但是从黄佐的文体谱系的衍生关系来看，是可以理解的。因为"《书》，行志而奏功者也。其源以道政事，为典、为谟。""谟之流其别为训、为誓。""誓之流又别而为盟、为檄、为移、为露布、为让、为责、为券、为约。""券"与"约"之所以放到"书艺"，是因为它们所包含的"约定"与讲求信用的功能，与"誓"是相通的。

在明代文体学著作中，吴讷《文章辨体》收录文体 59 类，徐师曾《文体明辨》127 类，贺复徵《文章辨体汇选》132 类。而黄佐《六艺流别》有 150 多种（其中 12 类为附属类，有文体序题而无范文），涉及文体最多。《六艺流别》的分类对于研究先秦文体的作用尤大。中国古代的文体分类学，大体所根据的是南北朝以后的文体，大量在先秦时代的文体形态与泛文体（有些还是口头形态），在后代已不再存在，或者已改变形态。章太炎《辨诗》说："文章流别，今世或繁于古，亦有古所恒睹，今隐没其名者。"①如先秦时代的"让"，原来是运用性的口头文体，在后代已演变成其他专门的文章文体了。所以一般的文体学著作像《文体明辨》是不把它作为文体的。但是从先秦的文献看，这是当时使用相当频繁的形式。黄佐谓：

> 让：让者何？责人而巽与之言，先人后己。《国语》祭公谋文，称古有威让之令是也。《字通》作"攘"，盖人心从逆，道先王之成宪以禁止之。凡天子柔远人、怀诸侯，与诸侯列国兵争而为文告之辞，必自威让始。《文心雕龙》曰："齐桓征楚，告菁茅之阙；晋厉伐秦，责箕郜之焚。"详其意，又檄文萌矣。②

---

① 章太炎：《国故论衡》，上海古籍出版社 2003 年版，第 87 页。
②《六艺流别》卷 12，第 325 页。

黄佐拈出"让"体,并从《左传》中选出《襄王逆政之让》《定王问鼎之让》《管仲伐楚之让》《展喜犒师之让》《孔子夹谷之让》,重现了春秋时代比较真实的历史语境。又如作为"易艺"的"兆、繇、例、数、占、象、图、原、传、言、注"这些文体形态也是文体学上非常少人注意到的。

作为文章选本,《六艺流别》在选录与评点方面也有特色。《四库全书总目》谓是书"采摭汉魏以下诗文",此说不甚正确,《六艺流别》的选文范围上自先秦,下迄隋代,隋以后的文章不选①。《六艺流别》选文上有意避免与《义选》重复,所选文章均在《文选》收录之外,以补其缺。黄佐还本着网罗放佚的目的,在各艺之首,甄录佚文,如"佚诗""佚书""佚礼""佚乐"等。《六艺流别》在选录文章时,对作品的文体分类与众不同,因为他不是按作品的名称,而是从文体的内在功用去分类的。如在"乐艺"的选文中,他从音乐的角度,把《蒿里行》列在"唱",而《短歌行》《燕歌行》《董逃行》《秋胡行》《善哉行》则列入"调",而"调"类又分为"清调"与"瑟调"。黄佐从特殊的艺术眼光去研究作品的文体,常有与众不同的胜解。如"乐艺"有"舞篇"一类:"舞篇者何?装饰古事而述其一篇之辞也。"②《董娇娆》"舞者为女子,设男子问之。"《羽林郎》"舞者为军装,入酒垆,胡姬拒之。"《木兰》"舞者女子易男服,平虏后返初服而归。"《焦仲卿妻》:"此后世说故事所本,然高古不觉其繁。"③黄佐指出这些舞篇在形态上与后世的戏剧和叙事文学样式之间有某些内在关系,这也是一般文体学家所未言及的。

总之,明人的文章总集在形态与观念上多受宋人影响,而《六艺

---

① 隋以后产生的文体也不采录,比如"词曲"。"诗艺"中有"词",但并不是词曲。
② 《六艺流别》卷16,第409页。
③ 以上对四篇文章的论述皆见《六艺流别》卷16,第410页。

流别》却是相当特立独行的选本,无论是其文体谱系观念以及所选篇章,在总集中确是戛戛独造的,这或许也就是它无法流行的原因。至今《六艺流别》差不多是一部被遗忘的文章总集①,但是它在文体学方面重要的理论价值与史料价值仍有待进一步认识。

---

① 中山大学图书馆藏《六艺流别》有周连宽题识:"《六艺流别》二十卷,明黄佐撰,四库列入总集存目,阮元修《广东通志》时尚存,惟黄慈博撰《广东宋元明经籍椠本纪略》则云未见,是知此书近日流传已极少。"所言甚是。

第十一章　贺复徵与《文章辨体汇选》

人们谈起文章辨体，大概都会想到明代两部著名的文体学著作，即吴讷的《文章辨体》和徐师曾的《文体明辨》。其实在明清之际，还有一部重要的文章辨体著作，即贺复徵的《文章辨体汇选》。该书收录先秦至明末（个别清初）经史、诸子、百家、山经、地志等各体文章，类聚区分，合 132 类，780 卷。规模之巨大，甄录之广博，辨体之精严，为历来总集所罕见。可惜，此书长期湮没无闻，未能沾溉学林。笔者不揣浅陋，略为介绍，以作引玉之砖。

一、贺复徵生平事迹与《文章辨体汇选》产生的背景①

关于《文章辨体汇选》一书的作者，《四库全书总目》卷 189 集部"总集类"曰："《文章辨体汇选》七百八十卷，浙江巡抚采进本。明贺复徵编。复徵，字仲来，丹阳人。"②认为此书为明代丹阳人贺复徵所

---

① 本章原载《学术研究》2005 年第 5 期，后承陆林先生见示大作《〈文章辨体汇选〉"四库提要"辨误——兼论"施伯雨"撰〈水浒传自序〉的来源》，今参考此作，对原文中考证贺复徵生平履历的内容，再作修订。陆文载《文学遗产》2008 年第 3 期，下文凡引其论述，不另出注。
② 《四库全书总目》卷 189《文章辨体汇选》提要，第 1723 页。

编。《钦定续文献通考》卷198"经籍考"、《钦定续通志》卷163"艺文略"著录略同。此书版本,今日所见,只有四库本。而四库馆臣当时见到的,也只是传播甚稀的抄本(见该书提要)。

关于此书编者贺复徵,上引材料记载的,唯有字号和籍贯,其他事迹则略无所闻。四库馆臣以贺复徵为明人,查《明史》,贺复徵无传。《重修丹阳县志·书籍》著录明贺复徵作品,有"《白门诗草》《吴吟》《纪游》《烟鬟堂集》,又选《明诗品汇》"①,今多失传。又《丹阳县志补遗·文苑》亦以贺复徵为明末文士,其传曰:"贺复徵,字仲来,景来大参少子。天启时恩贡,善读书,无贵介气。积书万卷,因自号卷人。当时荐于朝,征修《熹宗实录》,事毕即归隐,遍游山水,惟以著作自娱。"②虽对传主的性情才学有所介绍,然生平叙述过简。参修国史,乃士人极高荣誉。此时贺复徵年岁几何,竟无从得知,殊为憾事。所幸《文章辨体汇选》中收录了贺复徵本人数篇文章,为进一步探究其行迹提供了可贵线索。这些文章分别是《云社约》(卷51)、《吴吟题辞》(卷363)、《杨尔宁〈径山草诗〉题辞》(卷363)、《杨尔宁〈经山诗草〉题辞》(卷363)、《比丘尼海义补陀斋僧募缘疏》(卷379)、《救荒末议》(卷426)、《道光和尚述》(卷629)等③。

《云社约》详细记载了云社结社缘起、活动内容、规章制度等,为了解明代文社活动提供了可贵的第一手资料。更重要的是,社约记载了云社诸子的姓名、字号、生年,从中得知贺复徵出生于万历庚子年(1600)。云社诸子中,贺复徵最年长,可能是云社的发起人和组织者。从"生同乡,业同道,行同志"来看,云社为丹阳一邑之文社,十二

---

① (清)刘诰等修,徐锡麟等纂:《重修丹阳县志》卷35,清光绪十一年刊本。
② 胡为和修,孙国均纂:《丹阳县志补遗》卷10,台北成文出版社有限公司1974年版,第131页。
③ 陆林又考得张学仁、王豫辑《京江耆旧集》,刘会恩《曲阿诗综》中收录贺复徵《南庵消夏四首录二》《登摄峰顶》等诗二十四题。

社友都是丹阳人,因志同道合而结为一体。结社时间不详,但从其中最小的两位成员汤愚公、张范我都出生于万历甲寅年(1614)来看,很可能要到崇祯元年(1628)以后;其持续时间,则不会迟于清兵入关之年(1644)[1]。社友的活动是丰富多彩的,或商榷古今,或吟诗作赋,或觥筹交错,或登山临水,表现了雍容自得、风流儒雅的文士生活[2]。从现存材料可知,贺复徵本人善诗文,曾自编《吴吟》诗集,又为社友杨尔宁编《径山草诗》《经山诗草》,可惜都未传世。又《石渠宝笈》卷43载"元钱选《观鹅图》一卷",中有"贺仲来鉴定珍藏"[3]之语。《清河书画舫》卷7下:"与可墨竹妙绝,占无其人。后惟补之、叔雅画梅,子固、所南兰蕙水仙,差堪继响。此外如日观葡萄,世人以得草书法称之。然鄙性绝不喜也。"注曰:"练水汤愚公携示杨补之梅卷,后有元人题识。"[4]可见贺复徵、汤愚公都爱收藏、玩赏古字画,这可能也是云社诸子的日常生活内容。

云社诸友中,除贺鲁缝、贺古愚外,与贺复徵过往最密,感情最深的,当为杨尔宁。这可从贺复徵两次为他编次诗集、撰写题辞表现出来。杨尔宁名志远,小贺复徵9岁,性情超绝,寡合于世。贺复徵于其人,不以"世法"接之;于其诗,不以"世法"读之,可谓深具了解之同情[5]。盖杨尔宁行事虽如闲云野鹤,心中自有块垒。《杨尔宁〈经

---

[1] 在晚明曾盛极一时的文社,明亡后随着满清政府的专制和民族压迫政策而烟消云散。因为明末文社多带有政治色彩,异族统治者对这一类结社特别敏感。

[2] 明清之交,这种优游自得的文社生活不复存在。

[3] (清)张照、梁诗正等撰:《石渠宝笈》,见《文渊阁四库全书》子部艺术类书画之属第825册,第611页。

[4] (明)张丑撰:《清河书画舫》,见《文渊阁四库全书》子部艺术类书画之属第817册,第289页。

[5] 参考(明)贺复徵:《杨尔宁〈径山草诗〉题辞》,《文章辨体汇选》卷363,《文渊阁四库全书》第1406册,第443页。

山诗草〉题辞》曰:"嗟乎,江海横流,不遑安处,而犹切切不废啸歌,寄情吟咏,则其心更苦甚。故于丙戌前后所得,复诠次之,题曰《经山诗草》,刻《径山诗》后。"①丙戌年,为顺治三年(1646),即清兵入关的第三年。"江海横流,不遑安处"数语,当非泛泛之叹,而是寄托着神州陆沉的深哀巨痛的。易代之际,士人的出处去就,最能表现其志节操守。贺氏为丹阳望族,贺复徵父及同宗叔伯皆有仕宦功名,自己又曾参修国史,而入清之后,形迹不显,当与当时许多士人一样,心念旧朝,归隐山水,"其心更苦甚",是他们的共同感受②。

　　除了入京修史外,贺复徵一生至少还有两次远游。据《道光和尚述》记载,第一次是天启乙丑年(1625),贺复徵 26 岁时,因父仕宦夔门而入蜀,并开始与道光和尚密切交往,时有诗文酬答,直至道光去世。第二次是崇祯辛未年(1631)秋,"家大人粤西命下",贺复徵"以病侍行",随父宦于广西庆远,时年 32 岁;《吴吟》集中的吟咏,即为此而发③。贺复徵一族多信奉佛法、优养沙门者。道光和尚在蜀时即倚仗其父;其后虽云游四方,而每年必一至丹阳,最后定居丹阳城西,

---

① (明)贺复徵:《杨尔宁〈经山诗草〉题辞》,《文章辨体汇选》卷 363,《文渊阁四库全书》第 1406 册,第 443 页。
② 据陆林考证,杨尔宁为明崇祯十二年(1639)举人、清顺治十二年(1655)进士,官至汝南道,并非明朝遗民。然其易志应举在顺治十二年,明朝初亡时之心态,当与贺复徵同。
③ 陆林又据(乾隆)《镇江府志》、(光绪)《丹阳县志》《曲阿诗综》《京江耆旧集》等史料,考得贺复徵 32 岁以后行迹如下:崇祯九年(1636)在乡,请陈继儒为父撰寿序,年 37 岁。崇祯十四年(1641),年 42 岁,父纳贤卒于此年或稍后。崇祯期间参校《熹宗实录》,具体时间不详。入清后,约于顺治四年(1647)为友人杨志远编刊《经山诗草》和《径山草诗》,年 48 岁。在顺治八年(1651)后,撰写了《道光和尚述》,由此亦可知《文章辨体汇选》只能成书于更晚的时间。顺治十三年(1656)尚在世,陈维崧与邑人蒋清、汤寅冬日来访,年 57 岁。

亦赖贺复徵与同宗宫保公赞成其事①。这种因缘关系,自会对贺复徵的思想产生一定影响。《道光和尚述》载其赠道光诗曰:"丹阳郭里舟,白岳岩前寺。去住本无心,了此一大事。"又曰:"惠远非逃世,深公宁买山。齐云岩上路,何日共跻攀。"②表现了贺复徵对佛法的领悟和对高僧的钦仰。贺复徵知交杨尔宁息影山阿,"与二三禅衲谈金仙之学"③,可谓同声相应。贺复徵还有《比丘尼海义补陀斋僧募缘疏》一文,可看出他对佛事的一贯热心。《救荒末议》一文,渗透着其对荒年中百姓苦难的深切同情,并以历史上著名的救荒善政为借鉴,提出具体可行的应对措施。从中可以看出,贺复徵并非忘情世事之人,而是有着传统儒士蒿目时艰、关心民瘼的情怀。

以上是对贺复徵平生事迹和思想的简单勾勒,虽片鳞只爪,也大略可以了解其人其事了。

《文章辨体汇选》的编纂始于何时,已无从考证。不过按《四库全书》的前后编排次序,显然是把它放在明代的,意其为明代后期编纂的文集。然而,该书收贺复徵所作《杨尔宁〈经山诗草〉题辞》既说集尔宁丙戌前后所作为《经山诗草》,则贺文必撰于顺治三年(1646)之后,《文章辨体汇选》之成书,则又当在贺文之后。又据陆林考证,贺书所录《道光和尚述》撰于顺治八年(1651)后,则其成书下限,至少也在此之后了。《四库全书总目》由于认为此书编于明代,所以又谓此书:"每册首有晋江黄氏父子藏书印记,而《千顷堂书目》乃不载

① 四库馆臣以为丹阳贺氏一家登科名者事迹与贺复徵在《道光和尚述》和《吴吟题辞》中所序父祖官阶年月俱不相符。然据陆林考证,贺复徵自撰文所涉"先宪副"和"先宫保",是指其父纳贤和同宗叔伯世寿,并非如"四库提要"所云"官阶、年月俱不相合"者。

② (明)贺复徵:《道光和尚述》,《文章辨体汇选》卷629,《文渊阁四库全书》第1409册,第591页。

③ 《杨尔宁〈经山诗草〉题辞》,《文渊阁四库全书》第1406册,第443页。

是编,均莫详其故也。"①推其原因,大抵黄虞稷《千顷堂书目》不录清人著作,而《文章辨体汇选》成书已在入清之后,故"不载是编"。至于编纂原因和成书过程等具体细节,由于此书没有作者自序或他人题跋,因此缺少直接的说明材料。然而,从书名看,选文辨体,无疑是贺复徵从事这项浩大工程的主要原因和直接动力。而明代文坛盛行的辨体思潮,则是催生此书的深厚土壤。

辨体意识在明代空前高涨。纵观整个文学批评史,明代可以说是文体最繁多、辨体最严密的时期,其原因正如徐师曾所揭示:"盖自秦汉而下,文愈盛;文愈盛,故类愈增;类愈增,故体愈众;体愈众,故辨当愈严。"②文章以体制为先,几乎成为这一时代的共识。陈洪谟曰:"文莫先于辨体,体正而后意以经之,气以贯之,辞以饰之。体者,文之干也;意者,文之帅也;气者,文之翼也;辞者,文之华也。"③胡应麟《诗薮》曰:"文章自有体裁,凡为某体,务须寻其本色,庶几当行。"④吴讷《文章辨体·凡例》曰:"文辞以体制为先。"⑤徐师曾《文体明辨序》曰:"夫文章之有体裁,犹宫室之有制度,器皿之有法式也。"⑥李东阳《怀麓堂诗话》云:"予辈留心体制。"⑦许学夷云:"诗有

---

① 《四库全书总目》卷 189《文章辨体汇选》提要,第 1723 页。另陆林以为,黄虞稷之父黄居中(1562—1644)卒于崇祯十七年(1644),不可能在成于顺治年间甚至更迟的贺书上加盖藏书印记。馆臣所载,只可信其半。

② (明)徐师曾著,罗根泽校点:《文体明辨序说》,人民文学出版社 1962 年版,第 78 页。

③ 转引自《文体明辨·文章纲领》,《文体明辨序说》,第 80 页。

④ (明)胡应麟:《诗薮》内编卷 1,上海古籍出版社 1979 年版,第 21 页。

⑤ (明)吴讷著,于北山点校:《文章辨体序说·凡例》,《文章辨体序说》,人民文学出版社 1962 年版,第 9 页。

⑥ 《文体明辨序说》,第 77 页。

⑦ (明)李东阳著,李庆立校释:《怀麓堂诗话校释》,人民文学出版社 2009 年版,第 236 页。

源流,体有正变",“体制、声调,诗之矩也”①。这些论述,反映了明代辨体批评风气之盛。与此相应,涌现出大量诗文辨体著作。如《艺苑卮言》《诗薮》《唐音癸签》等,虽未冠以辨体之名,却都以辨体为主要内容。杨慎《绝句辨体》、许学夷《诗源辨体》、符观《唐宋元明诗正体》等,则在书名中即揭橥了辨体宗旨。当然,这几部书主要是辨别诗体的。辨别文体的著作,则以吴讷《文章辨体》、徐师曾《文体明辨》最为引人注目。吴书把文体分为 59 类,徐书则多达 127 类。两书虽是文章总集,但在序题中或考订各体源流,或辨析其古今应用的变化,条分缕析,细致周全,是明代文体论的代表作,对当时与后世都产生了较大影响。《文章辨体汇选》正是这种影响的产物。

二、《文章辨体汇选》的编纂体例

四库馆臣指出贺复徵是因为《文章辨体》“所收未广”,因而另编《文章辨体汇选》的。贺书显然有意接踵吴讷《文章辨体》、徐师曾《文体明辨》,并在二书基础上加以扩展而成,这从书名也可以看出来。《文章辨体汇选》在文体分类、选文、编纂体例上,都明显吸收了吴、徐二书的成果,而规模更浩大,收罗更宏富。

《文章辨体》和《文体明辨》在每种文体之前都有序题,详细阐述各类文体的名称、功用、源流变化等,并引用前人文论资料作为佐证。《文章辨体汇选》沿用这种体例,而所引前人资料,更为广博,其中又以引刘勰、吴讷、徐师曾所论最多。有些序题只引一家以为说。如卷

---

① （明）许学夷著,杜维沫校点:《诗源辨体》自序,人民文学出版社 1987 年版,第 1 页。

48"状"类：

> 刘勰曰："状者，貌也。体貌本原，取其事实也。"①

卷51"约"类：

> 徐师曾曰："按字书云：约，束也。言语要结，戒令检束皆是也。古无此体，汉王褒始作《僮约》，而后世未闻有继者，岂以其文无所施用而略之欤？愚谓后世如乡约之类，亦当仿此为之，庶几不失古意，故特列之以为一体。"②

卷441"问对"类：

> 吴讷曰："问对体者，载昔人一时问答之辞，或设客难以著其意者也。《文选》所录宋玉之于楚王，相如之于蜀父老，是所谓问对之辞。至若《答客难》《解嘲》《宾戏》等作，则皆设辞以自慰者焉。"③

编者序题中只引一家之说，表明完全赞同此家的意见。然该书更多的是征引数家之说。如卷1"诏"类：

> 刘勰曰："秦并天下，改命曰制，令曰诏。汉初定仪，则命有四品。一曰策书，二曰制书，三曰诏书，四曰戒敕。诏者，昭也，

---

① （明）贺复徵编：《文章辨体汇选》，《文渊阁四库全书》第1402册，第237页。
② 《文章辨体汇选》，《文渊阁四库全书》第1402册，第273页。
③ 《文章辨体汇选》，《文渊阁四库全书》第1407册，第474页。

告也。故授官选贤,则义炳重离之辉;优文封策,则气含风雨之润;敕戒恒诰,则笔吐星汉之华;治戎燮伐,则声有洊雷之威;眚灾肆赦,则文有春露之滋;明罚敕法,则辞有秋霜之烈。此诏策之大略也。"吴讷曰:"按三代王言,见于《书》者有三,曰诰,曰誓,曰命。至秦改之曰诏,历代因之。然唯两汉诏辞,深厚尔雅,尚为近古。至偶俪之作兴,而去古远矣。东莱吕氏云:'历代诏书,或用散文,或用四六。散文以深醇敦穆为本,四六须下语浑全,不可尚新奇华巧,至失大体。'此编以汉诏居前,附以唐宋诸诏,例为三体。西山有云:'王言之体,当以《书》之诰、誓、命为祖,而参以两汉诏策。'信哉!"①

征引数家之说,表明各家所见互有异同,然可互相发明、引申、补充。如果还有异议或补充,则在序题末以"复徵曰"申述己意。如卷125"表"类在引用吴讷的解说后,又参以己意:"复徵曰:按表有三体,分而别之,一曰古体,二曰唐体,三曰宋体。学者宜有以考云。"②这正反映出明代人的文体史观。又如卷435"解"类引用了刘勰、吴讷的意见后加以按语:"复徵曰:《文选》以七为一体,固非。前说以七入解,亦欠妥。详后设体。"③这表明编者对"解"的看法,与前人有较大的差别。大凡贺复徵加上按语的地方,都表现了他对文体的分类、特征、源流演变等方面的独特看法,也是该书新意所在,尤其值得重视。

对于前人没有解说的文体,或者《文章辨体》《文体明辨》之外的新立文体,因无复依傍,往往自为解说。如卷28"九锡文",贺复徵解说这种文体得名之由和风格特征:"按《说文》:'锡,与也,赐也。'

---

① 《文章辨体汇选》,《文渊阁四库全书》第 1402 册,第 3 页。
② 《文章辨体汇选》,《文渊阁四库全书》第 1403 册,第 440 页。
③ 《文章辨体汇选》,《文渊阁四库全书》第 1407 册,第 427 页。

《易》云:'王三锡命,开国承家。'人臣至册以九锡,此乃奸雄篡窃所由始,而非国家之利矣。然其文必典雅闳肆,极其铺张,录之以存一体。"①揭示了"九锡"类文的起源、性质和文体风格。又如卷639"日记类":"复徵曰:日记者,逐日所书,随意命笔,正以琐屑毕备为妙。始于欧公《于役志》、陆放翁《入蜀记》,至萧伯玉诸录而玄心远韵,大似晋人。各录数段,以备一体。"②贺复徵揭示了"日记"文体随意命笔而委曲备至的优长,并列举了代表作家和作品。从这些新立的文体中,尤其能看出贺复徵编纂此书的原则,是选文以辨体,而非立体以选文,即主要从"辨体"的角度选取在文体史上有代表性的作品。有些作品艺术水平并不突出,在文学史上地位不高,但在文体形态方面有独到之处,在文体学上就有独特地位。而在文学史上影响很大的作品,未必能在文体学中占有一席之地,因此,也就未必能入选。这正是文体学与文学史相关而又不同的极好说明。

《文章辨体汇选》每类文体前的序题,存录了历代文体论方面的大量资料,同时也表现了编者本人的文体观念,具有相当高的文体史料学价值,是全书的精华所在。该书各体选文则根据时代先后排列。大类之下,往往又根据不同的特点或使用场合,分若干小类。如卷392"论"类下又设八类:"一曰理论,二曰政论,三曰经论,四曰史论(有评议、述赞二体),五曰文论,六曰讽论,七曰寓论,八曰设论。"③卷483"传"下又分七品:"一曰史传,二曰私传,三曰家传,四曰自传,五曰托传,六曰寓传,七曰假传。"④而卷281"序"下竟分为经、史、文、籍、骚、赋、诗、集、政、学、志等三十余子类。这些都反映出明人对文

---

① 《文章辨体汇选》,《文渊阁四库全书》第 1402 册,第 151 页。
② 《文章辨体汇选》,《文渊阁四库全书》第 1409 册,第 645 页。
③ 《文章辨体汇选》,《文渊阁四库全书》第 1406 册,第 699 页。
④ 《文章辨体汇选》,《文渊阁四库全书》第 1408 册,第 63 页。

体的分辨越来越细致,越来越严密。吴讷把文体分为 59 类,徐师曾增至 127 类,贺复徵又增至 132 类。如果仅从绝对数量上来看,贺书与徐书相较,差别不大。其实,徐书中有诗赋类 25 种,而贺书不收诗赋。因此,就文类而言,贺书新增了 30 类,数量不算小。其中有些是细分,如徐书把奏对、奏启、奏状、封事、弹事等归入"奏疏"类中,而贺书则都单独列类,徐书中"纪事"类,贺书析为"纪"和"纪事"两类;有些是新立,如九锡文、日记、故事、品、榜、训、篇、寿辞、本纪、实录、仪注、世表、史传、世谱、年谱等;新立文体中,大多前世已有,少数是明代新产生的,如牌、申、呈、咨、告示等。这样分也许失于烦琐,然而,它表现了明人试图认识文体之间细微差别的意识,以及忠实反映当时文体创作实际的努力。

另外,此书的编纂,始终贯穿着明古今、严正变的宗旨,以古代即传统的体制为正体,后起的体制为变体,非常规的体制为别体,崇古卑今的观念很明显。此外又有古体、近体、散体、律体、骈体、唐体、宋体之分。这些概念,也都渗透着明古今、严正变的意识,是明代复古思潮的反映。

三、《文章辨体汇选》的编选特色与价值

《文章辨体汇选》在保存文体批评资料和体现明代文体学发展上的贡献,已略如前述。除此之外,与历代总集相较,此书还有两个非常突出的问题,值得进一步探讨。

一是此书不收诗赋。从萧梁时的《文选》开始,下至《文苑英华》《唐文粹》《文章正宗》,直至明代《文章辨体》《文体明辨》等著名总集,虽以"文"命名,实际都兼收诗赋,且诗赋在全书中多占有重要位置。而《文章辨体汇选》煌煌 780 卷,却不录诗赋类,显然是把诗赋排

除在文章之外的。虽然编者没有解释其中的原因,但依笔者揣测,大概是受了宋代以来诗文之辨的影响。宋人把韩愈与杜甫分别视为以文为诗和以诗为文的代表。《后山诗话》引黄庭坚语:"诗文各有体,韩以文为诗,杜以诗为文,故不工尔。"①《杜工部草堂诗话》卷1引《扪虱新话》云:"韩以文为诗,杜以诗为文,世传以为戏。"②可见,在宋人看来,诗、文各有体制,对以诗为文、以文为诗已表示不满。到了明代,随着辨体意识的进一步增强,人们对诗文体制、作用、风格特征等方面的区别越来越具体、明确。张佳胤说:"诗依情,情发而葩,约之以韵;文依事,事述而核,衍之以篇。"③王文禄《文脉》说:"文以载道,诗以陶性情,道在中矣。"④屠隆说:"夫以诗议论,即奚不为文而为诗哉?"⑤李梦阳说:"若专作理语,则何不作文而诗为邪?"⑥胡应麟说:"诗与文体迥不类:文尚典实,诗贵清空;诗主风神,文先理道。"⑦可见,在明人看来,诗和文各有特定的表现对象和不同的艺术风格。大致来说,文重在实用,适于叙事、说理、议论,尚质实、平易、自然;诗重在吟咏性情,有句式、声律等的限制,尚凝练、含蓄、风神。正因为诗和文有如此显著的区别,所以明人对宋人盛称杜诗为"诗

---

① (宋)陈师道:《后山集》卷23,《文渊阁四库全书》集部别集类第1114册,第723页。

② (宋)蔡梦弼:《杜工部草堂诗话》,丁福保辑:《历代诗话续编》上册,中华书局1983年版,第205页。

③ (明)李攀龙撰,包敬第标校:《沧溟先生集》附录一张佳胤:《张序》,上海古籍出版社1992年版,第714页。

④ (明)王文禄:《文脉》卷1,商务印书馆1937年版,第9页。

⑤ (明)屠隆:《文论》,《由拳集》卷23,汪超宏主编《屠隆集》第2册,浙江古籍出版社2012年版,第287页。

⑥ (明)李梦阳:《缶音序》,《空同集》卷52,见《景印文渊阁四库全书》第1262册,第477页。

⑦《诗薮》外编卷1,第125页。

史"不以为然。杨慎说：

> 宋人以杜子美能以韵语纪时事，谓之"诗史"。鄙哉！宋人之见，不足以论诗也！夫《六经》各有体，《易》以道阴阳，《书》以道政事，《诗》以道性情，《春秋》以道名分。后世之所谓史者，左记言，右记事，古之《尚书》《春秋》也。若《诗》者，其体其旨，与《易》《书》《春秋》判然矣。《三百篇》皆约情合性而归之道德也，然未尝有道德字也，未尝有道德性情句也。①

杨慎的观点，很能代表明人在诗文之辨上的看法。他们并不排斥诗歌有政治教化作用，但这种作用，是在约情合性的吟咏中自然而然产生的，并非一种刻意的追求。如果在吟咏性情中有意追求其实用价值，那么，就破坏了诗体的特点，与文没有什么两样了。

在上述所引材料中，诗、文往往对举，其中包含了文章观念的深刻变化。王运熙、杨明先生揭示这种变化说："唐宋古文运动倡导者都自称其所作散文为'古文'，或亦迳称为'文'、'文章'。于是有韵之'诗'可以不再包括在'文'、'文章'之内，而是与'文'、'文章'并列了。"②明人重视诗、文之辨，显然受了古文运动的影响。虽然并非所有的文论家都把吟咏性情的诗排除在文或文章之外，但这种观念至少为部分人接受，则是无可怀疑的。贺复徵《文章辨体汇选》不选诗赋，可见其"文章"内涵正是以叙事、说理、议论为主的实用性文体，而不包括以缘情体物为主的诗赋在内，这在明清文章总集中是非常

---

① （明）杨慎著，王大厚笺证：《升庵诗话新笺证》卷4，中华书局2008年版，第212页。
② 王运熙、杨明著：《中国文学批评通史·魏晋南北朝卷》，上海古籍出版社1996年版，第204页。

引人注目的。

　　《文章辨体汇选》在选文上另一值得注意的现象是大量选入史书体裁的文章,尤以先秦和两汉史传为多。《文选序》在谈到选文原则时说:"至于记事之史,系年之书,所以褒贬是非,纪别异同。方之篇翰,亦已不同。若其赞论之综缉辞采,序述之错比文华,事出于沈思,义归乎翰藻,故与夫篇什,杂而集之。"①明确把史类作品排除在"篇翰"之外,而收录史籍中的论赞,是因其富有辞采和文华,具备"篇翰"的审美特征。萧纲批评裴子野"乃是良史之才,了无篇什之美"②,说明文、史之间,分野迥然,与萧统的观点是一致的。此后历代总集,大多接受《文选》的分类法,将史著排除在文章之外。至南宋真德秀《文章正宗》收录《左传》《国语》之文后,这种界限才开始打破,然而,所收史传之文,量还不大。《文章辨体汇选》则大量收录《左传》《国语》《史记》《汉书》《后汉书》等史籍之文。如仅仅传记类,就录《左传》14 卷,《史记》17 卷,《汉书》8 卷,《后汉书》《三国志》等也收录不少。而本纪、实录、仪注、书志、世表等本来仅见于史籍的文章,也被大量收录,并各自成为众多文体中的一类。要之,史书中的篇什,在《文章辨体汇选》中占了相当大的分量。这在历代总集中也是非常罕见的。究其原因,大概是经过唐、宋古文运动的洗涤,散体文的地位大为上升,而讲究声律、辞藻、对仗的骈体文的地位则相对下降。在明人的文章观念中,以古为正、为雅,以今为变、为俗,推崇先秦、两汉的散体文,轻视魏晋以来盛行的骈体文,主张"文必秦汉"。而秦汉文中,史传无疑是最重要的文体,因此,能为选家大量收录。这里不仅有文体观念的变化,还与特定时代的文学思潮密切

---

① 见(南朝梁)萧统编,(唐)李善注:《文选》,上海古籍出版社 1986 年版,第 3 页。
② (南朝梁)萧纲:《与湘东王书》,(清)严可均校辑:《全上古三代秦汉三国六朝文》,中华书局 1958 年版,第 3011 页。

相关。

　　四库馆臣对《文章辨体汇选》编者用力之勤、收罗之富,以及在保存文献上的功绩,给予了较高评价:"坠典秘文,亦往往有出人耳目之外者。且其书只存钞本,传播甚稀,录而存之,固未始非操觚家由博返约之一助尔。"①《四库全书简明目录》亦言:"自《文苑英华》以来,总集之博,未有如是书者,亦著作之渊海也。"②其实,《文章辨体汇选》的编纂宗旨、体例、性质乃至存在缺点都和《文章辨体》《文体明辨》非常相近,《四库全书》将吴、徐二书列入"存目"而把《文章辨体汇选》选入正编,最主要的原因,恐怕是把它作为历来"总集之博"者的代表吧。

　　四库馆臣同时也指出了此书编纂体例上的不足:

　　　　其中有一体而两出者,如"祝文"后既附"致语",后复有"致语"一卷是也。有一体而强分为二者,如既有"上书",复有"上言",仅收贾山《至言》一篇。既有"墓表",复有"阡表",仅收欧阳修《泷冈阡表》一篇。"记"与"纪事"之外,复有"纪","杂文"之外复有"杂著"是也。有一文而重见两体者,如王褒《僮约》,一见"约",再见"杂文"。沈约《修竹弹甘蕉文》,一见"弹事",再见"杂文"。孔璋《请代李邕表》,一见"表",再见"上书"。孙樵《书何易于事》,一见"表",再见"纪事"是也。又于金元之文,所收过略,而后人拟仿伪撰之作,如张飞《新都县真多山铭》之类,乃概为收入,未免失于别裁。"③

①《四库全书总目》卷189《文章辨体汇选》提要,第1723页。
②(清)永瑢等:《四库全书简明目录》卷19,上海古籍出版社1985年版,第860页。
③《四库全书总目》卷189,《文章辨体汇选》提要,第1723页。

贺复徵以一人之力，编纂巨编，难免存在一些缺点。古代文章总集的文体分类，有时是见仁见智的。四库馆臣所批评"一文而重见两体"的情况，并非仅见于此书，其原因也比较复杂，或因文集篇幅太长而编者失检所致，或因该文确兼有两体性质，应该具体分析。《四库全书总目》批评《文章辨体汇选》的缺陷，实际情况则更为复杂。如说："'祝文'后既附'致语'，后复有'致语'一卷是也。"今检《文渊阁四库全书》《文津阁四库全书》两种版本，"祝文"后皆未见附"致语"。又谓："有一体而强分为二者，如既有'上书'，复有'上言'，仅收贾山《至言》一篇。"而《文渊阁四库全书》本卷66至卷86皆为"上书"，贾山《至言》收录在卷86"上书"，并无"上言"一体①。该书收录文章以时代为序，文渊阁本卷85是"上书二十"，收录明代的文章；卷86是"上书二十一"，收录汉代贾山《至言》一篇，以汉文置于明文之后，体例令人不解。若卷86原为"上言"，则体例无碍，也与《四库全书总目》的批评相吻合。今检《文津阁四库全书》卷86确为"上言"，仅收录贾山《至言》一篇②。又谓："既有'墓表'，复有'阡表'，仅收欧阳修《泷冈阡表》一篇。"而《文渊阁四库全书》本卷693为"阡表"，所录欧阳修《泷冈阡表》之外，还有宋濂《诸暨方孝妇石表辞》、王直《彭氏义阡表》③。《文津阁四库全书》同此④。另外，提要批评此书"金元之文，所收过略，而后人拟仿伪撰之作，如张飞《新都县真多山铭》之类，乃概为收入，未免失于别裁"。文渊阁本与文津阁本皆收入此篇，然题改为《新都县真多山题名》。不同的是，文津阁本收入卷632"题名"，作者"阙名"；文渊阁本收入卷633"题名"，而作者则为"汉张

---

① 《文渊阁四库全书》第1402册，第605—608页。
② 《文津阁四库全书》第1406册，第338—341页。
③ 《文渊阁四库全书》第1410册，第245—249页。
④ 《文津阁四库全书》第1414册，第27—31页。

飞"。文津阁本或许是根据提要所言《新都县真多山铭》为"后人拟仿伪撰之作",而改为"阙名"。《总目》提要与四库文本之间不相吻合的情况,推其原因,或因篇幅巨大,馆臣撰写提要未及细检,故有一时之失;或馆臣原据海宁春晖堂抄本撰写提要①,而后有人又据提要指出的问题对《文章辨体汇选》增删修订。文渊阁本与文津阁本之间,已存在差异,两本或与海宁春晖堂抄本已有所不同,故出现总目提要与之不合的情况。这些涉及四库全书与采进本之间、诸种四库全书本之间、《四库全书总目》批评与四库全书文本之间可能存在一定差异的复杂问题,然文献不足,以意推之耳,尚待进一步研究。

　　总之,《文章辨体汇选》一书收罗广博,尤其荟萃了历代关于文体学方面的论述,具有很高的文体史料学价值。明代是文体学极发达、辨体极严格的时代,此书反映了明人的文体学成就,并透露了明代文学思潮、文学创作中的许多重要信息,因此也是研究明代文学的重要文献。只是由于编者名位不显,此书传播不广,所以在当时和后世都未引起足够的注意。

---

① （清）邵懿辰撰,邵章续录:《增订四库简明目录标注》,上海古籍出版社 1979年版,第915—916页。

第十二章　《四库全书总目》的文体学思想

　　《四库全书》内容包罗万象,从文章学的角度看,它对于各种图书的收录、编排以及《四库全书总目》涉及的文体批评集中反映出中国古代后期社会的文体学思想观念,并产生了深远的学术影响。下面从几个主要方面简要加以讨论。

一、文体谱系与文体本色

　　古今文体观念存在重大的差异。比如从现代文学观念看来,小说、戏剧与诗歌、散文是同等重要的文学文体,但在中国古代,情况恰恰不同。以《四库全书》为例,其文体谱系是以诗文为中心的,词曲(散曲)、小说(文言)为边缘文体,而作为叙事文学的白话小说与戏曲作品则被完全排斥在外。在《四库全书》中,这类文体的作品,无一入选,甚至其"凡例"中亦不加以说明,似乎是无容置喙、天经地义的。《总目》对这类书籍基本不提及,即有所涉及,亦持蔑视的态度。如批评清代王复礼《季汉五志》一书:"至于《三国演义》,乃坊肆不经之书,何烦置辨? 而谆复不休,适伤大雅,亦可已而不已矣!"①批评明王圻《续文献通考》重要的著作没有著录,"而《琵琶记》《水浒传》乃

---

① (清)永瑢等:《四库全书总目》卷50,中华书局1965年版,第459页。

俱著录,宜为后来论者之所讥"①。在元明两代之后古代小说、戏剧文体已完全成熟的情况下,《四库全书》根本不涉及这些文体,正反映出传统与正统的文学、文体观念的偏颇。

在馆臣的观念中,子部中小说的地位比不上集部中的诗文。《总目》卷144《谐史集》提要说该书:"凡明以前游戏之文,悉见采录,而所录明人诸作,尤为猥杂。据其体例,当入总集,然非文章正轨。今退之小说类中,俾无溷大雅。"②《谐史集》收录历代俳谐游戏之文,从体例上看,当为总集。然因其多游戏笔墨,"非文章正轨",因此被逐出集部,"退之小说类中,俾无溷大雅"。以集部为"大雅","退"字反映出小说的地位是较低的。由于受了汉学实证思想的影响,四库馆臣对充满幻想虚构和神怪内容的作品,评价往往不高:"《孝经集灵》旧入孝经类,《穆天子传》旧入起居注类,《山海经》《十洲记》旧入地理类,《汉武帝内传》《飞燕外传》旧入传记类,今以其或涉荒诞,或涉鄙猥,均改隶小说。"③"虞淳熙《孝经集灵》,旧列经部,然侈陈神怪,更纬书之不若,今退列于小说家。"④其改动类别是有道理的,但语气显然流露出对于小说文体的轻视。

在传统文体观念中,集部里词曲品位较低,不能与正统的言志载道的诗文相提并论。《总目》卷148集部总叙曰:"集部之目,楚辞最古,别集次之,总集次之,诗文评又晚出。词曲则其闰余也……至于倚声末技,分派诗歌,其间周、柳、苏、辛,亦递争轨辙。然其得其失,不足重轻。姑附存以备一格而已。"⑤《总目》卷198词曲类序曰:

①《四库全书总目》卷138,第1169页。
②《四库全书总目》卷144,第1235页。
③《四库全书总目》"卷首·凡例",第17页。
④《四库全书总目》卷32,第268页。
⑤《四库全书总目》卷148,第1267页。

"词、曲二体在文章、技艺之间,厥品颇卑,作者弗贵,特才华之士以绮语相高耳。然《三百篇》变而古诗,古诗变而近体,近体变而词,词变而曲,层累而降,莫知其然。究厥渊源,实亦乐府之余音,风人之末派。其于文苑,同属附庸,亦未可全斥为俳优也。"①视词曲为集部之闰余,乐府之余音,风人之末派,文苑之附庸,其品位可谓卑下。又谓"歌词体卑而艺贱"②。《总目》中还有许多具体论述,可与此相参。如卷199《花间集》提要:"后有陆游二跋。其一称斯时天下岌岌,士大夫乃流宕如此,或者出于无聊。不知惟士大夫流宕如此,天下所以岌岌,游未反思其本耳。其二称唐季、五代,诗愈卑而倚声者辄简古可爱,能此不能彼,未易以理推也。不知文之体格有高卑,人之学力有强弱。学力不足副其体格,则举之不足。学力足以副其体格,则举之有余。律诗降于古诗,故中、晚唐古诗多不工,而律诗则时有佳作。词又降于律诗,故五季人诗不及唐,词乃独胜。此犹能举七十斤者,举百斤则蹶,举五十斤则运掉自如,有何不可理推乎?"③以为文之体格有高卑,律诗降于古诗,词又降于律诗,甚至把天下岌岌归咎于士大夫耽于歌酒词令,未免失实。

曲与词相比,则又等而下之。卷200《张小山小令》提要:"自五代至宋,诗降而为词。自宋至元,词降而为曲。文人学士,往往以是擅长。如关汉卿、马致远、郑德辉、宫大用之类,皆藉以知名于世,可谓敝精神于无用。"④诗降而为词,词降而为曲,这种说法典型地反映出文体谱系中的文体等级观念。同卷《碧山乐府》提要:"明王九思撰……明人小令多以艳丽擅长,九思独叙事抒情,宛转妥协,不失元

① 《四库全书总目》卷198,第1807页。
② 《四库全书总目》卷173,第1530页。
③ 《四库全书总目》卷199,第1823页。
④ 《四库全书总目》卷200,第1835—1836页。

人遗意。其于填曲之四声,杂以带字,不失尺寸,可谓声音文字兼擅其胜。然以士大夫而殚力于此,与伶官歌妓较短长,虽穷极窈眇,是亦不可以已乎?"①一则批评关汉卿、马致远等散曲名家"敝精神于无用",一则批评王九思以士大夫"与伶官歌妓较短长",足见其对曲体的轻视程度。

但另一方面,四库馆臣又非常重视和强调词曲渊源流变与文体特征。卷200《宋名家词》提要:"词萌于唐,而盛于宋。当时伎乐,惟以是为歌曲。而士大夫亦多知音律,如今日之用南北曲也。金、元以后,院本杂剧盛,而歌词之法失传。然音节婉转,较诗易于言情,故好之者终不绝也。于是音律之事变为吟咏之事,词遂为文章之一种。"②从追溯词的源流入手,阐明词的主要作用在于言情,是配乐演唱的娱乐性文体。正因如此,这种文体与诗之言志内容及雅正风格迥然有别,即所谓"诗人之言,终为近雅,与词人之冶荡有殊"③。又卷198《乐章集》提要解释柳永词家弦户诵的原因说:"盖词本管弦冶荡之音,而永所作旖旎近情,故使人易入。"④从词的本质出发,称赞柳永词"旖旎近情""使人易入"的艺术感染力。与诗的庄重典雅不同,词的语言应该自然平易,清新流畅,这样才易体贴人情,产生直接的情感共鸣。

自宋以来,何为词体正宗是历代词学争议的焦点。出于对词体本质的认识,馆臣不把政治教化功能强加于词,而把旖旎近情、风格婉约之作推为词体正宗。《总目》卷200《四香楼词钞》提要:"大抵宗法周、柳,犹得词家正声……"⑤卷198《东坡词》提要:"词自晚唐、五

① 《四库全书总目》卷200,第1836页。
② 《四库全书总目》卷200,第1833页。
③ 《四库全书总目》卷198,第1817页。
④ 《四库全书总目》卷198,第1807页。
⑤ 《四库全书总目》卷200,第1832页。

代以来,以清切婉丽为宗。至柳永而一变,如诗家之有白居易。至轼而又一变,如诗家之有韩愈,遂开南宋辛弃疾等一派。寻源溯流,不能不谓之别格。然谓之不工则不可。故至今日,尚与花间一派并行而不能偏废。"①同卷《稼轩词》提要:"其词慷慨纵横,有不可一世之概,于倚声家为变调。而异军特起,能于剪红刻翠之外,屹然别立一宗,迄今不废。"②馆臣对苏、辛词评价极高,以为"屹然别立一宗,迄今不废"。尽管如此,他们依然以周、柳为词之正宗,而以苏、辛为别格、变调。

　　《总目》对曲的文体特征及其发展历程也有精彩论述。卷199《钦定曲谱》提要曰:"考《三百篇》以至诗余,大都抒写性灵,缘情绮靡。惟南北曲则依附故实,描摹情状,连篇累牍,其体例稍殊。然《国风》'氓之蚩蚩'一篇,已详叙一事之始末;乐府如《焦仲卿妻诗》《秋胡行》《木兰诗》,并铺陈点缀,节目分明,是即传奇之滥觞矣。王明清《挥麈录》载曾布所作《冯燕歌》,已渐成套数,与词律殊途。沿及金、元,此风渐盛。其初被以弦索,其后遂象以衣冠。其初不过四折,其后乃动至数十出。大旨亦主于叙述善恶,指陈法戒,使妇人孺子皆足以观感而奋兴,于世教实多所裨益。虽迄其末派,矜冶荡而侈风流,辗转波颓,或所不免,譬如《国风》好色,降而为《玉台》《香奁》。不可因是而罪诗,亦不可因是而废诗也。"③馆臣强调曲体"依附故实,描摹情状"的叙事特征与"阐扬风化,开导愚蒙"的教化作用,具有完全不同于诗词"抒写性灵,缘情绮靡"的独特文体性质,同时又指出,在古诗中,已有"传奇之滥觞"。

---

① 《四库全书总目》卷198,第1808页。
② 《四库全书总目》卷198,第1816—1817页。
③ 《四库全书总目》卷199,第1828页。

二、文体的分类与归类

文章的分体与归类是文体学的重要内容,《总目》对前代书籍的文体分类有相当多的批评。

从现代的眼光看,文体分类须在同一标准、同一概念层次下方可有效进行,否则就会引起混乱。但是在中国古代,文体分类标准不一是普遍存在的现象。《总目》卷 189 赞扬《元诗体要》"去取颇有鉴裁",但又批评它:"此本凡为体三十有六……其中或以体分,或以题分,体例颇不画一。其以体分者,选体别于五言古,吟、叹、怨、引之类别于乐府,长短句别于杂古体,未免治丝而棼。其以题分者,香奁、无题、咏物,既各为类,则行役、边塞、赠答诸门,将不胜载,更不免于挂漏。"①批评其文体分类"体例颇不画一"。或以体分,或以题分。即使以体划分,其内部标准也颇舛杂,如吟、叹、怨、引等各为乐府中的一类,却与乐府并列。又如五言古以句式分,选体则以总集名称立,其中包含了五言古,两者不可并列。又卷 192 批评《古诗类苑》:"割裂分隶,门目冗琐,如全书既以古诗为名,而第七十七卷人部又立'古诗'一门,是何体例乎?"②按:此书"古诗"门下收《古诗十九首》《古诗五首》《古诗二首》《古绝句四首》,似乎以诗题中含有"古诗"二字者为一类。然这里所谓"古诗十九首""古诗五首"等本非题目,而是后人为了称引方便所加上的称呼,以此为文体类别,可谓进退失据。《古诗类苑》中尚有"古意"门、"拟古"门等,其标准何在也颇为含糊。又卷 192 批评《文体明辨》:"首以古歌谣词,皆汉以前作,真伪不辨。

---

① 《四库全书总目》卷 189,第 1714 页。
② 《四库全书总目》卷 192,第 1752 页。

而以李贺一诗参其间,岂东京而后,只此一诗追古耶? 次四言诗,以分章者为正体,以不分章者为变体。次楚辞,分古赋之祖、文赋之祖、摹拟楚辞三例。次赋,分古赋、俳赋、文赋、律赋四例。又有正体而间出于俳,变体流于文赋之渐二变例。次乐府,全窃郭茂倩书而稍益以《宋史·乐志》,其不选者亦附存其目。次诗,取《文选》门类稍增之,所录止于晚唐,宋以后无一字。次诏诰诸文,皆分古体、俗体二例。次为书表诸表,则古体之外添唐体、宋体。碑则正体、变体之外又增一别体。甚至墓志以铭之字数分体。其余亦莫不忽分忽合,忽彼忽此。或标类于题前,或标类于题下,千条万绪,无复体例可求。所谓治丝而棼者欤?"①《文体明辨》分类标准混乱,遭到馆臣的严厉批评,被斥为"忽分忽合,忽此忽彼","千条万绪,无复体例可求",这也是该书被列入"存目"而非正选的主要原因。

文体分类既要周延细密,又要纲举目张,眉目清晰。《总目》对于古代文集尤其是总集文体分类琐碎之弊多有批评。卷190《明文海》提要谓该书:"分体二十有八,每体之中,又各为子目。赋之目至十有六,书之目至二十有七,序之目至五,记之目至十有七,传之目至二十,墓文之目至十有三。分类殊为繁碎,又颇错互不伦。如议已别立一门,而奏疏内复出此体;既立诸体文一门,而《却巧》《瘗笔》《放雀》诸篇复别为一类。"②《明文海》482 卷,分二十八体,可谓简括,然其子目却不胜繁碎。如"书"下分经学、论文、论诗、讲学、议礼、议乐、论史、字韵、数学、技术、国是、民事、筹远、士习、持正、忠告、考古、出处、自叙、忧谗、凄惋、颂美、颂冤、吏治、适情、游览等二十七类。其中有些完全可合为一类,如经学、讲学、议礼、议乐等,可并为论学类;国是、民事、吏治等,可并为政事类。分类的本质是要抓住某些事物的

---

① 《四库全书总目》卷192,第1750页。
② 《四库全书总目》卷190,第1729页。

共同特点以概括出类别来,如果一事一类,则将分不胜分,也就失去分类的意义了。又卷 189《文章辨体汇选》提要:"其中有一体而两出者,如'祝文'后既附'致语',后复有'致语'一卷是也。有一体而强分为二者,如既有'上书',复有'上言',仅收贾山《至言》一篇;既有'墓表',复有'阡表',仅收欧阳修《泷冈阡表》一篇;'记'与'纪事'之外,复有'纪';'杂文'之外,复有'杂著'是也。有一文而重见两体者,如王褒《僮约》,一见'约',再见'杂文';沈约《修竹弹甘蕉文》,一见'弹事',再见'杂文';孔璋《请代李邕表》,一见'表',再见'上书';孙樵书《何易于事》一见'表',再见'纪事'是也。"①馆臣认为《文章辨体汇选》的分类也很琐碎混乱,"有一体而两出者","有一体而强分为二者","有一文而重见两体者"等。这些都是文体分类中应极力避免的。

分类标准确立以后,应根据相关标准,把所选作品归入某一类中,使各得其所。而在一些古代文集中,作品归类失当,与原标准发生了冲突。如卷 186《才调集》提要,馆臣批评此书收录失当:"如李白录《愁阳春赋》,是赋非诗;王建录《宫中调笑词》是词非诗,皆乖体例。"②同卷《二皇甫集》提要:"又《酬杨侍御寺中见招》《送薛判官之越》《送魏中丞还河北》《赋得越山》,皆三韵律诗,而编五言古诗中。"③律诗、古诗区分素严,然其主要标准在于对与粘,而不在篇制长短。《酬杨侍御寺中见招》《送薛判官之越》等诗虽只三韵,然其粘对符合律诗标准,唐人自己也多有以这类作品为律诗者。《二皇甫集》归入五言古诗,显然不妥。又如卷 192《诗学正宗》提要:"是集选历代之诗,起唐虞古辞,至唐人近体,自四言至七言绝句,分体有九。

---

① 《四库全书总目》卷 189,第 1723 页。
② 《四库全书总目》卷 186,第 1691 页。
③ 《四库全书总目》卷 186,第 1690 页。

每体中又分正始、正音、正变、附录四门……至既分古乐府一体，而《安世房中歌》则列之四言古诗，《长歌行》《怨歌行》《苦寒行》《箜篌引》之类则列之五言古诗，体例亦殊丛脞。"①凡用乐府古题创作的诗，都属古乐府，《安世房中歌》《长歌行》《怨歌行》等自应归入古乐府中。《诗学正宗》以之入古诗，可谓自乱其例。又卷192《广文选》提要："其编次亦仿《文选》分类而颠舛百出，如《文选》陆机《文赋》无类可归，故别立'论文'一门，此书乃以荀卿《礼》《智》二赋及扬雄《太元赋》当之。其为学步，宁止寿陵余子耶？曹植《蝉赋》、傅咸《萤赋》入之鸟兽，而傅亮《金灯草赋》不入草木。谢朓《游后园赋》不入游览，陆云《南征赋》不入纪行，陶潜《陶花源诗》入咏史，《史记·礼书》、班固《律历志》入杂文，皆不可理解。"②批评《广文选》作品归类不能贯彻统一标准。又卷193《诗所》提要："中如傅元《有女篇》本乐府而入之古诗，傅毅《冉冉孤生竹》一首本古诗而入之歌曲者，不可仆数。又《诗纪》搜采虽博，亦颇伤泛滥，故后来常熟冯舒有《匡谬》一书，颇中其病。懋循不能有所考订，而掇拾饾饤，以博相夸。又不分真伪，裨贩杂书以增之，甚至庾信诸赋，以句杂七言，亦复收入，尤为冗杂矣。"③批评《诗所》古诗、乐府不分，以至归类错乱，甚至误赋为诗。又同卷《唐乐府》提要："是集汇辑唐人乐府，只登初、盛而不及中、晚，皆郭茂倩《乐府诗集》所已采，间有小小增损，即多不当，如王勃《忽梦游仙》、宋之问《放白鹇篇》之类，皆实非乐府而滥收，而《享龙池乐章》之类乃反佚去。至诗余虽乐府之遗，而已别为一体，李太白《菩萨蛮》《忆秦娥》之类，亦不宜泛载。且古题、新题漫然无别，既

---

① 《四库全书总目》卷192，第1747页。
② 《四库全书总目》卷192，第1744页。
③ 《四库全书总目》卷193，第1755页。

无解释，复鲜诠次，是真可以不作也。"①诗与乐府、词虽有关系，但既各为一体，则当严加区别。《唐乐府》则因辨析不严而取舍失当。

以上分类弊端，是《总目》反复批评的，也是中国古代文体分类中普遍存在的主要问题。这些批评，反映出馆臣对于规范文体分类标准、建立合理文体分类体系的要求与想法。由于中国古代文体的纷繁复杂，批评者应该保持一种较为宽容的态度。不同时代、不同作者根据各自的理念和需要，各有不同的分类，其中还有约定俗成的因素，实在难以用统一的、固定的标准去衡量。文体分类的问题不易有圆满的解决，馆臣自己也并没有提出切实可行的分类构想。作为批评者，可能对这些问题看得很清楚，而自己操作也难臻尽善。如诏令奏议作为文体，结集后入集部，本无问题，《文献通考》《千顷堂书目》都是如此。而馆臣从内容着眼，认为这类作品乃"政事之枢机，非仅文章类也。抑居词赋，于理为亵"②，因此归之史部。如果馆臣能始终贯彻这种标准，也未尝不可。然《总目》卷150著录陆贽《翰苑集》，此书收录作者奏议之文，多关政治得失者，若按馆臣自拟体例，应入史部奏议类，但此书却被归入集部别集类。"箴"很早就是一种独立成熟的文体了，若按文体分，吕本中《官箴》应入集部。而馆臣着眼于此书"所言中理"，"足以资儆戒"，"固有官者之龟鉴"的功用特征③，因此，入史部职官类。同样许月卿《百官箴》也入史部职官类④。又赋体作品通常入集部，但宋王十朋《会稽三赋》内容叙山川、物产、人物、古迹等，遂入史部地理类杂记之属⑤。明董越《朝鲜赋》赋其出

---

① 《四库全书总目》卷193，第1761页。
② 《四库全书总目》卷55，第492页。
③ 《四库全书总目》卷79，第687页。
④ 《四库全书总目》卷79，第687页。
⑤ 《四库全书总目》卷70，第624页。

使朝鲜所见所闻,馆臣入史部地理类外纪之属①。诗歌通常入集部,《事偶韵语》为五言绝句集,但因其内容为"历代君臣言行,多有补于世教"②者,故入史部史评类。《会稽三赋》《朝鲜赋》《事偶韵语》三部著作,若按体裁,均可归入集部,然四库馆臣完全从其功用特征出发,归之史部。以上四库馆臣分类自有其理由,但其中之利病得失,难以遽断。

三、文体源流论

追源溯流是文体学研究的重要内容,在《总目》中相关内容非常丰富,多散见于集部著作提要中。下面择要而论:

"文本于经"是中国古代文学批评的基本理念,也是古代文体学研究的重要问题。《总目》对此有独到的见解。卷 192 黄佐《六艺流别》提要:"是书大旨以六艺之源皆出于经,因采摭汉魏以下诗文③,悉以六经统之。凡《诗》之流五,其别二十有一;《书》之流八,其别四十有九;《礼》之流二,其别十有六;《乐》之流二,其别十有二;《易》之流十二,而无所谓别。分类编叙,去取甚严。其自序言欲补挚虞《文章流别》而作。然文本于经之论,千古不易,特为明理致用而言。至刘勰作《文心雕龙》,始以各体分配诸经,指为源流所自,其说已涉于臆创。佐更推而衍之,剖析名目,殊无所据,固难免于附会牵合

---

① 《四库全书总目》卷 70,第 632 页。
② 《四库全书总目》卷 89,第 759 页。
③ 此说不甚准确,《六艺流别》的选文范围上自先秦,下迄隋代,隋以后的文章不选。

也。"①馆臣赞成文本于经之说,以为是千古不易之论。然而,此说实际强调的是六经在儒家思想及精神风貌上对后世文章的影响,并非指后世所有文体一一来源于经书。因此,馆臣对《文心雕龙》等著作以实证的方法将各种文体与儒家经典一一对应的论述深致不满,斥为"臆创",以为"此亦强为分析,似钟嵘之论诗,动曰源出某某"②。黄佐的《六艺流别》以文章总集的形式,把各体文章分别归入《诗》《书》《礼》《乐》《春秋》《易》六大类中,构建了一个以经为本的庞大的古代文体体系,从而成为"文本于经"说集大成的总集。馆臣对此同样持否定态度,以为"剖析名目,殊无所据,固难免于附会牵合也"。四库馆臣作为传统文化思想的代表,自然重视儒家伦理教化。但他们对文学的本质也有深刻的认识,因此,他们在肯定文本于经说的同时,又反对将文学与儒家经典盲目攀附牵合,表现了文学思想上的开明、通达之处。当然,从文章学的角度看,儒家经典本身具备某些文体因素和特征,后世某些文体确实与经书有直接的渊源关系,所以无论刘勰还是黄佐的理论都是有其合理性的,对此不可一概否定。四库馆臣把《六艺流别》列入存目,评价有失公允。

八股文(经义)是明清两代最有特色、对士子生活与心态影响最大的文体之一。与传统的文体思想一致,《四库全书》对于为举业而作的时文持轻视态度,除了《四书文》一书之外,不收录其他时文集子,但《总目》对于八股文文体的渊源流变却相当重视,而且有非常重要的意见。关于八股文的起源,历来众说纷纭。魏天应《论学绳尺》提要通过考察宋代《礼部贡举条式》以及当时的记载,认为"论"之一体在宋代考试文体中非常重要,"当时每试必有一论,较诸他文,应用

---

① 《四库全书总目》卷 192,第 1746 页。
② (清)纪昀评《文心雕龙》语。引自黄霖编著:《文心雕龙汇评》,上海古籍出版社 2005 年版,第 20 页。

之处为多。故有专辑一编,以备揣摩之具者,天应此集其偶传者也。其始尚不拘成格,如苏轼《刑赏忠厚之至论》,自出机杼,未尝屑屑于头、项、心、腹、腰、尾之式。南渡以后,讲求渐密,程式渐严,试官执定格以待人,人亦循其定格以求合。于是双关、三扇之说兴,而场屋之作遂别有轨度……且其破题、接题、小讲、大讲、入题、原题诸式,实后来八比之滥觞,亦足以见制举之文源流所自出焉。"①此提要既叙述了"论"作为宋代考试文体的发展变化,又认为宋人"论"体中许多具体的文体形态如破题、接题、小讲、大讲、入题、原题,是八股文的滥觞,揭示了八股文文体形态的历史渊源,这是非常有见地的。《钦定四书文》提要谓:"盖经义始于宋,《宋文鉴》中所载张才叔《自靖人自献于先王》一篇,即当时程试之作也。元延祐中,兼以经义、经疑试士。明洪武初定科举法亦兼用经疑,后乃专用经义。其大旨以阐发理道为宗,厥后其法日密,其体日变,其弊亦遂日生。有明二百余年,自洪、永以迄化、治,风气初开,文多简朴。逮于正、嘉,号为极盛。隆、万以机法为贵,渐趋佻巧。至于启、祯,警辟奇杰之气日胜,而驳杂不醇、猖狂自恣者,亦遂错出于其间。于是启横议之风,长倾诐之习,文体蔽而士习弥坏,士习坏而国运亦随之矣。"②虽字数寥寥,然简要精当地概括了明代八股文的渊源流变。

《总目》对于一些文集编排、分类的批评,亦涉及对文体渊源的辨析。如卷 193 屠本畯《情采编》提要:"是编选汉魏至唐之诗,既踳驳不伦,又参以杜撰。如古诗之名,《文选》所有也;古绝句之名,亦《玉台新咏》所有也。此外则王融、沈约以下,文用宫商,当时谓之永明体,唐人谓之齐梁体而已。至律诗之名,始于沈佺期、宋之问,《唐书》列传可考。排律之名,始于杨士宏《唐音》,亦可考也。本畯乃于古

---

① 《四库全书总目》卷 187,第 1702 页。
② 《四库全书总目》卷 190,第 1729 页。

诗、律诗之间别立一名,谓之声诗,以齐梁体当之,已为妄作;乃复以齐邱巨源等四十人之诗列为五言律诗,以梁元帝等十三人之诗列为五言排律,则创见罕闻。殆因杨慎《五言律祖》之说,而弥失弥远者矣。"①这里详细分析了古诗、古绝句、永明体、律诗、排律等诗体名称产生的时间,并对《情采编》因不明其产生源流而妄立名目、任意归类提出严厉批评。又如卷188《古赋辩体》提要对于俳赋、文赋产生缘起以及赋、颂在源流关系上的分合等论断,对于研究文体史也都有参考价值②。

四、调和骈散之争

自六朝开始,四六成为文章写作的重要语体形式。自唐代以来,骈散两种文体引起文学批评界的激烈论战,一直延续到清代。乾嘉时期骈散相争,对立两派势同水火:"世之剿徐庾者诮八家为空疏,而袭史汉者每讥六朝为撏拾。"③但是四库馆臣对骈散两体持兼容中和,不偏不倚的态度。《总目》卷189《四六法海》提要勾勒四六发展历史:"秦汉以来,自李斯《谏逐客书》始点缀华词;自邹阳《狱中上梁王书》始叠陈故事,是骈体之渐萌也。符命之作,则《封禅书》《典引》;问对之文,则《答宾戏》《客难》,骎骎乎偶句渐多。沿及晋宋,格律遂成。流迨齐梁,体裁大判,由质实而趋丽藻,莫知其然而然。然实皆源出古文,承流递变。犹四言之诗,至汉而为五言,至六朝而有

①《四库全书总目》卷193,第1761页。
②《四库全书总目》卷188,第1708页。
③（清）师范:《二余堂文稿》卷4《摘刊四六丛话缘起序》,《丛书集成续编》（集部）第132册,上海书店1994年版,第515页。

对句,至唐而遂为近体。面目各别,神理不殊,其原本风雅则一也。厥后辗转相沿,逐其末而忘其本。故周武帝病其浮靡,隋李谔论其佻巧,唐韩愈亦断断有古文、时文之辨。降而愈坏,一滥于宋人之启札,再滥于明人之表判。剿袭皮毛,转相贩鬻。或涂饰而掩情,或堆砌而伤气,或雕镂纤巧而伤雅,四六遂为作者所诟厉。宋姚铉撰《唐文粹》,至尽黜俪偶;宋祁修《新唐书》至全删诏令。而明之季年,豫章之攻云间者,亦以沿溯六朝相诋。岂非作四六者不知与古体同源,愈趋愈下,有以启议者之口乎?"①馆臣描绘了自己心目中的四六发展史,以为秦汉时期,骈体渐萌,至晋宋成熟定型,齐梁时期体裁大判,日趋丽藻,唐代则走向声律化,宋代以后其体日坏,遂为论者诟病。馆臣不像古文家那样排斥四六,以为四六"原本风雅","与古体同源",自是文之一体,不可废弃。至于后来体格日下,这是创作主体与时代风气造成的,非文体自身之病。从源流演变上为四六正名,以简明扼要的语言清晰地勾勒出四六发展变化的脉络,表现了馆臣卓越的识见和对四六史的准确把握。后人对四六历史的描述,其轮廓大致不出馆臣所论。如孙梅所撰,成书稍后于《总目》的《四六丛话》,素被视为四六论集大成之作,其论四六发展史,实有脱胎于《总目》的痕迹。

正因为馆臣文学思想和文体观念比较通脱和包容,所以他们对骈散之争能保持清醒、客观的态度,而不至于畸重畸轻,偏执一端。蔡世远选编《古文雅正》,以推尊古文为宗旨,但也收录了一些骈文,所以有人对此提出质疑。馆臣则为此辩护,以为散体变为骈体,与古诗变为律诗一样,是文学发展的客观规律,其中并无体格尊卑或高下之分。古文、四六之间,不必划疆分界,判若鸿沟。《古文雅正》兼收

---

① 《四库全书总目》卷 189,第 1719 页。

骈俪，"深明文章正变之故"①，正是其见识超卓之处，而不是瑕疵。又卷189《梁文纪》提要："一代帝王，持论如是，宜其风靡波荡，文体日趋华缛也。然古文至梁而绝，骈体乃以梁为极盛。残膏剩馥，沾溉无穷。唐代沿流，取材不尽，譬之晚唐五代，其诗无非侧调，而其词乃为正声。寸有所长，四六既不能废，则梁代诸家亦未可屏斥矣。"②梁代是六朝骈文的极盛时期，也是最为古文家所不齿的时代。馆臣则以为四六既为文之一体，不能废弃，则梁代创作也不可屏斥。梁代文风虽然华缛，但其艺术成就对后代文学发展有深远的影响，所谓"残膏剩馥，沾溉无穷，唐代沿流，取材不尽"。从骈文的艺术价值出发来肯定骈文，比仅仅追溯骈文源流更为合理，也更有说服力。

因为肯定了骈文的价值，四库馆臣对历史上重要的骈文作家，也往往予以积极的评价。卷148《庾开府集笺注》提要："其骈偶之文，则集六朝之大成，而导四杰之先路。自古迄今，屹然为四六宗匠。初在南朝，与徐陵齐名。故李延寿《北史·文苑传序》称：'徐陵、庾信，其意浅而繁，其文匿而采。词尚轻险，情多哀思。'王通《中说》亦曰：'徐陵、庾信，古之夸人也，其文诞。'令狐德棻作《周书》，至诋其'夸目侈于红紫，荡心逾于郑卫'，斥为词赋之罪人。然此自指台城应教之日，二人以宫体相高耳。至信北迁以后，阅历既久，学问弥深，所作皆华实相扶，情文兼至。抽黄对白之中，灏气舒卷，变化自如，则非陵之所能及矣。张说诗曰：'兰成追宋玉，旧宅偶词人。笔涌江山气，文骄云雨神。'其推挹甚至。杜甫诗曰：'庾信文章老更成，凌云健笔意纵横。后来嗤点流传赋，不觉前贤畏后生。'则诸家之论，甫固不以为然矣。"③庾信作为六朝骈文的集大成者，往往成为思想守旧者或古文

① 《四库全书总目》卷190，第1732页。
② 《四库全书总目》卷189，第1721页。
③ 《四库全书总目》卷148，第1275页。

家最重要的讨伐对象，甚至被斥为"词赋之罪人"。四库馆臣对这些偏激的攻击一一驳斥，肯定了庾信骈文的艺术成就及其在文学史上的崇高地位。这些评论，对于清代骈散合一思想的形成有重大影响。

五、史传与小说

《四库全书》吸取了历代官、私书目，尤其是官修目录的分类成果，把各种史著按体裁分为十五大类，分别是正史、编年、纪事本末、别史、杂史、诏令奏议、传记、史钞、载记、时令、地理、职官、政书、目录、史评。有些大类之下设有子目。如诏令奏议类分诏令、奏议，传记类分圣贤、名人、总录、杂录、别录，地理类分宫殿簿、总志、都会郡县、河渠、边防、山水、古迹、杂记、游记、外纪，职官类分官制、官箴，政书类分通制、仪制、邦计、军政、法令、考工，目录类分经籍、金石等。与传统的官修书目相比，《四库全书》的分类既有沿袭，又有创新。如《隋书·经籍志》《旧唐书·经籍志》《新唐书·艺文志》等都有起居注类，《总目》则入编年类。在馆臣看来，起居注、实录之类，其体例皆以年月为次，故可并入编年类中，不必单独设类。又《隋书·经籍志》《宋史·艺文志》史部设"霸史"类、两《唐志》设"伪史"类，皆纪伪朝国史。馆臣以后人追记者为载记，以当时自撰者为伪史。而当时记载，多散佚无存；存于今者，则多追记，故去"伪史""霸史"之名，以"载记"为目，其实殊无二致。纵观《总目》的分类，主要是受历代官修书目的影响，其类目或分或合，或增或删，或仅易名称，多有前代目录学依据。

《四库全书总目》史部十五类，每类前各有小序，论述此类的起源、性质及其在目录学史上地位的发展变化，有重要的文体学意义。如卷57"传记类"小序："纪事者，称传记始黄帝，此道家野言也。

究厥本源,则《晏子春秋》是即家传,《孔子三朝记》其记之权舆乎?裴松之注《三国志》、刘孝标注《世说新语》,所引至繁,盖魏、晋以来,作者弥夥。诸家著录,体例相同。其参错混淆,亦如一轨。今略为区别:一曰圣贤,如孔孟年谱之类。二曰名人,如《魏郑公谏录》之类。三曰总录,如《列女传》之类。四曰杂录,如《骖鸾录》之类。其杜大圭《碑传琬琰集》、苏天爵《名臣事略》诸书,虽无传记之名,亦各核其实,依类编入。至安禄山、黄巢、刘豫诸书,既不能遽削其名,亦未可薰莸同器,则从叛臣诸传附载史末之例,自为一类,谓之曰别录。"① 同卷《晏子春秋》提要后案:"《晏子》一书,由后人撮其轶事为之。虽无传记之名,实传记之祖也。旧列子部,今移入于此。"② 在馆臣看来,传记是记载人物生平事迹的一种体裁,始于《孔子三朝记》《晏子春秋》。后者虽以"春秋"命名,实非编年体,而是人物传记。根据传主的不同,又可分为圣贤、名人、总录、杂录、别录五类,每类各列举相关作品。卷58"传记类杂录之属"案:"传记者,总名也。类而别之,则叙一人之始末者为传之属,叙一事之始末者为记之属。以上所录,皆叙事之文,其类不一,故曰杂焉。"③ 又根据叙人叙事之不同,将传记分为传和记两类。这些意见,对于文体学上"传记"体的考察,是有参考价值的。

在四库馆臣眼里,史传的地位自然远高于小说,但是小说与史传的关系看似分明,实际上又相当复杂,馆臣对此多有辨析。馆臣认为小说文体"迹其流别,凡有三派:其一叙述杂事,其一记录异闻,其一缀辑琐语也"④。前二派与史传关系密切——他们有共同的叙事功

---

① 《四库全书总目》卷57,第513页。
② 《四库全书总目》卷57,第514页。
③ 《四库全书总目》卷58,第531页。
④ 《四库全书总目》卷140,第1182页。

能。《总目》卷 141 子部"小说家类杂事之属"按语云:"纪录杂事之书,小说与杂史最易相淆。诸家著录,亦往往牵混。今以述朝政军国者入杂史,其参以里巷闲谈、词章细故者则均隶此门。《世说新语》古俱著录于小说,其明例矣。"①许多书籍体裁完全相同,馆臣的处理方法是从内容的性质上加以区分:朝政军国则入史部,仅闲谈细故者则入小说。卷 141《癸辛杂识》提要:"是编……与所作《齐东野语》大致相近。然《野语》兼考证旧文,此则辨订者无多,亦皆非要义;《野语》多记朝廷大政,此则琐事杂言居十之九。体例殊不相同,故退而列之小说家,从其类也。"②可见,这种标准是贯穿在馆臣的典籍著录实践中的。又史书有一基本要求,即真实可信。因此,对于一些体例与史书相近,而内容上夹杂神怪传说,恍惚无征、荒诞不经的著作,则一概归入小说。如卷 142《穆天子传》提要后案语:"《穆天子传》旧皆入起居注类,徒以编年纪月,叙述西游之事,体近乎起居注耳,实则恍惚无征,又非《逸周书》之比。以为古书而存之可也,以为信史而录之,则史体杂,史例破矣。今退置于小说家,义求其当,无庸以变古为嫌也。"③又同卷《神异经》提要:"旧本题汉东方朔撰。所载皆荒外之言,怪诞不经……《隋志》列之史部地理类,《唐志》又列之子部神仙类。今核所言,多世外恍惚之事,既有异于舆图,亦无关于修炼,其分隶均属未安。今从《文献通考》列小说类中,庶得其实焉。"④可见,馆臣认为小说与史传的共性在于叙事,而两者之间的差异在于:史传记录的是朝政军国大事,小说则是里巷闲谈、词章细故;史传的品格是真实可信的,小说则是恍惚无征、荒诞不经的。这些都真实地反映出

---

① 《四库全书总目》卷 141,第 1204 页。
② 《四库全书总目》卷 141,第 1201 页。
③ 《四库全书总目》卷 142,第 1205 页。
④ 《四库全书总目》卷 142,第 1205—1206 页。

馆臣对小说文体的认识,这种认识基于把小说与史传相比较而带有鲜明的文体价值判断。

当然,馆臣也认为小说仍具有一定价值的。《总目》卷91《子部总叙》:"稗官所述,其事末矣,用广见闻,愈于博弈,故次以小说家。"①其意出于班固,盖稗官所述,多街谈巷语、琐细末事,是通常史书所无暇顾及的。然其又有观风俗、寓劝戒、广见闻的价值,未可一概摒弃。因此,立小说家类,正可补史文之阙。《总目》尽管对《珍席放谈》一书"颇乖公议"、不能持平是非而深致不满,但又称此书所载"皆本传所未详,可补史文之阙","一代掌故,犹藉以考见大凡。所谓识小之流,于史学固不无裨助"②。正是从小说可补史之不足的角度,充分肯定了其价值。类似评价在《总目》中甚多③。馆臣又认为小说的价值还在于可资考证,卷140《南部新书》提要:"是书……多录轶闻琐语,而朝章国典、因革损益,亦杂载其中。故虽小说家言,而不似他书之侈谈迂怪,于考证尚属有裨。"④卷141《萍洲可谈》提要:"所记土俗民风,朝章国典,皆颇足以资考证。即轶闻琐事,亦往往有裨劝戒。较他小说之侈神怪,肆诙嘲,徒供谈噱之用者,犹有取焉。"⑤同卷《山居新语》提要:"至于辨正萨都剌《元宫词》,谓宫车无夜出之例,不得云'深夜宫车出建章';擎执宫人紫衣,大朝贺则于侍仪司法物库关用,平日则无有,不得云'紫衣小队两三行';北地无芙蓉,宫中无石栏,不得云'石栏杆畔银灯过,照见芙蓉叶上霜';又辨其《京城春日》诗,谓元制御沟不得洗手饮马,留守司差人巡视,犯者有

---

① 《四库全书总目》卷91,第769页。
② 《四库全书总目》卷141,第1194页。
③ 如《四库全书总目》卷140《金华子》提要、卷141《高斋漫录》提要和《菽园杂记》提要。
④ 《四库全书总目》卷140,第1189页。
⑤ 《四库全书总目》卷141,第1197页。

罪,不得云'御沟饮马不回首,贪看柳花飞过墙';则亦颇有助于考证。虽亦《辍耕录》之流,而视陶宗仪所记之猥杂,则胜之远矣。"①《幽闲鼓吹》提要:"唐张固撰……固所记虽篇帙寥寥,而其事多关法戒,非造作虚辞,无裨考证者比。唐人小说之中,犹差为切实可据焉。"②都可看出对于小说考据价值的认可。

无论是"补史文之阙"还是"有助于考证",四库馆臣对于小说价值的认识仍然是以史传为中心和参照的。从这个角度来看,馆臣对于小说文体的本质及价值的认识仍是相当保守的,与明清一些小说批评家相比,甚至可以说是滞后的③。

《四库全书总目》在中国文体学史上具有独特的价值与地位。作为一部官方组织、集体编纂的目录学著作,《总目》编纂者多为当时各领域的权威学者。《总目》编撰的目的是对历代文化典籍的总结与批评,其考察视野之开阔,涉及问题之纷繁与广博,是许多文体学专著所无法比拟的。《总目》编纂的目的不在表现个人的独到见解,而在于表述出集体性的权威说法④,这正是其价值的独特之处:它代表了官方的、主流的与正统的学术立场,其学术地位与学术影响是个人著作所不能相比的。当然,由于时代局限,《总目》在文体学上也存在许多问题。在某种程度上,可以说《总目》的优长与缺陷都比较集中地、有代表性地反映了清代前中期的文体学思想与认识水平。

---

① 《四库全书总目》卷 141,第 1203 页。
② 《四库全书总目》卷 140,第 1185 页。
③ 参看赵振祥:《从〈四库全书总目〉小说著录情况看乾嘉史学对清代小说目录学的影响》,载《明清小说研究》1999 年第 1 期,第 141 页。
④ 参考吴承学:《论〈四库全书总目〉在诗文评研究史上的贡献》一文,载《文学评论》1998 年第 6 期,第 130 页。

第十三章　《四库全书》与评点之学

　　评点,作为中国古代文学的批评文体,其渊源久远,到南宋已初具规模,至明清而极盛,形成一种流行的大众文化批评形式。在明代中后期,评点开始受到批评。至清代,评点与反评点形成鲜明对立的不同立场。在平民阶层和士人阶层,评点均拥有大量受众,可以说是一种喜闻乐见的批评方式。然而,在一批志趣高古、反对时尚的批评家那里,评点之学却颇受攻击。在中国文学批评史上,很少批评形式本身像评点这样引起如此激烈的争议。以往文学批评史学者多注意到文人之间对于评点之学的不同观点,但忽略了官方的学术立场。《四库全书》的编纂与批评为我们考察清代官方文学与文化立场提供了特殊视角。在《四库全书》的编纂整理过程中,涉及对于评点著作的评价与处理。代表当时官方与主流文化意识形态的《四库全书总目》①对于评点学这种流行文化的态度与立场是很重要的,了解这种官方的立场也是研究中国文学评点学史一个不可缺少的环节②。

---

① 以下文中简称《总目》,所据版本为中华书局 1965 年影印本。
② 参考吴承学:《论〈四库全书总目〉在诗文评研究史上的贡献》,载《文学评论》1998 年第 6 期,第 130 页。

一、论宋人读书法与评点

《总目》对于评点学的研究与评价是通过对评点学史上一些史实与个案来进行的。《总目》对于评点之学的考察是从宋代著作开始的。旧本题"宋苏洵评"《苏评孟子》提要谓："宋人读书，于切要处率以笔抹。故《朱子语类》论读书法云：先以某色笔抹出，再以某色笔抹出。吕祖谦《古文关键》、楼昉《迂斋评注古文》亦皆用抹，其明例也。谢枋得《文章轨范》、方回《瀛奎律髓》、罗椅《放翁诗选》始稍稍具圈点，是盛于南宋末矣。此本有大圈，有小圈，有连圈，有重圈，有三角圈，已断非北宋人笔。其评语全以时文之法行之，词意庸浅，不但非洵之语，亦断非宋人语也。"①这段简短的提要提出了评点学史上一系列重要的问题。

（一）宋人评点与宋人读书方式关系密切。按：《朱子语类》记载了一些朱熹与其他宋代学者的标抹读书法：

> 某少时为学，十六岁便好理学，十七岁便有如今学者见识。后得谢显道《论语》，甚喜，乃熟读。先将朱笔抹出语意好处；又熟读得趣，觉见朱抹处太烦，再用墨抹出；又熟读得趣，别用青笔抹出；又熟读得其要领，乃用黄笔抹出。至此，自见所得处甚约，只是一两句上。却日夜就此一两句上用意玩味，胸中自是洒落。②

---

① （清）永瑢等：《四库全书总目》卷 37，第 307 页。
② （宋）黎靖德编，王星贤点校：《朱子语类》卷 115《朱子十二·训门人三》，中华书局 1986 年版，第 7 册，第 2783 页。

尝看上蔡《论语》，其初将红笔抹出，后又用青笔抹出，又用黄笔抹出，三四番后，又用墨笔抹出，是要寻那精底。看道理，须是渐渐向里寻到那精英处，方是。①

他们所用的已经是五色标抹读书法了。朱熹的标注读书法对于其门人乃至对南宋文学评点方式的影响是不可低估的。朱熹的门人黄榦（号勉斋），也有一套标注方式。元人程端礼《读书分年日程》卷2就引了"勉斋批点四书例"②。黄榦的标注方式是对朱熹读书标志法的发展，而他的标注方式又被其学生何基继承下来。据《宋史》卷438《何基传》载，何基"凡所读无不加标点，义显意明，有不待论说而自见者"③。这里的"标点"，就是"圈点"。何基的学生王柏（字会之，号鲁斋）得此真传，《宋史》谓王柏"于《论语》《大学》《中庸》《孟子》《通鉴纲目》标注点校，尤为精密"④。这几位儒家学者的圈点之法，与朱熹的读书方式一脉相传。《总目》认为宋人评点学之形成与宋人读书法有直接关系的说法是有道理的。

（二）《总目》认为宋人的抹法早于圈点，圈点是到了南宋末年才开始兴盛起来。然《朱子语类》说："某曾见大东莱（吕居仁）之兄，他于《六经》《三传》皆通，亲手点注，并用小圈点。《注》所不足者，并将《疏》楷书，用朱点。无点画草。某只见他《礼记》如此，他经皆如

---

① 《朱子语类》卷120《朱子十七·训门人八》，第2887页。卷104《朱子一》"自论为学工夫"也说："某二十年前得《上蔡语录》观之，初用银朱画出合处；及再观，则不同矣，乃用粉笔；三观，则又用墨笔。数过之后，则全与元看时不同矣。"第2614页。
② （元）程端礼编：《程氏家塾读书分年日程》，《丛书集成初编》第59册，第25页。
③ （元）脱脱等：《宋史》，中华书局1985年版，第12979页。
④ 《宋史》卷438"儒林"《王柏传》，第12981页。

此。"①依此似乎圈点并不一定晚于抹法。这方面尚需根据文献进一步考定。

（三）《总目》认为《苏评孟子》以时文之法评点，不是宋人所为。换言之，以时文之法评点是后人所为，故此书可断为后人伪造之作。

《总目》往往以宋人评点与明人评点作比较，并以此作为书籍真伪的判断根据。旧本题宋谢枋得《批点檀弓》提要："书中圈点甚密，而评则但标章法、句法等字，似孙鑛等评书之法，不类宋人体例。疑因枋得有《文章轨范》，依托为之。又题杨升庵附注，而与慎《檀弓丛训》复不相同。据齐伋序，称汇注疏、集注、集说诸书，去其繁而存其要，以著于简端，则齐伋之所加，非慎原注也。盖明季刊本，名实舛互，往往如斯矣。"②提要认为《批点檀弓》虽然题宋人所著，但考察"书中圈点甚密，而评则但标章法、句法等字，似孙鑛等评书之法，不类宋人体例"。这种说法只是推断③，其所提出宋、明两代评点的体例之差别问题，具体而言，就是"宋人体例"与"孙鑛等评书之法"的区别。而"孙鑛等评书之法"的特点就是圈点甚密，标出章法、句法等。

总体上，《总目》对于宋人评点著作持比较宽容、理解的态度，宋谢枋得编《文章轨范》提要谓："各有批注圈点。其六卷《岳阳楼记》一篇、七卷《祭田横文》《上梅直讲书》《三槐堂铭》《表忠观碑》《后赤

---

① 《朱子语类》卷10《学四·读书法上》，第175页。
② 《四库全书总目》卷24，第192页。
③ （明）林兆珂《考工记述注》提要中又说："此编因《考工记》一书文句古奥，乃取汉唐注疏参订训诂以疏通其大意，于《记》文皆旁加圈点，缀以评语。盖仿谢枋得批《檀弓》标出章法、句法、字法之例，使童蒙诵习，以当古文选本，于名物制度绝无所发明。"（《四库全书总目》卷23，第183页）认为该书旁加圈点与评点，是模仿谢枋得"批《檀弓》标出章法、句法、字法之例"，似乎没有强调谢书为假托之作。

壁赋》《阿房宫赋》《送李愿归盘谷序》七篇皆有圈点而无批注。盖偶
无独见,即不填缀以塞白,犹古人淳实之意。其《前出师表》《归去来
辞》,乃并圈点亦无之,则似有所寓意。其门人王渊济跋,谓汉丞相、
晋处士之大义清节,乃枋得所深致意,非附会也。前有王守仁序,称
为当时举业而作。然凡所标举,动中綮会。要之,古文之法亦不外此
矣。"①四库馆臣认为:《文章轨范》各有批注圈点,其圈点运用非常重
要,甚至是评点者"有所寓意"。《总目》引用王守仁"凡所标举,动中
綮会"的评语,应该是赞成其说而肯定该书评点。吕祖谦《古文关
键》一书提要谓:"此本为明嘉靖中所刊,前有郑凤翔序。又别一本所
刻,旁有钩抹之处,而评论则同。考陈振孙谓其标抹注释,以教初学。
则原本实有标抹,此本盖刊版之时,不知宋人读书于要处多以笔抹,
不似今人之圈点,以为无用而删之矣。"②这里提出一个观点,认为宋
人的"笔抹"与今人"圈点"不同,而后人"以为无用而删之"。

　　刘辰翁是当时的评点大家,评点著作很多,对后人尤其明人影响
很大③。《总目》对他的批评较多。如对宋罗椅、刘辰翁所选《放翁诗
选》提要:"椅间有圈点而无评论,辰翁则句下及篇末颇有附批。大致
与所评杜甫、王维、李贺诸集相似。明人刻辰翁评书九种,是编不在
其中。盖偶未见此本。详其词意,确为须溪门径,非伪托也。"④认为

①《四库全书总目》卷187,第1703页。
②《四库全书总目》卷187,第1698页。
③ 刘辰翁评点著作甚多,明人汇刻《刘须溪批评九种》,包括《班马异同评》35
　 卷、《老子》《庄子》《列子》上下卷、《世说新语》3卷、《李长吉歌诗》4卷、《王
　 摩诘诗》4卷、《杜工部诗集》20卷、《苏东坡诗》25卷。另外今存评本有《放
　 翁诗选集》8卷、《别集》1卷、《王荆公诗文》50卷。关于现存刘辰翁评点著
　 作的真伪情况,学术界有不同看法。参考潘建国:《〈世说新语〉元刻本
　 考——兼论"刘辰翁"评点实系元代坊肆伪托》,载《文学遗产》2009年第6
　 期,第65—77页。
④《四库全书总目》卷160,第1381页。

该书表现出一种"须溪门径",故非伪托。所言"须溪门径",语含贬意。何为"须溪门径"？在宋吴正子笺注，刘辰翁评点《笺注评点李长吉歌诗》提要中说："辰翁论诗，以幽隽为宗，逗后来竟陵弊体。所评杜诗，每舍其大而求其细。王士禛顾极称之。好恶之偏，殆不可解。惟评贺诗，其宗派见解，乃颇相近，故所得较多。"①可见"须溪门径"就是"以幽隽为宗"，"舍其大而求其细"，认为刘辰翁的评点开了明代竟陵派弊体的先河。《总目》在批评明人一些评点著作时，也认为它们受刘辰翁的影响。如评明陈与郊《杜律注评》说："是编因元张性《杜律演义》略施评点。每首皆有旁批，注文亦时有涂乙。大致皆刘辰翁之绪论也。"②

《总目》对于宋代评点主要是作历史事实的叙述，除了对刘辰翁之外，总体上没有持明确的批评态度③，但是也没有热情的肯定。只是在与明代评点相比较时，强调宋代标抹是出于表示读书体会的需要，而非无用的形式。而且《总目》认为宋人的标抹比较简要，不像明人那么繁复多样。

二、论孙、钟评点与晚明文风

《总目》对于明人评点批评甚多且激烈，明显比对待宋人苛刻，批判的锋芒集中在孙鑛与钟、谭评点之上。

孙鑛（1542—1613）字文融，号月峰、湖上散人，万历甲戌进士，官

---

① 《四库全书总目》卷150，第1293页。
② 《四库全书总目》卷174，第1533页。
③ 对刘辰翁的评点虽然有批评，但语气并不严厉，而且刘辰翁评点《笺注评点李长吉歌诗》，罗椅、刘辰翁评点《放翁诗选》仍列在正选之中。

至南京兵部尚书,是明代评点史上一位重要人物,所著评点著作甚多。据《孙月峰先生批评礼记》书首《孙月峰先生评书》目录所载,孙鑛评点了如下著作:《书经》《诗经》《礼记》《周礼》《左传》(杜林合注、释训)《国语》《国策》《刘向较定战国策》(旧评)《六子》(老、庄、列、王、荀、杨)《韩非子》《管韩合刻》《吕览》《淮南子》《史记评林》(合新旧评。一评冯公巨区新评本、一评余公同麓旧评本)《汉书》(合新旧评)《后汉书》《史汉异同》《三国志》《晋书》《宋元纲鉴》(一评王宗沐编、一评薛方山编)《文选》《古文四体》《选诗》《李太白诗》《杜拾遗诗》《李杜绝句》《五言绝律》《七言绝律》《排律辨体》《杜律单注》《杜律虞赵注》《手录杜律五七言》《高岑王孟诗》《韩昌黎集》《柳河东集》《六一集》《苏东坡诗集》《东坡绝句》《今文选》《周人舆》《食饮琢》《漱琼瑶》《会心案》①。以上共四十三种,数量颇巨,内容相当广泛,涉及经史子集,且影响很大。

清初,王夫之对孙鑛已有尖锐批评:"孙月峰……批点《考工》《檀弓》《公》《穀》诸书,剔出殊异语以为奇峭,使学者目眩而心荧,则所损者大矣。万历中年杜撰娇涩之恶习,未必不缘此而起。"②指责他开启了晚明文坛的不良习气。四库馆臣评《孙月峰评经》③说:

> 是编《诗经》四卷,《书经》六卷,《礼记》六卷,每经皆加圈点评语。《礼记》卷前载其所评书目,自经史以及诗集,凡四十三种。而此止三种,非其全书。然《诗经》前有慈溪冯元仲序,称其举《诗》《书》《礼》鼎足高峙。盖元仲所别刻者,以三经自为一类

---

① 《四库全书存目丛书》经部第 150 册,第 213—214 页。
② (清)王夫之著,戴鸿森笺注:《姜斋诗话笺注》附录,人民文学出版社 1981 年版,第 213 页。
③ 该书现收入《四库全书存目丛书》经部第 150 册。

也。经本不可以文论,苏洵评《孟子》,本属伪书,谢枋得批点《檀弓》,亦非古义,鑛乃竟用评阅时文之式,一一标举其字句之法,词意纤仄。钟谭流派,此已兆其先声矣。①

《总目》认为,"经本不可以文论"。孙鑛不但以文章之法论之,且"竟用评阅时文之式,一一标举其字句之法,词意纤仄。"以为"钟谭流派,此已兆其先声矣",代表当时官方的看法。《总目》除批评孙鑛之外,对类似以文章之法评点经书的著作也加以批评。如批评明凌濛初《言诗翼》:"此编仍列《诗传》《诗序》于每篇之前。又以《诗传》《诗序》次序不同,复篆书《诗传》冠于篇端,而杂采徐光启、陆化熙、魏浣初、沈守正、钟惺、唐汝谔六家之评,直以选词遣调造语炼字诸法论《三百篇》。每篇又从钟惺之本,加以圈点。明人经解,真可谓无所不有矣。"②批评明程明哲《考工记纂注》:"是书主于评点字句,于经义无所发明。"③评明林兆珂《檀弓述注》:"惟经文加以评点,非先儒训诂之法。"④

事实上,以文体说经并非始于孙鑛,也非始于明代。《总目》谈到唐代成伯玙的《毛诗指说》时说该书:"凡《三百篇》中句法之长短、篇章之多寡、措辞之异同、用字之体例,皆胪举而详之,颇似刘氏《文心雕龙》之体,盖说经之余论也。"⑤俞樾(1821—1907)在《九九销夏录》卷2《以后世文法读经》一节中亦引申此说:

　　唐成伯玙《毛诗指说》凡四篇,其四曰"文体"。凡《诗》中句

---

① 《四库全书总目》卷34,第282—283页。
② 《四库全书总目》卷17,第142页。
③ 《四库全书总目》卷23,第184页。
④ 《四库全书总目》卷24,第194页。
⑤ 《四库全书总目》卷15,第121页。

法、字法、章法皆评论之,似非诂经之体。有明一代,风尚纤佻,盛行此派。嘉靖间,戴君恩著《读风臆评》,取《国风》诸篇加以评语,于文章妙处用密圈、密点,则真以后世文法读之矣……明凌濛初著《言诗翼》一书,采徐光启、陆化熙、魏浣初、沈守正、钟惺、唐汝谔六家之评,以句法、字法、章法论《三百篇》,加以圈点。明季说《诗》陋习,略见于此。

明林兆珂有《考工述注》二卷,于《记》文皆旁加圈点,缀以评语。郭正域有《批点考工记》一卷,体例相同。孙鑛评经史以下四十二种,今所存者《诗》四卷、《书》六卷、《礼记》六卷,各有圈点评语。钟惺《周文归》二十卷,删节《三礼》《三传》《家语》《国语》《逸周书》《楚辞》,以时文法评点之。国朝王澍,《大学》《中庸》皆有圈点本。蒋家驹《尚书义疏》于经文亦有圈点,皆明以来陋习。①

可见,以文法读经始于唐而盛于明。其实,古人认为"文本于经"②,经书也是文章写作的典范,所以以文法读经是自然而然的事。在诗文评中,有大量对于五经文法、句法的分析,以文体说经不足多怪,至于讲究字法、句法,这是宋以来诗文评之风气,绝非评点之独有。

四库馆臣对于评点著作最为激烈的批评对象是竟陵派钟惺、谭元春评点《诗归》。他们批评《诗归》:"大旨以纤诡幽渺为宗,点逗一二新隽字句,矜为元妙。又力排选诗惜群之说,于连篇之诗随意割裂,古来诗法于是尽亡。至于古诗字句,多随意窜改。"③"天门钟惺

① (清)俞樾著,崔高维点校:《九九销夏录》,中华书局1995年版,第26页。
② 参见本书《对"文本于经"说的文体学考察》一章。
③ 《四库全书总目》卷193,第1759页。

更标举尖新幽冷之词,与元春相唱和。评点《诗归》,流布天下,相率而趋纤仄。有明一代之诗,遂至是而极弊。论者比之诗妖,非过刻也。"①四库馆臣批评《诗归》评点主要在于:一是它所标举的"纤诡幽渺"诗学宗旨;一是其评说诗的方式:"点逗一二新隽字句,矜为元妙","于连篇之诗,随意割裂"。影响又很坏:"评点《诗归》,流布天下,相率而趋纤仄。"在批评其他书籍时,四库馆臣也常连带把问题归罪于《诗归》的影响。如万时华《诗经偶笺》提要谓:"盖钟惺、谭元春诗派盛于明末,流弊所极,乃至以其法解经。《诗归》之贻害于学者可谓酷矣。"②

明末清初,孙鑛与钟、谭的评点影响很大,同时也受到一些权威的强烈批评。钱谦益认为:"评骘之滋多也,论议之繁兴也,自近代始也。而尤莫甚于越之孙氏、楚之钟氏……是之谓非圣无法,是之谓侮圣人之言。而世方奉为金科玉条,递相师述。学术日颓,而人心日坏,其祸有不可胜言者,是可视为细故乎……夫孙氏、钟氏之学,方鼓舞一世,余愚且贱,老而失学,欲孤行其言以易之,多见其不知量,敢于犯是而不韪也"。③"越之孙氏、楚之钟氏",指孙鑛(余姚人)、钟惺(竟陵人)。此序作于崇祯九年(1636),而钱谦益说"夫孙氏、钟氏之学,方鼓舞一世","世方奉为金科玉条,递相师述",可以见出孙鑛与钟、谭在当时的影响。

四库馆臣批评孙鑛最终的目的还是指向钟、谭竟陵派。它批评孙鑛是因为"钟谭流派,此已兆其先声矣。"评明郭正域《韩文杜律》:"是编选录韩愈文一卷,杜甫七言律诗一卷,各为之评点,大抵明末猖

---

① 《四库全书总目》卷180,《岳归堂集》提要,第1627页。
② 《四库全书总目》卷17,第143页。
③ (清)钱谦益著,(清)钱曾笺注,钱仲联标校:《钱牧斋全集·牧斋初学集》卷29《葛端调编次诸家文集序》,上海古籍出版社2003年版,第872—873页。

狂之论……是公安之骖乘,而竟陵之先鞭也。"①此前在对刘辰翁评点《笺注评点李长吉歌诗》提要中说:"辰翁论诗,以幽隽为宗,逗后来竟陵弊体。"实际上,批判竟陵派几乎是清初各种文学阵营的共同行为。竟陵派不但是由明入清的文人反思的批判对象,也是清人批评明人文风的靶子。竟陵派在清代成为明代恶劣文风的代表性符号,甚至被视为"亡国之音",罪名之大,在中国文学史上是罕见的。事实上在明人的评点学著作中,茅坤的《唐宋八大家文钞》影响应在孙、钟之上,而且许多学者批评过该书的评点。黄宗羲《答张尔公论茅鹿门批评八家书》谓:"鹿门八家之选,其旨大略本之荆川、道思,然其圈点勾抹,多不得要领。故有膝理脉络处不标出,而圈点漫施之字句之间者,与世俗差强不远。"②王夫之(1619—1692)《夕堂永日绪论外编》11:"有皎然《诗式》而后无诗,有《八大家文钞》而后无文。立此法者,自谓善诱童蒙,不知引童蒙入荆棘,正在于此。"③但是四库馆臣对它的态度比较宽容。虽然《总目》也批评:"茅坤所录,大抵以八比法说之。"④并肯定黄宗羲对于此书的批评"皆切中其病",不过与对待钟惺与谭元春不同的是,四库馆臣宽容地指出:"坤所选录,尚得烦简之中。集中评语虽所见未深,而亦足为初学之门径。一二百年以来,家弦户诵,固亦有由矣。"⑤而且还把此书列在正选之中。四库馆臣在对待唐宋派与竟陵派评点著作上,似乎持着两重的价值标准,其中的原因就是四库馆臣把竟陵派当作晚明文风的代表,任情贬抑。

---

① 《四库全书总目》卷 193,第 1756 页。
② (清)黄宗羲著,沈善洪主编:《黄宗羲全集》第 10 册,浙江古籍出版社 2005 年版,第 176 页。
③ 《薑斋诗话笺注》附录,第 205 页。
④ 《四库全书总目》卷 190,《御选唐宋文醇》提要,第 1727 页。
⑤ 《四库全书总目》卷 189,《唐宋八大家文钞》提要,第 1719 页。

三、《四库全书》对于评点的观点与立场

除了对孙、钟评点的批评外,四库馆臣的学术立场与观点同时表现在对明清其他评点学著作的批评上。

四库馆臣对于评点的批评主要集中在它与时文的密切关系上,大多批评是因为它们以时文之法评点。如评明沈尔嘉《读易镜》:"是书悉依今本次序,每一卦一节,列经文于前,列讲义于后,而讲义高经文一格,全为缮写时文之式。其说皆循文敷衍,别无发挥。经文旁加圈点,讲义上缀评语,亦全以时文法行之,即其书可知矣。"①批评明沈国元《二十一史论赞》:"是书摘录二十一史《论赞》,加以圈点评识,全如批选时文之式。"②评清蒋家驹《尚书义疏》:"是编亦高头讲章之类,钞本缀以圈点,其体段皆类时文。"③评清黄叔琳《史通训故补》:"其圈点批语,不出时文之式。"④评明李嵩《白雪堂诗》:"凡古律体诗一百余首,有莱阳董嗣朴等四人评点,皆如时文之式。"⑤批评明闵齐华《文选瀹注》:"是书以六臣注本删削旧文,分系于各段之下。复采孙矿评语,列于上格。盖以批点制艺之法施之于古人著作也。"⑥评清徐文驹《明文远》:"是编辑有明一代之文。前后无序跋,亦无目录。其圈点批语,皆用八比之法。"⑦明清时文多由坊刻,所以

---

① 《四库全书总目》卷 8,第 69 页。
② 《四库全书总目》卷 65,第 581 页。
③ 《四库全书总目》卷 14,第 115 页。
④ 《四库全书总目》卷 89,第 757 页。
⑤ 《四库全书总目》卷 180,第 1627 页。
⑥ 《四库全书总目》卷 191,第 1734 页。
⑦ 《四库全书总目》卷 194,第 1774 页。

四库馆臣往往以"如坊刻时文之式"来批评评点著作。如评明慎蒙《天下名山诸胜一览记》:"其记文之末,各加评语,亦不出坊刻积习。"①评清刘余祐《燕香斋文集》:"每篇之末,皆有评语,如坊刻时文之式。"②

另外,四库馆臣认为评点还反映出明人佻纤之习。如评明闵于忱《枕函小史》:"各加评点,总不出明季佻纤之习。"③评清张竞光《宠寿堂诗集》提要:"其诗每首之后评语杂遝,殆于喧客夺主,盖犹明季诗社之余习也。"④评点除了佻巧之外,就是近俗恶道。评明程一枝《史诠》:"是编专释《史记》字句,校考诸本,颇有发明。惟参杂时人评语,颇近乡塾陋本。"⑤评明叶向高《说类》:"其上细书评语,体例尤为近俗。"⑥评清孙默《十五家词》:"至其每篇之末,必附以评语,有类选刻时文,殊为恶道。今并删除,不使秽乱简牍焉。"⑦这几种情况总的来说,就是对其评点时俗功利的批评。

除了《总目》对于评点著作的直接评价外,《四库全书》的编纂与处理同样表达出明确的学术立场。我们可以从以下几个方面来看:

第一,四库馆臣对评点著作的缺陷谈了许多,但基本没有正面肯定过评点著作和评点形态的优长之处。在《四库全书》中,明清两代被特别指出为评点书籍的,多数被列入"存目",而不在正选之列。除了孙鑛与钟、谭的评点著作之外,如上述《总目》所批评的评点著作:旧题谢枋得《批点檀弓》(四库馆臣推定为明人之作)、明林兆珂《考

---

① 《四库全书总目》卷78,第676页。
② 《四库全书总目》卷181,第1632页。
③ 《四库全书总目》卷132,第1128页。
④ 《四库全书总目》卷183,第1654页。
⑤ 《四库全书总目》卷46,第416页。
⑥ 《四库全书总目》卷132,第1123页。
⑦ 《四库全书总目》卷199,第1826页。

工记述注》《檀弓述注》、明沈尔嘉《读易镜》、明凌濛初《言诗翼》、明程明哲《考工记纂注》、明万时华《诗经偶笺》、清蒋家驹《尚书义疏》、明沈国元《二十一史论赞》、清黄叔琳《史通训故补》、明程一枝《史诠》、明叶向高《说类》、明慎蒙《天下名山诸胜一览记》、明闵齐华《文选瀹注》、明郭正域《韩文杜律》、明李嵩《白雪堂诗》、明闵于忱《枕函小史》、清徐文驹《明文远》、清刘余祐《燕香斋文集》、清张竞光《宠寿堂诗集》……上举这些被四库馆臣突出强调其为"评点"之学的著作，全都被排斥在正选之外，列到"存目"之中。可见在四库馆臣那里，明清的"评点"几乎成为一种恶谥①。《十五家词》虽然最终被列入正选，但评点部分全被删去，这本身表现出鲜明的学术立场与学术导向。

第二，列入正选的书籍，只录评语而不录圈点标志。如宋人《文章轨范》各有批注圈点，四库馆臣认为在《文章轨范》一书中，圈点的运用非常重要，甚至是评点者"有所寓意"的②。但是尽管如此，在《四库全书》中，《文章轨范》只保存批注，其圈点则被刊落。同样吕祖谦之《古文关键》、真德秀之《文章正宗》、楼昉之《迂斋古文标注》《古文集成》等书原本都有圈点、标抹，但在四库全书中也没有保存下来。《钦定四书文》是《四库全书》中仅有的八股文总集，所选之文，大多前人都有过评点。而在《四库》之中，也保持其评语，"每篇皆抉其精要评骘于后"而不录圈点③。《总目》也有过对于评点著作的褒

①《四库全书总目》对于那些列入"存目"的书籍大都要列出其弊病，有趣的是，《四库全书总目》所罗列的往往是那些看似堂皇实是格套的理由。像晚明之风、评点习气都是四库馆臣批评书籍的最佳借口，在这里理论分析已被批评套语所代替。文学批评套语本身虽然不具理论价值，但其中仍包含有丰富的内涵。

②《四库全书总目》卷187，第1703页。

③《四库全书总目》卷190，第1729页。

扬,那就是谓《御选古文渊鉴》:"每篇各有评点,用楼昉《古文标注》例,而批导窾要,阐发精微,不同昉之简略。"①此书既称"御选",其评点受到推尊是可以理解的。不过尽管如此,《御选古文渊鉴》实际上只有评,而没有圈点②。总之,整个《四库全书》对于评点书籍的处理方式是保留评语而删略圈点标抹。这种处理方式可能有书籍抄录上的技术性原因,但也可以看出,四库馆臣对于"评"与"点"的态度有所不同。相较而言,重"评"而轻"点"——因为圈点毕竟是可删的。

四、《四库全书》学术立场分析

四库馆臣对于评点学的批评,大体上缺少令人信服的学理性分析,更多的是一些不容争辩的判断与模式化、格套化的批判。严格说来,这里表达的不是理论,而是一种观念与立场。这种学理分析的缺乏,固然与《总目》的撰写体例有关,但更深层的原因是四库馆臣把这种批评视为无须辨析、理所当然的常识或共识。这种鄙视评点的非理论化的学术立场,恰恰在文学与文化上具有独特而复杂的内涵。

反评点的学术风气始于明代。如明代吴应箕说:"大抵古人精神不见于世者,皆评选者之过也。弟尝谓张侗初之评时义,钟伯敬之评诗,茅鹿门之评古文,最能埋没古人精神,而世反效慕恐后,可叹也。彼其一字一句皆有释评,逐段逐节皆为圈点,自谓得古人之精髓,开后人

---

① 《四库全书总目》卷190,第1725页。
② 《四库全书》个别书籍也采用了五色标注法。《御选唐宋文醇》提要:"其文有经圣祖仁皇帝御评者,以黄色恭书篇首。皇上御评则朱书篇后。至前人评跋有所发明,及姓名事迹有资考证者,亦各以紫色、绿色分系于末。"(《四库全书总目》卷190,第1727页)不过,这是特殊的处理方式,并无普遍性。

之法程,不知所以冤古人,误后生者正在此。"①这是《四库全书》编纂之前学者的声音。而在《四库全书》编纂的同时或稍前后,反评点的声音也相当尖锐,且已不再局限于对某一评点对象的批评,而是对整个评点方式的反思。清王元启(1714—1786)《祗平居士集》卷14《示学者书》:

> 自周汉以迄唐宋,读书者要在求其义训而已。姬公之《尔雅》、孔子之《翼传》,卜子夏之《小序》,以及汉、唐、宋诸儒传、注、笺、疏之文皆是也。惟其志在求解,故虽所得各有浅深,要皆循循然不敢放言高论。至南宋而乃有圈点评赞之文,引学者之心思于浮夸驰竞之场。以至有明中叶以后,坊选滥行,雌黄杂出,黄口小儿,学语未成,辄复放神高远,妄肆品题。其所为文,必求句句可以著圈而加赞。其实有识者观之,知其文理不通而已。②

他认为评点对读者和作者两方面都产生不良影响。清人章学诚在《文史通义·文理》指出:"至于纂类摘比之书,标识评点之册,本为文之末务,不可揭以告人,只可用以自志。父不得而与子,师不得以传弟,盖恐以古人无穷之书,而拘于一时有限之心手也。"③而章学诚《校雠通义》外篇《朱子〈韩文考异〉原本书后》:"古人读书不惮委曲繁重,初不近取耳目之便,故传注训故,其先皆离经而别自为书,至马、郑诸儒,以传附经,就经作注,观览虽便而古法乃渐亡矣。评论文字,抑扬工拙,虽为道之末务,然如挚氏《文章志论》、刘氏《文心雕龙》,亦离文而别自为书。至真、谢诸公,就文加评,因评而加圈点识

---

① (明)吴应箕撰:《楼山堂集》卷15《答陈定生书》,《四库禁毁书丛刊》集部第11册,第443页。
② 《续修四库全书》第1430册,第579页。
③ (清)章学诚著,叶瑛校注:《文史通义校注》,中华书局1994年版,第288页。

别,虽便诵习,而体例乃渐褒矣。"①章学诚认为评论本身就是"末务",而发展到圈点,就更是每况愈下了。

明清以来,攻击评点之学的一个重要原因是它与时文的关系,这也是四库馆臣批评评点的套语。科举对于评点之学起了重要的刺激作用确是事实,如元程端礼《读书分年日程》卷2在为生员所开列的六日为一周期的《读看文日程》中,有三日的功课包括了"夜钞点抹截文"②;在卷2《读作举业日程》中,也多要求"批点""抹截"③。可见"批点抹截"本来就是举业的重要功课。评点之学与时文有密切关系,这是可以肯定的。不过,评点之学的渊源乃至其所涉及的内容极为丰富。评点既不始于时文,其所评也并非都是时文。评点之学,尤其是诗文评点早在南宋就非常发达,远早于八股之学。评点之学是自成体系的,并非受到八股文的影响才兴盛,倒是八股之学利用了评点之学的形式。然而在四库馆臣话语系统中,评点之学差不多等于时文之学,这就不免以偏概全。这种学术观念产生的影响很大。比如,曾国藩干脆把评点之学的产生归结为明代中期的制艺:"窃尝谓古人读书之方,其大要有二:有注疏之学,有校正之学……自汉以下,魁儒硕士善读古书者,大端不越此二途。逮前明中叶,乃别有所谓评点之学。盖明代以制艺取士,每乡、会试,文卷浩繁,主司览其佳者,则围点其旁以为标识,又加评语其上以褒贬,所以别妍媸、定去取也。濡染既久,而书肆所刻四书文莫不有批评围点。其后则学士文人竞执此法以读古人之书,若茅坤、董份、陈仁锡、张溥、凌稚隆之徒,往往以时文之机轴,循《史》《汉》、韩、欧之文。虽震川之于《庄子》《史记》,犹不免循此故辙。又其甚则孙鑛、林云铭之读《左传》,割裂其成幅,而粉傅其字句,且为之标目,如《郑伯克

---

① 《续修四库全书》第930册,第808页。
② (元)程端礼编:《程氏家塾读书分年日程》,《丛书集成初编》本,第39、40页。
③ 《程氏家塾读书分年日程》,第41页。

段》《周郑交质》云云,强三代之人以就坊行制艺之范围,何其陋与! 我朝右文崇道,巨儒辈出,当世所号为能文之士,如方望溪、刘才甫之集,与姚姬传氏所选之古文词,亦复缀以批点。贤者苟同,他复何望? 盖习俗之入人深矣。"①又认为:"末世学古之士,一厄于试艺之繁多,再厄于俗本评点之书。此天下之公患也。"②曾国藩把评点之学的产生完全归之于明代时文,虽然立场更为明确,但离事实也更远了。四库馆臣所代表的把评点与时文捆绑到一起的观念,给当时评点家以巨大的压力。这里可举一例:姚鼐(1732—1815)本身是推崇评点的,他在《答徐季雅》中说:"震川阅本《史记》,于学文者最为有益。圈点启发人意,有愈于解说者矣。可借一部临之,熟读必觉有大胜处。"③其《古文辞类纂》原先也有圈点④。黎庶昌《续古文辞类纂叙》:"道光初,兴县康抚军刻姚氏《古文辞类纂》,本有画段圈点。后数年,吴启昌重刻于江宁,以为近乎时艺,用姚先生命去之。"⑤姚氏赞赏评点,

<hr>

① (清)王定安:《求阙斋弟子记》卷22《文学下》录曾国藩语。《续修四库全书》第551册,第530页。

② (清)曾国藩:《曾文正公文集》卷2《谢子湘文集序》,《续修四库全书》第1537册,第594页。

③ (清)梅曾亮:《惜抱尺牍》卷2,《丛书集成续编》第130册,第904页。

④ (清)吴德旋(1767—1840)《初月楼古文绪论》:"《古文词类纂》其启发后人,全在圈点。有连圈多,而题下只一圈两圈者;有全无连圈,而题下乃三圈者;正须从此领其妙处。末学不解此旨,好贪连圈,而不知文品之高,乃在通篇之古淡,而不必有可圈之句,知此则于文思过半矣。"见《续修四库全书》第1714册,第469页。

⑤ (清)黎庶昌:《拙尊园丛稿》卷2,《续修四库全书》第1561册,第290页。姚鼐的受业门人吴启昌道光五年所作《吴刻〈古文辞类纂〉序》说:"旧本有批抹圈点,近乎时艺,康公本已刻入,今悉去之,亦先生命也。"见(清)姚鼐编:《古文辞类纂》,浙江古籍出版社1998年版,第12页。李承渊《校刊〈古文辞类纂〉后序》也说:"吴氏刊本,系先生晚年主讲钟山书院时所授,且命付梓时去其圈点。"见《古文辞类纂》,第10页。

而且亲自评点《古文辞类纂》,但后人最终还是以"用姚先生命"的理由舍弃圈点。这种举动,正反映出时人一种认识,那就是圈点"近乎时艺"。

最后一个问题也是本章的核心问题:为何在评点问题上,四库馆臣的立场颇为"暧昧"?他们没有否定过评点之学,但在具体的评论上又采取了偏向反评点的立场。《四库全书》的编纂正值乾隆盛世,目的是要确立一种主流的正宗的思想意识。而评点之学起源较晚,盛极于明代,又广泛流行,属于后起流行文化的组成部分。四库馆臣出于建设雅正文化的需要,所以对大量具体评点著作的态度,基本是批评或者蔑视的。《四库全书总目》对宋人评点比较宽容,对明清人比较严厉,其中最为激烈的批评是针对竟陵派评点著作的。四库馆臣强烈贬斥以文法评点儒家经典和以时文之法评点文章的著作,以评点学为时俗之体,把评点之学与晚明文风、时文俗体捆绑在一起,在某种程度上,"评点"成为恶谥。《总目》所反映出来的立场,代表了主流意识形态与官方文化反对时俗、流行大众文化以及对于功利色彩太强的文化形式的鄙夷,另一方面也表现出清代前期官方学者对于明代尤其是晚明文风与士风的蔑视。

当然,事情并非如此简单。问题还有另一面:在具体书籍的评点上,四库馆臣站在偏向批评的立场,但他们又从未在基本理论上完全、公开地否定评点之学。对于众多评点著作的蔑视,并不等同于对评点之学的整体否定。对此,我们应该注意到这样的事实——从清代最高统治者到四库馆臣以及一些激烈反对评点之学的批评家自身并没有完全抛弃评点这一文体。比如康熙"御选"的《古文渊鉴》"每篇各有评点",《四库全书总目》主撰者纪昀也评点过《李义山诗集》《后山集钞》《苏文忠公诗集》《瀛奎律髓刊误》等书。他在《史通削繁序》中说该书可"细加评阅,以授儿辈。所取者记以朱笔,其纰缪者以绿笔点之,其冗漫者又别以紫笔点之"①。而对评点之学持强烈批评态度的曾国藩所编选的《十八家诗钞》《经史百家杂钞》等都有评点。这就不难看出:一方面,评点之学作为一种批评文体因为属于大众的流行文化而受到批评;但另一方面,正由于它具有易为大众所接受、易于流行的性质,甚至连它的批评者也无法拒绝其魅力。从这个角度看,"暧昧"之处,正是意蕴丰富、不能含糊的地方。

---

① (清)纪昀:《史通削繁》,见《续修四库全书》第448册,第2页。

第十四章 "我学"与"西术"之争

——王兆芳《文章释》简论

清末民初文体学是沟通古今文学的关键,其中折射出语言、文学、社会、政治种种巨变以及中西文化的冲突。清末王兆芳所著的《文章释》①虽然并不著名,却是在中国文体面临重新选择、价值重建的转捩点上,明确提出以传统学术("我学")与西方学术(西术)相抗衡的想法,具有特殊的文化意义。

一、王兆芳生平与学术师承

现有文学史与文学批评史对于王兆芳的研究,基本是空白。现存关于他生平的材料也比较简单,且有一些舛误,需要加以收集和整理。

王兆芳,字漱馥,一字漱六,号瘦裁,又号参中子,江苏南通金沙人。生于清同治六年(1867),卒于光绪三十年(1904)②。王兆芳祖、

---

① 王水照先生编《历代文话》第 7 册(复旦大学出版社 2007 年版)收入《文章释》一卷。

② 王兆芳生卒年据《王先生漱馥行状》(北京大学图书馆藏书,清末铅印本)。季子《苦学成材的学者王兆芳》(见《南通史话》第二辑,南通县人民政府编史修志办公室 1984 年版)谓"王兆芳生于咸丰十一年(1816)",光绪二十四年(1898)"突患脑溢血去世"。《江苏省人物志》也把王兆芳生卒年(转下页注)

父都通诗书,祖讳椿龄,"善诗歌",父讳恩荫,"力学善为古文辞","著有《东郊集》"①。王兆芳其人生平详见其弟子所撰《王先生漱馥行状》。民国《南通县图志》亦有传,颇为简略:

> 王兆芳,字漱六,举人。肄业南菁讲舍,笃嗜定海黄元同所为书。元同有疑义,辄与商榷,以为畏友。家居教授,著有《公羊质文异礼疏证》一卷,《经义征学》四卷,《古今异鉴》三卷,《教育原典》六卷,《霞山精舍文献记》一卷,及其他杂文甚富,年三十八卒。②

王兆芳幼年父母双亡,师从乡贤吴铃受学。吴铃,字花韵,江苏南通人,咸丰二年(1852)优贡,历官山东、浙江等地,晚年归里。《南通县图志》有简传③。王兆芳在《遗曲园先生书》记云:"曩者,乡之吴花韵先生,令德清而归,兆芳从之学……尔时才十余岁耳。"④在《才兹文自叙》中叙述更详:"兆芳幼孤家贫,资学于吴花韵先生七载。先生为吾父凤从受学者,家多书,因披览馨其藏,合诸吾家旧帙,凡得见古籍

(接上页注)定为(1861—1898)。学界多从此说,显误。赵统《南菁书院历年学友录》(见《南菁书院志》,上海书店 2015 年版,第 520 页)依据范当世《哀王兆芳漱六李鹏飞云垂》(见《范伯子诗文集》"光绪三十年〔1904〕甲辰里居病中作",《范伯子诗文集》,上海古籍出版社 2015 年版,第 415 页)等资料推断其人生卒年,符合史实,其说可从。

① 《王先生漱馥行状》,以下行文简称为《行状》。
② 《南通县图志》,《中国地方志集成·江苏府县志》第 53 册,凤凰出版社 2008 年版,第 227 页。
③ 《南通县图志》,第 231 页。
④ 见《历代文话》本《文章释》卷首。按:《历代文话》本作"华韵",当时人与《南通县图志》皆写为"花韵",吴玲亦自题为"花韵"。

数百种,而务于涉猎……"①《行状》中则记云:

> 吴花韵先生乃其父凤从受学者也,奇先生幼有大志,因留学
> 焉。家多古书,先生因披览罄其藏,十九岁入州学。翌年金沙邱
> 松圊先生谒花韵先生于馆,适先生在侧晤对之时,知先生非常
> 人,以其女妻之。

从以上材料略可知见王兆芳早岁读书生活之行迹,嗣后他即入江阴
南菁书院就学。

　　南菁书院为江苏学政黄体芳(1832—1899)于光绪八年(1882)
所创,后一直由江苏学政主管,以研读经学古学为宗旨。当时课生入
院由学政甄别或调取,参加甄别考试的须有举人或生员身份②。据
《行状》可知,王兆芳在此之前已有生员身份,推测其入学时间约在光
绪十四年(1888)或光绪十五年(1889)初③,检《字林沪报》(1889年
2月10日)所载《南菁甄别》,记录是年"正月十八甄别肄业诸生经
学,二十日甄别古学,如愿投考者先期报名"。王兆芳参加了该年的
江南乡试中举④,而时任书院院长(主讲古学。时实行双院长制)缪
荃孙的日记,九月二十六日亦录"王生王兆芳中式"⑤。随后的将近

---

① 见王兆芳《才兹文》卷首,清光绪二十年(1898)刻本。
② 南菁书院选拔课生的相关史料,参见《南菁书院志》,上海书店2015年版,第
　162—169页。
③ 赵统《南菁书院志》所附《南菁书院历年学友录》将王兆芳入学时间系于
　1888—1890年之间。由甄别时间,推知王兆芳入学应不晚于1889年初。至
　于1889年十月开雕的《南菁书院课艺》并未收入王兆芳的文章,也显示当时
　其进入南菁时间或恐不长。
④ 《南通县图志》,第197页。亦见《己丑恩科江南乡试恩科全录》,光绪十五年
　十月初一(1889年10月24日)《申报》第2版。
⑤ 张廷银、朱玉麒主编:《缪荃孙日记》第1册,凤凰出版社2013年版,第89页。

十年间，王兆芳一直在南菁书院读书①，《行状》谓其"不事家产，好藏书至万卷，日以勤学为乐。"

当时书院院长是黄以周，《行状》谓王兆芳之所以投考南菁书院，就是"闻黄元同先生为海内杰士，主讲南菁书院，因渡江从之游"。黄以周(1828—1899)，字元同，晚字儆季，浙江定海人，父黄式三，他们父子都是当时的经学大师。自光绪十年(1884)至二十四年(1898)，黄以周任南菁书院院长达十五年之久，他主张"博文约礼，实事求是，道高而不立门户"的笃实学风，教范学生"经史各家之法"，提倡"经必由诸六书，史必由诸经，辞章必由诸六书与经史而又谐之五音"②。结合从南菁走出的如胡玉缙、于鬯、唐文治等学术名家之成就，不难发现黄以周所秉持理念，对当时诸生潜移默化的影响。黄以周不仅悉心教授诸生，讲贯学问，批改课艺。同时也请学生参与他的学术研治，或襄助异文，或校勘参订。其著述撰成后，也往往请诸生参与分校。王兆芳也参加这些工作，他的名字被列在黄以周《礼书通故》、《经训比义》等书的校勘名单上(见《黄以周全集》附录)。

王兆芳在书院受知于黄以周，"昕夕亲炙者十载"③，两人师生关系甚笃。黄以周曾说："予年逾七旬，精力日衰于前，学问无加于后。王生年既富，力又强，观书眼如月，察理心若镜，诚予之畏友也。"④称

---

① 王兆芳在南菁书院期间可考的行迹如：光绪十五年(1894)冬日开雕的《南菁书院文钞二集》，便选入了王兆芳的四篇文章(参见鲁小俊：《清代书院课艺总集叙录》上，武汉大学出版社2015年版，第434页)。当时课生在书院修习，需参加每年正月由学政主持的甄别，书院以此方式"每岁一甄别而进退之"(参见黄体芳：《南菁书院记》，见《南菁书院志》，第10页)。

② 王兆芳：《自叙》，《才兹文》卷首。

③ 王兆芳：《遗曲园先生书》，见《文章释》卷首，《历代文话》本。

④ 黄以周：《才兹集叙》，詹亚园、韩伟表主编：《黄以周全集》第9册，上海古籍出版社2014年版，第524页。

王兆芳为"畏友",颇为器重。章太炎所撰《黄先生传》提到黄以周诸位及门弟子,谓"通州王兆芳尤亲"①,可见王兆芳与黄以周的师生关系特别亲密。《行状》谓黄以周著《礼书通故》、《经训比义》时,召其"与论是非,退而多所发明",而王兆芳也在老师的悉心指授下,日益"经术湛深"。王兆芳曾将老师的日常所言编次为《儆季子粹语》,保存老师语录的同时,也记录了对他的提点指授。王兆芳受老师的影响,学术上尤长于礼学,兼采汉宋而重视训诂。如《南菁书院文钞二集》收录的他的两篇课艺,一篇为《论程易畴刘楚桢两家释谷异同得失》,一篇为《隶古定考》,都体现出他由字通经的根底所在。

王兆芳在书院期间的文稿,有刊刻于光绪二十四年春月(1898)的《才兹文》二卷,该书分经、书、数、史、赋五部分,这也是当时书院研习的主要科目。《才兹文》上册即其经学部分,可能又单行为《才兹经说》一卷,民国《续修四库全书总目提要》著录②。提要谓王兆芳:"为黄以周高足弟子,治经尤长于礼",复举《稽古说》、《王受享有车迎考》、《宾媚人》诸篇之要,指出"凡此诸解,于义具当",从其评语,略可窥见王兆芳治学之水平。

光绪二十四年(1898),南菁书院改为中西兼习的学堂,黄以周约于五月离开南菁书院,"去江阴,归隐于仁和半山之下"③。黄以周行前寄语王兆芳云:"吾主讲十有五年,来游者千余人,可造者数十人,而学之不辍,行之不变者鲜矣。汝则学不辍,行之不变者。"(《行状》)老

---

① 章太炎:《黄先生传》,《章太炎全集》(四),上海人民出版社1980年版,第215页。

② 提要谓《才兹经说》为光绪戊戌刊本,究其所论与《才兹文》上册内容相同,故有此推论。见王云五编:《续修四库全书提要》第3册,台湾商务印书馆1972年版,第1196页。

③ 王逸明:《定海黄以周先生年谱稿》,詹亚园、韩伟表主编:《黄以周全集》第10册,第750页。

师辞归后，王兆芳也有意离开书院①，当时有友人挽留，他说道："吾从师十年，而举于乡亦已十年，非有求于学政之岁科试也，师既辞归，天下复有如儆季子者讲于兹乎？"（《行状》）是年年末，遂归里。对于王兆芳而言，放弃书院课生的身份，意味着没有了维持生活的经济来源，但他仍在所不惜，这种选择足可见其与恩师黄以周的情谊之笃。过了一年（1899）十月，黄以周病故于杭州。王兆芳"约诸同门者往吊"（《行状》），又将老师生前语录编为《儆季子粹语》，并为老师撰写了行状②。

王兆芳离开南菁书院后，以开馆授徒为生，"游其门者不远千里至百有余人"，而"悉因其才而教育之"。嗣后，王兆芳又为金沙地方长吏延请主讲当地的霞山精舍，一时"从其学至数百人"。（《行状》）

王兆芳乡试中举后数年"会荐七次，五荐不中"（《行状》），而以著述为任，直至戊戌（1898）大挑得教谕③。清代举人一般大挑一等抽签分发各省以知县试用，二等则需要等候铨选教职，由此可知王兆芳应获大挑二等，而当时大挑二等者大多在籍候选④。至光绪二十九年（1903）春，清廷举行"癸卯会试"⑤，王兆芳再往河南开封赴式，

---

① 当时课生在书院修习，需参加每年正月由学政主持的甄别，书院以此方式"每岁一甄别而进退之"，并以此确定发放"膏火"的名额（参见黄体芳：《南菁书院记》，见《南菁书院志》，第 10 页）。检光绪二十四年二月二十五日《申报》（1898 年 3 月 17 日）所载《南菁书院甄别案》，可知时任江苏学政瞿鸿禨于正月十八日主持考试经学，王兆芳名列特等十四人中。是年七月二十九日（9 月 14 日）《申报》又刊出瞿鸿禨设特科考察学子经济之才的《江阴南菁书特科案》，王兆芳亦名列内政特等十四人中。
② 王兆芳：《黄元同行状》，南京图书馆藏书，未经寓目。
③ 《南通县图志》，第 197 页。季文谓王兆芳"曾任云南大姚教谕"，显误。
④ 参考马镛：《清代的举人大挑制度》，《历代档案》2011 年第 1 期。
⑤ 按：当时因八国联军攻占北京，顺天贡院被毁，故会试借闱于开封的河南贡院。会试共三场，考试时间为三月初九、三月十二、三月十五。相关研究参见范沛潍：《清末癸卯甲辰科会试述论》，《历史档案》1993 年第 3 期。

回到南通后,五月初十曾有一函与冒广生:

> 弟已定有进京之志,而进止之间,已与樵孙商论数次,犹未敢遽行者,以未奉明示故也,弟之举动,必视足下之信息为进止。复拟借重于俞先生及肯堂先生,以助足下之力。而就近取道,究以足下及少圃为中权,请与少圃合力设法。如有定所可就(此守回示),或人力已大可恃,弟遂束装北行。①

检《冒鹤亭先生年谱》,知是年冒广生"赴汴会试下第",随后又赴京"应经济特科试"②。王兆芳请冒广生为其在北京所谋者,未详何事。然是年冬,冒广生因应试报罢,已经返回上海,故王兆芳得其助力赴京之想,已经破灭。《张謇日记》光绪三十年(1904)九月十五日,尚记载与王兆芳、范当世二人相晤,然而不久,王兆芳竟猝然去世。

王兆芳卒后,范当世作《哀王兆芳漱六李鹏飞云垂》一诗,其中有句云:"王生盛名誉,谈经著述早。陈谊必镌吾,亦足资旁讨。其人内精悍,形容若村媪。"③张謇则作挽联云:"不以流俗毁誉祸福淆是非,企古学礼,儒者儒者;方为世界知识生计造因果,丧我同志,天乎天乎。"④这些诗联表达友朋对王兆芳早逝的惋惜,从中也可以看出,对他的赞誉主要是经学方面的成就。是年末,南菁书院创始人黄体芳之子黄绍箕在给同样曾肄业南菁的史学家陈庆年一函中

---

① 上海博物馆图书馆编:《冒广生友朋书札》,上海书画出版社 2009 年版,第 353 页。
② 冒怀苏:《冒鹤亭先生年谱》,学林出版社 1998 年版,第 134 页。
③ 范当世:《范伯子诗文集》,上海古籍出版社 2015 年版,第 415 页。
④ 见《柳西草堂日记》,李明勋、尤世玮主编:《张謇全集》第 8 册,上海辞书出版社 2012 年版,第 675 页。

写道:

> 通州王君兆芳,为黄元同先生弟子,闻其著有《教育原典》
> (专述周以前教育事,原名《帝王学校考》),电约北来时已病剧,
> 口授"闻命即来"四字,未及发而逝,昨其书已寄来,礼学多闻,师
> 说甚精熟,条理完密,深足为拙撰教育史之助,拟刊行以昌我国
> 粹,振起学风。①

函中提及的《教育原典》,《行状》有所介绍:"辛丑年,国家改制,变
通科举,兴立学校,先生为中国自秦以来失教两千余年,而经营之
始,译书是仿,国界有妨,因详考古帝王学校制度,旁及东西国,参
酌时宜,附以论说……以备今日政治教育家之采择。"黄绍箕为晚
清名臣,也是重要的教育家,时从两湖书院监督刚转任京师学务处
编书局监督,从函中提及"电约北来",可知黄绍箕也曾有邀请王兆
芳赴京的动议,从他对《教育原典》评价看,可能是欣赏王兆芳在教
育方面的思想。

王兆芳的著述,《南通县图志》载有:《公羊质文异礼疏证》一卷,
《经义征学》四卷,《古今异鉴》三卷,《教育原典》六卷,《霞山精舍文
献记》一卷。《文章释》并不收在其中,或者被遗漏,或者被认为不重
要。此外王兆芳尚有文集《才兹文》二卷,编有《傲季子粹语》,上海
图书馆藏稿本《王兆芳杂文稿》(不分卷),南京图书馆藏《黄元同行
状》一卷,民国《续修四库全书总目提要》著录有《才兹经说》一卷。
另据王兆芳《才兹文自叙》,他尚写过《古圣贤释文字考》六卷、《郑高
密弟子考》二卷等书稿。

---

① 见《黄绍箕集》,中华书局 2018 年版,第 300 页。

二、《文章释》的写作与刊刻

《文章释》是王兆芳授徒时,应"门弟子请问文章之体"①,同时,也因为"病学者文章体例不明"(《行状》)而作的。是书始撰于光绪二十七年(1901)五月,至秋七月既望,三易其稿而成。光绪二十九年(1903)年春"剞劂既成",遂投书向著名学者俞樾请序。

俞樾是浙江德清人,所以王兆芳在信中首先言明自己的启蒙师是曾任过德清县令的吴铃,而业师黄以周则于俞樾执弟子礼,故函中径称之为太老师②。俞樾得函后,即撰一篇序文回复。从序中"君与余素不相识,而数百里诒书相属"诸语可知,王兆芳此前与俞樾并无交往。俞樾当时已经八十三岁,又在"病腕"中,故序文请他人代钞,另书一纸短札回复,并附诗一首③。俞樾的序先从挚虞《文章流别》和任昉《文章缘起》两部名著的问题谈起,然后表彰《文章释》继承二书推源溯流的学术传统,且全书精审,没有四库馆臣所指"引据颇疏"④的缺陷:

> 于是乎王子漱馥,又有《文章释》之作,备列文章一百四十有二体,而一一推其所始,盖亦挚虞、任昉之遗意也。然其书则甚精审,无如《提要》所讥者。剞劂既成,寄以示余,乞为之序。余受而读之,窃叹其用力之勤,与其考古之详而且当也。

---

① 《文章释》,《历代文话》第 7 册,第 6319 页。
② 王兆芳:《遗曲园先生书》,《文章释》卷首,《历代文话》本。
③ 《曲园先生复书》,《文章释》卷首,《历代文话》本。
④ 《文章缘起》提要,《四库全书总目》,第 1780 页。

俞樾为人作序，不无客气之处，但就《文章释》文本而言，谓其"考古之详而且当也"，并不算过誉。从王兆芳与俞樾的书信来往和接受其批评意见，可以看出他确比较严谨恳切。例如《文章释》原以"拟体"源出班固《拟连珠》，俞樾则认为：

> 扬雄以经莫大于《易》，故作《太玄》，传莫大于《论语》，故作《法言》，史篇莫善于《仓颉》，故作《训纂》，箴莫善于《虞箴》，故作《州箴》，拟之一体，宜托始于是，不得谓源出汉班固《拟连珠》也。①

王兆芳对拟体的溯源，采用的是《文章缘起》式以文章篇名来溯源，是一法；俞樾则是从创作实际的形态去溯源的，是另一法。王兆芳接受俞樾的建议，遂据以修订刊刻，同时复函向俞樾说明"谨修改各条，志明己过，并曰依改，以存原迹"。光绪二十九年《文章释》刊本，正文接纳此句，又以夹行小字注明："原稿'源出于班固《拟连珠》'，依俞先生改。"俞樾得王兆芳复函后，对其改正之诚恳表示满意，但又指出："惟题名'南通州'，窃又不能无说。'南通州'乃俗称也，别于直隶之通州耳。国家疆索并无此名，但曰'通州直隶州'而已，拟请于'南'字上加刻'江'字，'江南通州'可以别于直隶通州，而传至后世，不致疑误。"（《曲园先生又复书》）②王兆芳得函后，遂再上一函接受俞樾的批评，表示"遵命加刻'江'字"。并说道："题曰'江南通州'，以别直隶通州，诚可令后世无疑误。其名自兆芳之书始，将为通州撰著家定例，则受我太老师之赐，非兆芳一人。拟录来谕刊入《文章

---

① 《王漱馥文章释序》，《文章释》卷首，《历代文话》本。亦见俞樾：《春在堂杂文》6编卷9，《春在堂全集》第4册，凤凰出版社2010年版，第682页。
② 《曲园先生又复书》，《文章释》卷首，《历代文话》本。

释》，以志兆芳之过，以告后来之作者。"（《又答曲园先生书》）①王兆芳据俞樾意见，又修改刊刻。卷首在俞樾序后，补入了与他往还之函件，并在"南通州"之前，加刻一"江"字，而此版本遂为后世所通行②。至孙殿起《贩书偶记》采入，业已著录为"《文章释》一卷，江南通州王兆芳撰，光绪二十九年精刊"③。从保留在《文章释》卷首的王兆芳与俞樾两次书信往还，足可证见俞樾温厚严谨，王兆芳诚恳谦虚的处世治学态度，而当时的学术生态也能从这些文字中略见一斑。

在去世前一两年，王兆芳屡有赴京之思，却终未如愿。二十余年后，其所著《文章释》却在北京有缘再次翻印，遂大行世间，此即1925年北京中华印刷局本《文体通释》。是书前有金受申序，书后有刘敦本跋。序谓：

> ……文章递变，文体亦繁，然辨体专书渺乎未见，即有论著，略著梗概而已，清季南通州王兆芳漱畝氏著《文章释》，辨体一百三十余种，诚为卓绝前修。友人邹君得其原稿，商量复印，以表彰先贤，嘉惠后学。惟以原名未洽，更名为《文体通释》。④

金受申在二十年代曾专注于目录学和文献整理，1924年出版了姚际恒著、金受申考释增补、刘敦本校阅的《古今伪书考释》，《文体通释》的版式与之相同，可能是当时文献整理系列。该版本卷首有俞樾、王兆芳往来函件，首页署"江南通州王兆芳"，可知翻印所据底本，应是

---

① 《又答曲园先生书》，《文章释》卷首，《历代文话》本。
② 此版本有上海图书馆藏书，《历代文话》所收亦即此本。
③ 孙殿起：《贩书偶记》卷20，上海古籍出版社1982年版，第545页。
④ 《文体通释》，北京中华印刷局1925年版。

光绪二十九年的刊定本。不过却将原刊置于最前的序文,移动到了函件之后。更因所谓"原名未洽",将原刊凡及"文章释"三字全部替换为"文体通释",即如卷首函件也不能幸免。王兆芳《文章释》之名,可能是有所本的,他或有意拟挚虞《文章流别》与任昉《文章始》(《文章缘起》),所以,俞樾说此书"盖亦挚虞、任昉之遗意",金受申以为《文章释》之名不当,或以此书皆谈文体,而仿《文体明辨》,改为《文体通释》,不免有些率尔;而序中谓《文章释》"辨体一百三十余种",书中实已数次提及一百四十余种文体,而序文仍失检,颇为粗心。

《文章释》大致有四种版本:一,上海图书馆藏光绪二十九年的刊定本。二,山东大学图书馆藏光绪二十九年刻本。此刊本仍用"南通州王兆芳",并未依俞樾建议,加刻"江"字,且卷首只有俞樾序文一篇,没有刊入与俞樾往来的信件,似刊刻于俞樾第二次回函之前,可能比上海图书馆藏本更早。三,1925年北京中华印刷局本《文体通释》本。四,《历代文话》整理本。

三、《文章释》的文体谱系

在中国早期社会,"文""文章"含义相当宽泛,汉代以后,随着篇翰的发达,"文"与"文章"的概念逐渐与经、史、诸子拉开距离,到了魏晋南北朝,《文选》为代表的文章选本大致把文章和经学、史著、学术论著区分开来。近代以来,有一种复古的思潮,把文章的内涵扩展到无所不包的范围。如曾国藩《经史百家杂钞》就把经、史与诸子都收入到文章选本中。章太炎把所有的文字都列入"文学"的范围:"文学者,以有文字著于竹帛,故谓之文;论其法式,谓之文学。凡文理、文字、文辞皆言文。"①王兆芳的文章概念，也有复古的倾向。王兆芳曾回答弟子们所问"文章之体"时说：

> 昔自仓颉造文字，是生文章，帝王载道，萃而为经。文学之事，通经学道，儒与王同道，文与学相因也……经纬交错，著明完竟，而始终条理，是谓文章。书字成篇卷，征之于学术，其全体普矣。由汉以来，文章浸别于学术，于是选文之籍，罕录讲学之篇，若《文选》《文馆词林》《古文苑》《文苑英华》《唐文粹》《宋文鉴》《文章正宗》《元文类》《明文海》，此类所编，可睹流变，然皆以罗众品，势不能屬入书卷，学者专以词章计篇者为文章，心侚学术矣。而述原委、论文体，挚虞《文章流别》（辑）以下，其可取十余家，佥就词章计篇者属意，未足为通。又多以词句论体，学者从是求之，治丝而棼，翻不遑学术。②

王兆芳认为，汉代以来，文章总集重视文章而忽视学术，他则以文章与学术兼重的态度来处理文体。《文章释》的"文章"内涵相当宽泛，并不限于一般的文章体裁，还包括著作与写作形态，基本涵盖中国古代一切文字与著述形态。王兆芳特别强调学术，所以书中所论的文体包括了一般文体学著作所不涉及的著述形态。如：

> 例者，比也，比类全书之科条也。主于校比凡要，条理始终。源出《春秋凡例》，流有汉颖容、晋杜预《春秋释例》（颖书辑），魏

① 章太炎撰，庞俊等疏证：《文学总略》，《国故论衡疏证》中之一，中华书局2018年版，第277页。
② 《历代文话》，第6320页。

王弼《周易略例》，及隋魏澹《魏史义例》。①

　　音者，声也，文字之声读也。主于纽弄反切，定声正读。源出魏孙炎知反语，为《尔雅音》……流有六朝人多为诸经音（《释文》引），及后儒多为子史音。②

　　鉴者，镜属，取明水之鉴诸也，理明如镜也。主于著明事理，为后世镜。源出汉荀悦《申鉴》，流有宋仁宗《洪范政鉴》，及司马光《通鉴》，范祖禹《唐鉴》，吕祖谦《宋文鉴》，元李文仲《字鉴》。③

这里的"例""音""鉴"其实是学术著作的类型，不是一般的文章体裁。又如"乱"本来仅作为文章结构一个部分，而该书把它与其他独立文体相提并论。

《文章释》的贡献是建构一个独特的文体谱系，其特点就是"综为修学、措事二纲，约揭经、史、诸家之学，君上、臣下之事，明文学相因之大体也。"④以"修学""措事"为纲的文体分类法，以"经、史、诸家之学"和"君上、臣下之事"的文体溯源法来论述文学的渊源流变。《文章释》建构的文体谱系具体如下：

　　释、解、故、传、微、注、笺、义、义疏、申义、口诀义、讲义、衍义、说、论、辨、驳、评、述、叙（后叙、引）、题辞、例、音。（原按：右二十三体，源出经学。释、解、注、笺、义、义疏、说、论、辨、评、述、叙、例、音十四体流及各学，余亦可推。）

---

① 《历代文话》，第 6267 页。
② 《历代文话》，第 6267 页。
③ 《历代文话》，第 6273 页。
④ 《历代文话》，第 6321 页。

春秋、记、志(书、意、典、录、说)、录(实录)、谱(牒)、表、纪、史传、别传、自叙(自述)、史论(论赞、某人曰、序、诠、评、议、述、撰、奏、史臣曰)、考、续(绍)。(原按:右十三体,源出史学。春秋、记、录、谱、表、考、续七体流及各学,志亦可推,续无专体。)

略、诀、鉴、题后(后叙、书后、读某、跋)、细草、原(原始)、难、非(刺)。(原按:右八体,源出诸子之学,流及各学。)

反、广、补、拟(效、学、法、仿、依、代)。(原按:右四体源出杂学。补体流及各学,余亦可推,四者皆无专体。)

凡修学之文章四十八体。申义、讲义、辨、难四体兼措事。

教、训、典、法(制、宪、禁)、册、命、令、制、诏、策问、谕、诰、誓、敕、戒(儆)、箴、铭、诔、哀册、哀辞、颂、诗(歌、咏、吟)、乐府、祝、祷(祈)、祠、告神、诅、盟誓(载辞、载书、要言)、契券(判书、傅别、莂)、符、约、书、版书、刻石(石铭、勒石)、碑(表)、碣。(原按:右三十七体,源出君上之事。教、训、典、法、令、谕、诰、誓、敕、戒、箴、铭、诔、哀辞、颂、诗、乐府、祝、祷、祠、告神、盟誓、契券、符、约、书、版书、刻石、碑、碣三十体流及臣下之事,诅亦可推。)

上书(献书)、章、奏、劾(弹)、表、议、驳议、封事、疏、状、笺、启、札牒、劄子、奏策、对问、对状、对策、告(白)、奏记、答难、玺书、露布、檄、移书、列辞、序、帖、题署(揭文、榜)、募文、谒文、飨辞、吊文、祭文、行状、墓志铭、挽歌、赞、赋、乱、辞、操、引、曲(行)、谣、讴、诵、七、九、设论、甲乙论议、连珠、回文、离合诗、集句。(原按:右五十五体,源出臣下之事。札牒、劄子、告、玺书、檄、移书、题署、飨辞、吊文、赋、辞、操、曲、谣、连珠、回文、离合诗十七体流及君上之事,祭文、赞、乱、引、集句五体亦可推。)

礼辞、联句。(原按:右二体,源流通君上、臣下之事。)

凡措事之文章九十有四体。训、典、法、甲乙论议四体兼修学。①

　　大凡文章一百四十有二体。②

　　王兆芳所谓"修学""措事"之别,近乎古代意义的"知"与"行",现代意义的"理论"和"实践"(运用)。不过,他的文体溯源标准有点模糊:经、史、子为书籍分类,而君上臣下则为事情,前后不太一致,划分的逻辑有随意性。如:典、册、命、诏、谕、诰、誓、戒、箴、铭、谏、颂、祝、祷、祠、诅、盟誓等文体,王兆芳认为"原出君上之事",但这些文体已在《尚书》《周礼》等经典出现过,如果说它们"源出经学"又何尝不可? 这种文体分类的逻辑随意性,在传统文体学并非少见。

　　《文章释》一百四十三种文体,另外还有五十六种合并于其中,总共约二百种,王兆芳一一加以论述,这是该书的主要贡献。俞樾在序言中,赞誉《文章释》"精审",文体考释详当。王兆芳曾对门弟子谈到《文章释》的文体研究方法:

　　　　先释名义,必宗本字本义,其取引申义者,必使与本义相顾,明立体之元意也;终释源流,源取信于可考,流略举以见例,明观体之来路也;中释体之所主,契名义,符源流,明布体之要法也。其不为恒体者阙焉。③

王兆芳对于文体的阐释大致有考释本义、追源溯流和总结文体之要

---

① 以上诸按语见《历代文话》,第 6267—6319 页。
② 该书原收录文体 142 种,后来采纳朋友顾鸿闿(泽轩)的建议,又补入"判"体,所以此书论述的文体共 143 种,这里其它还包括了 56 种相近文体,总数约 200 种。
③《历代文话》,第 6320—6321 页。

诸方面。他对于文体的研究，正如他所主张的，就是在"祖述"的基础上加以"引申"，在论文体的"源"与"流"时，比较注重举具体的篇章为例来说明，颇有自得之处。王兆芳对文体的"源"与"流"的梳理非常清晰，这也是其突出的优点。比如"谕告"在《文体明辨》属"王言"之一体，《文章释》则云："谕者，一作'喻'，告也，晓也，以事情告下，令明晓也。主于告晓意指，与诏、诰相通。源出汉高帝《入关告谕》（古谕不为体），流有宣帝《谕意萧望之》，及张骞《谕指乌孙》，王骏《谕指淮阳王钦》，王遵《喻牛邯书》，唐刘蜕《谕江陵耆老书》。"①王兆芳认为"谕告"并不限于大子之言，亦可用于官员告下之言。他举了六个例子来说明从汉代到唐代谕体文的源流变化，具体简当。

《文章释》对文体的解释，颇有自得之见。如移文之起源，《文章缘起》谓："移书，汉刘歆移书让太常博士论《左氏春秋》。"《文章释》则曰："移书者，'移'本字作'逢'，迁徙也。手书迁移于人，或召或约，或责或劝，使之从也。主于徙达严词，鼓动人意。源出王孙骆《移记公孙圣》（见《吴越春秋》），流有汉薛宣《责谢游》、《劳勉尹赏、薛恭》、《追署王立》三移书，刘歆《让太常博士移书》，窦章《劝葛恭移书》，宗均《移记九江属县》，应劭《移书申约吏》，及梁简文《答穰城永和移文》。"②王兆芳则以为移文起于春秋时代。又如考释"拟"体：

> 拟者，通作"儗"，度也，比也，揣度而比象也。或别原意而拟体，或体、意俱拟，或约拟体、意，或原文散佚而虚拟体、意，亦谓之效、学、法、倣、依、代。"效"一作"俲"，象也。"学"古作"斅"，后觉效前觉也。法，制也，效其制也。"倣"本字作"仿"，通作"放"，似也，效也。依，倚也。代以异语，相更易也。皆拟

---

① 《历代文话》，第 6282 页。
② 《历代文话》，第 6305 页。

也。主于搂道比文,神明规矩。源出汉扬子,以经莫大于《易》,作《太玄》;传莫大于《论语》,作《法言》;史篇莫善于《仓颉》,作《训纂》;箴莫善于《虞箴》,作《州箴》。(别原意而拟体。原稿"源出班固《拟连珠》",依俞先生改。)流有班固《拟连珠》,魏王粲《仿连珠》,晋傅玄拟《天问》(《书钞》一百五十五、《初学记》四、《御览》四及八引)、《招魂》(《书钞》一百三十二引)、《四愁诗》,拟《金人铭》作《口铭》,刘宋谢灵运《拟魏太子邺中集序》,袁淑《效曹子建白马篇》,齐王融《法乐辞》《代徐干"自君之出矣"诗》,谢朓《拟风赋》,梁江淹《学苑园赋》(体意俱拟)。又刘宋《华林联句效柏梁体》,王僧达《和琅邪王依古诗》,江淹《读刘仆射东山集学骚》(别原意而拟体)。又谢灵运《拟邺中集诗》,江淹《敩古杂体诗》(约拟体、意)。又唐刘希仁《代荀卿与春申君书》(虚拟体、意,又后世有虚拟法,本无原文而因事为拟)。后世乐府用旧题,诗称"古意""览古",皆属拟。①

他还注意到中国古代与"拟"相关的文体还有"效"、"学"、"法"、"仿"、"依"、"代"。他又把"拟"分为"别原意而拟体""体意俱拟""约拟体意""虚拟体意"诸种,并举具体作品加以说明,尤其是举唐刘轲《代荀卿与楚相春申君书》②,指出该文章"虚拟体意",指出"后世又有虚拟法,本无原文而因事为拟",这对于文学史研究是颇有启发意义的。这种"虚拟"其实是一种虚构式的创作,与一般的"摹拟"完全不一样。《四库全书总目》也注意到此类文体,卷89史部45《史义拾遗》提要谈到该书有"拟辞""设辞":"有作拟辞者,如孙膑祭庞涓文、梁惠王送卫鞅还秦文是也;有作设辞者,如毛遂上平原君书、唐

---

① 《历代文话》,第 6277 页。
② 该文载《唐文粹》卷 89。

太宗责长孙无忌是也。大都借题游戏,无关事实。"①卷 169《王忠文公集》提要谈到"集中多代拟古人之作,盖学文之时,设身处地,以殚揣摩之功。宋代诸集往往有此,亦未可以游戏讥焉。"②研究这类代人立言、虚拟揣摩的文体颇有意义,《四库全书总目》仅提及宋人,而王兆芳举唐人作品为例,并为之专门立体,可谓推进了拟体的研究。

四、王兆芳与《文章释》的意义

十九世纪末、二十世纪初正是西方文化大举进入中国,中国传统文化受到严重挑战之际。王兆芳也深感"西术"与"儒道"之争,他在为《文章释》向俞樾求序信中提到:"泰西人好独创,不守师承,中国守师承者或失之拘,必如周公兼三王,孔子集大成,乃为善守师承者也……今者西术与我学争,我若固守专家之师承,而儒道反不振。"王兆芳以为:"学通天地人,而考道于古圣贤,验道于事物,祖述不摇,引申不已,务使我儒道之大,足以括西术之长,而西术之长,不足以抗我儒道之大。若是亦善守师承者乎?"③他的理想是以对传统学术的"祖述"和"引申"、师承与创新来抵御西方学术的巨大压力。虽然,王兆芳在这里并非专门谈《文章释》一书的编纂思想,但无疑把《文章释》与这种想法联系起来。

清末民初文体学演进的整体趋势是:传统文体学的终结与现代文体观念的建构。文体价值谱系也在重构,这就是传统诗文的边缘化与小说戏剧地位的中心化。面对强大的压力,传统文章学仍以顽

---

① 《四库全书总目》,第 759 页。
② 《四库全书总目》,第 759 页。
③ 王兆芳:《遗曲园先生书》,《文章释》卷首,《历代文话》第 7 册,第 6256 页。

强的意志以各种形式争取生存空间，令人惊讶的是，在清末民初前后一段时间，突然出现不少与文体学关系密切的传统文章学的著作。除了《文章释》之外，吴曾祺的《涵芬楼文谈》、王葆心的《古文辞通义》、来裕恂的《汉文典》以及稍后张相的《古今文综》等一批重要的文体学专著，一时蔚为大观，成为传统文章学结束前的绝响。

当时学术界由于受到西方学术的影响，在文学领域内，传统文学观念已在被迅速边缘化，传统文体学也失去原有重要地位。在这种背景下，《文章释》未受到人们的重视是可以理解的。王兆芳所思考的"我学"与"西术"冲突，这个问题在十九世纪乃至今日，都是存在的。他明确地揭示这个问题，是有意义的。在十九、二十世纪之交，他提出"使我儒道之大，足以括西术之长"的说法，这是一种学术上的梦想。从王兆芳的著述来看，他的知识储备基本是"我学"，而且是经学，对于"西学"了解并不多。他站在传统学术的立场消极地抵抗"西学"，并没有看到西学积极的方面，当然也没有吸收其思想。他把《帝王学校考》一书改名为《教育原典》，也只是换个新名字而已，并非吸收西方的教育学思想。他的《大九州考》一文①，眼光及于世界各洲，对于世界各国已有一些了解，但也只是以古代地理知识加以阐释。就《文章释》本身而言，只是对传统文体学的"祖述"和"引申"，他所建构的以"修学""措事"为纲的文体谱系，虽然很有特色，但仍未脱传统文体学的樊篱。他未能抵御西方学术的巨大压力，更谈不上能"以括西术之长"。这不是王兆芳一人的局限，而是当时知识分

---

① 王兆芳：《大九州考》，见《周官地图》，苏州大学图书馆藏书。按：苏州大学图书馆所藏王兆芳《周官地图》一卷，检是书无内封、目录，所收为王兆芳《周官地图例》、《大九州考》二文及《才兹文》赋部分，卷尾有《自叙》，内容亦同《才兹文》。且"周官"、"九州"二文版心有"地"字，很可能即为《才兹文》"地"之部分。推测所谓《周官地图》，应是著录错误，该书很可能是《才兹文》的补遗或者别本的残本。

子普遍的局限,也是历史的局限。

王兆芳生活于十九世纪下半叶至二十世纪初,活了不足四十年,享年不永,未尽其才,令人惋惜。他所处的年代正是清王朝帝国的末造,内忧外患,饱受欺凌,写满了屈辱。《文章释》刊于 1903 年,次年王兆芳就去世了。去世之前,他还有不少的工作计划和安排。王兆芳可以说是悲剧时代里的悲剧人物。今天当我们读到王兆芳书中"使我儒道之大,足以括西术之长"之说,推想当时他的悲凉心境,不免产生几分感慨。《文章释》写于 1901 年这个特殊历史时刻,表达作者一种复杂而热切的特殊心情,在当今重建中国文化的时候,我们重新来看《文章释》,便可发现其特殊的况味。

附　录
中国文体学研究的百年之路

　　中国古代文体学在现代中国的衰落与复兴,从传统文体学向现代文体学转型,颇具跌宕起伏的戏剧性,也是传统中国学术在现代中国命运的一个缩影。本文所论"百年",是百余年的一个便称约数。自清末民初开始,中国传统文体学就发生了巨大的变化,由于五四新文化运动是最具标志性的时间节点,故命之以"百年"。

一、源远流长的中国传统文体学

　　要了解现代中国文体学学术史,我们有必要追溯中国传统文体学的基本历程。

　　文体学是中国古代文学研究中最为悠久的学术领域之一。中国古代文体形成时代非常早,就现存出土文献看,商、周时期已形成一些成熟文体。先秦两汉时期也有对文体的论述,但总体上较零碎、分散,大概到了魏晋南北朝才出现系统、成熟的文体学理论。此前,中国文体学基本处于观念起源时期以及从观念向理论发展的时期。在文体观念发生的时期,人们已清晰地意识到文体的特性并加以使用,但尚未用理论形态予以抽象与系统表述。

　　中国古代文体学成熟于六朝。挚虞《文章流别志论》首次系统全面地研究诸文体的渊源流变,任昉《文章缘起》则以簿录方式建构他心目中具有一定独立性与文体典范的文章学谱系,萧统《昭明文选》以选本形式,建构当时经典的文体谱系。刘勰《文心雕龙》堪称文体学研究集大成之作,永为后世经典,其内容精深,体系井然。尽管它代表的是骈文中心时期中国文体学的思想观念,但所提出的"原始以表末,释名以章义,选文以定篇,敷理以举统"(《序志》)研究范式与基本观念,成为此后传统文体学的经典研究模式,至今仍是不祧之祖。《文心雕龙》在文体学上的影响是衣被百代的。

唐宋以后,文体学有一个重要转向,就是从魏晋南北朝以骈体为中心,转向以古文为中心。中唐韩愈、柳宗元大力倡导和创作"古文",发展至宋代,古文取代骈文,在文坛上占据统治地位。有关古文的批评,也相应成为文体学研究的主流,并形成古文文章之学。在诗赋、骈文时代,文章的主要功能是论理与抒情。宋代以后,由于史传文章进入集部,文章学内部产生变化,非常重视叙事功能,这就大大拓展了传统文章的表现功能。这种重叙事的倾向甚至影响到诗词批评,比如重视诗与史之关系、重视诗歌的叙事性等。从骈文中心时代到古文中心时代,整个文坛的审美观念与评价标准产生了明显的变化。以诗赋、骈文为中心的六朝重视用典、声律、辞藻、对偶,重视文采与语言形式之美,重视文章的抒情功能;而以古文为中心的唐宋则在艺术上更重视质朴,提倡风骨与格力。

明清两代是继南朝之后另一个文体学极盛的时期,其研究规模之大、范围之广,远迈前代。对文章体制规范及其源流正变的探讨成为明清两代文学批评的中心议题,"辨体"之风,承宋元而来,至明清而集其大成。中国古代文学批评形式多样,比如诗文评、选本、序跋、专论、类书等形式,此前,历代文体学批评的成就主要体现在诗文评著作上,明清则有所不同。明代文体学的成就与形式特点,突出体现在一批集选本和文体学著作于一身的文章总集之中。如《文章辨体》

《文体明辨》《文章辨体汇选》这三部分别编纂于明初期、明中期和明末清初的总集，最具时代特色。这些总集在《文心雕龙》研究模式的基础上，吸取挚虞《文章流别志论》遗意而新创出"序题"这一文体学形式。明人所谓"序题"（或称"序说"），特指分体编次的文章总集在其目录、序例、卷首或每体之前附有简述该文体渊源流变以及体制的小序或题解。与诗文评著作和经史子书之文体评论相比，序题堪称最为纯粹的文体学形式，它集中讨论文体问题而不及其他。上述三部总集，都先以序题概论文体之要，又通过所选的"文章"来辨章文体，总集文章与文体序题有机结合，互相印证，浑然一体，文体序题也就成为对文章总集起到提纲挈领作用的有机组成部分。至清代，文体学形式仍续有发展，姚鼐《古文辞类纂》即在明代文章总集"序题"基础上，又采用"序目"的形式。所谓"序目"就是融序言、序题、目录于一体，在介绍体例、列举目录的同时开展文学批评，不仅确立了一种书籍编纂新形式，也确立了一种新的文学批评体式。此书文体分类的特色是以文体功用为纲，以具体文体为目，故具有执简驭繁、纲举目张之效。在姚氏序目中，自序被序题、目录截为两段，分居首尾，形式上不同于一般独立成篇的序言；序题阐发文体分类思想，统辖所属各类文章；目录则是序目主体，所占篇幅最长。序言揭示全书的体例和主旨，序题是主旨的展开及对选目的说明，目录则是主旨和序题的落实或体现。《古文辞类纂》"序目"的文体学形式，为后来一些文章总集所采用。

要之，中国古代文体学历史悠久，是集中体现本土性与民族性的学术研究领域。其形成与发展，植根于传统政治制度、礼乐制度与实用性目的之上。与此相应，中国古代文体学之"体"，是一个典型的中国本土文学概念，具有极大的包涵性与模糊性，既指向体裁或文体类别，又指向体性、体貌风格；既有具体章法结构与表现形式之义，又有文章或文学本体之义，是具体与抽象、形而下与形而上的有机结合。

文体学不仅是文学的体裁问题,更是中国古代文学的核心问题乃至文学本体性之所在。"文章以体制为先"、"文莫先于辨体"、"论诗文当以文体为先,警策为后",这些基本观念都成为文学创作与文学批评的传统和基本原则。在漫长的中国传统文体学发展史中,早期文体观念的发生、魏晋南北朝文体学的成熟与确立、宋代的转向与明清的极盛而集大成,是几个比较重要的发展与变化节点,但是总体上并没有发生革命性的变革。

二、晚清民国:革命性的转型

中国文体学的革命性变革发生在清末民国时期。这是中国政治、经济、社会制度、学术文化发生巨变的时期,也是文学思潮、文体形态与观念发生巨变的时期。在中西冲突交汇、古今变革嬗替、社会激变转型的文化背景下,传统文学渐趋萎缩,新文学不断壮大,西方大量的新文体与文体观念如潮水般涌入。在语言形态上,白话文代替文言文,文白的转型使传统文体学的生存语境发生根本变化。大量用于"经国大业"或跻身仕途的实用文体,突然失去其实用价值,而新型的文学文体、公文文体、新闻文体、学术文体等则被大量引入和使用,文体观念遂发生翻天覆地的变化,整个文体及其价值谱系也被重新编定。晚清民国是中国传统文体学向现代文体学的转型期,是传统文学和新文学的分水岭。自古以来,文体之变莫大于此。

20世纪初,中国学术上最显著的特点,就是西学东渐成为主流,中国文学研究也渐次接受西方文学理论。中国文学史研究受西方文体学影响最大的有两个方面:一个是纯文学文体分类方法。现代以来,随着外国文学作品和理论传入中国,小说、戏剧等体裁受到重视,刘半农、胡适、傅斯年等学者和作家在对中国文学的讨论中逐渐形成了小说、戏剧、诗、散文"四分法"约定俗成的提法,而中国传统的文章文体分类法则被边缘化。一个是对于小说、戏曲等通俗文学文体以及相关的俗文学文体都极为重视,基本颠覆了传统的以雅文学为主体的观念与文体价值观。傅斯年说:"中国一切文学都是从民间来的"①,胡适也极度推崇俗文学而撰《白话文学史》。这些思想放在当时历史环境下看,不但有其历史的必然性,也有其合理性,它们大大了拓展中国文学研究的领域,尤其高度重视文学叙事与抒情功能,这是文学史研究的巨大进步。可以说,这些思想开创了中国文学史的新气象,对于重构中国文学史起到重要的借鉴与推动作用。但在同时,这种巨变也有一些明显缺陷。比如,基本上忽视甚至无视中国传统文体学,而套用西方文学范式来分割研究中国文学。以西方的纯文学文体学来衡量中国传统杂文学的文章文体学,遮蔽了中国传统文章中大量的实用文体,这与传统文章学的语境相去甚远,难免有削足适履之憾。一些在历史上曾受到重视、具有中国特色的传统作家和作品(尤其是应用性很强的文章)则被排斥在外。当时新学人对传统文学有一些激烈的批评,如"《选》学妖孽"、"桐城谬种"等②,这种恶谥影响非常大,表面看似乎只是批评桐城派与《文选》派,而实际上可能动摇甚至否定传统古文与骈文这两种经典语体与相关文体的地位。

另一方面,近代以来,中国传统文体学的体系,虽然被边缘化,但它并非如一座泥足巨人般轰然坍塌,瞬间粉碎,而是像被拦腰砍断的大树,其深殖于土地的根部仍具有顽强的生命力,更重要的是,其主

---

① 胡适:《傅孟真先生的思想》,《胡适作品集》第 25 卷,台北远流出版公司 1986 年版,第 57 页。

② 钱玄同致陈独秀信:"惟《选》学妖孽所尊崇之六朝文,桐城谬种所尊崇之唐宋文,则实在不必选读。"载《新青年》1917 年第 3 卷第 5 号"通讯"。

干又嫁接了外来的文化。由于政治、制度、文化、语言产生变化,传统文章文体虽然失去其实用价值与主流地位,但古典文体知识仍为社会所需要。20世纪初中国现代学术建立之始,有一些学者仍然非常关注中国古代文体的研究,或者其研究仍受到传统文体学模式的影响,这些足以说明传统文体学的顽强生命力。特别是20世纪上半叶,一批学者继承古代文体学的传统,用新的视角来梳理和辨析文体,以建构文体体系①。如马仲殊《中国文学体系》(1933),施畸《中国文体论》(1933),薛凤昌《文体论》(1934),梁启勋《中国韵文概论》(1938),蒋伯潜、蒋祖怡《体裁与风格》(1941),蒋伯潜《文体论纂要》(1942)等;当时文学史家往往也以文体为线索梳理文学发展的基本框架,王国维在《宋元戏曲史》(1915)中提出"一代有一代之文学",而文学史则是以文体为线索发展的,所谓"楚之骚,汉之赋,六代之骈语,唐之诗,宋之词,元之曲"②。这种观念也反映在当时一些文学史著作上。如林传甲《中国文学史》(1904)、刘师培《中国中古文学史讲义》(1917)、胡毓寰《中国文学源流》(1924)、刘师培《论文杂记》(1928)、顾实丞《文体论ABC》(1929)、谭正璧《中国文学进化史》(1929)、吕思勉《宋代文学》(1929)、钱基博《明代文学》(1933)、刘永济《十四朝文学要略》(1945)等。刘麟生主编的《中国文学八论》(1936)中一些内容带有文体简史的性质,如刘麟生《中国诗词概论》、方孝岳《中国散文概论》、瞿兑之《中国骈文概论》、胡怀琛《中国小说概论》、卢冀野《中国戏剧概论》等。

这个时期最有开创性的,则是西学影响下的俗文学文体研究。

---

① 本文所提及的相关书籍与论文,由于数量太大,只列出版年份,相关的出版信息从简。详见李南晖等:《中国古代文体学论著集目》,北京大学出版社2016年版。

② 王国维:《宋元戏曲史·序》,商务印书馆1925年版,第1页。

王国维《宋元戏曲史》(1915)、吴梅《中国戏曲概论》(1926)、卢冀《明清戏曲史》(1933)、张静庐《中国小说史大纲》(1920)、鲁迅《中国小说史略》(1925)、朱自清《中国歌谣》(1929—1931 讲稿)等，开创了小说、戏曲、歌谣文体史之研究。胡适《白话文学史》(1928)是白话文学研究的开山之作。作者意在为白话文争得文学史上的正宗地位。此书虽然只有上卷，但构建了中国白话文学史编撰体系，在思想观念与研究方法上都能突破前人框架，大大拓展了研究视野，为中国文学史研究开辟一条新路径。此外，如洪亮《中国民俗文学史略》(1934)、郑振铎《中国俗文学史》(1938)、杨荫深《中国俗文学概论》(1946)也都从文体学的角度，研究中国古代各种重要的俗文学文体。尽管中国古代文学批评并没有完全排斥俗文学文体，但新文化运动以来则极端重视俗文学并以之为正宗文体，力排文言雅文学。胡适在《白话文学史·引子》说："这一千多年中国文学史是古文文学的末路史，是白话文学的发达史。"①郑振铎说："'俗文学'不仅成了中国文学史主要的成分，且也成了中国文学史的中心。"②他们明显受到西方文学观念的影响，并将之推衍至极端。现在看来，其功过皆在此。然自学术史观之，其功远高于过。

与传统文体学研究不同的是，民国一些学者具有更开阔的世界学术视野，陈寅恪为其中典型。他对中国文学中文体演变的关注与研究，最初是从佛教传入中国后对文学影响的角度开始的。如《有相夫人生天因缘曲跋》(1927)一文提出弹词这种文体当是从有关佛教故事中演绎出来的。他还关注到中国长篇小说的产生与佛经的关系。这类研究虽多为个案或片断，并非系统考察，但在思想方法上，却极大地开拓了传统文体学的视野与疆域，真正焕发出现代意义文

---

① 胡适：《胡适全集》第 11 卷，安徽教育出版社 2003 年版，第 218 页。
② 郑振铎：《中国俗文学史》，中央编译出版社 2013 年版，第 1 页。

体学的光彩。

除了西方学术的影响，日本学者对民国时期的中国文体学研究也有一定推动。"俗文学"这一概念最早是由日本学者狩野直喜提出来的（1916）。他把敦煌文学引进俗文学视野中："治中国俗文学而仅言元明清三代戏曲小说者甚多，然从敦煌文书的这些残本察看，可以断言，中国俗文学之萌芽，已显现于唐末五代，至宋而渐推广，至元更获一大发展。"①正如中国学者傅芸子所言："吾国近十年来，俗文学之兴起，一方固由于敦煌俗文学之力，而提高文学上之位置，然首先认识敦煌俗文学之价值者，恐推狩野博士为第一人，厥功诚不可没。"②此外，如盐谷温《中国文学概论讲话》（1929，孙俍工译）也是从文体入手来研究中国文学的。此书影响较大，如陈彬龢《中国文学论略》（1931）一书和盐谷温著作的体例与内容大致相同，刘麟生《中国文学概论》（1934）从书名到内容大致也是同一路数。另外，青木正儿《中国文学发凡》（1936）及《中国文学概说》（1938），从中国的语言学入手，进而讨论中国的诗学、文章学、戏曲小说学与评论学，对于此后中国文体学研究的影响也不可忽视。

这个时期，一方面，传统文体学受到挤压和遮蔽，处于边缘地位；但另一方面，白话文学、俗文学等研究，已超越传统文体学的疆域与水平，代表了文体学现代转型的趋势。传统文体学研究的内容、途径与方法，也受到外来学术的影响。比如，薛凤昌《文体论》（1934）最后一章为"现代文体之变革"，可见其视野已及于现代，这意味着在传统文体学研究中，现代意义的中国文体学也开始萌芽。

---

① ［日］狩野直喜：《中国俗文学史研究的材料》，《艺文》1916 第 7 卷第 1、3 期。译文刊于《语丝》1928 年第 12 期。

② 傅芸子：《敦煌俗文学之发见及其展开》，《中央亚西亚》第 1 卷第 2 期，又见《白川集》，东京文求堂 1943 年版。

三、1950年代至1990年代:曲折的复兴[①]

1950年代期间,中国学界主要受苏联文学理论的影响,往往简单化地、公式化地强调文学的社会性,强调文学为政治服务,从政治需要和意识形态出发来评价文学作品。人民性、阶级斗争、贵族文学与民间文学、唯物主义与唯心主义、浪漫主义与现实主义、爱国主义、形式主义、古为今用……成为当时古代文学研究中的常用概念,形成一定的研究模式与思维定势,而作为文学史发展重要内在原因的文体因素,由于偏重于语言形式,容易被视为"形式主义",自然也就少受关注。1966年开始的"文革"十年,阶级斗争乃至儒、法斗争更是被视成中国文学发展的主线,中国古代文体学基本被忽视。中国文体学的发展在这个时期可谓处于历史上的谷底状态。

但这不意味着这个时段内文体学研究完全荒芜。即使在1950年代至"文革"之前十多年间,仍有一些学者遵循学术研究规律,继续探讨文体学。比如对诗、词、小说、戏曲等相关文体的历史研究,包括与之相关的中国文学史与中国文学批评史都出现许多优秀甚至至今仍是经典的学术成果。在文献方面,有罗根泽《中国历代文学理论批评文选》(1957)、郭绍虞《中国历代文论选》(1962)以及人民文学出版社"中国古典文学理论批评专著选辑"丛书等,这些书虽非专门的文体学文献,但都包含了丰富的相关内容。在理论研究方面,也有一

---

① 本节参考陈才训:《古典文学研究中的文体研究》,见刘敬圻主编:《20世纪中国古典文学学科通志》第5卷,山东教育出版社2012年版。黄霖主编:《20世纪中国古代文学研究史》,周兴陆:《总论卷》中、下编,东方出版中心2006年版。

些精品,比如吴调公《谈谈文体》(1960)、《刘勰的风格论》(1961),陆侃如、牟世金《刘勰的文体论》(1962),王运熙《中国古代文论中的"体"》(1962)等,可谓吉光片羽,弥足珍贵。

改革开放之初,中国学术界掀起"方法热",而且大致是西方学术的思想方法。如系统论、控制论、信息论、原型批评、存在主义、结构主义、形式主义、精神分析、符号学、解释学、传播学、接受美学、后现代主义、后殖民主义……这是自20世纪初以来,中国第二次大举接受西学的浪潮。放到当时的历史背影中,有其合理性:这些理论,大大消解1949年至"文革"结束之间的庸俗社会学与极左思潮,起到解放思想的巨大作用。"方法热"之后,是"文化热",这是一种持续更久、影响更广的学术转型。"文化学"突破了以往多从政治、经济与阶级等关系去研究文学的僵硬模式,把文学视为一种文化现象,注重从历史、文化的角度去探讨文学,这当然有其积极意义①。但如果文学失去本体地位,只能成为阐释文化学的旁证材料。而且,如果研究视角过于宏观,文化便成为一种包罗万象的框框。这个时期,学界的关注点主要仍是借鉴西方文学理论,并未充分注意和利用本土的学术传统与具体文体语境。总体而言,中国文体学在这个时期尚未得到必要的重视。

自20世纪80年代,不少老一辈学者为复兴中国传统学术导夫先路。郭绍虞《提倡一些文体分类学》一文指出:"我们一方面希望修辞学能注意到一些文体分类学,一方面也希望文体分类学能成为一种独立的学科。"②这在当时可谓空谷足音。尤其值得注意的是,郭绍虞不但认为:"文体分类学与修辞学有密切关系"(同上,第2

---

① 参考许宁人:《八十年代"文化热"的价值内涵》,载《现代中国文化与文学》2016年第1期。
② 《复旦学报》1981年第1期,第11页。

页),而且指出:"我总觉得语言文字关系到一国的文化,而文学就是代表各种不同文化的产品。所以在中国的文体分类学中,假使区分文字型与语言型两大类,那就最容易说明中国文学的特征,同时也最容易确切地说明文体分类的关键问题。"(同上,第9页)他主张从汉语的语言文字入手,去研究中国文体学的特征,这也是极有见地和远见的,至今仍具有指导意义。出于读者的需求,此期学界也推出一些中国文体学普及读物。如许嘉璐《古代文体常识》(1980)、褚斌杰《中国古代文体概论》(1984,1990增订),尤其后者明确指出,"研究文体的学科称为文体论或文体学,是文学理论的一个重要方面"。该书对中国古代各类文体的起源、特点、发展等都进行细致的辨析,并结合具体作品进行分析。绪论对自魏晋以迄于清代的古代文体分类理论作了论析,突出文体分类及文体论研究在中国古代文体学研究中的重要性。该书初版于1984年,1990年作者又做了较大的修订和增补,至2003年重印五次,成为一本发行累计几十万册的"畅销书"。虽然它是一部教材,但在普及中国古代文体知识方面,其影响比当代任何一部学术专著都要大。

这个时期文体学研究的成绩,最早是在文学风格学领域中取得的。詹锳《〈文心雕龙〉的风格学》(1982)、周振甫《文学风格例话》(1989),可以说开创了新时期文体学研究的风气。受其影响,吴承学《中国古典文学风格学》(1990)对传统文学风格学做了较为系统的研究。另有李伯超《中国风格学源流》(1998)与吴著的内容与性质相近。随着古代文体学研究的兴起,文体史与文体形态个案研究成为新热点。颜廷亮《敦煌文学》(1989)以文体为纲,研究敦煌文献所呈现的数十种文体形态,开拓和丰富了文体学的研究领域,颇有意义。其他研究论著还有:陈必祥《古代散文文体概论》(1986)、杨海明《唐宋词风格论》(1986)、麻守中《中国古代诗歌体裁概论》(1988)、李昌集《中国古代散曲史》(1991)、程毅中《中国诗体流变》

（1992）、郭预衡《中国散文史》（1993）、徐兴华等《中国古代文体总揽》（1994）、赵敏俐《汉代诗歌史论》（1995）、曹明纲《赋学概论》（1998）等，都拓展各种文体的研究。此外，如金振邦《文章体裁辞典》（1986）、朱子南《中国文体学辞典》（1988）等工具书，也为普及文体学知识做出贡献。

在中国文学批评史领域，王运熙、顾易生先生主编的《中国文学批评通史》于1993年出版。从学术发展史的角度来看，该著开拓与开创兼备，创新与总结并举，堪称一部包容前人又超越前人的集大成巨著。书中广泛涉及先秦至近代中国文体学的内容，在某种程度上，也具有文体学史性质。

文艺学与现当代文学的"文体革命"，对中国文体学的复兴，也起了一定的推进作用。刘再复指出，文体这个概念包括两项最基本的构成因素：一是外形式，即语言体式；二是内形式，即内在结构和总体风格。具体到文学理论和文学批评的文体概念，一是指外在的表层的语言秩序；二是指这种语言秩序所负载、所蕴涵的深层的思维格式即思维方式、论述方式和批评风格①。20世纪90年代开始，在新的学术意识的推动下，文体学这门古老的学科获得了全面复兴，重新焕发出生机和活力。童庆炳主编了影响较大的《文体学丛书》，其中童庆炳《文体与文体的创造》（1994），陶东风《文体演变及其文化意味》（1994），蒋原伦、潘凯雄《历史描述与逻辑演绎——文学批评文体论》（1994）诸著，虽然不是纯粹研究中国传统文体学的理论著作，但对于中国古代文体学研究具有较大的借鉴与支持作用。童庆炳认为："文体是指一定的话语秩序所形成的文本体式，它折射出作家、批评家独特的精神结构、体验方式、思维方式和其他社会历史、文化精

---

① 刘再复：《论八十年代文学批评的文体革命》，《文学评论》1989年第1期。

神。"①他提出了文体为"体裁—语体—风格"三层次说，认为文体是体裁、语体和风格的结合体。童著将文体分为"体裁""语体""风格"三个层次，特别突出了"语体"的重要意义；讲文体的创造时，论述了内容与形式的相互征服，颇有见地。陶东风《文体演变及其文化意味》(1994)则将文体学研究与文学史、文化研究融会贯通，从而以文体为研究的起点和中心，建构起历时文体学与文体文化学的理论框架。这些研究在理论方面支援了中国文体学的建设。

四、21世纪：中国文体学的盛况

近二十年来，文体学研究越来越受到中国学术界的重视，从20世纪文学研究领域中一个边缘化的冷门学科，成为发展最快、最受关注而且成果最丰硕的重要学科、前沿领域与学术热点。笔者拟先从文体学的成果数量与研究规模方面加以总结。

21世纪的文体学史（文体理论研究）与文体史（分体研究）已取得极为丰富且相当有价值的成果，文体形态个案研究也几近遍涉各类文体，相关论著数量繁多。因为论文数量太大，难以枚举，姑就出版的著作略举其要（以时间为序）：

（一）文体学的理论研究：郭英德《中国古代文体学论稿》(2005)、吴承学《中国古代文体学研究》(2011)、曾枣庄《文化、文学与文体》(2011)、曾枣庄《中国古代文体学》(2012)、刘宁《汉语思想的文体形式》(2012)、姚爱斌《中国古代文体论思辨》(2012)、谭帆等《中国古代小说文体文法术语考释》(2013)、邓国光《文章体统：中国文体学的正变与流别》(2013)、李建中等《批评文体论纲》(2013)、李

---

① 童庆炳：《文体与文体的创造·导言》，云南人民出版社1994年版，第1页。

建中《体：中国文论元关键词解诠》(2014)、吕红光《唐前文体观念的生成与发展》(2014)、彭玉平《王国维词学与学缘研究》(2015)、郗文倩《古代礼俗中的文体与文学》(2015)、欧明俊《古代文体学思辨录》(2015)、贾奋然《文体观念与文化意蕴：中国古代文体学美学论集》(2016)……黄霖主编《中国分体文学学史》丛书五种(2013)，包含诗学三卷(周兴陆)、词学二卷(彭玉平)、散文学二卷(罗书华)、小说学二卷(谭帆等)、戏剧学三卷(刘明今)。这套文学学史丛书包含有大量文体分类学的内容，在一定程度上具有中国古代文体学史的性质。

（二）断代文体学史与专论研究：李士彪《魏晋南北朝文体学》(2004)、朱惠国《中国近世词学思想研究》(2005)、奚彤云《中国古代骈文批评史稿》(2006)、鲍恒《清代词体学论稿》(2007)、邓新跃《明代前中期诗学辨体理论研究》(2007)、彭国忠《唐宋词学阐微：文本还原与文化观照》(2008)、余意《明代词学之建构》(2009)、郗文倩《中国古代文体功能研究：以汉代文体为中心》(2010)、吕逸新《汉代文体问题研究》(2011)、任竞泽《宋代文体学研究论稿》(2011)、邓心强等《桐城派文体学研究》(2012)、万奇等《文心雕龙文体论新探》(2012)、谷曙光《贯通与驾驭：宋代文体学述论》(2016)、过常宝《先秦文体与话语方式研究》(2016)、杨东林《汉魏六朝文体论与文体观念的演变》(2017)、夏令伟《宋元文体与文体学论稿》(2018)……

（三）文体与文体形态研究：吴承学《中国古代文体形态研究》(2000)、陈大康《明代小说史》(2000)、连燕堂《从古文到白话：近代文界革命与文体流变》(2000)、鄢化志《中国古代杂体诗通论》(2001)、尹占华《律赋论稿》(2001)、李良荣《中国报纸文体发展概要》(2002)、韩高年《诗赋文体源流新探》(2004)、汪小洋等《科举文体研究》(2005)、黄金明《汉魏晋南北朝诔碑文研究》(2005)、郭建勋《辞赋文体研究》(2007)、沙红兵《唐宋八大家骈文研究》(2008)、蒋长栋《中国韵文文体演变史研究》(2008)、邱江宁《明清江南消费文化与文体演变研究》(2009)、张连娥《古今文体演变与派生》(2009)、邱渊《"言""语""论""说"与先秦论说文体》(2009)、王凌《形式与细读:古代白话小说文体研究》(2010)、刘晓军《章回小说文体研究》(2011)、曹辛华《唐宋诗词的文体观照》(2011)、葛晓音《先秦汉魏六朝诗歌体式研究》(2012)、于雪棠《先秦两汉文体研究》(2012)、董芬芬《春秋辞令文体研究》(2012)、胡元德《古代公文文体流变》(2012)、叶修成《西周礼制与〈尚书〉文体研究》(2016)、李晓红《文体新变与南朝学术文化》(2017)、宋常立《瓦舍文化与通俗叙事文体的生成》(2017)、刘宝强《清代文体述略》(2018)、王一涵《先唐哀祭文体研究》(2018)、张海鸥《宋代文章学与文体形态研究》(2018)、李南晖《唐国史与唐人偏记小说研究》(2018)……

(四)文体学研究文献与目录学:王水照《历代文话》十卷本(2007)为研究文体学提供了比较齐备的基本文献,余祖坤《历代文话续编》(2013)、陈广宏等《稀见明人文话二十种》(2017)等又有所补充。曾枣庄《中国古代文体学》七卷本(2015),其中五卷收集和整理历代的文体学相关文献,是目前最齐备的文体学研究文献。《历代文话》收集各种专书,而《中国古代文体学》则兼选辑各种相关文献,二书可互相补充。另外,还有大量分体或断代的大型文献整理的丛书,数量亦相当大。如周维德《全明诗话》(2005),张寅彭等《清诗话三编》(2014),踪凡、郭英德主编《历代赋学文献辑刊》二百册(2017)。李南晖等《中国古代文体学论著集目》(2016)是目前研究中国文体学学术史最重要的工具书。全书分七编,收录1900年至2014年大陆和台湾、香港、澳门地区出版的关于中国古代文体学研究的著作和论文(包括期刊论文、会议论文、论文集中的单篇论文、硕士论文、博士论文、博士后出站报告),全面反映百余年间文体学研究的发展状况。

近二十年来,中国文体学研究已形成强大的学术队伍。有一些年龄较大，仍老当益壮，不断思考的老一辈学者。他们多为五六十年代的大学生，数量虽然不多，但影响很大。起着导夫先路的领军人物是一批出生于五六十年代的学者。他们经历动荡年代，成长于改革开放，阅历丰富，思想敏锐，有强烈的创新意识。尤其可喜的是，有一大批七八十年代甚至九十年代出生的年轻学者已经成为文体学研究的重要力量。笔者曾经说过："新一代学人从入门之初就对于学术史与学术规范有所认识，并受过比较严格、系统的学术训练，所以很平顺而规范地进入学术研究。这是一个开放的时代，海内外学术交流极为广泛，年轻学者都有良好的外语能力，有海外交流经历，具有更为开阔的理论视野，更为多样的研究方法。这又是一个科技革命的时代，新一代学者快速地掌握了在网络与大数据方面的技术手段，在世界范围内大量收集、交流和处理文献资料，这些都是前辈学人望尘莫及的。"①新一代学人正是文体学研究的中坚，也是未来的希望所在。

哲学社会科学基金项目的指南与立项在学术界有一定的导向与显示度，可以反映出当前的研究热度与趋势。近二十年来，教育部、国家社会科学基金中与文体学相关的一般项目与青年项目，至少就有数百项之多，难以细述，我们仅以 2010 年以来，国家社会科学基金重大项目为例。吴承学"中国古代文体学通史"、党圣元"中国古代文体观念文献整理与研究"、谭帆"中国小说文体发展史"、彭玉平"中国词学通史"、郭英德"中国古代散文研究文献集成"、王水照"中国古代文章学著述汇编、整理与研究"、李昌集"中国诗词曲源流史"、朱万曙"《全清戏曲》整理编纂及文献研究"、黄仕忠"海外藏珍稀戏曲俗曲文献汇萃与研究"、陈广宏"全明诗话新编"、张寅彭"清代诗话全编"、黄天骥"《全明戏曲》编纂及明代戏曲文献研究"、曹辛

---

① 吴承学：《致新一代学人》，载《南方周末》2017 年 11 月 7 日。

华"民国词集编年叙录与提要"、董乃斌"中国诗歌叙事传统研究"、莫道才"历代骈文研究文献集成"、吴光正"中国宗教文学史"、赵义山"古本散曲集成"、陈书录"明清民国歌谣整理与研究及电子文献库建设"、黄霖"民国话体文学批评文献整理与研究"、黄正建"中国古文书学研究"、朱恒夫"中国傩戏剧本整理与研究"、左鹏军"近代戏曲文献考索类编"、刘培"中国赋学编年史"、孙尚勇"中国古代音乐文学通史"、纪德君"中国历代民间说唱文艺研究资料整理与数据库建设"、许结"辞赋艺术文献整理与研究"、宁稼雨"全汉魏晋南北朝小说辑校笺证"、李永平"海外藏中国宝卷整理与研究"、朱惠国"明清词谱研究与《词律》《钦定词谱》修订"、宋莉华"中国古典小说西传文献整理与研究"等。这从一个方面可以看出中国文体学受关注的程度。

另一种值得注意的现象是出现一批各具特色的文体学研究团队。北京师范大学的研究重点是中国古代散文文体,复旦大学重点在文章学与分体文学史,北京大学与南京大学重点在诗歌文体及理论研究,华东师范大学重点是小说、词体研究,南京师范大学的重点是实用(公文)文体与词学研究,扬州大学的重点中西文体学的沟通,四川大学与西华大学的重点在敦煌与俗文体,武汉大学重点是批评文体……可以说,各有特色,互相补充又互相支撑,已形成一个宏大的研究格局。在众多中国文体学研究团队中,中山大学学术积累较为丰厚。他们积数十年与数代人之功,建成较受海内外关注的中国文体学研究重镇。相关的专题学术交流研讨会也在全国多次召开,如中山大学、北京大学、中国人民大学、湖南大学、福建师范大学、扬州大学等高校都召开过中国古代文体研讨会。中山大学已经连续召开五届"中国古代文体学学术研讨会"。还有许多学校招收中国文体学相关研究方向的博士后、博士、硕士研究生,与文体学相关的硕士论文、博士论文、博士后出站报告，至今总量应该超过 1000 篇①。这也是非常值得注意的。在一定程度上，年轻人的研究兴趣与趋向，就是未来若干年内学术发展的风向标。

毫不夸大地说，从学术研究的规模与论著的数量来看，近二十年的文体学研究完全超过此前近百年的文体学研究。虽然学术规模与成果数量并不能说明所有问题，但可以看出学术研究的趋势与热度，反映出文体学研究的盛况。

五、建构现代意义的中国文体学

21 世纪以来，当代文体学的复兴与繁盛，绝不仅仅在于规模与数量，更在于学界践行建构现代意义中国文体学的努力。略而论之：

（一）明确的文体学学科意识。学界从 20 世纪 80 年代起就开始讨论文体学学科的问题。郭绍虞《提倡一些文体分类学》一文提出："希望文体分类学能成为一种独立的学科。"②21 世纪以来，一大批学者努力建构现代学术意义的中国文体学。郭英德曾谈及中国古代文体学理论框架的构想："以先秦至清末的文体理论批评资料为主要研究对象，从史论结合的角度，论述中国古代文体学的发展历史和理论构成，从而建构一套中国特色的文体学。"③他从理论层面总结了中国古代文学批评家对文体基本结构各个层次的构成、特征和功能等方面的论析，从作为行为方式的文体分类、作为文本方式的文体分类

① 具体情况详见李南晖等：《中国古代文体学论著集目》，北京大学出版社 2016 年版。
② 《复旦学报》1981 年第 1 期，第 11 页。
③ 郭英德：《中国古代文体学论稿》，北京大学出版社 2005 年版，第 217 页。

和文章体系内的文体分类三个方面，勾勒出中国古代文体形态学的基本面貌。

笔者从 20 世纪 80 年代开始进入文体学研究领域，一直自觉地把文体学作为一个学科领域来研究，并在《文学遗产》（2005）上发表《中国古代文体学学科论纲》，提出"中国文体学学科"，认为应该予中国文体学以独立和独特的地位，并加以学理性的、有体系的研究，建构现代意义的中国文体学体系。同年，又在《中山大学学报》（2005）发表《中国古代文体学研究展望》，指出古代文体学是一门传统悠久的学术，随着时代的推移和学术的发展，亟需从文学研究的一种手段和视角发展为一门现代学科。中国古代文体学研究应该立足本土的特殊性，同时要适当引入其他学科以资比较、参照，以期在与古代文学史、古代文学批评史的互动之中，获得自身应有的学科身份，在与西方文体学的互动之中，彰显自身鲜明的民族特色。十年之后，笔者又在《文学评论》（2015）发表《建设具有现代意义的中国文体学》一文，更为系统地论述自己对当代中国文体学研究的想法：建设具有现代意义的中国文体学是这一代学人的学术责任。提倡文体学研究"现代意义"的目的是获得古今中外之间的平衡与对话。在当今学术研究情景下，要平衡学术自信与学术自知、科学技术与人文价值的关系，要超越纸文本形态，重视对文体的实物形态与非物质形态研究。建设现代意义的中国文体学，要不断开掘与拓展文体学研究疆域，如文体史源学、文体观念发生学、文体分类学、文化文体学以及历史文体学等，才能在继承传统文体学的基础上，有所超越。《中国古代文体学研究》（2011）是笔者数十年来建设现代意义的中国文体学尝试的初步总结。胡大雷认为该书"是当前古代文体学研究最有代表性的著作"①。胡晓明指出该书的意义在于：发现了中国古典文

---

① 胡大雷：《中国古代文体学研究的现代视阈》，载《学术研究》2012 年第 4 期。

学生命力所在极为重要的"源头活水",大大改写了五四时代西方文学观念所主导的以虚构类、以诗歌小说戏剧散文四分法所限定的文学认知图式,因而重新激活了中国古典文学所蕴含的中国思想与中国智慧。这种学术创新的时代意义与文化思想前瞻的重大意义,必将越来越显示出来,被更多的研究者所认识①。此语指出当代文体学研究的意义,以之为勉励之意,但也是笔者虽不能至而心向往之的宏愿。

(二)寻求现代意义的中国文体学研究方法。笔者曾提出,文体学研究有必要在继承刘勰所提出的"原始以表末,释名以章义,选文以定篇,敷理以举统"这种古典文体学研究范式的基础上,再"鉴之以西学,助之以科技,考之以制度,证之以实物"②。胡大雷在《中国古代文体学研究的现代视阈》文中,总结建立现代意义文体学研究的"十法":

> 中国古代文体学研究已进入一个崭新的时代,其标志就是这种研究是在建立有现代意义的中国文体学的宏愿中进行的,是在现代视阈指导下进行的。这表现在十个方面:关注文体学研究对象的综合性、整体性;创造性地发扬传统文学的研究方法;探寻老生常谈之"常识"的价值;对文体和文体学内在运行机制的探寻;从对立面的辨析中看古代文体发展的相反相成关系;文体学研究注重对文学史的贯穿;通过小中见大而对规律、通例的追寻;发现或引发出启发意义极大的新问题;对文体学研究的文体的关注;在整个社会发展的脉络中关注文体学。此亦可称

---

① 《吴承学:从容一些,走得更远》,2016 年 3 月 31 日中山大学官微专访。
② 吴承学:《中国古代文体学研究·绪论》,人民出版社 2011 年版,第 4—5 页。

为现代意义文体学研究的"十法"。①

总之,建立现代意义的中国文体学,就是要尽可能发挥现代学人所特有的学术条件、学术眼光等优长,同时消解现代学人与古代文体学原始语境隔膜。在中国古代文体学发展史的具体语境中,展示古代文体学原生态的复杂性、丰富性,揭示其原初意义,尽量避免因对材料和史实的过分抽象与概括而偏离其原貌、原意的结果;同时,以古代文体学理论的具体语境及丰富细节为基础,对其所蕴涵的现代意义,进行既符合逻辑又不悖于历史的阐释,并力图在阐释中梳理出古代文体学的理论体系。

(三)拓展文体学研究领域。笔者曾提出,研究中国古代文体学,必须"考之以制度":文体与中国古代礼乐和政治制度的关系,是中国古代文体学中一个比较独特又未经系统研究的问题。因为中国古代大量实用性文体与礼乐、政治制度关系密切,许多文体就是官制、礼制的直接产物,并服务于制度的。如果不了解制度,就不可能真正理解这些文体的生成机制及初始意义。中国早期文体谱系的建构与制度设置有密切关系,许多文体功能、文体类别是从文体使用者的身份与职责延伸而来的,与之共同构成文体谱系。同时,中国早期文体谱系观念的发生亦是基于礼仪、政治及制度建构之上的②。此后历朝制度的构建与官守职能的分工变化,造成文体形态与观念变化纷繁,其涉及的内容很广,甚至超出文学领域,而与经学、史学等密切相关。事实上,历史学界关于制度与文体的研究成果,也给中国文体学研究提供了很有价值的借鉴。如赵超、陆扬的墓志研究,王素的高昌王令

---

① 胡大雷:《中国古代文体学研究的现代视阈》,载《学术研究》2012 年第 4 期。
② 参考李冠兰:《先秦礼学与文体批评》,载《南京大学学报》2015 年第 5 期;吴承学、张润中:《秦汉的职官与文体》,《北京大学学报》2018 年第 5 期。

形制研究,邓小南、曹家齐、张祎、杨芹的宋代文书研究等。

从研究领域来看,21世纪以来的中国文体学史研究,已有很大的拓展。1980年代前的文体学史主要集中在魏晋南北朝时期,20世纪八九十年代以来,唐、宋、明、清渐受关注。21世纪以来,则在文体观念的发生以及近代以来文体学转型方面有很大的开拓。中国文体学是层累形成的,而最深层的就是"早期文体观念的发生"①。它是中国文体学理论及体系形成的基础,是中国文体学本质与特色形成的"基因"。通过文体观念发生的研究,可以看到,中国古代文体学的特性,是基于中国人独特的语言文字与思维方式之上,其形成有早期社会制度、典籍生成的背景。近年来,研究文体观念的发生成为学界关注重点,从中国早期的语言文字、制度、诗乐、典籍归类、文献称引、命篇与命体等考察文体观念发生,有效地推进先秦两汉文体学的研究。近代文体学的研究,也是对传统文体学的开拓。21世纪以来,这方面的成果甚多,对晚清民国文体学研究的基本框架已经作了初步的理论性构建和探索。中国传统文体的现代转化是沟通古今文学的关键,其中折射出语言、文学、社会、政治、体制的种种巨变以及中西文化的冲突。近代以来的社会生活、价值观念的变化,以及文白的转换等,势必引起整个文体谱系的重新建构。连燕堂《从古文到白话——近代文界革命与文体流变》(2000)从古今语体演变入手,考察近代以来的文体流变。夏晓虹《文学语言与文章体式——从晚清到"五四"》一书序中,也从文学语言的角度考察晚清至"五四"间文章体式的流变,考察从晚清到20世纪四十年代的文章观念与白话文变迁(2006)。刘宁《汉语思想的文体形式》(2012)讨论近代以来,面对外来冲击,汉语思想的表达传统发生巨大转变,西学论著体式与汉

---

① 参考吴承学、李冠兰:《论中国早期文体观念的发生》,《文艺理论研究》2016年第6期。

语思想文体传统发生复杂的冲突与交融。现代文学学科的建立与文体的关系极为密切。相关研究如栗永清《学科·教育·学术：学科史视野中的中国文学学科》(2010)、陈国球《文学如何成为知识？——文学批评、文学研究与文学教育》(2013)、贺昌盛《晚清民初"文学"学科的学术谱系》(2012)论述近代以来文学学科的建立和学科架构。陈尔杰《"古文"怎样成为"国文"——以民初中学教科书为中心的考察》(2012)、金鑫《民国大学中文学科讲义研究》(2016)，通过梳理考察民国中文学科教育及学术发展状况。这些研究均为文体学研究提供借鉴。国际视野是建设具有现代学术意义中国文体学的重要方面，这在近代文学研究方面尤其必要。近年这方面有明显的进展，如王小盾《论东亚音乐中的"乱""乱声"与"乱序"》(2017)、《论朝鲜半岛词文学的产生》(2019)等，是研究中国文体域外传播的力作。宋莉华《西方早期汉籍目录的中国文学分类考察》(2018)，通过异域之眼考察中国文学分类及文体概念的演变以及中国文学在西方知识体系和学科分类中的位置，是一个很有新意的视角。

六、百年学术史的意义

一百多年来，中国古代文体学研究从衰落到复兴，从中国传统文体学向现代意义的中国文体学转型，这是具有深远学术史意义的。

一方面，近代以来，西学东渐的过程打破中国文体学原先相对固定甚至封闭的系统，极大地开拓传统文体学研究领域，带来迥异于传统的研究方法与国际视野。中、西两种完全不同的文体体系，被嫁接到一起，似乎是文化上的远缘"杂交"。它已不再纯粹，但的确具有强大旺盛的生命力。尤其重要的是，一百多年来，人们对于文体学的新认识反映出对"文学"本质与传统完全不同的理解，其理论价值与意义不容低估。外来文化与新文化运动对于传统文体学向现代意义文体学的转型，起到关键的推动作用，其影响总体上是积极的。

另一方面，外来文化的冲击也具有破坏性甚至颠覆性。在这个复杂而长期的转型过程中，存在两种倾向：一是过分接受外来文化的影响，其流弊是不切合中国实际语境，以西方的"文学文体"粗疏地代替或遮蔽了中国传统的"文章文体"；一是受社会学与文化学的影响，其流弊是徘徊在文学本体的外部。当代中国文体学的复兴与繁盛，恰好是对这种倾向的调整，即向本土文体传统和文学本体的回归。

郑振铎曾说："哪一国的文学史不是以小说、戏曲和诗歌为中心的呢？而过去的中国文学史的讲述却大部分为散文作家们的生平和其作品所占据。"①传统文体学对于小说、戏曲等俗文学文体重视不足，这是事实。百年以来，学术界加强这方面的研究，这是巨大的进步。但是，如果仅仅效仿西方，把中国文学史写成"以小说、戏曲和诗歌为中心"，这是否符合中国文学的文体语境实际呢？罗家伦根据西方"文学的界说"，以此界说来衡量，从而"看出我们中国古代文学有几种同西洋文学根本不同且同文学原理背谬的性质来"②。这些削足适履的说法未免过激。中国的文体学体系是在传统的礼乐、政治制度以及日常生活功用基础上形成的，并非以虚构和抒情为主的"纯文学"文体。中国古代实用文体形态与文学文体形态是浑成一体的，若以"纯文学"的标准衡量，则古代许多重要的文章是"非文学"的。回归本土文体传统，就是强调回到中国"文章学"语境来发现中国文学自己的历史，尽可能消解以西方文学分类法套用中国传统文学所造成的流弊，还原古代文体原生态的复杂性与丰富性。笔者《中国古代文体形态研究》（2000）一书就是这方面的尝试，书中研究"盟誓"

---

① 郑振铎：《中国俗文学史》，中央编译出版社 2013 年版，第 1 页。
② 罗家伦：《什么是文学》，《新潮》第 1 卷第 2 号，1919 年。

"谣讖""策问""判文"等,这些文体在古代比较常见,而难以进入现代文学史视野。傅璇琮先生评论此书道:"对过去长时期不受重视而实有文化含义的包括文学文体和实用性文体,从文体体制、渊源、流变及各种文体之间的相互影响,'作历史的描述和思考'。我觉得这样做,对当前的学科建设来说,有方法论的启示意义。"①21世纪以来,这种回归中国文体传统的研究非常繁盛,古代各种文章文体已进入当代学者的研究视野,这大大拓展了文学史研究领域,比较真实全面地反映出古代文章的原貌。

回归中国古代文学的本体,是对把文学当作社会学与文化学附庸之倾向的纠偏。中国文体,属于中国文学"语境"的重要部分。中国文学的特点是基于其特殊的语言文字形式的,甚至中国的思想、哲学、文化乃至思维方式也受到中国语言文字的制约和影响。中国语言文字的特性决定了中国人的传统思维模式,也决定了中国文体学的特性。中国文学与其他国家文学不同之处很多,但最终要追溯到语言文字。中国古代文体就是中国本土语言形式与审美形式的集中反映。强调对古代文学本体的回归,就是要突出中国文学特有的语言形式、思维形式与审美形式的特点,从中国文学固有的"文体"角度切入来研究中国文学。这也是近二十年文体学界的一个重要研究趋势与特色。

总而言之,中国古代文体学的百年之路,是从衰落到复兴的过程,但本质则是从中国传统文体学向现代意义的中国文体学转型的过程。此过程中有两个关键节点:新文化运动与改革开放。一百年前,外来文化与新文化在解构中国传统文体学中又有所建构,而近几十年的中国文体学则是在开放中更高层次地回归传统。这也是传统

---

① 吴承学:《中国古代文体形态研究》(第三版),北京大学出版社2013年版,第3页。

中国学术在现代中国命运的一个缩影。中国文化要保全并弘扬优秀传统，同时接受外来文化与新文化的挑战，吸收其精华，激活自身内在生命力，以建构现代意义的新型文化。中国传统文体学是建立在中国人独特的语言文字与思维方式之上，其历史悠久，根基深厚。近代以来，西学东渐，整个知识谱系产生激烈变化，中国文体学虽然被边缘化，被遮蔽，但从未消失。改革开放之后，一度处于休眠状态的中国文体学逐渐被激活，并迅速发展壮大起来。建设现代学术意义的中国文体学，同时具有突出的现实意义。中国文体学研究就是要立足本土文化，以实事求是的态度，回到中国本土理论传统与古代文章文体语境来"发现"中国文学自身的历史，重现中国本土文学与理论的特殊光辉。中国文体学属于"中国传统话语体系"的重要部分，构建现代意义的中国文体学，就是要发现属于中国话语体系的文体学的独特价值，向世界文明贡献中国知识、中国思想与中国智慧，展示中国独有的文学特征与审美形式。当代中国文体学研究的目的并不在复古，也不仅为了释古，更不是为了抵抗外来文化，而是为了更真实地、完整地理解中国文学的文体话语、特点与价值，通过发现与开拓本土的学术传统与价值，来推动现代中国的学术转型与文明复兴。正如陈寅恪先生在《王静安先生遗书序》中说："自昔大师巨子，其关系于民族盛衰学术兴废者，不仅在能承继先哲将坠之业，为其托命之人，而尤在能开拓学术之区宇，补前修之未逮。故其著作可转移一时之风气，而示来者以轨则也。"①学者如此，学术亦然。百年来的中国文体学研究，正是担负着"承继先哲将坠之业"与"开拓学术之区宇"的双重使命。

---

① 王国维：《王国维遗书》，上海书店出版社 2011 年版，第 9 页。

本书篇章来源说明

（原发论文收入本书后,皆已有所修改,敬请留意。）

绪论:节选《建设具有现代意义的中国文体学》,载《文学评论》2015
　　年第 2 期。

上编

第一章:原载《文学遗产》2005 年第 1 期,吴承学、沙红兵。

第二章:原载《古典文学知识》2014 年第 3、4、5 期,吴承学、何诗海。

第三章:原题《简谈文学史史料的发掘与处理》,《北京大学学报》
　　2005 年第 4 期,吴承学、何诗海。

第四章:原题《追寻中国文体学的向上一路》,载《中山大学学报》
　　2021 年第 1 期。

第五章:原载《学术研究》2006 年第 1 期,吴承学、陈赟。

第六章:原载《文学评论》1994 年第 1 期。

第七章:原载《中国社会科学》2010 年第 4 期。

第八章:原载《文学评论》1991 年第 4 期。

第九章:原题为《从破体为文看古人审美的价值取向》,《学术研究》
　　1989 年第 5 期。

第十章:原载《学术研究》1991 年第 2 期。

第十二章:原载《文学遗产》1992 年第 1 期。

第十三章:原载《文学评论》1990 年第 2 期。

第十四章:原载《中山大学学报》1991 年第 4 期。

下编

第一章:原载《文学评论》2016 年第 6 期。

第二章:原载《中国社会科学》2015 年第 1 期,吴承学、李冠兰。

第三章:原载《文学遗产》2016 年第 3 期。

第四章:原载《文学评论》2008 年第 5 期,吴承学、何诗海。

第五章:原载《文学遗产》2007 年第 4 期,吴承学、李晓红。

第六章:原载《中国社会科学》2009 年第 2 期。

第七章:原载《文学评论》1995 年第 1 期。

第八章:原载《文学遗产》2008 年第 6 期。

第九章:原题《论"序题"》,载《文艺理论研究》2012 年第 6 期。

第十章:原载《华学》第九、第十合辑,上海古籍出版社 2008 年版。

第十一章:原载《学术研究》2005 年第 5 期,吴承学、何诗海。

第十二章:原载《北京大学学报》2007 年第 4 期,吴承学、何诗海。

第十三章:原载《文学评论》2007 年第 1 期。

第十四章:原题为《〈文体通释〉的文体学思想》,《古典文学知识》
　　2007 年第 5 期。

附录

《中国文体学研究的百年之路》,原载《华东师范大学学报》2019 年第
　　4 期。

初版后记

　　我与中国文体学研究似乎有一种不解之缘。1977 年我有幸成为"文化人革命"后中山大学第一批大学生,毕业时,导师卢叔度先生为我的学位论文命题是"《诗经》中周民族史诗研究"。1982 年我考取本校硕士生,随黄海章、邱世友先生学习中国文学批评史,毕业论文研究严羽《沧浪诗话》,即对其中的"具正法眼,悟第一义"与"诗体"之说颇感兴趣。1987 年在复旦大学随王运熙先生攻读博士学位,博士论文题为《中国古典文学风格学》,从此,开始正式进入中国古代文体学研究。博士毕业后分配到中山大学中文系工作,至今二十年,研究兴趣虽颇为宽广,但立足的领域,主要还是中国古代文体学。

　　这本书稿就是我从近二十年发表的中国古代文体学研究的成果中选择出来的,结成一本有一定系统性的论文集。全书分为两编,上编为中国古代文体学理论研究,下编为中国古代文体学史研究。

　　本书大致反映出近二十年来笔者对于中国古代文体学的思考。由于论文发表刊物与时间前后不同,收录本书时,按要求统一格式,有所修订和整合,但尽量保留原来的观点。本书末有一个附录,说明各篇论文原发、转载书刊与合作者,以便于对这个领域学术发展史有兴趣的专家和读者了解情况。

　　二十多年前,当我进入中国古代文体学研究领域时,它还是一个相当边缘的冷僻地带,而现在已经成为一片学术热土。二十多年前,我对中国文体学茫无所知，却充满自信。现在虽然略有所得，却越来越感到其博大浩瀚，不见涯涘。

为了如期完成书稿的校订，这段时间我几乎都在办公室夜以继日地赶工。感谢我的学生与朋友热心地加入到这个繁杂细碎的"扫叶工程"之中，使我终于可以在国家社科规划办所约定的时间内上交本书的修改稿。今晚，天寒气清。此刻，已进入 2011 新年的倒计时了。郁文堂外，隐约传来阵阵迎新的音乐之声。推窗望去，校园里百年老屋掩映于漠漠树影之中。远处，婀娜多姿的小蛮腰（广州塔）流光溢彩，瞬间万变，如梦如幻，难言其妙。

此刻，我充满欢愉之感与感恩之情。人生有许多选择或者"被选择"。也许，只有一种是最适合自己的生活。回首平生，独守学术，纠缠执着，贪嗔痴慢，尝为人所嗤而无愧，为人所鄙而不惭。无论是"选择"还是"被选择"，我喜欢这种艰苦而宁静的生活。

2010 年 12 月 31 日晚于康乐园郁文堂

增订本后记

2010年,《中国古代文体学研究》有幸列入首批《国家哲学社会科学成果文库》,并于2011年3月出版。出版后,颇受学界和读者的青睐,出版不久,书就售空了。

感谢中华书局将本书列入出版计划,使它得以再版。我原来只是计划核对全书,尽快再版,但在修订过程中,想法越来越多,逐渐变成规模较大的增订。就像本来只是打算简便装修一下旧房子,后来却变成改建的大工程。除了核对全书之外,所有章节,或增补,或减简,或改写,或合并。全书增补九篇,删减五篇,新增部分超过全书的三分之一。

在修订中,我收集和细读全书各章的原始文本,也回忆起三十年来的书写过程。

书中最早的文章是上世纪八十年代我在复旦大学读博士时所写的。那时,文章还是用钢笔一字一句手写的,如果想留底稿,就要用到复写纸。九十年代初开始使用电脑写作。最早使用的是组装286型的单显电脑,每次写完文件之后,要用5寸软盘小心翼翼地储存起来,万一软盘坏了,所有的劳作就前功尽弃了。后来是386、486、586……从组装机到品牌,不知使用过多少部电脑了。我使用的是当时最专业的五笔输入法,现在这种输入法已经很少人用了。我很早就使用网络,那时,住在广州大道中289号南方日报大院,在家里就可以用电话分机上网,由分机接总机,总机接外线,滴滴嘟嘟一阵时间之后，若听到"吱"一长声，就表示接通网络了，可以和外部世界联系。

回想起来，我算是较早使用电脑写作、五笔输入法和网络的一批学者，虽然起步很早，但现在电脑、文字处理与网络的使用水平都早已远逊年轻人了。这是一个隐喻。虽然人文学科更新换代不像电脑那么快，但后来者居上是一种必然。学术如登高，前行者是探路人，是后人攀升的垫脚石。学术如筑室，前辈的工作，是打地基，是为后人储备土石、砖瓦。现在学术的发展和年轻学者的进步一日千里，令人敬畏。抚今追昔，对我来说，这本书是对过去岁月的纪念。当然，若能充木屑竹头之用，则吾之幸矣。

2020年1月，我到美国探亲，不意碰上一场肆虐全球的新冠病毒，遂滞留此间多时。世事茫茫，令人不觉百端交集，惟读书著述差可遣怀寄心。这本书的修订，大致是在深夜。在温切斯特小镇里，白天忙着各种杂务，晚上万籁俱静，文思便如泉涌动，汩汩不止。年初来时，波士顿还是雪花纷飞，天寒地冻。历经春暖花开，夏云暑雨，现在，已是秋风萧瑟，秋意渐浓了。书稿的增订，也终于完工。

遥想一千五百多年前，刘勰在定林寺如豆的灯光下，写下《文心雕龙》最后一句话："文果载心，余心有寄。"揣摩其意，似乎充满着激动和期待，隐约又有点忐忑。我想，刘勰所表达的，其实是古往今来用心写作者的普遍心态，无论他是伟大，还是卑微。

2020年9月记于波士顿